W0011108

# ISAAC ASIMOV
## präsentiert

# 100
# kleine, böse
# Krimis

BASTEI
LÜBBE

BASTEI LÜBBE TASCHENBUCH
Band 13 679

1. Auflage: September 1995
2. Auflage: Mai 1998
3. Auflage: August 2001

Vollständige Taschenbuchausgabe

Bastei Lübbe Taschenbücher ist ein Imprint
der Verlagsgruppe Lübbe

© 1981 by Isaac Asimov,
Martin Harry Greenberg und Joseph D. Olander
Deutsche Lizenzausgabe: © 1985 / 95
by Verlagsgruppe Lübbe GmbH & Co. KG,
Bergisch Gladbach
Ins Deutsche übertragen von
Karin Balfer, Jürgen Bürger, Caspar Holz, Katharina Knappe,
Karin Koch, Jürgen Langowski, Bernd Müller, Michael Schönenbröcher,
Hans Sommer, Frank Stein
Einzel-Copyrights (Quellenangaben) am Ende des Bandes
Lektorat: Stefan Bauer
Umschlaggestaltung: QuadroGrafik, Bensberg
Illustrationen: Helmut W. Pesch
All rights reserved
Titelbild: © by Ronald Barbagallo
Satz: KCS GmbH, Buchholz / Hamburg
Druck und Verarbeitung: Cox & Wyman
Printed in Great Britain
ISBN 3-404-13679-9

Sie finden uns im Internet unter
http://www.luebbe.de

Der Preis dieses Bandes versteht sich einschließlich
der gesetzlichen Mehrwertsteuer.

# Inhalt

# Einführung

## Snacks

von Isaac Asimov

Als jemand, der ständig gegen den Aufwärtstrend des Zeigers auf der Gewichtsskala kämpft, bin ich durchaus bereit, wenn nicht gar geradezu wild darauf, zuzugeben, daß es nichts Köstlicheres gibt, als zum Dinner eine gebratene Ente vorgesetzt zu bekommen – oder ein Filet Mignon oder eine Bachforelle – natürlich mitsamt allen Beilagen.

Doch selbst die größten Schlemmer unter uns werden zugeben müssen, daß es im Verlauf einer von geistvollem Gespräch und launiger Unterhaltung geprägten vergnüglichen Cocktailparty Höhepunkte gibt, die von nichts übertroffen werden können. Ich denke an eine knackige Möhre, die in eine nach Knoblauch duftende Schüssel getunkt wird, oder an einen Cracker mit einem Stückchen Leberpastete oder einer Scheibe Räucherlachs darauf oder an eine Garnele mit einem Spritzer irgendeiner aromatischen Sauce.

Mit anderen Worten, mal verlangt es einen nach einer vollen Mahlzeit, ein anderes Mal nach einem leckeren Appetithappen.

Genauso ist es auch in der Literatur. Was gibt es Schöneres als einen langen und spannenden Kriminalroman, wenn man einen freien erholsamen Tag vor sich hat, an dem man den verschlungenen Pfaden einer komplizierten Handlung folgen kann.

Aber nehmen wir mal an, wir brauchen etwas für die paar Minuten vor dem Einschlafen oder für die Frühstückspause oder für die Wartezeit vor der Ankunft eines Zuges? Wie wäre es in einem solchen Fall mit all der Spannung, Aufregung und den Überraschungsmomenten eines Kriminalromans, konzentriert auf zweitausend Worte oder weniger? Mit anderen Worten, wie wäre es mit einem Appetithappen?

Wenn Sie also nach derartigen Appetithappen für alle Ge-

13

legenheiten suchen, dann finden Sie in diesem Buch gleich ein ganzes Hundert davon, und für jeden garantiert Ihr bescheidener Herausgeber. (Nehmen Sie bei dieser Gelegenheit bitte zur Kenntnis, daß sogar diese Einführung nicht mehr ist als ein Appetithäppchen.)

PS: Diese Anthologie wurde dadurch inspiriert, daß ich vor einiger Zeit insgesamt drei Anthologien mit superkurzen Science-fiction-Stories zusammengestellt hatte und ich auf die Idee kam, das gleiche auch mal im Krimigenre zu versuchen. Es ist jedoch überaus schwierig, auf dem Gebiet der Krimi-Anthologie etwas zu schaffen, was der Meister, Ellery Queen, nicht schon längst geleistet hat. 1969 veröffentlichte er mit *Mini-Krimis* eine Sammlung von siebzig Kurzgeschichten. Die vorliegende Anthologie eifert diesem Vorbild nach.

Überzeugungskraft ist alles!

## Sechs Worte

von Lew Gillis

Verärgert blickte der Lektor hoch. Da stand doch – man stelle es sich vor! – ein Autor vor ihm, dem es irgendwie gelungen war, bis ins geweihte Zentrum seines trauten Lektoratsheiligtums vorzudringen.

Automatisch huschten die Blicke des Lektors über die Manuskriptstapel auf seinem Schreibtisch. Vielleicht, dachte er, handelte es sich um einen erzürnten Autor, der gekommen war, um eine seiner großartigen Stories zurückzuholen, die er vor längerer Zeit eingereicht hatte und die noch immer – langsam – in Gottes Mühlen gemahlen wurde.

Aber nein, dieser Autor hatte sein Manuskript selbst mitgebracht und hielt es dem erschrockenen Lektor jetzt vors Gesicht.

»Veröffentlichen Sie das!« sagte er im Befehlston.

»Ist *das* alles?« erwiderte der Lektor, der seine Fassung schnell wiedergewann. »Werter Herr, darf ich Sie darauf hinweisen …«

»Veröffentlichen Sie es!« wiederholte der Autor, diesmal noch drohender. Er war ein großer, vierschrötiger Mann mit ungepflegtem Bart und sah ganz so aus, als ob er es ernst meinte.

Der Lektor lächelte breit, darauf bedacht, Zeit zu gewinnen. »Es gibt natürlich«, begann er, »viele Wege, eine Story zur Veröffentlichung zu bringen, Mr. … Mr. …?«

»Gillis«, sagte der Autor, »Lew Gillis.« Er hielt dem Lektor noch immer sein Manuskript vors Gesicht. »Ich bin mir der vielen Wege, die es gibt, um eine Story zur Veröffentlichung zu bringen, durchaus bewußt«, sagte er flach. »Während der letzten paar Jahre hatte ich ausgiebig Gelegenheit, sie alle auszuprobieren.«

»Wirklich?« gab der Lektor lächelnd zurück. Die Sache wurde ihm allmählich langweilig.

15

»Ohne Erfolg«, sagte Lew Gillis.

»Ah!« Die Dinge erschienen in immer klarerem Licht. Der Mann war offensichtlich ein vielfach enttäuschter Autor.

»Ich habe zum Beispiel«, sagte Lew Gillis, »meine Stories zusammen mit Begleitbriefen eingereicht, in denen ich auf meine vorangegangenen literarischen Erfolge aufmerksam machte.« Er zuckte die Achseln. »Es hat nichts genutzt.«

»Wenn es sich«, meinte der Lektor, »bei diesen vorangegangenen literarischen Erfolgen vielleicht nicht nur um reine Produkte Ihrer …«

»Ich habe mich schimpflicherweise bei schon veröffentlichten Autoren angebiedert, armen Teufeln mit wenig oder gar keinem Talent, nur zu dem einzigen Zweck, ihre kaum bekannten Namen dazu zu benutzen, an Sekretärinnen vorbeizukommen und vor das Angesicht von Lektoren zu gelangen«, fuhr Gillis fort.

»Aber auch dieses Mittel«, führte der Lektor den Gedankengang zu Ende, »brachte Ihnen keinen Erfolg.« Er lächelte matt. »Und das kann auch nicht überraschen, wenn Sie bedenken, daß Lektoren einen ausgesprochenen Widerwillen …«

»Schließlich«, sprach der Autor weiter, »habe ich eine Methode entwickelt, die mir während des vergangenen Jahres beträchtliche Erfolge bescherte.«

Wider Willen war der Lektor interessiert. »Eine Methode?« wiederholte er.

»Eine ungemein einfache Methode«, sagte der Autor. »Wenn ich heutzutage eine Story zu verkaufen habe, suche ich mir lediglich einen Lektor aus, finde einen Weg, um an seiner Sekretärin vorbeizukommen, halte ihm mein Manuskript hin, wie ich es jetzt bei Ihnen tue, und sage sechs Worte.«

»Und diese sechs Worte sind …?« Der Lektor spürte einen leichten Zorn, weil er die Kernpunkte immer vorbeten mußte.

»Und diese sechs Worte sind …«, der kräftige Autor machte eine bedeutungsschwangere Pause, »…machtvoll. Ja, ja, zweifellos machtvoll.«

»Ich kann mir schon vorstellen, daß sie das sein müssen«, bestätigte der Lektor mit schlecht verhülltem Sarkasmus, »wenn sie solch bemerkenswerte Resultate zeitigen. Trotzdem verstehe ich noch immer nicht …«

»Die erste Reaktion auf sie fällt einhellig spöttisch aus«, gab der Autor zu, »wie es ohne Zweifel auch bei Ihnen sein wird. Lektoren, als Gruppe, bringen Autoren abnormale Verachtung entgegen. Ich würde mich sogar gerechtfertigt fühlen, sie monomanischer Arroganz zu bezichtigen.«

»Das«, erwiderte der Lektor, »ist gewiß ein bißchen übertrieben ...«

»Am Ende jedoch ist es mir gelungen, die meisten von ihnen von der Ernsthaftigkeit meiner Absichten zu überzeugen. Die wenigen, bei denen es mir nicht gelungen ist ...« Er zuckte die Achseln. »Nun, zweifellos würden Sie ihre Namen sofort wiedererkennen. Ich könnte Ihnen mit Leichtigkeit eine Dokumentation zur Verfügung stellen.«

»Das ist ja alles sehr interessant, Mr. .... Mr. ...«

»Gillis«, sagte der Autor abermals. »Lew Gillis.«

»Aber, mein Herr, ich fürchte, ich muß Ihnen mitteilen«, fuhr der Lektor fort, während er so unauffällig wie möglich mit dem Fuß nach dem Alarmknopf unter seinem Schreibtisch tastete, »daß ich mir keine Umstände und keine Kombination von irgendwelchen sechs Worten vorstellen kann, die mich zwingen könnten, eine Story von Ihnen oder sonst jemandem zu veröffentlichen, die ich nicht ausdrücklich auf meinen eigenen Wunsch veröffentlichen möchte.«

Für einen Augenblick gab der bärtige Autor keine Antwort. Dann hielt er sein Manuskript, ohne Vorwarnung, abermals mit einer ruckartigen Bewegung vor das Gesicht des Lektors, wobei der Titel und der Name des Autors – SECHS WORTE von Lew Gillis – jetzt deutlich sichtbar wurden.

»Veröffentlichen Sie dies«, begann er mit einer Miene, die ausdrückte, daß er das Geschäft nun ein für allemal zum Abschluß zu bringen gedachte.

»Oder?« erkundigte sich der Lektor.

Gillis grinste raubtierhaft. »Das«, sagte er, »ist das vierte Wort.«

Wer sucht, der findet!

# Die kleinen Dinge

von Isaac Asimov

Mrs. Clara Bernstein war etwas über fünfzig, und die Außentemperatur war etwas über dreißig. Die Klimaanlage arbeitete, aber obwohl sie das Faktum der Hitze beseitigte, beseitigte sie nicht die *Vorstellung* von der Hitze. Mrs. Hester Gold, die besuchsweise von ihrer eigenen Wohnung in 4-C zum 21. Stockwerk heraufgekommen war, sagte: »Unten in meiner Etage ist es kühler.« Sie war ebenfalls über fünfzig und hatte blondes Haar, das sie kein einziges Jahr jünger machte.

Clara sagte: »Tatsächlich sind es die kleinen Dinge. Die Hitze kann ich aushalten. Was ich nicht aushalten kann, ist das Tropfen. Hörst du es nicht?«

»Nein«, sagte Hester, »aber ich weiß, was du meinst. Joe, mein Junge, hat einen Knopf von seinem Blazer verloren. Zweiundsiebzig Dollar, doch ohne den Knopf gibt er nichts her. Ein modischer Messingknopf am Ärmel, aber er hat ihn verloren, so daß er nicht wieder angenäht werden kann.«

»Und wo liegt da das Problem? Mach am anderen Ärmel auch einen ab.«

»Das ist nicht dasselbe. Der Blazer sieht ganz einfach nicht gut aus. Wenn ein Knopf lose ist, soll man nicht warten, sondern ihn gleich annähen. Zweiundzwanzig Jahre alt, aber er begreift es noch immer nicht. Er geht einfach weg, er sagt mir nicht, wann er zurückkommt …«

Clara sagte ungeduldig: »Hör doch. Wie kannst du sagen, daß du das Tropfen nicht hörst? Komm mit ins Badezimmer. Wenn ich dir sage, daß es tropft, dann tropft es auch.«

Hester folgte ihr und nahm Lauschhaltung an. In der Stille konnte man es hören – tropf … tropf … tropf …

Clara sagte: »Wie Wasserfolter. Du hörst es die ganze Nacht.

Drei Nächte jetzt schon.«

Hester rückte ihre großen, leicht getönten Brillengläser zurecht, als ob sie dadurch besser hören könnte, und legte den Kopf schief. Sie sagte:»Vermutlich tropft oben die Dusche, in 22-G. Es ist die Wohnung von Mrs. Maclaren. Ich kenne sie. Hör zu, sie ist eine umgängliche Person. Klopf an ihre Tür und sag ihr Bescheid. Sie wird dich bestimmt nicht beißen.«

Clara sagte:»Ich habe keine Angst vor ihr. Ich habe schon fünfmal gegen ihre Tür gehämmert. Keiner antwortet. Ich habe sie angerufen. Keiner antwortet.«

»Also ist sie verreist«, sagte Hester. »Es ist Sommer. Die Leute verreisen.«

»Und wenn sie den ganzen Sommer verreist ist, muß ich mir dann einen ganzen Sommer lang das Getropfe anhören?«

»Sag es dem Hausmeister.«

»Diesem Idioten. Er hat keinen Schlüssel für ihr Spezial-schloß, und wegen eines tropfenden Wasserhahns will er die Tür nicht aufbrechen. Außerdem ist sie nicht verreist. Ich kenne ihr Auto. Es steht in diesem Augenblick in der Tiefgarage.«

Hester sagte unbehaglich:»Sie könnte mit dem Wagen von jemand anders verreist sein.«

Clara rümpfte die Nase. »Das glaube ich gerne. *Mrs. Mac-laren!*«

Hester runzelte die Stirn. »Sie ist geschieden. Das ist nicht so schrecklich. Und sie ist erst dreißig – fünfunddreißig –, und sie zieht sich modisch an. Das ist auch nicht so schrecklich.«

»Wenn du meine Meinung hören willst, Hester …«, sagte Clara. »Ich möchte nicht aussprechen, was sie da oben tut. Ich höre so einiges.«

»Was hörst du?«

»Schritte. Geräusche. Hör zu, sie wohnt unmittelbar über mir, und ich weiß, wo ihr Schlafzimmer liegt.«

Hester sagte bissig:»Sei nicht so altmodisch. Was sie tut, ist ihre Angelegenheit.«

»Na schön. Aber sie benutzt das Badezimmer sehr oft. Warum läßt sie es also tropfen? Ich hätte es gerne, wenn sie auf mein Klopfen antworten *würde*. Ich wette um alles, daß sie in ihrem Apartment eine Ausstattung hat wie eine französische Ich-weiß-nicht-was.«

»Du irrst dich, wenn du es genau wissen willst. Du irrst dich gewaltig. Sie hat ganz normale Möbel und jede Menge Zimmerpflanzen.«

»Und woher weißt du das?«

Hester sah aus, als ob sie sich unwohl fühlte. »Ich gieße ihre Pflanzen, wenn sie nicht zu Hause ist. Sie ist eine alleinstehende Frau. Sie verreist, und so helfe ich ihr ein bißchen.«

»Ach? Dann würdest du es also *wissen*, wenn sie nicht in der Stadt wäre. Hat sie dir gesagt, daß sie nicht in der Stadt sein wird?«

»Nein, hat sie nicht.«

Clara lehnte sich zurück und verschränkte die Arme. »Und du hast die Schlüssel zu ihrer Wohnung?«

Hester sagte: »Ja, aber ich kann nicht reingehen.«

»Warum nicht? Sie könnte verreist sein. Also mußt du ihre Pflanzen gießen.«

»Sie hat mir nichts davon gesagt.«

Clara sagte: »Du könntest annehmen, daß sie krank im Bett liegt und nicht an die Tür kommen kann.«

»Sie müßte schon ziemlich krank sein, um nicht ans Telefon zu gehen, wenn es gleich neben ihrem Bett steht.«

»Vielleicht hatte sie einen Herzanfall. Hör zu, vielleicht ist sie tot, und das ist auch der Grund, aus dem sie das Tropfen nicht abstellt.«

»Sie ist eine junge Frau. Sie würde keinen Herzanfall bekommen.«

»Das kann man nie wissen. Bei dem Lebenswandel…. Vielleicht hat sie ein Freund umgebracht. Wir *müssen* hineingehen.«

»Das ist Einbruch«, sagte Hester.

»Mit einem *Schlüssel?* Wenn sie verreist ist, kannst du die Pflanzen nicht vertrocknen lassen. Du gießt sie, und ich werde das Tropfen abstellen. Was ist dabei? Und wenn sie tot ist – willst du sie bis was-weiß-ich-wann liegenlassen?«

»Sie ist nicht tot«, sagte Hester, aber sie ging in die vierte Etage hinunter, um Mrs. Maclarens Schlüssel zu holen.

»Kein Mensch im Flur«, flüsterte Clara. »Jeder könnte jederzeit irgendwo einbrechen.«

»Pst«, flüsterte Hester. »Was ist, wenn sie drin ist und fragt: ›Wer ist da?‹«

»Dann sagst du, daß du gekommen bist, um die Pflanzen zu gießen, und ich bitte sie, das Tropfen abzustellen.«

Glatt und ohne das leiseste Klicken drehte sich erst der Schlüssel des einen Schlosses, dann der des anderen. Hester holte Luft und öffnete die Tür einen Spalt breit. Sie klopfte an.

»Es kommt keine Antwort«, flüsterte Clara ungeduldig. Sie stieß die Tür weit auf.

»Die Klimaanlage ist überhaupt nicht eingeschaltet. Es ist alles ganz legitim. Du willst die Pflanzen gießen.«

Die Tür schloß sich hinter ihnen. »Stickig riecht es hier«, sagte Clara. »Ich fühle mich wie in einem Backofen.«

Sie gingen auf leisen Sohlen die Diele entlang. Leerer Vorratsraum rechts, leeres Badezimmer …

Clara blickte hinein. »Kein Tropfen. Es kommt aus dem Schlafzimmer.«

Am Ende der Diele lag links das Wohnzimmer mit seinen Pflanzen.

»Sie brauchen Wasser«, sagte Clara. »Ich werde ans Becken des Schlafzimmers gehen …«

Sie öffnete die Schlafzimmertür und blieb stehen. Keine Bewegung. Kein Ton. Ihr Mund klappte auf.

Hester trat an ihre Seite. Der Geruch war betäubend.

»Was …«

»Oh, mein Gott«, sagte Clara, zu atemlos, um zu schreien. Die Bettbezüge waren völlig zerwühlt. Mrs. Maclarens Kopf hing vom Bett herunter, ihr langes braunes Haar berührte den Boden. Ihr Hals war wund, ein Arm lag schlaff auf dem Boden, mit geöffneter Hand, Innenfläche nach oben.

»Die Polizei«, sagte Clara. »Wir müssen die Polizei holen.«

Hester keuchte, bewegte sich vorwärts.

»Du darfst nichts berühren«, sagte Clara.

Das Schimmern von Messing in der offenen Hand …

Hester hatte den verlorengegangenen Knopf ihres Sohns gefunden.

Es kommt darauf an, wer fragt

## Eine Sache auf Leben und Tod

von Bill Pronzini und Barry N. Malzberg

Brief des Herman Skolnick an das Theologenkomitee, Bay City, Kalifornien:
Ihre kürzlich erschienene Anzeige in »Astounding Spirits« habe ich mit äußerster Sorgfalt und Interesse gelesen. Es ist für mich von größter Bedeutung, die Antwort auf folgende Frage zu finden: Gibt es ein Leben nach dem Tode? Bitte, antworten Sie mir umgehend (meine Adresse ist: Bay City, postlagernd).
PS: Es ist mir sehr ernst. Ich muß die Antwort so bald wie möglich haben!


Brief des Theologenkomitees an Herman Skolnick:
Sie werden die Antwort auf diese und viele andere Fragen in unserem Kursus über Himmlische Metaphysik finden. Die Unterlagen, die diesen Kursus begleiten, schicken wir Ihnen anbei. Bei der Einschreibung für den Kurs ist die volle Beitragszahlung zu entrichten, danach entstehen Ihnen keine weiteren Kosten mehr.


Brief des Herman Skolnick an das Theologenkomitee:
Ich glaube, Sie haben weder den Ernst meiner Frage noch die Dringlichkeit ihrer Beantwortung ganz verstanden. Ich bin verzweifelt, und ich habe nicht die Zeit und auch nicht die Mittel, um mich für Ihren Kursus einzuschreiben. Ich bitte Sie nur, antworten Sie mir: Gibt es ein Leben nach dem Tode?


Brief des Theologenkomitees an Herman Skolnick:

Als Folge gewisser Gesetze über Veröffentlichung und Information, die den Gebrauch der Post für unsere Zwecke regeln, sind wir nicht in der Lage, auf diesem Wege Ihre Frage zu beantworten. Eine Antwort finden Sie, wie bereits erwähnt, in unserem Kursus über Himmlische Metaphysik. Wir gewähren Ihnen einen Nachlaß von zehn (10 %) Prozent bei sofortiger Einschreibung und garantieren Ihnen baldige Rückerstattung, falls Sie mit dem Ergebnis nicht zufrieden sein sollten.


Brief des Herman Skolnick an Elsa Wiggins, Mission der Helfenden Hand, Bay City, Kalifornien:
Ich habe über Ihre Arbeit bisher sehr viel Gutes gehört, und ich schreibe Ihnen, da ich dringend Ihre Hilfe benötige. Bitte sagen Sie mir (postlagernd, Bay City): Gibt es ein Leben nach dem Tode?


Brief der Elsa Wiggins an Herman Skolnick:
Hab Dank, Bruder, daß Du Dein Vertrauen in unseren Dienst an der Gemeinschaft ausgedrückt hast, den wir hier in der Mission der Helfenden Hand in selbstloser Weise leisten. Wir bieten Hoffnung für die Verlorenen, die Trunksüchtigen und die Fehlgeleiteten unter uns. Aus Deinem Brief haben wir entnommen, daß auch Du eine von diesen verlorenen Seelen bist – aber wir können Dir nicht durch Korrespondenz den wahren Weg weisen. Möchtest Du nicht bei uns vorbeikommen?
(Täglich mittags freie Mahlzeiten, Abendessen um 18 Uhr, Suppe und Kaffee jederzeit erhältlich. Alkohol und Tabak verboten. Spenden, ob groß oder klein, immer willkommen.)


Brief des Herman Skolnick an Miss Dorinda, Abteilung »Fragen Sie Miss Dorinda«, Bay City Express, Bay City, Kalifornien:
Ich versuche verzweifelt, auf diese Frage eine Antwort zu finden: Gibt es ein Leben nach dem Tode? Niemand scheint mir helfen zu wollen. Bitte, bitte können Sie mir nicht die Antwort sagen? (Meine Adresse ist: Bay City, postlagernd).

Brief von Miss Dorinda an Herman Skolnick:

In Ihrem Brief entdeckte ich einen Ton echter seelischer Verzweiflung, Mr. Skolnick, und darum eile ich, um Ihnen sofort diese Antwort zukommen zu lassen (wir müssen ja so vorsichtig sein, wissen Sie, weil einige irregeleitete Individuen anscheinend ihren Spaß daran haben, selbstlosen Dienern der Menschheit, wie ich es bin, brutale und herzlose Streiche zu spielen).

Die Frage, ob es ein Leben nach dem Tode gibt, hat im Laufe der Zeit immer wieder die eine oder andere Persönlichkeit beschäftigt. Aber auf einige Fragen gibt es einfach keine Antwort, Mr. Skolnick. Suchen Sie in dieser Angelegenheit Aufklärung in einer erdrückenden persönlichen Krise? Möglicherweise ein Sturm auf dem bittersüßen Meer der Ehe? Wenn das der Fall ist, kann Ihnen vielleicht mein neues Buch »Miss Dorinda antwortet: Krisen in der Ehe«, das kürzlich bei Nabob Press zum Preis von 6,95 $ erschienen ist, wertvolle Einsichten geben.

Ansonsten kann ich Ihnen leider solange nicht weiterhelfen, wie Sie mir nicht die Gründe für dieses verzweifelte Begehren anvertrauen wollen. Aber ich will Ihnen natürlich sehr gern helfen, und falls Sie mir erneut schreiben möchten und dabei die Art Ihrer persönlichen Krise schildern könnten, werde ich alles in meiner Macht Liegende tun, um die emotionale Harmonie in Ihrem Leben wiederherzustellen.


Brief des Herman Skolnick an Dr. Franklin Powers c/o Magazin für Psychische Phänomene, New York City:

Ich habe kürzlich mit äußerster Sorgfältigkeit Ihren Artikel im Magazin für Psychische Phänomene gelesen, in dem Sie anboten, alle Leserfragen zu ernsthaften Problemen zu beantworten. Ich habe so eine Frage, Doktor, und ich muß so schnell wie möglich eine Antwort erhalten. Meine Adresse ist postlagernd Bay City, Kalifornien, und ich versichere Ihnen, daß ich Ihre Hilfe mit der größten Ernsthaftigkeit erbitte. Helfen Sie mir! Ich bin verzweifelt! Gibt es ein Leben nach dem Tode?

Brief des Dr. Franklin Powers an Herman Skolnick:

Vielen Dank für Ihre kürzliche Anfrage, Mr. Skolnick. Normalerweise würde ich es nicht auf mich nehmen, eine derartige Meinung abzugeben, wie Sie sie verlangen. Ich habe jedoch ganz entschiedene Ansichten zu diesem Thema und darf in aller Bescheidenheit sagen, daß ich durch meine enge Verbindung zu Madame Zelda und anderen anerkannten Medien eine in hohem Maße qualifizierte Autorität auf spirituellem Gebiet bin. Meine Überzeugung ist daher, einfach ausgedrückt: ja, Mr. Skolnick, es gibt ein Leben nach dem Tode – obwohl selbst meine liebe, verstorbene Tante, mit der ich mehrfach einen bereichernden Gedankenaustausch durch Madame Zelda hatte, unfähig ist, mir dessen genaue Natur mitzuteilen.

Ich hoffe, daß diese Antwort Ihnen von Nutzen sein wird, und würde mich freuen, gegebenenfalls erneut von Ihnen zu hören.

Warum sind Sie eigentlich so verzweifelt daran interessiert, zu erfahren, ob es ein Leben nach dem Tode gibt?


Abschiedsbrief, der neben der Leiche von Herman Skolnick gefunden wurde:

Seit einiger Zeit habe ich Angst um meine geistige Gesundheit, und ich kann den Gedanken an die Zukunft nicht mehr ertragen. Ich hätte das Rattengift schon viel eher genommen, wäre da nicht die beunruhigende Frage nach einem Leben nach dem Tode gewesen. Jetzt habe ich allerdings den schlüssigen Beweis erhalten, daß es ein Weiterleben gibt, und so ist das letzte Problem, das mich daran hinderte, mir das Leben zu nehmen, aus dem Weg geräumt. Es tut mir leid, daß mein Tod meiner Verlobten, meinen Bekannten und natürlich auch der Polizei Kummer und Ungelegenheiten bereiten wird, aber in diesem Augenblick muß ich selbstsüchtig an mich denken. Ich kann einfach nicht mehr weiter.


Bericht des Geschworenensprechers nach der Leichenschau zum Tode von Herman Skolnick:

Angesichts der Aussagen der mit der Untersuchung betrauten Beamten und des seltsamen Inhalts der Korrespondenz, die im Besitz des Verstorbenen gefunden wurde, sind wir, die Geschworenen dieser Voruntersuchung, einstimmig zu dem Schluß gekommen, daß Herman Skolnick nicht im Vollbesitz seiner geistigen Kräfte war und von eigener Hand starb.

Brief des Robert Claverly an Miss Francine Allard, Bay City:

Ich bin mir bewußt, daß dies nicht der richtige Augenblick ist, um unsere einst so tiefe und ernsthafte Beziehung wiederaufzubauen, Francie, aber Du weißt, wie ich für Dich empfinde. Ich bin hier und warte, falls Du mich brauchen solltest. Wenn die Zeit erst einmal begonnen hat, Deinen Kummer und den Schock beim Tod Deines Verlobten Herman Skolnick zu heilen, und Du Gelegenheit hattest, unsere Beziehung mit äußerster Sorgfältigkeit zu überdenken, wirst Du feststellen, daß ich der einzige Mann war und bin, der Dich jemals wirklich glücklich machen kann, und daß ich bereit bin, alles, aber auch wirklich alles zu tun, daß wir für immer zusammen bleiben können ...

Opossums sind gar nicht so dumm

# Der ideale Kassierer

von Carroll Mayers

Zuerst gefiel mir die Idee ganz und gar nicht. Bei einem erfolgreichen Bankraub muß man alle Vorteile auf seiner Seite haben, das ist meine Meinung. Aber Frankie hörte nicht auf, mich zu drängen. »Es wird alles der reinste Spaziergang, Joe.«

»Du hast sie alle überprüft?« fragte ich.

»Jede Bank in der Stadt. Die Security ist eine todsichere Sache für uns.«

»Weil dieser Kerl da ist.« Ich ließ es wie eine Feststellung klingen.

»Genau«, sagte Frankie. »Ich war ihm eine Woche lang praktisch näher als sein Schatten. Der hat so viel Mumm wie eine Maus.«

»Selbst ein Wurm kann sich ändern.«

»Dieser Wurm nicht. Den kenne ich in- und auswendig.«

Sie haben in der Zeitung sicher schon einmal Berichte über Einzelgänger gelesen, die versuchten, eine Bank zu überfallen. Dem Kassierer wurde ein Zettel überreicht und mit Gewaltanwendung gedroht, falls er oder sie den Jackpot mit dem Kleingeld nicht herausrücken wollte. Manchmal hat der Räuber Erfolg. Gewöhnlich nicht. Gewöhnlich ist der Kassierer einen Moment lang verblüfft und schafft es dann, zu schreien oder den Alarmknopf zu drücken. Vielleicht auch beides. Wie auch immer, für den Räuber ist es ein Fiasko.

Auch Frankie wollte mit einer solchen Notiz das Spiel eröffnen. Tatsächlich gab es bei ihm aber eine Verbesserung. Er beabsichtigte, sehr eigen zu sein, was die Auswahl des Kassierers anging.

Gegen Frankies Grundidee konnte ich nichts sagen. Er mußte so ein richtig nervöses Hemd finden, jemanden, der vor Schreck wie gelähmt sein würde, der vor lauter Angst nur das Geld

27

überreichen und sich sonst nicht bewegen konnte. Dann würde Frankie als freier Mann nach Hause kommen – »ein Spaziergang«.

An diesem Punkt setzte Frankies »Überwachung« ein. Nachdem er das Personal jeder Bank in der Stadt (erst von der äußeren Erscheinung her und dann durch diskrete vertiefte Beobachtung nach Feierabend) überprüft hatte, fand Frankie den idealen Kassierer.

Einen gewissen Homer Jennings.

Homer war Kassierer bei der Security Savings Bank und genau der Typ, den Frankie brauchte. Warum Homer nicht schon vor langer Zeit in die Wüste geschickt worden war, blieb ein Rätsel. Sicher nur, weil die damit Beauftragten in Scharen zurückgetreten waren. Homer hatte eine Figur wie Twiggy und war blind wie ein Maulwurf. Er war eingefleischter Junggeselle, lebte allein hinter dreifach verschlossenen Türen und ging selten nach Einbruch der Dunkelheit aus. Von Bedeutung war auch, daß er häufig Briefe an Zeitungen schickte, in denen er das Verbrechen auf den Straßen beklagte.

Unglaublich? Nicht ganz. Und er war entschieden unser Mann.

Ich war jedoch noch nicht völlig überzeugt. »Sie haben doch eine Alarmanlage bei der Security Savings, nicht wahr?«

»Sicher, ein Knopf auf dem Boden neben jedem Kassierer.«

»Und du meinst, Homer wird so verängstigt sein, daß er einfach erstarrt und nichts weiter tut, als uns das Geld zu übergeben? Er wird noch nicht mal einen Fuß auf den Knopf zubewegen?«

»Das riskiert er nicht. Er wird schlottern vor Angst, glaub mir.«

So wie Frankie die Sache darstellte, klang alles recht gut. Außerdem würde ich ohnehin nur für die Fahrt mitkommen, denn ich wäre im Augenblick der Wahrheit gar nicht in der Bank. Ich wäre draußen hinter dem Steuer eines hochgezüchteten Klapperkastens, bereit, meine Aufgabe als großartiger Fahrer zu erfüllen. Das war der Grund, warum Frankie auf mich verfallen war.

Ich willigte schließlich ein. »Okay, ich bin dabei«, sagte ich zu ihm.

»Hast du ein Schießeisen, mit dem du der Wirkung deines Zettels ein bißchen nachhelfen kannst?«

Er grinste. »Ich besorge mir ein Plastikmodell beim Trödler. Das reicht völlig für Homer.«

Aber mit Homer war die Sache für Frankie noch nicht erledigt. Die drei Tage vor unserem Überfall verbrachte er damit, sorgfältig den Betrieb in der Bank zu beobachten und belebte und ruhige Zeiten festzuhalten. Er entschied sich schließlich für ein Uhr dreißig mittags, nach dem Ansturm auf das Mittagessen und vor Geschäftsschluß. Er beobachtete auch den Verkehr auf den Straßen und arbeitete die günstigste Strecke aus, die ich fahren sollte, wenn er mit dem Geld aus der Bank geflitzt kam.

Das war's also. Das reinste Kinderspiel, nicht wahr?

Falsch. Wir sind nie so weit gekommen. Ich schaffte es glatt, mit dem Wagen abzuhauen, als der Alarm ertönte, aber Frankie kam nie aus der Bank heraus. Der Schuß eines Wächters zerschmetterte ihm die Schulter.

Ich muß zugeben, daß der arme Frankie Homer Jennings völlig richtig eingeschätzt hatte. Der alte Knabe war zu Tode erschrocken, so erschrocken, daß er, als Frankie ihn ein Auge auf die Spielzeugpistole werfen ließ, um seiner Aufforderung Nachdruck zu verleihen, in Ohnmacht fiel. Sein Körper brach so genau auf dem Alarmknopf zusammen, daß er es mit dem Fuß auch nicht besser hätte schaffen können.

Blau ist die Treue

## Der Polizist, der Blumen liebte

von Henry Slesar

Der Frühling kommt mit Sicherheit, sogar zu Polizeiwachen, und Captain Don Flammer fühlte wieder einmal, wie seine Sinne in vertrauter, angenehmer Weise darauf ansprachen. Flammer liebte den Frühling – die Erde, die sich mit Grün bedeckte, die blühenden Bäume und vor allen Dingen die Blumen. Er war glücklich darüber, Landpolizist zu sein, und die Petunienbeete rings um die Polizeihauptwache von Haleyville waren seine eigene Idee und sein ganzer Stolz.

Aber als es Juni geworden war, wurde offensichtlich, daß mit Captain Flammer in diesem Frühling etwas nicht stimmte. Er war nicht er selbst. Er runzelte zu oft die Stirn, er vernachlässigte seinen Garten und verbrachte viel zu viel Zeit im Haus. Seine Kollegen waren besorgt, aber nicht verwundert. Sie wußten, was Flammer bedrückte: er grübelte immer noch über Mrs. McVey nach.

Es war die Liebe zu den Blumen gewesen, die sie zusammengeführt hatte. Mrs. McVey und ihr Mann waren in das kleine Haus an der Arden Road eingezogen, und die Frau hatte über dem verwahrlosten Garten, den sie übernommen hatte, einen grünen Zauberstab geschwungen. Rosen wuchsen in verschwenderischer Fülle empor; schwere rosafarbene Hortensien blühten neben der Veranda; übergroße Stiefmütterchen und Pfingstrosen reckten ihre Köpfe; Veilchen und blaue Glockenblumen rankten zwischen den Steinen, und Petunien mit samtigen Blütenblättern, schöner als die Blumen des Captains, stürmten die Terrasse.

Der Captain hatte eines Tages seinen Wagen angehalten und war verlegen an den Zaun herangetreten, an dem Mrs. McVey den Efeu stutzte. Flammer war Junggeselle, ungefähr vierzig

Jahre alt und nicht sehr vertraut im Umgang mit Frauen. Mrs. McVey war ein paar Jahre jünger, etwas zu dünn, um hübsch zu sein, aber mit einem Lächeln, das so voller Wärme war wie Sonnenschein.

»Ich wollte Ihnen nur sagen«, brachte er heraus, »daß Sie den schönsten Garten in ganz Haleyville haben.« Dann wurde sein Blick streng, als hätte er sie soeben verhaftet, und er stapfte zurück zu seinem Auto.

Es war nicht gerade ein erfolgversprechender Beginn für eine Freundschaft, aber es war ein Beginn. Wenigstens einen Nachmittag in der Woche stellte Flammer seinen Wagen in der Auffahrt der McVeys ab, und Mrs. McVey zeigte mit ihrem Lächeln, heißem Tee und selbstgebackenen Keksen deutlich, daß sie seine Besuche schätzte.

Mr. McVey war ihm vom ersten Moment ihrer Bekanntschaft an äußerst unsympathisch. McVey hatte scharfe Gesichtszüge, und sein Mund sah immer so aus, als würde er ständig auf einer Zitrone kauen. Als Flammer ihm etwas über Blumen erzählte, verzog sich dieser Mund verächtlich.

»Joe interessiert sich nicht für den Garten«, sagte Mrs. McVey, »aber er weiß, wieviel mir die Pflanzen bedeuten, zumal er so oft auf Reisen ist.«

Es war natürlich keine Romanze. Jeder wußte das. Sogar die Klatschbasen des Ortes. Flammer war Polizist, und ein Polizist ist bekanntermaßen schwerfällig. Und Mrs. McVey war auch nicht hübsch genug, um in das Bild zu passen.

Die Leute in Haleyville redeten also nicht über sie und lachten auch nicht hinter ihrem Rücken. Mrs. McVey und der Captain trafen sich Woche für Woche draußen, sichtbar für die ganze Stadt. Aber noch bevor es Herbst wurde, hatte er sich in sie verliebt und sie sich in ihn; dennoch sprachen sie niemals darüber.

Sie sprach jedoch über ihren Mann. Nach und nach, geleitet von ihrem Gefühl für Flammer, gewöhnte sie sich daran, sich ihm anzuvertrauen, und sie erzählte ihm von Joe.

»Ich mache mir Sorgen um ihn, ich glaube, er ist krank. Krank auf eine Art, die kein gewöhnlicher Arzt bloßlegen kann. Er ist so voller Bitterkeit. Er hat sein ganzes Leben lang so viel erwartet und so wenig bekommen.«

»So wenig nun auch nicht«, sagte Flammer mutig.

»Er haßt es, von seinen Reisen nach Hause zu kommen. Er sagt es nicht mit Worten, aber ich weiß es. Er kann es kaum abwarten, wieder unterwegs zu sein.«

»Glauben Sie, er hat –«, Flammer wurde rot, als er die Frage zu Ende dachte.

»Ich werfe ihm nichts vor«, sagte Mrs. McVey. »Ich stelle ihm keine Fragen. Er haßt es, wenn man ihn ausfragt. Es gibt Tage, da – nun, ich fürchte mich ein wenig vor Joe.«

Flammer wandte den Blick von der Veranda und dem rosafarbenen Hortensienstrauch ab, der zum Ende des Sommers immer noch in voller Blüte stand, und dachte daran, wie gern er jetzt Mrs. McVeys erdige Hände halten würde. Statt dessen trank er einen Schluck Tee.

Am 19. September wurde Mrs. McVey mit einem Revolver, Kaliber 32, erschossen. Der Knall ertönte in der Nacht und weckte die Nachbarn rechts und links. Es verging einige Zeit, bevor die Nachbarn die schwachen Hilferufe hörten, die auf den Schuß folgten, und die Polizei riefen.

Captain Flammer verzieh dem diensthabenden Beamten nie völlig, daß er ihn in der Nacht, in der der Schuß fiel, nicht angerufen hatte. Er mußte bis zum Morgen warten, um zu erfahren, daß Mrs. McVey tot war.

Keiner der Anwesenden sah in Captain Flammers Gesicht etwas anderes als die Anteilnahme eines verantwortungsbewußten Polizeibeamten. Er tat seine Arbeit mit der erforderlichen Sachlichkeit. Er vernahm Mr. McVey und machte keinerlei Bemerkung zu dessen Geschichte.

»Es war ungefähr zwei Uhr morgens«, sagte Mr. McVey. »Grace erwachte und meinte, sie hätte ein Geräusch gehört. Sie hörte immer Geräusche, also sagte ich ihr, sie solle sich wieder schlafen legen. Aber das tat sie nicht; sie zog einen Kimono an und ging hinunter, um selbst nachzusehen. Diesmal hatte sie ausnahmsweise recht – es war ein Einbrecher – und er muß es mit der Angst zu tun gekriegt haben und hat auf sie geschossen, als er sie sah ... Ich kam herunter, als ich den Knall hörte, und sah ihn wegrennen.«

»Wie sah er aus?«

»Wie zwei laufende Beine«, meinte Joe McVey. »Das war alles, was ich von ihm erkennen konnte. Aber Sie können sehen, was er hier angerichtet hat.«

Flammer schaute sich um. Er bemerkte die Scherben im Wohnzimmer, die geöffneten Schubladen, den verstreuten Inhalt – alles Hinweise auf einen Einbruch, die ins Auge springen mußten und die doch so leicht vorzutäuschen waren.

Die Spurensicherung war sofort zur Stelle gewesen. Haus und Grundstück wurden gründlich, aber ergebnislos durchsucht – keine Fingerabdrücke oder Fußspuren von Bedeutung wurden entdeckt, auch die Waffe tauchte nicht auf. Kein wie auch immer gearteter Hinweis auf den Täter in der Arden Road wurde gefunden. Dann suchte man nach Antworten auf andere Fragen. Hatte es wirklich einen Einbruch gegeben? Oder hatte Joe McVey seine Frau umgebracht?

Captain Flammer führte seine stillen Ermittlungen in diesem Fall durch, und niemand ahnte, wie es in ihm aussah, wie schwer es ihm fiel, seinen Kummer zu verbergen.

Als seine Arbeit abgeschlossen war, hatte er jedoch nichts herausgefunden, was das Ergebnis der Leichenschau hätte ändern können: Tod durch die Hand einer oder mehrerer unbekannter Personen. Er war mit diesem Ergebnis nicht zufrieden, aber es fehlte ihm selbst der kleinste Beweis, um etwas daran zu ändern. Er wußte, wer diese unbekannte Person war, er sah ihr verhaßtes Gesicht mit dem verkniffenen Mund in seinen Träumen.

Weniger als einen Monat nach dem Tode seiner Frau verkaufte Joe McVey das zweistöckige Haus zu einem guten Preis an ein Ehepaar mit einer erwachsenen Tochter. Danach verließ er Haleyville. Einige sagten, er ging nach Chicago – und Captain Flammer sah nicht mehr mit froher Erwartung dem Frühling entgegen.

Aber der Frühling kam dennoch, entschieden wie immer, und obwohl der Captain voller Trauer war und voller Groll über seine Unfähigkeit, wurde er doch davon berührt. Er begann, aufs Land zu fahren. Und eines Tages hielt er vor dem Haus an, das früher den McVeys gehört hatte.

Die Frau, die eingerahmt von blauen Hortensienbüschen auf der Veranda stand, hob die Hand und winkte. Wenn es möglich ist, daß ein Herz einen jähen Sprung macht, dann war es genau das, was Flammers Herz tat. Fast hätte er Grace' Namen gerufen, selbst dann noch, als er bemerkte, daß dort nur ein junges Mädchen stand, das mollig und noch nicht ganz zwanzig Jahre alt war.

»Hallo«, sagte sie und schaute dabei auf den Polizeiwagen in der Einfahrt. »Ein schöner Tag heute, nicht wahr?«

»Ja«, antwortete Flammer langsam. »Sind die Mitchells zu Hause?«

»Nein, sie sind weggegangen. Ich bin ihre Tochter Angela.« Sie lächelte unsicher. »Ich hoffe, Sie sind nicht dienstlich hier?«

»Nein«, sagte Flammer.

»Ich weiß natürlich alles über das Haus, über das, was letztes Jahr hier passiert ist – der Mord und all das.« Sie senkte die Stimme. »Der Einbrecher wurde nie gefaßt, nicht wahr?«

»Nein, wir haben ihn nicht gefunden.«

»Sie muß eine nette Frau gewesen sein, Mrs. McVey meine ich. Ich bin sicher, daß sie Blumen sehr geliebt hat. Ich glaube, ich habe noch nie einen so schönen Garten wie diesen hier gesehen.«

»Ja«, sagte Captain Flammer. »Sie liebte Blumen sehr.«

Traurig berührte er die blaue Blüte eines Hortensienbusches und ging dann zu seinem Auto zurück. Seine Augen hatten sich mit Tränen gefüllt, aber dennoch hatte er deutlich etwas gesehen. Denn plötzlich blieb er stehen und fragte: »Blau?«

Das junge Mädchen beobachtete ihn mißtrauisch.

»Blau«, wiederholte er, kehrte um und betrachtete eingehend den blühenden Hortensienbusch. »Im letzten Jahr war er rosa, ich weiß es ganz sicher. Und jetzt ist er blau.«

»Wovon reden Sie denn?«

»Hortensien«, sagte Flammer. »Kennen Sie sich mit Hortensien aus?«

»Ich weiß überhaupt nichts über Blumen. Solange sie nur hübsch aussehen ...«

»Sie sehen auch hübsch aus, wenn sie rosa sind«, entgegnete Flammer. »Aber wenn Alaun im Boden ist – oder Eisen –, dann verfärben sie sich blau. Genauso blau wie diese hier.«

»Was macht das schon für einen Unterschied?« fragte das Mädchen. »Rosa oder blau, ist doch egal. Es ist also Eisen im Boden –«

»Ja«, sagte Flammer. »Da muß Eisen in der Erde sein. Und jetzt, Miss Mitchell, möchte ich Sie bitten, mir eine Schaufel zu besorgen.«

Sie sah verwirrt aus, brachte ihm aber dann eine Schaufel. Flammers Gesicht zeigte keine Spur von Triumph, als er am Fuß der Hortensie den Revolver ausgrub. Die Trommel war verrostet, und der Abzug ließ sich nicht mehr bewegen.

Er triumphierte auch nicht, als sich herausstellte, daß es die Waffe war, mit der Mrs. McVey getötet worden war, und daß sie Joe McVey gehörte. Er zeigte keinerlei Regung, als der Mörder zurückgebracht wurde, um der Gerechtigkeit ausgeliefert zu werden. Aber obwohl er kein Gefühl des Sieges empfand, gab Captain Flammer doch eins zu: die Liebe zu Blumen kann eine gewisse Befriedigung verschaffen.

Die Nacht der Hexen ...

# Halloween

von J. Garner

Ich saß mit meiner amerikanischen Freundin Bambi in unserer Küche im Untergeschoß, als es an der Eingangstür läutete. Da ich Hausmeisterin war, stand ich sofort auf, um nachzusehen, und verwünschte nicht zum ersten Mal den Umstand, daß ich gezwungen gewesen war, diese Arbeit anzunehmen, um keine Miete bezahlen zu müssen.

Es war der dreißigste Oktober, und Mrs. Adams, meine knauserige Arbeitgeberin, hatte das Heizen so früh in dieser Jahreszeit untersagt. Aber bereits jetzt kündigten Frost und Feuchtigkeit einen bitteren Winter an. Ich öffnete die Tür zur Straße und sah eine groteske kleine Gestalt, die sich gegen den gelben Nebel abhob.

Es war ein kleines Mädchen, etwa acht oder neun Jahre alt; sie war als Hexe verkleidet und trug eine lange, schwarze Universitätsrobe und einen spitzen Waliser Hut. Sie war keine von den Bewohnern unserer Apartments, aber ich glaubte mich vage daran erinnern zu können, sie in dieser Gegend mit ihrem Kindermädchen und einem Kinderwagen spielen gesehen zu haben. Ich nahm an, sie sei Amerikanerin und daß ihr Vater irgend etwas mit der Botschaft zu tun hatte.

Sie war nicht gerade hübsch und hatte eine altmodische Gummipuppe in einem ziemlich heruntergekommenen Kinderwagen dabei.

»Ja oder nein?« fragte sie.

»Ja«, antworte ich entschieden in dem Glauben, ich wäre vor eine Wahl gestellt worden.

Sie sah mich erwartungsvoll an. Als ich mich jedoch nicht rührte, wollte sie wissen: »Also, wo ist es?«

»Aber was denn?«

»Mein Halloween-Geschenk«, sagte sie geduldig. »Wenn Sie mir nichts geben, spiele ich Ihnen einen Streich.«

»Jetzt mach aber, daß du verschwindest«, sagte ich verärgert.

»Das ist ja glatte Erpressung! Ihr Amerikaner seid die reinsten Verbrecher.«

Ich schlug ihr die Tür vor ihrer frechen Nase zu und ging zurück ins Untergeschoß, wo Bambi gerade wieder eine ihrer Zigaretten anzündete.

»Halloween«, erklärte ich.

»Oh«, sagte sie überrascht. »Ich wußte gar nicht, daß ihr diesen Brauch auch in England habt.«

»Haben wir auch nicht. Woher kommt das, aus Amerika?«

»Ja, allerdings. Wir sind zu Halloween immer mit unseren Kostümen in New York rumgezogen.«

»Und mit was für einer Art Streich muß ich jetzt rechnen?«

»Na ja, meine Mutter ließ uns immer eine Socke voll Mehl mitnehmen. Wenn man damit gegen die Tür schlägt, gibt das einen herrlichen Fleck.«

»Als ich herunterkam, dachte ich, ich hätte so etwas wie einen dumpfen Schlag gehört«, sagte ich, »aber wie eine Socke voll Mehl klang das nicht, eher wie ein Tritt.«

»Mittlerweile soll es zu Halloween in den Staaten ziemlich unangenehm zugehen. Banden, die einem die Scheiben einschlagen oder die Reifen aufschlitzen, wenn man ihnen nicht mindestens einen Dollar gibt.«

Ich war überzeugt, daß dieser Brauch lediglich das Rowdytum unterstützte, und sagte ihr das auch. »Was soll's, Halloween ist sowieso erst morgen.«

Bambi sah etwas düpiert aus, als ich so unfreundlich über ihre nationalen Bräuche redete. »Gott noch mal«, sagte sie, »ich habe im letzten Monat etliche Pennies für Guy gegeben. Ich finde, Guy Fawkes ist genau so eine komische Sache. Einfach eine menschliche Figur zu verbrennen!«

So konnte ich das nicht sehen, aber ich hielt den Mund. An diesem Abend ärgerte ich mich über Bambi; obwohl sie selbst arm war, beneidete ich sie um den Wohlstand ihrer Familie. Abgesehen davon, hatte ich selbst auch immer reisen wollen.

Ich schenkte ihr noch eine Tasse Tee ein, und sie kehrte zu ihren Anekdoten aus dem Showbusiness zurück. Dann setzte sich Ron, mein Mann, zu uns, und wir spielten bis elf Domino um das Geld von der Gasrechnung.

Am nächsten Morgen war ich um sechs auf, brachte Ron seinen Tee und machte unter dem Boiler Feuer für heißes Wasser. Um 7.30 Uhr ging ich hoch ins Erdgeschoß, um die Milch zu holen. Der Milchmann wollte gerade wieder gehen.

»Komische Dekorationen habt ihr hier«, sagte er und deutete auf unsere Eingangstür. Es war allerdings sonderbar. Mitten auf die Tür war eine Puppenhand genagelt. Sie war aus Gummi, mit Baumwolle gefüllt, und diese Füllung hing teilweise heraus. Es sah widerlich aus und pervers.

»Wenn ich so etwas in Brixton oder Camden Town gesehen hätte«, sagte der Mann, »wissen Sie, was ich dann gedacht hätte? Daß irgend jemand Voodoo praktiziert. Aber hier kennen sie so was ja nicht. Nicht in der Gloucester Road, bestimmt nicht.«

Ich zog das dreckige Ding von der Tür ab und schmiß es in einen offenen Mülleimer.

»Es ist überall dasselbe, in der ganzen Straße«, fuhr er fort. »Überall sind Stücke von einer Puppe an die Türen genagelt.«

Ich bin nicht abergläubisch, also zuckte ich nur mit der Schulter und ging nach oben, um die Milch zu verteilen. Später, nachdem ich meinen Sohn zur Schule geschickt hatte, fing ich an, die Apartments und die Flure sauberzumachen.

Erst als Mrs. Adams mich zum Einkaufen schickte, brachte ich die verstümmelte Puppe mit meiner kleinen Besucherin vom Vorabend in Verbindung; ich sah, wie der Torso gerade von Professor Newtons Tür entfernt wurde.

»Da läuft es einem eiskalt den Rücken herunter«, begrüßte ich ihn.

»Dieses unselige Halloween-Kind hat das angestellt. Ziemlich böser Streich! Irgend etwas stimmt mit dieser Familie nicht. Zuviel Rivalität unter Zwillingen, wäre meine Diagnose. Ich werde mich in aller Form bei den Eltern beschweren. Oder besser noch, ich werde einen Brief an die TIMES schreiben und gegen die Übernahme fremdartiger Bräuche protestieren – der schädlichen, jedenfalls.«

Nachdem er unter einigen Schwierigkeiten die Nägel aus der Tür entfernt hatte, nahm der Professor das grauenerregende

Andenken mit ins Haus und schlug empört die Tür hinter sich zu.

Der Kopf der Puppe war auf das Gitter an der Ecke gespießt. Dort sah ich Lady Arthwaite, wie sie ihn interessiert begutachtete. »Ich frage mich, was das arme Ding getan hat, daß es enthauptet wurde«, murmelte sie mir zu, als ich vorüberging. »Geradezu wie im Mittelalter, was meinen Sie? Oder, um genau zu sein, es ist – nun ja, seit vor dem Krieg habe ich eine solche Puppe nicht mehr gesehen. Die Art der Haut ist soviel lebensnäher als bei diesem abstoßenden Plastikzeug, das man heutzutage bekommt. So eine hätte ich gerne für meine kleine Enkelin.«

Aber es war kalt, und ich konnte mich nicht aufhalten. Auf jeden Fall hatten ihre angenehm normalen Worte dem Vorfall etwas von seinem Schrecken genommen. Ich erledigte meine Einkäufe und bereitete Mrs. Adams' Lunch zu. Ich arbeitete bis zum Einbruch der Dunkelheit, was ziemlich früh war.

Ein Unwetter braute sich zusammen. Der Himmel war sehr düster und bedrohlich. Mein Sohn kam gerade noch rechtzeitig aus der Schule, ich machte ihm trotzdem eine schöne, heiße Tasse Kakao, für den Fall, daß der Frost ihm in die Glieder gefahren war. Er ist etwas empfindlich.

Kurz nach fünf fing es in Strömen an zu regnen. Ron war völlig durchweicht, als er eine halbe Stunde später nach Hause kam. »Halloween«, sagte er. »Ich könnte einen Drink vertragen.« Ich mixte ihm einen Whisky mit heißer Zitrone, so wie er es mochte.

In seiner abgetragenen Hausjacke saß er über den inzwischen wieder angezündeten Gasofen gebeugt. Ich fing an, das Abendessen zu bereiten – Koteletts, Kartoffeln und Erbsen, dazu Obstsalat mit Vanillesoße als Nachtisch.

Wir fingen mit dem Essen an. Plötzlich läutete es wieder an der Eingangstür. Ich murmelte verärgert etwas und stieg die Treppe hoch.

Das kleine amerikanische Mädchen stand vor der Tür, diesmal als Pirat verkleidet.

»Ja oder nein?« fragte sie.

Diesmal hatte sie ihren kleinen Bruder im Kinderwagen.

Die Frau von nebenan ...

## Zweimal um den Block

von Lawrence Treat

Genau eine Stunde nach Mitternacht stieg nur eine Handvoll Leute an der U-Bahnstation aus, die in der riesigen, weitverzweigten Siedlung aus kleinen Einfamilienhäusern mit dem Namen Sunny Hills lag. Harry – groß, gutaussehend, eine Prahlernatur – war absichtlich der letzte.

Er hatte die Mütze, den Handschuh und das Messer gut unter seiner Jacke verborgen. Diese Gegenstände trug er immer bei sich, denn er wußte nie genau, wann seine Chance kommen würde. Vielleicht heute abend, vielleicht erst in zwei oder drei Wochen. Sie würde gekommen sein, sobald es ihm gelang, unbemerkt am Glashäuschen des Wachmannes der Nachtschicht vorbeizukommen.

Obwohl Harry seit einiger Zeit seine Pläne immer exakter durchdacht hatte, war er klug genug, nichts zu übereilen. Er hatte Mary drei Jahre lang ertragen, er konnte noch eine Weile warten. Abgesehen davon hatte sie einen Teilzeitjob in einem Kaufhaus und gab ihm jede Woche ihre Lohntüte.

Sie tat dies beinahe unterwürfig in ihrer Zufriedenheit darüber, daß sie endlich angefangen hatten zu sparen. Er hatte immer gut verdient, gab aber alles für sich aus. Er hatte etwas Besonderes, einen gewissen Stil, obwohl er erst bemerkt hatte, daß er in dieser Hinsicht außergewöhnlich war, als Velma nebenan einzog.

Er konnte nie verstehen, was eine Frau wie Velma nach Sunny Hills verschlagen haben mochte, wo sogar die kleinen, adretten Häuser auf eine derart monotone Weise gleich aussahen, daß man sie kaum auseinanderhalten konnte. Sie hatte allerdings vage von gewissen Schwierigkeiten in ihrer Vergangenheit gesprochen, und er schloß daraus, daß sie gezwungen gewesen war, ihren Job in dem Nachtklub, wo sie die Garderobenkonzession hatte, aufzugeben.

Vom Moment an, wo sie sich sahen, sprangen bei ihnen wie bei Hochspannungsdrähten die Funken über, und keiner von beiden hatte versucht, dem zu widerstehen. Kurz nach dem ersten Funkenflug war es Harry gelungen, sich zur Nachtschicht versetzen zu lassen, so daß er sie tagsüber sehen konnte – ohne frustrierende Komplikationen.

Befriedigend war das allerdings nicht. Es waren die Nächte, die ihn deprimierten, wenn er in das Haus, in das er nicht mehr gehörte, zurückging, zu der Frau, die er nicht mehr wollte, die er zu hassen begonnen hatte.

»Schatz«, hatte er einmal zu Velma gesagt. »Wenn ihr nur irgend etwas passieren würde. Wenn sie einen Unfall hätte …«

»Du könntest dafür sorgen, daß es wie ein Unfall aussieht«, hatte Velma mit ihrer tiefen, verführerischen Stimme gesagt.

»Wenn, dann steckst du mit drin.«

»Und?«

»Vielleicht wäre es geschickter, es mit einer Scheidung zu versuchen?«

»Du müßtest Unterhalt zahlen. Dann wär' nicht mehr viel übrig.«

»Du bist ganz schön hinter dem Geld her, was?« hatte er gesagt. Und ihre schwarzen Augen hoben sich langsam, der glühende Blick saß.

Danach fing er mit den Vorbereitungen an. Er kaufte den Rollfilm und bewahrte ihn zu Hause auf – für alle Fälle. Er nahm immer den letzten Wagen der U-Bahn und stieg immer als letzter aus. Auch für alle Fälle. Und er studierte den Fahrplan und fand heraus, daß die Nachtzüge genau alle fünfzehn Minuten fuhren; und jeden Abend stellte er seine Uhr nach der in der U-Bahn. Für alle Fälle.

Heute abend war alles wie immer. Er kam aus der U-Bahnstation und sah sich um, um sicherzugehen, daß niemand ihn bemerkt hatte. Von einem Taxi abgesehen, dessen Fahrer über dem Lenkrad schlummerte, war die Straße wie ausgestorben.

Er überquerte die Fahrbahn und schlenderte das lange Straßenstück entlang, und zum hundertsten Mal durchdachte er alles. Er fuhr mit seiner Hand in die Tasche und berührte das

Messer. Er hatte es in einer öffentlichen Toilette gefunden. Seine Herkunft festzustellen war nach Menschenermessen unmöglich, und niemand außer Mary hatte je einen Blick darauf geworfen.

Als er sich dem Häuschen des Wachmannes näherte, hatte er seine Schritte beschleunigt, und sein Puls erhöhte sich. Dann war er direkt neben dem Verschlag, und sein Herz tat einen harten, krampfartigen Schlag. Mike Hogan war nicht da. Jetzt oder nie – dies war die eine, kaum faßbare Chance.

Harry blieb ruhig. Er huschte verstohlen hinüber in den Schatten hinter das verzierte Tor von Sunny Hills. Er setzte die Mütze auf, zog sie in die Stirn und schlug den Kragen hoch. Dann verließ er den Gehweg und schlich sich durch die Vorgärten, wobei er dicht an den Häusern blieb. Falls ihn jemand sah, würde man ihn für einen Herumtreiber halten.

Um so besser. Sollen sie ihn sehen. Sollen sie der Polizei später erzählen, ein Mann sei durch die Vorgärten geschlichen. Wacht doch auf, ihr Idioten, und schaut aus dem Fenster. Aber nur kurz.

An der Ecke zu seiner Straße drehte er sich um und sah zurück. Jetzt nur ruhig bleiben und keinen Fehler machen. Als er sich überzeugt hatte, daß die Luft rein war, fing er mit kleinen, hastigen Schritten an zu rennen. In stiller Erregung lachte er in sich hinein, in der Gewißheit, daß alles klappen würde.

Er steckte den Schlüssel ins Schloß und trat ein. Er war froh, daß es stockdunkel war. Hätte er Marys Gesicht gesehen, hätte er womöglich gezögert oder sogar aufgegeben. Er war kein grausamer Mensch, wie er sich einzureden versuchte. Er war lediglich ein Mann, der den Fakten ins Gesicht sah.

Er holte das Messer hervor und ließ es aufschnappen. Seine Hände waren feucht, dennoch umklammerte er fest den groben Griff. Er streckte den Arm einmal, und seine Gesichtszüge verhärteten sich.

Behende und geräuschlos eilte er den wohlvertrauten Flur entlang. Er stieg die eine Treppe hinauf und öffnete rechts die Tür. Ihr Bett war direkt dahinter.

Er stieß brutal zu, immer wieder. Dies war der Teil, vor dem er Angst gehabt hatte, aber er hatte es bald hinter sich – eine saubere, glatte Angelegenheit. Zwar stoppte ihr Atem, und sie stöhnte, aber sie wachte nicht einmal auf.

Er drehte sich auf dem Absatz um und ging hinaus, umkreiste das Haus und blieb vor dem Schlafzimmerfenster stehen. Dann zog er den dicken, schweren Handschuh über und stieß einmal in das Glas. Ein sprödes, klirrendes Geräusch – das war alles.

Später, wieder im Zimmer, würde er Zeit genug finden, den Fensterrahmen hochzuschieben, und alles würde, was die Polizei betraf, auf einen plündernden Einbrecher hinweisen.

Er blickte wieder auf seine Uhr und war überrascht, daß alles nur sechs Minuten gedauert hatte; die Genauigkeit seines Zeitplanes gab ihm zusätzliches Selbstvertrauen.

Wieder auf der Straße, begann er den langen Weg um den Block zurück zur U-Bahnstation zurück zu laufen. Er lief jetzt ganz offen und blieb absichtlich auf dem Gehweg aus Beton, so daß seine Schritte deutlich zu hören waren. Das war ein Teil des Plans. Er wollte aus einiger Entfernung gesehen werden, um so den Eindruck zu erwecken, jemand sei auf der Flucht.

Er nahm die Abkürzung über das Feld und hielt kurz an der Müllhalde, wo er Handschuh und Mütze wegwarf. In der Dunkelheit bückte er sich und holte die Schlüssel hervor. Sollte die Polizei ihn verdächtigen – falls es überhaupt mehr als eine oberflächliche Untersuchung werden würde –, wollte er sie nicht seinen Schlüssel zu Velmas Haus finden lassen. Er warf den Schlüssel weg.

Den Schlüsselring steckte er in seine Tasche zurück, setzte den Hut fest auf und ging beinahe gutgelaunt zurück zum Ausgang der U-Bahn. Er kam einige Minuten zu früh an und stand eine Weile im Schatten des angrenzenden Zeitungsstandes. Er atmete ein paarmal langsam und tief durch und ließ sich dabei noch einmal alles durch den Kopf gehen.

Er hatte nichts vergessen; er hatte keinen Fehler gemacht. Er konnte sicher sein, daß Velma ihn nicht verriet. Sie hatte allen Grund, ihren Mund zu halten, doch selbst wenn sie redete, gab es keinerlei Beweise. Keine Zeugen – und keine Streitgespräche mit Mary, die jemand gehört haben konnte. Und keine verdächtige Verbindung zwischen ihm und dem Messer.

Er hörte das rollende Geräusch der U-Bahn, und zwei oder drei Fahrgäste kamen die Treppe hoch. Er wartete einige Sekunden und trat dann ins Licht. Das einsame Taxi war immer noch da, der Fahrer war inzwischen aufgewacht. Harry winkte ihm zu und ging weiter.

Er steuerte auf das Glashäuschen des Wachmannes zu. Es war entscheidend, daß Hogan mit ihm nach Hause ging und dabei war, wenn er die Leiche entdeckte. Das war das wichtigste überhaupt. Aber Harry hatte auch das seit langem vorbereitet. Im Laufe des vergangenen Monats hatte er Nacht für Nacht hier haltgemacht, nicht eine Nacht hatte er ausgelassen.

Hogan kam aus seiner Kabine hervor, sah, daß es Harry war, und grinste. »'n Abend, Harry. Auf die Minute, wie immer.«

Harry grinste. »Klar, genau nach Fahrplan. Übrigens, Mike – dieser Rollfilm, von dem ich dir erzählt habe. Ich hab' ihn zu Hause liegen für dich. Kostet dich keinen Pfennig.«

»Das ist verdammt nett von dir, Harry.«

»Komm doch mit zu mir, dann kann ich ihn dir direkt geben.«

»Danke«, sagte Hogan. Er fiel in Harrys Schritt ein und fing an, endlos über seine Kameraprobleme zu klagen. Harry hörte kaum zu. Als sie um die Ecke in seine Straße bogen, holte Harry seine Schlüssel heraus. Er hielt vor seinem Haus – Nummer 48.

»Komm rein«, sagte er. »Ich hab' sie im Schlafzimmer. Dauert nur 'ne Sekunde.«

Er steckte den Schlüssel ins Schloß und versuchte, ihn zu drehen. Er klemmte, und er zog ihn heraus, um ihn sich anzusehen.

»Was ist los?« fragte Hogan vergnügt. »Hast du den falschen Schlüssel?«

Harry warf ihm einen entsetzten Blick zu und rammte den Schlüssel wieder ins Schloß. Den falschen Schlüssel?

Dann wurde die Tür geöffnet. Mary zog sich ihren Morgenmantel fest um die Schultern und sagte: »Ich bin so froh, daß du wieder da bist. Ich bin richtig erleichtert.«

Harry richtete sich auf und starrte ungläubig seine Frau an. Plötzlich schien ihm ein riesiger, harter Klumpen im Magen zu liegen, und er mußte sich an der Türfassung festhalten – der Türfassung, die identisch mit Velmas war.

Marys Stimme schien von sehr weit weg zu kommen. »Ich hab' gehört, wie Glas zerbrochen ist, davon bin ich aufgewacht. Ich bin sicher, nebenan mit der Frau ist irgend etwas passiert. Und ich hab' solche Angst gehabt. Denk doch – das hätte mir passieren können.«

## Leichte Beute

von Al Nussbaum

Es ist unmöglich, genau zu sagen, warum sich die beiden Männer die alte Mrs. Hartman als Opfer aussuchten. Vielleicht waren es ihr offenkundiges Alter und ihre Gebrechlichkeit. Vielleicht war es der Umstand, daß sie nur wenige Minuten zuvor die Bank verlassen hatte. Vielleicht waren sie durch die übergroße Umhängetasche angelockt worden, die sie schützend an sich preßte, oder durch den Umstand, daß sie vor dem Verlassen der geschäftigen Durchgangsstraße nur einen Häuserblock weit ging und dann in eine ruhige und einsame Seitenstraße einbog.

Eine Kombination dieser Faktoren oder alle gleichzeitig mochten sie beeinflußt haben. In jedem Fall hatten sie sie gesehen und als leichte Beute eingestuft. Sie waren hinter ihr hergegangen und traten dann neben sie, der eine auf der einen Seite, der andere auf der anderen. Der zu ihrer Linken stellte ihr ein Bein, und der andere Mann schnitt den Riemen der Umhängetasche durch und versuchte, sie ihr wegzunehmen. Anstatt die Hände nach vorne zu strecken, um, wie sie es von ihr erwartet hatten, den Fall abzubremsen, packte die grauhaarige alte Frau die Tasche mit beiden Händen und hielt sie krampfhaft fest. Sie fiel aufs Pflaster, wobei das Geräusch eines brechenden alten Knochens hörbar wurde, aber sie ließ die Tasche nicht los.

Ein Mann wickelte das baumelnde Ende des Schulterriemens um seine Hand und versuchte, ihr die Tasche wegzureißen, während der andere Mann die alte Frau mit seinen breiten Stiefeln trat. Es kamen keine Hilferufe, keine Schreie. Die einzigen Geräusche waren das Scharren der Füße und das schwere Atmen der Männer, als sie Mrs. Hartman zu zwingen versuchten, ihre Tasche freizugeben. Die Männer waren fest entschlossen, die Tasche zu bekommen. Jedes Zerren an dem Riemen wurde von mehreren Tritten begleitet, um den Halt zu lockern. Aber ihre fest aufeinander gepreßten Zähne und der verzweifelte Klammergriff ließen eindeutig erkennen, daß sie genauso fest entschlossen war, sich die Tasche nicht abnehmen zu lassen.

Unglücklicherweise konnte es die Frau nicht einmal mit einem Mann aufnehmen, geschweige denn mit zwei. Es dauerte nur Sekunden, bevor sie durch Schmerz und Erschöpfung in die Bewußtlosigkeit geworfen wurde. Sie rissen ihr die Tasche aus den kraftlosen Fingern und rannten davon, sie auf dem Bürgersteig ausgestreckt zurücklassend.

Niemand sah den räuberischen Überfall. Es dauerte fast fünfzehn Minuten, bis Mrs. Hartman von einem anderen Fußgänger gefunden wurde. Die Polizei und ein Krankenwagen erschienen gleichzeitig auf der Bildfläche, aber zu diesem Zeitpunkt waren die beiden Männer längst über alle Berge.

Als sie auf einer Bahre zum Krankenwagen getragen wurde, gewann sie für ein paar Augenblicke das Bewußtsein zurück. Sie richtete ihre schmerzerfüllten Augen auf den uniformierten Polizisten, der ganz in der Nähe stand und auf sie hinunterblickte.

»Mein Geld«, sagte sie mit einer Stimme, die so schwach war, daß er sie kaum verstand. »Sie haben mein Portemonnaie gestohlen, und da war mein ganzes Geld drin.«

»Wieviel hat man Ihnen weggenommen, Ma'am?« fragte der Beamte.

Sie schwieg einen Augenblick lang, schaffte es dann, »Dreiunddreißigtausend Dollar« zu erwidern, bevor sie das Bewußtsein wieder verlor.

Sie war nicht in der Lage gewesen, viel zu sagen, aber es reichte aus, den Überfall von der Ebene einer relativ unbedeutenden Straftat, als die solche Angelegenheiten angesehen wurden, auf das Niveau eines schweren Verbrechens anzuheben. Vier Detektive wurden zur Unfallstation des Krankenhauses abkommandiert, um zur Stelle zu sein, wenn sie wieder sprechen konnte. Und eine gleiche Anzahl von Zeitungs- und Fernsehreportern traf ebenfalls im Krankenhaus ein.

Als sie aus dem Behandlungsraum gefahren wurde, sah Mrs. Hartman wie eine Mumie aus. Beide Arme und ein Bein waren stark eingegipst, und ihr Kopf wurde von einem Verband umhüllt. Sie war jedoch wach und in der Lage, ein paar weitere Fragen zu beantworten. Detective Sergeant Kendris, ein bulliger Mann in der Vierzigern, führte allein das Wort. Die Leute von den Nachrichtenmedien mußten sich mit dem, was sie mithören konnten, und den Fotos, die sie machen durften, begnügen.

»Mrs. Hartman, können Sie mich richtig verstehen?« fragte Kendris.

»Ja«, erwiderte die Frau schwach.

»Sie sagten dem Beamten, der Sie gefunden hat, daß Ihnen dreiunddreißigtausend Dollar geraubt wurden. Ist das richtig?«

»Ja ...«

»Wie kam es, daß Sie soviel Geld bei sich hatten?«

Mrs. Hartman zögerte, so als ob sie nach den richtigen Worten suchte.

Dann bekannte sie: »Ich bin ... ich bin eine törichte alte Frau. Manchmal handele ich nicht vernünftig. Einmal im Jahr, manchmal sogar zweimal, hole ich alle meine Ersparnisse von der Bank. Ich behalte das Geld ein paar Tage lang zu Hause, um es zu betrachten und anzufassen, dann bringe ich es zur Bank zurück. Diesmal ...«, ihre Stimme wurde immer schwächer, » ...habe ich alles verloren.«

»Haben Sie den Dieb erkannt?«

»Es waren zwei, aber ich habe sie vorher nie gesehen. Und ich bin mir nicht sicher, ob ich sie wiedererkennen würde. Es ging alles so schnell ...«

In diesem Moment begann das Beruhigungsmittel zu wirken, das ihr der Doktor verabreicht hatte, und sie schlief ein.

»Wenn Sie noch weitere Fragen haben, Sergeant Kendris«, sagte die Krankenschwester, »müssen Sie morgen wiederkommen.«

Am nächsten Nachmittag stürmte Kendris mit dem Aussehen eines wilden Bären ins Krankenhaus, aber er bekam keine Gelegenheit, mit Mrs. Hartman zu sprechen. Sie schlief den ganzen Tag, und der Arzt erlaubte Kendris nicht, sie aufzuwecken.

Am folgenden Tag kam Kendris erneut. Er hatte sich etwas beruhigt, war aber noch immer sichtlich wütend. Mrs. Hartman saß, im Rücken abgestützt, aufrecht im Bett, und eine freiwillige Krankenhaushelferin im Alter einer Gymnasialschülerin las ihr aus der Zeitung vor.

Kendris bat das Mädchen, draußen zu warten, während er mit Mrs. Hartman sprach.

»In Ordnung«, sagte er , als sie allein waren, »was haben Sie sich dabei gedacht, mich zu belügen?«

»Ich … ich weiß nicht, was Sie meinen«, antwortete sie.

»Hören Sie auf damit! Sie wissen ganz genau, wovon ich rede – von Ihren angeblichen dreißigtausend Dollars. Der Raub war überall in den Zeitungen und im Fernsehen, aber als ich zur Bank ging, um zu hören, ob sie die Seriennummern der Geldscheine notiert hatten, erfuhr ich, daß Sie dort niemals ein Konto besessen haben. Man sieht Sie nur dann, wenn Sie, wie vorgestern, hereinkommen, um Ihren Scheck von der Sozialversicherung einzulösen. Warum haben Sie gelogen?«

Die Hände der verletzten Frau öffneten sich, schlossen sich und öffneten sich abermals in einer Gebärde der Hilflosigkeit. »Ich wollte nicht, daß die Diebe davonkommen. Ich … ich wollte, daß sie für das bezahlen, was sie mir angetan haben.«

»Aber *deswegen* mußten Sie nicht lügen«, beharrte Kendris. »Wußten Sie nicht, daß wir genauso hart gearbeitet hätten, daß wir uns genausoviel Mühe gegeben hätten, Ihre Pension wieder herbeizuschaffen, wie wir es bei der größeren Summe getan haben?«

Als sie nicht sofort antwortete, hatte Kendris Zeit, zu überprüfen, was er da gerade gesagt hatte und wie lächerlich es war. Solange man geglaubt hatte, daß dreiunddreißigtausend Dollar gestohlen worden waren, arbeiteten vier Detektive an dem Fall, und die Reporter berichteten über jeden ihrer Schritte. Jetzt jedoch war er der einzige, der sich offiziell damit beschäftigte, und dies auch nur noch so lange, bis er ins Büro zurückkehrte und seinen Bericht unter den ungelösten Fällen ablegte. Wenigstens besaß er Anstand genug, Verlegenheit zu empfinden.

»Oh, das hatte ich nicht gemeint! Ich bin sicher, daß die Polizei ihr Bestes tut, unabhängig von der verlorengegangenen Summe«, sagte Mrs. Hartman, aber in Kendris' Ohren hatten die Worte einen hohlen Klang. Es machte ihn noch beschämter, daß diese zusammengeschlagene alte Frau mehr Verständnis für seine Gefühle aufbrachte, als er für die ihren an den Tag gelegt hatte.

»Hören Sie«, sagte er, um das Gespräch zu beenden, »vergessen wir die Sache einfach.« Er machte sich auf den Weg zur Tür. »Wenn sich irgend etwas ergibt, werden Sie benachrichtigt«, sagte er, und dann hatte er den Raum verlassen.

Die junge freiwillige Helferin kehrte zurück. Sie griff nach der Zeitung, die sie zur Seite gelegt hatte, als Kendris gekommen war, und setzte sich neben das Bett.

»Möchten Sie, daß ich Ihnen noch mehr vorlese?« erkundigte sie sich.

»Ja, bitte«, antwortete Mrs. Hartman. »Lesen Sie noch einmal den Absatz über die Morde.«

»Aber den habe ich doch schon viermal gelesen«, protestierte das Mädchen.

»Ich weiß, aber lesen Sie ihn bitte noch mal.«

Das Mädchen räusperte sich und begann: »Die Polizei ging gestern abend gegen zehn Uhr einer Ruhestörung in einem Apartment des Hauses Seventh Avenue No. 895 nach und fand zwei Männer vor, William White und Jesse Bold, gemeinsame Mieter des Apartments, die tot auf dem Fußboden des Livingrooms lagen, Folge eines Messerkampfs. Nachbarn berichteten, daß sich die Männer den ganzen Tag handgreiflich gestritten und einander beschuldigt hatten, eine unbekannte Geldsumme unterschlagen zu haben. Der Messerkampf, in dem sie sich gegenseitig töteten, war der Höhepunkt der ganztägigen Konfrontation. Beide Männer hatten ein langes Vorstrafenregister. Die Polizei setzt ihre Untersuchung fort.«

Mrs. Hartman lächelte mit wunden Lippen. »Lesen Sie es bitte noch einmal«, sagte sie leise.

Viele Wege führen nach Rom!

## Der Herr wird es richten

von Lawrence Treat und Charles M. Plotz

Staatsgefängnis, 3. April

Liebe Judy

Es ist jetzt ein ganzes Jahr her, ein ganzes langes Jahr ohne Dich. Aber ich bin ein wirklich guter Gefangener gewesen und habe mich von allem Ärger ferngehalten wie die Katze vom Wasser. Sie sagen, daß ich nächsten April auf Bewährung rauskommen werde, noch genug Zeit, um die Saat einzubringen. Haltet also durch, Du und Onkel Ike. Die einzige Sache, die mir Sorgen macht, ist, daß ich so lange nichts von Dir gehört habe. Warum? Was ist los?

Judy, es ist nicht so, daß ich irgendwas Böses gemacht habe. Alles, was ich tat, war, diesen Wagen zu fahren. Ich wußte nicht, daß sie Pistolen und nervöse Finger hatten, ich kannte sie nicht mal gut. Sie waren bloß ein paar Burschen aus der Stadt, die in einer Bar rumhingen, und ich kam mit ihnen ins Quatschen und erwähnte zufällig, daß ich der Champion unter den Rallye-Fahrern des Hadley County war. Ich gab vielleicht ein bißchen an. Ich muß ihnen erzählt haben, daß ich ein Auto an einer Seite der Wand rauf und an der anderen wieder runterfahren konnte, und wenn sie sehen wollten, wie gut ich war, brauchten sie nur mit nach draußen zu kommen und sich zu überzeugen. Was sie auch taten.

Vielleicht war ich ein bißchen blöde, als sie mir anboten, mich gleich an Ort und Stelle zu bezahlen, wenn ich sie am nächsten Tag zur Bank und dann in die Berge bringen würde, wo es keine Straßen gab und wo sie ganz scharf drauf waren. Nun, ich fragte sie nur, wieviel. Und als sie es mir sagten, schnappte ich beinahe über. Weil es fast soviel war, wie wir für die Hypothekenzahlung brauchten. Ich dachte mir, daß Geld Geld war, und wenn sie soviel von der Bank holten, warum sollten sie nicht großzügig sein? Was ich nicht wußte, war, daß sie überhaupt kein Konto bei der Bank hatten.

So muß ich also zugeben, daß ich wirklich blöde war. Aber blöde oder nicht, so hatte ich doch Glück, denn wenn ich länger bei den beiden geblieben wäre, hätte es mich auch tödlich erwischt. Aber sie gaben mir Geld dafür, daß ich sie aus der Stadt und in die Berge brachte, und nachdem ich das getan hatte, kehrte ich um und kam geradewegs zu Dir zurück.

Als Ike die Nachrichten im Radio hörte, wußte er gleich, daß ich am Steuer von dem Wagen gesessen hatte. Kein anderer hätte den Cops davonfahren und sie reinlegen können, und ich wette, ich wäre ganz sicher nach Mexiko oder vielleicht sogar China gekommen, wenn ich gewollt hätte. Wenn mich die Flugzeuge nicht entdeckt hätten, wie sie das bei den beiden taten. Aber ich hatte getan, wofür ich bezahlt wurde, und darum kam ich dahin zurück, wo ich hingehörte. Und wenn sie fünfzigtausend kassiert hätten, wie die Zeitungen sagten, oder eine Million, würde ich das nicht wissen. Ich wartete draußen im Wagen, und alles Geld, was ich überhaupt sah, war das, was ich dir gab. Und wie ich schon sagte, habe ich es am Tag vorher gekriegt, und es war nicht von der Bank gestohlen. Nicht von dieser Bank jedenfalls.

Der Sheriff fragte mich immer wieder, wo das gestohlene Geld war. Schließlich waren die zwei Bankräuber tot ohne eine Spur von dem Geld, und der Sheriff hatte nur mich. Nur einen armen, dummen Farmer, der ganz gut Auto fahren kann.

Aber ich will Dich mit all dem nicht aufregen. Ich sehne mich wirklich nach Dir, wie ich schon sagte. Wann also kommst Du her, um mich zu besuchen? Und wie geht es Dir und Ike und der Farm?

Dein Dich liebender Mann
Walt

Hadley 2, postlagernd, 10. April

Lieber Walt

Ich bekam Deinen Brief, und der Grund, warum ich nicht gekommen bin, um Dich zu sehen, ist der, daß ich das Geld für die Reise nicht habe. Außerdem muß ich jetzt die ganze Arbeit alleine machen. Onkel Ike liegt wieder mit seinem Rheumatismus da, und Doc Sanders sagt, daß er nicht aufstehen kann, bevor das warme Frühlingswetter anfängt, und das wird wohl kaum vor Mai passieren. Und wenn er sich jämmerlich fühlt, will er, daß ich die ganze Zeit um ihn herum bin, und alles, was er tut, ist sich beschweren und mir erzählen, daß alle hinter mir her sind. Er versuchte sogar, George wegzuscheuchen, als George mit seinem neuen Wagen vorbeikam und mich zu einer kleinen Fahrt einlud. Und ich mußte wirklich mal für ein Weilchen von der Farm weg.

George war auch sehr nett zu mir. Er wollte wissen, wie ich ohne Dich zurechtkomme und ob ich Dich sehr vermisse. Nun, ich sagte ihm, daß es ziemlich einsam ist und daß es Dinge gibt, die ein Mädchen manchmal braucht, und wer außer Ike war schon da? Es schien so, daß mich George falsch verstand, aber ich sagte ihm ganz schön Bescheid. Anschließend sagte ich ihm geradeheraus, daß wir warscheinlich die Farm verlieren würden, wenn wir die Hypothekenrate nicht zahlen könnten, und wie sollte ich sie zahlen, ohne die Saat eingebracht zu haben? Und ich sagte, daß er vielleicht etwas tun könnte, wo George doch zum Vizepräsidenten der Bank befördert wurde. Er sagte, daß er sehen würde, was er tun könnte, und das war es dann auch schon. In jedem Fall war es schön, mal für ein Weilchen von Ike wegzukommen, besonders wo mich George zum Abendessen in das neue Lokal in der Stadt mitnahm.

Walt, ich wünschte, Du wärst auch ein Bankier.

Dein Dich liebendes Weib
Judy

Staatsgefängnis, 15. April

Liebe Judy

Ich weiß, daß es schwer für Dich ist, und wo Du Dich um Ike kümmern mußt, ist es noch schlimmer. Er ist mürrisch genug, wenn er sich wohlfühlt, aber wenn er die Schmerzen hat, reicht das aus, selbst die Geduld eines Heiligen zu strapazieren. Aber der Herr wird es richten, Judy, und ich weiß, was ich sage.

Was George und das Stillhalten der Bank angeht – laß Dir das schriftlich geben. Wenn Du ihn also das nächste Mal siehst, dann frag ihn doch mal nach Ruthie Watkins, über die ich hier was von einem Burschen namens Ernie Taylor rausgefunden habe. Ernie – sein Geschäft ist es, Briefe zu verkaufen. Und wie er sagte, wenn ich eine Kuh habe oder einen Scheffel Weizen, dann kann ich sie verkaufen, oder? Warum kann er also keine Briefe verkaufen?

Ernie und ich kommen prima miteinander aus, weil wir beide unschuldig sind und wir gar nicht hier sein sollten. Aber solange wir hier sind, sprechen wir über manche Dinge, und Ernie erwähnte zufällig einige Briefe, die ihm in die Hände gefallen sind und die George an diese Ruthie Watkins schrieb. Du solltest sie also erwähnen, wenn Du George das nächste Mal siehst.

Dein Dich liebender Mann
Walt

Hadley 2, postlagernd, 22. April

Lieber Walt

George nahm mich wieder zum Abendessen mit, und wir sprachen über viele Dinge. Und wie du mir sagtest, erwähnte ich zufällig Ruthie Watkins, und dann redete ich über die Hypothek und daß es schriftlich festgelegt werden sollte. Und schon am nächsten Tag kriegte ich einen Brief von der Bank, wo sie versprechen, daß sie bis zum Herbst stillhalten, aber ich weiß nicht,

53

was es nutzen wird. Als ich nämlich das nächste Mal mit George aus war, stach Ike der Hafer, und er bekam die Idee, daß er mit dem Traktor fahren müßte. Was er auch tat – bis zu dem großen Graben an der Westseite. Ike wurde nicht schwer verletzt, nur ein paar Hautabschürfungen, von denen er sich schon erholt, aber Du solltest sehen, was von dem Traktor noch übriggeblieben ist. Wie soll ich also die Hypothekenzahlung im Herbst machen, wenn die Saat nicht eingebracht wird? Und wenn ich nicht bezahle, haben wir keine Farm mehr.

Ich bin müde, Walt. Ich bin todmüde und ziemlich am Ende mit meiner Weisheit. Du sagtest, der Herr wird es richten – aber wie? Wie?

Dein Dich liebendes Weib
Judy


Staatsgefängnis, 28. April

Liebe Judy

Du mußt Geduld haben, wie ich schon sagte, und wenn Du wirklich Geduld hast, *wird* es der Herr richten. Er ist mir nämlich im Traum erschienen, und er sagte, daß im Südfeld etwas verborgen ist, das uns von allen Sorgen befreien würde. Sag Ike also, daß er seinen Rheumatismus abschütteln soll. Sag ihm, daß ich nur noch ein Jahr vor mir habe, und dann werde ich dieses Etwas im Südfeld ausgraben, und danach wird alles in Ordnung sein.

Dein Dich liebender Mann
Walt


Hadley 2, postlagernd, 4. Mai

Lieber Walt

Ich weiß gar nicht, wie ich es Dir erzählten soll, aber ich glaube, ich werde es einfach so niederschreiben, wie es passiert ist.

54

Du weißt, wie Ike das Gesetz haßt, seit sie kamen und dich abholten. Als also der Sheriff und sechs Deputies vorgestern auftauchten, versuchte Ike sie wegzujagen. Er stand aus dem Bett auf und rannte durchs ganze Haus, um seine Flinte zu suchen, nur daß ich sie versteckt hatte. Dann brüllte er sie an und beschimpfte sie wüst, und so packten sie ihn schließlich und führten ihn ab, so daß er nie zu sehen bekam, was sie taten. Er ist wieder ganz munter, der Streit mit den Deputies hat ihn auf Trab gebracht, und nun ist er so gut dabei wie ehedem. Aber ich weiß wirklich nicht, für was der Sheriff kam, und du kannst dir überhaupt nicht vorstellen, was diese Deputies von ihm taten.

Walt, sie gingen zu diesem Südfeld hinaus, und alle sechs von ihnen verbrachten den ganzen Tag damit, das Feld umzugraben, und am nächsten Tag kamen sie wieder und machten weiter, bis sie jeden Zentimeter von diesem Feld umgegraben hatten. Und ich habe noch nie sechs so müde Männer gesehen, und sie waren wirklich wütend. Ich stellte ihnen viele Fragen, und einer von ihnen – ich glaube, er ist den ganzen Weg vom Gefängnis hierher gekommen – gab zu, daß Deine ganze Post von ihnen gelesen wird. Walter, warum hat er mir das erzählt?

> Dein Dich liebendes Weib
> Judy

Staatsgefängnis, 7. Mai

Liebe Judy

Jetzt kannst du säen.

> Dein Dich liebender Mann
> Walt

Was kümmert es einen toten Mann?

## Bumerang

von Harold Q. Masur

Der dünne Mann im Zeugenstand fummelte am Rand seiner Krawatte herum. Er war Raynors Sekretär und einer der beiden Männer gewesen, die sich in der Nacht seiner Ermordung im Haus des Staatsanwalts aufgehalten hatten.

Ich fragte ihn: »Sagte Ihnen Raynor nicht an dem Tag, an dem er ermordet wurde, daß er genug gegen den Angeklagten in der Hand hätte, um ihn an den Galgen zu bringen?«

»Einspruch!« Sam Lubock, der Verteidiger, war auf die Füße gesprungen, sein feistes Gesicht gerötet.

»Stattgegeben«, schnappte Richter Martin. Er sagte es, ohne mich dabei auch nur anzusehen.

So war es während des ganzen Prozesses gegangen – Lubock legte Einsprüche ein, und der Richter gab ihnen statt. Und dabei sollte es sich um einen Hort der Gerechtigkeit handeln. Die steinerne Göttin draußen, mit ihren Waagschalen in der Hand, muß laut gelacht haben. Nur daß nichts Lustiges daran war.

Lubock grinste und ließ sich neben seinem Mandanten nieder.

Ich blickte auf den Angeklagten, und ein Anflug von Weißglut durchzuckte mich. Es gab für mich nicht den geringsten Zweifel, daß er meinen Chef, Staatsanwalt Raynor, ermordet hatte, den einzigen Menschen, den ich verehrt und respektiert hatte.

Wenn man gewisse Maßstäbe anlegte, war Frank Hauser ein überaus erfolgreicher Mann. Dreimal hatte er es zu Reichtum gebracht und ihn auch bewahrt. Er hatte es mit dem Schweiß, den Mühen und dem Blut von hundert Menschen geschafft. Nachtclubs, Neppbuden, Spielautomaten, verbotene Lotterien, Schutzgeldvereinigungen – alles, was dicke Dividenden abwarf.

Er war ein schlanker Mann, geschmeidig und ölig, kalt und tödlich wie eine Klapperschlange. Verächtlich lächelnd saß er da, ein Schandfleck der Gesellschaft. Jedesmal wenn er an den Schnüren zog, tanzten ein paar Politiker.

Und dann war ganz plötzlich, vor zwei Monaten, Dan Raynor im Zuge einer Umbesetzung ins Amt des Staatsanwalts gekommen. Dan Raynor war nicht käuflich. Niemand hatte soviel Geld. Allein war Raynor nicht gefährlich. Aber gemeinsam mit seinem speziellen Spürhund Tom Gahagan bedrohte er die Organisation, die schiere Existenz von Hausers Räderwerk.

Gahagan war ganz Polizist. Unermüdlich und sorgsam brachte er die Beweise gegen Hauser zusammen, genug um den Mann ans Messer zu liefern – und ein halbes Dutzend großer Tiere mit ihm.

Also hatte Raynor verschwinden müssen. Der Safe mit den Beweisen mußte in die Luft gejagt werden. Und Gahagan – nun, das war die große Frage. Wo war Gahagan? Der einzige Mann, der Hauser wegen dieser Sache festnageln konnte.

Auf dem Grund des Flusses? Gekauft? Irgendwo versteckt? Ich wußte es nicht, und es würde mir vermutlich auch nicht gut bekommen, wenn ich es wüßte.

Denn dies war ein Mordprozeß, dessen Ausgang von vornherein feststand. Ohne jeden Zweifel. Hauser würde als freier Mann nach Hause gehen.

Die Geschworenen waren gekauft und bezahlt worden. Ich hatte das schon seit dem zweiten Verhandlungstag gewußt. Mehr noch, Hauser war der Mann, der Martin auf den Richterstuhl gehievt hatte. Und der Richter würde ihn schützen, selbst wenn er die Beweise verfälschen müßte.

Ohne Gahagan gab es nichts, was ich tun konnte.

Was ich jedoch wirklich wollte, war, Gahagan in den Zeugenstand zu bringen. Ich wollte, daß er seine Zeugenaussage laut herausschrie, bis ihn die Gerichtsdiener vom Stuhl zerrten. Sicher, Hauser würde deswegen nicht hängen, aber die Zuschauer würden es hören, die Reporter würden es hören, und vielleicht würde die Welt erfahren, was in dieser unserer wundervollen Stadt vor sich ging.

Gahagan hatte sich in der Nacht, in der Raynor ermordet worden war, im Haus des Staatsanwalts aufgehalten, müssen

Sie wissen. Er war in einem anderen Zimmer gewesen, aber nach dem Geräusch des Schusses hatte er einen schnellen Blick auf den Wagen werfen können, als dieser die Straße hinunterraste.

Er hatte ihn als den Hausers erkannt.

Aber ... Gahagan ... war ... nicht ... da ...

Ich ballte die Fäuste. Hundert Riesen! Solches Geld war für Hauser nur ein Klacks. Aber es mochte selbst den Sinn eines Mannes wie Gahagan wandeln.

Ich weiß es. Man hatte es mir angeboten. Ich war noch immer geschwächt von der Versuchung. Aber wenn ich vom Mörder Raynors Bestechungsgeld angenommen hätte, würde es mir wenig Spaß gemacht haben, mit mir selbst weiterleben zu müssen.


Die Waffe, die Raynor erledigt hatte, war durch das Fenster seines Arbeitszimmers geworfen worden. Es handelte sich um eine alte automatische Armeepistole, von der Millionen hergestellt worden waren. Es war praktisch unmöglich, ihrem Besitzer nachzuspüren. Sie war bereits als Beweisstück aufgenommen worden. Ich nahm sie zur Hand und zeigte sie dem dünnen Mann im Zeugenstand.

»Als Sie den Schuß hörten und in das Arbeitszimmer des Toten liefen – wo fanden Sie diese Pistole?«

Raynors Sekretär befeuchtete seine Lippen, seine Blicke wanderten zum Fußboden. Er sagte: »Mr. Raynor hielt sie in der Hand.«

Für einen kurzen Augenblick verurteilte mich der Schock zur Bewegungslosigkeit. Ich stand da und starrte ihn an, völlig betäubt. Ein Raunen ging durch den Gerichtssaal.

Es war passiert. Sie hatten Raynors Sekretär gekauft. Sie versuchten nachzuweisen, daß der Staatsanwalt Selbstmord begangen hatte. Mein einziger Zeuge hatte sich als Bumerang entpuppt. Und ich war an seine Antworten gebunden.

Ich glaube, für das, was dann geschah, gab es keinen Präzedenzfall. Ich sah rot. Mein Gesicht glühte. Ich machte einen Schritt nach vorne und ließ meine Faust voll in sein Gesicht krachen.

Der Teufel war los. Richter Martin fing an, mit seinem Hammer auf den Tisch zu schlagen. Sam Lubock war auf die Füße gesprungen und brüllte. Zwei Gerichtsdiener zerrten mich zurück. Hausers Mund war zu einem dünnen Lächeln verzerrt. Wenn ich in diesem Augenblick mit meinen Händen an ihn herangekommen wäre, hätte ich ihn glatt erwürgt.

Ich wartete darauf, daß der Richter mit seinen ätzenden Bemerkungen zum Schluß kam. Ich entschuldigte mich nicht. Ich sagte nichts. Ich stand nur da, geschlagen, besiegt, bereit, den Kampf aufzugeben. Und dann regte sich im hinteren Teil des Gerichtssaals plötzlich etwas. Ich drehte mich um, und das Blut in meinen Schläfen begann heftig zu pulsieren. Eine hochgewachsene Gestalt, die Hände krampfhaft gegen die Seiten gepreßt, kam mit steifbeinigen, ruckartigen Schritten den Gang entlang.

Tom Gahagan ...

Er sah mich nicht an. Er sah niemanden an. Er ging geradewegs zum Zeugenstuhl, packte die Seitenlehnen und ließ sich darauf nieder. Seine Augen war schmal, seine Lippen grimmig und ohne Farbe. Er erschien müde, fast erschöpft. Dann fanden seine Augen die meinen, und ich sah, wie ein dünner, öliger Schweißfilm sein ganzes Gesicht überzog.

Lubock machte sich mit einem hörbaren Keuchen Luft. Hauser glotzte. Beide Männer sahen sprachlos aus, so als ob sie ihn bezahlt hätten, nach Afrika zu gehen, und nun höchst verblüfft waren, ihn hier zu sehen.

Da wußte ich, daß sie niemals mit seinem Auftauchen gerechnet hatten.

Erregung ließ mein Blut schneller durch die Adern laufen. Jetzt gab es eine Chance, etwas zu tun. Wenn Richter Martin nur den Gerichtsdienern nicht befahl, uns beide wegen Mißachtung des Gerichts ins Kittchen zu stecken. Ich stellte Gahagan ein paar einleitende Fragen, und er beantwortete sie mit kurzen, knappen Sätzen. Dann nahm ich die alte automatische Armeecoltpistole und überreichte sie ihm.

»Dies ist Beweisstück Nr. 1 der Anklage«, sagte ich. »Erkennen Sie es?«

Er drehte die Waffe langsam in der Hand hin und her. Man konnte eine Uhr im Gerichtssaal ticken hören. Alle Augen waren auf ihn gerichtet. Er öffnete sie, blickte in die leere Kammer, hielt sie dann locker auf dem Schoß. Er sah hoch.

»Ja. Das ist die Pistole, mit der Mr. Raynor getötet wurde.«

»Wo waren Sie, als der Schuß abgefeuert wurde?«

Fest begegnete Gahagans Blick dem meinen. »Ich hatte gerade die Tür zu Mr. Raynors Arbeitszimmer geöffnet.«

Das war eine Lüge!

Ich holte tief Luft und wartete auf Lubocks Einspruch. Gahagan war nicht in der Nähe der Arbeitszimmers gewesen. Aber Lubock wartete noch auf den richtigen Augenblick. Ich wußte auf einmal, was Gahagan durch den Kopf ging. Vermutlich hatte er das Gefühl, daß er für die Anklage lügen könnte, wenn alle anderen Zeugen einen Meineid für die Verteidigung schworen.

Ein Gedanke durchzuckte mich, und plötzlich wurden meine Hände feucht, wie zwei Klumpen aus kaltem Teig. Was war, wenn sich Gahagan verkauft hatte? Was war, wenn er bezeugte, daß Raynor Selbstmord begangen hatte? Kaum atmend stellte ich meine nächste Frage.

»Was haben Sie gesehen?«

Lubock und Hauser beugten sich beide angespannt vor und beobachteten Gahagan. Richter Martin saß steif am Richtertisch. Gahagans Blicke wanderten am Tisch des Verteidigers entlang und blieben an Hauser hängen.

Mit leiser Stimme sagte er: »Ich sah Hauser mit dieser Pistole in der Hand am Fenster stehen und sie auf Raynor richten – so etwa ...«

Und er hob die Pistole und visierte über den matten Lauf genau den Angeklagten an. Hausers Mund klappte nach unten, und er versteifte sich auf seinem Stuhl. Ich konnte erkennen, daß Lubock vielleicht zum erstem Mal in seinem Leben sprachlos war. Aber seine Nackenmuskeln waren gespannt, und er machte sich bereit, jeden Augenblick aufzuspringen. Für den Moment waren alle durch Gahagans Spiel überrascht worden.

Seine Augen waren opak, wie gardinenlose Fensterscheiben. Eine Ader pulste als blaue Diagonale auf seiner Stirn. Seine Stimme war klar, fast schallend.

»Hauser betätigte den Abzug – etwa ... so ...«

Ein Schuß hallte durch den Gerichtssaal. Und während ich hinsah, erschien plötzlich in der Stirn über Hausers Nasenrücken ein gezacktes, rotlippiges Loch. Für den Bruchteil einer Sekunde huschte panikartige Ungläubigkeit über sein Gesicht, dann taumelte er nach vorne über den Tisch der Verteidigung.

Eine Frau schrie, hoch und schrill. Zuschauer duckten sich unter ihre Sitze. Die Geschworenen machten sich auf ihrer Bank ganz klein. Richter Martins Hammer war in halber Bewegung erstarrt. Lubocks Blick hing von Entsetzen erfüllt an seinem Mandanten.

Gahagan ließ die Pistole fallen. Sie polterte auf den Fußboden. Sein wächsernes Gesicht wurde durch ein Lächeln erhellt, durch ein eigenartiges, triumphierendes Lächeln. Unbeobachtet hatte er eine Patrone in die Automatik geschoben. Ich packte seinen Arm und grub meine Finger hinein.

»Sie wollten nicht, daß ich aussagte«, sagte er mit dumpfer Stimme. »Sie hielten mich in einem Lagerhaus fest.«

»Gütiger Himmel, Mann! Das ist Mord. Sie haben doch gar nicht gesehen, wie Hauser den Staatsanwalt tötete.«

Gahagan hustete. »Nein. Aber ich sah, wie er heute morgen in diesem Lagerhaus jemand anders tötete.«

Ich starrte ihn an. »Wen?«

»Mich«, flüsterte Gahagan heiser.

Und dann torkelte er mit einer halben Drehung aus dem Zeugenstand und stürzte rücklings auf den Fußboden. Er sagte nichts mehr. Ich erwartete es auch nicht von ihm. Sein Jackett hatte sich nämlich geöffnet, und reliefartig hob sich von seinem weißen Hemd dunkelrot das ausgefranste Loch einer Schußwunde ab.

## Wie es eben sein sollte

von Elsin Ann Graffam

Wir hatten viel Spaß zusammen. Ich erinnere mich nicht mehr an die Zeit, als ich *wirklich* klein war, aber jetzt bin ich zehn, und ich weiß, daß es uns nicht schlecht ging, uns zwei beiden, seit mein Vater uns verlassen hat.

Mutter hatte sein Foto auf dem Kaminsims stehen, und sie redete tagein tagaus über ihn – wie sehr er mich geliebt hat und was für ein Mensch er war und so weiter. Mein Daddy war der Größte – in seinem Footballteam, am College, und überhaupt. Dann wurde er Börsenmakler und heiratete Mom. Mom war froh darüber, daß er Aktien für uns kaufte; so brauchte sie nicht arbeiten zu gehen und mich allein zu lassen, wenn er auf Reisen war.

Ich war drei Jahre alt, als er uns verließ, und ich kann mich nicht mehr an ihn erinnern. Ich hab's immer wieder versucht, als ich noch klein war. Doch ich konnte es einfach nicht. Aber das war ganz in Ordnung so. Er lebte für mich in seinem Foto weiter. Wenn Mom sagte: »Daddy wäre stolz auf dich, wenn er wüßte, daß du nur Einsen auf deinem Zeugnis hast«, und ich sein Foto anschaute, dann lächelte er mich glücklich an. Ich wette, Sie wußten nicht, daß Fotos lächeln können, was? Ehrlich, sie können's!

Die Leute nannten Mom eine Witwe, und bis vor einem Jahr wußte ich nicht, was sie damit meinten. Dad war ein alter Mann. Auf dem Foto hat er graues Haar, und das bedeutet, daß man alt ist. Mom hat keine grauen Haare. Sie ist jung. Sie hat eine Menge luftiges blondes Haar und große blauen Augen. Sie ist die schönste Frau der ganzen Welt.

Ich werde meine Mom niemals verlassen. Wissen Sie, die anderen Jungs, die sagen, sie würden nach Florida gehen und nach Goldschätzen graben oder nach Übersee, um in irgendeinem See nach Monstern zu suchen. Die können es gar nicht erwarten, von zu Hause wegzukommen. Ich bin nicht so.

Den anderen kann ich das nicht sagen. Einmal habe ich Billy Earle erzählt, daß ich Mom niemals verlassen werde, und er hat mich ausgelacht. Aber das können sie eben nicht verstehen. Sie haben einfach nicht so eine Mom wie ich. Ihre Mütter haben Falten zwischen den Augen. Sie runzeln oft die Stirn. Mom tut das nicht. Sie ist der netteste Mensch der Welt. Ich werde sie nie alleinlassen. Das habe ich auch Daddy erzählt, letztes Jahr, und er hat auf mich herabgeschaut vom Kamin und gesagt:»Du bist ein guter Junge, Glenn.« Die Jungs haben mich nicht verstanden, aber Dad hat es.

Alles war in bester Ordnung – bis Mr. Knott auftauchte. Eines Nachts im letzten Sommer wachte ich auf, weil der Fernseher zu laut war. Ich bin ins Wohnzimmer gelaufen, um Mom zu sagen, daß sie ihn leiser stellen soll, und da saß ein Mann auf dem Sofa. Mom sprang auf, als sie mich sah.

»Ist 'was nicht in Ordnung?« habe ich sie gefragt.

»Nein, alles bestens«, hat sie geantwortet.

Ich mochte Mr. Knott nicht. Er war alt und hatte eine dicke Nase.

»Wer ist das?« habe ich Mom gefragt.

Sie sagte:»Das ist Mr. Knott. Er ist mein Freund.«

Ich bin wieder ins Bett gegangen, aber ich konnte nicht schlafen. Ich habe immer gedacht, *ich* wäre Moms einziger Freund. Und ich habe ganz fest gehofft, daß sie ihn nie mehr wiedersieht. Aber das hat sie. Er kam oft zu uns, und Mom sagte dann:»Komm her, Glenn. Sag ›Hallo‹ zu Mr. Knott.«

Als dann im letzten Oktober mein zehnter Geburtstag war, habe ich die Augen ganz fest zugemacht, als ich die Kerzen ausgeblasen habe, und ich habe mir gewünscht, daß Mr. Knott weggeht und nie mehr wiederkommt.

Aber es hat nicht funktioniert.

Nach einer Weile kam die Frau vom Ende der Straße, um auf mich aufzupassen. Mom wollte mit Mr. Knott ausgehen. Ich hab' die ganze Zeit, solange sie wegwaren, auf meinem Bett gelegen und gedacht, ich würde vor Kummer sterben. Und Mom würde es sehr leid tun, was sie getan hatte. Aber ich bin nicht gestorben. Und Mom hat sich weiter mit Mr. Knott getroffen.

Einmal waren sie über das ganze Wochenende weg. Am Samstagmorgen hat mir Mom einen Abschiedskuß gegeben und mich ganz fest umarmt. Aber ich hab' mir keine Gedanken mehr gemacht – es war mir sowieso alles egal, seit dieser gräßliche alte Mann aufgetaucht war. Ich wünschte mir nichts sehnlicher, als daß es so bliebe, wie es jetzt war. Wir beide wünschten uns das, Mom und ich. Wie es eben sein sollte.

»Überraschung!« rief Mr. Knott, als er und Mom Sonntagnacht zurückkamen. »Deine Mutter und ich haben gestern morgen geheiratet!«

»Das stimmt, Glenn«, sagte Mom. »Ich wollte es dir vorher nicht sagen, weil ich Angst hatte, du könntest es nicht verstehen. Wir werden sehr glücklich sein.«

*Wir, wir, wir!* Das ›wir‹ waren nicht mehr Mom und ich – es waren Mummy und dieser alte Mann.

Wenn man vom Weinen sterben könnte, wäre ich jetzt tot. Ich habe kein Wort mit ihm gesprochen oder ihn angesehen. Mom und er haben geredet, und ich habe mich gefühlt wie in einem tiefen schwarzen Loch. Je mehr Tage vergingen, desto tiefer und dunkler wurde das Loch. Es war schwärzer als die Nacht.

Dad gefiel das genausowenig wie mir. Manchmal stand ich vor dem Kamin und schaute auf sein Foto auf dem Sims, und wissen Sie was? Er hat geschrien! Dicke Tränen liefen über das Glas und den Rahmen und bildeten eine Pfütze auf dem Sims.

Eines Nachts, als ich wieder mit Dad sprach, lief die Pfütze über und machte Flecken auf den Teppich. Mom kam herein und fragte mich, was ich da machen würde.

»Schau doch«, sagte ich. »Daddy weint, weil du diesen Mann geheiratet hast. Siehst du nicht?«

Sie schaute mich ganz komisch an und ging aus dem Zimmer. Kurz danach haben sich Mom und Mr. Knott gestritten. Es war das erste Mal, daß ich Mom schreien gehört habe.

Am nächsten Tag kam ich aus der Schule und warf meine Bücher auf das Sofa. Irgend etwas stimmte nicht. Ich schaute mich um. Und dann sah ich es. Oder besser gesagt, ich sah es nicht. Daddys Foto war weg.

»Mom!« schrie ich. »Wo ist es?«

»Wo ist was?« hat sie gefragt. Als ob sie es nicht wüßte!

»Daddys Foto! Wo ist Daddys Foto?«

Und sie sagte: »Nun, Mr. Knott war dafür, das Foto dort wegzunehmen. *Er* ist jetzt dein Vater.«

Ich hab' meinen Kopf gegen den Kamin gehauen und geschrien, daß Mr. Knott nicht mein Vater ist. Ich habe nur einen Vater, und das ist der Mann auf dem Foto.

»Glenn, du bist alt genug, um zu wissen, daß eine Frau einen Ehemann braucht«, hat Mom gesagt. »Dein Vater ist seit sechseinhalb Jahren tot, und ich war immer allein. Nun habe ich jemanden, der mich liebhat. Mr. Knott ist dein Vater, und je früher du das einsiehst, desto besser ist es für uns alle.« Und sie hatte tiefe Falten zwischen ihren Augen.

In dieser Nacht kam wieder der Babysitter. Mom und Mr. Knott gingen ins Kino. Ich war froh, daß sie weg waren. Ich rannte in Moms Schlafzimmer und öffnete die oberste Schublade von ihrer Kommode. Ich wußte, daß es dort war. Und ich hatte recht. Ich nahm es heraus und schaute es an. In dem schwachen Licht, das vom Flur kam, sah Daddys Gesicht lebendiger aus als jemals zuvor. Seine Augen blickten direkt in meine, und er hat mir ganz genau gesagt, was ich tun mußte.

Das war vor fünf Tagen. Jetzt bin ich raus aus dem schwarzen Loch. Alles ist wieder in Ordnung. Es gibt nur Mom und mich, und so sollte es auch sein.

Ein paar Polizisten kamen und haben mit mir geredet, nachdem sie den Körper weggebracht haben. Mom hat geweint. »Machen Sie sich keine Sorgen«, hat der größere Polizist zur ihr gesagt. »Die können dem Jungen nichts anhaben. Er ist zu jung, um zu begreifen, was er da getan hat.«

Mom hat den Kopf geschüttelt, daß ihre Haare flogen, und sie hat etwas zu dem Polizisten gesagt, was ich nicht verstanden habe.

»Genau das«, hat sie geschrien, »habt ihr mir vor sechseinhalb Jahren auch schon gesagt!«

## Vielen Dank, Mr. Thurston

von Ed Dumonte

Alle sagten sie mir: »Mr. Thurston kann Ihnen helfen.« Wenn ich mit meinen Bildern zu den Händlern oder Sammlern oder zu anderen Künstlern kam, sagten mir alle nur: »Gehen Sie zu Mr. Thurston. Er wird Ihnen weiterhelfen.«

Aber das war leichter gesagt als getan. Allein und ohne Freunde in dieser Stadt hatte ich einfach keinen Einfluß, keine Verbindungen zu einem Mann von Mr. Thurstons Einfluß und Format. Heute begreife ich das. Doch damals verschwendete ich eine Menge Zeit, indem ich in Mr. Thurstons Vorzimmer saß und wartete. Jeden Morgen packte ich eine Auswahl meiner besten Gemälde zusammen und machte mich auf den Weg zu Mr. Thurstons Büro.

»Mr. Thurston empfängt niemanden ohne Vereinbarung«, sagte mir die Vorzimmerdame. Oder: »Mr. Thurston ist den ganzen Tag über in einer Konferenz.«

All die langen Tage wartete ich jeden Morgen und jeden Nachmittag geduldig und voller Hoffnung, doch niemals habe ich auch nur den Schatten von Mr. Thurston zu Gesicht bekommen.

Schließlich ging mir das Geld aus, und so mußte ich mit meinen Bildern wieder auf die Gehsteige ziehen, um sie an Zäunen und Bäumen zum Kauf anzubieten.

Doch ich habe es niemals aufgegeben, Mr. Thurstons Aufmerksamkeit zu erregen. Wie jedermann weiß, hat ein Künstler ohne die Unterstützung einer bekannten Persönlichkeit niemals die Chance auf eine Ausstellung oder ein sachverständiges Gutachten. Vielleicht glaubte ich, daß meine Bilder für mich sprechen würden, wenn ich schon nicht für meine Bilder sprechen konnte.

Unter meinen besten Werken waren Stadtimpressionen, die ich kurz nach meiner Ankunft gemalt hatte, als die Stadt noch neu und aufregend für mich war. Eine dieser Impressionen stellte die Skyline der Stadt dar, stehende Linien und Flächen, in Grautönen gehalten. Ein anderes Bild, im Hafenviertel gemalt, interpretierte die Warenlager als schmutzigbraune Würfel, der Fluß ein Parallelogramm in trübem Blau, das Ganze überragt und getragen von gewaltigen rostigen Bögen. Dies waren die beiden Bilder, die ich in eine Röhre steckte und an Mr. Thurston schickte.

Nach einer Woche kamen meine Bilder zurück ... ungeöffnet. Zwischen der Verpackung fand ich einen Zettel: »Mr. Thurston begutachtet keine unverlangt eingesandten Arbeiten.«

Erst war ich sehr verärgert über die Notiz. Doch als ich darüber nachdachte, erkannte ich, daß sie gerechtfertigt war. Mr. Thurston war ein bekannter, einflußreicher Mann, sein Name in aller Munde. Gewiß erhielt er jede Woche Tausende von Anfragen und Bittgesuchen, Hunderte Bilder von Dilettanten und Sonntagsmalern. Er konnte unmöglich seine kostbare Zeit all jenen unbekannten Künstlern widmen, die sich an ihn wandten.

Ich zerbrach mir lange Zeit noch den Kopf über Mittel und Wege, Mr. Thurston zu treffen. Ich sah mein Problem auf einen Schlag gelöst, als ein verständig aussehender Gentleman eines Nachmittags vor meiner Straßenausstellung stehenblieb und sie interessiert betrachtete.

Er mochte meine Bilder. Sie seien intensiv und gefühlvoll, meinte er. Exzellente Kompositionen, treffende Farben. Als er mich fragte, warum ich noch keinen Galeristen für meine Bilder gefunden hätte, erzählte ich ihm von meinem Problem, und er verstand mich.

Er selbst habe keinen Einfluß, sagte er mir, doch einen seiner Freunde würden meine Arbeiten gewiß interessieren. Und er gab mir ein Empfehlungsschreiben an Mr. Thurston. Sollte denn alles so einfach sein? Ich konnte es kaum fassen.

Am nächsten Tag bürstete ich meinen Anzug aus, verbrauchte eine Menge Schuhcreme und machte mich mit zwei meiner Bilder unter dem Arm auf den Weg zu Mr. Thurstons Büro. Mit einer der üblichen Entschuldigungen unterbrach ich die Sekretärin, um ihr das Schreiben zu überreichen. Sie verschwand im Hauptbüro, tauchte nach einigen Minuten wieder auf und gab mir den Brief zurück.

»Mr. Thurston hat mich gebeten, Ihnen zu sagen, daß ihm der Schreiber dieses Briefes durchaus bekannt ist und daß seine Abneigung gegen diesen Mann auf dessen unfähigem Kunstverstand beruht. Unter keinen Umständen würde Mr. Thurston einen Künstler fördern, der von diesem Mann empfohlen wurde.«

Bei diesen Worten stieg heiße Wut in mir hoch, doch als ich mir darüber klar wurde, was sie für mich bedeuteten, wandelte sie sich in Verwirrung und Scham. Ich war betrogen worden, getäuscht von einem von Mr. Thurstons Konkurrenten, grausam benutzt als Strohmann in einem abscheulichen Scherz. Ich floh blindlings aus dem Büro, zurück, nur zurück in meine Wohnung.

Stundenlang lag ich auf meiner Matratze und heulte den Schmerz aus mir heraus. Die Konsequenzen dessen, was ich getan hatte, waren mir nur zu klar. Leichtfertig hatte ich meinen Namen mit dem eines Mannes verbunden, den Mr. Thurston verachtete, und von nun an würden mein Name und mein Werk – obwohl ich nicht die geringste Schuld an der Beleidigung trug – von Mr. Thurston attackiert werden, als wäre ich selbst sein Feind.

All das brachte mich zu dem Entschluß, der Stadt den Rücken zu kehren, meine Farben und Pinsel zurückzulassen, die Bilder dem Pförtner als Brennmaterial für die Heizung zu schenken und irgendwo ein trübes Dasein ohne die Kunst zu fristen. Aber noch konnte ich nicht gehen.

Wenn ich jemals wieder Frieden finden wollte, mußte ich *irgendeinen* Weg finden, mich bei Mr. Thurston zu entschuldigen. Nicht, daß er meine Entschuldigung unbedingt annehmen mußte, aber er war immerhin ein großer und wichtiger Mann, und ich hatte ihn auf unerträgliche Weise beleidigt. Es war das mindeste, was ich tun konnte. Eine öffentliche Entschuldigung eines so unbedeutenden Menschen wie ich hatte keinen Wert. Ich wäre glücklich gewesen, mir ein Ohr abzuschneiden und es ihm zuzuschicken, aber das Paket wäre wohl ungeöffnet zurückgekommen.

Die Lösung kam wir wie ein Geistesblitz. Ich würde ein Porträt von Mr. Thurston malen! – ein Porträt, das mehr als alle Worte meinen Respekt und meine Bewunderung für ihn ausdrücken würde. Ein gefühlvolles, aufrichtiges Porträt, das über alle Zweifel und Fragen erhaben war …

Augenblicklich begann ich mit der Arbeit, durchsuchte Zeitungen und Magazine nach Fotos von Mr. Thurston, las noch einmal seine hervorragenden Kritiken und Gutachten. Nach diesen ersten grundlegenden Studien fertigte ich Skizzen an – zehn von fünfzehn allein, um den Schwung seiner Augenbrauen oder den Schatten eines Wangenknochens zu umreißen. Vierzig oder fünfzig Skizzen, um die richtige Kopfform zu finden und den Ausdruck seiner Kinnpartie zu treffen. Hunderte von Skizzen, um ein Bild zu schaffen, das der Welt die Seele dieses großen und mächtigen Mannes offenbaren sollte.

Schließlich war ich mit den Entwürfen zufrieden, und ich begann langsam und bedächtig, das Bild, das ich mir zurechtgelegt hatte, auf die Leinwand zu übertragen.

Tagelang, ohne zu essen oder auszuruhen, kämpfte ich mit Form und Farbe, um einen lebenden Mann in Öl zu bannen: den erhabenen Ausdruck eines brillanten Geistes; Augen, die von der Oberfläche der toten Leinwand in Herz und Seele blicken konnten und dem Bild Leben einhauchten; die schmalen Lippen, die sich in kalter Verachtung für alles Minderwertige und Unfähige verzogen; die geschwungene Linie von Wangenknochen und Kinn, die die Sensibilität eines wahren Kunstkenners und Kritikers erkennen ließ …

Als das Bild fertiggestellt war, trug ich es in Mr. Thurstons Büro und ließ es dort gegen einen Stuhl gelehnt zurück. Dann, ausgelaugt von Erschöpfung und meiner leidenschaftlichen Arbeit, kehrte ich in meine Wohnung zurück und brach ohnmächtig zusammen.

Ich weiß nicht, wieviel Zeit vergangen war und wie es zu der Begegnung kam, aber das nächste, an das ich mich erinnere, war, daß mir Mr. Thurston persönlich gegenüberstand, das Porträt vor meinem Gesicht hin- und herschwenkte und mich dabei anbrüllte.

»Ich bin es gewohnt, von jedem unbedeutenden Farbenkleckser der Stadt belästigt zu werden«, schrie er. »Da Sie der hartnäckigste von allen waren, nahm ich schon an, daß Sie auch der untalentierteste sind. Als ich dieses – dieses Machwerk hier in meinem Vorzimmer fand, sah ich, daß ich recht hatte.

Es ist nicht meine Art, eine konstruktive Kritik zu jeder x-beliebigen Schmiererei anzubieten. In Ihrem Fall jedoch will ich eine Ausnahme machen, damit Sie mich nicht mit weiteren Katastrophen belästigen. Mein Rat lautet: Hören Sie auf zu malen! Wenn Sie unbedingt malen müssen, dann nehmen Sie Unterricht bei geeigneten Lehrern. Vielleicht sind Sie dann eines Tages fähig, Tapeten zu entwerfen. Über dieses Niveau werden Sie unter keinen Umständen hinauskommen.

Benutzen Sie doch Ihre Augen und alle Sinne, deren Sie mächtig sind, und Sie müssen erkennen, daß ich recht habe. Vergleichen Sie zum Beispiel dieses – dieses Porträt! – mit der Realität. Hängen meine vorderen Gehirnlappen wirklich aus einem Loch in der Stirn heraus? Baumeln meine Augen tatsächlich aus ihren Höhlen? Habe ich etwa bisher im Spiegel etwas übersehen, das offensichtlich ein drittes Auge darstellt? Sind meine Wangenknochen gebrochen und verrenkt wie in diesem – diesem scheußlichen – diesem gräßlichen – diesem entsetzlichen –«

Mr. Thurston sprach weiter. Und weiter und weiter. Doch ich war nicht länger imstande, seine Worte zu verstehen. Meine Seele, das ganze Gefüge meiner Existenz war auseinandergerissen, war zerfetzt worden wie von einer mächtigen inneren Explosion. Mit qualvollem Schmerz und grausamer Helligkeit stürzte die Wahrheit auf mich ein, die Mr. Thurston ausgesprochen hatte.

Es war unnütz zu versuchen, Gedanken und Gefühle in abstrakte Formen zu fassen, wie ich es getan hatte. Meine Bilder hatten eben wie die Objekte auszusehen, die sie darstellen sollten. So einfach war das …

Ich will nicht verschweigen, daß es Mr. Thurstons weise und großmütige Kritik war, die meine Bilder so erfolgreich machte, wie sie es heute sind. Ein Reporter war bei dem Polizisten, der die Tür zu meiner Wohnung aufbrach, und seine Zeitung brachte die Fotos von Mr. Thurston, wie er neben seinem Porträt lag. Auch andere Reporter waren so liebenswürdig, die Ähnlichkeit als ›unheimlich‹ und ›erschreckend‹ zu beschreiben, als einen »unglaublichen Vergleich«. Kunsthändler und Sammler haben lauthals nach weiteren meiner Werke verlangt.

Unglücklicherweise sind die Lichtverhältnisse schlecht hier, und ich bin zu beschäftigt damit, zwischen dem Gerichtssaal und den ärztlichen Untersuchungen hin- und herzupendeln, als daß ich meine Arbeit fortsetzen könnte. So wird das Porträt von Mr. Thurston wohl mein letztes Bild bleiben. Das ist auch die Meinung des Anwaltes, wie mir der Richter anvertraute; er meint, mir blieben nur noch sechs Wochen oder zwei Monate, und ich bin einfach zu erschöpft, um eine größere Arbeit in dieser Zeit fertigzustellen.

Aber das ist ganz in Ordnung so. Das Porträt ist mein Meisterwerk.

Vielen Dank, Mr. Thurston.

Spielen kann gefährlich sein ...

## Trauermusik

von Francis M. Nevins jun.

Als er das Geständnis niederschrieb, konnte er das Lachen von Kindern hören, die auf einer fernen Wiese spielten.

Hortensienbüsche, tiefblau und weiß, bewegten sich sanft im leichten Sommerwind außerhalb der Studiofenster. Er beugte sich über den metallenen Schreibmaschinentisch und tippte das Geständnis mit langsamer Präzision, wobei er lediglich den Mittelfinger der rechten Hand benutzte. Aus den Stereoboxen, die über dem Tisch auf Wandregalen standen, drangen die weichen verzaubernden Klänge von Baudelins *Streichsuite Nr. 2*. Langsam füllten sich die Blätter aus kremfarbenem Dokumentenpapier unter dem gedruckten Briefkopf H. JOSHUA HAWES.

»Bevor ich mir das Leben nehme, muß ich dies hier niederschreiben. Paul Baudelins zweite Frau starb nicht durch ihre eigene Hand, sondern durch die meine.

Ich will nicht ausführlich wiederholen, was ich in meinem Buch *Das Leben und die Musik Baudelins* festgehalten habe und was mir an jedem Tag der sieben Jahre bestätigt worden ist, die ich mit dem Meister als sein Manager, Biograph und Schutzschild gegen die Schläge des täglichen Lebens verbrachte. Vor seiner ersten Heirat war er einfach einer von vielen kompetenten jungen Komponisten auf einem Gebiet, das von ihm Überlegenen beherrscht wurde – Strawinski, Schostakowitsch, Hindemith, Poulenc, Milhaud.

Dann lernte er 1947 Claudette kennen und war innerhalb von Stunden in wilder, leidenschaftlicher Liebe zur ihr entbrannt. Und während ihrer Hochzeitsreise nach Spanien im Winter dieses Jahres kam es zu jenem berühmten, grotesken Unfall in der zeitgenössischen Musikgeschichte – dem plötzlichen Zusammenbruch eines unbewohnbaren, vermodernden Gebäudes, als

Madame Claudette Baudelin zufällig die Straße entlangging, so daß sie in wenigen Augenblicken unter Tonnen von Trümmersteinen zermalmt wurde, und Baudelin, den die Freude der Liebe so erfüllt hatte, war verzweifelt.

Es war der Schatten jener verlorenen Liebe, ihm weggenommen durch ein plötzliches, blindes Schicksal, von dem seine Musik seit jenem Tag durchdrungen, ja, man könnte fast sagen, besessen wurde und der seinen Kompositionen Fülle und Schärfe, ein Gefühl von der gnadenlosen Zufälligkeit des Universums verlieh. Es ist das Los Claudettes, dem wir die vier großen Sinfonien, die zweite Suite für Streicher, den Zyklus der Totenlieder verdanken – all die bedeutenden Werke aus Baudelins zweiter Periode, die ihn als den führenden französischen Komponisten seiner Generation etablierten.

Und dann verliebte er sich im letzten Jahr aufs neue. Er war in New York, um die Philharmonie bei seiner Dritten Sinfonie zu dirigieren. Elana Nassour war zweite Violinistin, und ihr Spiel war superb. Baudelin erzählte mir, daß es ihre Wiedergabe der erhabenen und schwierigen Passage am Ende des *Lento* war, die sein Herz zuerst rührte. In der Nacht nach der Aufführung der Sinfonie schliefen sie in inniger Umarmung.

Plötzlich war er wieder wie ein achtzehnjähriger Junge, dieser fünfzig Jahre alte Gigant der Weltmusik. Das Universum drehte sich um Elana, und er war überglücklich. Das Gefühl eines unaussprechlichen Verlusts, das das Hauptmerkmal seiner zweiten Periode war, ging verloren. Er stellte das Komponieren fast ganz ein, und das wenige, was er schrieb, war nicht mehr anhörenswert. Ich konnte es nicht ertragen, das mit anzusehen. Ich liebte sein Werk zu sehr.

Und so, vier Monate nach ihrer Heirat – diese Zeit des Glücks räumte ich ihm ein –, mischte ich eine Überdosis von Schlaftabletten in den starken türkischen Kaffee, den sie jede Nacht vor dem Schlafengehen trank.

Ich war vorsichtig und hatte auch Glück. Es ist viel darüber spekuliert worden, ob ihr Tod ein Unfall oder Selbstmord war, aber an Mord dachte niemand. Und in dem Jahr seit ihrem Tod hat Baudelin aus seinem Gram um ihren Verlust heraus wieder mit dem Komponieren großer Werke begonnen. Wenn sie weitergelebt hätte, würde es die Fünfte Sinfonie und das Tongedicht

*La Mort de Dieu* niemals gegeben haben. Dies ist meine Rechtfertigung.

Aber das reicht nicht aus.

Ich habe eingesehen, daß kein Kunstwerk, nicht einmal ein Meisterwerk von Baudelin, ein menschliches Leben aufwiegt. Ich habe ein großes Unrecht begangen, das nur auf eine Weise gesühnt werden kann. Deshalb werde ich nach oben gehen, den Revolver aus der Schublade meines Nachttischs nehmen, mir den Lauf in den Mund schieben und den Abzug betätigen.

Baudelin, alter Freund und Wohltäter, belege die Erinnerung an mich nicht mit einem Fluch, ich bitte dich darum.

Die Suite für Streicher endete, und der Plattenspieler schaltete sich mit einem scharfen Klicken selbsttätig ab. Er zog das dritte Blatt Papier aus der Schreibmaschine – es begann mit den Worten ›gesühnt werden kann‹ – und las das Geständnis nochmals mit größter Sorgfalt durch.

Als er damit zufrieden war, wechselte er zu dem Eichenschreibtisch hinüber und legte das letzte Blatt des kremfarbenen Dokumentenpapiers auf die Schreibunterlage, genau über die Schlußseite einer unterschriebenen Kopie des Managementvertrags zwischen Paul Baudelin und H. Joshua Hawes.

Und dann nahm Baudelin einen der Füllfederhalter zur Hand, mit denen Hawes üblicherweise schrieb, und zog am Ende der Selbstmordmitteilung kühn die Unterschrift H. Joshua Hawes' nach, wobei er bewußt leichte Veränderungen in Kauf nahm, weil er wußte, daß zwei Unterschriften von derselben Person niemals genau gleich sind.

Als er das Resultat mit Hawes' Originalunterschrift verglich, gab er einen leisen Lauf des Entzückens von sich: Die gefälschte Unterschrift, dessen war er sich sicher, würde auch einen Experten täuschen. Er legte den Vertrag in eine Schublade, stülpte die Schutzhaube über die Schreibmaschine, heftete die Blätter des Geständnisses mit einer Büroklammer zusammen. Dann durchquerte er die Zimmer des geräumigen Farmhauses in Connecticut, das sie für die Saison gemietet hatten.

Letzten Endes, führte er sich vor Augen, ist der perfekte Mord gar nicht so schwer. Tatsächlich erfordert er viel weniger Talent als die Komposition einer Sinfonie. Immer zwei Stufen auf einmal nehmend, eilte er die Treppe hinauf und schlüpfte ohne anzuklopfen in Hawes' Zimmer.

Sein Manager/Biograph/Prellbock hatte sich in einem Ohrensessel ausgestreckt, wobei sein mächtiger Leib den Morgenmantel ausbeulte und seine auf der Bettkante ruhten. Auf dem kleinen Teakholztisch neben dem Sessel stand ein zur Hälfte mit dickflüssigem Apricot Brandy gefülltes Wasserglas. Ein Kriminalroman mit buntem Umschlag lag geöffnet auf Hawes' Schoß.

Baudelin schlenderte wie von ungefähr durch den Raum, bis er noch einen Schritt von dem Nachttisch entfernt war, wo, wie er wußte, Hawes seinen Revolver aufbewahrte.

»Was ist los?« Hawes blickte leicht irritiert hoch und sprach mit belegter, murmelnder Stimme.

Nur das Ende der Büroklammer, nicht die Papiere selbst berührend, legte Baudelin die drei Seiten der Selbstmordmitteilung auf das Buch im breiten Schoß des anderen.

»Du könntest dieses Dokument interessanter finden als die Kriminalstory.«

Als Hawes zu lesen begann, bewegte sich Baudelin im Rückwärtsgang zu dem Nachttisch und öffnete geräuschlos die Schublade. Während seine Finger nach der Waffe tasteten, hielt er seine Blicke unverwandt auf Hawes gerichtet. Zuerst kräuselte sich der Mund des Musikologen in einem Anflug von Amüsement. Dann, als er mehr und mehr von dem Geständnis las, schien sein Gesicht kalkweiß zu werden, und seine dicken Lippen zitterten vor plötzlichem Erschrecken. In dem Augenblick, in dem Hawes die Fälschung seiner eigenen Unterschrift auf der letzten Seite sah, riß Baudelin den Revolver aus der Schublade und richtete ihn auf den anderen. Vor Furcht und Ungläubigkeit sperrte Hawes weit den Mund auf.

»Noch weiter, bitte schön.« Baudelin lächelte hart und krümmte den Finger um das kühle Metall des Abzugs.

Und plötzlich brach H. Joshua Hawes in brüllendes Gelächter aus. Heftige, unkontrollierbare Wellen der Heiterkeit schüttelten seinen mächtigen Körper, und er schaukelte in dem Ohrensessel hin und her, als wäre der Revolverlauf die allerkomischste Sache der Welt. Er tastete blind nach dem Glas mit Apricot Brandy, hob es, wie um Baudelin zuzuprosten, und leerte es mit einem einzigen Schluck.

»Oh!« nuschelte er, während ihm der Schweiß das Gesicht hinunterlief. »Was für eine Idee, was für eine absolut großartige Idee! Du hattest vollkommen recht. Viel besser als dieser Roman.«

Baudelin lachte ebenfalls, wenn auch leiser. Er legte den Revolver in den Nachttisch zurück und schloß die Schublade.

»Ich habe deinen Schreibstil gut nachgeahmt, was? Gerade der richtige Touch von Pomposität und künstlicher Dramatik.« Die Art und Weise, in der sich Hawes als Reaktion auf seine unterschwellige Kritik auf die Unterlippe biß, entzückte ihn. »Und ich habe nicht nur deinen Stil getroffen, sondern auch deine Schreibmethode. Du bist ein geübter Zehn-Finger-Schreiber, und deshalb habe ich, um deinen Anschlag auf der Schreibmaschinentastatur nachzumachen, das ganze Geständnis mit nur einem Finger getippt.«

»Clever von dir«, gab Hawes zu. »Das ist mir gar nicht aufgefallen. Aber du hast einen bösen Fehler begangen.« Mit einer Geste väterlicher Überlegenheit verschränkte er die Arme.

Ungläubig hob Baudelin seine grau werdenden Augenbrauen. »Und der wäre?«

»Die Mitteilung ist ganz einfach zu *lang*. Kein Mensch würde glauben, daß sie tatsächlich von jemandem geschrieben wurde, der sich gerade umbringen wollte. Es wird viel zuviel Vergangenheit aufgewühlt. Du hast das Geständnis so geschrieben, als gäbe es da ein riesiges Publikum von Lesern, die noch nie etwas von dir, Claudette oder Elana gehört haben, so daß du ihnen erst noch alles erzählen müßtest, was nötig ist, um der Geschichte folgen zu können. Kein Mensch würde auf diese Weise eine Selbstmordmitteilung verfassen.«

Der Komponist schüttelte den Kopf. »Ich muß dir entschieden widersprechen. Du bist ehemaliger Musikkritiker einer Zeitung und schreibst deshalb instinktiv immer so, daß das große Publikum dem folgen kann, was du sagst. Ganz abgesehen davon, mein Freund, *ist* dein Stil langatmig, selbst wenn du über mich schreibst.«

Hawes erhob sich aus dem Ohrensessel, ging zu Baudelin hinüber und küßte ihn wie ein französischer Würdenträger, der einen Orden verleiht, leicht auf beide Wangen.

»Ich will nicht länger mit dir darüber streiten. Runde dreizehn – das ist doch die dreizehnte Runde, oder? – geht an dich. Ich glaube, ich kann es mir leisten, dir eine Runde zuzugestehen. Der Stand ist jetzt neun zu vier zu meinen Gunsten, oder irre ich mich?«

»Neun zu vier«, gab Baudelin zu. »Aber weißt du, du warst schon immer ein guter Manipulator, während ich eben nur ein harmloser alter Naivling bin, der komische Zeichen auf Notenpapier kritzelt. Sollte man mir nicht so etwas wie einen Handicapvorteil einräumen?«

»Du alter Schwindler«, kicherte Hawes. »Du weißt ganz genau, daß du keinen Deut weniger verschlagen bist als ich und dich genausogut auf das Spiel verstehst, Intrigen gegen mich zu spinnen, wie ich Intrigen gegen dich spinne. Kein Handicap also. Der erste, der elf Runden für sich entschieden hat, ist Sieger. Ich werde meinen Zug wie üblich binnen einer Woche machen und warne dich schon jetzt, daß ich vorhabe, etwas ganz besonders Teuflisches zu machen, um es dir für diese clevere Aktion heimzuzahlen.«

»Wie du willst.« Baudelin zuckte die Achseln. »Dann verlasse ich dich jetzt, damit du deinen Plan in Ruhe ausbrüten kannst.« Mit zwei Fingerspitzen nahm er das Geständnis, das er verfaßt hatte, wieder an sich und ging schweigend aus dem Zimmer.

Als er die Treppe hinunterstieg, konnte er seine Erregung nicht zügeln. Es hatte funktioniert. Der Ausdruck in Hawes' Gesicht, als er das Geständnis las, hatte ihn verraten. In seinem ganzen Leben hatte er noch nie einen solchen Ausdruck entsetzten Schuldbewußtseins gesehen. Es war die plötzliche, gelähmte Panik eines Menschen mit einem monströsen Geheimnis gewesen, der ohne Vorwarnung und entgegen aller menschlichen Erwartung entlarvt wurde. Nur so konnte Hawes' Reaktion interpretiert werden.

Sicher, er hatte sich schnell wieder gefaßt, aber nicht schnell genug. H. Joshua Hawes hatte Elana auf die Weise und aus den Gründen ermordet, wie es von Baudelin in dem Geständnis niedergeschrieben worden war. Sein Gesicht hatte ihn verraten, so wie es sich Baudelin flehentlich gewünscht hatte, als er diese Falle vorbereitete.

Was hatte Hamlet doch gesagt? »Im Spiel werde ich das Gewissen des Königs bloßstellen.«

Er war sich nicht sicher, wann sein Verdacht sich erstmals geregt hatte – vor vier Monaten oder vielleicht auch vor fünf. Er hatte nie daran geglaubt, daß sich seine angebetete Elana selbst umgebracht haben könnte, ohne Erklärung, ohne eine Mitteilung oder wenigstens einen Hinweis zu hinterlassen. Und er konnte nicht akzeptieren, daß sie durch einen Unfall gestorben war, denn in diesem Fall müßte er selbst so etwas wie ein Verfluchter sein, den keine Frau lieben konnte, ohne mit ihrem Leben dafür zu bezahlen. Ihr Tod mußte also Mord gewesen sein, und die einzige Person, die mit ihnen lebte, die einzige, die die Schlaftabletten in ihren türkischen Kaffee gegeben haben konnte, war Hawes.

Wie ein böser Gott hatte Hawes Baudelins Leben seit sieben Jahren manipuliert. Er hatte seine geschäftlichen Angelegenheiten geregelt, Interpretationen seiner Musik veröffentlicht, ihre Gespräche zwecks Verwendung in seinen Büchern auf Band genommen – in dem Labyrinth der Musikszene war Hawes der Forscher und Baudelin die Versuchsratte. Er hatte gewollt, daß Baudelin die untergangsschwangeren Werke der zweiten Periode fortsetzte, und deshalb hatte Elana sterben müssen. Der einzige Unterschied zwischen dem getippten Geständnis und der Wirklichkeit war der Umstand, daß Hawes keinerlei Reue verspürte.

Baudelin wußte, das er nichts davon vor Gericht beweisen konnte, daß es keine Möglichkeit gab, diesen Ausdruck nackten Entsetzens nochmals vor den Augen des Richters und der Geschworenen in Hawes' Gesicht treten zu lassen. Aber um das zu tun, was er sich vorgenommen hatte, brauchte er keinen Richter und keine Geschworenen.

Als die fernen Berge im Sonnenuntergang violett und orange wurden, las er das Geständnis im Studio abermals durch. Nachdem er sich der Richtigkeit vergewissert hatte, wandte er sich dem metallenen Schreibmaschinentisch zu, spannte ein frisches Blatt kremfarbenen Dokumentenpapiers in den Wagen ein und schrieb die dritte Seite neu.

›… gesühnt werden kann. Und deshalb werde ich zur Hausbar gehen und mir ein letztes Glas Apricot Brandy einschenken, vermischt mit einer Überdosis von Schlaftabletten. Dies ist letzten Endes die geziemende Art und Weise, um zu sterben.

Baudelin, alter Freund und Wohltäter, belege die Erinnerung an mich nicht mit einem Fluch, ich bitte dich darum.‹

Wieder fälschte er Hawes' Unterschrift am Ende des Geständnisses, das jetzt passenderweise mit Hawes' Fingerabdrücken versehen war, und legte die drei Blätter in eine Schreibtischschublade, unter ein Bündel von Skizzen für ein Concerto. Dann brachte er die ursprüngliche dritte Seite in das unten liegende Badezimmer, riß das Blatt in kleine Fetzen, spülte sie in der Toilette hinunter, nahm das Fläschchen mit den Schlaftabletten aus dem Medizinschrank, trug es in die Küche, wo er die Tabletten zu Pulver zerstampfte, und füllte das Pulver in die Karaffe mit dem Apricot Brandy. Als er fertig war, stellte er alles wieder dorthin, wo er es gefunden hatte, säuberte sorgsam seine Arbeitsfläche und ging zurück ins Studio, um auf die Geräusche zu warten, die Hawes machen würde, wenn er die Treppe hinuntergestolpert kam, um sein Glas nachzufüllen.

Noch immer konnte er auf einer fernen Wiese das Lachen spielender Kinder hören.

Das Prinzip bleibt bestehen …

# Die Wahrheit kommt an den Tag

von Edward Wellen

OPFER: Hier kommt er und quetscht Krokodilstränen hervor. Könnte ich nur diese Krankheit abschütteln und noch einmal stark sein, würden es echte Tränen werden. Dennoch wird er ernsthaft weinen, wenn er feststellt, daß die Gewölbe leer sind. Ich habe alles verbraucht, um mein zukünftiges Leben zu sichern. Aber jetzt ist mein Herz schwach, mein Leib krümmt sich, meine Hände umklammern das Laken, als ob es der Faden des Lebens wäre, und alle meine Glieder beginnen zu zittern. Meine Kehle wird vom Staub zugeschnürt. Dies ist der Geschmack des Todes.

MÖRDER: Jetzt stirbt er. Ich glaube, die Sonne wird nicht unter den Horizont sinken, bevor er gegangen ist und alles an mich fällt. Aber ich muß Gram zeigen, selbst wenn ich im Herzen frohlocke. Reichtum und Herrschaft sind nun mein, und ich werde große Werke aus dem Boden stampfen und ihn durch meine Bauten in den Schatten stellen. Sei ganz ruhig, sage ich mir selbst immer wieder, denn das Grab wird es verschleiern. Was ich getan habe, wird für immer verborgen bleiben.

DETEKTIV: Ha, ich habe also recht! Die Körpersekrete in den Bandagen und eine grobe chemische Analyse der Haut bestätigen meinen Verdacht. Später werde ich zum Labor hinübergehen, um schlüssigere Tests vorzunehmen. Aber ich kann dir schon jetzt sagen, welches Ende du genommen hast. Irgend jemand hat dir Arsen verabreicht. Unglücklicherweise ist es in deinem Fall ein bißchen zu spät für einen offiziellen Autopsiebericht, du armes, altes Lumpenbündel, du arme, alte Mumie.

# Eine belanglose Straftat

von Maxine O'Callaghan

Als die Ladenklingel anschlug, blickte ich von den Kontenkarten hoch und ächzte. Ich hatte in jüngster Zeit schon genug Probleme, um mit dem alten Mann fertig zu werden, und konnte wirklich darauf verzichten, daß diese Frau den Dingen den Rest gab.

Er beobachtete sie grimmig, den Mund zu einem schmalen, selbstgerechten Strich verzogen – Richter, Geschworener und Henker gleichzeitig. Ich schloß die Bücher und eilte zum Ende der Ladentheke.

»Vater, bitte«, sagte ich.

»Nichts bitte. Ich habe gemeint, was ich sagte. Wenn diese Frau heute etwas stiehlt, werde ich sie den Behörden übergeben.«

Ich sprach ganz leise, aber seine Stimme hob sich vor Erregung.

»Gehen wir nach hinten ins Büro und reden wir darüber«, drängte ich ruhig.

Unmittelbar hinter der Theke gab es eine ringsum verglaste Fläche, wo es gleichzeitig möglich war, zu arbeiten und die Gänge im Auge zu behalten.

Stur leistete er Widerstand, aber ich drängte ihn hinein und schloß die Tür.

»Es gibt keinen Grund, darüber zu diskutieren«, sagte er.

»Es gibt jede Menge Gründe. Ihr Vater hat großen Einfluß in dieser Stadt. Wenn du glaubst, du könntest ihn erniedrigen, ohne daß er Gegenmaßnahmen ergreift, bist du gefährlich auf dem Holzweg. Wenn sie etwas nimmt – warum kannst du es nicht einfach auf seine Rechnung setzen, wie du es in der Vergangenheit immer getan hast?«

»Weil es nicht richtig ist, deshalb. Ich habe lange genug gegen meine Prinzipien verstoßen.«

Mir brach der Schweiß aus. In dem Raum herrschte eine drückende Hitze, aber das war nur einer der Gründe. Ich zitterte vor innerlichem Zorn. Der alte Narr konnte nicht über das Ende seiner dünnen, bebenden Nase hinausblicken. Er würde das Geschäft und unsere Zukunft, die seiner Tochter und meine, aufs Spiel setzen und sich dabei in seiner Scheinheiligkeit sonnen. Und für was? Wegen einer belanglosen, kleinen Straftat, die niemandem weh tun würde.

»Du darfst die arme Frau nicht verurteilen«, sagte ich und versuchte einen Weg zu finden, um den sicher scheinenden Zusammenstoß zu vermeiden. »Ihr Vater sagt, daß es eine Krankheit ist.«

»Quatsch. Sie ist eine Diebin. Und was noch schlimmer ist – sie macht nicht mal den Versuch, es zu verbergen.« Seine Kiefer preßten sich halsstarrig aufeinander. Auf seiner kalten Stirn zeigte sich nicht ein einziger Tropfen Schweiß. »Ich sage dir, daß ich meine Prinzipien habe, obwohl deine Generation das nicht verstehen wird. Für euch zählt nur der Dollar.«

Das mußt gerade du sagen, dachte ich grimmig. Ich habe lange genug für ihn gearbeitet, um zu wissen, wie er seine Kunden betrügt. Nichts Großes oder Offensichtliches – nur einen miesen Penny hier und da oder ein bißchen minderwertige Ware. Mein einziger Trost war, daß er nicht ewig leben konnte. Meine Frau war sein einziges Kind, Spätkömmling. Wenn ich durchhielt, würde der Laden schließlich mir gehören – eine Startbasis für die Ideen und Pläne, die ungeduldig in meinem Kopf aufwallten. Ich konnte ihm nicht erlauben, wegen seiner engstirnigen Moral alles wegzuwerfen.

Er beobachtete weiter wie ein Henker, der unter dem Galgen wartete, aber ich bekam langsam ein bißchen Hoffnung. Sie ging in den Gängen auf und ab, nahm Artikel in die Hand und legte sie wieder in die Regale zurück. Vielleicht würde alles gut abgehen. Sie stahl nicht *immer*. Es liegt am Wetter, sagte ich zu mir selbst. Seit Wochen hing eine Hitzeglocke in der Luft, wie ein Deckel auf einem Kessel mit kochendem Wasser, zerrte an den Nerven und führte zu Gefühlsausbrüchen. Geh weg, flehte ich im stillen, tätige deinen Einkauf und mach, daß du wegkommst.

Es war zu spät für Gebete. Ihre dicklichen Finger hatten den Großen Preis des Tages gewählt, kühn wie Oskar. Der alte Mann zog pfeifend die Luft ein und setzte dazu an, aus dem Büro hinauszustürmen, aber ich hielt ihn zurück.

»Ich erlaube es dir nicht«, sagte ich.

»Du kannst mich nicht daran hindern.« Er versuchte, mich abzuschütteln, aber ich hielt ihn hartnäckig fest. »Dies ist mein Laden. Ich weiß, daß du sehnsüchtig auf meinen Tod wartest, damit du ihn in die Finger kriegst, aber im Moment bin ich noch sehr lebendig und werde tun, was mir beliebt.«

»Dann tu es«, sagte ich tollkühn. »Aber hör gut zu. Wenn du es machst, gehe ich. Du hast viel Zeit damit verbracht, mich klein zu halten, aber du bist kein Dummkopf. Du bist klug genug, um zu erkennen, wieviel Arbeit ich in diesen Laden investiert habe. Tatsache ist, daß du das Geschäft nicht länger alleine führen kannst.«

»Mach dich nicht lächerlich«, schnappte er, zögerte jedoch.

»Ich habe ein anderes Angebot.« Es war eine glatte Lüge, aber ich war verzweifelt. »Ich werde es morgen annehmen. Du wirst nicht nur meine Hilfe, sondern auch deine Tochter und deinen Enkel verlieren.«

Er fuhr sich mit der Zunge über die Lippen, aber ich konnte in seinen verhangenen, fischgrauen Augen nichts lesen. Ich brauchte meine ganze Willenskraft, um die Arme zu verschränken, mich lässig gegen einen Schreibtisch zu lehnen und so zu tun, als könne ich die heiße, stickige Luft atmen.

»Nun?« sagte ich. »Wieviel sind dir deine Prinzipien genau wert?«

Er gab keine Antwort, wandte mir nur den Rücken zu und ging hinaus zur Theke, wo die Frau mit ein paar Nägeln im Wert von wenigen Pennies wartete, um ihren Besuch zu rechtfertigen. Ich glaube, daß sein Gang langsamer erschien als üblich und daß er die Schultern hängen ließ, aber ich konnte mir nicht sicher sein. Ich folgte ihm mit schmerzhaft klopfendem Herzen, fest davon überzeugt, daß ich einen bösen Fehler gemacht und meine Zukunft ruiniert hatte.

Er nahm die Bezahlung entgegen ohne ein einziges Wort und ohne einen Blick auf ihren großen Einkaufskorb, in dem der Beilgriff deutlich sichtbar war. Er rang sich sogar ein steifes

Kopfnicken und ein ›Auf Wiedersehen, Miss Lizzie‹ ab, während ich einen triumphierenden Stoßseufzer von mir gab und mir eine Notiz machte, die gestohlene Axt auf Mr. Bordens* Rechnung zu setzen.

* Anmerkung des Übersetzers: Lizzie Borden ging als berüchtigte Mörderin in die Kriminalgeschichte ein.

Die Rache ist mein …

# Die verirrte Kugel

von Gary Brandner

Es gab genug leere Hocker im Leo's, schließlich war Ostermontag, aber der junge Bursche folgte Hickman bis ans Ende der Bar und setzte sich neben ihn.

Normalerweise hätte Hickman gegen Gesellschaft nichts einzuwenden gehabt, aber an diesem Montag abend war er müde und hätte lieber allein gesessen.

Der junge Bursche sah aus wie zweiundzwanzig oder dreiundzwanzig und hatte eine Rasur nötig. Hickmann rückte seinen Hocker einen Zentimeter weg und konzentrierte sich auf den glasigen Blick des Hirschkopfes, der an der Wand hinter der Bar hing.

»Ruhige Nacht«, sagte der junge Bursche.

»Ja«, grunzte Hickman. Er winkte dem Barkeeper zu, der an seiner roten Weste herumzupfte.

»Einen von den üblichen, Leo.«

Der Barkeeper ließ Eiswürfel in ein breites Glas fallen und goß Whiskey darüber. Er stellte den Drink vor Hickman hin und wandte sich an den jungen Burschen.

»Was soll's sein?«

»Ich nehme ein Glas Bier«, sagte der junge Bursche.

»Wie wäre es mit einem Sandwich, Mr. Hickman?« fragte der Barkeeper, während er ein Glas aus dem Bierzapfhahn füllte.

»Nein, danke, Leo. Ich versuche, ein paar Pfund abzunehmen.«

Der Barkeeper klopfte sich auf seinen eigenen Bauch. »Das sollte ich eigentlich auch tun, aber ich bin lieber fett und glücklich als dünn und unglücklich. Solange sich die Mädchen nicht beschweren, was?«

»Sicher«, sagte Hickman.

Leo nahm das Geld für die Drinks an sich und ging die Bar hinunter, um es in die Kasse zu legen.

»Dies ist meine erste Reise nach Los Angeles«, sagte der junge Bursche. »Ich komme aus Oregon.«

»Netter Staat«, sagte Hickman. »Schön grün. Regnet allerdings viel.«

Der junge Bursche beugte sich vor und blickte Hickman aufmerksam ins Gesicht. »Hören Sie, haben Sie etwas dagegen, wenn ich Ihnen eine Geschichte erzähle? Wenigstens einmal muß ich sie jemandem von Anfang an erzählen. Wenn Sie Jäger sind, dürfte sie interessant für Sie sein. Es ist eine Geschichte über eine verirrte Kugel.«

Hickman studierte den jungen Burschen einige Augenblicke lang. Er war dünn, fast zerbrechlich unter der zu schweren, mit Karomustern versehenen Jacke. Er besaß einen wirren Schopf braunen Haars, und eine Rasur war überfällig. In seinen Augen lag ein bedrückter, schmerzlicher Ausdruck.

»Okay«, sagte Hickman. »Lassen Sie hören.«

Der junge Bursche gab Leo ein Zeichen, noch einen Drink zu bringen, und begann mit gepreßter Stimme zu reden.

»Mein Name ist Wesley Mize. Letzten September heiratete ich in Portland ein Mädchen namens Judy, das ich schon kannte, seit wir zusammen in der Grundschule waren. Sie war blond und süß und hatte himmelblaue Augen von der Größe einer Halb-Dollar-Münze.

Für unsere Flitterwochen nahm ich mir bei meinem Job in einem Sportgeschäft eine Woche Urlaub. Wir hatten nur vor, in unserem eigenen Staat etwas durch die Gegend zu fahren. Am zweiten Tag fuhren wir den Highway 58 östlich von Eugene hinunter, als Judy einen alten Karrenweg entdeckte, der in den Wald hineinführte. Sie war sich sicher, daß es an diesem Weg wilde Brombeeren geben würde, die sie sehr liebte, und so bog ich vom Highway ab und fuhr so weit, wie ich konnte, bevor das Gesträuch zu dicht wurde.

Wir stiegen aus dem Wagen, und wirklich gab es überall wilde Brombeeren. Judy lachte und tanzte umher wie ein kleines Mädchen. Sie holte einen Plastikeimer aus dem Wagen und rannte voraus, um ihn mit Beeren zu füllen.

Sie lief dann zum Gipfel eines kleinen Hügels hinauf und

drehte sich um, um mich zum Nachkommen aufzufordern. Sie sagte: ›Beeil dich, Wes. Sieh dir an, was ich gefunden habe.‹

Ich machte mich auf zu der Stelle, an der sie auf mich wartete, aber ich erfuhr nie, was sie gefunden hatte. Als ich auf dem Hügel ankam, wo sie stand, drang ihr eine Kugel in den Kopf und tötete meine Frau, mit der ich zwei Tage verheiratet war.«

»He, das ist schrecklich«, sagte Hickman, der das Gefühl hatte, etwas sagen zu müssen.

»Ich wurde fast verrückt«, fuhr der junge Bursche fort. »Ich hatte den Schuß, der sie tötete, nie gehört, aber dann wurden in schneller Reihenfolge drei weitere laut. Ich sah nicht, wo sie trafen. Ich fing nur an , auf die Geräusche zuzurennen, als ob ich den Teufel selbst jagen würde. Mein Fuß blieb in irgendwelchen Wurzeln hängen, und ich stürzte. Zwei Knochen in meinem rechten Bein waren gebrochen. Auf irgendeine Weise, ich weiß nicht, wie, muß ich zu Judys Leichnam zurückgekrochen sein, denn dort war es, wo sie mich sechs Stunden später unter Schockeinwirkung fanden. Wenn ein Streifenpolizist nicht gesehen hätte, wo unser Wagen vom Highway abgebogen war, und nicht zwecks Nachforschung hinterhergekommen wäre, würden wir beide vielleicht noch immer dort sein.«

»Das war jedenfalls Glück«, sagte Hickman.

»War es das?« Mize ließ die Frage wie Qualm zwischen ihnen hängen. »Ich verbrachte die nächsten fünf Monate im Krankenhaus, wo sie versuchten, mein Bein wieder zusammenzuflicken. Während dieser einhundertundsiebenundvierzig Tage gab es nicht eine einzige Stunde, in der ich mir nicht wünschte, an Judys Stelle gestorben zu sein.«

»Konnte die Polizei nichts über denjenigen feststellen, der die Schüsse abgefeuert hatte?«

»Nicht viel. Sie wußten, daß es ein 30-06-Jagdgewehr war. Eine leere Whiskeyflasche wurde an der Stelle gefunden, wo die Schüsse hergekommen waren. Sie vermuteten, daß der Kerl dort, wo der Karrenweg abbog, auf einen alten Wegweiser geschossen hatte. Nur um ein bißchen zu üben. Er traf den Pfahl dreimal. Sein erster Schuß war die verirrte Kugel, die Judy tötete. Er erfuhr nicht einmal, daß er jemanden getroffen hatte. Es gab an jener Stelle einen dichten Gesträuchvorhang, so daß man den Weg nicht einsehen konnte.«

»Das war wirklich ein böser Zufall«, sagte Hickman. »Zu dumm, daß Sie nicht wenigstens einen Blick auf den Wagen des Kerls werfen konnten.«

»Oh, das habe ich. Ich sah nicht nur seinen Wagen, sondern las sogar das kalifonische Kennzeichen. Und ich sah auch den Mann, der geschossen hatte. Ich sah sein feistes, betrunkenes Gesicht, als er die Flasche wegwarf und davonfuhr. Er fuhr in Schlangenlinien über die ganze Fahrbahn. Erinnerte sich am nächsten Tag vermutlich an nichts mehr. Ich rannte hinter dem Wagen her, als mein Fuß hängenblieb und ich stürzte.«

»Wieso konnte die Polizei dann den Mann nicht finden, wenn Sie das Autokennzeichen kannten und auch wußten, wie er aussah?«

Wesley Mize stand auf und wischte sich mit einer Papierserviette den Mund ab. »Ich erzähle Ihnen den Rest der Geschichte, wenn ich zurückkomme«, sagte er.

Als der junge Bursche zur Toilette hinkte, kam Leo zu Hickman hinüber und lehnte sich gegen die Bar. »Dieser Bursche wird ziemlich laut«, sagte er. »Haben Sie irgendwelchen Ärger mit ihm?«

»Nein. Ich glaube, er ist ganz in Ordnung. Er ist ziemlich durcheinander wegen einer Sache, die seiner Frau zugestoßen ist. Ich glaube, er will sich die Geschichte nur von der Seele reden.«

»Wenn er anfängt, ausfallend zu werden, geben Sie mir nur ein Zeichen. Ich hörte ihn sagen, daß er aus Oregon kommt, und diese Leute mögen uns Kalifornier nicht allzu sehr. Wegen mir können sie ihren Staat einmachen.«

»Es regnet dort viel«, sagte Hickman.

Der junge Bursche kam zurück und setzte sich auf seinen Hocker. Leo bedachte ihn mit einem scharfen Blick und ging dann zum anderen Ende der Bar.

»Der Grund, daß die Polizei den Kerl nicht geschnappt hat«, nahm der junge Bursche den Faden seiner Geschichte gleich wieder auf, »ist ganz einfach. Ich habe ihnen nichts davon gesagt, daß ich ihn sah.«

»Warum denn das?« fragte Hickman. »Wollten Sie nicht, daß er bestraft wird?«

»Genau deshalb habe ich nichts gesagt. Ich will, daß er

*bestraft* wird, nicht, daß man ihm nur eine Ohrfeige gibt. So weich wie die Gerichte heutzutage sind, würden sie ihn vermutlich mit Bewährung davonkommen lassen. Der Mann hat das Schönste zerstört, das es in meiner Welt gab. Für seine Tat gibt es nur eine einzige Strafe. Er muß sterben. Während der langen Monate, die ich im Krankenhaus verbrachte, gab es für mich nur einen Grund zum Weiterleben – den Mann aufzuspüren, der mir meine Frau weggenommen hat, und ihn ... zu töten.«

»Sie meinen, daß Sie versuchen wollen, den Kerl selbst zu finden?«

»Ich glaube, ich *habe* ihn gefunden. Es war ganz leicht.

Ich schrieb ans kalifornische Kraftfahrzeugamt und gab die Nummer des Kennzeichens bekannt. Sie schrieben zurück und nannten mir den Namen des Wagenbesitzers. Es stellte sich heraus, daß er hier in Los Angeles lebt.«

Hickman verspürte plötzlich eine Anwandlung von Furcht. »Sie haben seine Adresse?«

»Stimmt. Ich ging heute zu seinem Haus. Ich wartete, bis ich ihn herauskommen sah, um mich davon zu überzeugen, daß er es wirklich war, dann folgte ich ihm geradewegs bis hierhin in diese Bar.«

Hickman blickte nach unten und sah, daß der junge Bursche auf dem Schoß eine Automatik vom Kaliber 45 in der Hand hielt.

»Warten Sie einen Augenblick, Junge«, schrie Hickman. »Sie machen einen großen Fehler.«

»Kein Fehler«, sagte der junge Bursche.

Als ihre Stimmen laut wurden, kam Leo die Bar entlanggeeilt. Als er den beiden sitzenden Männern gegenüberstand, hob Mize die schwere Pistole und schoß ihm ins Gesicht. Leo wurde rückwärts gegen das Flaschenregal geschleudert, torkelte dann nach vorne und krachte beim Fallen gegen die Bar.

Hickman saß da, als sei er auf dem Barhocker festgeschweißt. Wesley Mize legte die Automatik auf die feuchte Bartheke.«

»Ich werde sie nicht mehr brauchen«, sagte der junge Bursche. »Die verirrte Kugel hat endlich ihr Ziel gefunden.«

Und wie steht's mit Ihrer Frau?

## Herrenabend

von Elsin Ann Graffam

Die Beleuchtung war dämmrig, so schwach, daß ich kaum fest-stellen konnte, wer außer mir noch im Raum war. Verärgert suchte ich mir den Weg bis zur Mitte, wo die Stühle standen. Die verqualmte Luft war so dick und schwer wie das Parfüm meiner Frau – und genau so atembar.

Ich zog einen metallenen Klappstuhl auseinander und setzte mich neben einen Mann, den ich nicht kannte. Mit zusammen-gekniffenen Augen blickte ich in jedes Gesicht im Raum. Nicht ein einziges war mir vertraut.

Ich rückte meine Krawatte zurecht, die alberne, breite, auffal-lende Krawatte, die mir Georgia zu Weihnachten geschenkt hatte, und starrte auf den gläsernen Aschenbecher in der Hand des Mannes neben mir. Die leistungsschwachen Lampen spie-gelten sich darin wider und schufen, fand ich, ein ziemlich inter-essantes Muster. Wenigstens war es interessanter als alles andere, was sich bisher an diesem Abend ereignet hatte.

Ich war ein Idiot, daß ich gekommen war, dachte ich wütend. Als der Brief in der vergangenen Woche gekommen war, hatte meine Frau ihn geöffnet.

»Sieh doch!« hatte sie gesagt und mir meine geöffnete Post hingehalten. Es war ein rechteckiges, sauber bedrucktes Stück weißen Papiers.

»Der Brief kommt von dem netten Mann am Ende des Häu-serblocks. Es handelt sich um eine Einladung zu irgendeinem Treffen. Du mußt hingehen!«

»Hingehen? Treffen?« fragte ich, während ich meinen Mantel ablegte und nach dem Brief griff.

»Sie sind«, hieß es in dem Schreiben, »zum Jahrestreffen des Herrenclubs von Brierwood eingeladen, das am Sonntagabend,

90

dem 8. Januar, um acht Uhr im Widdersaal von Earle's Restaurant stattfindet.«

Es war unterzeichnet mit »In brüderlicher Freundschaft, Glenn Reynolds.«

»Also, ich weiß nicht«, sagte ich. »Ich kenne den Burschen kaum. Und ich habe noch nie etwas von diesem Club gehört.«

»Du gehst!« schnarrte Georgia. »Das ist deine Chance, die Nachbarn kennenzulernen. Wir leben jetzt hier schon seit zwei Monaten, und keine einzige Seele ist vorbeigekommen, um uns zu besuchen.«

›Kein Wunder‹, dachte ich. ›Sie haben schon genug von deinem Gequengel und Gemecker gehört, wenn sie mal im Supermarkt mit dir zusammengetroffen sind.‹

»Vielleicht«, sagte ich, »sind die Leute hier nur ein bißchen reserviert.«

»Vielleicht sind die Leute im Osten nur nicht so *freundlich* wie die Leute, die du zu Hause kanntest«, sagte sie höhnisch.

»Oh, Georgia, fang nicht wieder damit an! Wir sind weggezogen, nicht wahr? Ich habe die Brücken eines ganzen Lebens hinter mir abgebrochen, oder etwa nicht?«

»Willst du mir etwa erzählen, daß das *meine* Schuld ist? Wenn du das nämlich tust, Mr. Vierzig-Jahre-alt-und-noch-so-töricht, dann kannst du was erleben! Es war ganz allein deine Schuld, und du kannst dich glücklich schätzen, daß ich dich deswegen nicht verlassen habe!«

»Schon gut, Georgia.«

»Wo würdest du ohne Daddys Geld sein, Mr. Trottel? Wo würdest du ohne mich sein?«

»Tut mir leid, Georgia, ich bin nur müde, das ist alles.«

Sie lächelte selbstgefällig und fuhr fort. »Du *wirst* gehen«, sagte sie und nickte mit dem Kopf, wobei ihr orangegefärbtes Haar geschüttelt wurde wie ein alter Mop. »Ja, wirklich. Du kannst deinen guten dunkelbraunen Anzug und die neue Krawatte tragen, die ich dir geschenkt habe, und …«

Und sie redete weiter, plante meine Garderobe, so wie sie jede Minute meiner letzten vierzehn Jahre geplant hatte.

So war ich also am Abend des Achten beim Jahrestreffen des Herrenclubs von Brierwood. Absolut widerwillig. Was für ein verrückter Club hielt sein Treffen jährlich ab?

Ein Wohltätigkeitsverein? Eine Bruderschaft? Einmal im Jahr?

Es war fast acht, als keine Männer mehr in den Raum strömten. Es handelte sich, mit kaum einer Ausnahme, um eine traurig aussehende Gruppe. Ich meine, sie sahen *deprimiert* aus. Ein Treffen von Beerdigungsunternehmern? Ein Club von Leuten, die einen gescheiterten Selbstmordversuch hinter sich hatten und nun einen neuen Versuch planten?

»Ich glaube, Männer, wir sind alle da«, sagte Reynolds, der auf dem Podium stand. »Ja. Wir können anfangen. Alphabetische Reihenfolge, wie immer. Eine Minute.«

Ein trauriger, müde aussehender Mann in den Fünfzigern erhob sich und ging zum Podium.

»Harry Adams. Sie, sie ...«

Er wischte sich nervös über die Augenbrauen und sprach weiter.

»Dieses Jahr ist das schlimmste überhaupt für mich gewesen. Ihr habt sie gesehen. Sie ist so schön. Ich weiß, ihr denkt, daß ich glücklich bin. Aber ich bin es nicht, nein, nein. Sie ist jede Minute hinter mir her gewesen, damit ich ihr dies kaufe und das kaufe, so daß sie die Nachbarn damit beeindrucken kann. Ich verdiene nicht genug Geld, um mir das leisten zu können. Aber sie drohte mir an, mich zu verlassen und alles mitzunehmen, was ich besitze – obgleich das gar nicht mehr so viel ist –, wenn ich nicht nachgebe. So nahm ich ein Darlehen bei der Bank auf, erzählte ihnen, daß es für das neue Dach sei, und kaufte mit dem Geld alles, was sie wollte. Aber es war nicht genug. Sie will mehr. Einen bodenlangen Nerzmantel, einen zweikarätigen Diamantring. Ich werde zu einer anderen Bank gehen und ein weiteres Darlehen für mein Dach aufnehmen müssen. Das Geld geht mir aus, die Dächer gehen mir aus ...«

»Eine Minute, Harry.«

Niedergeschlagen verließ der kleine Mann das Podium, und ein anderer nahm seinen Platz ein.

»Browning. Sie lud ihre Mutter ein, bei uns zu wohnen. Die alte Dame zog im letzten April ein. Ich konnte kaum mit meiner Frau fertig werden, und nun habe ich zwei von der Sorte. Quengeln, mäkeln – in Stereo. Ihr könnt euch nicht vorstellen, wie es ist, Jungs! Ich komme fünf Minuten zu spät von der Arbeit nach Hause und habe zwei von ihnen an der Kehle. Ich vergesse den

Geburtstag meiner Frau, und meine Schwiegermutter macht mich fertig. Ich vergesse den Geburtstag meiner Schwiegermutter, und meine Frau macht mich fertig.«

Er blickte zu Reynolds hinüber, der auf der Plattform saß.

»Mehr?«

»Zehn Sekunden, Joe.«

»Ich möchte nur sagen, daß ich es zu Hause nicht länger aushalte! Ich bin kein junger Mann mehr! Ich …«

»Eine Minute, Joe.«

Und ein anderer war dran. Starr vor Faszination saß ich da. Was für eine großartige Idee! Einmal im Jahr zusammenkommen und über die Ehefrau schimpfen! Sich alles von der Seele reden, alles rauslassen! Wenn ich daran dachte, daß ich gar nicht kommen wollte …

Ein Bursche namens Dorman war als nächstes dran. Seine Frau hatte sich zweihundertundachtzig Pfund angegessen. Und Flynn – seine Frau war mit ihren eingebildeten Krankheiten zu dreißig Ärzten gegangen. Herter – seine Frau weigerte sich, ihre falschen Zähne im Haus zu tragen, es sei denn, sie hatten Gäste. Und von Klutz, dessen Frau seinen brandneuen Sportwagen dreimal in diesem Jahr zu Schrott gefahren hatte, bis zu Morgan, dessen Frau alle seine bequemen Kleidungsstücke an die Heilsarmee gab.

Und dann war *ich* an der Reihe. Verstehen Sie mich richtig, es war nicht so, daß ich irgend jemanden *beeindrucken* wollte. Aber die Möglichkeit zu haben, es wirklich zu sagen, der ganzen Welt zu erzählen, was sie mir angetan hatte – Himmel!

Ich nahm meinen Platz auf dem Podium ein und blickte auf Reynolds.

»Sie können jetzt anfangen«, sagte er freundlich.

»Freddie Nerf. Ihr Name war Jennie, und sie war meine Sekretärin, und sie war dreiundzwanzig, und ich liebte sie mehr als alles andere auf der Welt und wußte, daß es immer so sein würde, und meine Frau, die so kalt ist, daß ihr es euch gar nicht vorstellen könnt, bekam es heraus und erzählte jedem Menschen an der Westküste, was ich getan hatte, und sagte, daß wir Tausende von Kilometern von ›diesem Flittchen‹ wegziehen müßten, nur daß Jennie kein Flittchen war, und ich werde sie in meinem ganzen Leben nicht wiedersehen, und ich liebe sie noch immer, und meine Frau bringt die ganze Sache immer wieder aufs Tapet, und ich versuche zu vergessen, weil es so weh tut, aber ich weiß, daß es mir nie gelingen wird, besonders wo mich meine Frau die ganze Zeit daran erinnert.«

»Eine Minute, Fred.«

»ICH KANN MEINE FRAU NICHT ERTRAGEN!« brüllte ich ins Mikrophon, als ich das Podium verließ.

Niemals in meinen neununddreißigdreiviertel Jahren hatte ich mich so wohl gefühlt. Vor purem Vergnügen, es mir von der Seele geredet zu haben, fast lachend nahm ich meinen Platz wieder ein und hörte den anderen halb zu. Owens, dessen Frau seinen Kindern erzählte, daß er eine Null war, und Quenton, dessen Frau wieder aufs College gegangen war und glaubte, daß sie klüger war als er, und Smith, dessen Frau bis mittags durchschlief und ihn die ganze Hausarbeit machen ließ, und zum Schluß Zugay, dessen Frau alle seine Kleider selbst schneiderte, so daß er herumlief wie ein Überbleibsel aus der Weltwirtschaftskrise. Was durchaus zutraf.

Ein Bursche, der nicht gesprochen hatte, interessierte mich. Er lächelte. Tatsächlich saß er mit einem breiten Grinsen im Gesicht da. Ich starrte ihn an und fragte mich, ob ich ihn kannte, als Reynolds das Wort ergriff.

»Alles klar, Männer. Zeit, abzustimmen. George, teil Papier und Bleistifte aus, okay?«

»Abstimmen?« frage ich den Mann neben mir, dessen Frau sein Toupet versteckte, wenn sie nicht wollte, daß er ausging.

»Sicher. Wir stimmen über denjenigen ab, der die lausigste Frau hat.«

Ich kritzelte den Namen Freddie Nerf nieder. Schließlich hatte ich tatsächlich die lausigste Frau.

Glenn Reynolds sammelte die Papierschnitzel ein und sortierte sie. Nach ein paar Minuten wandte er sich den Männern wieder zu.

»Zum ersten Mal, Männer«, sagte er, »hat ein neues Mitglied gewonnen: Fred Nerf. Der mit der Frau, ihr erinnert euch, die seine reizende Freundin ein Flittchen nannte.«

Ich erhob mich halb von meinem Sitz, als er mich beglückwünschte, und fühlte mich dabei etwas albern, aber auch stolz. Es war in der Tat eine Ehre.

Und dann versammelten sie sich alle, alle diese trauriggesichtigen, kaputten Männer um mich und schüttelten mir die Hand. Einige von ihnen hatten tatsächlich Tränen in den Augen, als sie mir auf die Schulter klopften.

Später, als wir alle in den Gesellschaftsraum gingen, um vor dem Nachhauseweg noch einen Drink zu nehmen, fand ich Reynolds an der Bar und ging mit meinem Drink zu ihm hinüber.

»Das ist eine Sache!« sagte ich. »Es hat mir wirklich, *wirklich* gut getan, mir die Geschichte von der Seele zu reden! Wessen Idee war dieser Club?«

»Meine«, sagte er. »Während der letzten fünf Jahre haben wir uns einmal jährlich getroffen. Ich kümmere mich um die Mitglieder und wollte, daß Sie dieses Jahr dabei sind. Die Frau, die Sie da haben, ist schon was, nicht wahr?«

»Ja«, stimmte ich zu, »das kann man wohl sagen. Wie kommt es, daß Sie nicht geprochen haben? Weil es Ihr Club ist?«

»Oh, nein. Meine Frau ist vor vier Jahren gestorben.«

»Tut mir leid«, sagte ich und fühlte mich plötzlich verlegen. »Der Bursche, der da drüben sitzt und den ganzen Abend das breite Grinsen im Gesicht hat – wer, zum Teufel, ist das?«

»Gary McClellan? Er ist Installateur.«

»Oh, *klar*. Sagen Sie, hat mir meine Frau nicht erzählt, daß McClellans Frau voriges Jahr bei einem schrecklichen Unfall ums Leben gekommen ist?«

Reynolds lächelte breit und tätschelte meinen Arm. »*Natürlich*, alter Freund! McClellan war der Sieger des *vorigen* Jahrs!«

# Betriebsfest

von Mary Bradford

Nach der Weihnachtsfeier im Büro verließ Everett Willis in der Abenddämmerung die Betriebskontrolle-Abteilung durch den Haupteingang. Er hatte nur mit größtem Widerwillen daran teilgenommen, aber es ging um die jährliche Truthahn-und-Frühstückskorb-Verlosung, und er mußte sie beaufsichtigen. Er hatte versucht, dieses Jahr mit der Gewohnheit zu brechen, aber alle hatten protestiert. Nun war die Feier vorüber – aber die Nacht noch nicht.

Ein Graupelregen überzog den weiträumigen Parkplatz für dreihundert Firmenwagen mit einem feinen Eismantel. Alle waren schon nach Hause gefahren. Willis hatte bis zum Schluß ausgeharrt, um sicher zu gehen, daß niemand hinter der Kopiermaschine eingeschlafen war. Es war immer ein bißchen gespenstisch, den eigenen Wagen als letzten vorzufinden, dachte er, und auch ein bißchen unheimlich. Sein Wagen war in der Mitte des Parkplatzes abgestellt.

Aber eine Sache an diesem Abend war ein Meisterstück gewesen. Er lächelte vor sich hin. Und es war alles in dem kleinen grauen Pappkarton eingepackt, den er, eng an seine Seite gepreßt, bei sich trug. Der Karton enthielt die Schmiergeldzahlung der Versandangestellten, die er beim Verkauf von Firmenbesitz ertappt hatte, nachdem es ihnen gelungen war, die Inventuraufstellungen zu fälschen. Das Betriebsfest war die ideale Gelegenheit gewesen, das Geld aufzuteilen, das sie, wie er wußte, an diesem Nachmittag bekommen hatten. Nun konnte er die Raten für seinen neuen Wagen und die steigenden Kreditkartenrechnungen bezahlen, die jeden Monat lawinenartig eingingen.

Die Natriumdampflampen breiteten eigenartig bleiches Licht

über dem Parkplatz aus, als er zu seinem Wagen eilte. Er winkte dem Werksschutzangestellten zum Abschied zu, als er an dem alten Mann vorbeikam, dessen Kopf zum Schutz gegen die beißende Kälte von einem Halstuch umwickelt war. Es würde eine Dreiviertelstunde dauern, bis er nach Hause kam, wo seine Frau mit dem Abendessen wartete und sein ältester Sohn ungeduldig auf den Wagen wartete.

Sein Sohn würde früh gehen, und nach dem Abendessen würde sich seine Frau auf den Weg machen, um zwei Blocks weiter in der Walnut Lane bei ihrer Schwester für ein paar Stunden den Babysitter zu spielen. Seine beiden jüngeren Kinder würden, wie üblich, vor dem Fernseher im Wohnzimmer kleben. Willis würde das Geld in den Metallkasten in dem abgeschlossenen Schrank über seiner Werkbank im Keller legen.

Er öffnete die Tür auf der Fahrerseite und plazierte den Karton sorgfältig auf dem Rücksitz. Er wollte sich gerade auf den Sitz gleiten lassen, als er eine große Frau bemerkte, die auf dem Beifahrersitz kauerte. Erschrocken machte er einen Sprung rückwärts.

»Um Gottes willen, wer sind Sie? Was tun Sie hier?«

Die Frau richtete sich zu einer sitzenden Haltung auf. Sie hatte wirres, ungekämmtes schwarzes Haar und trug einen grünen Hosenanzug aus Polyester sowie einen grünen Parka mit einer Kapuze aus rattenartigem Fell, die ihr Gesicht einrahmte. Sie war sehr, sehr betrunken.

»Sie bringen mich dahin, wo ich hin will, oder ich werde schreien. Ich werde schreien, daß mich Everett Willis auf dem Parkplatz der Fabrik überfallen hat, und der Werkschutzmann wird angerannt kommen.«

»Wer, zur Hölle, sind Sie?« wollte er wissen und kletterte wieder in den Wagen, um dem heftigen Graupelschauer und dem Wind zu entgehen.

»Wer bin ich? Das ist eine gute Frage. Wer bin ich?«

Sie wandte ihr Gesicht voll Willis zu, der vor dem Geruch billigen Alkohols zurückschreckte.

»Ich weiß nicht, wer ich bin. Aber ich weiß, wo ich hin will. Mr. Boyd aus der Marketing-Abteilung hat mich in diesen Wagen gesetzt. Mr. Boyd hat gesagt, daß Sie ein großartiger Bursche sind und dafür sorgen würden, daß ich nach Hause komme. Das war nicht nett von ihm«, brach es tränenerfüllt aus ihr heraus. »Er hätte mich selbst nach Hause bringen sollen, das hätte er sollen. Sie bringen mich zu Mr. Boyds Haus, und wir werden ihm das sagen, wir zwei beide.«

Willis fluchte unterdrückt – Stan Boyd, der Büroclown. Er würde es Boyd heimzahlen, und wenn es das letzte war, was er tat. Mein Gott, dachte er, ausgerechnet in dieser Nacht muß das passieren. Er hatte den Karton bei sich. Er mußte ihn nach Hause schaffen. Und nun hatte ihm dieser Clown Boyd das hier an den Hals gehängt.

»Warum hat Sie nicht jemand anders nach Hause gebracht? Was ist passiert?«

»Wir hatten eine Feier wie die Ihre in Bau A, und während wir auf die Verlosung warteten, wurden ein paar Drinks herumgereicht. Sie wissen, wie das bei solchen Feiern ist. Und dann kam die Verlosung, und wissen Sie, ich habe in meinem ganzen Leben noch nie etwas gewonnen, noch nicht mal, als ich ein Kind war, und wissen Sie was, Mr. Willis von der Betriebskontrolle? Ja, ich kenne Sie. Ich lese die Belegschaftszeitung aufmerksam, *sehr aufmerksam*. Sie sind für den Versand zuständig. Sie trainieren ein Baseballteam in einer der kleinen Ligen, Sie sind im Bowlingteam der Betriebskontrolle, und Sie unterrichten in der Sonntagsschule. Sie haben eine Frau und drei Kinder – eins, zwei, drei – und sind seit zehn Jahren bei der Firma – ein, zwei, drei, vier …«

Willis explodierte. »Okay, Sie wissen alles über mich. Und was ist mit Ihnen? Ich kann mich nicht erinnern, Sie schon mal gesehen zu haben, Miss … oder muß ich Mrs. sagen? Wie heißen Sie, und warum hat Sie dieser Clown Boyd hierher gebracht?«

»Das sagte ich Ihnen bereits. Ich hatte in meinem ganzen Leben noch nie etwas gewonnen, und wissen Sie was – ich mußte den verdammten Truthahn gewinnen! Nun, was, zur Hölle, soll ich mit einem zwanzig Pfund schweren Truthahn? Ich lebe allein. Ich brauche keinen zwanzig Pfund schweren Truthahn. Ich brauche …«

Sie warf den Kopf zurück und lachte. »Wissen Sie, ich habe diesen Truthahn oben auf den Ablageschrank gelegt, und nach diesen Drei-Tage-Ferien wird er ziemlich reif sein, meinen Sie nicht auch, Mr. Willis von der Betriebskontrolle? Los, fahren wir und holen wir ihn. Fahren wir und holen wir Mr. Boyd vom Marketing. Also, fahren wir jetzt. Wenn Sie es nicht tun, schreie ich. Wollen Sie es hören? Ich kann gut und laut singen. Ich habe viel Übung.«

Willis lehnte sich im Sitz zurück und fuhr sich mit der Hand durchs Gesicht. Ihm war heiß, und seine Kehle fühlte sich trocken an. Der Graupelregen war stärker geworden, und die Windschutzscheibe vereiste. Er ließ den Motor des Wagens an, um die Windschutzscheibe vom Eis zu befreien.

»Keine Taxis«, sagte sie. »Gehen Sie nicht zurück, um mir ein Taxi zu rufen. Bringen Sie mich zu Boyd, oder ich schreie.«

»Ich weiß nicht, wo der Hundesohn wohnt! Und ich werde um sechs Uhr zu Hause erwartet.«

»Ich weiß, wo er wohnt. In Lakewood, an der Ecke von Mulberry und Vine.«

Es war heiß und drückend im Wagen. Der Alkoholdunst und das schale Aroma billigen Parfüms waren überwältigend. Gott, was kann ich tun, fragte er sich. Ich könnte sie zum Nachtwächter bringen, aber ich will nicht, daß die Sache publik wird. Nein, ich muß mich selbst darum kümmern. Ich bin der leitende Angestellte. Es ist meine Verantwortlichkeit. Wenn ich sie zu Boyd bringe, versetze ich seine Familie in Verlegenheit. Seine Frau und die meine sind gute Freundinnen.

»Hören Sie, ich werde Sie zu Boyd bringen. Aber Sie bleiben im Wagen. Ich übernehme das Reden. Haben Sie verstanden?«

»Ja, fahren wir zu Boyd.« Sie hatte ein halb zufriedenes Lächeln im Gesicht und rutschte auf dem Sitz etwas nach unten. Willis öffnete auf der Fahrerseite das Fenster. Es fühlte sich gut an, als die kalte, beißende Luft mit seiner heißen, trockenen Haut und seiner ausgedörrten Kehle in Berührung kam.

»Vergessen Sie es nicht – Sie bleiben im Wagen«, befahl er.

Sie blickte ihn mit halbgeschlossenen Augen an.

»Wissen Sie, Mr. Willis von der Betriebskontrolle, ich bin eine Frau, die nie dazu bestimmt war, eine Karrierefrau zu werden. Ich war gerne eine dumme Hausfrau. Ja, Sie haben eine emanzipierte Frau vor sich, Mr. Willis. Ich habe der Frauenbewegung viel zu verdanken. Mein Ehemann hat mich emanzipiert. Er wollte meiner Entwicklung nicht im Weg stehen. Dieser Boyd ist so lala. Er hatte kein Recht, mich in Ihren Wagen zu setzen. Ich dachte, er bringt mich nach Hause. Ich schätze, ich habe mich ein kleines bißchen betrunken – oder besoffen –, und ich hing über dem Ablageschrank, und als er den Raum abschließen wolle, fand er mich. Er fluchte richtig. Er nahm mich mit und brachte mich nach draußen, und ich dachte, er würde mich nach Hause bringen. Das ist es, was ich dachte, Mr. Willis. Daß er mich nach Hause bringen würde. Aber statt dessen setzte er mich in Ihren Wagen und fuhr mit seinem eigenen davon. Und das war nicht nett von ihm, nicht wahr?«

Willis fuhr durch die Straßen von Lakewood, bis in die nordwestliche Wohngegend. Er erreichte die Ecke von Mulberry und Vine. Es war ein Gebiet mit großen, hübschen Häusern. Boyds Haus war ein zweistöckiges Ziegelsteingebäude mit grünen Fensterläden und einer Doppelgarage. Es war ansehnlich und eindrucksvoll.

Willis stieg aus dem Wagen. Der Graupelregen war jetzt sehr heftig, und er bewegte sich langsam die schlüpfrigen Platten des Gehwegs entlang. Die Frau blieb im Innern.

Boyds Frau kam an die Tür und bat ihn herein.

»Nein«, sagte Willis ruhig. »Wenn Stan kurz an die Tür kommen könnte … Ich habe etwas mit ihm zu besprechen.«

Boyd war nicht zu Hause. Willis fluchte innerlich. Was mache ich jetzt, fragte er sich grimmig, als er zum Wagen zurückkehrte.

»Was nun?« sagte er zu der Frau. »Er ist nicht zu Hause. Hören Sie zu, wer auch immer Sie sind. Dies ist nicht meine Schuld. Ich habe nichts damit zu tun. Ich sollte längst zu Hause sein, nicht durch die Gegend fahren mit einer … Ich muß Sie nach Hause oder sonst irgendwohin bringen. Wohnen Sie in einem Apartment? In einem Haus? Sagen Sie es mir. Haben Sie irgendwelche Freunde, zu denen Sie gehen könnten?«

Sie rutschte den Sitz noch weiter hinunter. »Mir wird kalt. Halten wir bei Marty's Coffee Shop und trinken wir einen heißen, schwarzen Kaffee.«

Abgesehen von zwei Männern, die auf Hockern an der Theke saßen, war der Coffee Shop leer. Eine junge Kellnerin wischte gemächlich die Tische in den Sitznischen ab. Willis führte die Frau in eine Nische, wo sie sich in die Ecke zwängte. Sie schien sich jetzt ein bißchen besser handhaben zu lassen. Die Trunkenheit verringerte sich etwas, hoffte er inbrünstig.

Die Kellnerin brachte ihnen Becher mit heißem, schwarzen Kaffee. Die Frau schlürfte den Kaffee langsam, zu Willis' großer Erleichterung.

»Hören Sie, ich muß zu Hause anrufen«, sagte er. »Ich bin gleich zurück.«

Die Telefonzelle befand sich im vorderen Teil des Coffee Shops. Er sah, wie die Frau aufstand und zur Damentoilette im hinteren Teil des Shops ging. Er stellte den Karton mit dem Geld neben das Telefon.

Die Stimme seiner Frau war hektisch. »Wo bist du? Was ist passiert?« Sie hörte aufmerksam und geduldig zu, wie er es nicht anders erwartet hatte. Langsam und sorgfältig erklärte er alles, was geschehen war. Sie war verständnisvoll, aber besorgt.

Als er vom Telefonieren zurückkahm, saß die Frau wieder in der Nische. Sie hatte sich beträchtlich auf Vordermann gebracht. Sie erschien viel jünger. Ihr Haar war gekämmt, ihr Gesicht mit einem frischen Make-up versehen und das dunkelgrüne Halstuch im Nacken zu einer modischen Schleife gebunden.

Sie zündete sich eine Zigarette an und betrachtete Willis ganz ruhig.

»Ich gebe eine ziemlich überzeugende Betrunkene ab, meinen Sie nicht? Ich habe einige Übung. Ich kann auch eine Verkäuferin sein, die Präsidentin eines Gartenvereins, eine Schwiegermutter, die auf den Besuch ihrer Kinder wartet, und eine neue Angestellte in der Buchhaltungsabteilung einer großen Firma. Ich bin eine von zwölf Frauen in diesem Staat, die eine Lizenz als Privatdetektiv besitzen. Ich bin fünfundfünfzig Jahre alt, eine Großmutter, und der Umstand, eine alte Dame zu sein, ist in diesem Beruf kein Hindernis.«

Willis Gesicht war aschgrau geworden.

»Dieser Karton, den Sie bei sich haben, Willis: Mr. Boyd und ein anderer Firmenangestellter kommen gerade durch die Vordertür. Und wenn sich das Bargeld für all die Gerätschaften und Vorräte der Firma, die Sie und die Leute vom Versand zur Seite geschafft haben, darin befindet, werden Sie es ihnen erklären müssen.«

Ihr Gesicht war gelassen, heiter und … lächelnd. Jetzt sah sie genauso aus wie das, was sie tatsächlich war – eine reizende alte Großmutter.

# Morgendämmerung

## von Michael Kurland

Die Sonne sandte ihre schrägen Strahlen über die Berge im Osten und ätzte die Muster der Adobedächer in die Hauswände auf der anderen Straßenseite, als die erste Morgenpatrouille der *Guardias Municipales* den verkrümmten Körper eines im Staub liegenden Mannes fand. Zuerst hielten sie ihn nur für einen weiteren Plünderer.

Rebellion, selbst in einem Land, wo sie fast zum normalen täglichen Leben gehört, ist immer eine häßliche Angelegenheit. Gleichgültig, ob sie berechtigt oder unberechtigt, gut oder böse, notwendig oder irrelevant ist, wird sie zum Handlanger des Chaos. Plünderung, Vergewaltigung, Feuer und Tod sind immer dabei. Ihre Grenzen weiten sich aus, lassen sich nicht scharf und genau bestimmen. Zusammenhängende Ereignisse treiben vor ihr her wie Strandgut vor der Meeresflut.

Manuel Hispoza Forgas hatte einen Bruder. Der Name dieses Bruders war Philippe. Manuel liebte Philippe nicht, ein Gefühl, das erwidert wurde. Die Brüder lebten in weit voneinander getrennten Teilen der Stadt und sahen sich nur selten. Philippes Abneigung gegen seinen Bruder blieb im Lauf der Jahre ziemlich konstant, er zog es vor, ganz einfach nicht an Manuel zu denken. Manuels Gefühle schwärten und wuchsen sich zu einem mächtigen, blinden Haß aus. Ob er wollte oder nicht, er mußte fortwährend an Philippe denken.

Philippe und Manuel erbten den Besitz ihres Vaters zu gleichen Teilen. Philippe kam mit seinem Anteil gut voran, machte einen kleinen Möbelladen auf, der im Laufe der Jahre zu einem großen Geschäft wurde. Manuel neigte mehr zu spekulativen

Unternehmungen: hauptsächlich auf der Rennbahn und bei Hahnenkämpfen. Während Philippes Aktien stiegen, sanken die Manuels, und Manuels Abneigung gegen seinen Bruder steigerte sich noch mehr.

Es ist vielleicht zufällig, daß Philippe ausgerechnet das Mädchen heiratete, das Manuel im nachhinein auch gerne geheiratet hätte. Und es liegt auf der Hand, daß Manuel von allen Häusern in der Stadt das am besten gefiel, in dem Philippe zufällig lebte.

Manuels Haß auf seinen Bruder trieb ihn zu Mordgedanken. Erschießen, Strangulieren, Gift, Fenstersturz; Mord durch Messer, Axt oder Auto. Alle diese Vorstellungen und weitere füllten einen großen Teil seiner Phantasie aus. Er plante tödliche Unfälle, Morde in geschlossenen Räumen, Morde aus Leidenschaft. Er las Detektivgeschichten, Tatsachenberichte über Verbrechen und medizinische Zeitschriften. Er machte sich mit allen berühmten Killern vertraut, von Kain bis Torquemada, von Richard III. bis Lizzie Borden. Daß er vor dem Begehen des schrecklichsten und faszinierendsten Verbrechens zurückschreckte, kann nur auf einen einzigen Umstand zurückgeführt werden – auf Manuels extreme Feigheit. Alle diese berühmten Mörder, pflegte sich Manuel vor Augen zu halten, wenn er über Mrs. Simms oder Doktor Crippen las, waren nicht berühmt geworden, weil sie Morde begangen hatten, sondern weil sie erwischt worden waren. Manuel hatte keine sehr hohe Meinung von der örtlichen Polizei, aber wenn auch nur die geringste Aussicht bestand – und mochte sie noch so klein sein –, daß er für sein Verbrechen hängen müßte, dann würde er es lieber weiterhin als Wunschtraum hegen.

Die wundervolle Idee kam Manuel am zweiten Tag der Rebellion. Am Abend des dritten Tages suchte er Philippe auf, um ihm davon zu erzählen. Philippe, der wie üblich noch spät in seinem Geschäft arbeitete, als die Angestellten längst nach Hause gegangen waren, ließ Manuel auf sein Klopfen ein.

»Du willst irgend etwas?« fragte Philippe.

»Sei nicht so unfreundlich«, erwiderte Manuel. »Ich bin an diesem Abend aus Sorge um dich hierher gekommen. Die Krawalle in diesem Teil der Stadt sind schrecklich: Plünderungen, Brandstiftung, Morde.«

»Es rührt mich, daß du dir solche Sorgen um mich machst«, kommentierte Philippe und ging zu seinem Schreibtisch zurück. »Aber du hättest mich zu Hause aufsuchen können. Ich muß gleich gehen.«

»Ah, ja, die Sperrstunde fängt gleich an, nicht wahr?« fragte Manuel.

»Richtig. Und ich möchte nicht die ganze Nacht hier verbringen.«

»Wenn die Krawalle heute nacht wieder losgehen – hast du keine Angst, daß der Laden geplündert oder vielleicht niedergebrannt wird?«

»Ich könnte mir vorstellen, daß dir das gefallen würde«, kommentierte Philippe. »Ich glaube, die *Guardias Municipales* haben die Situation gut unter Kontrolle. Außerdem bin ich hoch versichert.«

»Ah!« Manuel zuckte die Achseln. »Versichert, natürlich.« Er setzte sich auf den Schreibtisch, an dem Philippe arbeitete, und beugte sich über Philippe. »Bevor ich gehe«, sagte er, »möchte ich dir von der brillanten Idee erzählen, die mir gestern gekommen ist. Ich habe seit zwei Tagen darüber nachgedacht, und sie scheint perfekt zu sein. Vielleicht kannst du einen Fehler finden?«

Philippe warf seinen Stift hin.

»Du sitzt genau auf den Unterlagen, die ich zu bearbeiten versuche. Deine Ideen interessieren mich keinen Deut – steh auf und mach, daß du rauskommst!«

»Ah, aber diese Idee betrifft dich«, sagte Manuel. Er holte einen großen, schweren Revolver unter seinem Hemd hervor und richtete ihn auf seinen Bruder.

Philippe sprang hoch und stieß seinen Stuhl dabei um. »Was ist das?« fragte er schrill.

»Ein Revolver«, erklärte Manuel ihm. »Er ist ziemlich alt, aber ich glaube, er wird noch funktionieren. Ich werde dich damit töten.«

Philippe richtete den Stuhl auf und setzte sich wieder hin, ganz langsam, so als würde er sich auf eine Liste mit Eiern setzen. »Mich töten? Du willst mich töten?«

»Seit vielen Jahren will ich nichts anderes.«

»Sie werden dich hängen«, sagte Philippe.

»Ich glaube nicht«, antwortete Manuel. »Und ich habe viel darüber nachgedacht. Laß es mich erklären.«

»Du bist wahnsinnig«, sagte Philippe.

Manuel fuhr fort, als ob er nicht zugehört hätte. »Das Problem ist natürlich die Polizei«, erklärte er. »Sie finden einen Leichnam, und sie fangen an, nach dem Mörder zu suchen. Sie überprüfen die Spuren, sie versuchen, Zeugen zu finden, sie versuchen, einem Motiv auf die Spur zu kommen. Langsam schließt sich ihr Netz, bis sie den Killer gefunden haben. Es ist nahezu unausweichlich.«

»Ja, ja. Unausweichlich. Wenn du mich tötest, werden sie dich finden und hängen.« Philippe hielt sich an dem Gedanken fest. »Du willst nicht gehängt werden. Also geh jetzt, und wir werden das Ganze vergessen. Ich verspreche dir, daß ich kein …«

»Der Witz ist«, fuhr Manuel fort, als ob sein Bruder nichts gesagt hätte, »daß man den Prozeß stoppen muß, bevor er beginnt. Und ich habe einen Weg gefunden. Er ist mir beim Radiohören eingefallen. Es ist eine raffinierte Idee, aber ganz einfach. Was für Leichname finden sie, die sie nicht dazu veranlassen, nach einem Mörder zu suchen?«

Philippe sagte nichts.

»Ich will es dir sagen. Jetzt, in diesem Teil der Stadt, während der Krawalle, kommt es nachts zu vielen Plünderungen. Die *Guardias* erschießen jeden, den sie beim Plündern erwischen. Solche Leichen werden ohne Nachprüfung begraben. Wenn einer der Leichname zufällig der Geschäftsinhaber und nicht ein Plünderer sein sollte, ist es zu einem bedauerlichen Irrtum gekommen, und damit hat es sich. Du siehst, wie einfach es ist?«

Manuel nahm den Revolver in beide Hände und richtete ihn auf den Kopf seines Bruders.

»Peng«, sagte er.

»Du bist verrückt«, sagte Philippe und fing an, unkontrolliert zu zittern.

»Du siehst etwas, das bei meinem Plan nicht stimmt?« fragte Manuel.

»Sie werden dich hängen.«

»Wie wollen sie mich erwischen?«

Phlippe gab keine Antwort.

»Dreh dich um«, sagte Manuel.

»Was?«

»Dreh dich um. Ich werde dich fesseln. Wenn ich Schüsse höre, weiß ich, daß die *Guardias* unterwegs sind, und werde dich nach draußen zerren. Dann … Peng! Die *Guardias* kommen aus Furcht vor einem Hinterhalt niemals vor dem Morgen auf die Straße, um nach den Plünderern zu sehen, die sie erschossen haben, so daß du bis zum Tagesanbruch liegenbleiben wirst. Bevor ich gehe, werde ich dich natürlich losbinden. Bedauerlicher Unglücksfall. Ich werde weinen, wenn ich die Nachrichten höre.«

Manuel fesselte und knebelte seinen Bruder mit Lumpen, die keine Spuren zurücklassen würden, setzte sich wieder auf den Schreibtisch und starrte seinen Bruder an. Philippe bemühte sich, dem Starren seines Bruders mit einem trotzigen Blick zu begegnen.

»Peng«, sagte Manuel leise, und Philippe blickte weg.

Manuel nahm eine dicke schwarze Zigarre aus einem Kästchen auf dem Schreibtisch und entzündete sie mit einem Streichholz aus seiner Tasche.

»Möchtest du auch eine Zigarre?« fragte er seinen Bruder höflich.

Philippe schüttelte den Kopf.

Die Zeit verging. Manuel zündete sich am Stummel der ersten eine weitere Zigarre an, dann mit dem Stummel der zweiten eine dritte. Die Straße draußen war dunkel und still. Plötzlich wurde das Geräusch von splitterndem Glas laut, dann das von laufenden Füßen. Ein lautes, knallendes Geräusch war zu hören, und die Füße hörten auf zu laufen.

»Es ist fast Zeit«, sagte Manuel.

Ein paar Häuserblocks weiter wurde neuer Lärm laut, dann fielen weitere Schüsse. Bald erfüllte eine Feuerwehrsirene die Nacht mit ihrem Heulen.

»Zeit«, kündigte Manuel an. Er zerrte seinen Bruder zur Ladentür, dann nach draußen in den leicht zurückgesetzten Eingang, wo er ihn gegen die Wand lehnte.

»Lebe wohl, Philippe.«

Manuel entfernte sich drei Schritte vom Eingang, drehte sich um und hob seine Pistole, als würde er an einem Duell teilnehmen. Er machte einen letzten, tiefen Zug aus der Zigarre und …

Zuerst hielten sie ihn nur für einen weiteren Plünderer.

»Da ist er«, sagte einer der *Guardias* zu seinem Kameraden. »Der, auf den ich letzte Nacht geschossen habe. Ich habe dir gesagt, daß ich eine brennende Zigarette sah.«

»Zigarre«, sagte der zweite und blickte nach unten.

»Sieh mal, da drüben«, rief der erste. »In diesem Eingang ist einer, den man gefesselt hat.«

So geht es im Showgeschäft …

## Charakterdarsteller

von Richard Deming

Der Mann war groß und bleich, mit hölzernem Gesichtsausdruck und verhangenen Augen. In der Filmrolle des Jack the Ripper wäre er perfekt gewesen.

Myrna Calvert zögerte, bevor sie ihn einließ, schien sich dann aber zu überlegen, daß es albern war, sich durch seine äußere Erscheinung nervös machen zu lassen.

»Kommen Sie herein, Mr. Moore«, sagte sie kühl, machte einen Schritt zur Seite, um ihn in das Appartement treten zu lassen, und schloß die Tür hinter ihm.

Er sah sich im Vorzimmer der Schauspielerin um und würdigte die geschmackvolle Einrichtung.

Als sie ihn aufforderte, sich zu setzen, schüttelte er kaum wahrnehmbar den Kopf.

»So lange werde ich nicht hier sein«, sagte er, fast ohne die Lippen zu bewegen. »Ich will nur sagen, was ich zu sagen habe, und wieder gehen. Aber zunächst – ich habe Ihnen am Telefon nicht ganz die Wahrheit gesagt.«

Die grünen Augen der Frau verengten sich. »Sie haben gar keine Information für mich, bei der es um Leben und Tod geht?«

»Oh, dieser Teil entsprach schon der Wahrheit. Nur ist mein Name nicht Moore. Meinen richtigen Namen werde ich Ihnen allerdings nicht sagen.«

Myrnas schöne Züge wurden durch ein Stirnrunzeln beeinträchtigt. Sie musterte ihn argwöhnisch.

Er sagte: »Bevor ich erkläre, was das alles zu bedeuten hat, möchte ich gerne, daß Sie wissen, warum ich es Ihnen erzähle. Ich habe jedes Stück gesehen, in dem Sie jemals aufgetreten sind, Miss Calvert. Ich glaube, Sie sind die beste Schauspielerin und die schönste Frau, die je auf einer Bühne gestanden hat.«

Myrnas Rücken versteifte sich. »Wenn das irgendein Trick ist, um an ein Autogramm zu kommen …«

»Das ist es nicht«, unterbrach er sie. »Ich will nur nicht, daß Sie Angst vor mir haben. Die hätten Sie nämlich, wenn ich Ihnen sagen würde, warum ich hier bin, ohne Sie vorher wissen zu lassen, welche Gefühle ich für Sie habe. Sie sollen wissen, daß ich Ihnen für nichts in der Welt etwas antun würde.«

Die Schauspielerin sah überrascht aus. »Warum sollten Sie mir etwas antun?«

»Das ist mein Geschäft«, sagte er trocken. »Ich gehöre zu einer Organisation, die für ein ansehnliches Honorar Leute beseitigt.«

Myrnas Augen weiteten sich allmählich, bis sie riesengroß waren. In ungläubigem Tonfall sagte sie: »Sie meinen, man hat Sie angeheuert, mich umzubringen?«

»Man hat meine Organisation angeheuert. Mir ist der Job übertragen worden. Aber ich habe nicht vor, ihn auszuführen.«

Nach einer Zeitspanne geschockten Schweigens fragte sie: »Wer will meinen Tod?«

Der Mann hob die Augenbrauen. »Ich nahm an, daß Sie das wüßten. Mir hat man nur den Job gegeben, nicht den Grund.«

Myrna ging hastig zu einem Sideboard, nahm eine Zigarette aus einem Kästchen und zündete sie an. »Warum sind Sie das Risiko eingegangen, mir das alles zu erzählen, Mr. Wie-auch-immer-Sie-heißen-mögen? Wird Ihre Organisation nicht wütend auf Sie sein?«

»Ich habe nicht vor, sie das herausfinden zu lassen.«

»Angenommen, ich rufe die Polizei an und suche um Schutz nach? Würden sie es dann nicht erfahren?«

Er zuckte die Achseln. »Sie könnten vermutlich dafür sorgen, daß man mich tötet, wenn Sie so undankbar sind. Sind Sie es?«

Sie musterte ihn mit einem Ausdruck der Unentschlossenheit im Gesicht. »Sie gehen das Risiko nur ein, weil Sie ein Fan von mir sind?«

»Ein bißchen mehr als das, Miss Calvert.«

»Ach? Was?«

»Ich liebe Sie seit fünf Jahren«, sagte er ruhig. »Lassen Sie sich dadurch nicht aufregen. Es ist aus der Ferne – ich habe nie damit gerechnet, Sie zu treffen. Ich habe nicht vor, Sie zu belästigen.

Wenn ich weggehe, werden Sie mich nie wiedersehen. Ich will nur nicht, daß Sie sterben.« Sie betrachtete ihn eine Weile und sagte dann: »Ich fühle mich geschmeichelt. Und ich habe wohl auch viel Glück. Sie sehen wie ein sehr kompetenter Killer aus.«

»Das bin ich«, sagte er trocken.

Sie machte einen schnellen, nervösen Zug an ihrer Zigarette und drückte sie aus. »Kennen Sie irgendwelche Einzelheiten des Komplotts?«

»Es ist eine Bedingung daran geknüpft«, sagte er. »Ich soll Sie beschatten. Wenn Sie heute nacht ein Flugzeug nach Europa nehmen, soll ich alles vergessen. Wenn Sie es nicht tun, soll ich eingreifen und meinen Job ausführen.«

Ihre Nasenflügel weiteten sich. »Max Fenner!« sagte sie.

»Der Theaterproduzent?« erkundigte er sich.

Sie nickte. »Ich wußte, daß er mich haßt, aber ich dachte nicht, daß er so weit gehen würde. Er muß verrückt sein.«

»Was hat er gegen Sie?«

»Ihm sitzt das Messer an der Kehle«, sagte sie boshaft. »Ich will die Hauptrolle in seinem neuen Stück. Er hat aber schon Lynn Jordan verpflichtet und weiß, daß sie ihn schwer verklagen wird, wenn er den Vertrag bricht. Ich bin jedoch in der Position, ihm noch mehr Schwierigkeiten zu machen, wenn er nicht mitspielt.«

Er sagte: »Ich meine gelesen zu haben, daß Sie einen Film in Frankreich drehen sollen.«

Myrna machte eine ungeduldige Handbewegung. »Verglichen mit der Hauptrolle in *Make Believe* reine Kinkerlitzchen. Max weiß, daß ich nicht die Absicht habe, dieses Flugzeug zu nehmen. Ich habe ihm noch gestern gesagt, daß ich mit seiner Frau reden werde, wenn er diesen Abend keinen Vertrag vorbeibringt.«

Er musterte sie neugierig. »Sie wollen ihn erpressen, damit er Ihnen die Rolle gibt?«

»Dies ist ein halsabschneiderisches Geschäft, Mister. Lynn Jordan hat ihren Vertrag auf Max Bühnencouch unterschrieben. Ich bin in der Position, seine Ehe zu ruinieren, wenn er diesen Vertrag nicht bricht und statt dessen mich verpflichtet. Am ganzen Broadway gibt es keine Schauspielerin, die diese Position nicht auf die gleiche Weise nutzen würde, wie ich es tue. Es ist nicht amoralisch, denn im Theatergeschäft gibt es überhaupt keine Moral.«

Er zuckte die Achseln.»Ich verstehe nichts davon. Sie sollten aber noch etwas wissen.«

»Was?«

»Sie sind nicht raus aus der Sache, nur weil ich meinen Job nicht ausführe. Die Organisation wird einen anderen beauftragen. Und der ist vielleicht kein geheimer Bewunderer von Ihnen.«

Myrna wurde ein bißchen blasser.»Sie werden es nicht vergessen, wenn Sie aussteigen?«

Er schüttelte den Kopf.»Keine Chance.«

»Und wenn ich um Polizeischutz bitte, wird man Sie wahrscheinlich umbringen?«

»Tja. Es würde Sie auch nicht retten. Sie würden diese Nacht vielleicht überleben, aber die Cops können nicht immer auf Sie aufpassen. Sie würden Sie letzten Endes erwischen. Ich bezweifle auch, daß die Cops Ihnen überhaupt glauben würden. Sie würden denken, daß es sich um einen Reklamegag handelt. Und ich werde Ihre Geschichte nicht bestätigen. Mehr als Ihnen diese Warnung zukommen zu lassen kann ich mir nicht leisten.«

Nervös zündete sie sich eine neue Zigarette an und drückte sie augenblicklich wieder aus.»Was sollte ich Ihrer Meinung nach tun?«

»Sie könnten allen Ärger ersparen, wenn Sie dieses Flugzeug nehmen. Wenn Sie das täten, brauchte ich meinen Job nicht einmal hinzuschmeißen. Ich könnte ganz einfach berichten, daß Sie es genommen haben.«

»Und dadurch die beste Rolle verlieren, die sich mir je angeboten hat?«

Er zuckte wieder die Achseln.»Mein Verein ist ziemlich leistungsfähig. Sie würden nie wieder irgendwo der Star sein, wenn Sie im Leichenschauhaus liegen.«

Myrna ging hektisch auf und ab.»Angenommen, ich verpflichte Sie als Leibwächter?«

Er bedachte sie mit einem freudlosen Lächeln.»Genausogut könnte ich Selbstmord begehen. Sie würden uns ganz einfach beide erwischen.«

Sie hörte mit dem Herumlaufen auf, nahm eine weitere Zigarette aus dem Kästchen, legte sie jedoch wieder zurück, ohne sie anzuzünden. »Sie glauben also nicht, daß ich eine Chance habe?«

Er schüttelte langsam den Kopf.

Sie biß sich auf die Lippe und dachte nach. »Aber wenn ich dieses Flugzeug nehme, wird überhaupt nichts passieren?«

»Das ist richtig«, sagte er tonlos. »Sie drehen Ihren Film in Frankreich, und in der Welt ändert sich nichts.«

»In Ordnung«, beschloß sie. »Sagen Sie Ihren Leuten, daß ich auf dem Weg nach Frankreich bin.«

Sein hölzerner Gesichtsausdruck wich für einen kurzen Augenblick der Andeutung eines erleichterten Lächelns. »Danke, Miss Calvert. Das wird uns beide aus großen Schwierigkeiten heraushalten.«


Als der große, bleiche Mann Max Fenners Büro betrat, blickte ihm der fette, kahlköpfige Produzent sorgenvoll entgegen.

»Wie ist es gelaufen, John?« fragte er.

»Wie das Fischefangen in der Regentonne«, sagte der bleiche Mann und ließ sich in einen Sessel sinken. »Sie nimmt das Flugzeug.«

»Sie hatte dich nicht in Verdacht, ein Schwindler zu sein?«

Der bleiche Mann sah aus, als ob er Schmerzen hätte. »Ich sagte dir doch, daß ich der beste Gangsterdarsteller in der ganzen Branche bin.«

»Ja, ja, aber bist du sicher, daß sie dich nicht erkannt hat?«

»Wo sollte sie mich gesehen haben? Ich bin seit zehn Jahren bei der Cleveland-Truppe. Sie kriegt nicht einmal eine Show mit, die abseits vom Broadway läuft, ganz zu schweigen von anderen Städten. Ich sage dir, sie hat es geschluckt – mit Leine, Haken und Köder.«

Fenner stieß einen Seufzer der Erleichterung aus. »Mir fällt eine Zentnerlast vom Herzen. Wenn sie meiner Frau jemals diese Tonbandaufnahmen vorgespielt hätte …« Er machte eine Pause und schüttelte sich. »John, wenn du jemals eine Affäre mit einer ehrgeizigen Schauspielerin hast, dann vergewissere dich, daß in ihrem Appartement kein Tonbandgerät läuft.«

»Wie könnte mich schon jemand erpressen?« fragte der Charakterdarsteller. »Ich kann keine Rollen in Broadwaystücken vergeben.«

»Ich nehme an, du würdest nicht dasselbe Problem haben«, stimmte ihm der Produzent zu. »Du bleibst am Ball, indem du zum Flughafen gehst und dich vergewisserst, daß sie ihre Meinung nicht ändert, ja?«

»Sicher. Du kannst mich heute abend gegen neun in meiner Pension anrufen. Bis dahin werde ich vom Flughafen zurück sein.«

Max Fenner nickte. »Ich werde dir das nicht vergessen, John. In der Minute, in der du mir sagst, daß sie in diesem Flugzeug sitzt, hast du eine Rolle in *Make Believe* sicher.«

Als der Charakterdarsteller später ans Telefon kam, fragte Fenner: »Hat sie es getan?«

»Ja«, sagte Blake. »Sie ist weg. Ich sagte dir, daß du dir keine Sorgen zu machen brauchtest.«

»Gute Arbeit«, sagte Fenner erleichtert. »Komm morgen vorbei, und wir setzen deinen Vertrag auf.«


»Um was für eine Nachricht handelt es sich?« fragte Fenner zweifelnd.

»Ich sagte Ihnen schon, daß sie persönlich überbracht werden muß«, antwortete der Mann mit geduldiger Stimme. »Darf ich raufkommen?«

»In Ordnung«, stimmte Fenner zu. »Sie kennen das Appartement?«

»Äh, ja. Ich sehe Sie in fünf Minuten, Mr. Fenner.«

Als die Türglocke fünf Minuten später anschlug, fand Fenner einen dicklichen Mann in mittleren Jahren vor, der im Flur stand. Der Mann hatte ein rundes, freundliches Gesicht und gab sich ehrerbietig.

»Mr. Fenner?« erkundigte er sich.

»Ja. Sie sind Howard Smith?«

Der Mann nickte. Fenner ließ ihn herein und schloß die Tür. Howard Smith blickte sich im Vorzimmer um.

»Sie sind allein?« fragte er.

»Ja. Wie lautet diese Nachricht?«

Der dickliche Mann lächelte. »Miss Calvert hat Ihnen das,

was Sie ihr heute angetan haben, übelgenommen, Mr. Fenner. Sie war wirklich ziemlich verängstigt.«

»Ich weiß nicht, wovon Sie reden«, sagte Fenner kalt.

»Davon, daß Sie einen professionellen Killer angeheuert haben, um sie zu bearbeiten, Mr. Fenner. Sie war sich nicht sicher, ob es der Mann wirklich ernst meinte, als er ihr sagte, daß er sie nicht töten könnte, weil er sie so bewunderte, oder ob er ihr nur feinsinnig klarmachen wollte, daß er sie töten würde, wenn sie dieses Flugzeug nicht nahm. Aber sie war zu verängstigt, um das Risiko einzugehen, es nicht zu nehmen. Ich nehme an, Sie wissen, daß sie sich jetzt auf dem Weg nach Frankreich befindet.«

»Nichts von dem, was Sie da sagen, ergibt irgendeinen Sinn bei mir«, sagte Fenner mit derselben kalten Stimme. »Ich habe keinen professionellen Killer angeheuert.«

»Natürlich haben Sie das, Mr. Fenner. Aber ich will nicht auf diesem Punkt herumreiten. Was Ihnen Miss Calvert durch mich sagen möchte ist, daß sie ebenfalls Kontakte hat. Sie haben von Vince Pigoletti gehört, nehme ich an?«

»Dem Gangster?«

Howard Smith nickte. »Er ist ein großer Bewunderer Miss Calverts. Er ist einer der zahlreichen Männer, zu denen sie … äh … romantische Beziehungen unterhalten hat, glaube ich. Mr. Pigoletti war freundlich genug, sie mit der Organisation bekannt zu machen, die ich repräsentiere.«

Fenner runzelte die Stirn. »Was für eine Organisation ist das?«

»Wir machen mit ihrem Namen keine Reklame, Mr. Fenner. Aber es ist ein Konkurrenzunternehmen von dem, das Sie engagiert haben. Miss Calvert hat Ihnen Ihre Aktion so übelgenommen, daß sie zu dem Entschluß gekommen ist, Ihnen mit gleicher Münze zurückzuzahlen. Normalerweise erklären wir den Sachverhalt nicht auf diese Weise, aber sie hat sich ausbedungen, daß Sie genau darüber unterrichtet werden, was vor sich geht.«

Fenners Gesicht wurde allmählich blaß. »Ich glaube nicht, daß ich Ihnen folgen kann«, sagte er matt.

»Ich glaube doch, daß Sie es können«, sagte der dickliche Mann.

Er zog einen Revolver mit Schalldämpfer unter seinem Mantel hervor. Max Fenner starrte ihn fasziniert an und begriff, daß dieser Mann kein Charakterdarsteller war.

Myrna Calvert hatte einen echten Killer angeheuert.

Die Aufgabe der Religion …

## Das letzte Lächeln

von Henry Slesar

Die Arroganz verging ihm zuerst. Das Klirren der Todeszellentür trieb sie Finlay am ersten Tag aus. Dann wurde er verstockt, unkooperativ, und sein junges Gesicht nahm die Tarnfarbe der Zementwände an, die sein Gefängnis begrenzten.

Er weigerte sich zu essen, zu reden oder den Kaplan zu sehen. Er fauchte seinen eigenen Anwalt an, stritt sich mit den Wächtern und begnügte sich mit seiner eigenen Gesellschaft. Eine Woche vor der anberaumten Hinrichtung fing er an, im Schlaf zu weinen. Er war zwanzig Jahre alt und hatte unter Mithilfe eines Komplizen einen alten Ladenbesitzer brutal zusammengeschlagen und umgebracht.

Am Morgen des fünften Tages erwachte er aus einem Alptraum, in dem er zum Tode verurteilt worden war. Als er erkannte, daß der Traum von der Wirklichkeit bestätigt wurde, begann er zu schreien und sich gegen das Stahlgitter zu werfen. Zwei Wächter kamen in seine Zelle und drohten ihm an, ihn in Ketten zu legen, konnten ihn jedoch nicht beruhigen. Eine Stunde später suchte ihn der Gefängniskaplan auf, ein silberhaariger, untersetzter Mann mit dem schmerzerfüllten Gesicht eines von Koliken gequälten Säuglings, und sagte dieselben alten Dinge. Diesmal jedoch wurden sie von einem Unterton des Flehens begleitet, der Finlay veranlaßte, genauer hinzuhören.

»Bitte«, flüsterte der Kaplan. »Sei ein guter Junge und laß mich hereinkommen. Es ist wichtig, wirklich.«

»Was ist wichtig?« fragte er bitter. »Ich will nicht, daß Sie in meiner Gegenwart beten.«

»Bitte«, sagte der Kaplan in einem eigenartigen, bettelnden Tonfall.

Der Junge in der Zelle wunderte sich darüber und gab müde

116

seine Zustimmung. Nachdem er den Kaplan aber einmal hereingelassen hatte, bereute er seine Entscheidung. Der silberhaarige Mann holte ein kleines, schwarzes Buch aus der Tasche.

»Nein!« schrie Finlay gellend. »Nichts davon! Ich will keine Bibellesung!«

»Sieh sie dir nur an«, sagte der Kaplan mit rot werdendem Gesicht. »Hier, wirf einen Blick darauf.«

Finlay nahm den kleinen, dicken Band aus den rundlichen Fingern entgegen. Außerhalb der Zelle hob sich das Profil eines Wächters mit einem stattlichen Bauchansatz gegen die Gangbeleuchtung ab. Finlay blickte auf die aufgeschlagene Seite, die mit *Offenbarung* überschrieben war, und dann auf den kleinen Streifen aus weißem Papier, den jemand in den Einband des Buchs gesteckt hatte. Die handgeschriebene Mitteilung lautete:

*Vertraue mir.*

Finlay blinzelte ein paarmal und blickte dann in das puttenhafte Gesicht des Mannes neben ihm. Das runde Kinn paßte sich dem hochgestellten Kragen an wie ein Ei im Eierbecher, und der Ausdruck der babyhaften Gesichtszüge war gleichmütig.

»Können wir nun reden?« sagte der Kaplan munter. »Es ist so wenig Zeit, mein Sohn.«

»Ja!« sagte Finlay unbestimmt. »Hören Sie, was ist …«

»Pst!« Ein rundlicher Finger kreuzte die Lippen des Kaplans. »Laß uns nicht länger reden, Sohn. Laß uns beten.« Er legte seine Handflächen aneinander und schloß die Augen. Verwirrt tat es ihm Finlay gleich, und der Kaplan murmelte mit zwingender Monotonie weiter von Errettung und Erlösung. Als er fertig war, strahlte er den Gefangenen an und verließ ihn.

Bis zum späten Abend dieses Tages sah Finlay den Kaplan nicht wieder. Diesmal zögerte er nicht, den dicklichen, kleinen Mann in seine Zelle zu lassen. Sobald er drin war, flüsterte Finlay heiser auf ihn ein.

»Hören Sie, ich muß Bescheid wissen. War es Willie, der Sie schickt? Willie Parks?«

»Pst«, sagte der Kaplan nervös und blickte auf den vorbeischlendernden Wächter »Laß uns nicht über irdische Dinge reden.«

»Es *ist* Willie.« Finlay atmete tief. »Ich wußte, Willie würde mich nicht im Stich lassen.« Als der Kaplan sein kleines schwarzes Buch öffnete, grinste er und lehnte sich auf seiner Pritsche zurück. »Machen Sie weiter, Kumpel. Ich höre zu.«

»Die Bibel erzählt uns, daß wir Mut haben sollen, mein Sohn«, sagte der Kaplan bedeutungsvoll. »Die Bibel erzählt uns, daß wir den Glauben an uns selbst, an unsere Freunde und an unseren Herrn bewahren sollen. Verstehst du?«

»Ich verstehe«, sagte Finlay.

In dieser Nacht schlief er zum ersten Mal seit seiner Einlieferung ins Gefängnis gut. Am Morgen fragte er abermals nach dem Kaplan, und der Wächter hob ob der plötzlichen Bekehrung eine Augenbraue. Als der kleine Mann kam, lächelte Finlay ihn breit an und fragte. »Was sagt die Bibel heute, Kaplan?«

»Sie spricht von der Hoffnung«, sagte der Kaplan feierlich. »Sollen wir es gemeinsam lesen?«

»Sicher, sicher, was immer Sie sagen.«

Der Kaplan las eine längere Passage, und Finlay begann unruhig zu werden. Dann, als er gerade im Begriff war, vor Ungeduld zu explodieren, reichte ihm der Kaplan das kleine Buch hinüber, und Finlay sah im Einband die geschriebene Mitteilung:

*Alles ist vorbereitet.*

Der Kaplan lächelte den Gefangenen an, klopfte ihm auf die Schulter und rief den Wächter.

Am Anfang des Tages, der offiziell sein letzter auf Erden war, bekam Finlay Besuch von seinem Anwalt, einem kleinen Mann mit ständig feuchter Oberlippe. Er konnte keine Hoffnung auf eine Strafmilderung offerieren, und Finlay folgerte, daß sein Besuch lediglich dem Zweck diente, seinen Vertrag zu erfüllen. Er schien von der Umgänglichkeit des verurteilten Mannes überrascht zu sein, die in scharfem Gegensatz zu der Feindseligkeit stand, die er vorher gezeigt hatte. Am Nachmittag kam der Gefängnisdirektor vorbei und fragte Finlay abermals, ob er gewillt war, den Namen seines Komplizen bei der Ermordung des Ladenbesitzers zu offenbaren, aber Finlay lächelte nur und wollte wissen, ob er den Kaplan sehen könnte. Der Direktor spitzte die Lippen und seufzte. Abends um sechs erschien der Kaplan wieder.

»Wie soll's laufen?« fragte Finlay flüsternd. »Mache ich hier die Fliege oder …?«

»Pst«, warnte der kleine Mann. »Wir müssen auf eine höhere Macht vertrauen.«

Finlay nickte, und dann lasen sie wieder gemeinsam die Bibel.

Um halb elf in dieser Nacht betraten zwei Wächter Finlays Zelle und erfüllten die häßlichen Pflichten, ihm den Kopf zu scheren und die Umschläge seiner Hose aufzuschneiden. Die Prozedur machte ihn nervös, und er begann daran zu zweifeln, daß seine Flucht vorbereitet war. Er fing an zu toben und verlangte, den Kaplan zu sehen. Der kleine Mann eilte herbei und sprach zu ihm in ruhigem, festem Ton über Glauben und Mut. Als er redete, schob er ein Stück zusammengefaltetes Papier in die Hände des Jungen. Finlay verbarg es hastig unter der Decke auf seiner Pritsche. Als er wieder allein war, öffnete er die Mitteilung und las sie. Sie lautete:

*Flucht in letzter Minute.*

Finlay verbrachte den Rest der Zeit damit, die Mitteilung in so winzige Fetzen zu zerreißen, wie es eben möglich war, und diese auf dem Boden der Zelle zu verstreuen.

Um fünf Minuten vor elf kamen sie, um ihn zu holen. Die beiden Wächter nahmen ihn in die Mitte, und der Direktor bildete die Nachhut. Dem Kaplan wurde gestattet, den ganzen Weg bis zu der grünen Metalltür am Ende das Gangs neben ihm herzugehen. Unmittelbar bevor sie den Raum mit der schweigenden Versammlung von Reportern und Beobachtern betraten, beugte sich der Kaplan zu ihm hinüber und flüsterte:

»Du wirst Willie bald treffen.«

Finlay zwinkerte ihm zu und gestattete den Wächtern, ihn zum Stuhl zu führen. Als sie ihn darauf festschnallten, waren seine Züge ganz ruhig. Bevor die Haube über sein Gesicht gezogen wurde, lächelte er.

Nach der Hinrichtung bat der Direktor den Kaplan in sein Büro.

»Ich nehme an, Sie haben schon von Willie Parks, Finlays Komplizen, gehört. Er wurde an diesem Nachmittag erschossen.«

»Ja, ich habe es gehört. Möge seine arme Seele in Frieden ruhen.«

»Seltsam, daß Finlay alles so ruhig hinnahm. Er war ein wilder Mann, bevor Sie anfingen, sich um ihn zu kümmern. Was haben Sie mit diesem Jungen gemacht, Kaplan?«

Der Kaplan legte die Fingerspitzen aneinander, mit gütigem Gesichtsausdruck.

»Ich gab ihm Hoffnung«, sagte er.

Locker vom Hocker, das ist bärenstark, Alter!

# Trauerberater

von Julie Smith

Ich fing an, Sidney Castille mein übliches Gesülze zu verpassen. »Hier ist Jack Beatts«, sagte ich, »von der Trauerschutzabteilung des Kreisleichenschauamts …«

So weit kam ich, bevor er auflegte.

Sidneys Frau Dawn war vor zwei Tagen durch einen grotesken Unfall ums Leben gekommen. Er hatte sie mit gebrochenem Hals aufgefunden, ihr Exemplar von Vince Mattrones Buch *Joga in dreißig Tagen* neben sich. Aufgeschlagen war das Kapitel Kopfstände.

Ich hatte ihn angerufen, weil es mein Job war. Wenn die Totenscheine ausgestellt sind, werden sie an mich oder einen der anderen Trauerberater weitergeleitet, so daß wir uns mit den Familien der Opfer in Verbindung setzen können.

Gleich als Sidney auflegte, wußte ich, daß er den Kontakt zu seinen Gefühlen verloren hatte. Er befand sich in der ersten Phase des Trauerzyklus, die wir Psychologen das Stadium von ›Ungläubigkeit und Verweigerung‹ nennen. Er war nicht bereit, sich mit dem Tod auseinanderzusetzen.

Das ist normal und okay, aber ich wollte Sidney wissen lassen, daß es Alternativen für ihn gab. Ich hatte einiges, das ich mit ihm teilen konnte. Deshalb beschloß ich, ihm einen Besuch abzustatten.

Ich meditierte ein paar Minuten, um mich zu sammeln, und steuerte meinen Volkswagen dann zu Sidneys Haus in der Bay Laurel Lane. Es war ein typisches nordkalifornisches Haus aus Rotholz in einem kleinen Eukalyptushain, von der Straße zurückgesetzt. Aus dem Kamin drang Rauch.

Als ich näher herankam, konnte ich den Living-room durch gläserne Schiebetüren, die sich zur Terrasse hin öffneten, sehen.

Mehrere Katzen schlichen in dem Raum umher wie Tiger im Urwald. Dutzende von Pflanzen hingen von der Decke und nahmen auch den größten Teil des Fußbodens ein. Außer ein paar übergroßen Kissen gab es keine Sitzgelegenheit.

An der entgegengesetzten Wand des Zimmers befand sich eine Feuerstelle, vor der ein Stapel Bücher lag. Dort hockte ein Mann, der die Bücher verbrannte, indem er eins nach dem anderen in den Kamin schob.

»Sidney?« sagte ich. »Ich bin Jack Beatts von …«

»Ach, ja, der Mann vom Leichenschauamt.«

Er ließ mich herein und bot mir ein Sitzkissen an, aber er schien es nicht gern zu tun. Tatsächlich fuhr er gleich mit dem Verbrennen der Bücher fort.

»Sidney«, sagte ich, »ich will ganz ehrlich zu Ihnen sein. Als Sie auflegten, fühlte ich, daß es besser wäre, sofort herzukommen.«

»Ja, das dachte ich mir schon. Ich schätze, daß ich in Panik geriet, als Sie ›Leichenschauamt‹ sagten.«

»Viele Leute sind deshalb genervt. Aber ich möchte Sie bitten, die Bürokratie zu vergessen und ganz offen zu mir zu sein.«

»Ich schätze, wir bringen es besser hinter uns.« Er schob ein Exemplar von *Zen-Fleisch und Zen-Denken* in den Kamin und drehte sich zu mir um. An jeder Wange lief eine Träne hinunter.

»Das ist es, Sidney«, sagte ich. »Fließen Sie mit. Leben Sie Ihre Gefühle.«

»Sie reden wie Dawn.«

»Ich weiß, wie es ist, Sidney. Sie werden durch alles an sie erinnert, nicht wahr? Aber das ist okay in diesem Stadium. Ich möchte nicht, daß Sie deswegen negativ sind.«

»*Negativ!*« schnaubte er. »Was soll ich denn …«

»Ich wette, es sind Dawns Bücher, die Sie da verbrennen.«

Er nickte.

»Und es sieht so aus, als ob Sie die Katzen ins Tierheim bringen wollen. Sie trennen sich von allem, durch das Sie an Dawn erinnert werden, stimmt's?«

Wieder traten Tränen in seine Augen. »Ich konnte es nicht mehr aushalten, Mr. Beatts. Ich hätte sie gar nicht erst heiraten dürfen.«

»Ich weiß, welchen Trip Sie hinter sich haben, Sidney. Sie

fühlten sich irgendwie nicht dazugehörig, weil Sie viel älter als Dawn waren, richtig?«

»Sie war zweiundzwanzig«, sagte er, »und suchte einen Daddy. Einen reichen Daddy. Und ich war einfach einsam, schätze ich. Ich las sie auf dem Weg von Ohio nach hier beim Trampen auf, nachdem meine erste Frau gestorben war.« Er zuckte zusammen. »Aber *sie* starb aus natürlichen Ursachen.«

»Der Tod *ist* natürlich, Sidney. Ich meine, das Leben ist ein Kreislauf, wissen Sie? Ich möchte, daß Sie dies von sich aus erkennen. Und wenn Bücherverbrennen für Sie das Stärkste ist, dann möchte ich nicht, daß Sie sich deswegen schuldig fühlen. Erkennen Sie an, daß es okay ist.«

»Hören Sie, haben Sie vor, mich mitzunehmen oder was?«

»Sie mitnehmen? Oh, Sie meinen, zum Trauerzentrum.«

»Wird es in Kalifornien so genannt?«

»Aber sicher. Wir können überall sülzen, wenn die Vibrations hier schlecht sind.«

»Was sind Vibrations, Mr. Beatts? Als ich Dawn dieses Wort einmal benutzen hörte …«

»Ganz locker vom Hocker, Sidney. Ich höre, was Sie sagen, und spüre, daß Sie dabei genervt sind. Sie hatten keine Beziehungskiste zu Dawns Lebensstil, richtig?«

Er fing an, die Katzen hochzunehmen und zu den Tragekörben auf der Terrasse zu bringen. Ich wollte den Energiestrom, der zwischen uns floß, nicht abbrechen lassen und ging neben ihm her.

»Sie war voll in einer Bewegung engagiert, die man ›Menschliche Bewußtseinsentwicklung‹ nennt«, sagte er. »Transaktionistische Analyse, transzendentale Mediation, Selbstanklage, Bioenergie, Biofeedback …«

»Sie muß eine bärenstarke Lady gewesen sein.«

»Sie sprach komisch. Wie Sie. Und sie kochte Sachen wie Weizenkeimsoufflés. Und sie wollte, daß das Haus ›natürlich‹ war. Man konnte nicht schlafen gehen, ohne daß sich einem eine Katze um den Hals legte oder daß man von einer Spinnenpflanze in der Nase gekitzelt wurde. Jedesmal, wenn sie mit diesem verrückten Joghurt beschäftigt war …«

»Joga.«

Er schloß den letzten Korb, und wir gingen ins Haus zurück.

»Ich pflegte es Joghurt zu nennen, um sie zu ärgern«, sagte er und hockte sich wieder neben die Bücher. »Egal. Als sie anfing, auf dem Kopf zu stehen, tat sie es zuerst mit den Füßen an der Wand, und dann nahm sie die Füße von der Wand weg und streckte sie in die Luft. Nun, jedesmal, wenn ich sie so mit ihren Füßen sah, die überall kleine Zehenabdrücke auf der Tapete hinterließen, dann überlegte ich mir, wie einfach es sein würde, sie einfach zu packen und …«

Er unterbrach sich.

»Und was?«

»Ihr den Hals zu brechen.«

Fast hätte ich ihm auf die Schulter geklopft, so erleichtert war ich. Endlich war es ihm gelungen, seine Energie positiv fließen zu lassen!

»Ich muß Sie beglückwünschen, Sidney«, sagte ich. »Es ist wirklich eine seltene Kiste, jemanden anzutreffen, der so offen mit seinen Phantasievorstellungen ist.«

Sidney versuchte etwas zu sagen, konnte es jedoch nicht. Er holte ein Taschentuch hervor und schneuzte sich. Manchmal muß man den Leuten weh tun, um ihnen zu helfen. Deshalb riskierte ich es.

»Sie haben Sie getötet, nicht wahr, Sidney?« sagte ich. Er hielt die Augen niedergeschlagen, als er das Taschentuch wieder in die Tasche steckte.

»Sie wußten es die ganze Zeit«, sagte er schließlich.

»Aber sicher«, sagte ich, um ihn zu unterstützen. »Selbstbezichtigung ist im ersten Stadium des Trauerzyklus sehr häufig, und Sie sollten wissen, daß dies okay ist.«

»Okay?« sagte er. »Ich verstehe nicht.«

»Viele Leute gehen auf diesen Trip, wenn ihnen so etwas widerfährt. Sie und Dawn kamen nicht gut miteinander aus, und jetzt fühlen Sie sich deshalb schuldig, richtig? Sie glauben, daß sie starb, weil etwas in Ihrem Karma ist.«

Der Art, in der mich Sidney ansah, konnte ich entnehmen, daß er überrascht war. Er hatte nicht wirklich erwartet, daß ihn jemand verstand. Er wollte etwas sagen, aber ich hinderte ihn daran.

»Es ist okay«, sagte ich. »Wissen Sie das? Es ist nämlich nur der erste Teil Ihres Zyklus. Wissen Sie, was als nächstes kommt?

Neuorientierung der Persönlichkeit! Sidney, Sie können einer wirklich positiven Kiste entgegenblicken.«

Sidney setzte sich auf eins der Kissen und begann zu lachen. Es kommt nicht oft vor, daß jemand auf diese Weise wirklich den ganzen Zyklus durchheizt, und es mitzuerleben war eine seltene Kiste.

»Mr. Beatts«, sagte er, »ich verstehe zwar nicht im entferntesten, welchen Trip Sie hinter sich haben ...«

»Versuchen Sie es gar nicht erst, Alter.«

»Aber ich glaube, ich kann mitfließen.«

## Die beste Stelle

von A. F. Oreshnik

Dr. Jason Whitney sah, wie die beiden Bundesagenten das voll-besetzte Restaurant betraten. Ihre zerknitterten Anzüge und die stoppelbärtigen Wangen verrieten, daß sie einige Zeit zu be-schäftigt gewesen waren, um sich über ihr Äußeres Gedanken zu machen. Müden Schrittes gingen sie an den Wandnischen vorbei und suchten einen freien Tisch. Als sie die Nische erreich-ten, in der der junge Doktor allein saß, sprach er den Agenten an, den er kannte, einen täuschend harmlos aussehenden Mann in den Vierzigern.

»Hallo, Tom, nehmen Sie doch Platz.« Mit einer weit aus-holenden Handbewegung deutete er auf den Platz ihm gegenü-ber. »Um diese Zeit gibt es vermutlich keine freien Tische. Viele Leute machen hier auf dem Weg zur Arbeit halt, um ihr Früh-stück einzunehmen.«

Tom Campbell glitt schwerfällig in die Nische, und sein gleich aussehender Begleiter folgte ihm. »Ich möchte Ihnen mei-nen Partner Joe Moffet vorstellen, Dr. … Dr. …« Campbell schnippte mit den Fingern und versuchte, den Namen aus sei-nem Gedächtnis abzurufen.

»Whitney, Jason Whitney«, sagte der Doktor lächelnd, kein bißchen beleidigt darüber, daß sein Name in Vergessenheit ge-raten war.

»Ja, natürlich«, bestätigte Campbell mit einem Kopfnicken, als sich Joe Moffet und der junge Doktor kurz die Hand schüt-telten.

»Ihr Männer seht aus, als ob ihr eine harte Nacht hinter euch hättet«, sagte der Doktor.

»Das können Sie laut sagen«, erwiderte Campbell. »Seit zwei Tagen sind wir nicht aus unseren Kleidern herausgekommen.

Wir haben gerade einen Mann aus Spanien zurückgebracht.«

»Eine Auslieferung?«

Campbell gab ein schiefes Lächeln von sich. »So können Sie es nennen. Unser Mann hielt sich in Andorra auf, diesem kleinen, briefmarkengroßen Land an der Grenze zwischen Spanien und Frankreich. Sie hätten ihm erlaubt, so lange zu bleiben, bis ihm das Geld ausgegangen wäre, was wohl ein paar tausend Jahre oder so gedauert hätte. Wir haben kein Abkommen mit ihnen.«

»Was ist also passiert?«

»Das Übliche. Wir taten so, als hätten wir das Interesse an ihm verloren, und warteten darauf, daß er sorglos wurde. Als er den Fehler beging, einen Spaziergang zu nahe an der spanischen Grenze zu machen, waren wir zur Stelle. Bevor er wußte, wie ihm geschah, hatten Joe und ich ihn in die Mitte genommen und am spanischen Zollgebäude vorbeigeführt. Wir warfen ihn in einen Wagen und brachten ihn eilig zu einem Flugzeug, das schon in einer unserer Basen auf uns wartete. Die spanischen Behörden gaben vor, nichts gesehen zu haben.«

»Viel Ärger und Kosten wegen eines einzelnen Mannes, scheint mir«, sagte Dr. Whitney.

»Es handelt sich um Henry Hammond.« In Campbells Stimme schwang ein Unterton von Stolz mit.

Eine Kellnerin kam, um ihre Frühstücksbestellung aufzunehmen. Als sie wieder gegangen war, wiederholte der Doktor den Namen. »Henry Hammond … Kommt mir irgendwie bekannt vor. Müßte ich den Namen kennen?«

»Er ist der Finanzbonze, der vor ein paar Jahren seine Kaution schießen ließ und sich aus dem Land absetzte. Er hatte ein ganzes Imperium aufgebaut und mit falschen Bilanzen und illegalen Manipulationen operiert. Er verschwand mit so ziemlich jedem Cent, der sich auf den Konten seiner Gesellschaften befand.«

»O ja, jetzt erinnere ich mich. Es war seinerzeit ganz groß in den Schlagzeilen. Was haben Sie mit ihm gemacht?«

»Vor zehn Minuten bei Ihnen abgesetzt.«

Joe Moffet, der zweite Agent, hatte schweigend dabeigesessen, verzog sein Gesicht jedoch jetzt zu einer Miene der Verwunderung und sagte: »Hä?«

Campbell wandte sich ihm zu. »Der Doktor leitet die Krankenabteilung des Bundesgefängnisses in der West Street«, erklärte er. »Vermutlich wird er unseren Freund heute einer ärztlichen Untersuchung unterziehen.«

»Ich untersuche alle neuen Häftlinge«, bestätigte Dr. Whitney.

Die Kellnerin kam mit den Bestellungen zurück. Sie sprachen nicht viel, bis sie sich zurücklehnten, um ihren Kaffee zu genießen. Dann wandte sich die Unterhaltung wieder Henry Hammond zu.

»Glauben Sie, daß er das gestohlene Geld zurückgeben wird?« fragte der Doktor.

»Das müssen Sie Hammond schon selber fragen. Auf dem Weg über den Atlantik konnten wir kein Wort aus ihm herauskriegen. Wahrscheinlich hat er es sicher auf ein paar Dutzend Schweizer Bankkonten untergebracht. Eins ist klar – kein Mensch wird es jemals wiedersehen, wenn er es nicht will.«

»Ich frage mich, was einen Mann dazu veranlaßt, ein Krimineller zu werden«, sinnierte der Doktor.

Cambell zuckte die Achseln. »Wer weiß? Menschen tun nicht immer das, was man erwartet, oder passen in die Schablonen, die man ihnen zuordnet. Nehmen Sie sich zum Beispiel. Was tut ein intelligenter, junger Bursche wie Sie beim Öffentlichen Gesundheitsdienst? Es gibt keine Wehrpflicht mehr, so daß Sie Ihre Stelle nicht als Ersatzdienst gewählt haben, wie es Ärzte und Zahnärzte früher taten. Ich wette, Sie hätten bei den Privatkrankenhäusern die freie Auswahl gehabt.«

»Ja, die hätte ich wahrscheinlich, aber ich bin glücklich da, wo ich bin. Ich glaube, es ist die beste Stelle für mich. Wenn es nicht so wäre, würde ich woandershin gehen oder etwas anderes tun. Genauso denken Sie doch auch über Ihren Job, Tom, nicht wahr? Daß die aktive Polizeiarbeit für Sie die beste Beschäftigung ist!«

»Sie haben Tom vollkommen richtig eingeschätzt«, sagte Joe Moffet. »Und Sie drücken es auch viel besser in Worten aus, als er es tut. Er hat im letzten Jahr zwei Beförderungen ausgeschlagen. Er könnte einen bequemen Schreibtischjob in Washington haben, aber er zieht es vor, Flüchtlinge zu transportieren. Jeder denkt, er ist verrückt, aber er sagt, daß er glücklich da ist, wo er ist.«

Für ein paar Minuten redeten sie noch über dieses und jenes und verließen dann gemeinsam das Restaurant. Draußen auf dem Bürgersteig blieben sie stehen, um sich zu verabschieden, und Tom Campbells Gesicht bewölkte sich vor Verwirrung und Verlegenheit. »Es tut mir furchtbar leid, Doktor, aber ich habe ... äh ... Ihren Namen schon wieder vergessen.«

Jason Whitney lächelte. »Das macht nichts. Sie wären überrascht, wie viele Leute Schwierigkeiten haben, sich an mich zu erinnern. Wenn Sie das nächste Mal im Bundesgefängnis sind, kommen Sie doch in meinem Büro vorbei, um guten Tag zu sagen. Ich habe immer einen Kaffeetopf auf der Warmehalte-Platte stehen.« Er wandte sich dem anderen Agenten zu. »Das gilt auch für Sie, Mr. Moffet. Kommen Sie jederzeit vorbei. Freut mich, Sie kennengelernt zu haben.«

Jason Whitney wartete bis zehn Uhr an diesem Morgen, bevor er Henry Hammond in die Krankenabteilung rufen ließ. Er wählte diesen Zeitpunkt, weil bis dahin die morgendlichen Krankheitsfälle versorgt waren und seine Assistenten eine Kaffeepause einlegten.

»Guten Morgen, Mr. Hammond. Ich bin Dr. Whitney, der Chef der medizinischen Abteilung hier. Ich bin für die Gesundheit und das körperliche Wohlergehen von Ihnen und den anderen Häftlingen verantwortlich. Es ist meine Aufgabe, jede Neueinlieferung zu untersuchen und festzustellen, ob irgendeine Behandlung erforderlich ist oder nicht.«

Hammond gab nickend sein Einverständnis. Er hatte dunkle Ringe unter den Augen und stand nervös im Eingang der Krankenabteilung. In unregelmäßigem Rhythmus ballte er die rechte Faust und öffnete sie wieder. Seine Blicke huschten hin und her und nahmen die Schränke und sonstigen Ausrüstungsgegenstände in sich auf. Es war offensichtlich, daß die plötzliche Festnahme und der Transport in die Vereinigten Staaten ein schwerer Schock für ihn gewesen waren.

»Hier entlang, bitte«, sagte Whitney und ging voraus in ein Nebenzimmer.

Hier gab es lediglich kahle, weiße Wände, und das einzige Möbelstück war eine Untersuchungsliege für den Patienten. Es gab nichts, was für Ablenkung sorgen konnte.

»Legen Sie sich bitte hin. Ich werde Ihren Blutdruck messen.

Ich bin sicher, daß man dies schon öfter bei Ihnen gemacht hat.«

Der Arzt band das Instrument um Hammonds Arm und drückte den Ball, um Luft hineinzupumpen.

»Seien Sie so ruhig wie möglich. Ich möchte die niedrigste Messung. Entspannen Sie sich so gut, wie Sie können, und versuchen Sie, an nichts Bestimmtes zu denken.«

Whitney beschäftigte sich mit dem Instrument.

»Die Messung ist ein wenig hoch, Mr. Hammond. Ich glaube, Sie sind ein bißchen zu angespannt. Wenn es Ihnen nichts ausmacht, zeige ich Ihnen, wie man sich entspannt. Schließen Sie einfach die Augen. So ist es richtig, schließen Sie die Augen und entspannen Sie die Lider. Ich glaube, Sie können das Gefühl völliger Entspannung bekommen, wenn Sie meinen Ratschlägen folgen. Entspannen Sie die Lider vollkommen. Wenden Sie die Aufmerksamkeit nun Ihren Armen zu. Lassen Sie sie vollkommen schlaff werden. Stellen Sie sie sich als zwei schlaffe Stoffetzen vor, und wenn ich sie hochhebe, lassen Sie sie auf die Liege zurückfallen, wie es zwei schlaffe Stoffetzen tun würden. So ist es sehr gut. Nun werden wir dasselbe mit Ihren Beinen machen. Sehen Sie, jetzt sind Sie viel entspannter und ruhiger. Ich werde noch einmal Ihren Blutdruck messen und sehen, ob Sie sich verbessert haben. Oh, das sieht sehr gut aus. Das sieht sehr, sehr gut aus. Sie sind viel entspannter als vorher. Versuchen wir es noch einmal, Mr. Hammond, und diesmal halten Sie die ganze Zeit über die Augen geschlossen. Das wird dem Entspannungsprozeß helfen.

Gut, nun entspannen Sie Ihre Augen. Nun Ihre Arme. Lassen Sie sie wie schlaffe Stoffetzen werden. Nun Ihre Beine. Entspannen Sie sie. Entspannen Sie den ganzen Körper. Lassen Sie Ihren ganzen Körper schlaff werden. Lassen Sie Ihren ganzen Körper schwer werden. Machen Sie es sich ganz bequem. Wenn Sie jetzt völlig entspannt sind, werden Sie feststellen, daß sich Ihre Augenlider nicht öffnen lassen. Entspannen Sie Ihre Augenlider und Ihren Körper vollkommen. Wenn Sie fühlen, daß Sie völlig entspannt sind, können Sie versuchen, Ihre Augen zu öffnen. Wenn Sie vollkommen entspannt sind, werden sie sich nicht öffnen. Wenn Sie Ihre Augen nicht öffnen können, werden Sie vollkommen entspannt sein. So ist es gut. Versuchen Sie jetzt, Ihre Augen zu öffnen. Sehen Sie – Sie können sie nicht öffnen. Sie sind vollkommen tief entspannt, und Sie können Ihre Augen nicht öffnen. Ihre Arme und Beine sind schwer und schlaff, und Sie können sie nicht heben oder bewegen.«

So schnell und leicht, ohne die Worte Schlaf oder Hypnose auch nur ein einziges Mal zu benutzen, versetzte Dr. Jason Whitney Henry Hammond in eine tiefe Trance.

In der nächsten halben Stunde vertiefte er die Trance noch weiter und holte dann aus Hammond die Kodenummern und Kontostände von zehn geheimen Bankkonten heraus. Unmittelbar bevor er dem Mann gestattete, wieder aufzuwachen, befahl er Hammond, für alle Zeit zu vergessen, daß die Geheimkonten jemals existiert hatten.

»Und Sie werden niemals in der Lage sein, sich an meinen Namen zu erinnern«, sagte er zu ihm.

Das erinnerte Whitney an den Agenten Tom Campbell. Als er Campbell vor einem Jahr hypnotisiert und instruiert hatte, ihn über Kriminelle mit geheimen Gelddepots informiert zu halten, war ihm das Versäumnis unterlaufen, ihm zu befehlen, immer allein in das Restaurant zu kommen. Er würde dieses Versäumnis bei nächster Gelegenheit berichtigen müssen.

Als Hammond die Krankenabteilung verließ, um zu seiner Zelle zurückzukehren, blickte Dr. Whitney ihm nach und fühlte, wie eine Woge der Befriedigung in ihm aufstieg. Dies *war* die beste Stelle für ihn. Er mußte nicht die langen Stunden arbeiten, die ein Krankenhaus vielleicht von ihm verlangt hätte, und er nahm in einem einzigen Jahr viel, viel mehr Geld ein, als seine als berufsmäßige Hypnotiseure tätigen Eltern während ihres ganzen Lebens verdient hatten.

## Sackgasse

von Alvin S. Fick

Was für eine Überraschung es war, Sweets gestern wiederzusehen – und nicht unbedingt eine angenehme.

Als ich meinen Stuhl nach seinem Klopfen in der Küche gewendet hatte und durch den Durchgang ins Wohnzimmer gerollt war, war er bereits hereingekommen.

Das sah Sweets ähnlich, einfach hereinzukommen. Er stand in der Mitte des Raums und blickte sich um, wobei sein plumpes Gesicht durch ein breites, zahnloses Grinsen geteilt wurde, das seinen Kopf wie eine Mississippi-Melone erscheinen ließ, die man mit einem Hackmesser gespalten hatte. Keine schlechte Idee, dies.

Ich war gerade von einer Fahrt zum Aussichtspunkt über das Heron Valley zurückgekehrt, als sein Wagen vor dem Haus vorfuhr.

»Du hast zugenommen, Sweets«, sagte ich.

Ich betrachtete die Wölbung über und unter seinem schmalen Gürtel. Er hatte es sich in dem Schaukelstuhl gegenüber der Couch bequem gemacht. Abgesehen von meinem Bett und einem Büffet sind das so ziemlich alle Möbelstücke, die es noch in meinem Haus gibt. Wenn man im Rollstuhl lebt, ist dies das erste, was man tut – man schafft sich alle Weghindernisse vom Hals.

»Es ist nahezu vier Jahre her, alter Freund«, sagte Sweets. Er verlagerte sein Gewicht in dem Schaukelstuhl. Dieser quietschte protestierend. Ich stellte fest, daß der Druck von innen jede Faser seiner schmutzigen khakifarbenen Baumwollhose beansprucht hatte. Die Vordernähte hatten den Kampf aufgegeben und den Reißverschluß freigelegt, eine silberne Schlange, in der sich das Licht des Westfensters spiegelte. Es sah Sweets ähnlich,

132

so herumzulaufen. Meine Abneigung gegen ihn machte sich in meiner Stimme bemerkbar.

»Sag nicht ›alter Freund‹ zu mir, Sweets. Was willst du? Hinter was bist du jetzt her, nach all der Zeit? Es gibt nichts, was mir noch geblieben ist.«

»Das is' keine Art, mit einem alten Freund zu reden. War ich es nich', der den Jungs gesagt hat, daß sie Rampen für dich bauen sollen? War ich es nich', der sagte, daß du in der Küche eine niedrige Anrichte zum Kochen und Essen brauchst? War ich es nich', der im Badezimmer diese Stangen an Ketten hängte, so daß du in die Wanne und aus der Wanne steigen kannst – daß du für dich selbst sorgen kannst?«

Unwillkürlich äffte ich ihn nach. »Ja, und warst du es nich', der aus Unachtsamkeit die Dynamitladung im Steinbruch hochgehen ließ, die mich fürs ganze Leben in diesen Stuhl gebracht hat?«

Sweets rümpfte seine Knollennase, als ob er etwas Übles riechen würde. Sie zuckte von einer Seite zur anderen, ein pinkfarbener Holzapfel auf einem Meer aus Brotteig.

»Das war ein Unglücksfall. Das war vor fünf Jahren. Du solltest es mir nich' immer noch nachtragen. Gott weiß, ich würde nich' mal 'nem Floh was zuleide tun.«

Nicht mal 'nem Floh was zuleide tun!

Im Alter von elf Jahren hatte Sweets, nachdem er von seinem Vater bestraft worden war, weil er seinen Hund geschlagen hatte, einen bösartigen Bullen aus seinem Stall auf den Hof gelassen. Dort nahm er den alten Mann, der eine Wasserrinne reparierte, auf die Hörner und tötete ihn. Jeder dachte, daß sich der Bulle von seinem Seil losgerissen hatte, aber ein paar Tage später hörte ich ihn in der Schule damit angeben, daß er das Seil durchgeschnitten und die ausgefransten Enden mit Dreck beschmiert hatte.

Nicht mal 'nem Floh was zuleide tun!

Ich erinnerte mich, wie Sweets Fliegen zu fangen pflegte, als wir beide die einklassige Landschule besuchten. Er riß ihnen die Flügel aus, band ihnen dann einen dünnen Faden um ein Bein.

»Seht euch mein Haustier an«, pflegte er zu sagen. Er holte mit seinem Federhalter einen Tropfen Tinte aus dem Tintenfaß und benetzte die Fliege damit. Dann ließ er sie über das Papier auf seinem Pult oder über den hübschen weißen Kleiderkragen des Mädchens vor ihm wandern.

»Chinesische Schrift«, pflegte er zu sagen, und sein Lachen brachte damals schon das Fett zum Schwabbeln.

Warum ihm die Mädchen nachliefen, verstand ich nie. Aber wenn ich schon das nicht verstand, so war mir, als er älter wurde, sein Erfolg bei Frauen ein noch viel größeres Rätsel. Er hatte drei Frauen gehabt – meine Norah gehörte auch dazu. Charlene, seine erste, fiel aus dem Boot und ertrank, als die beiden im Heron River fischten. Ellie erhängte sich an einem Dachbalken auf dem Speicher ihres Hauses. Ich hörte auf, die *Heron Falls Gazette* zu beziehen, als ich Norahs Todesanzeige las, sechs Monate nachdem sie mich wegen Sweets verlassen hatte. Es hieß, sie wäre mit einem Haufen Wäsche in den Armen die Kellertreppe hinuntergestürzt und mit dem Kopf gegen eine vorstehende Kante des Natursteinfundaments geschlagen.

Sweets. Was für ein Name. Habe ich Ihnen schon erzählt, wie er daran gekommen ist? Sein Zuname lautet Sharger, was soviel wie ›Dünner‹ bedeutet, aber den Kindern in der Schule fiel es schwer, ihn so zu nennen, und da er immer um die Vorratskammer in der Küche herumschlich und die Mädchen ihn so gerne hatten, hängten sie ihm den Spitznamen ›Süßer‹, Sweets, an.

Mein Leben ist immer auf irgendeine Weise mit dem seinen verbunden gewesen. Meine Abneigung gegen ihn begann schon in der Jugend und verstärkte sich immer mehr, lange bevor er den Schalter betätigte, der einen Felsbrocken gegen mein Rückgrat schleuderte, lange bevor er mir meine Norah wegnahm. Ich nahm es ihr nie übel, daß sie einen halben Mann verlassen hatte. Das Bittere daran war, daß sie zu Sweets gegangen war.

»Du bist noch immer im Steinbruch?« fragte ich, verzweifelt um ein Gesprächsthema bemüht, das meine Gedanken von Norah abbrachte.

»Ja.« Sweets strahlte. »Bin Vormann, seit Jeff Bellins starb.«

»Jeff ist tot? Er war jünger als wir beide.«

»Wie es so kommt. Ein Unglücksfall. Du weißt besser als die meisten, daß Steinbrüche gefährliche Orte sind.«

»Wie ist es passiert?«

Sweets' Stimme wurde glatt und ölig. »Er war unachtsam. Ich

habe alles gesehen. Er stand neben dem großen, flachen Riemen, der das Mahlwerk antreibt. Er muß sich vorgebeugt haben, um nach irgendwas zu sehen, und der Riemen erfaßte seine Kleidung – klatsch, peng geradewegs in die Transmissionswelle hinein. Zerfetzte ihn ziemlich übel. Ich stand nur einen Schritt entfernt, konnte aber nichts für ihn tun. Armer Kerl. Er schrie nur ein einziges Mal.«

»Wie lange ist das her? Wie hat Debbie es aufgenommen?« Ich erinnerte mich an Jeffs kleine, schlanke Frau mit ihrem kastanienfarbenen Haar. Sie war fast so hübsch wie Norah und zehn Jahre jünger.

»Ja, Debbie. Debbie tat mir schrecklich leid. Schätze, ich verstand besser als die meisten, wie einsam sie war. Laß mich überlegen, das war ein paar Monate, nachdem Norah gegangen war, und wir beide – ich und Debbie – trösteten uns gegenseitig. Wir hatten eine glückliche Zeit zusammen, und so heirateten wir kurz entschlossen.«

»Ist sie draußen im Wagen? Ist sie bei dir? Ich würde sie gerne sehen.«

Sweets' Mundwinkel bogen sich nach unten, und für einen Augenblick glaubte ich, eine Spur von Feuchtigkeit in seinen Augen zu entdecken.

»Ich wünschte, ich könnte. Und wie ich es mir wünschte. Aber sie wurde vor nicht mal einem Monat krank. Wurde bettlägerig und welkte so dahin.« Sweets schien echt bewegt zu sein. »Ich habe sie vor zwei Monaten begraben.«

»Es tut mir leid, das zu hören, Sweets.«

»Nun, das Leben geht weiter.« Seine Stimmung änderte sich. »Ich bin nur mal vorbeigekommen, um zu sehen, wie du zurechtkommst. Es zahlt sich nicht aus, den Kontakt zu alten Freunden zu verlieren. So habe ich immer über deine Familie gedacht. Vor ein oder zwei Tagen fiel mir ein, daß ich dich seit Jahren nicht mehr gesehen habe. Dann kam mir der Gedanke an deinen Bruder Harry. Er ist nach Kalifornien gezogen, nicht wahr?«

Ich nickte.

»Und Hester, deine jüngere Schwester, wo ist sie jetzt? Ich nehme an, sie ist irgendwo verheiratet mit einem Stall von Kindern.«

»Nein, Hester ist nicht verheiratet. Sie ist oben in Augusta. Sie ist beim Staat angestellt.« In dem Moment, in dem die Worte heraus waren, wünschte ich mir, daß auch meine Zunge paralysiert gewesen wäre.

»Sag bloß! Ich wette, sie steht auf Debbies Weihnachtskartenliste, die ich heute morgen beim Aufräumen ihres Schranks rausgeschmissen habe.« Er wischte sich eine imaginäre Träne weg. »Ich habe den Krimskrams noch nicht verbrannt. Wenn ich nach Hause komme, werde ich diese Liste vorkramen und mich gleich hinsetzen, um Hester einen Brief zu schreiben. Vielleicht rufe ich sie auch an. Das wäre nett.«

Meine Gedärme verknoteten sich und fühlten sich kalt an. Ich hoffte, daß ihm nicht aufgefallen war, wie sich meine Hände um die Armlehnen des Rollstuhls gekrampft hatten.

Er schwätzte weiter. »Ich sollte mal bei ihr vorbeischauen, nur um der alten Zeiten willen. Sie war noch ein kleines, hübsches Ding, als wir aus der Schule kamen, aber ich wette, sie ist inzwischen eine richtige Dame geworden.«

Die Furcht in meinem Bauch war eine kalte, zusammengerollte Schlange. »Sweets, warum wartest du nicht noch einen oder zwei Tage?« Mein Verstand raste auf der Suche nach einer Möglichkeit, ihn aufzuhalten. »Ich habe ein paar Fotos von Hester gemacht, als sie und einige ihrer Freundinnen letzten Sommer zum Schwimmen hier waren.« Ich kämpfte darum, meine Stimme ganz ruhig klingen zu lassen. »Sie ist eine wirkliche Schönheit.«

Sweets hob seine Massen aus dem Sessel. »Sind sie in deinem Schlafzimmer? Ich gehe und hole sie. In welcher Schublade sind sie?«

Ich rollte ihm meinen Rollstuhl in den Weg.

»Das ist nicht nötig. Ich habe sie in einer Schachtel irgendwo in einem Wandschrank. Weißt du was? Du kommst morgen wieder. Dann habe ich sie vorgeholt und zeige sie dir. Wir können mein Schwesterlein von hier aus anrufen. Es wird dir den Weg ebnen, wenn ich ihr sage, daß du kommst, um sie zu besuchen.«

»Gut.« Sweets rieb sich die Hände. »Ich wette, die kleine Hester ist ein richtiges Püppchen.« Er gab mir einen guten Ausblick auf sein rosa Zahnfleisch und die Spitze der Zunge, mit der er sich über die Lippen fuhr.

»Und, Sweets, wenn du morgen sowieso vorbeikommst, könntest du eine Ladung Holz für meinen Kaminofen in deinem Lieferwagen mitbringen? Hast du den alten Lieferwagen noch? Es wird bald Herbst, und ich könnte etwas Brandholz gebrauchen.« Ich fügte hinzu: »Ich habe gerade meine Versehrtenrente bekommen. Ich würde dich für etwas Holz gut bezahlen.«

Er stand an der Tür, mit der Hand auf der Klinke. »Also, ich weiß nicht. Die Bremsen des Lieferwagens sind nicht mehr so gut.«

Sweets zögerte, während sich die kalte Schlange in meinem Bauch langsam umdrehte.

»Ich schätze, als dein Freund werde ich eine Ladung Holz für dich karren. Letzten Endes sind wir ja fast eine Familie.« Die Eigenschaft stinkenden alten Motoröls war in seine Stimme zurückgekehrt.

»Gut denn, ich sehe dich morgen«, sagte ich zu seinem Rücken, als er durch die Tür nach draußen ging.

Gleich als er weg war, rollte ich die Frontrampe zum Gehweg hinunter und weiter auf die schmale Asphaltstraße. Ich wohne hinter einer Kurve im letzten Haus dieser als Sackgasse endenden Straße, die die Stadt vor ein paar Jahren um etwa vierhundert Meter bis zu einer kleinen Picknickstätte verlängert hat. Diese befindet sich neben einem Aussichtspunkt, von dem aus man das Heron Valley und die Berge jenseits davon überblicken kann. Ich bin so ziemlich der einzige Mensch, der dort noch hingeht. Jeden Tag rolle ich, wenn es das Wetter gestattet, zu dem Aussichtspunkt hinunter und taste dabei mit dem kräftigen Spazierstock, den ich stets auf dem Schoß bei mir trage, zwischen Gras und Unkraut herum. Er ist wie eine Fortsetzung meiner Arme.

Die Abgeschlossenheit und Schönheit des Platzes sind meine große Freude gewesen, und die Übung hat meine Arme und Schultern so enorm gekräftigt, daß ich im Haus mit Leichtigkeit zurechtkomme. Selbst das Schwingen an den Stangen im Badezimmer erscheint mir wie eine Spielerei.

Die Stadt hat am Ende der Straße einen Wendeplatz angelegt und ringsum Pflöcke mit Querstreben aufgestellt. Dahinter geht es gut zweihundert Meter in die Tiefe, so steil, daß an der Stirnseite des Felsens keine Bäume wachsen, um die Sicht zu versperren. Gras und Unkraut wuchern in den Spalten des Chlorit-gesteins. Die Holzpflöcke sind an der Basis ganz morsch. Sie knirschten verdächtig, als ich die Bremsen meines Rollstuhls betätigte und dagegen stieß.

Als ich wieder im Haus war, aß ich ein Sandwich. Ein bißchen später trank ich ein Glas Scotch on the Rocks, bevor ich ins Bett ging. Ich schlief sehr gut.

Diesen Morgen brachte ich die Flasche und ein paar Gläser ins Wohnzimmer. Ich meine, Sweets und ich sollten uns ein paar Drinks genehmigen, um unsere erneuerte Freundschaft zu fei-ern. Heute fühle ich mich ganz ruhig und in Frieden mit meiner kleinen Welt; während ich auf Sweets warte. Sicher wird der über die Aussicht, Hester zu sehen, so glücklich sein, daß es ihm nichts ausmachen dürfte, mich in seinem Lieferwagen zu dem Aussichtspunkt hinunterzufahren, wo wir den Blick über das Heron Valley genießen können.

Während des Wartens habe ich die ganze Zeit meinen Stock gegen die Fußleiste neben der Vordertür gerammt. Ich bin sicher, daß er genau die richtige Länge hat, um das Gaspedal eines Lieferwagens zu erreichen.

Sind kleine Mädchen ein Geschenk des Himmels?

## Satansbraten

von John Lutz

25. Mai, 7.00 Uhr morgens. Telefonanruf bei Clark Forthcue, Forthcue Mansion, Long Island:

»Mr. Forthcue, sagen Sie nichts, hören Sie zu. Telefonanrufe können leicht zurückverfolgt werden, Briefe nicht. Dies wird der einzige Telefonanruf sein, und er wird kurz sein. Wir haben Ihre Stieftochter Imogene, die in der schriftlichen Korrespondenz als Satansbraten bezeichnet werden wird, ein Name, der zu einer zehnjährigen, verzogenen reichen Blage wie dieser genau paßt. Überprüfen Sie zwecks weiterer Informationen den alten, rostigen Briefkasten vor der verlassenen Garver-Farm am Ende der Wood Road ganz in der Nähe Ihres Besitzes. Überprüfen Sie ihn heute nacht. Überprüfen Sie ihn jede Nacht. Erzählen Sie der Polizei oder sonst jemandem, abgesehen von Ihrer Frau, etwas von dieser Sache, stirbt das Kind. Wir werden es erfahren. Wir meinen es ernst.«

Klick.

Tüt ... tüt ...


Grapscher & Co.                                               25. Mai

Lieber Mr. Forthcue

Betr. unsere vorangegangene Diskussion über Satansbraten:
Die Rückgabe der unversehrten Handelsware wird Sie genau eine Million Dollar kosten. Wir haben Nachforschungen angestellt und wissen, daß dies durchaus im Bereich Ihrer Möglichkeiten liegt. Beenden Sie die Leidenszeit, die Sie und Ihre Frau durchmachen. Geben Sie uns Ihre Antwort per Brief. Wir wer-

den den Garver-Briefkasten kurz nach zehn Uhr morgen abend überprüfen. Sie sind gut beraten, wenn Ihr Brief da ist.

Ergebenst
E. Grapscher

An Grapscher & Co                                                    26. Mai

Mr. Grapscher

Tun Sie Satansbraten nichts zuleide. Ich habe mich nicht mit den Behörden in Verbindung gesetzt und beabsichtige auch nicht, es zu tun. Mrs. Forthcue und ich werden Ihre Anweisungen getreulich befolgen. Bei Ihren Nachforschungen ist Ihnen allerdings ein Fehler unterlaufen. Ich weiß nicht, ob eine Million Dollar im Bereich meiner Möglichkeiten liegen, und ich werde einige Zeit brauchen, um es festzustellen. Seien Sie meiner hundertprozentigen Kooperation in dieser Angelegenheit versichert. Sollte Satansbraten allerdings etwas zuleide getan werden, würde diese Kooperation ein abruptes Ende nehmen.

In Sorge
Clark Forthcue

Lieber Mr. Forthcue

Hören Sie auf damit. Wir wissen, daß Sie die Million beschaffen können. Im Interesse der von Ihnen erwähnten Kooperation sind wir jedoch bereit, für die Rückgabe von Satansbraten auf 750 000 Dollar herunterzugehen. Es wird uns ein Vergnügen sein, diesen Posten loszuwerden, *auf diese oder jene Weise.*

Entschlossen
E. Grapscher

An Grapscher & Co. 27. Mai

Lieber Mr. Grapscher
Ich schreibe diesen Brief in der Stille meiner Veranda, wo es zum
ersten Mal seit Jahren friedlich genug für mich ist, um klar zu
denken, so daß ich überzeugt davon bin, diese Angelegenheit
richtig zu behandeln. Indem Sie Ihre ursprüngliche Summe um
fünfundzwanzig Prozent ermäßigten, haben Sie sich als ver-
nünftige Menschen erwiesen, mit denen ein gleichermaßen vernünftiger Mensch verhandeln könnte. Eine dreiviertel Million
ist, wie Sie sich sicherlich bewußt sind, eine erhebliche Summe
Geldes. Selbst jemand in meiner Position hebt kurzfristig nicht
so viel ab, ohne dabei gerunzelte Augenbrauen und Argwohn
hervorzurufen. Würden Sie eine niedrigere Summe in Betracht
ziehen?

Vernünftig
Clark Forthcue


Lieber Mr. Forthcue

Satansbraten ist ein leicht verderblicher Posten und nur unter
großen Schwierigkeiten zu lagern. Tatsächlich dürften Explosiv-
stoffe für unsere Gesellschaft einfacher zu handhabende Artikel
sein. Unter diesem Gesichtspunkt kommen wir Ihrem Wunsch
nach einer niedrigeren Summe entgegen, indem wir unsere
Gebühr auf 500 000 Dollar, zahlbar sofort, senken. Dies ist unser
letztes Angebot. Es wäre einfacher, ja, ein Vergnügen für uns,
diesen Artikel loszuwerden und uns anderen Geschäften zu
widmen.

Immer noch entschlossen
E. Grapscher

An Grapscher & Co.                                29. Mai

Lieber Mr. Grapscher

Die letzte Senkung der Forderung Ihrer Gesellschaft ist ein weiterer Beweis dafür, daß ich es mit intelligenten und realistischen
Personen zu tun habe.

Natürlich ist meine Frau von großem Kummer über den,
wenn auch nur zeitweiligen, Verlust von Satansbraten erfüllt,
aber mit Hilfe von neuen Pelzen und Schmuckstücken hat sie
schon ähnliche Kümmernisse überwunden. Wenn man eine
Frau heiratet, muß man, wie beim Erwerb einer Firma, die Pas-
siva zusammen mit den Aktiva akzeptieren. Mit meiner sich
schnell verbessernden nervlichen Verfassung und nachdem sich
mein anfänglicher Kummer und meine Sorge etwas gelegt
haben, bin ich mir mit meiner Frau uneins und der Ansicht, daß
die von Ihnen geforderte Summe in Höhe von 500 000 Dollar
unverschämt hoch ist. Denken Sie mehr an die Größenordnung
von fünfstelligen Beträgen.

                                        Grüße
                                        Clark Forthcue


Forthcue

Neunzigtausend *müssen* es sein! *Endgültig!* Morgen um Mitternacht im Garver-Briefkasten, oder wir werden uns Satansbra-
tens entledigen. Sie bringen uns in eine unangenehme Position,
und das gefällt uns gar nicht. Wir sind keine Killer, aber wir
können es werden.

                                        E. Grapscher


An Grapscher & Co.                                30. Mai

Lieber Mr. Grapscher

Nach vielen Jahren von den unerträglichen Schmerzen meines
Magengeschwürs befreit, kann ich über diese Angelegenheit

ziemlich objektiv nachdenken. Obwohl meine Frau verlangt, daß ich irgendein Lösegeld zahle, stehen neunzigtausend Dollar nicht zur Debatte. Ich schlage vor, daß Sie sich, wie Sie bereits andeuteten, des zur Diskussion stehenden Artikels entledigen. Nachdem Sie für diese Maßnahme den Nachweis erbracht haben, werden meinem nächsten Brief im Garver-Briefkasten zwanzigtausend Dollar beiliegen. Da ich aufrichtig zu Ihnen gewesen bin und die Behörden nicht benachrichtigt habe, muß niemand, auch meine Frau nicht, über das Schlußarrangement unserer Transaktion Bescheid wissen.

Herzlich
Clark Forthcue


Forthcue

Sind Sie verrückt? Es geht um ein menschliches Leben. Wir sind keine Killer. Aber in einer Beziehung haben Sie recht – keine Geldsumme ist mehr wert als die eigene Gesundheit. Angenommen, wir geben Satansbraten morgen nacht unversehrt zurück? Fünftausend Dollar für unseren Verdruß und strenges Stillschweigen.

E. Grapscher


An Grapscher & Co.                                  31. Mai

Lieber Mr. Grapscher

Nach reiflicher Überlegung muß ich Ihren letzten Vorschlag unmißverständlich zurückweisen und meinen eigenen Vorschlag wiederholen, daß Sie sich des betreffenden Gegenstands auf Ihre Weise entledigen. Zu weiterer Korrespondenz in dieser Angelegenheit sehe ich keine Veranlassung.

Clark Forthcue

Grapscher. & Co.                                    1. Juni

Clark Forthcue

Es hat einen Wechsel in der Geschäftsführung von Grapscher &
Co. gegeben, und meine zwei Vizepräsidenten, die keine andere
Wahl haben, stimmen mit mir, dem neuen Präsidenten, überein.
Ich habe alle Durchschläge der Grapscher-&-Co.-Briefe an Sie
und alle Ihre Antwortbriefe an uns. Das Gesetz ist sehr streng
mit Kidnappern und sogar noch strenger mit Leuten, die Kinder
killen wollen.

Aber das Gesetz ist nicht so streng mit Kindern. Tatsächlich
vergibt es ihnen fast alles, wenn es ihr erstes Vergehen ist. Wenn
Sie nicht wollen, daß diese Briefe der Polizei übergeben werden,
dann stecken Sie morgen nacht 500 000 Dollar in Garvers alten
Briefkasten. Ich meine es ernst. Kleine Scheine wollen wir, aber
einige Fünfziger und Hunderter sind okay.

                                                Ergebenst
                                                Satansbraten

Bis daß der Tod uns scheidet ...

# Scheidungsgründe

von James Holding

Der Stromausfall dauerte weniger als fünf Minuten – aber er ereignete sich zu ungelegener Zeit.

John Marcy saß, mit dem Löffel in der Hand, am Eßtisch und wollte soeben mit dem Abendessen beginnen. Er hatte Hunger.

Angela, seine Frau, die gerade die gefüllten Suppenteller aus der Küche geholt und ihm gegenüber am Tisch Platz genommen hatte, streckte die Hand nach dem Brotkorb aus, als die Wohnungslampen einmal kurz flackerten und dann ausgingen.

»Oh, nein!« sagte Angela aufgeschreckt. »Was nun? John, wirf einen Blick aus dem Vorderfenster im Wohnzimmer und sieh nach, ob auch die Lichter der Nachbarn aus sind. Vielleicht ist es nur bei uns.«

John legte gehorsam seinen Suppenlöffel aus der Hand, suchte tastend den Weg ins Wohnzimmer und blickte aus dem Vorderfenster.

»Selbst die Straßenlampen sind aus«, berichtete er über die Schulter. »Es handelt sich um einen allgemeinen Stromausfall, nehme ich an.«

Er konnte hören, wie sich Angela hinter ihm in der Dunkelheit des Eßzimmers bewegte.

»Ich habe Kerzen«, sagte sie kurz darauf. »Wenn du die Streichhölzer vom Kaffeetisch da drin holen würdest ...«

Vorsichtig lokalisierte John in der Schwärze den Kaffeetisch und erkundete auf der Suche nach der Streichholzschachtel, die immer neben dem Aschenbecher lag, seine Oberfläche. Als sich seine Hand darüber schloß, flammte im Eßzimmer ein Streichholz auf, und eine Sekunde später vertrieben zwei Kerzen in silbernen Leuchtern die Dunkelheit.

»Schon gut, John«, rief Angela. »Ich habe in der Buffetschub-

145

lade ein Streichholz gefunden. Komm jetzt und iß deine Suppe. Sie wird kalt.«

Bevor John zu seinem Stuhl am Tisch zurückgekehrt war, ging das elektrische Licht wieder an.

»Ah«, sagte Angela erleichtert. »Das ist schon besser.«

Sie blies die Kerzen nicht aus.

John nahm seinen Suppenlöffel hoch und legte ihn dann, mit verwirrtem Gesichtsausdruck, wieder hin. Über den Tisch hinweg blickte er Angela an, deren sanfte blaue Augen ihn besorgt betrachteten.

»Ist die Suppe kalt, Lieber?« fragte sie. Sie nahm einen Löffel von ihrer eigenen. »Meine nicht.«

Er schüttelte den Kopf. Wie reizend sie ist, dachte er, und was für ein Schuft bin ich gewesen, daß ich all diesen anderen Frauen nachgestiegen bin. Sein Gewissen regte sich plötzlich. Ein ungewohnter Anflug von Scham veranlaßte ihn, die Augen niederzuschlagen.

»Nein«, sagte er, »ich glaube nicht, daß sie kalt ist, Liebling, aber ich habe heute abend keinen großen Hunger.«

»Es ist gelbe Erbsensuppe, John. Die liebst du doch so.«

»Ich weiß.« Er hob den Kopf. »Und dich liebe ich auch, Angela. Das weißt du, nicht wahr?«

Ihre Augen füllten sich mit Tränen. »Fangen wir nicht wieder damit an«, sagte sie zitternd.

John sagte: »Ich bin ein typischer amerikanischer Schuft, Angela, ich gebe es zu. Ein schürzenjagender, mittelalter Wolf, der es besser wissen sollte. Und es tut mir aufrichtig leid.«

Angela wischte sich mit der Rückseite des gebeugten Handgelenks die Tränen weg, eine pathetische Geste. Sie stand auf.

»Jetzt hast du *mir* den Appetit verdorben«, sagte sie. Sie nahm die beiden Suppenteller und trug sie hinaus in die Küche.

»Ich will mich also von ihr scheiden lassen«, sagte John Marcy ruhig zu seinem Rechtsanwalt.

Bartley, der Rechtsanwalt, bedachte seinen Klienten und Freund mit einem leicht mißbilligenden Blick. »Von ihr scheiden lassen?« wiederholte er. »Du willst dich von *ihr* scheiden lassen?«

»Ja.«

»Daß ich nicht lache, John. Es ist allgemeiner Klatsch in der Stadt, daß *sie* sich von *dir* scheiden lassen sollte. Und ich weiß Bescheid, John. Versuch also gar nicht, mich zu verkohlen. Ich habe keineswegs die Klagen wegen gebrochener Heiratsversprechungen und die Vaterschaftsangelegenheiten vergessen, die ich für dich regeln mußte, John.«

»Ich vergesse sie auch nicht. Ich will mich nur von Angela scheiden lassen, das ist alles. Und ich brauche deinen Rat, wie ich es anstellen soll. Ganz einfach, oder?«

»Ganz und gar nicht so einfach, nein. Warum?«

»Warum was?«

»Warum willst du dich plötzlich von ihr scheiden lassen, nachdem du die Dinge jahrelang treiben gelassen hast?«

»Weil sie sich nicht von mir scheiden lassen will, deshalb. Und ich will frei von ihr sein.«

»Ja, aber warum will sie sich nicht scheiden lassen? Irgendeine törichte Idee, daß sie dich auf diese Weise für deine vergangenen Eskapaden bestrafen kann?«

»Nein. Wenn ich dir den wahren Grund nenne, wirst du mich für noch unerträglicher halten, als du es jetzt schon tust.«

»Versuch's mal und warte ab.«

John zögerte. Dann sagte er: »Nun, ich bin der wohlüberlegten Ansicht, daß sich Angela, wie ich sie kenne, deshalb nicht von mir scheiden lassen will, weil sie mich noch immer liebt.«

»Das ist kein Grund«, sagte Bartley.

»Es ist einer, wenn sie nicht will, daß mich eine andere Frau dauerhaft in ihre Fänge bekommt«, sagte John. »Sie weiß, wie anfällig und … äh … unkritisch ich bin.« Er legte eine Pause ein. »Es ist dir wohl klar, daß es mir nicht leicht fällt, so darüber zu sprechen, Bart.«

»Mach weiter«, sagte Bartley. Und mit der privilegierten Freimütigkeit jahrelanger Freundschaft fügte er hinzu: »Jeder weiß, daß du ein Schuft bist, John. Kein Grund, mir gegenüber verlegen zu sein.«

Marcy wurde rot und fuhr verbissen fort: »Angela hat beschlossen, daß, wenn sie schon meine alleinige Liebe und Treue nicht haben kann, auch keine andere Frau diese Chance bekommen soll.«

»Sagt Angela das?«

»Nicht mit so vielen Worten, nein. Aber ich bin mir ganz sicher, daß sie so empfindet.«

»Wie kannst du dir über eine solche Sache so sicher sein?«

»Aufgrund ihrer Handlungsweise, Bart. Aufgrund ihres jüngsten Verhaltens.«

»Und du willst auf seelische Grausamkeit hinaus, ist es das?«

»Nein, du verstehst es überhaupt nicht.« Marcy seufzte.

»Mag schon sein. Aber ich darf dich vielleicht darauf hinweisen, John, daß du selbst in dieser ach so aufgeklärten Zeit fundiertere Scheidungsgründe als die simple Feststellung brauchst, daß dich deine Frau liebt und du dir dessen sicher bist.«

»Mach dich nicht über mich lustig«, sagte John. »Ich meine es ernst. Ich sage dir, daß ich mich von Angela scheiden lassen will.«

»Ich mache mich nicht lustig. Aber du mußt Gründe haben. Angela hat genug – du aber nicht. Verstehst du?« Bartley wartete die Antwort nicht ab. Er fuhr fort: »Wann genau hast du beschlossen, daß du dich von Angela scheiden lassen mußt? Vielleicht hilft uns das weiter.«

»Gestern abend«, sagte John resigniert. »Am Abendbrottisch.«

»Was ist passiert?«

»Wir hatten einen Stromausfall. Die Lichter gingen aus.«

»Sicher, sicher.« Bartley zündete sich eine Zigarette an und betrachtete das düstere Gesicht seines Klienten mit Interesse. »Das erklärt natürlich vieles.«

»Mir schon«, sagte John. »Selbst wenn du es für eine Art Witz hältst.«

Verärgert lehnte sich der Rechtsanwalt in seinem Drehsessel zurück. »Nichts bei einer Scheidung ist eine Art Witz, wie du es nennst«, schnappte er. »Sei also ernsthaft, John! Erzähl mir über das Lichtausgehen, wenn du es für wichtig hältst.«

»Es ist wichtig, ja. Die Lichter waren nur für ein paar Minuten aus, aber während dieser kurzen Zeitspanne völliger Dunkelheit erkannte ich plötzlich Angelas wahre Gefühle mir gegenüber, Bart.« John preßte die Worte widerstrebend hervor. »Ich bin ganz aufrichtig zu dir.«

»Gut«, sagte Bartley. »In der Dunkelheit ist dir also die große

Erleuchtung über Angelas wahre Gefühle gekommen. Was hat sie gemacht – versucht, dich zu verführen, oder was?«

Marcy schüttelte den Kopf. »Es tut mir leid, daß ich dich dazu bringe, es förmlich aus mir herauszuquetschen«, entschuldigte er sich. »Aber ich war zu dem Zeitpunkt ziemlich überrascht und habe meine Verwirrung auch jetzt noch nicht überwunden.«

»Offensichtlich. Aber rück schon damit heraus. Du hältst etwas zurück.«

»Das tue ich wohl«, gab Marcy zu. Er holte tief Luft. »Nun, du mußt die ganze Geschichte erfahren. Angela hatte unsere Suppe hereingebracht. Wir wollten gerade mit dem Essen anfangen. Und es war in diesem Augenblick, als die Suppenteller vor uns auf dem Tisch standen, daß die Lichter ausgingen.«

»In Ordnung. Was dann?«

»Dann«, sagte Marcy, »dann sah ich, daß Angela versuchte, mich umzubringen.«

»Dich umzubringen!« Bartley ließ seine Zigarette auf den Teppich fallen und fluchte, als er sie austrat.

»Genau das sagte ich. Mich umzubringen. Mich zu vergiften. Sie hatte meine Suppe vergiftet.«

Bartley starrte ihn an, kopfschüttelnd. »Aber in der Dunkelheit …«, begann er.

»Wenn die Lichter nicht ausgegangen wären, wäre ich tot. Ich hätte diese verdammte Suppe gegessen und wäre dahin gegangen, wo keine Kellnerin oder kein Tanzgirl mir jemals wieder schöne Augen hätte machen können.« Zum ersten Mal lächelte Marcy. »Meine Suppe war mit weißem Phosphor vermischt.«

»Woher hast du das gewußt?«

»Schulchemie. Als die Lichter ausgingen, glühte meine Suppe in der Dunkelheit wie eine Palette mit Leuchtfarben.«

Nach einem Augenblick der Betäubung brachte Bartley ein Flüstern zustande. »Mordversuch.«

»Ist das ein Scheidungsgrund?«

»Sollte für den Anfang ausreichen«, sagte Bartley und schluckte.

»Angela, mein armer Liebling, versuchte, meine Aufmerksamkeit von der Suppe abzulenken«, fuhr John fort. »So schnell sie konnte, zündete sie Kerzen an, um das Phosphoreszieren der

Suppe zu verbergen.« Er machte eine Pause. Dann sagte er: »Versteh mich richtig, Bart, ich erzähle das niemandem außer dir. Wenn du mit Angela sprichst und ihr sagst, daß du alles über ihren Mordversuch an mir in der letzten Nacht weißt, glaube ich schon, daß sie aus Scham damit einverstanden sein wird, sich aus den bekannten altmodischen Gründen von mir scheiden zu lassen. Aber ich will nicht, daß die Polizei ein einziges Wort davon erfährt.«

»Warum nicht?« fragte der Anwalt. »Immerhin, ein Mordversuch …«

»Weil mich Angela noch immer liebt, wie ich dir schon sagte – genug, um mich zu töten, wenn es für sie keine andere Möglichkeit gibt, mich auf dem rechten Weg zu halten. Und auf meine dumme Art und Weise liebe ich sie ebenfalls noch – jetzt vielleicht mehr als jemals zuvor. Ich will nicht, daß sie von der Polizei gejagt wird.«

Bartley hob in purer Verwunderung die Schultern. Er sagte: »Wenn du und Angela euch immer noch so sehr liebt, warum bleibt ihr dann nicht zusammen? Warum geht ihr nicht Hand in Hand durchs Leben, wie der Dichter sagt? Warum eine Scheidung?«

John Marcy stand auf. Er bedachte seinen Anwalt mit einem schiefen Grinsen. »Jeder weiß, daß ich ein Schuft bin«, sagte er. »Aber das ist ein kleiner Unterschied zu einem Dummkopf. Nächstes Mal könnte es keinen Stromausfall geben.«

# Erwischt

von Barry N. Malzberg

Jetzt muß ich die Leichen schon im Schlafzimmer aufstapeln.

Das Wohnzimmer ist leider Gottes voll. Früher oder später mußte es soweit kommen. Trotzdem bekommt man einen Schock bei der Erkenntnis, daß nun endgültig das Unvermeidliche eingetreten ist. Es ist einfach nirgendwo mehr Platz. Vom Fußboden bis zur Decke sind die Leichen in vier Reihen aufgestapelt außer in der kleinen Nische, die ich für meinen Sessel und den Fußhocker freigelassen habe. Sogar der Fernsehapparat mußte weichen. Es ist mir schwergefallen, den Fernsehkasten zu opfern, doch was sein muß, muß sein. Ich habe ihn ans Fußende meines Bettes gestellt und dachte mit Schrecken an den Zeitpunkt, wenn ich anfangen müßte, die Leichen dort unterzubringen, wo ich normalerweise schlafe. Doch ich muß mich der Realität stellen, und das Wohnzimmer ist gestorben. *Fini. Kaputt.* Verbraucht. Traurig beuge ich mich meinem Schicksal. Wenn ich weitermorden soll, dann muß ich die Leichen, wie die Äbtissin zum Bischof sagte, ins Boudoir bringen. Und natürlich werde ich weitermorden.

Wenn ich also heute abend Brown, den Hausmeister, erledigt habe, wird seine Leiche in die gegenüberliegende Ecke direkt neben der Anrichte zu liegen kommen. Ein jungfräuliches Gelände, das es zu erobern gilt – keine Rede davon, daß in der Angelegenheit ein sexuelles Element verborgen ist. Überhaupt nicht. Es ist genau so, wie es ist. Es ist keine Metapher. Kein Symbol. Es geht um das armselige, traurige Geschäft des Mordens.

Brown rollt die leeren Mülltonnen durch den Hausflur und erfüllt meine Räumlichkeiten mit einem höllischen Lärm. Außerdem weigert er sich, die Treppe öfter als nur einmal pro Woche zu reinigen. Immer wieder habe ich ihn gebeten, das eine

151

zu unterlassen und das andere endlich zu tun, aber der Mann stellt sich quer. Er tut so, als verstünde er kein Englisch. Er gibt vor, mich nicht hören zu können. Er erweckt den Anschein, er hätte andere Pflichten zu erledigen. Erst heute morgen fand ich auf dem Treppenabsatz im dritten Stock vier widerliche Stücke Apfelsinenschale, die sich schon braun verfärbten. Es ist völlig unzumutbar, daß ein Mensch von meiner Verfassung so etwas weiterhin ertragen kann, doch ich kann einfach nicht ausziehen. Wohin sollte ich zum Beispiel mit meinen Leichen? Es wäre eine Heidenarbeit, sie alle mitzunehmen.

Deshalb wird Brown, oder besser das, was von ihm dann noch übrig ist, heute abend mit meinem Schlafzimmer Bekanntschaft machen. *Au boudoir* mit ihm.


Die Morde sind natürlich reine Erfindung. In Wirklichkeit bin ich gar kein Massenmörder. Es sind alles nur imaginäre Morde, eingebildete Leichen, die diese Räume zunehmend füllen, seit ich vor einem Jahr damit begonnen habe, allmählich wieder zu mir selbst zu finden und mich auf meine Umwelt einzustellen. Nichtswürdige Schacherer, widerwärtige Straßenpenner, aufdringliche Kollegen in der Abteilung. In meinen Gedanken begehe ich raffinierte Morde, mit meinem Körper spiele ich pantomimisch den Vorgang des Leichenstapelns, und in meinem Herzen bleiben die Toten bei mir, so friedlich in ihrem neuen Stadium. Es ist eine Phantasie, die mich fähig macht, diese abstoßende städtische Existenz weiterzuführen; wenn ich die, die mich angreifen, nicht auslöschen könnte, könnte ich so nicht mehr weitermachen. Natürlich ist es eine gefährliche Kombination, diese Phantasie, da ich eines Tages die schmale Grenze überschreiten und tatsächlich glauben könnte, daß ich diese Leute wirklich ausgelöscht habe, aber das ist der einzige Weg, auf dem ich irgendwie das Gleichgewicht halten kann.

Diese Phantasie glaubwürdig zu gestalten erfordert jedoch Disziplin und ein gerüttelt Maß an Filigrantechnik. Mit einem gewissen Bedauern habe ich mein Wohnzimmer aufgegeben bis auf den Sessel und den Fußhocker, doch auch aus einem simplen Respekt vor dem Willen zur Tat. Wenn ich nicht bedeutsame Opfer darbringen würde, um dieses Zusammenwirken glaubwürdig zu gestalten, dann wäre alles sinnlos. Man kann nicht erwarten, perfekt Geige zu spielen ohne die Jahre mühsamen Übens mit Handgelenken und Fingern, um die richtige Technik zu erlernen. Man kann nicht vollwertiger Angestellter der Abteilung sein, ohne die armseligen und langweiligen Dienstwege des ganzen Apparates zu kennen. Man kann niemals ein eingebildeter Massenmörder sein, ohne für die imaginären Leichen die Verantwortung zu übernehmen.

Der Penner, der an der Brückenausfahrt mit einem schmutzigen Lappen meine Windschutzscheibe abwischt, ist natürlich noch immer da, obwohl ich ihn vor sechs Monaten ermordete. An diesem Morgen verfluchte er mich, als ich ihm nur fünfzehn Cents durch den schmalen Fensterspalt reichte. Sein Lappen geriet gar nicht in meine Sicht, sein Fluch wurde von einem freundlichen und friedlichen Lächeln beantwortet. Wie sollte ich ihm trotz allem verraten: »Du existierst nicht mehr. Seit ich dich vor einem halben Jahr erledigte, haben deine Aktivitäten in der realen Welt überhaupt keinen Eindruck auf mich gemacht. Dein Lappen ist nur ein Schatten, deine Flüche sind reiner Gesang. Ich habe dir zwischen sechster und siebenter Rippe ein scharfes Messer in den Körper gejagt. Mitten auf der Straße und vor Zeugen. Dann habe ich deine Leiche in den Kofferraum geladen und sie blutleer zu meinem Apartment gebracht, wo sie jetzt ruht. Dein Sein, dein wahres Ich liegt zur Zeit in meinem Apartment zwischen der Kellnerin aus dem Forum Diner, die mir ein Glas Eiswasser über die Hose geschüttet hat, und dem Sozialarbeiter der Abteilung, der gesagt hat, ich hätte keine Ahnung von Schizophrenie. Ich besitze dich jetzt, verstehst du?«

Nein, ich glaube nicht, daß er mich verstehen würde. Diese armselige Kreatur mitsamt dem Kellner, dem Sozialarbeiter und vielen anderen, kann das Metaphysische an der Situation überhaupt nicht würdigen.

Ich habe Brown vor etwa zwei Stunden in seinem Apartment erledigt. »Mr. Brown«, sagte ich, als er die Tür öffnete, »ich kann das nicht mehr ertragen. Sie sind total verantwortungslos. Es sind nicht nur die Apfelsinenschalen, dieses Versteckspiel, wenn die Wasserspülung der Toilette nicht funktioniert, und der schreckliche Gestank nach Desinfektionsmittel, wenn Sie ab und zu die Vorhalle wischen. Das allein würde schon reichen, doch Ihre Anmaßung untergräbt meinen Geist. Sie akzeptieren einfach nicht, daß ich ein menschliches Wesen bin und das Recht auf gewisse einfache Dienstleistungen habe. Indem Sie meine Bedürfnisse ignorieren, ignorieren Sie auch die Menschheit.« Ich habe ihn mit einer zierlichen .22er, die ich nur in extremen Fällen benutze, in die linke Schläfe geschossen. Im Radio wurde gerade Haydns Sinfonie 101 in D-Dur gespielt, als ich ihn dort herausrollte und die Tür fest hinter mir schloß. Ich wäre niemals darauf gekommen, daß er für klassische Musik etwas übrig hatte, doch das besserte seine Lage überhaupt nicht. Er liegt nun am Fuß meines Bettes. Ab und zu scheint er in der Vollkommenheit seines ewigen Friedens zu seufzen.

Die Sozialarbeiterin sprach heute während einer Konferenz über meine abwesende Haltung, und zweimal gab sie mir einen Klaps auf den Handrücken, um meine Aufmerksamkeit zu wecken. Ich weiß, daß sie mich für überaus neurotisch und für kein besonders geeignetes Versuchsobjekt hält, doch wie soll ich ihr klarmachen, daß mein nachlassendes Interesse in den Konferenzen darauf zurückzuführen ist, daß ich sie vor ein paar Wochen verbrannt habe und sie seitdem – nicht einmal in meinem Apartment – keinen Atemzug mehr getan hat?

Browns Leiche ist seltsamerweise ziemlich geruchsintensiv. Das ist ein neues Phänomen. Ich bin Hausmann aus Leidenschaft, und ich kann Gerüche jeglicher Art in meinem Apartment nicht ertragen, abgesehen natürlich von Kaffeeduft und Pfeifentabak, und meine Leichen sind aseptisch. Browns Leiche jedoch nicht. Sie verfault zusehends und störte in der vergangenen Nacht meinen Schlaf. Alle möglichen Haushaltssprays scheinen überhaupt keine Wirkung zu haben. Das Apartment machte sogar einen noch schlimmeren Eindruck, als ich heute abend nach Hause kam.

Ich wußte, daß es ein Fehler war, das Schlafzimmer zu einem Lagerraum umzufunktionieren, aber welche andere Wahl hatte ich? Außer in diesem Zimmer gibt es nirgendwo mehr Platz, und ich weigere mich, Leichen auch noch in meinem Badezimmer zu dulden. Trotz allem hat alles seine Grenzen. Ich muß mein Bestes tun. Nach einer Weile habe ich mich entweder daran gewöhnt, oder der Gestank verfliegt.

Ich sollte Browns Leiche loswerden – der Gestank ist jetzt unerträglich –, aber es widerstrebt mir, zu handeln. Ich würde damit einen gefährlichen Präzedenzfall schaffen und ein Muster zerstören. Wenn ich seine Leiche loswürde, dann wäre er nicht symbolisch tot, und wenn ich es mit ihm täte, geriete ich dann nicht in Versuchung, es auch mit der einen oder anderen Leiche zu tun? Oder mit noch folgenden Opfern? Mein Projekt würde sich praktisch selbst erhalten – ich hätte damit nichts erreicht.

Natürlich ist es mir in den Sinn gekommen, den echten Brown anzurufen und ihn darum zu bitten, mir beim Entfernen der Leiche des imaginären Brown zu helfen, aber auch das will ich nicht tun. Es läge eine nette Ironie darin, die er jedoch nicht als solche begreifen würde. Entweder muß ich diese Arbeit völlig allein erledigen, oder ich muß weiterhin durchhalten.

Außerdem habe ich dieses faule Subjekt schon seit einigen Tagen nicht mehr gesehen ...

Es ist einfach zu schlimm. Ich konnte es nicht mehr aushalten und schleifte daher Browns Leiche zum Treppenabsatz, wo sie morgen abgeholt werden sollte. Das dürfte das Problem lösen, obwohl ich mir wegen der Störung meines Musters und des wahnsinnigen Gewichtes seiner Leiche Sorgen machte, als ich mit ihr wie ein Sackträger zum Treppenabsatz schwankte. Er ist das greifbarste all meiner Opfer. Sogar in seinem imaginären Tod scheint er typischerweise in der Lage zu sein, mir noch echte Schwierigkeiten zu machen.

Zwei Polizisten an der Tür in voller Uniform und mit grimmigem Gesichtsausdruck fordern Einlaß in mein Apartment. Hinter ihnen kann ich in einem Halbkreis einige Gesichter meiner Mitbewohner des Hauses erkennen.

Ich scheine in irgendwelchen Schwierigkeiten zu stecken.


Bei der nächsten Gelegenheit während dieses Verhörs beabsichtige ich die Polizei abzulenken und sie zu töten – diesem ganzen Durcheinander ein Ende zu bereiten –, aber ich habe das Gefühl, als gelänge das nicht.

Ich hätte niemals das Wohnzimmer zu einem Lagerraum umfunktionieren dürfen. Das war mein einziger Fehler. Ich hätte die alten Leichen loswerden sollen, wann immer sie durch frische ersetzt wurden. Das hätte völlig ausgereicht.

Aber jetzt ist es dazu zu spät, teilt mir die Polizei mit.

Man sollte bei der Auswahl seiner Freunde –
und Feinde – wählerisch sein ...

## Feierabend

von Isak Romun

Hier auf der Treppe stehe ich und warte, denn er kommt jeden
Abend hier vorbei. Meistens ist er der letzte im Büro. Und diese
Treppe nimmt er, weil sie direkt nach draußen führt, zu dem Teil
des Parkplatzes, wo sein Auto ganz allein steht.

Aber heute abend wird er nicht bis dorthin kommen, denn
die Stufen sind schmal und haben scharfe Kanten. Und hart sind
sie auch, aus unnachgiebigem Metall gemacht. Wenn er kommt,
werde ich wie zufällig dastehen, ein »Hallo« auf den Lippen,
den Arm zum Grüßen gehoben. Einen starken Arm, den Arm,
der ihn die Treppen hinunterstoßen wird. Und wenn das noch
nicht genügt, um ihn umzubringen, nun, dann muß ich eben seinen Kopf noch einmal gegen die Kante einer Stufe schlagen. Es
wird wie ein Unfall aussehen. Ein Unfall, der jedem passieren
kann, der diese Treppe zu schnell hinunterrennt.

Das Ganze hat heute morgen damit angefangen, daß Yuddic
McGill sich gegen meinen Schreibtisch lehnte. Yuddic sei ein
alter gälischer Name, hat er mir mal erklärt. Also, Mac ist nicht
gerade der Typ, der sofort alle Aufmerksamkeit auf sich zieht,
und so habe ich auch ein paar Sekunden gebraucht, bis ich überhaupt merkte, daß er vor mir stand. Heute wirkte er noch
unscheinbarer als sonst, richtig verloren sogar und bekümmert.

»Talmage, ich hab' schlechte Nachrichten.«

»Schlechte Nachrichten?« wiederholte ich gleichgültig. Mac
neigt nämlich auch dazu, alles ganz schön zu übertreiben, und
so machte ich erst mal mit meiner Arbeit weiter.

»Ja«, meinte er. »Stromberg hat mich gerade gefeuert.«

Mann, das hat mich aber doch getroffen. Jetzt sah ich Mac
genauer an, und langsam kroch die Angst in mir empor. Ihr wißt

157

schon – fragt nicht, für wen die Stunde schlägt, sie könnte auch für dich schlagen. Daran hatte ich mich schon immer gehalten. Doch dann dachte ich mir, na ja, wer dem guten alten Yuddic was tun will, der kann auch mir was tun. Wenn Stromberg damit durchkommt, dann kann er auch bei mir damit durchkommen. Das ist wie beim Domino. Ein Stein fällt, und der daneben kippt gleich mit, nicht wahr?

Außerdem war Mac der Typ, der nach Mitgefühl geradezu schrie. Er war ein unscheinbares, stilles, fast schon lächerlich wirkendes Männchen mit schmalen, stets nach unten gezogenen Schultern. Sein Gesicht war leer und ausdruckslos – bestimmt hat der liebe Gott Mac vergessen, als er die markanten Gesichter verteilt hat. Ein Wust von glanzlosen, mausgrauen Haaren, modisch bis knapp übers Ohr fallend, zierte – oder auch nicht – Macs Kopf. Nur hier zeigte sich ein Hauch von Genialität, ganz im Gegensatz zu seiner sonstigen Erscheinung.

Macs Neuigkeit, zusammen mit der Sympathie, die sein Aussehen immer erregte, hatte mich aufgerüttelt. Ich sprang also auf und sagte ganz ernst zu ihm: »Mensch, Mac, das kann er doch nicht mit dir machen! Du bist doch einer von den besten hier! Hast du schon die offizielle Benachrichtigung?«

»Die schriftliche Bestätigung will er mir später geben. Du weißt doch, dieses hübsche rosa Blatt. Er hat mich vorhin in sein Büro gerufen, damit mich nachher nicht der Schlag trifft.«

»Na, das ist doch wenigstens etwas! Bevor du den Schrieb nicht hast, ist nichts endgültig. Ehrlich, Mac, du kannst ihn das nicht einfach tun lassen. Du mußt etwas dagegen unternehmen!«

»Was denn?« Er zuckte mit den Schultern. Er war schon geschlagen, bevor er überhaupt gekämpft hatte.

»Mac, du marschierst geradewegs in sein Büro und sagst ihm, was passieren wird, wenn er dich rausschmeißt. Mal ihm in den schillerndsten Farben aus, was läuft, wenn der Betrieb hier ohne deine Fähigkeiten auskommen muß.«

»Tal, das kann ich einfach nicht! Ich kann mich nicht verkaufen«, meinte er verzweifelt. »Und außerdem würde er mir kein einziges Wort glauben und einem anderen auch nicht.«

»Bei Gott, dann werde ich für dich reden!« rief ich aus, wobei ich natürlich bemerkt hatte, daß die anderen schon längst die

Ohren gespitzt hatten und mich nun bewundernd ansahen. »Ich gehe rein und rede mal ein Wörtchen mit Stromberg. Keine Bange, Mac, heut' abend hast du deinen Job noch immer!«

Fest entschlossen stapfte ich den langen, schmalen Gang entlang, vorbei an den Reihen der absolut identischen Schreibtische. Immer näher kam ich der geheimnisvollen grünen Tür, hinter der der genauso geheimnisvolle Stromberg residierte. Mann, das ging mir an die Nerven, das kann ich euch sagen, und ich würde lügen, wenn ich behauptete, ich hätte mich kein einziges Mal umgedreht. Einmal tat ich es, und es trieb mich weiter, als ich den schwachen Funken von Hoffnung auf dem Gesicht meines alten Kumpels Mac aufglimmen sah.

Ich schob mich einfach an der Sekretärin vorbei und achtete gar nicht auf ihren Protest. Ich riß die Tür auf. Stromberg blickte von dem rosa Formular auf, das vor ihm lag, und lächelte mich an, als ob er mich erwartet hätte (der Mann hat seine Spione überall!). Sofort bemerkte ich, daß das rosa Blatt noch nicht beschrieben war. Wenn das kein gutes Timing war!

Ich schmiß die Tür zu und trat in das Büro, und bevor Stromberg noch die Chance hatte, ein Wort zu sagen, legte ich schon los.

»Mr. Stromberg, wenn Sie dieses Formular jetzt ausfüllen, verlieren Sie einen der besten Männer, die Sie überhaupt hier haben. McGill ist ein Mann von unleugbaren Qualitäten. Wenn Sie ihn feuern, dann können Sie sich genausogut auch Ihren rechten Arm abschneiden. Die Arbeit wird bald liegenbleiben, denn er ist eigentlich die treibende Kraft.«

Und in dem Ton machte ich weiter. Die ganze Zeit über saß Stromberg einfach nur da und lächelte mich an. Als mir endlich die Luft ausging, meinte er nur: »Danke. Ich weiß Ihr Eintreten zu schätzen.« Dann nahm er den Hörer ab und drückte den Knopf der Gegensprechanlage.

»Geben Sie mir Mr. McGill«, brüllte er, als die Sekretärin sich meldete. Wieder lächelte er mich an. »McGill, sind Sie's? Vergessen Sie, was ich Ihnen vorhin gesagt habe. Richtig, Sie sind nicht gefeuert. Guter Gott, Mann, nun hören sie doch auf, so herumzustammeln und machen Sie sich wieder an Ihre Arbeit!«

Er schmiß den Hörer hin und wandte sich dann wieder zu mir. Ehrlich, er muß auf meinem Gesicht meine Dankbarkeit gelesen haben, als ich sagte: »Sir, das werden Sie bestimmt nicht bedauern. McGill wird sich jetzt noch mehr in den Riemen legen, Sir.«

»War ganz schön mutig, hier hereinzukommen«, meinte er kurz und konzentrierte sich dann wieder auf das rosa Formular vor sich. Er fing an, es auszufüllen.

He, was ist das, dachte ich. Will er dem guten alten Mac jetzt doch noch einen Streich spielen?

Ich irrte mich, denn Stromberg drückte mir einen Durchschlag in die Hand. Darauf stand mein Name. Mann, stand ich dumm da. Ich war gefeuert! Am liebsten wäre ich Stromberg an die Kehle gesprungen.

»Es waren entweder Sie oder McGill«, erklärte Stromberg mir. »Ich wollte McGill rausschmeißen, bis Sie hier hereingeplatzt kamen und ihn so hervorragend verteidigt haben.«

»O Sir«, winselte ich, und nichts von meiner Kraft war mehr aus meiner Stimme herauszuhören. »Können Sie sich das nicht noch einmal überlegen?«

»Sicher, wenn Sie McGill dazu bringen können, freiwillig zu gehen«, antwortete Stromberg und lachte grausam.

Draußen im großen Büro schloß ich mich den anderen an, die Mac gratulierten. Ich zuckte nur mit den Schultern, wenn Sie mich lobten. Ich habe natürlich keinem verraten, daß es statt dessen mich getroffen hat, besonders Mac gegenüber hielt ich meinen Mund. Ich konnte ihm die Freude an seinen guten Nachrichten nicht mit meiner schlechten verderben – und genausowenig konnte ich sagen: »He, ist ja alles prima, Mac, aber jetzt sag dem Alten, daß du doch gehst, sonst fliege nämlich ich!«

Also machte ich gute Miene zum bösen Spiel und riskierte nur ab und zu ein Auge auf die grüne Tür am Ende des Gangs. Und dann faßte ich einen Plan, der mir ein ganz besonderes Vergnügen bereitete.

Und deshalb stehe ich jetzt hier auf der Treppe und warte. Klar, die feine Art ist das nicht gerade, aber der Wille zum Überleben ist stärker in mir. Eins habe ich schließlich gelernt, heutzutage schlägt die Stunde nur dem, der zu seinem eigenen Begräbnis geht. Alle anderen hören bei dem Stundenschlag ganz unauffällig weg.

Er ist noch oben in seinem Büro, aber gleich hat er die Überstunde hinter sich, die er freiwillig jeden Tag einlegt. Stromberg ist schon vor einiger Zeit gegangen. Nur noch Mac und ich sind im Gebäude.

Tut mir leid, alter Kumpel!

Was dem einen sin Uhl ...

# Der Kasten

von Isak Romun

Für Stromberg zu arbeiten ist wie in einem Kasten eingesperrt zu sein. Egal, wie hart man es versucht, man kommt einfach nicht heraus. Jedenfalls fühlte ich mich so, als säße ich in dem Kasten und Stromberg sei der einzige, der den Schlüssel hätte.

Aber eines Tages fand ich einen anderen Schlüssel, einen, der mir den Deckel des Kastens genauso wirksam öffnen würde wie Strombergs Schlüssel – falls er je auf die Idee käme, ihn zu benutzen, was er bestimmt nie tut. Also muß ich meinen eigenen Schlüssel gebrauchen.

Mein Schlüssel war der Tod.

Als ich den Entschluß erst einmal gefaßt hatte, fand ich es gar nicht so schlimm, damit zu leben. Ich genoß es sogar, mir einen Plan auszudenken – wie ich Stromberg umbringen würde. Es sollte nichts besonders Kompliziertes oder Schwieriges sein. Die einfachsten Pläne sind gewöhnlich auch die sichersten. Aber ich hatte eben keine Erfahrung.

Oh, natürlich hatte ich meine Krimis gelesen, hatte sogar selbst Mittel und Wege ersonnen, die potentiellen Opfer auf den gedruckten Seiten zur ewigen Ruhe zu senden. Wahrscheinlich sogar mit mehr Einfallsreichtum als viele ihrer Schöpfer. Aber es gibt nun mal Unterschiede zwischen einem kalten, papiernen Ding und einem warmen, lebendigen menschlichen Wesen. Was nicht heißen soll, daß Stromberg warm und lebendig war, nein, er war kalt wie ein Fisch, und ich wollte diesen Fisch an den Haken bekommen.

Aber wie – das war die große Frage. Gift fiel mir ein, aber das kann man nachweisen. Ein Unfall mit Unfallflucht. Nein, das war zu unsicher. Stromberg hätte überleben können. Ein Gewehr. Auch nicht, das ist zu laut und kann eine ganz schöne

Schweinerei anrichten. Und außerdem, einfach waren alle diese Methoden bestimmt nicht. So beschloß ich also, einfach aus der Situation heraus zu improvisieren.

Ich malte mir gerade aus, welche Vorteile ein kleiner Schubs die Treppen hinunter haben könnte, als Hopkinson auf mich zukam.

»Ich brauche zwei Dollar von dir«, meinte er, und als ich wissen wollte, warum, erklärte er: »Für Strombergs Abschiedsgeschenk. Geht in Pension, der alte Junge. Und du bist der Glückspilz. Der Alte hat wohl gesagt, du warst der einzige, der für seinen Posten in Frage käme.«

Hatte ich richtig gehört? War das wirklich wahr?

Es war wahr! Plötzlich war ich aus dem Kasten heraus. ich brauchte Stromberg nicht umzubringen. Von da an begann ich sogar, ihn ganz menschlich zu finden. Und voller Reue erkannte ich auch, daß das, was ich für reine Schikane gehalten hatte, nichts anderes als seine Art gewesen war, mich zu testen, mich zu fördern. Dem guten alten Knaben hatte wirklich nur mein Wohl am Herzen gelegen. Auf seinem Abschiedsfest posierten wir für ein Erinnerungsfoto, lächelnd, einer den Arm um den anderen gelegt.

Jetzt bin ich schon seit fast fünf Jahren der Chef. Aber glauben Sie bloß nicht, daß das alles ein einziger großer Spaß wäre! Kein bißchen. Wenn man die Aufsicht bekommt, übernimmt man auch etwas, das »Verantwortung« heißt, etwas, was nur man selbst hat und sonst niemand. Und an einem selbst liegt es dann, darauf zu achten, daß die Arbeit getan wird, daß die Abteilung reibungslos funktioniert.

Manchmal schlage ich meine Hände in purer Verzweiflung über dem Kopf zusammen, ehrlich. Ich kriege den Druck, zu produzieren – und womit soll ich das tun? Mit einem Haufen unfähiger Idioten, die lieber zehnmal am Tag aufs Klo rennen als einmal ihre Arbeit erledigen.

Der schlimmste von allen ist Hopkinson. Neulich hat er doch etwas ganz Seltsames zu mir gesagt. Käme ihm so vor, für mich zu arbeiten sei wie in einen Kasten eingesperrt zu sein.

Vielleicht sollte ich mal mit den Leuten vom Personalbüro reden. Wegen meiner Pensionierung.

O welch edler Geist wurde hier verdorben!

## Der Arzt und der Opiumfreund

von R. L. Stevens

Die Straßenlaternen entlang des Cavendish Square wurden gerade angezündet und tauchten die feuchte Londoner Nacht in einen warmen gelben Schein, als Blair sich vom Hof hinter Dr. Lanyons Haus stahl. Es war ein weiterer Mißerfolg, ein weiterer Einbruch in die Praxis eines Arztes, der ihm höchstens ein paar Shillinge einbrachte. Er fluchte leise und wollte den Square überqueren, wich jedoch zurück, als eine Mietdroschke vorbeirollte und die Pferdehufe ein wildes Stakkato auf das Pflaster hämmerten.

Manchmal wünschte er sich, es könnte so einfach mit ihm enden, sein Körper zerquetscht unter den Rädern einer Kutsche. Vielleicht wäre er dann von der schrecklichen Gier befreit, die in ihm wütete und ihn zu einem Leben als Einbrecher und Dieb zwang.

William Blair war opiumsüchtig. Er erinnerte sich noch immer sehr genau an das erste Mal, als er Opium genossen hatte, als er die kleine Pille aus braunem Gummi in den Mund genommen und mit Kaffee hinuntergespült hatte, wie de Quincey es manchmal tat. Er erinnerte sich auch an das sich allmählich ausbreitende Kribbeln, das sich schon bald eines jeden Teils seines Körpers bemächtigte. Und er erinnerte sich auch an die tödliche Übelkeit in seinem Magen, die pelzige Zunge und die furchtbaren Kopfschmerzen, die seinem ersten Versuch als Opiumesser folgten.

Er hätte schon damals diese teuflische Gewohnheit abbrechen sollen, doch er hatte es nicht getan. Schon nach drei Tagen hatte er wieder Appetit auf diese Droge, und danach schien sein Körper in immer kürzeren Zeitabständen danach zu verlangen. Es war seine aufgeregte Suche nach Opium, die ihn nun allnächtlich in die Behandlungsräume berühmter Ärzte führte, in die Zitadellen der Medizin, die den Cavendish Square einrahmten. In zehn von ihnen war er im Laufe der vergangenen vierzehn Tage eingebrochen, doch nur zwei hatten ihm die Menge Opium beschert, die notwendig war, um seine schreckliche Gier zu betäuben.

Es war dieser Zustand hilfloser Verzweiflung, in dem Blair sich wieder einmal befand, als er in die ruhige Nebenstraße einbog, die in nördlicher Richtung vom Square abzweigte. Er war schon ein gutes Stück an Geschäften und Wohnhäusern entlanggegangen, als er zufällig ein hohes zweistöckiges Gebäude bemerkte, das seine fensterlose Giebelwand ein Stück auf die Straße vorschob. Er kannte Ärztelabors und deren Anlage in diesem Teil Londons gut genug, um sofort zu der Vermutung zu gelangen, daß sich ein solches Labor auch hinter dieser verwitterten, schmutzfarbenen Mauer verbergen könnte. Doch nur eine verwitterte und unansehnliche Tür gestattete das Betreten des Gebäudes von dieser Straße aus, und die Tür war weder mit einer Glocke noch mit einem Klopfer versehen.

Eilig kehrte er wieder zur Ecke zurück, ging dabei einem behelmten Bobby aus dem Weg, der die Straße in entgegengesetzter Richtung durchschritt. Er wartete, bis der Polizist außer Sicht war, seine Hand um den Dolch in seiner Tasche gekrampft. Als er seinen Weg fortsetzte, zerplatzten einige Wassertropfen auf seiner Stirn. Es begann zu regnen.

Er bog um die Ecke und gelangte auf einen Platz mit alten und hübschen Häusern. Obwohl viele von ihnen die unübersehbaren Spuren ihres hohen Alters trugen, umgab das zweite Haus nach der Ecke immer noch eine Aura von Reichtum und Komfort. Es lag in völliger Dunkelheit da bis auf eine Notlaterne über dem Eingang, doch der Lichtschein reichte aus, daß er die Inschrift auf dem Namensschild aus Messing entziffern konnte. Er hatte richtig vermutet. Es war tatsächlich das Haus eines Arztes. Er machte sich sofort an die Arbeit, während der Regen zunahm.

Es kostete ihn nur ein paar kurze Augenblicke, um mit dem Dolch eines der mit stabilen Läden verschlossenen Fenster zu öffnen. Dann war er hindurch und stand in einer gekachelten Vorhalle, deren Wände von wertvollen Eichenschränken verdeckt wurden. Der Arzt war offensichtlich sehr wohlhabend, und Blair hoffte, daß dies auch in einem wohlausgerüsteten Labor seinen Ausdruck fand. Er schlich vorsichtig durch den Korridor und vermied tunlichst jedes Geräusch, das auf ihn hätte aufmerksam machen können. Das Haus konnte durchaus leerstehen, doch ebensogut hätte der Arzt sich früh zur Ruhe begeben können und schlief nun im Obergeschoß.

Blair arbeitete sich zum hinteren Teil des Erdgeschosses vor und schlug dabei die Richtung zu der fensterlosen Giebelwand ein, die er von der Straße aus gesehen hatte. Er gelangte in das angrenzende Gebäude und durch einen weitläufigen dunklen Bereich, der sich im Lichtschein seiner Brymay-Sicherheitszündhölzer als Sektionszimmer zu entpuppen schien, das mit Bahren und Verpackungsstroh vollgestopft zu sein schien und vom langen Nichtgebrauch völlig verstaubt war. Blair ging zu einer Treppe am hinteren Ende des Raums. Diese führte ins zweite Stockwerk der fensterlosen Giebelwand und war seine letzte Hoffnung, einen Vorrat an Opium zu finden.

Die Tür am Ende der Treppe war massiv und rot gebeizt, und er brauchte immerhin zehn Minuten, bis sie sich unter lautem Quietschen aufdrücken ließ. Der Raum entpuppte sich als ein kleines Büro, das auch als Labor genutzt werden konnte – seine Bemühungen waren nicht vergeblich gewesen! Die Reste eines verlöschenden Feuers glühten immer noch im Kamin und verliehen dem Raum einen gedämpften, orangefarbenen Lichtschimmer. Das Labor war noch am gleichen Abend benutzt worden, und in solchen Häusern waren die Regale mit den chemischen Substanzen reich bestückt.

Er brauchte nicht lange zu suchen, bis er inmitten der Chemikalien eine große Flasche mit der Aufschrift LAUDANUM fand. Das war eine aus Opium gewonnene Tinktur, soviel wußte er, und sogar eine Autorität wie de Quincey hatte mal geschätzt, daß fünfundzwanzig Tropfen Laudanum in etwa einem Gramm Opium entsprachen. Ja, dies würde seinen Hunger stillen.

Seine Hand schloß sich soeben um die Flasche, als an der Tür eine heisere Stimme erklang. »Wer ist da? Wer sind Sie?«

Blair wirbelte herum, um den Mann anzusehen, den Dolch angriffsbereit in der Faust.

»Zurück«, warnte er, »ich bin bewaffnet.«

Die Gestalt in der Türöffnung reckte sich und streckte einen Arm aus, um die Flamme der Gaslampe höher zu stellen, und Blair sah das offene, gepflegte Gesicht eines Mannes von vielleicht fünfzig Jahren, den man durchaus als attraktiv bezeichnen konnte. »Was suchen Sie hier, Mann? Dies ist mein Labor. Hier gibt es kein Geld!«

»Ich brauche –«, begann Blair und spürte, wie ihm der Schweiß auf die Stirn trat. »Ich brauche Opium.«

Der attraktive Arzt sog scharf die Luft ein. »Mein Gott! Ist es in London schon so weit gekommen? Schleichen die Opiumsüchtigen schon durch die Straßen und brechen in Arztpraxen ein auf der Suche nach dieser Teufelsdroge?«

»Aus dem Weg«, befahl Blair, »oder ich bring' dich um!«

»Augenblick! Lassen Sie mich – lassen Sie mich Ihnen irgendwie helfen. Lassen Sie mich die Polizei rufen. Dieser Hunger, der Sie quält, wird Sie in kürzester Zeit vernichten. Sie brauchen Hilfe, eine medizinische Behandlung.«

Während er redete, trat der Arzt Schritt für Schritt vor und drängte Blair zur Rückwand des Labors. »Ich will keine Hilfe«, schluchzte der in die Enge getriebene Mann. »Es ist für mich schon zu spät. Niemand kann mir helfen.«

Der Arzt machte einen weiteren Schritt. »Es ist niemals zu spät. Erkennen Sie denn nicht, was diese Droge mit Ihnen macht, Mann? Erkennen Sie denn nicht, daß sie in Ihnen alles Kranke, Böse, Grausame freisetzt? Unter dem Einfluß von Opium oder jeder anderen Droge werden Sie zu einem völlig anderen Menschen. Sie sind nicht mehr Herr Ihres eigenen Willens.«

Blair hatte mittlerweile die Wand erreicht und spürte sie kalt im Rücken. Er hob den Dolch drohend. »Komm noch einen Schritt näher, Knochenbrecher, und ich bringe dich um!«

Der Arzt zögerte einen Moment. Er sah hinauf zu dem dunklen Oberlicht über ihren Köpfen, wo der Regen einen eintönigen Rhythmus auf das Glas trommelte. Dann sagte er: »Der Geist des Menschen ist seine wertvollste Gabe. Ihn zu verderben, ihn mit Drogen zu vergiften, ist etwas Hassenswertes und Unmoralisches. Ich hoffe, daß ich nie in eine Lage komme, in der ich die Kontrolle über meinen freien Willen verliere, weil ich der düsteren Seite meiner Natur nachgegeben habe. Sie, Sie arme Seele, befinden sich hilflos in der Gewalt dieses Opiums, genauso wie die bemitleidenswerten Leute, die es in illegalen Kellerhöhlen rauchen, zusammengerollt auf ihren Lagern und in völliger Verachtung der Welt draußen.«

»Ich – ich –«, begann Blair, doch die Worte blieben ihm im Hals stecken.

Der Arzt hatte recht, das wußte er, aber er machte sich darüber schon keine Gedanken mehr, er unterschied nicht mehr zwischen richtig und falsch. Er wußte nur, daß der Arzt die Entfernung zwischen ihm und der Flasche Laudanum vergrößert hatte.

»Lassen Sie mich die Polizei rufen«, drängte der Arzt mit sanfter Stimme.

»Nein!«

Die Hand des Arztes bewegte sich blitzartig, ergriff eine der Flaschen im Regal und schleuderte sie nach oben durch das Oberlicht. Glas klirrte, und ein Regen weißsilberner Tropfen aus der Flasche sprühte hoch. Dann schien eine violette Flamme das gesamte Oberlicht auszufüllen, verbrannte mit einem lauten Zischen, das fast gleichzeitig mit einem explosionsartigen Knall abbrach.

Entsetzt versuchte Blair an dem Arzt vorbeizukommen, doch die kräftigen Hände hatten ihn bereits erreicht, packten seine Jacke und das Handgelenk und drückten den Dolch beiseite.

Sie waren immer noch in ihrem stummen Kampf auf Leben und Tod verstrickt, als wenige Augenblicke später ein behelmter Bobby in das Labor hereinstürmte.

»Was geht hier vor, Sir? Ich sah eine Flamme, dann hörte ich eine Explosion …«

»Helfen Sie mir bei diesem Mann«, rief der Arzt. »Er versucht, Opium zu stehlen.«

Innerhalb von Sekunden war Blair überwältigt und hilflos, seine Arme im sicheren Griff des kräftigen Polizeibeamten zur Unbeweglichkeit verdammt. »Nehmen Sie mich mit«, murmelte er. »Nehmen Sie mich mit und sperren Sie mich ein. Helfen Sie mir!«

Ein weiterer Bobby erschien am Ort des Geschehens, angelockt von dem Lärm und dem Feuer. »Was war los?« fragte er den Arzt.

»Ich mußte mich irgendwie bemerkbar machen«, erklärte dieser.

»In der Flasche befanden sich Kaliumkügelchen, und ich konnte nur hoffen, daß sich auf dem Oberlicht genug Regenwasser angesammelt hatte, um eine chemische Reaktion in Gang zu setzen. Kalium reagiert mit Wasser noch heftiger als Natrium.«

»Sie hatten Glück«, entgegnete der zweite Polizist. »Ich habe den Bumms noch zwei Straßen weiter gehört.«

Der Arzt beeilte sich, einen Teil seiner Laborgeräte wegzuschieben, damit sie nicht im Regen standen, der immer noch durch das Oberlicht hereinfiel. »Ich glaube, daß der Mann mit einer entsprechenden Behandlung gerettet werden kann«, sagte er. »Es ist nur seine Sucht, die ihn in das Dasein eines Kriminellen getrieben hat.«

»Ich würde mir wegen dem nicht den Kopf zerbrechen, Sir. Er hätte Sie mit dem Dolch töten können.«

»Aber ich mache mir Sorgen um ihn, wie ich es bei jedem anderen Menschen tun würde. Was mich betrifft, so hatte ich viel mehr Angst, daß er mein Labor verwüstet. Ich beschäftige mich zur Zeit mit einigen wichtigen Experimenten, die die Grenzen der Medizin sprengen, und ich glaube, ich stehe am Rand einer großen Entdeckung.«

Der erste Polizeibeamte zog Blair zur Tür. »Dann gehen wir jetzt lieber, Sir, damit Sie wieder aufräumen können. Und viel Glück mit Ihren Experimenten.« Er war schon halb durch die Tür, als er stehenblieb und fragte: »Oh, übrigens, Sir, ich brauche Ihren Namen für meinen Bericht. Ich hatte es so eilig, daß ich draußen auf Ihrem Namensschild nicht nachgesehen habe.«

»Aber gerne«, erwiderte der Arzt lächelnd. »Mein Name ist Jekyll. Doktor Henry Jekyll.«

Lachen Sie nicht!
Keiner von uns ist völlig dagegen immun!

## Das geht zu weit

von Jeff Sweet

»Verstehen Sie das nicht? Er mußte einfach davon abgehalten werden.«

»Abgehalten, Mrs. Sutherland? Von was abgehalten?«

»Wenn ich nicht gehandelt hätte, wäre sie gestorben. Er hätte sie umgebracht.«

»Wen, Mrs. Sutherland? Wen hätte er umgebracht?«

»Sie sehen mich an, als glaubten Sie mir nicht, Lieutenant Foley. Sie halten mich für eine schrullige alte Dame, was? Eine alte Dame, die nicht alle Tassen im Schrank hat.«

»Nein, wirklich nicht. Ganz bestimmt nicht.«

»Wie die verrückte Mrs. Jessup, die immer die Polizei oder das FBI ruft, weil sich ausländische Agenten unter ihrem Bett versteckt hätten. Stimmt doch, oder? So denken Sie von mir.«

»Ich schwöre Ihnen, Mrs. Sutherland, daß ich nicht im Traum an so etwas denke.«

»Und warum glauben Sie mir dann nicht?«

»Nun, Mrs. Sutherland, es ist nicht so, daß ich Ihnen nicht glauben würde. Es ist nur so, daß ich – nun, daß ich es wirklich nicht *verstehe*. Ich meine, ich habe noch kein Gesamtbild.«

»Ich habe versucht, alle Ihre Fragen zu beantworten, Lieutenant.«

»Gewiß, und das weiß ich auch zu schätzen, Mrs. Sutherland. Aber trotzdem –«

»Bitte?«

»Sehen Sie, ich habe da so eine Idee. Warum erzählen Sie mir die ganze Geschichte nicht noch einmal, von Anfang an? Ich verspreche Ihnen, daß ich Sie nicht unterbrechen werde.«

»Noch einmal von vorn? Ja, das wäre vielleicht das beste, und ich glaube, ich beginne mit Cora und Jim. Cora und Jim Franklin. Sie sind so ein nettes Paar. Sie erinnern mich an den seligen Mr. Sutherland und mich selbst, als wir noch jung waren. Ein sehr nettes Paar, die Franklins. Natürlich haben sie auch ihre Probleme. Mehr als genug. Sie war nämlich schwanger, als sie heirateten. Das ist nicht gerade ein guter Beginn für eine Ehe, besonders, weil das Kind nicht von Jim war. Dieser schreckliche Harrington Furth.«

»Ähm, Mrs. Sutherland ...«

»Lieutenant, Sie haben versprochen, mich nicht zu unterbrechen.«

»Sicher, Mrs. Sutherland, aber ich fürchte, ich habe etwas den Faden verloren. Wer ist Harrington Furth?«

»Lieutenant, wenn Sie sich noch einen Augenblick bremsen können, werde ich gleich darauf kommen. Alles zu seiner Zeit. Aber Sie dürfen mich nicht unterbrechen.«

»Gut, Mrs. Sutherland.«

»Wo war ich stehengeblieben?«

»Harrington Furth.«

»Ah, ja, Harrington. Ein sehr reicher junger Tunichtgut. Sein Vater ist Präsident der Furth Electronics – ein hochanständiger Mann. Aber Harrington schlägt leider überhaupt nicht nach seinem Vater. Oder muß ich sagen, Harrington *schlug* nicht nach seinem Vater? Oh, ich bin sicher, Sie verstehen, was ich meine. Es muß sehr schwer für die alte Mrs. Furth gewesen sein, einen Sohn wie Harrington zu haben. Immer ist er mit seinen ausländischen Sportautos herumgerast, und er war immer in Schwierigkeiten. Und sein Vater mußte ihm jedesmal aus der Patsche helfen. Ich schwöre Ihnen, ich an seiner Stelle hätte den jungen Mann seine Geschichten selbst ausbaden lassen! Das hätte ihm vielleicht etwas Vernunft beigebracht. Und wie er getrunken hat!

Nun ja, da war jedenfalls die arme Cora. Damals war sie noch nicht mit Jim verheiratet. Jim ging da noch mit dem Stanton-Mädchen – die mit den langen, falschen Wimpern und den großen Zähnen. Ich weiß nicht, was Jim an ihr fand. Aber wie ich schon sagte, da war die arme Cora. Ihre Mutter war gerade auf dem Operationstisch gestorben, und Cora war ganz allein. Sie war ganz verstört, das arme Ding. Und dieser schreckliche Harrington hat es mitbekommen und – nun, er hat die Situation zu seinem Vorteil genutzt, und als er erreicht hatte, was er wollte, ließ er Cora sitzen. Kurz danach stellte sie fest, daß sie schwanger war.«

»Sie meinen von Furth?«

»Das sagte ich doch schon, oder? Wirklich, Lieutenant, Sie müssen besser zuhören. Nun, ungefähr zur gleichen Zeit verließ das Stanton-Mädchen ihren Jim und tat sich mit dem jungen Harrington zusammen, was meiner Meinung nach beiden recht geschah. Jim war ganz verzweifelt, er dachte sogar an Selbstmord, und dann, eines Tages, war Cora plötzlich da. Sagte ich schon, daß Jim Geburtshelfer war?«

»Nein.«

»Nun, er war es, und alle Mädchen, die im Krankenhaus arbeiteten, hielten ihn für den hübschesten Doktor weit und breit. Aber er beachtete sie überhaupt nicht. Und dann, wie ich schon sagte, tauchte Cora auf, und er sagte ihr, daß sie schwanger war, und sie stand nur da, sehr tapfer, und kämpfte mit den Tränen. Aber das nützte natürlich nichts. Ehe man sich's versah, lag sie in seinen Armen und weinte wie ein kleines Mädchen. Und er hielt sie so zärtlich fest. Es war Liebe auf den ersten Blick, das konnte ich sehen. Ich erkannte es sofort, weil es genauso war, als ich Mr. Sutherland begegnete. Nur, daß ich nicht schwanger und Mr. Sutherland kein Geburtshelfer war.

Was ich meine, ist, daß man – nun, man weiß es einfach, wenn jemand für einen bestimmt ist. Man denkt nicht darüber nach, man *weiß* es einfach. So war es mit Mr. Sutherland und mir. Und so war es auch mit Cora und Jim.

Ich werde nie den Tag vergessen, an dem Jim ihr einen Antrag machte. Sie war schon im achten Monat, und sie hatten sich oft gesehen. ›Heirate mich‹, sagte er. ›Nein‹, sagte sie. ›Das kann ich dir nicht antun. Ich kann dir meine Schande nicht aufbürden‹, sagte sie. Ich weiß noch, wie schwer es mir fiel, ihr nicht laut zuzurufen: ›Sei doch nicht dumm, Cora! Er liebt dich‹! Laß diese Chance für dein Glück nicht vorbeigehen!

Aber ich brauchte mir keine Sorgen zu machen, denn genau diese Worte sagte er selbst zu ihr. ›Ich liebe dich‹, sagte er. ›Du gibst meinem Leben einen Sinn. Wenn du nicht ja sagst, weiß ich nicht, was werden soll.‹ Der langen Rede kurzer Sinn, sie sagte ja, und bald darauf heirateten sie. Er brachte sogar das Baby zur Welt.«

»Mrs. Sutherland, was hat das zu tun mit –«

»Lieutenant, bitte!«

»Entschuldigung, Mrs. Sutherland.«

»Wie ich schon sagte, sie heirateten und waren sehr glücklich, und das Baby sah Harrington überhaupt nicht ähnlich. Aber ich konnte sehen, daß sie das Schlimmste noch vor sich hatten. Mir war völlig klar, daß das Schicksal zuschlagen würde, aber ich konnte lange nicht sagen, wie.

Um Ihnen die Wahrheit zu sagen, ich habe zu der Zeit furchtbar schlecht geschlafen. Ich mußte schließlich zu Dr. Sumroy gehen und mir ein Rezept für Schlaftabletten holen. Ich hatte so etwas noch nie benutzt, weil ich so viele Geschichten über alte Leute gehört hatte, die versehentlich eine Überdosis genommen hatten. Und nicht nur alte Leute. Auch die Jungen. Es soll ja besonders schlimm sein, wenn man sie zusammen mit Alkohol nimmt, obwohl das bei mir kein Problem war. Aber ich konnte nur sehr schlecht schlafen, weil ich mir solche Sorgen um Cora und Jim machte und weil ich einfach *wußte*, daß etwas Tragisches geschehen würde, wenn ich auch nicht wußte, was.

Und dann fiel es mir plötzlich ein. Ich kann Ihnen nicht sagen, wie ich darauf kam, weil ich solche Dinge wirklich nicht erklären kann. Nennen Sie es weibliche Intuition, wenn Sie wollen, aber ich wußte, was geschehen würde. *Harrington würde Cora bei einem Autounfall umbringen!* Es war unvermeidlich. Er hatte gerade einen neuen Sportwagen gekauft – eine von diesen ausländischen Luxuskarossen, die soviel Krach machen, und man wußte doch, daß er immer so rücksichtslos in der Stadt herumraste. Sehen Sie, es war einfach logisch.

Natürlich konnte ich das nicht zulassen. Ich erinnere mich noch, wie schwer mir das Herz war, als Mr. Sutherland bei einem Unfall umkam, nur, daß ihn kein ausländisches Auto tötete. Ich war so elend, ich wäre fast gestorben. Was sollte ich nun tun? Ich wußte, was geschehen würde, wenn nicht jemand etwas unternahm, und ich konnte nicht einfach dasitzen und es geschehen lassen. Ich mußte etwas tun. Aber was?

Und dann brachte mir ein erstaunlicher Zufall heute die Antwort. Ich ging in die Stadt, um für den fünften Geburtstag meines Neffen auf der Fifth Avenue einzukaufen, und dann schaute ich in ein Restaurant auf der Siebenundvierzigsten Straße. Es war nicht weit von Radio City und dem Rockefeller Center entfernt, kennen Sie die Gegend? Und wer saß da im Restaurant? Der junge Harrington!

Ich ging zu ihm und sagte: ›Mr. Furth?‹ Er lächelte. Das kann ich Ihnen sagen, er hatte ein nettes Lächeln. ›Mr. Furth‹, sagte ich, ›ich möchte mit Ihnen reden.‹ Er stand auf, er war etwas benebelt von dem ganzen Schnaps, den er getrunken hatte, und bot mir einen Platz an, und ich setzte mich. ›Mr. Furth‹, sagte ich, ›ich will offen mit Ihnen sprechen. Ich weiß, was geschehen wird.‹

›Was wird denn geschehen?‹, sagte er, immer noch lächelnd.

›Ich weiß, daß Sie Cora Franklin mit diesem ausländischen Luxussportauto umbringen werden.‹

›Wie haben Sie das erraten?‹ fragte er, offensichtlich sehr erstaunt.

›Kümmern Sie sich nicht darum, wie ich es erraten habe‹, sagte ich.

›Aber es ist richtig, nicht wahr? Sie werden sie mit Ihrem Sportauto umbringen.‹

›Ja‹, sagte er. ›So ist es.‹

Er gab es zu! Lächelnd! Und in seinem teuflischen Gesicht war keine Spur des Bedauerns. Er schien sogar glücklich darüber zu sein! Ich wußte, daß vor mir etwas ganz Böses saß.

Er entschuldigte sich und ging zur Toilette. Ich wußte plötzlich, was ich zu tun hatte. Ich öffnete meine Handtasche und nahm die Schlaftabletten heraus, die ich von Dr. Sumroy bekommen hatte, und gab ungefähr zwei Dutzend in seinen Kaffee. Dann ging ich, wartete, bis ich sicher war, daß alles vorbei war, und kam hierher, um mich selbst zu stellen. Und dies, Lieutenant, ist mein Geständnis.«

»Ich verstehe.«

»Glauben Sie mir?«

»Ja, ich glaube Ihnen, Mrs. Sutherland.«

»Eins müssen Sie noch wissen – ich habe es für sie getan, Lieutenant. Für Jim und Cora und das Baby. Sie müssen verstehen, daß es die einzige Möglichkeit war. Das verstehen Sie doch, oder?«

»Ja, Mrs. Sutherland, ich glaube schon.«

Ein paar Minuten später, nachdem man Mrs. Sutherland hinausgeführt hatte, wandte sich Lieutenant Foley an Sergeant Warren, der einige Schritte neben ihm stand. »Nun, das wär's dann wohl«, sagte er.

»Lieutenant, vielleicht bin ich ja ein Dummkopf«, sagte der Sergeant, »aber ich sehe nicht, daß jetzt alles klar ist. Ihre Geschichte mit der Überdosis in Maxwells Kaffee paßt, und die Beschreibung des Obers trifft auf sie zu, aber ich will verdammt sein, wenn ich weiß, warum sie Taylor Maxwell dauernd Harrington Furth genannt hat.«

»Sergeant, Taylor Maxwell war Schauspieler.«

»Ich kapier's immer noch nicht, Sir.«

»Ich habe mir gerade seinen Lebenslauf angesehen. In den letzten Jahren war er Hauptdarsteller in einer Familienserie im Nachmittagsprogramm. Sie hieß *Der Wille zum Leben*«, erklärte der Lieutenant. »Der Name der Person, die er spielte, war Harrington Furth.«

Angesichts besonderer Umstände ...

## Es könnte auch Ihnen passieren

von John Lutz

Ich hätte mir nie träumen lassen, daß so etwas passieren könnte. Oder besser, ich habe immer gedacht, so etwas könnte nur im Traum geschehen. Aber wenn ich es im Rückblick Stück für Stück betrachte, dann ist leicht zu verstehen, wie es geschah. Es war einfach ein unwahrscheinliches Zusammentreffen von bestimmten Umständen, und keiner dieser Umstände war für sich genommen irgendwie unglaublich. Es ist die Art von Dingen, die jedem passieren können – auch Ihnen.

Der Flugplan war ziemlich durcheinandergeraten, und da saß ich nun mit einer sechsstündigen Verspätung in einer Stadt, tausend Kilometer von zu Hause entfernt. Es war eine große Stadt und ein angenehmer Sommerabend, so daß ich mich entschloß, einen kleinen Spaziergang durch die Innenstadt zu machen, einfach, um mich umzusehen.

Es war elf Uhr, vielleicht zu spät für diese Art von Abendspaziergang. Und in der Stadt war auch nicht viel los; nur ein paar vereinzelte Nachtlokale waren geöffnet. Vielleicht hatte ich mir aber auch nur den falschen Stadtteil ausgesucht.

Ich wanderte nichtsahnend herum, meinen leichten Regenmantel hatte ich, falls es regnen würde, über den Arm gelegt. Ich schaute in einige Lokale, die einigermaßen ordentlich aussahen, blieb in jedem nur auf einen Drink und ein paar beiläufige Wortwechsel, bevor ich ging und meine Wanderung wieder aufnahm. Ich habe es mir angewöhnt, in fremden Städten herumzuwandern und sozusagen die Atmosphäre in mich aufzunehmen. In meinem Beruf kann ich gerade oft genug reisen, um mich nicht zu langweilen, und so bin ich normalerweise an fremden Städten interessiert. Und ich wußte, daß ich wahrscheinlich nie wieder in diese Stadt kommen würde.

176

Es war fast ein Uhr, als ich bemerkte, daß meine Brieftasche weg war. Ich war gerade auf der Neunzehnten Straße, schlenderte müßig herum und betrachtete die Schaufenster der geschlossenen Geschäfte.

Eine verlorene Brieftasche. Das ist nicht so ungewöhnlich. Sie haben vielleicht auch schon einmal Ihre Brieftasche verloren und diese Woge von Hilflosigkeit dabei gespürt. Nun, dieses Gefühl ist in einer fremden Stadt noch stärker, falls Sie diese Erfahrung noch nicht gemacht haben. Alles, was mir das Gefühl einer Identität oder der Sicherheit gab, war in dieser Brieftasche – mein Führerschein, mein Papiergeld, meine Kreditkarten ...

Ich blieb einen Augenblick verunsichert stehen und suchte meine anderen Taschen ab, aber natürlich war die Brieftasche nicht da. Eine Brieftasche gehört zu der Sorte von Gegenständen, die man automatisch in die richtige Tasche zurücksteckt. Ich eilte durch die fast menschenleeren Straßen zum Posh Parrot in der Zwölften Straße zurück – der letzten Bar, die ich aufgesucht hatte –, während ich die ganze Zeit die Augen auf den Boden richtete, auf die unwahrscheinliche Möglichkeit hin, meine Brieftasche an der Stelle wiederzufinden, wo sie mir aus der Tasche gerutscht war.

Der Posh Parrot war geschlossen, die Neonreklame im Fenster dunkel und tot, das Fenster warf ein blasses Spiegelbild meines besorgten Selbst zurück.

Ich sagte mir, daß es nichts ausmachte. Wenn ich die Brieftasche in der Bar verloren und jemand sie aufgehoben hatte, dann hatte er sie wahrscheinlich mitgenommen. Aber ich konnte mich genau daran erinnern, daß ich die Brieftasche nach dem Bezahlen wieder in meine Gesäßtasche gesteckt hatte; ich konnte mich sogar daran erinnern, daß ich die Ecke einer Fünfzigdollarnote umknickte, um sie von den kleineren Scheinen unterscheiden zu können.

Ich ging meinen Weg bis zur Neunzehnten Straße zurück und stellte mir vor, die Brieftasche müßte mir irgendwo unterwegs aus der Hosentasche geglitten sein.

Kein Glück. Was sollte ich nun tun? Was würden Sie tun?

Sogar das Ticket für die letzte Etappe meiner Heimreise war in dieser Brieftasche. Ich fühlte mich plötzlich wie ein Vagabund, wie ein Außenseiter. Ich erkannte, welchen Unterschied ein Dutzend Kreditkarten und ein paar hundert Dollar Bargeld in unserer Gesellschaft ausmachen.

Das einzige, das ich noch tun konnte, war, meine Frau Laurie anzurufen und sie Geld für mich anweisen zu lassen. Ich suchte meine anderen Taschen ab, aber zwischen Schlüsseln, Kamm und Kugelschreiber konnte ich nicht mehr als ein Fünfcentstück und zwei Cents auftreiben. Soviel zu dieser Idee.

Meine Stimmung besserte sich nicht, als ein leichter Nieselregen einsetzte. Ich schlüpfte eilig in meinen Regenmantel und schlug den Kragen hoch.

Ich trottete bedrückt, mit gesenktem Kopf, weiter, die Hände tief in den Manteltaschen vergraben, und so sah ich den Mann, der mit seinem Pudel in meine Richtung spazierte, erst, als wir nur noch ungefähr hundert Schritte voneinander entfernt waren.

Mein Widerwille und meine Verlegenheit bei dem Gedanken, daß ich versuchen mußte, einen Fremden um Geld zu bitten, und die kurze Zeit, die mir noch blieb, um mir auszudenken, was ich sagen wollte, trocknete mir plötzlich die Kehle aus. Sie hätten sich genauso gefühlt.

Ich blieb direkt vor dem Mann stehen. Es war ein kleiner Bursche mit einer Nickelbrille und einem herabhängenden Schnurrbart, und er stand da und starrte mich beunruhigt an.

»Wäre es Ihnen möglich, einem Fremden etwas Geld zu borgen?« wollte ich sagen, um ihm danach den Grund zu erklären. Ich fühlte mich sehr unwohl, ebenso nervös wie der kleine Mann schien, und meine Stimme krächzte, so daß ich glaube, daß er nur den letzten Teil meines Satzes verstand, das Wort »Geld«. Er wich einen Schritt zurück, und sein Pudel spürte seine Angst und meine Nervosität und begann zu knurren.

Der Schnurrbart des Mannes zitterte. »Ich hab' nicht viel …«, sagte er, »ehrlich …« Ich sah seinen Blick zu der Beule zucken, die meine rechte Hand in meiner Manteltasche machte, und ich verstand.

»Warten Sie einen Moment«, setzte ich an, doch ich sah seinen Blick nach rechts wandern, während seine Augen hinter den dicken Brillengläsern weit wurden. Ich folgte seinem Blick und sah den Polizisten, der uns fast erreicht hatte.

»Schwierigkeiten?« fragte der Polizist. Er war jung und

schlank. Er war eher wie ein Cowboy aus einer Zigaretten-reklame als wie ein Polizist gebaut.

»In gewisser Weise, Officer«, sagte ich.

»Er wollte mich überfallen!« Der kleine Mann schrie es fast, und sein Pudel begann wieder zu knurren.

»Das dachte ich mir«, sagte der Polizist. »Ich habe es von der anderen Straßenseite beobachtet.«

Mein Herz stürzte wie ein Komet in meine Hose. »Heh, aber nicht doch, Moment mal!« Ich wurde so heftig herumgerissen, daß ich mich mit beiden Händen gegen eine Hauswand stützen mußte.

»Passen Sie auf!« hörte ich den kleinen Mann rufen. »Er hat eine Pistole in der rechten Manteltasche!«

Die Hände des Polizisten durchsuchten mich auf die Weise, die sie auf der Polizeiakademie gelernt hatten, und an den fahrigen Bewegungen sah ich, daß er nervös war. Alle drei standen wir da und hatten Angst. Sogar der Hund hatte Angst.

»Er hat nur geblufft«, sagte der Polizist. »Das machen sie manchmal.« Er riß mich hoch und hielt meinen Arm fest.

»Geblufft? Aber … ich wollte doch nur etwas Geld borge …«

Der junge Polizist lachte hart auf. »Ein höflicher Räuber, hah?«

»Das ist doch verrückt!« sagte ich.

Der Polizist zuckte die Achseln. »Dann plädieren Sie entsprechend vor Gericht.«

»Ich werde Sie verklagen!« sagte der kleine Mann. »Da können Sie Gift drauf nehmen!«

Aber der Polizist ignorierte ihn jetzt, denn er erklärte mir mit leiser, monotoner Stimme meine Rechte. Er ignorierte sogar mich ein wenig, während er mein »Recht zu schweigen« herunterbetete. Er wollte es wirklich tun! Ich konnte wirklich ins Gefängnis kommen! Und selbst wenn ich nicht verurteilt wurde, was würde die Verhaftung für meine Familie bedeuten, für meine Freunde und meinen Beruf?

Ich geriet in Panik, und in einer Fügung, die ich damals für glücklich hielt, bog ein Bus um die Ecke und fuhr langsam auf uns zu. Ich kann mich erinnern, daß ein Scheinwerfer erloschen war und daß die Scheibenwischer nicht im Gleichtakt hin- und herglitten. Der Bus fuhr nur zehn oder fünfzehn Meilen, und als er fast auf gleicher Höhe mit uns war, riß ich mich aus dem Griff des Polizisten los und rannte um die Vorderfront des Fahrzeugs herum. Die vordere Stoßstange streifte sogar mein Hosenbein, aber ich achtete nicht darauf.

Jetzt war der Bus zwischen mir und dem Gesetz, und mir blieben einige wertvolle Sekunden, um meine Freiheit zu rennen. Der Busfahrer half mir, indem er eine Vollbremsung machte, so daß der Bus wahrscheinlich direkt vor dem Polizisten anhielt, der dann herumlaufen mußte. Ich rannte eine Straße hinab, sah nicht zurück, dachte nicht zurück, als ich den Schuß hörte. In meiner Verfassung ließ mich das Bellen der Pistole nur noch schneller rennen. Ich bog um eine Ecke und eilte über die regenglatte Straße, um in eine andere Straße abzubiegen. Die Straße führte zu einem Parkplatz, den ich überquerte, bis ich die nächste Straße erreichte. Dort wurde ich langsamer, lauschte, aber ich hörte keine Schritte hinter mir. Ich wußte allerdings, daß ich nicht viel Zeit hatte. Der Polizist rief jetzt wahrscheinlich schon Unterstützung.

Ich ging drei Blocks weiter, bis ich ein Taxi sah. Zuerst bekam ich Angst; ich hielt die Beschriftung auf der Tür für die Abzeichen eines Streifenwagens. Dann sah ich, daß das Licht auf dem Dach blau war und daß auf dem Kofferraum eine Schnapsreklame klebte. Ich winkte dem Taxi und stieg mit gezwungener Lässigkeit ein, als es vor mir hielt.

»Regent Hotel«, sagte ich, während ich versuchte, gleichmäßig zu atmen. Gab es nicht in jeder Stadt ein Regent Hotel?

»Das ist abgerissen«, sagte der Taxifahrer, während er über die Schulter sah. »Meinen Sie vielleicht das Regency?«

»Das ist es«, sagte ich, und wir fuhren schweigend los.

Nach etwa zehn Minuten sah ich vor uns einen durchgehend geöffneten Drugstore, vor dem ich den Fahrer halten ließ.

»Ich bin gleich wieder da«, sagte ich ihm. »Ich will versuchen, ob sie ein Rezept für Insulin aus einer anderen Stadt annehmen.«

»Alles klar.« Er machte es sich in seinem Sitz bequem und sah stur geradeaus.

Es war ein großer Drugstore, in dem sich nur wenige Kunden aufhielten. Der Apotheker hinter der Theke musterte mich mit einem freundlichen Ausdruck, und ich lächelte, nickte ihm zu und ging zu einem Zeitschriftenständer hinüber. Nachdem ich ein Nachrichtenmagazin durchgeblättert hatte, stellte ich es in den Ständer zurück und ging zu einer Auslage von Rasiercreme, als würde sie mich interessieren. Von dort aus verließ ich den Laden durch den Nebeneingang.

Ich ging langsam, bis ich außer Sicht des Schaufensters war, dann rannte ich drei oder vier Blocks. Ich bog um eine Ecke und begann mit schnellen Schritten zu gehen, aber langsam genug, um meinen Atem zu beruhigen.

Ich muß über eine Meile zurückgelegt haben, während ich mir alles überlegte und versuchte, irgendeine Idee zu produzieren. Was mich so quälte, war, daß nichts von dem, was geschehen war, wirklich meine Schuld war. Auch Sie könnten sich eines Tages in einem solchen Chaos wiederfinden, genau wie ich. Das kann jedem passieren.

Wenn ich nur etwas Geld hätte, dachte ich, dann könnte ich ein Flugzeugticket oder eine Busfahrkarte kaufen. Die Polizei überwachte nicht für jeden geflohenen Straßenräuber die Busbahnhöfe und Flughäfen. Wenn ich aus dieser Stadt herauskäme und die tausend Meilen bis nach Hause schaffen könnte, wäre ich in Sicherheit. Schließlich hatte niemand meinen Namen oder meine Adresse. Der Polizist hatte keinen Ausweis gefunden, als er mich durchsucht hatte, weil ich keinen bei mir hatte. Es konnte irgendwann wieder so sein, als wäre dies alles überhaupt nicht geschehen. Nach einer Weile würden Laurie und ich Witze darüber machen. Sie und Ihre Frau machen auch Witze über solche Dinge.

Aber jetzt war mir überhaupt nicht nach Scherzen zumute! Wenn ich nicht schnell aus der Stadt herauskäme, wäre ich am Ende noch ruiniert und im Gefängnis!

Ich befand mich jetzt eher in einem Wohnviertel dieser Stadt, mit weiten Rasenflächen, hübschen Bungalows und vielen Bäumen. Der Mond war aufgegangen, und der Regen hatte aufgehört, und ich sah den Mann, der auf der anderen Straßenseite auf mich zukam, schon, als er noch mehr als einen Block entfernt war. Die Verzweiflung brandete in mir hoch, übernahm die Kontrolle über mich. Sie verstehen bestimmt, wie ich mich fühlte. Ich hatte keine Zeit mehr, zu telefonieren oder auf Geld zu warten. Ich mußte schnell fortkommen, und um schnell fortzukommen, brauchte ich Geld. Ich bückte mich und hob einen weißen Stein in der Größe einer Grapefruit auf, der zu der Einfassung einer Garageneinfahrt gehörte.

Ich ging quer über die Straße auf den Mann zu, verkrampfte die Hand um den Stein, den ich in meiner Manteltasche versteckt hatte, und lächelte, als ich so nahe bei dem Mann war, daß er mein Gesicht sehen konnte.

Er hatte genug Geld für eine Flugkarte in eine nahe gelegene Stadt bei sich, in die ich Laurie genug Geld für den Rückflug überweisen ließ. Zu Hause aber, wo ich geglaubt hatte, daß ich sicher wäre, muß ich trotzdem ständig daran denken.

Ich hatte keine Erfahrung damit, jemandem mit einem Stein auf den Kopf zu schlagen, woher hätte ich es also wissen sollen? Ich hatte Angst, genau wie Sie sie gehabt hätten, ich war fast von Sinnen vor Angst, so daß ich härter zuschlug, als ich wollte – viel härter.

Denken Sie darüber nach, und Sie werden es mit der Angst bekommen. Ich meine, da ist dieser Fremde, der von seiner Spätschicht nach Hause will oder von der Wohnung seiner Freundin oder vielleicht von einer netten Pokerrunde. Dann taucht jemand vor ihm auf, den er nie gesehen hat, und schlägt ihm aus keinem ersichtlichen Grund mit einem Stein den Schädel ein. Das könnte auch Ihnen passieren.

## Klassentreffen

von Charles Boeckmann

Die Flagge an der Wand im Festsaal des Plaza Hotels begrüßte die »Abschlußklasse '53 der Jacksonville High School«. Die Menschen, die sich in dem Raum drängten, waren knapp jenseits der besten Jahre. Ergraute Schläfen und überall kahle Stellen.

Tad Jarmon streifte durch die Menge. An der Bar fand er seinen alten Freund Lowell Oliver, den er seit dem Abschlußfest nicht mehr gesehen hatte. »Hallo, Lowell«, sagte er.

Oliver leerte sein Glas. »Hallo, alter Freund«, sagte er mit einem unsicheren Grinsen. Er schob den Kopf vor und versuchte angestrengt, seine Augen auszurichten. Plötzlich wurde er stocknüchtern. »Tad Jarmon.«

»Wie er leibt und lebt.«

»Tja … schön, dich zu sehen, Tad. Du hast dich nicht sehr verändert.« Er hielt dem Barkeeper sein Glas zum Nachschenken hin. Seine Hand zitterte leicht.

»Wir haben uns alle irgendwie verändert, Lowell. Es ist zwanzig Jahre her.«

»Zwanzig Jahre. Tja … zwanzig Jahre …«

»Hast du Jack und Duncan gesehen?«

»Sie schwirren irgendwo hier herum«, murmelte Oliver.

»Wir müssen uns nach der Feier treffen und über die alten Zeiten reden«, sagte Tad.

Oliver starrte ihn mit einem seltsamen Ausdruck an. Auf seiner Stirn bildete sich ein Kranz aus Schweißtropfen. »Die alten Zeiten. Tja … sicher, Tad.«

Tad Jarmon mischte sich wieder unter die Menge. Bald hatte er Jack Harriman ausgemacht, der in einem Kreis alter Freunde in einer anderen Ecke des Raumes stand. Jack war von Kopf bis

Fuß ganz der wohlhabende Geschäftsmann. Er war teuer gekleidet. Sein Gesicht war tief gebräunt, doch er bekam einen Bauch. Seit der Abschlußfeier hatte er wenigstens vierzig Pfund zugenommen.

»Hallo, Jack.«

Harriman drehte sich um. Sein Lächeln gefror. »Na, wenn das nicht Tad Jarmon ist.« Er streckte die Hand zur Begrüßung aus. »Jungs, ihr erinnert euch doch alle noch an Tad«, sagte er, eine Spur zu laut. Seine Hand fühlte sich in Tads Griff feucht an.

Einer ihrer ehemaligen Schulkameraden grinste. »Ich weiß noch, wie ihr beiden und Duncan Gitterhouse und Lowell Oliver alles mögliche in der Stadt angestellt habt.«

»Ja«, ergänzte ein anderer. »Wenn irgendwas Verrücktes passiert ist, dann haben alle gleich gedacht, ihr hättet eure Finger im Spiel gehabt. Da ist doch mal die Uhr im Turm des Gerichtsgebäudes rückwärts gelaufen. Die haben 'ne ganze Woche gebraucht, um sie wieder so hinzukriegen, daß sie richtigherum lief. Niemand konnte etwas beweisen, aber wir wußten alle, daß ihr vier das gedreht hattet.«

Die Gruppe kicherte.

»Ich hab' Lowell drüben an der Bar gesehen«, sagte Tad zu Harriman. »Ich sagte ihm, wir müßten uns nach der Feier treffen und über die alten Zeiten reden.«

»Die alten Zeiten …«, antwortete Harriman, während seine Stimme einen hohlen Klang bekam. »Ja … sicher, Tad.« Er fuhr sich mit einer nervösen Geste über das Kinn. »Übrigens, wo lebst du jetzt?«

»Immer noch hier in Jacksonville, in dem großen, häßlichen Haus oben auf dem Hügel. Nachdem mein Vater gestorben war, bin ich einfach dageblieben.«

Tad entschuldigte sich und machte sich auf die Suche nach Duncan Gitterhouse. Er fand ihn bald. Es war ein Mann, der frühzeitig ergraut war, mit einem von tiefen Linien durchfurchten Gesicht und brütenden Augen.

»Nun, Duncan, ich denke, ich sollte jetzt ›Herr Doktor‹ zu dir sagen.«

»Das gilt nur für meine Patienten«, antwortete Gitterhouse, während seine tiefliegenden Augen schwermütig auf Tad ruhten. »Ich war ziemlich sicher, dich hier zu treffen, Tad.«

»Nun, du weißt ja, daß ich die Gelegenheit, mit dir und Jack und Lowell über die alten Zeiten zu reden, nicht ungenutzt verstreichen lassen konnte. Vielleicht sollten wir hier nach dem Fest noch einmal zusammenkommen.«

Die Augen des Arztes schienen sich noch tiefer in ihre Höhlen zurückzuziehen, und sie wirkten noch resignierter.

»Sicher, Tad.«

Dem Festessen folgten Reden und Vorstellungen. Jeder Ehemalige erhob sich und erklärte kurz, was er seit dem Abschluß getan hatte. Als der Zeremonienmeister zu Tad kam, sagte er: »Nun, ich bin sicher, daß ihr alle euch an den nächsten Burschen erinnert. Er und seine drei Kumpane haben wirklich Leben in unsere Schulzeit gebracht. Erinnert euch nur an das Halloweenfest, bei dem wir den Rollstuhl der alten Mrs. Gifford plötzlich auf dem Dach der Schule wiederfanden. Und die Stinkbomben, die bei Schulversammlungen hochgingen. Man konnte nie beweisen, wer hinter diesen Dingen steckte, aber wir wußten es alle. Wie wär's jetzt mit einem Geständnis, Tad? Die Verbrechen sind verjährt.«

Tad erhob sich unter Gelächter und Beifall. Er grinste und schüttelte den Kopf. »Ich verweigere die Aussage. Meine Lippen sind versiegelt ...«

Nach dem Festessen schlenderten die vier ehemaligen Schulfreunde nach draußen und überquerten die Straße, bis sie einen kleinen, ruhigen, typisch kleinstädtischen Park erreichten. Jack Harriman zündete sich eine teure Zigarre an.

»Es hat sich nicht verändert, was?« sagte Duncan Gitterhouse, während er zu dem alten Kuppelbau des Gerichtsgebäudes hinaufsah, zum Bürgerkriegsdenkmal, zu den schweren Magnolienbäumen und den ruhigen Straßen. »Es ist, als wäre am Abend unserer Abschlußfeier alles stehengeblieben und bis heute so geblieben.«

»Der Abend unserer Abschlußfeier«, wiederholte Jack Harriman. Er drückte einen Finger gegen die Wange, die wieder zu zucken begonnen hatte. »Scheint tausend Jahre her zu sein.«

»Wirklich?« sagte Tad. »Das ist seltsam. Aber Zeit ist relativ. Mir kommt es vor, als wäre es erst gestern abend gewesen.«

»Was sollen wir darüber reden«, sagte Duncan Gitterhouse grob. »Ich weiß nicht, warum ich überhaupt zu diesem lächerlichen Klassentreffen gekommen bin. Es war eine Schnapsidee.«

»Du weißt nicht, warum du gekommen bist, Duncan?« sagte Tad leise. »Ich glaube, du weißt es doch. Du konntest nicht fortbleiben. Keiner von uns konnte es. Du mußtest erfahren, ob jemand einen Verdacht hat, was wir in jener Nacht getan haben. Und du wolltest herausfinden, was nach dieser Nacht mit uns anderen geschehen ist, wie sie unser Leben verändert hat. Wir haben etwas so Mächtiges gemeinsam, daß es uns für immer aneinanderbinden wird. Ich war sicher, daß ihr alle kommen würdet.«

»Immer noch der Amateurpsychologe, Tad?« fragte Harriman säuerlich.

Tad zuckte mit den Achseln.

»Du allein trägst die Schuld für das, was wir in dieser Nacht getan haben, Tad«, sagte Lowell Oliver. Es war ein alkoholisiertes, plärrendes Gestammel. »Du warst immer der Anführer. Wir sind dir wie Schafe gefolgt. Was für verrückte, schlimme Pläne du auch ausgeheckt hast …«

»Wir waren kleine Jungs«, behauptete Gitterhouse ärgerlich. »Dumme, verantwortungslose Jungs, wir alle. Niemand kann für etwas zur Rechenschaft gezogen werden …«

»Kleine Jungs? Wir waren damals alt genug, um wegen Mordes verurteilt zu werden«, stellte Tad fest.

Bedrücktes Schweigen entstand. Dann murmelte Tad langsam: »Ich bin immer wieder an der Stelle am Fluß vorbei gegangen, wo der alte Pete Bonner seinen Wohnwagen hatte. Ich konnte noch jahrelang sehen, wo das Feuer gewesen war. Der Boden war schwarz, und der verrostete Rahmen des Wohnwagens stand noch da. Er wurde schließlich weggeräumt, als das Einkaufszentrum gebaut wurde, aber jedesmal, wenn ich an der Stelle vorbeigehe, denke ich an die Nacht, in der der alte Pete Bonner da gestorben ist. Und ich denke an uns. Ein Mensch handelt; die Handlung ist in ein paar Minuten getan. Aber die Nachwirkungen der Handlungen leben in unseren Gefühlen, in unserem Bewußtsein, vielleicht für immer weiter. Wir haben vor zwanzig Jahren etwas getan. Am nächsten Tag begruben sie das, was vom alten Pete Bonner übrig war. Wir müssen das jetzt unser ganzes Leben mit uns herumschleppen.«

Sie verstummten wieder, alle dachten an jene Nacht zurück.

Es traf zu, daß Tad der Anführer ihrer verschworenen, kleinen Gruppe gewesen war, und es war Tad, der an ihrem Abschlußabend den letzten, ungeheuerlichen Streich ausheckte: »Laßt uns Pete Bonners Wohnwagen anzünden.«

»Aber Pete ist wahrscheinlich in seinem Wohnwagen«, hatte einer der anderen gesagt.

»Das ist der Witz dabei«, hatte Tad grinsend gemeint, um dann zu erklären: »Nach dem heutigen Abend werden wir uns in verschiedene Richtungen zerstreuen. Duncan beginnt sein Medizinstudium. Lowell geht zur Armee. Jack geht zur Wirtschaftsakademie. Ich werde wahrscheinlich hierbleiben. Wir müssen etwas Gewaltiges tun, etwas so Wichtiges, daß es uns vier für immer zusammenschweißt. Deshalb werden wir den alten Pete Bonner bei lebendigem Leibe rösten.«

Tad hatte den anderen erklärt, daß Pete der Stadtalkoholiker war, ein alter Säufer ohne Familie. Es wäre, als erlöste man einen alten Hund von seinen Leiden.

Die beinahe hypnotische Macht, die Tad über die anderen hatte, ließ sie zustimmen – schwitzend und erschreckt, aber sie hatten zugestimmt.

An diesem Abend hatte Tad sie nach den Abschlußfeierlichkeiten, mit Benzin und Streichhölzern bewaffnet, zu Pete Bonners Wohnwagen geführt. Als sie von dem qualmenden Scheiterhaufen fortrannten, folgten ihnen die Schreie des sterbenden alten Säufers.

»Ich kann den alten Mann immer noch schreien hören«, sagte Duncan Gitterhouse, während er mit zitternden Händen eine Zigarette am Stummel der letzten anzündete.

»Tad, du sagst, wir müßten es für den Rest unseres Lebens mit uns herumschleppen«, seufzte Jack Harriman. »Das ist wahr. Ich habe einen Haufen Geld verdient, aber wozu ist das gut? Ich kann nicht ohne Tabletten schlafen. Ich esse zuviel. Mein Arzt sagt, daß ich in fünf Jahren einen Herzinfarkt bekomme, wenn ich nicht aufhöre, so viel zu essen, aber ich kann nicht aufhören. Es ist eine seelische Sache, eine Zwangshandlung. Sieh dir nur den armen Lowell an. Er hat die letzten fünf Jahre mehr Zeit in der Trinkerheilanstalt verbracht als draußen.«

Duncan Gitterhouse nickte. »Meine Praxis ist ein Erfolg.

Kompensation, denke ich. Ich habe die Vorstellung, daß ich, wenn ich nur genug Leben rette, das eine wieder wettmache, das wir zerstört haben. Ich mache zehn Operationen am Tag. Aber mein Privatleben ist ein Scherbenhaufen – meine Frau hat mich schon vor Jahren verlassen, meine Kinder nehmen Drogen.« Er wandte sich an Tad Jarmon. »Ich glaube, du bist auch nicht besser weggekommen als wir, Tad. Du hast nie geheiratet. Du sitzt hier fest, in dem Haus, in dem du aufgewachsen bist. Ich glaube nicht, daß du es schaffen würdest, fortzugehen ...«

Sie setzten sich eine Weile in den Park. Dann standen sie auf und gingen zu ihren verschiedenen Motels – und Tad zu seinem großen, altmodischen Haus mit den weißen Säulen.

In seinem Arbeitszimmer nahm Tad eins seiner Tagebücher aus einem Regal. Mit seiner hübschen, sauberen Handschrift zeichnete er die Ereignisse des Abends auf, hielt detailliert alles fest, was Jack, Duncan und Lowell gesagt hatten. Im Anschluß an diese Eintragung fügte er seine Prognose für ihre Zukunft hinzu. »Ich bin fast sicher, daß Jack innerhalb der nächsten zehn Jahre stirbt, wahrscheinlich Selbstmord, wenn er nicht vorher einen Schlaganfall bekommt. Lowell wird ein hoffnungsloser Alkoholiker werden, der seine letzten Jahre im Sanatorium verbringen wird. Duncan wird seine Praxis weiterführen, aber er wird Drogen nehmen müssen, um weitermachen zu können.«

Er lehnte sich einen Augenblick zurück. Dann kam ihm noch ein Gedanke, und er schrieb weiter: »Ich werde mein Leben hier in diesem alten Haus weiterleben, im Erbe meines Vaters, und ich werde so etwas wie ein Einsiedler werden. Duncan hatte recht: Ich kann nicht fortgehen. Es ist ein psychisches Gefängnis. Aber ich bin einigermaßen zufrieden und beschäftige mich mit meinem Hobby, dem Studium der menschlichen Natur, das Bände füllen wird, wenn ich fertig bin.«

Er stellte das Tagebuch fort. Dann trat er vor ein anderes Regal. In ihm waren ähnlich sauber gebundene und datierte Journale aufgereiht. Er folgte der Reihe, bis er eins mit der Jahreszahl 1953 fand. Er öffnete es und blätterte die Seiten durch. Als er das Datum ihres Schulabschlusses erreicht hatte, hielt er inne und begann zu lesen:

»Heute ist das Abschlußfest«, hatte er geschrieben. »Ich habe entschieden, daß wir etwas Spektakuläres machen müssen. Es soll ein krönender Abschluß werden, der alle unsere bisherigen Streiche in den Schatten stellt. Am frühen Nachmittag habe ich bei Pete Bonners Wohnwagen vorbeigeschaut. Ich wollte ihm eigentlich ein paar Dollar geben, damit er uns Whisky für den Abend besorgt. Weil wir noch nicht volljährig sind, können wir den Schnaps nicht selbst kaufen, aber Pete ist immer bereit, einem für ein kleines Trinkgeld einen Gefallen zu tun. Ich war wirklich überrascht, als ich Petes Wohnwagen betrat und sah, daß er auf dem Boden lag. Er war tot, anscheinend ein Herzanfall. Wenn ich ihn nicht gefunden hätte, wäre er wahrscheinlich noch tagelang so liegengeblieben, bis jemand genauso zufällig über ihn gestolpert wäre wie ich. Ich hatte sofort eine Idee für einen kolossalen Scherz, um eine meiner Theorien zu überprüfen. Man sagt, Zeit sei relativ. Wenn jemand glaubt, daß er ein Verbrechen begangen hat, dann ist es für ihn dasselbe, als hätte er das Verbrechen *wirklich* begangen. Die Konsequenzen, soweit sie ihn betreffen, sollten dieselben sein.

Diesmal soll es ein Scherz auf Kosten von Jack, Duncan und Lowell werden. Sie sind so leichtgläubig, sie würden alles tun, was ich ihnen sage. Ich eilte nach Hause und klaute das Drahtaufzeichnungsgerät aus Vaters Arbeitszimmer. Ich nahm einige Todesschreie auf und legte das Gerät unter Petes Wohnwagen. Dann schloß ich es so an, daß ich nur eine Sekunde brauchen würde, um es einzuschalten. Dann ging ich hinüber, um mit Jack, Duncan und Lowell zu reden. Ich überzeugte sie, daß es eine großartige Idee wäre, Petes Wohnwagen zu verbrennen und Pete bei lebendigem Leibe zu rösten. Natürlich konnten sie nicht wissen, daß Pete schon tot war. Heute, nach der Abschlußfeier, schlichen wir uns mit Benzin und Streichhölzern zu Petes Wohnwagen. Ich ging zur anderen Seite hinüber, tat so, als wollte ich mein Benzin verschütten, und langte unter den Wohnwagen, um den Drahtrekorder einzuschalten. Sobald die Flammen hochschossen, hörten wir einige sehr überzeugende Schreie. Es wird in den kommenden Jahren sehr interessant sein, zu sehen, welche Auswirkungen das Verbrechen des heutigen Abends auf das Leben von Jack Harriman, Duncan Gitterhouse und Lowell Oliver haben wird.«

Tad Jarmon schloß das Tagebuch und lehnte sich mit einem kalten, nachdenklichen Lächeln zurück.

## So ist's nun mal heutzutage

von Elaine Slater

Als sie direkt nach der Schule heirateten, konnte er gar nicht genug Zeit mit ihr verbringen. Sie kauften eine kleine Hütte in den North Woods ohne jede Verbindung zur Außenwelt, in der sie die Wochenenden verbrachten. Sie gingen Hand in Hand spazieren, saßen vor einem lodernden Feuer und verloren sich ineinander – das heißt, wenn sie nicht Holz hackten oder Wasser aus dem Bach holten, während sie wegen der ungewohnten Bewegung schnauften und lachten.

Doch seit kurzem hatten sich die Dinge verändert.

Geschäftliche Verpflichtungen nahmen ihn auch an Samstagen in Anspruch. Er hatte keine Zeit mehr, zur Hütte zu fliehen. Wenn sie mit ihm sprach, war er nie ganz da. Sein Lesestoff wechselte nach und nach von der *Partisan Review* zum *Wall Street Journal* und ellenlangen Marktberichten. Er saß immer noch die Kunstfilme ab – Fellini, Truffaut –, aber wenn sie versuchte, ihre düsteren Tiefen zu ergründen, trug er nie ein Wort dazu bei.

»Wo *bist* du denn?« fragte sie dann wütend. »Rede ich denn mit einem Stein?«

»Ich habe dich verstanden«, antwortete er, während er leicht zusammenzuckte, als hätte sie ihn an der Keksdose erwischt. »Deine letzten Worte waren folgende: ›und der Hund symbolisiert natürlich das ewige Böse im Menschen‹.«

Darauf seufzte sie. Er hörte offensichtlich zu, aber trotzdem … er war nicht ganz da. Sein Verstand war mit anderen Dingen beschäftigt, und selbst der ganze kürzlich erworbene Luxus, den sein geschäftlicher Erfolg brachte, konnte nicht den Verlust ihres jungen, lebenslustigen, liebevollen Gatten ausgleichen. Sein Humor schien jetzt für seine Geschäftspartner reser-

viert zu sein, die ihr erzählten, daß er sie bei Mitarbeiterbespre-
chungen ganz aus dem Häuschen brachte. Er arbeitete an mehreren Abenden in der Woche und kam hundemüde nach Hause.
Wie konnte ein so müder Mann Sinn für Humor zeigen oder
Interesse an Gesprächen oder, zum Beispiel, am Liebesspiel?

Sie hatten jetzt ein Haus in einem Vorort und eine Haushälterin. Sie las die Anzeigen in den Zeitschriften und entschied, daß
die Krankheit leicht zu kurieren wäre. Sie badete bei Einbruch
der Dämmerung, legte Parfüm auf, kleidete sich in einen teuren
Morgenmantel, zündete Kerzen an und stellte gemixte Martinis
bereit. Als er nach Hause kam, lief sein Lieblingskonzert von
Mozart. Er betrachtete milde amüsiert ihre Aufmachung, bemerkte, daß sie gut röche, sagte, er würde einen Bourbon on the
Rocks einem Martini vorziehen, weil er davon Verstopfung
bekäme, schlug vor, beim Abendessen mehr Licht zu machen,
damit er sehen könnte, was er aß, schnappte sich den neuesten
*Barron's Report* und schlief auf dem Sofa ein. Als er von seinem
eigenen Schnarchen erwachte, stolperte er ins Schlafzimmer hinauf.

Hätte sie geglaubt, daß es eine andere Frau gab, dann hätte
sie eine bessere Idee gehabt, wie sie dagegen hätte angehen können. Aber wie kämpft man gegen eine allumfassende Verpflichtung zum Geschäft? Sie las Betty Friedan und entschloß sich,
eine Stelle anzunehmen, und ging mit einem ihrer jungen
Arbeitskollegen essen. Er zeigte außergewöhnliches Interesse an
den Börsenbeteiligungen ihres Mannes, so daß sie bei dem
Gedanken an einen ebenso abwesenden Geliebten schauderte
und entschied, daß sie alle Männer haßte.

Sie begann zu grübeln. Ihre Freundinnen hatten Kinder, an
denen sie ihre Frustrationen abarbeiten konnten. Sie hatte keine.
Sie brütete über Selbstmordgedanken, aber ihr anderes Selbst
schrie nach wie vor rebellisch auf.

»Warum sollte *ich* denn sterben? Ich kann doch lachen, aus
Lebensfreude und vor Liebe! Er ist es doch, der schon tot ist und
es nur noch nicht weiß. Es ist nicht fair von dir, mich zu töten.«

Die *Evergreen Review* glitt aus ihrem Schoß, und sie starrte
lange ihre Hände an.

Als er an diesem Abend nach Hause kam, machte sie keinen
Versuch, das nervtötende Tagewerk mit ihm zu besprechen. Er

schien die Totenstille nicht zu bemerken, doch die Haushälterin wurde so nervös, daß sie einen wertvollen Minton-Teller zerbrach. Als das Telefon klingelte, sie tranken gerade Kaffee, sprang er auf und meldete sich.

Seine plötzlich wieder lebhafte Stimme sagte: »Harry! Wie ist es in Toronto gelaufen? Ich hab' den ganzen Abend an nichts anderes gedacht.« Sie ging nachdenklich nach oben.

Als er ihr Schlafzimmer betrat, strahlte er. Er faßte sie um die Hüfte und rief: »Die Toronto-Sache ist gelaufen! Kannst du dir das vorstellen? Nach zweijährigen Verhandlungen hat es endlich geklappt. Größe ist das einzige, das heutzutage zählt, und wir *werden* groß! Wenn nur Harry jetzt hier wäre, ich würde so gern alle Einzelheiten hören. Ich würde ...«

Sie unterbrach ihn sanft. »Laß uns feiern. Laß uns dieses Wochenende zur Hütte fahren. Wir waren seit Monaten nicht mehr da. Die Straße wird bald unbefahrbar, und dann können wir bis zum Frühling überhaupt nicht mehr hin.«

»Dieses Wochenende?« Er machte ein zweifelndes Gesicht.

»Ja – wir werden einen zweiten Frühling erleben. Wir könnten wieder zueinander finden.«

»Hast du mich denn verloren? Oder ich dich?« fragte er mit seinem alten, neckenden Tonfall. »Gut, Liebste, wenn du einen zweiten Frühling willst, dann sollst du ihn haben. Aber ich müßte am Samstag zwei Termine absagen. Wie wär's denn, wenn wir es eine oder zwei Wochen verschieben?«

»Nein«, sagte sie fest.

Er triumphierte zu sehr über das erfolgreiche Toronto-Geschäft, um zu debattieren, und so fuhren sie am Freitag zur Hütte hinauf.

Sie war genau so, wie sie sie verlassen hatten. Nie kam jemand in die Nähe der Hütte. Neben der Axt lag ein Stapel Holz unter dem Schnee. Das Holz war nicht zu feucht, und sie zündeten eilig ein qualmendes Feuer an, um den kleinen Raum zu erwärmen.

Sie hopste ein paarmal auf dem quietschenden Feldbett herum und sah sich glücklich um. All die alte Wärme und Zuneigung begann zurückzukehren. Vielleicht würden sie hier das wiederfinden, was sie verloren hatten. Vielleicht würde er sie wieder *anschauen*, statt durch sie *hindurch*. Vielleicht würde er sich hier wieder, und sei es nur für ein Wochenende, für sie interessieren, für ihr Leben, für ihre Liebe – und die Geschäftswelt vergessen, die ihn verzehrte. Ja, sie war bereit, sich mit einem Wochenende abzufinden.

Er starrte in den Kamin, in die knackenden blauen und orangenen Flammen. In seinem Gesicht war ein entrückter, sogar sehnsüchtiger Ausdruck. Sie beobachtete ihn zärtlich, spürte die alte Liebe für dieses müde, ausgelaugte Gesicht. Sie saß ihm gegenüber in dem schäbigen alten Sessel, den sie zusammen in einem Kramladen auf dem Land gekauft hatten. Sie hatten ihn begeistert auf den Transporter geladen, den er damals gefahren hatte. Der Vordersitz war so mit ihrem Kram bepackt gewesen, daß sie den ganzen Tag, auf dem Weg zur Hütte, in dem Stuhl auf der Ladefläche des Wagens gesessen hatte, mitten in einem Durcheinander von gebrauchten Haushaltsgeräten.

War das ein Spaß gewesen! Alle, die ihnen auf der Straße begegnet waren, hatten sich umgedreht und ihnen nachgeschaut, gelacht und gewinkt. Und als sie nach einer unglaublich holprigen Fahrt in der Hütte ankamen – meilenweit über einsame Feldwege mit niedrigen, überhängenden Ästen, die in ihr Gesicht peitschten und über den Lastwagen ratterten –, war sie in seine wartenden Arme gesprungen. Er hatte sie glücklich bis zur Schwelle getragen, wo er sah, daß er die Zeremonie unterbrechen und sie absetzen mußte, um an den Schlüssel zu kommen, der an einem rostigen Nagel hing. Sie hatten zusammen gelacht, bis sie nicht mehr stehen konnten, aber sie hatten sich aneinandergeklammert, um sich zu stützen. Ja, aneinandergeklammert …

Sie war tief in ihren Erinnerungen versunken. Er hob den Kopf und sah sie an. Sie erwiderte seinen Blick und versuchte seine Gedanken zu erraten. Waren sie so weit weg wie ihre? Er wollte etwas sagen, und sie beugte sich vor, während ein Lächeln über ihre Lippen spielte.

»Weißt du …«, begann er nachdenklich.

»Was denn?« unterbrach sie kokett.

»… Central American Tobacco hat gerade mit Amalgamated Biscuit fusioniert.«

Sie vergrub die blutbefleckte Axt im Schnee und ging zur Hütte zurück, um noch eine Weile am Feuer zu sitzen – um sich noch einmal in Erinnerungen zu verlieren, bevor sie nach der Schaufel suchen mußte.

Das Vergnügen nach der Arbeit

# Der heiße Stein

von James McKimmey

Ein kalter, beißender Wind trieb Nebel durch London. Der stattliche Mann, der einen dunklen, langen Überzieher mit einem Pelzkragen und einen Homburg trug, den er fest auf den kahlen Kopf gedrückt hatte, zog die Tür seines kleinen Ladens am Chandos Place hinter sich zu und verschloß sie. Als er die pelzgekleidete Frau zum wartenden Taxi geleitet hatte, hatte der Nebel die goldene Beschriftung auf der Ladentür verhüllt, die lautete: *Henry Thornwall Esqu., Juwelier.*

Henry beugte sich vor und klopfte auf eine Innentasche, um sich zu vergewissern, daß er unter der Spannung, mit der ihr Unternehmen verbunden war, nicht seine Lupe vergessen hatte. Dann nannte er dem Fahrer eine Adresse in der Nähe der Themse. Er lehnte sich seufzend zurück.

Straßenlaternen beleuchteten flackernd das Gesicht seiner Begleiterin. Sie sah aus einiger Entfernung jung aus, doch bei näherer Betrachtung wurde es offensichtlich, daß sie bereits in mittleren Jahren war, stark geschminkt, reich und im Augenblick sehr aufgeregt.

Sie legte eine Hand auf Henrys plumpes Handgelenk. Auf ihren zupackenden Fingern funkelten Ringe. »Wie gefährlich ist diese Sache denn, Henry?«

Henry schüttelte den Kopf. »Ich wollte, ich wüßte es, Madam. Ich bin nicht … äh … gewöhnt … nun, Sie wissen schon.«

»Ja, ich weiß«, sagte sie leise und mit zitternder Stimme. »Aber der Sional, Henry!«

»Psst!« Er sah nach vorn zum Fahrer.

»Für zwanzigtausend Pfund!« Sie klopfte auf ihre große Handtasche. »Und er ist das Doppelte wert!«

»Psst, psst!« machte Henry.

Das Taxi fuhr weiter; der Fahrer schien seinen Weg durch den Dunst wie durch Zauberei zu finden. Henry beugte sich zur Seite und legte seinen Mund dicht an ihr Ohr. »Es ist alles so schnell gegangen. Sagen Sie mir noch einmal, was er am Telefon gesagt hat.«

»Er hat *geflüstert*, Henry«, sagte sie leise.

»Ja, gut.« Henry nickte. »Was hat er denn geflüstert?«

»Daß er den Sional-Diamanten hätte und ihn mir für zwanzigtausend Pfund verkaufen würde, wenn ich ihn bei der Adresse treffen würde, die Sie dem Fahrer gegeben haben –, und wenn ich das Geld mitbringe.«

Henry nickte noch einmal. »Und wie hat er sich genannt?«

»Die Ratte.« Sie schauderte. »Ich sagte, ich würde tun, was er wollte, wenn er mir erlaubte, Sie mitzubringen, damit Sie den Stein untersuchen können. Aber wie, glauben Sie, ist er auf mich gekommen?«

Henry zuckte die Achseln. »Mrs. Peter Sterling-Bahr?«

»Ich glaube, das ist offensichtlich, oder? Peter würde sterben, wenn er es erführe. Aber er wird es nicht herausbekommen. Er achtet nie auf *mein* Geld. Es sei denn, es geschieht etwas, das …«

Henry steckte eine Hand in seine rechte Manteltasche und zog eine kleine verchromte Pistole heraus. Während er sie überprüfte, reflektierte sie das gleißende Licht der Lampen, an denen sie vorbeifuhren.

»*Henry!*« sagte die Frau.

Henry steckte die Pistole wieder in die Tasche. »Solche Typen … ich weiß nicht. Sie flüstern, damit man keine Chance hat, ihren Akzent zu erkennen, und auf diese Weise etwas über sie erfährt. Sie rennen wie Kanalratten ständig im Untergrund herum. Ich, nun, ich dachte, es könnte vielleicht ganz beruhigend sein.«

Die Frau berührte wieder Henrys Hand. »Ich hätte nie gedacht, daß Sie so mutig sind, Henry. Ich werde mich erkenntlich zeigen. Das verspreche ich Ihnen.«

»Aber *Ma*dam«, sagte Henry sanft. Er lächelte. Dann verschwand das Lächeln. »Ich fürchte, wir sind angekommen.«

Sie gingen durch den windgepeitschten Nebel auf ein altes Lagerhaus zu, während die Rücklichter des Taxis unvermittelt verschwanden.

»Hätten wir es nicht behalten sollen?« fragte Mrs. Peter Sterling-Bahr.

»Ich glaube, besser nicht«, sagte Henry. »Seine Ordnungsnummer wird vielleicht schon überwacht. Wir wollen doch nicht, daß Sie in das Hotel verfolgt werden, in das Sie ihn bringen werden.«

»Natürlich. Oh, Henry«, sagte sie, während sie seinen Arm umklammerte. »Was hätte ich nur ohne Sie getan!«

»Wir wollen zuerst, äh, das Geschäftliche erledigen, Madam. Danach …« Er brach ab, als sie vor einer geschlossenen Holztür stehenblieben. Henry legte die Hand auf den Türgriff, hielt inne, holte tief Luft und öffnete die Tür. Weit entfernt, auf der anderen Seite des großen, hohen Raumes, war ein gelber Lichtspalt. Henry wühlte in seiner linken Manteltasche und förderte eine kleine Taschenlampe zutage.

»Sie haben aber wirklich an alles gedacht, Henry«, flüsterte die Frau. »Ich will's doch hoffen«, sagte Henry, während sie sich, dem kleinen Lichtstrahl folgend, weiterbewegten.

»Ich zittere, Henry.«

Er drückte ihre Hand.

Sie erreichten die Tür, unter der das Licht auf den staubigen Holzboden durchbrach. Wieder holte Henry Luft, dann drehte er den Türgriff. Sie sahen hinein, und ihr Blick fiel auf eine kleine Gestalt, die unter einer nackten, an der Decke des kleinen Raumes befestigten Glühbirne saß: schulterlanges und schmuddeliges Haar mit grauen Strähnen; eine metallgefaßte Brille mit gefärbten Gläsern schmückte ein Gesicht, das überraschend knabenhaft aussah; der graue Nadelstreifenanzug hatte breite Schultern; feingliedrige Hände ruhten zu beiden Seiten auf der Krempe eines breitrandigen Filzhutes, der auf dem Tisch lag.

Henry und die Frau standen sprachlos da und starrten ihn an.

»Madam Sterling-Bahr?« Es war ein rauhes Flüstern. »Ich bin die Ratte.«

Die Frau schaffte es, zu nicken.

Die Ratte beugte einen schlanken Finger und bedeutete ihnen, näher zu kommen. Sie traten an den Tisch und blieben stehen, starrten die gefärbten Brillengläser an, die das Licht der Glühbirne darüber reflektierten. Die Ratte zog einen kleinen Revolver aus einer Tasche. Die Frau wandte sich erschreckt um, gerade rechtzeitig, um zu sehen, daß auch Henry seine Pistole gezogen hatte. Die beiden Waffen deuteten aufeinander.

»Keine Tricks, ist das klar?« sagte Henry mit gefaßter Stimme, und in den Augen der Frau war Bewunderung abzulesen.

Die Ratte starrte eine Weile die verchromte Pistole an, dann zog sie einen kleinen, in Samt gehüllten Gegenstand aus einer Tasche. Der Stoff wurde zurückgeschlagen und gab einen wundervollen Diamanten im Brioletteschliff frei. Die Frau atmete hörbar ein und blinzelte. Henry kniff die Augen zusammen. »Darf ich?« fragte er.

Die Ratte zuckte die Achseln, und Henry legte die Pistole behutsam in die Hände der Frau, während er sagte: »Meine Liebe, zögern Sie nicht, den Abzug zu betätigen, wenn er irgendwelche faulen Tricks versucht.«

»Oh, Henry«, schnaufte die Frau, aber sie hielt die Pistole fest, während Henry seine Juwelierlupe herausholte und sie ins Auge klemmte, um den Stein eingehend zu untersuchen. Schließlich nickte er. Er gab ihn in das Samttuch zurück und nahm seine Lupe ab. »Ja, tatsächlich.« Er nahm der Frau seine Pistole wieder ab.

»*Ist* er es?« fragte sie.

»Ganz bestimmt.«

»Geld«, flüsterte die Ratte.

Als die Transaktion vollzogen und der Diamant in der Handtasche der Frau verwahrt war, sagte Henry: »Wollen wir dann?«

Er ging, die Pistole in der Hand, rückwärts zur Tür, die Frau an seiner Seite. In dem Vorraum gingen sie im Dunkeln. »Ich würde ja die Lampe benutzen«, sagte Henry leise, »aber ich will nicht, daß er den Raum durch die Hintertür verläßt und uns in dem Gebälk da oben aus einer guten Schußposition auflauert.«

»Guter Gott«, flüsterte die Frau.

Schließlich fanden sie ihren Rückweg in das Leichentuch, das sie draußen erwartete. Sie hasteten über den Gehweg. Es schien eine Ewigkeit zu dauern, aber endlich fanden sie ein freies Taxi. Als sie einstiegen, nannte Henry die Adresse eines Clubs in der Nähe des Piccadilly Circus. Er legte einen Arm um die pelzbedeckten Schultern der Frau und spürte ihr Zittern.

»Es ist nicht gerade ein nettes Lokal«, sagte er. »Zu viele aufgeblasene Typen, und noch schlimmere. Aber ich bin Mitglied.«

»Müssen wir denn dort hingehen?« fragte sie. »Kann ich nicht einfach direkt ins Hotel fahren, um dann –«

Er schüttelte den Kopf. »Der Gauner könnte uns verfolgen. Wir hängen ihn besser ab.«

»Natürlich«, sagte sie. »Ich glaube, ich bin dabei, mich in Sie zu verlieben, Henry.«

»Ich vermute, daß Mr. Sterling-Bahr das gar nicht gefallen würde.«

»Aber ich schere mich nicht darum«, sagte die Frau, während sie Henrys Hand fest drückte.

Sie gingen nach oben in einen Privatsalon, der unter den Gesprächen der stehenden und sitzenden Mitglieder summte. Henry bestellte Gin mit Orange für sie beide. Die Frau nippte an ihrem Drink, ihr Gesicht war blaß.

»Henry«, sagte sie. »Der Sional! In meiner Handtasche!«

»Ja, Madam. Es scheint, als hätten wir's geschafft.«

»Nicht Madam, Henry. Nie wieder. Elizabeth.«

»Elizabeth.« Henry nickte, er schien den Klang auszuprobieren. Er wiederholte den Namen.

Sie hatte den Mantel ausgezogen, der jetzt ausgebreitet neben ihr auf dem Sofa lag. Ihr Kleid war schwarz, ihr Schmuck bemerkenswert, und als sie die Beine übereinanderschlug, sahen sie viel jünger aus als ihre übrige Erscheinung. Sie betrachtete Henry mit dem gleichen Ausdruck wie im Lagerhaus am Fluß.

»Können Sie mich nicht zum Hotel begleiten?« fragte sie.

»Das würde ich wirklich gern tun«, sagte er.

»Sie könnten doch direkt nach mir kommen – bitte, lieber Henry.«

»Wirklich, ich würde gerne, Elizabeth, aber –«

»Später dann?« sagte sie. »An einem anderen Tag oder an einem anderen Abend?«

»Ich werde darauf bestehen, daß Sie sich an dieses Angebot erinnern.«

»Das werde ich bestimmt. Und jetzt noch einmal: Was habe ich im Hotel zu tun?«

»Bitten Sie sie, den Gegenstand, den Sie in Ihrer Handtasche haben, über Nacht im Safe zu verwahren.«

»Aber wenn ich statt dessen heimginge –«

Er schüttelte den Kopf. »Ihr Gatte ist geschäftlich in Paris –«

»Aber die Diener«, sagte sie. »Bestimmt –«

»Der Schuft steckt vielleicht schon mit einem von ihnen unter einer Decke. Ich würde eher dem Ritz vertrauen, meine Liebe«, sagte er entschieden. »Ein hervorragendes, zuverlässiges Haus. Und dann, morgen, werde ich Sie zum Schließfach begleiten. Ich glaube, wir sollten jetzt gehen, wenn Sie ausgetrunken haben«, schlug er vor.

Sie kehrten auf die Straße zurück, wo Henry wieder ein Taxi anhielt. Er dirigierte es zum nebligen Gefunkel des Piccadilly Circus und sagte zu der Frau: »Es ist besser, wenn Sie zum Hotel laufen, statt ein weiteres Taxi zu nehmen. Wenn jemand diesem hier gefolgt ist, dann wird er, glaube ich, die Verfolgung auch fortsetzen. Wenn wir das nächstemal wegen des Verkehrs halten müssen, steigen Sie einfach aus und mischen sich unter die Menge auf dem Gehweg. Ich rufe Sie im Hotel an, sowie ich zu Hause eintreffe.«

»Ich hasse es, Sie verlassen zu müssen, Henry.«

Henry lächelte. »Ich hasse es auch, Sie verlassen zu müssen, Elizabeth.« Er berührte sie, dann sagte er: »Jetzt, meine Liebe.«

Sie stieg rasch aus und eilte zum belebten Gehweg, über dem Neonlichter reflektierende Nebelschwaden zerschnitten.

Das Taxi fuhr weiter, und Henry sah genau in dem Augenblick durch das Rückfenster, als eine kleine Gestalt in einem Nadelstreifenanzug, die eine getönte Brille und einen breitrandigen Filzhut über langem, schmuddeligem Haar trug, auf Elizabeth zutrat. Um ihre Hüfte wurde ein Arm gelegt, und sie wurde in eine dunkle Einfahrt gezogen. Ihr Mund öffnete sich, als wollte sie schreien, doch Henry, der den Blick abwandte und sich in seinem Sitz zurücklehnte, vermutete, daß sie keinen Ton von sich gegeben hatte.

Als er in seiner Wohnung ankam, klingelte das Telefon bereits. Er nahm ab und sagte: »Henry Thornwall.«

»Oh, Henry«, sagte Mrs. Sterling-Bahr voller Kummer. »Wie konnte das nur geschehen?«

»Geht es Ihnen nicht gut?« fragte er besorgt.

»Ich bin nicht verletzt. Nicht physisch. Aber sobald ich das Taxi verlassen hatte, kam er auf dem Gehweg auf mich zu. Er legte einen Arm um mich und flüsterte, daß seine Pistole auf mich zielte, und zwang mich in eine Einfahrt, in der er den Stein aus meiner Handtasche holte. Dann rannte er weg. Was soll ich nur machen! Er ist gestohlen! Ich kann doch nicht ... Oh, Henry! Wie konnte er uns nur folgen? Bei dem Nebel? Zwei Taxis? Der Club? Und trotzdem war er da auf dem Gehweg und wartete schon auf mich ... Henry?«

»Ich *weiß* es einfach nicht«, schnaufte Henry. »Ich ... ich dachte, ich wäre so schlau gewesen. Aber ich glaube, ich tauge nichts für diese Art von Dingen. Oh, verdammt, Elizabeth. Schrecklich ist das.«

»Schrecklich, ja«, sagte sie lahm. »Ja, das ist es. Was soll ich jetzt machen, Henry?«

»Ich glaube, Sie sollten nach Hause gehen. Etwas trinken. Versuchen Sie es zu vergessen.«

»Ist das wirklich alles, was ich jetzt noch tun kann?« sagte sie müde. »Henry, ist das wirklich alles?«

»Ich fürchte«, sagte er langsam, »daß das leider alles ist.«

Zwanzig Minuten später summte Henrys Klingel. Als er die Tür öffnete, sah er niemanden auf der Schwelle. Dann schaute er hinter die Büsche und bemerkte die kleine Gestalt mit dem breitrandigen Hut und der getönten Brille, die an der Wand stand. Henry streckte einen Arm aus und zog die Gestalt herein. Dann schloß er die Tür wieder. »Und da bist du schon, meine Liebe«, sagte er zärtlich und küßte eine knabenhafte Stirn.


In dem Badezimmer neben Henrys luxuriösem Schlafzimmer wurde die Dusche zugedreht. Henry stand im angrenzenden Arbeitszimmer und mixte zwei Scotch mit Soda. Als seine Besucherin, eine außergewöhnlich schöne Frau mit üppigem, blondem Haar, aus dem Schlafzimmer herüberkam, konnte er den Anzug, den Hut, die Brille und die Perücke neben dem achtlos hingeworfenen Geld auf dem Bett sehen. Das Mädchen trug jetzt ein Seidennegligé. Ihr Gesicht zeigte ein wunderschönes Lächeln, als sie zu Henry herüberkam und die Arme um seinen Hals legte.

»Oh, Liebster«, sagte sie, »das ging wirklich glatt, was?«

»Übung macht den Meister«, sagte er und küßte wieder ihre knabenhafte Stirn.

Hat das nicht jeder schon mal geträumt?

# Eine orangene Rauchwolke

von Lael J. Littke

Bill O'Connel wußte genau, wie sehr seine Frau es liebte, Paul Newman bei sich in der Küche zu haben, wenn sie abwusch. Es machte ihm nichts aus. Denn kuschelte sich nicht manchmal Raquel Welch an ihn, wenn er von der Arbeit nach Hause fuhr?

Jeder hat ein Recht auf seine privaten Träume, und ein hübsches Mädchen wie Alice sehnte sich gelegentlich bestimmt nach etwas Aufregenderem als einem normalen, etwas häßlichen, nicht sehr großen Burschen, der für ein ausreichendes, aber nicht eben überragendes Gehalt in einer Versicherungsfirma arbeitete; ein Bursche, der völlig untalentiert war – bis auf die Gabe eines ausgezeichneten Gespürs für den richtigen Augenblick, um den Mülleimer hinauszubringen.

Bill wußte, daß er weder gut aussah, noch anmutig war, und er war mit Sicherheit nicht der fesche, romantische Traumheld. Aber Cortland Marshall war es, zum Teufel mit ihm. Er kam auf dem Rückweg nach Washington D.C. durch Los Angeles. Er kam von seiner letzten diplomatischen Mission in Thailand zurück, einem exotischen Flecken, von dem Bill kaum je gehört hatte. Er konnte Alice keine Vorwürfe machen, daß sie ganz aus dem Häuschen war, weil Cortland zum Essen kam. Cort war Junggeselle geblieben, und er hielt die Verbindung zu Alice aufrecht, obwohl sie geheiratet hatte. Als er ihr schrieb, daß er durch L.A. käme, hatte Alice zurückgeschrieben und darauf bestanden, daß er vorbeischauen und sie besuchen müßte.

Also wurden die Kinder zur Oma ausgelagert, das Haus strahlte von Wachs und Politur, die Rippchen im Herd verströmten ein Aroma, das jeden Mann in Versuchung bringen konnte, sein Junggesellendasein aufzugeben, und Bill wurde ermahnt, »auch ja nett zu Cort« zu sein.

Es wäre nicht so schlimm gewesen, wenn Cortland ein Klempner oder Kassierer in einem Gemüseladen gewesen wäre; aber ein Mann mit einem Traumberuf wie dem seinen brachte jedes Mädchenherz zum Klopfen, selbst wenn er eine Glatze und eine Hühnerbrust hatte, was auf Cortland aber nicht zutraf. Bill hatte nie ganz verstanden, warum Alice ihn geheiratet hatte – wo sie doch Cort hätte haben können. Aber sie war ein Typ, der sich um streunende Katzen sorgte und um verhungerte Hunde weinte, und sie sagte, sie hätte sich in Bill verliebt, weil er aussah, als könnte er jemanden brauchen, der sich um ihn kümmerte.

Die große Frage war nun, ob diese Art von Liebe der Belastung eines ein- oder zweimal im Jahr auftauchenden Cortland widerstehen konnte, der offensichtlich immer noch in seine alte Flamme verknallt war. Alice schien gewiß vollkommen glücklich zu sein – aber was war es dann, das ihre Wangen glühen ließ, als sie zur Tür rannte, um sie auf Cortlands Klopfen zu öffnen?

»Cort!« rief sie, und dann kicherte sie glücklich, als Cortland sie in seine Bärenpranken schloß. Direkt vor Bills Augen. Als würde Bill nicht existieren.

»Alice, Liebes«, sagte er. »Du hast dich überhaupt nicht verändert.«

»Du aber auch nicht, Cort«, sagte Alice-Liebes.

Bill mußte zugeben, daß sie recht hatte. Diesmal war er fast ein Jahr nicht mehr dagewesen, aber seine gutgeschnittene Kleidung und sein kurzes, dunkles Haar wirkten so attraktiv wie immer. Und er versprühte jede Menge Charme.

Schließlich bemerkte Cortland auch Bill. »Na, Bill«, sagte er leutselig, »wie geht's denn so, alter Junge?«

Bill wollte die Zähne fletschen und knurren, aber statt dessen setzte er ein breites, albernes Grinsen auf und sagte: »Prima, Cort. Und dir, Junge?« Und sofort fühlte er sich wie ein Bauernlümmel. Wenn Cortland in der Nähe war, fühlte er sich immer so.

Da seine Pflichten dem Gastgeber gegenüber erfüllt waren, wandte sich Cortland wieder an Alice. »Verrate mir doch, was du machst, damit du so schön bleibst«, sagte er.

Alice kicherte wieder. »Oh, Cort, ich war nur Hausfrau.

Komm doch in die Küche rüber, damit wir reden können, während ich das Essen vorbereite.«

Cortland legte den Arm um Alices Schultern, und sie marschierten zusammen in die Küche und ließen Bill mit seinen giftigen Gedanken zurück. Er wünschte, Cortland hätte seit seiner letzten Begegnung mit Alice sämtliche Zähne oder Haare oder sowas verloren, so daß er nicht mehr wie der romantische Traum jeder Hausfrau aussähe.

Nicht, daß er Angst hatte, Alice würde mit Cortland durchbrennen oder so was. Oder würde sie es doch tun? Selbst wenn sie es nicht tat, sie könnte doch damit anfangen, sich jedesmal beim Abwaschen vorzustellen, daß Cortland neben ihr stünde. Bill konnte mit Paul Newman in der Küche noch fertigwerden. Aber Cortland Marshall? NEIN!

»Oh, Bill«, trällerte Alice, »komm doch rüber und leiste uns Gesellschaft.«

Da konnten sie aber Gift drauf nehmen, daß er ihnen Gesellschaft leisten würde. Er würde reingehen und sich setzen und aufpassen, und wenn Cortland sich Freiheiten bei Alice rausnahm, dann würde er ihm was auf die Nase geben. Oder wenigstens würde er ernsthaft darüber nachdenken.

»Bill«, sagte Cortland, als er die Küche betrat, »wir schwelgen gerade in alten Erinnerungen.«

Bill wünschte inbrünstig, er könnte diese Erinnerungen ausradieren. Oder noch besser, er könnte Cortland ausradieren. Einfach ein Schnippen mit dem Zauberfinger, Leute, und puff, schon ist er weg!

Bill schnippte mit den Fingern in Cortlands Richtung und sagte laut: »Puff, du bist weg!«

Es gab eine orangene Rauchwolke, und Cortland war verschwunden.

Bill stand fast zwei Minuten wie vor den Kopf geschlagen und sagte kein Wort. Dann sagte Alice beiläufig: »Na gut, Jungs, das war ein hübscher Trick. Aber das Essen ist fast fertig. Komm zurück, Cortland.«

Bill schluckte. »Alice«, sagte er. Seine Stimme war ein dünnes Krächzen.

Alice rührte weiter die Soße um. »Bill, zeig doch Cort mal, wo er sich die Hände waschen kann.«

Bill versuchte es noch einmal. »Alice«, quietschte er, »ich glaube, daß Cortland *wirklich* weg ist.«

»Wo ist er denn hin?« fragte Alice. »Das ist aber ein sehr passender Augenblick, wenn er jetzt irgendwo hingehen will.«

Bill brach auf einem Küchenstuhl zusammen. »Ich glaube, ich habe ihn verschwinden lassen.«

»Nun, dann laß ich ihn wieder auftauchen.«

Bill schüttelte den Kopf. »Ich weiß nicht, wie. Ich weiß nicht einmal, wie ich es geschafft habe.«

Alice hörte auf, die Soße umzurühren. »Bill, bist du krank?«

»Das bin ich bestimmt«, stöhnte Bill. Seine Kopfhaut war gespannt, und seine Augen waren so groß, daß er glaubte, sie nie mehr mit den Lidern verschließen zu können. »Ich muß die Polizei rufen«, flüsterte er.

Die Polizisten Magee und Smithon groß, stämmig und abgeklärt. Sie hatten alles schon einmal gehört. Viele Male sogar. Bill bemerkte allerdings, daß sie noch Grips hatten, um Alice anerkennend zu mustern.

»Sicher doch«, sagte Officer Magee, nachdem Bill seine Geschichte erzählt hatte. »Sie schnippen einfach mit den Fingern, und ein Typ verschwindet.«

Bill schenkte ihnen ein wehleidiges Grinsen. »Ich weiß, daß das verrückt klingt, aber genau das ist passiert.«

Officer Magee seufzte. »Vielleicht sollten wir besser das Grundstück durchsuchen«, sagte er zu Smithson. »Mal sehen, ob es Anzeichen eines Kampfes gibt. Vielleicht hat er diesen Typ wirklich verschwinden lassen.«

Magee sah noch einmal Alice an, die ihm ein warmes Lächeln schenkte. Bill konnte fast hören, wie sich die Räder im Gehirn des Polizisten festfraßen. »Hübsche Frau, eifersüchtiger Mann, und gute Nacht, Hausfreund.«

Die beiden Polizisten suchten das Haus und den Hinterhof sorgfältig ab, stocherten in den Blumenbeeten herum – nach Grabspuren, dachte Bill.

»Also gut«, sagte Officer Magee, als sie zurückkehrten. »Nun sagen Sie uns die Wahrheit. Wir haben zu tun, Mann. Unser nächster Einsatz ist eine Beschwerde über einen Ziegenbock, der den *Yankee Doodle* pfeift.«

Officer Smithson wieherte.

Bill erhob sich zu seiner vollen Größe von einem Meter und siebzig. Er starrte direkt in das Auge seines eigenen Spiegelbildes in Officer Magees blankpolierten Uniformknöpfen. Er sackte wieder zusammen. »Ich hab' die Wahrheit gesagt«, murmelte er.

»Dann erzählen Sie's uns nochmal«, brummte Officer Smithson.

Bill leckte seine trockenen Lippen. »Sehen Sie«, begann er, »Cortland stand genau da, wo Sie beide jetzt stehen. Alles, was ich getan habe, war, so mit meinen Fingern zu schnippen.« Er schnippte mit den Fingern. »Und ich sagte: ›Puff, du bist weg‹.«

Es gab eine orangene Rauchwolke, und die Polizisten Magee und Smithson waren weg.

Bill schluckte. »Ähm, kommt doch zurück, Jungs«, sagte er schwach.

»Bill«, sagte Alice, »ist das *alles*, was du machst? Du schnippst einfach mit den Fingern, und jemand verschwindet?«

Bill hatte kaum noch die Kraft zu nicken, als er auf einen Stuhl sank.

»Ich wußte nicht, daß du das kannst«, sagte Alice bewundernd. »Du bist schon ein toller Hecht. Kein Wunder, daß ich dich so sehr liebe.« Sie küßte ihn oben auf den Kopf. »Ich glaube, ich trage jetzt das Essen auf. Oder sollte ich vielleicht warten, bis Cortland zurückkommt? Wann *kommt* er denn zurück?«

Bill schüttelte den Kopf.

»Laß es mich wissen, wenn er ankommt«, sagte Alice. »Ich mach' schnell noch die letzten Handgriffe im Eßzimmer.« Sie ging hinaus.

Bill war absolut nicht sicher, daß Cortland zurückkommen würde. Und die beiden Polizisten genausowenig. Er fragte sich mit einem Mal, ob Magee und Smithson wohl Familien hätten. Vielleicht warteten jetzt schon ein paar kleine Kinder unter Tränen darauf, daß ihre Papis nach Hause kämen. Bill starrte blicklos auf die Stelle, an der die drei Männer gestanden hatten.

»Ich muß mich stellen«, sagte er zu sich selbst. »Ich werde anrufen und ihnen sagen, daß sie mich abholen sollen.«

Er war nicht sicher, was er sagen sollte. Als er darauf wartete, daß sein Anruf zum Revierleiter durchgestellt wurde, versuchte er sich an Formulierungen, die ihn nicht sofort als den letzten Idioten brandmarken würden. Was sollte er sagen?

»Verstehen Sie, ich habe diese Zauberfinger ...«

»Lieutenant Hargrove«, sagte eine grantige Stimme im Telefon. Dann gab es eine Pause.

»Lieutenant Hargrove«, wiederholte Bill. Es gab wieder eine Pause.

»Ich bin Lieutenant Hargrove«, sagte die Stimme, in die sich jetzt ein vorsichtiger Ton schlich, so, als bereitete sich Lieutenant Hargrove darauf vor, mit einem Schwachsinnigen zu verhandeln.

Bill räusperte sich und dachte daran, einzuhängen. »Nun, verstehen Sie, Lieutenant Hargrove«, sagte er, »da kamen diese beiden Polizisten zu mir nach Hause, um einen seltsamen Vorfall zu untersuchen, und ich weiß nicht, was mit ihnen passiert ist.«

Lieutenant Hargrove fragte schnell: »Welche beiden Polizisten meinen Sie?«

»Ich glaube, ihre Namen waren Magee und Smithson.«

»Oh, diese beiden Idioten«, sagte Lieutenant Hargrove.

»Die haben gerade aus Palm Springs angerufen. Sagten, sie wüßten nicht, wie sie dort hingekommen sind. Verdammte Armleuchter. Verlaufen sich, wenn sie nur über die Straße sollen.«

Bill packte das Telefon fester. »Palm Springs sagen Sie? Geht es ihnen gut?«

»Klar«, sagte Lieutenant Hargrove. »Physisch wenigstens. Sagen Sie, haben sie sich denn um diesen seltsamen Vorfall gekümmert?«

»Ja«, sagte Bill hastig. »Ja. Oh, ja.« Er hängte schnell ein. Es gab keinen Grund, sich für einen Idioten halten zu lassen, wenn alles in Ordnung war. Natürlich war da immer noch Cortland. Aber er würde zweifellos irgendwo auftauchen. San Francisco, vielleicht. Wahrscheinlich würde er denken, daß ihn das Außenministerium mit einem Eilauftrag losgejagt hätte oder so was.

Bill begann zu pfeifen. Er ging zu dem Spiegel, den Alice direkt neben der Küchentür an die Wand gehängt hatte. Er *war* ein toller Hecht, dachte er, während er sein Spiegelbild begutachtete. Aber er sah überhaupt nicht anders aus. Er dachte an die Macht, die mit seiner gerade entdeckten Gabe verbunden war. Und was für eine Gabe das war! Alices alte Freunde sollten ruhig kommen und rumschnüffeln. Es brauchte nur ein Fingerschnippen, und sie verschwanden. Das konnte nicht einmal Paul Newman.

Bill lächelte seinem Abbild im Spiegel zu. Laß sie nur kommen. Er würde ihnen schon zeigen, wo's langging. Er schnippte die Finger in die Richtung seines Spiegelbildes. »Puff«, sagte er, »du bist weg.«


»Bill«, sagte Alice, die aus dem Eßzimmer herüberkam. »Ich glaube, wir sollten lieber mit dem Essen anfangen, bevor der Braten austrocknet.«

Sie sah sich in der leeren Küche um. »Bill?« sagte sie.

»Bill? Wo bist du?«

Die Waffe, in der du sitzt

# Das Hühnchen-Spiel

von Joe L. Hensley

Jamie lenkte den staubigen, schwarzen T-Bird auf den Rand der Straße, über die er patrouilliert war, und bereitete sich auf eine längere Wartezeit vor. Das Radio war ausgeschaltet, weil er an einem so ruhigen Tag ein Auto eher hören als sehen konnte.

In der Stunde, die er patrouilliert war, hatte er die Straße sorgfältig überprüft. Sie war nicht im allerbesten Zustand, aber es ging noch, jedenfalls war sie besser als viele andere, auf denen er das Spiel gespielt hatte, und sie hatte den Vorteil, nicht sehr stark befahren zu sein, vielleicht sogar zu wenig. Das einzige andere Auto, das er in dieser Stunde seiner Kontrollfahrt gesehen hatte, war ein alter Chevy gewesen, heruntergekommen und mit kaputter Federung, und am Steuer hatte ein alter Mann mit weißen Haaren gesessen. Keine sehr gute Beute, aber eine Möglichkeit. Der alte Mann war vorbeigefahren, ohne ihn auch nur anzusehen, er war sehr langsam gefahren. Jamie rang immer noch mit sich, ob er ihm folgen sollte, als er ein neugieriges Kindergesicht im Rückfenster des alten Wagens gesehen hatte.

Das hatte alles verdorben. Er war abergläubisch in bezug auf Kinder, und er hatte in der Zeit ohnehin genug Pech gehabt. Am Donnerstag hätte ihn fast ein Bundespolizist festgenommen, aber er hatte es geschafft, ihm die Rücklichter zu zeigen. Am Freitag war das Getriebe des T-Bird kaputtgegangen, und er war das ganze Wochenende ohne Auto gewesen. Er hatte inzwischen tief in seinem Innern das Gefühl, daß er diesen Teil des Landes abgegrast hatte und daß es Zeit wurde, weiterzuziehen. Die Leute begannen ihm bekannt vorzukommen, erinnerten ihn an Leute, die er früher an anderen Orten und zu anderen Zeiten gekannt hatte. Es war komisch, daß ihn so viele Gesichter an Mr.

Kelly erinnerten. Mr. Kelly war Tausende von Meilen entfernt, im Staat New York. Mr. Kelly lag fünf Jahre zurück.

Jamie erinnerte sich mit narzistischer Wehmut daran, daß er damals noch ein Amateur gewesen war, der das Spiel erst noch lernen mußte. Damals war es ein Spiel halbwüchsiger Jungen gewesen, das auf einsamen Straßen gespielt wurde, mit Wachposten, die sie warnen sollten, falls die Polizei käme. Das Hühnchen-Spiel. Mein Gott, es hatte ihn schon damals gepackt.

Der Sturm auf Mr. Kellys Wagen war ein Spaß gewesen, ein Impuls, eine Erweiterung des Spiels, um die Außenwelt einzuschließen. Er wäre davongekommen, wenn ihm nicht im kritischen Moment ein Reifen geplatzt wäre. Das hatte ihn gegen Kellys Wagen geschleudert, als er sich schon vorbei und in Sicherheit glaubte, und es hatte seinen frisierten Ford in einen Schrotthaufen verwandelt, aber er war unverletzt herausgekrabbelt.

Er hätte nicht gedacht, daß ein Kind so laut und so lange schreien konnte wie Kellys Junge. Mr. Kelly war hinausgeschleudert worden und bewußtlos, so daß nur Jamie den Schreien aus dem brennenden Wagen zuhören mußte. Er hatte zugehört und dabei ein komisches Gefühl gehabt, und als die Schreie aufhörten, hatte er etwas gekichert.

Nach einer Weile waren viele Polizisten dagewesen, und es hatte viele Fragen gegeben.

»Ich habe die Kontrolle verloren«, erklärte er ihnen. »Der Reifen ist geplatzt, und ich habe die Kontrolle verloren.«

Er wiederholte es immer und immer wieder, und seine Sturheit und der gute Anwalt, den seine Tante einschaltete, machten den entscheidenden Unterschied aus. Die Jury sprach ihn frei.

Nur Mr. Kelly wußte es. Jamie erinnerte sich an die Augen, die sich während der Verhandlung durch ihn durchbrannten.

Als es vorbei und Jamie frei war, zog er weiter. Er tat es, um sich zu schützen, nicht, weil er Angst hatte. Inzwischen hatte er das Spiel immer und immer wieder gespielt, und nichts zählte außer dem Spiel. Ein wütender, rachsüchtiger Mann würde es ihm nicht wegnehmen.

Mittlerweile war er dreiundzwanzig, und er spielte das Spiel schon sehr lange. Es war jetzt eine professionelle Angelegenheit, die sorgfältig und in großen, sicheren Abständen ausgeübt wurde, wenn das Verlangen übermächtig wurde. Das Spiel war wichtiger als alles andere, wichtiger als alle anderen Dinge zusammengenommen. Es war wichtiger als Liebe, gewaltiger als Sex, besser als Drogen und stärker als die Furcht vor dem Tod.

Manchmal, wenn Jamie mit anderen Leuten in seinem Alter zusammen war, hätte er schreien können. Die Unterhaltungen waren fade, die Vergnügungen primitiv, und es war ewig dieselbe Szenerie. Manchmal war er sicher, daß er nur dann wirklich am Leben war, wenn er hinter dem Lenkrad seines T-Bird saß, allein, auf der Jagd. Der Rest war eben nur Kulisse, eine zerbrechliche Papierwelt.

Das Spiel war einfach, aber es gab Regeln. Das andere Auto war die Beute. Man überholte es und beschleunigte, bis man weit entfernt war, und vergewisserte sich, daß die Straße frei war. Etwa eine Meile vor dem Wagen wendete man und fuhr zur Beute zurück, während man ständig zwischen der rechten und der linken Spur wechselte, bis einen die Beute bemerkte. Dann fuhr man auf ihre Spur, fuhr direkt auf sie zu, das Gaspedal bis zum Anschlag durchgedrückt, und zwang die Beute abzudrehen wie ein ängstliches Hühnchen.

Danach gab es bei jedem Spiel Variationen. Wenn die Beute abdrehte, folgte Jamie, während in ihm eine brutale, köstliche Angst aufkam.

Manchmal versteinerten die anderen Fahrer und blieben mitten auf der Straße stehen, was Jamie mit Befriedigung erfüllte. Öfter irrten sie hin und her, bis er sie von der Straße zwang. Vor zwei Monaten hatte er einen einsamen, männlichen Fahrer einen steilen Hügel hinuntergejagt, hatte gesehen, wie er sich überschlug, während das Metall kreischte, wie er gegen Felsen und Bäume prallte, bis alles wieder still war. Das war eine sehr gute Jagd gewesen.

Das Spiel erforderte Nerven und ein fundiertes Wissen über den Zustand der Straße und ein instinktives Gefühl für das Verhalten des Wagens, aber das schaudernde Frohlocken war das alles wert.

Er hatte das Spiel jetzt zwei Wochen nicht mehr gespielt, und das letzte Mal hatte er eine Niete gezogen. Er lehnte sich im Schalensitz des T-Bird zurück und dachte nach und ließ sich von der Glut der Erwartung überfluten. Er erinnerte sich undeutlich an seine Mutter und seinen Vater. Sie waren gestorben, als er zehn Jahre alt war. Es war ein Unfall auf dem Turnpike gewesen. Ein Lastwagen hatte ihr Auto zerquetscht, als wäre es gar nichts. In gewisser Weise war er ein Kind der Geschwindigkeit. Die Versicherung hatte ihn fast reich gemacht, und abgesehen von Autos, lebte er genügsam. Eine nachsichtige, ihn anbetende Tante hatte ihn erzogen, hatte ihm sein erstes Auto geschenkt und ihn am Anfang vor Nachbarn und später vor der Polizei geschützt.

Ein Geräusch brachte ihn in die Gegenwart zurück. Er hörte weit entfernt einen Motor, und dann sah er das winzige, schnell fahrende Auto im Rückspiegel. Er startete den T-Bird und lauschte dem süßen Motorengeräusch; es war der beste, den man für Geld kaufen konnte. Er legte den Sicherheitsgurt an. Früher hätte er über die Vorstellung, einen Gurt zu tragen, nur höhnisch gelacht, aber jetzt war das Spiel so kostbar, daß er kein Risiko einging, und der Gurt hielt ihn sicher fest, wenn er sich schnell vor und zurück bewegte.

Er wartete den anderen Wagen ab, und da kam er auch schon. Er war schnell, an der Grenze einer Geschwindigkeitsüberschreitung. Er warf einen verstohlenen Blick hinüber und sah einen einzelnen, männlichen Fahrer, der steif aufrecht saß; er schien fast gegen den Sitz zurückgezogen zu werden.

Er lenkte den T-Bird dahinter und überholte den anderen Wagen, und er fühlte sich wie berauscht, als der andere Wagen beschleunigte und wieder einscherte. Er konnte fast sehen, wie der andere Fahrer über ihn fluchte, als er knapp vor ihm einschwenkte und den Gashebel niederdrückte. In dem anderen Wagen war kein Beifahrer. Nur der Fahrer selbst.

Ein perfektes Wild. *Oh, Glut, die in mir lodert: Laß dies hier eine gute Nummer werden.*

Jamie wendete, als die Entfernung richtig war. Hinter dem Wild war kein anderes Auto, und in seinem Rückspiegel sah er auch nichts. Die Glut verstärkte sich.

Er ließ die Maschine hochdrehen, bis der Tachometer auf neunzig Meilen zeigte, und er schlingerte, rechte Spur, dann die linke Spur.

Von den Hinterrädern des anderen Wagens sah er Rauch aufsteigen, und etwas in ihm schrie: *Nein! Hau nicht ab!* Der andere Wagen kam näher, und Jamie lächelte.

In dreihundert Fuß Entfernung zog er den T-Bird auf die linke Spur, direkt auf den anderen Wagen zu, und ahnte, was nun geschehen würde. Der andere Fahrer würde in Panik geraten und aus der Bahn vor Jamies heranrasendem Wagen fliehen. Dann die Variante. Jamie würde ihm folgen und den Fahrer von der sicheren Straße auf die trügerische Böschung treiben.

In diesem Augenblick hätte Jamie gerne das Gesicht des anderen Fahrers gesehen. Er hob die Augen, und das Gesicht, das er sah, schien irgendwie vertraut, und es lächelte, aber das war unmöglich. Mit wildem Haß trat Jamie das Pedal durch.

In fünfzig Fuß Entfernung zog der andere Wagen scharf nach links, und Jamie korrigierte beglückt, denn dies war, was er vorausgesehen hatte, aber dann zog das andere Auto wieder nach rechts, und er hatte keine Zeit mehr für eine Korrektur. Der T-Bird wurde leicht in der Seite getroffen. Jamie hörte den krachenden Aufprall und kämpfte mit dem Lenkrad, und er konnte den T-Bird wieder ausrichten, als die Räder auf die Böschung schlugen, doch ein Rad knallte in eine Rinne, und er verlor die Kontrolle über den T-Bird. Er lehnte sich verzweifelt im Sitz zurück, spürte, wie das Dach auf den ausgetrockneten Boden schlug, hörte wieder das Reißen von Metall, und dann ging die Bewegung in ein endlos scheinendes Überschlagen über. Die Fahrertür ging auf, aber der Gurt hielt ihn fest, bis die verrückte, laute Bewegung aufhörte und es still wurde. Dann langte Jamie sehr schnell zur Zündung, denn er roch Benzin, während er schwer atmete, als wäre er eine Meile gerannt.

Er konnte durch seine gesprungene Windschutzscheibe den anderen Wagen sehen. Die rechte Vorderseite war verbeult. Der Fahrer hatte die Tür geöffnet und löste sich aus einem komplizierten Sicherheitsgeschirr, das von einem Überrollbügel über seine Schultern und Hüften lief. Dieses Geschirr war es, das ihm die steife Haltung gegeben hatte, überlegte Jamie.

Jamie löste seinen eigenen Gurt, aber das Lenkrad war noch im Weg, und sein Bein hatte sich irgendwo verfangen. Er spürte die beginnenden Schmerzen, und die Wärme des Blutes, das an seinem verletzten Bein hinunterlief, ließ ihn plötzlich in Panik geraten.

»Hilfe!« rief er.

Der andere Mann kam langsam zu dem verbeulten T-Bird herüber.

»Hallo, Jamie.«

»Ich erinnere mich an Sie«, sagte Jamie ungläubig. »Sie sind Mr. Kelly.«

»Kannst du da raus?« fragte Mr. Kelly.

Jamie schüttelte den Kopf. »Mein Bein.«

Mr. Kellys Augen strahlten.

Jamie sah den anderen Mann an, er konnte nicht erraten, was in ihm vorging, und er kämpfte die Angst nieder. »Mögen Sie das Spiel?«

Mr. Kelly lächelte. »Genug, um es zu lernen. Ich habe es mit Sportwagen trainiert und bin, nachdem mein Junge gestorben war, und bevor ich mich an deine Verfolgung machte, eine Weile Sandbahnrennen gefahren.«

»Vielleicht …«

Mr. Kelly hielt die Hand hoch. »Wenn sie dich abholen, würdest du weitermachen?« Er nickte. »Es gibt einfach keine Möglichkeit, dich zu brechen, Jamie.«

»Wir könnten wieder spielen«, sagte Jamie. »Ich hab's noch nie mit jemandem gemacht, der wirklich spielen konnte.« Er forschte in seinem Innern. »Das war besser als alles, was ich bisher erlebt hatte.« Und das war es auch.

»Nie wieder, Jamie«, sagte Mr. Kelly sanft.

Die Angst schlug hoch. »Wenn Sie mir was tun, dann werden sie es herausfinden. Sie haben mich einmal verklagt. Sie werden Sie fangen.«

»Es gibt keine Verbindung zwischen uns«, sagte Mr. Kelly. »Du hast deinen Namen zu oft gewechselt.« Jamie lachte, und die Angst verging, und er war in seinem Triumph wie berauscht. »Meine Fingerabdrücke haben sich nicht verändert. Sie haben sie damals genommen. Sie werden sie wieder nehmen. Sie werden sie untersuchen und es mit ihnen herausfinden.«

Mr. Kelly lächelte ein seltsames Lächeln und schnüffelte den Benzingeruch.

»Ich habe auch daran gedacht.«

Er zündete ein Streichholz an.

Als die Schreie aufhörten, kicherte Mr. Kelly.

# Nur schlechte Nachrichten

von Henry Slesar

Dillon wirbelte herum und erschoß den Gangster zum fünften Mal. Pauline biß die Zähne zusammen und sagte: *Schieß daneben, du Bastard,* aber der Marshal dachte nicht daran; seine Präzision war durch Wiederholung unerbittlich festgelegt.

Arnold Summerly atmete zum fünften Mal erleichtert auf, und Pauline sagte: »Um Himmels willen, Arnold, *wußtest* du denn nicht, wie es ausgehen würde?« Aber Arnold wurde gerade von dem Werbespot narkotisiert, der dem Duell folgte.

Pauline streckte den Arm aus, um die Siebenuhrnachrichten einzuschalten, aber Arnolds Hand schlug sie auf dem Weg zum Programmknopf und stellte ihn auf den Lokalsender ein; dies war ihr Privatduell, das jeden Abend wiederaufgeführt wurde.

»Arnold, bitte!« sagte Pauline. »Laß uns doch einmal die Nachrichten sehen, *einmal* wenigstens. Alles mögliche könnte passiert sein. Grönland könnte uns den Krieg erklärt haben. Die Welt könnte untergehen. Alles könnte passieren!«

»Wenn es passiert, dann werden wir schon davon hören«, sagte Arnold.

»Wie? Wie denn? Du siehst nie Nachrichten. Du liest nie Zeitung. Du kümmerst dich so wenig um die Welt, du würdest es nicht einmal merken, wenn sie *wirklich* unterginge.«

»Das Bier ist warm«, sagte Arnold. »Du hast das Bier wieder in die Kühlschranktür gestellt. Wie oft muß ich dir noch sagen, daß du das Bier nach innen stellen sollst?« Der Bildschirm zerteilte sich zum Umriß eines Herzens, und Arnold vergaß seinen Groll. Die Aussicht auf Lucy in ihrem zwanzigsten Schwangerschaftsjahr löschte jede Verbitterung aus.

»Du bist wie Gemüse«, sagte Pauline. »Weißt du das, Arnold?

215

Du bist tagsüber eine Büromaschine, und abends bist du ein Gemüse. Ein Salatkopf, der aus einem Hemdkragen guckt.«

Wenigstens war er so anständig, sich aufzuregen.

»Schon gut! Schon gut! Willst du wissen, warum ich nicht die Nachrichten sehe? Warum ich nicht die Zeitung lese? Weil es nur *schlechte* Nachrichten gibt. Deshalb werden so viele Leute gemein und verkommen, weil sie nämlich von früh bis spät nur *schlechte* Nachrichten hören. Es gibt keine einzige nette, anständige, erfreuliche Sache, die man da hört, nicht eine Sache, wegen der man sich *gut* fühlen würde. Deshalb!«

»Das ist nicht wahr«, sagte Pauline. »Vielleicht scheint es so, aber es ist nicht so.«

»Ach? Ja? Willst du wetten? Willst du, zum Beispiel, um diesen neuen Pelzmantel wetten, den du dir so sehr wünschst? Willst du darum wetten, Pauline?«

»Was meinst du mit wetten?«

»Du hast es doch gehört. Setz doch dein Geld ein, wenn du so große Reden schwingst. Schalte die Nachrichten ein, los. Und wenn du eine wirklich gute Nachricht hörst, dann kannst du aufhören, für diesen Pelzmantel zu sparen, dann werde ich ihn dir kaufen. Morgen. Du brauchst dann nicht noch ein Jahr zu warten, ich werde ihn dir gleich jetzt um die Schultern legen!«

Der Mantel war ein schwarzer Nerz. Paulines Heiliger Gral.

»Und wenn es *keine* gute Nachricht gibt?«

Arnold grinste.

»Dann gibst du mir das Geld, das du bis jetzt schon gespart hast, und wir machen den Angelausflug.«

Pauline haßte Angelausflüge. Deshalb zögerte sie.

Arnold kicherte, sowohl über sie als auch über Lucy. Lucy dachte, das Baby käme. Desi drehte durch. Pauline wurde übel bei dem Gedanken an toten Fisch, während sie zugleich mit freudiger Erwartung an den Nerz dachte.

»Also gut«, sagte sie. »In Ordnung, Arnold. Stell die Nachrichten an.«

Arnold verabschiedete sich mit einem bedauernden Lächeln von Lucy und drehte am Knopf.

Jensen sah so verbissen aus, daß sich Paulines Herz auch umdrehte.

»Die Wahrscheinlichkeit, daß es im Mittleren Osten bewaffnete

Auseinandersetzungen geben wird, hat sich heute abend verstärkt, nachdem ein israelisches Vergeltungskommando in den Libanon einfiel, was mit einer Serie von Bombenanschlägen in Tel Aviv beantwortet wurde, die zehn Menschenleben forderten ...«

Arnold nuckelte geräuschvoll an seiner Bierflasche.

»Die Berichte über Truppenaufmärsche haben den Waffenstillstand in Vietnam erneut in Frage gestellt ...«

Arnold rülpste und kicherte und gluckste.

»Und nun ein Filmbericht über das Feuer, das den Ozeandampfer *Marianna* zerstörte. Dreißig Passagiere und Besatzungsmitglieder kamen in den Flammen um ...«

Arnold genoß den Bericht über die Katastrophe fast genauso wie *I Love Lucy*.

»Der Streik der Hafenarbeiter, der jetzt in die dritte Woche geht, könnte schwere Schäden für die Wirtschaft der gesamten Ostküste nach sich ziehen, wie eine neue Untersuchung ...«

Arnold sonnte sich im bläulichen Schein des Fernsehers.

»Wie ein hochrangiger Mitarbeiter des Justizministeriums erklärte, müssen noch weitere Regierungsmitglieder mit Anklagen wegen Bestechlichkeit ...«

»Nach wochenlanger Suche wurde der verstümmelte Körper der siebenjährigen Sharon Snyder in einem leerstehenden Haus gefunden ...«

»Prognose von staatlichen und regionalen Wirtschaftswissenschaftlern, daß Steuererhöhungen unvermeidlich brutal, im Aufzug eines Wohnhauses ermordet der höchste Anstieg der Lebensmittelpreise seit zehn Jahren, Unfallopfer insgesamt auf fünfhundert, ein weiterer Anstieg ist nicht auszuschließen, Sturmfluten Tornados Sturmböen, insgesamt zwölf Kinder getötet, als ein Schulbus von einem Zug erfaßt wurde, Protestierende wurden verhaftet, Opfer des Überfalls gestorben, neues Grippevirus, Tausende Menschen obdachlos, ein Mordanschlag, Vorhersage Regen für das bevorstehende Ferienwochenende ...«

Arnold fühlte sich pudelwohl.

»Na, was hab' ich gesagt, was hab' ich gesagt?« sagte er. »Was ist mit den Nachrichten, Mrs. Tagesgeschehen, hast du die Show genossen? Und was ist mit dem Angelausflug, wirst du wieder kotzen wie beim letzten Mal, als ich den Fang nach Hause brachte?«

»Es läuft noch«, sagte Pauline zähneknirschend. »Die Nachrichten laufen noch, Arnold; willst du nicht wenigstens warten, bis der Mann fertig ist?«

»Aber klar doch«, sagte Arnold lächelnd.

»Und nun«, sagte Jensen, ohne zu lächeln, »wiederholen wir noch einmal unsere erste Meldung. Die staatlichen Gesundheitsbehörden haben heute dringend vor dem Genuß von Mischgemüse der Firma Happy Lad Foods gewarnt, da die Gefahr von Botulismus besteht. Die tödlichen Botulismusbakterien befinden sich in allen Mischgemüsekonserven der Firma Happy Lad mit dem Herstellerzeichen fünf-L-drei. Die Konserven sollten sofort zerstört oder zum Händler zurückgebracht werden...«

Pauline sah ihr Fell davonschwimmen, und sie konnte Arnolds Gekicher keinen Augenblick länger ertragen. Tränen verschleierten ihren Weg vom Wohnzimmer in die Küche. Mitten in dem gekachelten Raum kämpfte sie mit einer Welle von Übelkeit (der Geruch von totem Fisch, der Nicht-Geruch von Nerz), dann ging sie zum Schrank und sah ihre Konservenbestände durch, suchte nach einem Etikett von Happy Lad-Mischgemüse, Serie 5L3. Sie erkannte plötzlich, daß die Nachrichten an diesem Abend doch nicht alle schlecht waren. Sie hatte eine gute.

Spiel ein kleines Lied –

## Die Lebenden und die Toten

von Helen McCloy

Sie war eine außergewöhnliche Frau. Basil Willing erkannte es sofort, als er sie sah.

Sie öffnete die Tür seines Strandhauses, ohne anzuklopfen. Hinter ihr spaltete ein zackiger Blitz die Nacht und verschwand wieder. Das beständige Rauschen der Brandung wurde von Donner übertönt. Ein weißer Schaumrand warf sich auf den Sand; dahinter war der Ozean nur Schwärze – eine Leere, als wäre dort nichts, als wäre dort nie etwas gewesen. Gewitter waren selten in Kalifornien, aber wenn sie kamen, dann waren sie, wie die meisten Dinge in Kalifornien, überwältigend.

Sie war selbst wie ein Unwetter, Dunkelheit und Plötzlichkeit, Blitz und Aufruhr. Basil erinnerte sich, daß die Worte Hurrikan und Huri* den gleichen Ursprung hatten.

»Es tut mir leid, daß ich Sie belästigen muß.« Ihre Stimme klang voll, tief und warm. »Mein Telefon ist gestört. Darf ich Ihres benutzen? Ich wohne nebenan.«

»Natürlich. Es ist drüben neben der Treppe.«

Sie trug einen Seidenumhang, knallgelb wie eine Flamme in dem schwach beleuchteten Raum. Die Sandalen waren golden; ihr einziger Schmuck war eine große runde Brosche auf einer Schulter, Korallen und Türkisstücke, die so angeordnet waren, daß sie einen Nepalesischen Gott formten. Es mußte eine künstlerisch begabte Frau sein, die Gelb-Rosa und Gelb-Blau mit Gelb kombinierte.

»Verdammt! Ihr Telefon ist auch tot! Was soll ich jetzt nur machen?«

»Was ist denn los?«

* Gespielin der Gläubigen im islamischen Paradies – A. d. Ü.

219

»Ich bin Moira Shiel.«

»Die Sängerin? Max und Moira?«

Das Duo hatte sich auf Folksongs und satirische Sketche spezialisiert. Sie waren berühmt für das Tempo, mit dem sie gegenseitig ihre Stichworte aufnahmen, wenn sie improvisierten, was sie oft taten, sogar im Fernsehen. Moira war die bessere Schauspielerin; Max war der bessere Musiker – er hatte das absolute Gehör.

Sie nickte. »Ich bekam gerade einen Anruf von der Polizei in Santa Barbara. Man hat vor einer Stunde, um neun Uhr, Max' Vater tot aufgefunden. Er lebte allein. Ein Nachbar hörte seinen Hund bellen und rief die Polizei. Sie sagten, er sei ungefähr um halb neun an einem Herzanfall gestorben.

Sie riefen an, weil sie Max nicht erreichen konnten. Sie hatten es zuerst im Studio in Burbank versucht, aber die Leute von der Nachtschicht sagten, Max sei um sechs Uhr allein mit seinem Wagen weggefahren und er hätte ihnen erzählt, er wollte nach Santa Barbara fahren, um mit seinem Vater zu Abend zu essen. Die Polizei hat auch versucht, bei Max zu Hause anzurufen, in Santa Cristina, hundert Meilen südlich von Burbank, aber es nahm niemand ab. Seine Frau hätte eigentlich zu Hause sein müssen, aber sie war nicht da.

Ich will nicht, daß Max diese Nachricht ganz unvermittelt im Autoradio hört. Er betete seinen Vater an. Der Schock würde ihn für Wochen, vielleicht sogar für Monate lähmen. Ich hab' mir von der Polizei in Santa Barbara versprechen lassen, daß sie die Nachricht nicht freigeben, bis ich Max gefunden habe, aber sie können es nicht unbegrenzte Zeit zurückhalten. Was soll ich nur tun? Wenn Ihr Telefon auch nicht funktioniert, bedeutet das, daß das Netz am ganzen Malibu Beach defekt ist. Es dauert vielleicht noch Stunden, bis ich ihn erreichen kann.«

Basil sah auf seine Uhr. »Es ist jetzt zehn nach zehn. Wenn er Burbank um sechs verlassen hat, sollte er inzwischen in Santa Barbara eingetroffen sein. Ich glaube, Sie sollten nach Burbank oder nach Los Angeles fahren, ein Telefon suchen, das funktioniert, und …«

»Ich wage es nicht, mein Haus so lange zu verlassen. Die Leitung kann jeden Augenblick repariert werden. Max könnte mich anrufen, und ich würde ihn verpassen.«

»Und wie wäre es, wenn ich Sie nach Hause bringe und selbst nach Los Angeles fahre? Ich kann Max die Nachricht übermitteln, wenn Sie mir die Nummern geben, unter denen er am wahrscheinlichsten zu erreichen ist.«

In ihrem Wohnzimmer brannte schon ein Kaminfeuer. Sie stand davor und blätterte in einem kleinen, schwarzen Adreßbuch. »Zuerst seine Privatnummer. Das ist die, die ich immer vergesse – ich glaube, weil ich so selten die Gelegenheit habe, sie zu benutzen.«

»Ich dachte immer, Sie und Max wären verheiratet«, sagte Basil.

»Oh, nein. Er war schon verheiratet, als wir uns zusammentaten. Katie, seine Frau, ist nett, aber …«

Sie unterbrach sich, als sie auf der Straße, die in Malibu über den Strandhäusern entlangführt, ein Auto hörte. Nach einigen Augenblicken waren auf den Holzstufen zu ihrem Haus laute Schritte zu hören. Sie rannte zur Vordertür.

»Miss Shiel?« Der Mann an der Tür war untersetzt und klein. Polizei. Woran konnte man sie nur immer erkennen, selbst ohne Uniform?

»Ich bin Lieutenant Carson Dawes von der Los-Angeles-Polizei.« Er lächelte Basil an. »Guten Abend, Dr. Willing. Sie können sich wahrscheinlich nicht an mich erinnern, aber ich habe Ihre Vorträge über forensische Psychiatrie in der Universität besucht.«

»Dr. Willing?« Moira wirbelte herum und sah Basil an.

»Dann sind Sie auch so eine Art Polizist!«

»In gewisser Weise. Aber eigentlich bin ich Psychiater.«

»Es tut mir leid, daß ich Sie belästigen muß, Miss Shiel«, fuhr Dawes fort. »Aber ich konnte Sie telefonisch aus Los Angeles nicht erreichen, deshalb bin ich selbst zum Strand rausgekommen.«

»Meine Leitung ist unterbrochen. Der Sturm.«

»Ich suche Ihren Partner, Max Weber. Wissen Sie, wo er ist?«

»Nein. Ich versuchte gerade selbst, ihn zu erreichen, als die Leitung zusammenbrach. Sein Vater, Abraham Weber, ist heute abend in Santa Barbara plötzlich an einem Herzanfall gestorben.«

»Ich weiß«, sagte Dawes. »Als ich bei Mr. Weber anrief, um Max zu erreichen, meldete sich ein Polizist aus Santa Barbara und sagte es mir. Sie versuchten auch, Max zu finden, sagte er. Sie hatten gerade mit Ihnen gesprochen und Ihnen versprochen, die Nachricht nicht freizugeben, bis Sie ihn gefunden hätten. Dann versuchte ich, bei Ihnen anzurufen, und stellte fest, daß die Leitung tot war. Die Leute im Studio in Burbank sagten mir, Max wäre in Santa Barbara bei seinem Vater.

Aber da war er nicht. Interessant. Wenn er da gewesen wäre, hätte er ein Alibi gehabt.«

»Ein Alibi? Wozu?« fragte Moira.

»Seine Frau Katie wurde heute abend ermordet.«

»Aber wer sollte die arme Katie umbringen?«

»Wer sonst, wenn nicht Max? Sie standen kurz vor der Scheidung – wie Sie vielleicht wissen.«

»Das wußte ich nicht.«

»Vor einer Weile hat uns die Polizei aus Santa Cristina angerufen und uns darum gebeten, Max für ein Verhör zu ihnen zu bringen. Nach dem kalifornischen Scheidungsrecht würde Katie die Hälfte von allem bekommen, wenn sie geschieden würden. Das scheint gerade im Augenblick Max sehr ungelegen zu kommen – soweit ich weiß, will er eine eigene Plattenfirma aufmachen und braucht deshalb sein ganzes Kapital. Sie wollen mir doch nicht sagen, daß Sie das nicht wußten, oder?«

»Natürlich wußte ich es. Das gehört zum Geschäft. Wir sind Partner.«

»Katie Weber war heute abend zu Hause, in Santa Cristina. Sie saß vor einem Buntglasfenster. Nach der gerichtsmedizinischen Untersuchung gab jemand ungefähr um halb neun einen Schuß durch die Scheibe ab, der sie auf der Stelle tötete. Niemand hat den Schuß gehört. Ihre Leiche wurde von der Haushälterin gefunden, die das Haus um acht verlassen hatte, als Katie noch lebte. Um neun kehrte sie zurück und fand sie tot. Wo war Max um halb neun?«

»Ich weiß es nicht, aber er würde Katie niemals umbringen.«

Dawes sah sie skeptisch an. »Wirklich, das ist Pech für einen Mörder, wenn sein einziger Alibi-Zeuge eines natürlichen Todes stirbt, während er den Mord begeht, so daß sich sein sorgfältig geplantes Alibi in Wohlgefallen auflöst.«

»Wie können Sie es wagen, zu unterstellen, Max und sein Vater hätten gemeinsam einen kaltblütigen Mord geplant?«

»Bevor sich Abraham Weber aus dem Berufsleben zurückzog, war er ein Winkeladvokat. Er hat selbst nie ein Verbrechen begangen, aber er nahm es mit den Buchstaben des Gesetzes nicht besonders genau. Und er liebte seinen Sohn. Der Herzanfall legt die Vermutung nahe, daß der alte Mann wußte, was heute abend passieren würde, und daß die Aufregung zuviel für ihn war. Wenn ich recht habe – wenn Max die Absicht hatte, seinen Vater als Zeugen für sein Alibi zu benutzen –, dann hat der Herr ihn in unsere Hände gegeben.«

»Was meinen Sie damit?«

»Sie baten die Polizei in Santa Barbara, die Nachricht über Webers Tod nicht freizugeben, bis Max gefunden wäre, so daß Max auf keinen Fall wissen kann, daß sein Vater tot ist. Wenn wir ihn finden, wird er zweifellos behaupten, er wäre um halb neun, als der Mord geschah, bei seinem Vater gewesen, und er würde nie im Leben auf die Idee kommen, daß sein Vater um halb neun bereits tot war. Das würde beweisen, daß Max heute abend überhaupt nicht bei seinem Vater war. Wir brauchen ihn praktisch gar nichts zu fragen. Wir können uns einfach zurücklehnen und ihn sich selbst in die Gaskammer reden lassen.«

»Das ist doch grausam!« schrie Moira. »Sie stellen ihm eine Falle!«

Auf der Straße über dem Strand war wieder ein Auto zu hören. Moira war schon an der Tür. Dawes zog sie fast grob zurück.

»Das wird jetzt wohl Max Weber sein. Ich habe die Highway-Polizei gebeten, ihn herzubringen, falls sie ihn innerhalb einer Stunde, nachdem ich Burbank verlassen hatte, finden sollte. Miss Shiel, wenn Sie versuchen, ihn irgendwie zu warnen, werde ich Sie als Mittäterin zur Verantwortung ziehen. Sie dürfen ihm nichts sagen – kein Wort. Verstanden?«

»Ja.« Sie ging wie eine Schlafwandlerin zur Klavierbank und setzte sich. Basil bot ihr eine Zigarette an. Sie nahm sie mit zitternden Fingern. Als es klopfte, öffnete Dawes die Tür.

Der erste Mann, der eintrat, war ein schmächtiger, zerbrechlicher, schüchtern wirkender Mann. Basil hatte den Eindruck, daß er intelligent und empfindsam wäre, jedoch ohne Kraft – eine stets gefährliche Mischung. Ein uniformierter Highway-Polizist, der sich gleich an Dawes wandte, folgte ihm.

»Wir haben ihn auf der Grasböschung neben dem Highway aufgelesen, Lieutenant. Er war direkt außerhalb von Burbank, in Richtung Süden. Er sagte, er wäre auf dem Heimweg nach Santa Cristina.«

Basil wußte, was der Lieutenant dachte: Max konnte, nachdem er das Studio verlassen hatte, nach Santa Cristina gefahren sein, statt nach Santa Barbara, um seine Frau zu erschießen. Danach konnte er nach Burbank zurückgekehrt sein, so daß er von Norden her wieder nach Santa Cristina hineinfahren konnte, als wäre er von Santa Barbara aus nach Süden gefahren. Auf der Straße zwischen Burbank und Santa Cristina konnte er irgendeinen Zeugen finden, der bestätigen konnte, daß er zu dieser Stunde nach Süden gefahren war – vielleicht einen Tankwart, mit dem er beim Tanken gesprochen hätte.

»Moira!« Max ignorierte die anderen. »Hast du Radio gehört? Katie ist tot, ermordet ...«

Er wollte auf Moira zugehen, doch Dawes legte eine Hand auf seinen Arm.

»Sind Sie Max Weber?«

»Ja, aber ...«

»Ich bin Lieutenant Dawes, Los-Angeles-Polizei, und ich muß mit Ihnen sprechen, bevor es jemand anders tut. Wo waren Sie?«

Moira drückte ihre Zigarette in einem Aschenbecher auf dem Klavier aus. Ihre unruhigen Finger spielten über die Tasten.

»Miss Shiel, ich weiß, daß Sie nervös sind, aber dies ist nicht die richtige Zeit zum Klavierspielen. Mr. Weber, wo waren Sie?«

»In Santa Barbara. Ich wollte eigentlich mit meinem Vater zu Abend essen, aber ...«

»Mein armer Vater.« Max sank in einen Stuhl und schlug die Hände vors Gesicht. »Dad ist ganz allein gestorben. Er muß gestorben sein, kurz bevor ich um halb neun bei ihm ankam. Er war noch warm.«

»Haben Sie seinen Arzt gerufen?«

»Nein. Ich hätte es tun sollen, nicht? Aber ich hab's nicht getan. Ich bin eine Weile herumgefahren und versuchte mir auszumalen, wie es wäre, in einer Welt ohne Dad zu leben. Dann habe ich mich auf den Heimweg gemacht.«

»Immer noch, ohne den Arzt benachrichtigt zu haben?«

»Ich wollte es tun, sobald ich zu Hause eingetroffen wäre. Es schien irgendwie nicht wichtig zu sein. Dad war tot. Das – das Ding, das da lag, hatte nichts mehr mit ihm zu tun … ich war auf dem Highway, ein Stück südlich von Burbank, als ich die Nachricht von Katies Tod im Radio hörte. Es war einfach zuviel, direkt nach Vaters Tod. Ich konnte nicht mehr fahren. Ich fuhr auf den Grünstreifen, und ein paar Minuten später fand mich die Polizei und brachte mich hierher.«

»Ich glaube, damit sind Sie aus dem Schneider.« Dawes konnte seine Enttäuschung nicht verbergen. »Ich muß mich dafür entschuldigen, daß ich –«

»Entschuldigen?« Basils Stimme war scharf. »Lieutenant, nehmen Sie an, daß Max Weber heute abend in Santa Barbara war, nur weil er weiß, daß sein Vater tot ist?«

»Ja. Niemand außer dem Nachbarn, der die Polizei rief, der Polizei selbst, und Miss Shiel und Ihnen wußte von Mr. Webers Tod. Es wurde nicht gesendet, weil Miss Shiel die Polizei hatte versprechen lassen, daß sie die Nachricht erst freigeben würde, wenn Max gefunden wäre. Sie kann nicht mit Max telefoniert haben, weil die Leitung zusammenbrach, kurz nachdem die Polizei aus Santa Barbara sie angerufen und ihr die Sache mitgeteilt hatte. Ich weiß das, weil ich genau in diesem Augenblick versuchte, sie zu erreichen. Sie hatte offensichtlich keine Gelegenheit, Max vor meiner Ankunft hier zu sagen, daß sein Vater tot ist.«

»Das ist wahr, aber Miss Shiel hatte eine Möglichkeit, Max Weber den Tod seines Vaters mitzuteilen, nachdem Sie hier eintrafen.«

»Was meinen Sie? Sie hat kein einziges Wort mit ihm gesprochen!«

»Worte sind nicht das einzige Kommunikationsmedium.«

»Denken Sie an eine Art Code?«

»Ich glaube, man könnte es einen Code nennen.« Basil ging zum Klavier hinüber. Er spielte langsam sieben Töne. »Erkennen Sie diese Noten?«

Dawes macht ein dummes Gesicht, aber der junge Highway-Polizist starrte Basil ehrfürchtig an. »Ich will verdammt sein! C-Dur. Das ist es. Sie müssen auch das absolute Gehör haben.«

»Nein, ich habe nur ihre Hände beobachtet, so, wie Sie jetzt meine beobachten.«

»Worüber reden Sie denn da?« fragte Dawes.

»Dies sind die sieben Töne, die Miss Shiel angeschlagen hat: ABE-DEAD. *Abe tot.*«

»Zum Teufel mit Ihnen!« schrie Moira Basil an. »Was haben Sie denn damit zu tun? Warum müssen Sie sich da einmischen?«

»Schon gut, Moira«, sagte Max leise. »Ich kann auch gleich aufgeben – ich habe keine Chance ohne Dad, der mir ein Alibi gegeben hätte. Die Polizei wird graben und graben, bis sie schließlich die Pistole mit mir in Verbindung bringen kann.«

»Dann ... dann hast du es getan?« Moiras Stimme war nur noch ein Flüstern.

»Ja, ich habe Katie ermordet. Deinetwegen und wegen des Geldes. Moira, ich liebe dich so sehr ...«

»Und warum gerade C-Dur?« fragte Dawes Basil später am Abend.

»Wegen der enharmonischen Verwechslung. Auf den Tasten ist B$^\#$ gleich C, C$^b$ entspricht B, E$^\#$ ist gleich F, und F$^b$ ist gleich E. Man kann nicht wissen, welche dieser Noten gemeint ist, solange man sie nicht in der entsprechenden Tonart geschrieben sieht. C-Dur ist die einzige Ausnahme – es ist die einzige Tonart, die kein Kreuz oder b hat.

Max Weber hat sofort erfaßt, daß, wenn Moira ihm mit ihrem Spiel etwas mitteilen wollte, es in C-Dur sein mußte – sonst hätte er die Noten, das heißt, die Buchstaben, nicht erkennen können. Weil er das absolute Gehör und nicht nur ein relatives besitzt, konnte er etwas tun, das nur wenige Menschen tun können – er konnte eine einzelne Note oder eine kleine Gruppe von Noten identifizieren.

Moira hat schnell geschaltet und sich seiner Gabe bedient. Sie war schnell, aber er war sogar noch schneller. Sie waren ein gutes Team, wirklich berühmt dafür, gegenseitig ihre Stichworte in Sekundenbruchteilen aufzugreifen ... ich hoffe, Sie werden sie nicht als Mitschuldige anklagen?«

»Eigentlich sollte ich es tun«, sagte Dawes langsam. »Aber ich werde es lassen. Max' Strafe wird auch für sie Strafe genug sein ... Aber ich bin froh, daß Sie dabei waren, Dr. Willing – sie hat mich gründlich an der Nase herumgeführt.«

---

\* Das amerikanische B entspricht dem deutschen H – A. d. Ü.

Es ist ein Test, gut – aber wozu?

# Eine Übung für die Versicherung

von James Holding

Als an jenem Nachmittag drei maskierte Männer mit abgesägten Schrotflinten in die Bank marschierten und in aller Ruhe die Barbestände der Schalter ausräumten, war ich nicht einmal nervös. Ich war sicher, daß sie nicht weit damit kommen würden. Ich war absolut überzeugt, daß fünf Polizeischarfschützen, die an strategisch günstigen Stellen postiert waren, die Räuber vor der Tür der Bank erwarten würden, wenn sie dort wieder auftauchten.

Und so wäre es auch geschehen, wenn nicht Miss Coe gewesen wäre, die führende Modistin in Robbsville.

Als Eigentümerin und einzige Angestellte eines Hutgeschäftes, das direkt neben der Bank lag und den gut gewählten Namen *Miss Coe's Chapeaux* trug, stellte Miss Coe bezaubernde Hüte für viele der besseren Damen der Stadt her. Sie war eine ausgezeichnete Designerin, deren Produkte ein modisches, leicht französisches Flair hatten, das den Gebrauch des französischen Wortes im Namen ihres Ladens mehr als rechtfertigte.

Miss Coe war in mittleren Jahren, süß, hübsch, methodisch und äußerst zuverlässig. Ihre Zuverlässigkeit war sogar des öfteren Gegenstand bewundernder Kommentare der Damen des Ortes, die ansonsten etwas von der Unzuverlässigkeit anderer Geschäftsleute enttäuscht waren. »Auf Miss Coe kann man immer zählen«, sagten sie öfter zueinander. »Wenn sie sagt, daß sie den Hut am Freitag um elf fertig hat, dann ist er auch fertig. Wenn man zur Tür hereinkommt, macht sie gerade die letzten Stiche.« Auch an meinem eigenen Mittagstisch hatte ich Bemerkungen dieser Art gehört, denn meine Frau war Stammkundin bei Miss Coe.

Aber Sie fragen sich jetzt vielleicht, was Miss Coe, eine Modistin – so zuverlässig und methodisch sie zweifellos war – mit dem Überfall auf unsere Bank zu tun haben mag.

Nun, Sie erinnern sich vielleicht, daß vor einigen Jahren einige der Gesellschaften, die die Banken gegen Überfälle versicherten, sich einverstanden erklärten, die Prämien in dieser Sparte zu senken, wenn die versicherte Bank sich verpflichtete, gewisse Sicherungsvorkehrungen zu treffen.

Das bedeutete ganz einfach, daß eine Bank, wollte sie in den Genuß der niedrigeren Versicherungsprämien kommen, irgendwo *außerhalb* der Bank ein Alarmsystem gegen Überfälle installieren mußte. Sollte es dann zu einem Überfall kommen, würde an einem anderen Ort ein Alarm losgehen, so daß die Polizei augenblicklich und ohne daß es in der Bank zu bemerken war, alarmiert wurde und rechtzeitig auf der Bildfläche erscheinen konnte, um den Raub zu verhindern, und, so hoffte man, die Banditen sogar auf frischer Tat ertappen konnte.

In jenen Tagen eher primitiver Elektrotechnik bestanden die Versicherungsangestellten nicht darauf, daß in Erfüllung dieses Sicherheitsbedürfnisses der Alarm unbedingt in der Polizeiwache selbst installiert werden mußte. Ein beliebiger anderer Ort, an dem die Alarmklingel unweigerlich augenblickliche Reaktionen auslösen würde, wäre ebenfalls hinreichend.

Die auf diese Weise möglichen Einsparungen an Versicherungsprämien waren recht erheblich. Folglich entschied auch unsere Bank, diesen Vorteil zu nutzen. Als Kassierer wurde ich mit der Aufgabe betraut, eine passende Örtlichkeit für den Außenalarm zu suchen, vorzugsweise in der Nähe der Bank, da dann die Installationskosten auf ein Minimum beschränkt blieben.

Nach einigem Überlegen und mit der noch frischen Erinnerung an die Worte, die meine Frau kürzlich zu einer Bridgepartnerin gesagt hatte: »Sie werden feststellen, daß Miss Coe äußerst zuverlässig ist«, ging ich eines Tages in meiner Mittagspause um die Ecke zur Hutmacherin.

Nachdem ich mich vorgestellt hatte, erklärte ich ihr, daß die Bank die Absicht habe, irgendwo in der Nachbarschaft eine Alarmklingel zu installieren. Ich erklärte ihr den Zweck dieses Alarms. Dann fuhr ich diplomatisch fort: »Miss Coe, ich habe die mir bekannten Damen nie von Ihnen sprechen hören, ohne daß sie in allerfreundlichster Weise auf Ihre absolute Verläßlichkeit Bezug nahmen und auf Ihre ruhige, methodische Art.«

»Wie nett«, murmelte sie erfreut. »Ich versuche tatsächlich, die Dinge genau und methodisch zu erledigen, das ist wahr. Ich finde das Leben auf diese Weise weniger kompliziert.«

»Ganz recht. Und eben deshalb möchte ich Sie um Erlaubnis bitten, unsere Alarmklingel in Ihrem Geschäft anzubringen.«

»Hier bei mir?«

»Genau hier. Sie sind doch während der Schalterstunden immer in ihrem Geschäft, oder?«

»Selbstverständlich. Ich bringe mein Mittagessen mit, so daß ich nicht einmal zur Mittagszeit weggehen muß.«

»Gut. Bei Ihrer Fähigkeit, im rechten Augenblick genau das Rechte zu tun, bin ich sicher, daß unsere Alarmklingel, obschon sie im unwahrscheinlichen Fall eines Bankraubes Ihren Schultern eine zusätzliche Verantwortung aufbürdet, Sie in keiner Weise stören oder belästigen wird. Und ich darf vielleicht hinzufügen, daß die Bank selbstverständlich bereit ist, Ihnen für Ihre Mitarbeit eine kleine Entschädigung zu zahlen.«

Sie errötete vor Freude. »Was müßte ich tun?« fragte sie.

»Falls die Alarmklingel jemals losgehen sollte, gehen Sie einfach an Ihr Telefon hier, Miss Coe …« Ich deutete auf das Telefon, das im hinteren Teil des Ladens auf einer Theke stand, »…und informieren mit einem Notruf die Polizei, indem Sie ein vorher vereinbartes Signal geben. Das ist alles. In diesem Augenblick hört Ihre Verantwortung auf. Wie Sie sehen, ist es kinderleicht.«

»Ich bin sicher, daß ich es tun könnte, wenn das alles ist«, sagte Miss Coe, während sie etwas schuldbewußt auf ihre Wanduhr sah, so, als fürchtete sie, mit einem Hut, den sie einem Kunden für die folgende Minute versprochen hatte, drei Stiche im Rückstand zu sein. »Und ich will nicht sagen, daß mir ein kleines Zusatzeinkommen nicht mehr als willkommen wäre.«

Bis zum Wochenende war die Klingel in ihrem Laden eingebaut. Das System wurde gründlich getestet, und es arbeitete perfekt. Bei unserer ersten »Trockenübung« trafen die Polizeikräfte bereits vier Minuten, nachdem sie den Anruf von Miss Coe bekommen hatten, in der Bank ein. Die Versicherungsleute, die mit ihrer Begutachtung des Systems und mit meiner Empfehlung von Miss Coe zufrieden waren, gewährten uns von Stund an die niedrigeren Prämien.

Da in unserem Versicherungsvertrag ein täglicher Test des Stromkreises vorgeschrieben war, um dessen ständige Einsatzbereitschaft sicherzustellen, kam ich mit Miss Coe überein, daß ich jeden Tag um genau drei Uhr auf den Knopf unter meinem Schreibtisch in der Bank drücken und so die Klingel in ihrem Geschäft in Gang setzen würde. Weiter brauchte die tägliche Probe nicht zu gehen; man unterstellte, daß Miss Coes Telefon immer funktionstüchtig wäre; falls es aber einmal nicht in Ordnung wäre, wenn die Klingel schellte, brauchte Miss Coe nur in das benachbarte Geschäft zu gehen, um die Polizei von dort aus anzurufen.

Zwei Jahre lang schien es so, als brauchte Miss Coe ihre Zuverlässigkeit niemals zum Nutzen der Bankkunden unter Beweis zu stellen. Wir hatten keinen Bankraub, nicht einmal einen versuchten. Ich überprüfte jeden Tag um drei Uhr die Klingel; Miss Coe fuhr ungestört damit fort, bezaubernde Hüte für die Damen Robbsvilles zu machen; und jeden Monat schickte ich ihr einen kleinen Scheck für ihre Beteiligung am Alarmsystem der Bank.

Nun können Sie sicher leicht verstehen, warum ich absolut keine Kopfschmerzen bekam, als unser Bankraub schließlich doch geschah. Dies war das Ereignis, für das die Polizei, Miss Coe und ich so gründlich vorbereitet waren. Dies war die Wirklichkeit, die wir mit unseren Proben nur simuliert hatten. Ich wußte, daß unser Außenalarm für Banküberfälle perfekt funktionierte. Ich wußte, daß Miss Coe in ihrem Geschäft war, bereit zu handeln, verläßlich und fehllos wie die Sterne im Himmel.

Deshalb spürte ich, weit entfernt von Überraschung oder Angst, wirklich eine gewisse freudige Aufregung, als ich an diesem Nachmittag, kurz vor Schalterschluß, aufsah und die drei maskierten Banditen bemerkte, die ihre Waffen unseren Mitarbeitern und den verängstigten Kunden vorhielten. Zusammen mit den anderen im Schalterraum Anwesenden hob ich auf das Kommando der Räuber langsam die Hände über den Kopf. Gleichzeitig und unbemerkt drückte ich jedoch mit dem Knie auf den Alarmknopf unter meinem Schreibtisch.

Ich konnte mir genau ausmalen, welche Abfolge von Ereignissen durch die Bewegung meines Knies ausgelöst würde. Bei Miss Coe würde die Klingel schellen. Sie würde vielleicht noch eine Schrecksekunde lang reglos an ihrem Arbeitstisch sitzenbleiben. Sie würde den Hut fallen lassen, an dem sie arbeitete, und eilig zu ihrem Telefon hinübergehen. Sie würde mit vortrefflicher Gelassenheit den Notruf an die Polizei absetzen. Und dann würde sie zuversichtlich auf meine Nachricht warten, daß die Bankräuber überwältigt oder gefaßt wären.

Wie ich später herausfand, tat Miss Cloe unglücklicherweise keins dieser Dinge.

Was sie tat, als die Alarmklingel in ihrem Geschäft schellte, war einfach, daß sie auf ihre Wanduhr sah, sich ungeduldig von ihrem Nähhocker erhob und den Raum durchquerte (der Herr segne ihr gewissenhaftes Herz!), um den großen Zeiger der Wanduhr zehn Minuten vorzustellen, so daß er genau auf drei Uhr zeigte.

## Die Rostlaube

von Alvin S. Fick

An die                                                    8. August 1975
Acme-Parkhausgesellschaft
2135 Congress Street
Akron, O.

An den Zuständigen:
Als ich heute nachmittag meinen Wagen aus Ihrem Parkhaus
abholte, entdeckte ich, daß alle vier Radkappen fehlten. Sie
waren offensichtlich tagsüber gestohlen worden, denn ich bin
sicher, daß sie sich alle noch am Wagen befanden, als ich ihn auf
der C-Ebene abstellte, die man von der Auffahrt in der Orville
Avenue erreicht.

Ich sprach mit einem der Mitarbeiter darüber, doch er zuckte
nur mit den Achseln und sagte, die Radkappen wären wahrscheinlich am Morgen unterwegs abgefallen, ohne daß ich es
bemerkt hätte. Das ist nicht möglich – jedenfalls nicht bei allen
vieren gleichzeitig. Er sagte, das Büro sei geschlossen, und er
wollte mir nicht einmal seinen Namen nennen, so daß ich nun
diesen Brief in der Erwartung schreibe, von Ihnen entschädigt
zu werden.

Hochachtungsvoll
Dennis Daggett
14 Pepper Lane
Chatham, O.

Mr. Dennis Daggett                                    12. August 1975
14 Pepper Lane
Chatham, O.

Sehr geehrter Mr. Daggett,
Ihr Schreiben vom 8. August liegt mir zur Bearbeitung vor. Im
Namen der Acme-Parkhausgesellschaft möchte ich Ihnen mein
aufrichtiges Bedauern für den Verlust der Radkappen von Ihrem
Wagen ausdrücken, der, wie Sie sagen, geschah, während Ihr
Fahrzeug in unserem Hause abgestellt war. In Hinblick auf die
starke Frequentierung des zu unserem Unternehmen gehören-
den Parkhauses fällt es mir offengestanden schwer zu glauben,
daß dies auf der C-Ebene oder sonst irgendwo auf unserem
Gelände geschehen sein soll. Wir beschäftigen eine große Zahl
geschulter, verläßlicher Mitarbeiter und Aufseher, die ständig
alle Ebenen überwachen.
    Wir sind sicher, daß Sie keine Schwierigkeiten haben werden,
den Verlust von Ihrem Versicherer unter Berufung auf Ihre Vollkaskoversicherung ersetzt zu bekommen.
    Wir möchten nochmals unser Bedauern für Ihren Verlust
zum Ausdruck bringen.

                                    Mit freundlichen Grüßen
                                    Elroy R. Kent
                                    Beschwerdeabteilung


Mr. Elroy Kent                                        15. August 1975
Beschwerdeabteilung
Acme-Parkhausgesellschaft
2135 Congress St.
Akron, O.

Sehr geehrter Mr. Kent,
ich habe Ihren Brief bekommen, und ich mag Ihre Haltung eines
ungläubigen Thomas gar nicht. Ich parke jetzt seit drei Jahren
bei der Acme Parkhausgesellschaft, und ich kann die Art, wie
Sie andeuten, ich würde bei dieser Sache lügen, überhaupt nicht
leiden.
    Ich benutze meinen Wagen ausschließlich für den Weg zur

und von der Arbeit. Er steht nie auf der Straße. Er wird in meiner Garage geparkt – die übrigens verschlossen ist –, wenn ich zu Hause bin. Ich habe immer Ihr Parkhaus statt des großen Parkplatzes an der Congress St. benutzt, und zwar, weil ich sehr stolz auf die Sorgfalt bin, mit der ich meinen Wagen behandle. Ich habe ihn nie in Wind und Wetter draußen stehengelassen.

Erzählen Sie mir nichts von Vollkaskoversicherungen. Das Geld, das ich dafür bezahlen müßte, habe ich in die Kasse der Acme-Parkhausgesellschaft gesteckt, gerade damit ich die Vollkaskoversicherung nicht brauche. Warum, glauben Sie, bezahle ich Ihre exorbitanten Parkhausgebühren, wenn nicht, um mein Eigentum zu schützen?

Ich ermittle gerade die Kosten für den Ersatz der Radkappen. Ich werde Ihnen die Rechnung zuschicken.

Hochachtungsvoll
Dennis Daggett
14 Pepper Lane


Mr. Dennis Daggett                           19. August 1975
14 Pepper Lane
Chatham, O.


Sehr geehrter Mr. Daggett,
angesichts der niedrigen Kosten für eine Vollkaskoversicherung scheint es ein wenig dumm von Ihnen, daß Sie keine abgeschlossen haben. Aber das ist natürlich Ihre Sache, so kurzsichtig sie auch sein mag. Es wäre zwecklos, wenn Sie uns eine Rechnung für den Ersatz Ihrer Radkappen schickten, bei denen ich angesichts des Alters Ihres Wagens ohnehin zweifle, ob es Ihnen gelingt, sie zu beschaffen. Ich sprach mit dem Aufseher auf der C-Ebene, an den Sie sich am 8. August mit Ihrer Beschwerde wandten. Er sagte mir, Sie führen einen 1949er Kaiser.

Wirklich, Mr. Daggett, Sie können wohl kaum hoffen, *dafür* Radkappen zu finden!

Mit freundlichen Grüßen
Elroy R. Kent
für die Acme-Parkhausgesellschaft

20. August 1975

Mr. Kent,

Sie haben verdammt recht damit, daß es *meine* Sache ist, ob ich eine Vollkaskoversicherung abschließe oder nicht, und es ist sicherlich nicht *Ihre* Sache, mich dumm zu nennen, weil ich es nicht tue. Und was, zum Teufel, meinen Sie damit, daß es »zwecklos wäre, wenn Sie uns die Rechnung schickten«?

Sie haben eine Verantwortung in dieser Angelegenheit, und ich möchte, daß Sie auch danach handeln.

Der Tonfall Ihres Briefes vom 19. August treibt mir die Galle hoch. Wer, zum Henker, sind Sie denn, mich kurzsichtig zu nennen? Wie viele Leute kennen Sie denn, die fünfundzwanzig Jahre lang dasselbe Auto durchgebracht, geliebt und umsorgt haben? Ich möchte Ihnen versichern, daß ich Radkappen finden kann und werde. Sie werden eine schöne Stange Geld kosten, denn ich werde Ihnen die Zeit in Rechnung stellen, die ich für die Suche aufwenden muß, und wenn ich sie finde, dann rechne ich damit, daß sie vielleicht verbeult und verrostet sind. Die Reparatur, einschließlich der neuen Verchromung, wird in der Rechnung erscheinen.

Am 19. August habe ich in Ihrem Büro vorbeigeschaut, um die Angelegenheit persönlich zu besprechen, aber Ihre Sekretärin sagte, Sie seien nicht im Haus und sie wüßte nicht, wann Sie zurückkämen. Erstunken und erlogen! Oder waren Sie so damit beschäftigt, diesen gottverdammten Brief vom 19. zu schreiben, daß Sie mich nicht empfangen konnten? Es ist für mich keine Frage mehr, warum ich jedesmal dieselbe Antwort von ihr bekomme, wenn ich versuche, Sie telefonisch zu erreichen.

Ich erwarte, daß Sie schleunigst unter Benutzung der beiliegenden Antwortkarte bestätigen, daß Sie die Rechnung für meine neuen Radkappen übernehmen werden. Versuchen Sie nicht, mich deshalb anzurufen. Ich will es schriftlich machen. Ich traue Ihnen nicht.

Dennis Daggett

PS. Ich brauche wohl nicht mehr zu sagen, daß ich einen anderen Parkplatz für mein Auto gefunden habe.

Mr. Dennis Daggett                          22. August 1975
14 Pepper Lane
Chatham, O.

Sehr geehrter Mr. Daggett,
ich muß Sie leider wegen der unmäßigen Sprache warnen, die
Sie in Ihren Briefen benutzen. Ich verstehe vollkommen die
Umstände, die mit dem Verlust der Radkappen Ihres alten
Wagens verbunden sind.

Ich bin erschüttert, daß Sie für einen Menschen, der drei Jahre
in unserem Haus geparkt hat, so bemerkenswert unaufmerk-
sam, um nicht zu sagen, so blind sind, daß Sie die an auffälligen
Stellen angebrachten Benutzungsbedingungen nicht bemerkt
haben. Wir haben an keinem einzigen Tag, an dem Sie im Acme
Parkhaus parkten, auch nur ein Jota Verantwortung für Ihren
Wagen, und schon gar nicht für Ihre Person, getragen.

So einfach ist das. Wir sind nicht verantwortlich. Punktum.

Mit freundlichen Grüßen
Elroy R. Kent
für die Acme-Parkhausgesellschaft

PS. Wenn Ihr Augenlicht wirklich so schwach ist, daß Sie die
drei mal vier Fuß großen Tafeln mit den fünf Zentimeter hohen
Buchstaben nicht gesehen haben, auf denen steht: DAS UNTER-
NEHMEN HAFTET NICHT FÜR DIEBSTAHL ODER BESCHÄ-
DIGUNG, UNABHÄNGIG VON IHRER URSACHE UND
UNABHÄNGIG DAVON, OB FAHRZEUGE, MITGEFÜHRTE
GEGENSTÄNDE, FAHRER ODER MITFAHRER BETROFFEN
SIND – nun, in diesem Fall sollten Sie mit Ihrer alten Rostlaube
am besten überhaupt nicht mehr am Straßenverkehr teilneh-
men.

25. August 1975

Kent,

Sie haben nur noch eine Möglichkeit, eine Klage zu vermeiden. Ich stellte in meinem Brief vom 20. August fest, daß ich Ihnen nicht traue. Beweisen Sie mir das Gegenteil. Beweisen Sie mir, daß Ihr Leute von Acme nicht nur ein Haufen Gauner seid, und ich könnte Ihnen vielleicht sogar die Beleidigung meines schönen alten Kaisers verzeihen. Sie müssen sich klarmachen, daß es ein seltenes und sorgfältig gepflegtes Exponat der amerikanischen Automobilgeschichte ist. Ich kann jede Beleidigung ertragen, aber Sie sind zu weit gegangen, als Sie meinen Kaiser eine alte Rostlaube nannten.

Wenn Sie Ihre Version beweisen wollen, dann nehmen Sie doch am kommenden Dienstag eins dieser »auffälligen« Schilder ab und bringen Sie es in Rose's Café mit, das Ihrer Einfahrt auf der Congress Street gegenüberliegt. Seien Sie um 18.30 Uhr da. Lassen Sie mich nicht warten, denn ich habe bereits meine Geduld verloren. Wenn Sie das aus Ihrer 9-17 Uhr-Routine wirft, dann betrachten Sie dies als geringen Aufwand, um mich zu veranlassen, die Sache fallenzulassen, ohne andere Maßnahmen zu ergreifen.

Ich kann mich nicht erinnern, die Schilder, die Sie erwähnten, gesehen zu haben. Bringen Sie lieber kein frisch bemaltes, gezinktes mit, denn Sie wissen verdammt genau, daß ich nie eins gesehen habe, wenn ich meinen Fuß auf das Grundstück der Acme-Gesellschaft setzte.

Nicht vergessen: pünktlich um 18.30 Uhr.

Dennis Daggett

PS. Bestätigen Sie unsere Verabredung schriftlich, und kommen Sie nicht zu spät.

Mr. Dennis Daggett                              28. August 1975
14 Pepper Lane
Chatham, O.

Sehr geehrter Mr. Daggett,
Ihre Forderung vom 25. August ist lächerlich, aber ich werde
darauf eingehen, damit ich Ihr dummes Gesicht sehen kann,
wenn Sie das Schild lesen. Ich werde lieber eins vom unbedachten Parkplatz statt aus dem Parkhaus mitbringen, damit Sie
selbst die Witterungseinflüsse sehen können.

Ich sagte, ich will auf Sie eingehen und kommen. Näher an
der Wahrheit liegt aber mein Wunsch, einen Blick auf diesen
absolut wertlosen Blech- und Schrotthaufen zu werfen, den Sie
als Teil der amerikanischen Autogeschichte bezeichnen.

Abgesehen von der Tatsache, daß ich das Schild mitbringe,
werden Sie keine Schwierigkeiten haben, mich zu identifizieren.
Ich werde nämlich der einzige sein, der lacht – wahrscheinlich
völlig unkontrolliert, nachdem ich den Kaiser am Bordstein
gesehen habe.

Wir sehen uns dann am 2., Dennis.

Mit freundlichen Grüßen
Elroy R. Kent
für die Acme-Parkhausgesellschaft


Mr. Dennis Daggett                           17. September 1975
14 Pepper Lane
Chatham, O.

Sehr geehrter Mr. Daggett,
ich sah heute morgen zum ersten Mal die Korrespondenz von
Elroy R. Kent durch. Dabei fiel mir auf, daß zwischen Ihnen und
ihm im August ein Briefwechsel stattfand. Offensichtlich gab es
zwischen Ihnen und der Acme-Parkhausgesellschaft gewisse
Differenzen in bezug auf das Verschwinden von Radkappen von
Ihrem Wagen, während er auf der C-Ebene unseres Parkhauses
abgestellt war.

Dem Bedauern, das Mr. Kent geäußert hat, möchte ich das
meine hinzufügen. Darüber hinaus halte ich es für angemessen,

wenn ich mich für Mr. Kent entschuldige, weil er seine Verabredung mit Ihnen am 2. September nicht einhalten konnte. Ich weiß nicht, ob Sie die Akron-Nachrichten lesen, da Sie in Chatham wohnen, aber Mr. Kent widerfuhr ein tragischer Unfall, der ihn davon abhielt, sich mit Ihnen zu treffen. Wie Sie bereits wissen, wollte er eins der Schilder vom Parkplatz mitnehmen – meiner Meinung nach eine etwas ungewöhnliche Verabredung, die sich vielleicht aber dennoch in Übereinstimmung mit der seltsamen Natur Ihres Briefwechsels befindet.

Als er die Straße überquerte, wurde Mr. Kent von einem Fahrzeug erfaßt, das sich unidentifiziert entfernte. Mit persönlichem Bedauern füge ich hinzu, daß er auf dem Weg ins Krankenhaus verstarb, ohne das Bewußtsein wiedererlangt zu haben.

Die Polizei hat die Theorie aufgestellt, daß das Schild Mr. Kents Blickfeld eingeengt hat, so daß er direkt vor das Auto lief, das ihn dann ergriff und mitschleifte. Allerdings ist zu dieser Stunde so wenig Verkehr auf der Congress Street, daß ich nicht verstehe, wie der Fahrer Mr. Kent übersehen haben kann. Wie kann er einen Mann übersehen haben, der ein drei mal vier Fuß großes Schild trug? Ich hoffe von Herzen, daß ihn die Polizei findet.

Niemand im Café sah den Unfall, und anscheinend gibt es auch keine anderen Zeugen, weder Fußgänger noch andere Autofahrer. Wie ich schon sagte, ist die Straße an Sommerabenden um 18.15 Uhr nicht sehr belebt.

Sie haben sich vielleicht schon gefragt, warum Mr. Kent die Verabredung nicht einhielt. Die Polizei hat alle Gäste des Cafés vernommen und die Namen notiert. Da Sie nicht auf dieser Liste erscheinen, kann ich nur annehmen, daß Sie trotz des Nachdrucks, den Sie auf Mr. Kents pünktliches Erscheinen legten, selbst zu spät kamen.

Mein Hauptgrund dafür, daß ich Ihnen diesen Brief schreibe, ist der Wunsch, die Angelegenheit, die in Mr. Kents unglücklichem Ableben gipfelte, beizulegen. Ich muß mich für die Art und Weise entschuldigen, mit der Ihr Verlust gehandhabt wurde. Ehe ich nicht einige seiner älteren Akten gelesen habe, kann ich es nicht sicher sagen, aber ich glaube nicht, daß Mr. Kent normalerweise derart sarkastisch war. Ich bin jedoch sicher, daß Sie verstehen, daß er in seiner Eigenschaft als Sachbearbeiter für Beschwerden eine gewisse Festigkeit an den Tag legen mußte.

Mr. Daggett, die Acme Parkplatzgesellschaft hat die Absicht, Sie für Ihren Verlust voll zu entschädigen. Wir sind dazu bereit, obwohl ich wiederholen muß, daß Mr. Kent mit seiner Feststellung recht hatte, daß wir keinerlei Verantwortung tragen. Bitte suchen Sie doch mit Ihrer Rechnung mein Büro auf. Ich werde Ihnen dann persönlich einen Scheck über den Rechnungsbetrag ausstellen.

Hochachtungsvoll
Robert Winsett
Vizepräsident
Acme-Parkplatzgesellschaft

Mr. Robert Winsett       19. September 1975
Acme Parkplatzgesellschaft
2135 Congress St.
Akron, O.

Sehr geehrter Mr. Winsett,
ist es nicht eine Schande mit dem armen Mr. Kent!

Vielen Dank für Ihr Angebot, meine Radkappen zu bezahlen, aber das ist nicht mehr nötig. Ich hatte vor ein paar Tagen einen kleinen Unfall mit meinem Kaiser, und Sie wissen ja, wie schwer es ist, Ersatzteile für so eine alte Rostlaube zu bekommen – besonders Teile wie Kühlergrill, Lampen und so weiter.

Ich dachte mir, das beste wäre es, ihn loszuwerden, und so fuhr ich zu einem Schrottplatz. Man wollte mir nur 20 Dollar geben!

Vor ein paar Tagen schaute ich dort wieder vorbei, um im Handschuhfach nach einem Kugelschreiber zu suchen, den ich vergessen zu haben glaubte, als ich den Wagen ausräumte. Einer der Burschen auf dem Schrottplatz sagte mir, sie hätten mein

Auto schon durch den Zerkleinerer gejagt und am vorhergehenden Tag als Kleinschrott verschifft.

Ich glaube, es ist schon nach Japan unterwegs.

Hochachtungsvoll
Dennis Daggett
14 Pepper Lane
Chatham, O.

PS. Da Sie ja in gewisser Weise in der Automobilbranche tätig
sind, wäre ich Ihnen sehr dankbar, wenn Sie mir eine Zeile
schreiben könnten, falls Sie mal etwas von einem 1956er Hud-
son Hornett hören, der zum Verkauf angeboten wird – aber nur,
wenn er in gutem Zustand ist.

Und das sagst du mir jetzt erst!

## Wie das Rad sich dreht

von Jane Speed

Paula Thorpe trank drei Tassen Kaffee, langsam, ohne auch nur durch einen flüchtigen Blick ihrer beiden Mitstreiter am Frühstückstisch gestört zu werden. Da saßen die beiden: Howard, seit sechs Monaten ihr Mann, der sich in die *Kunstschätze des alten Syrien* vertieft hatte, und seine Mutter, ein fetter kleiner Berg von Frau, die in einen Rollstuhl gequetscht war und sich eifrig der einzigen Beschäftigung widmete, die ihre volle Aufmerksamkeit fesseln konnte – essen.

Paula knallte ihre leere Tasse auf den Untersetzer. Mutter Thorpe hob bei dem Geräusch wie ein erschrecktes Kaninchen den Kopf und schnappte sich hastig das letzte Blaubeertörtchen aus dem Wärmer. Howard rührte sich nur etwas in seinem Stuhl und murmelte: »Das war ein ausgezeichnetes Frühstück, meine Liebe.«

Paula seufzte, sammelte einen Stapel Geschirr ein und trug es zur Küche hinaus.

Von frühester Kindheit an hatte Paula sich nach der Gesellschaft von Künstlern gesehnt. Sie war nicht fähig gewesen, sich selbst irgendein beachtenswertes Talent abzuringen, also hatte sie ihren Blick auf das gerichtet, was ihr die zweitbeste Möglichkeit schien, in den begehrten Kreis eintreten zu können – den Schutzengel eines kreativen Geistes zu spielen.

Und dann war sie im letzten Sommer auf einer Cocktailparty Howard Thorpe begegnet. Seine finsteren, zwischen zerzaustem Haar abgeschossenen, interessanten Blicke und seine Gewohnheit, in langes, brütendes Schweigen zu verfallen, ließen ihn wie eine romantische Gestalt von Byronschen Proportionen erscheinen. Und als Paula erfuhr, daß sein Metier die Kunst war (er »verdiente sein Brot und die Butter darauf« als Kunstlehrer an

242

einem kleinen College in New England) und daß er in New York war, um über Möglichkeiten zur Veröffentlichung des Buches zu verhandeln, an dem er arbeitete, konnte man ihr kaum vorwerfen, daß sie das Gefühl hatte, daß hier tatsächlich die Verkörperung des Glücks wartete, nach dem sie gesucht hatte.

Am Tag nach Thanksgiving heirateten sie in aller Stille in New York und machten sich sofort auf den Weg zu seinem Heim in Vermont. Howards Lehrplan und sein bescheidenes Hilfsprofessorengehalt schlossen jeden Gedanken an eine Hochzeitsreise von vornherein aus, aber das machte Paula nicht das geringste aus. Sie hatte diese Heirat willig, sogar begierig angesteuert, um zum Wohl ihres eigenen, ringenden Künstlers in einer Dachstube (oder in deren Entsprechung in einer kleinen Universitätsstadt) zu verhungern.

Sie hatte sich mit ungeheurer Begeisterung auf ihre neue Rolle gestürzt. Das Wohlergehen seiner Mutter schien für Howard von überragender Bedeutung zu sein, und folglich übernahm Paula diese Einstellung. Für den im Spätfrühling bevorstehenden fünfundsechzigsten Geburtstag der guten alten Dame wurden große Pläne geschmiedet, und Paula beteiligte sich begeistert an diesen Plänen und steuerte viele kleine Verbesserungen bei, die das Ereignis noch festlicher gestalten würden.

Und an jedem klaren Tag seit dem ersten richtigen Tauwetter hatte sie Mutter Thorpe pflichtbewußt in ihrem klapprigen Rollstuhl zu ihrer Lieblingsstelle geschoben, zum Gipfel eines steilen Abhangs, welcher der fetten, kleinen Frau einen beeindruckenden Blick über den hübschen Campus mit seiner Steinmauer erlaubte. Hier, unter dem Schatten einer alten Ulme, bugsierte Paula ein Rad des Rollstuhls sorgsam in eine Spalte, weil sie der Bremse des alten Vehikels nicht traute. Dann saß sie geduldig bei der alten Frau, die summte und murmelte, bis sie sich schließlich in ihr Morgennickerchen geredet hatte.

Mutter Thorpe zeigte sich von Paulas Hingabe berührt, und in ihren weitschweifigen Monologen äußerte sie wiederholt ihr Bedauern, daß sie nicht mehr für den lieben Howard und seine liebe Frau tun könne. Howards Vater, erklärte sie undeutlich, obzwar seinerzeit ein guter Mann, sei ein wenig exzentrisch gewesen und habe sein beachtliches Vermögen in einem komplizierten Treuhandfonds festgelegt, den sie überhaupt nicht durchschaute.

»Aber keine Sorge, meine Liebe«, war ihr Lieblingsspruch, während sie Paula mit einer festen Hand auf die Schulter tätschelte, »ihr werdet es eines Tages alles bekommen, sehr bald schon.«

Aber die Tage zogen sich zu Wochen, die Wochen zu Monaten, und Paula stellte fest, daß sich ihre Hoffnungen zunehmend auf die Worte ihrer Schwiegermutter konzentrierten. Denn die bittere Wahrheit war, daß es sonst sehr wenig gab, auf das sie sich konzentrieren konnten.

Inzwischen war ihr schmerzhaft klar geworden, daß Howards ständig finstere Miene, bei der er die Brauen auf so teuflisch attraktive Weise bis zur Nase herunterzog, nicht etwa das Toben eines begabten Rebellen demonstrierte, sondern ein Ausdruck seiner etwas umständlichen Wesensart war; er war eigentlich nur aus dem einfachen Grund ein stiller Mann, weil er sehr wenig zu sagen hatte. Seine Arbeit als Lehrer für Kunstgeschichte in seinem kleinen College war letzten Endes kein Weg, um auf seinem Gebiet Anerkennung zu finden; vielmehr war sie das Ende an sich. Kurz gesagt, Howard war kein Künstler, sondern ein Schulmeister.

Und das Buch? Paula hatte sich lange daran geklammert, nachdem ihre anderen Illusionen in bezug auf Howard zerstört waren. Sicher, es sollte ein wissenschaftliches Werk werden, das wohl kaum für einen Platz in den Bestsellerlisten geeignet wäre. Trotzdem hatte sich Paula ziemlich darauf verlassen, beiläufig »Howards Buch« erwähnen zu können, wenn sie ihren Freunden in New York schrieb. Doch gestern war ein Brief vom Verleger gekommen, der Howard mitteilte, daß ein anderes Haus ein Werk über in etwa dasselbe Thema herausbrachte, weshalb es nicht ratsam sei, die unverbindlich besprochene Veröffentlichung zu realisieren. So blieb ihr auch diese Befriedigung versagt.

»Nun, Liebes«, sagte Howard, der in der Küchentür aufgetaucht war, »Ich stürz' mich dann mal ins Vergnügen.« Paula bot ihm die Wange für den ehelichen Schmatz – und wartete. Und richtig, er setzte hinzu: »Einen schönen Tag noch.« Und dann, als wäre ihm gerade noch ein kluger, neuer Gedanke gekommen: »Warum fährst du Mutter heute vormittag nicht zum Hügel hinauf?«

*Aber du weißt doch, daß ich sie jeden Tag hinauffahre.* Paula öffnete den Mund, um zu protestieren. Dann schloß sie ihn wieder. Was nützte es schon? Er würde morgen sowieso wieder dasselbe sagen. Sie nickte nur schweigend und machte sich wieder ans Abwaschen.

Eine halbe Stunde später schob sie die alte Dame den Hügel hinauf. Sie sicherte den Rollstuhl an der gewohnten Stelle und hockte sich daneben auf den Boden. Der Blick auf den gepflegten, von seiner Steinmauer umgebenen Campus erinnerte Paula an nichts so sehr wie an eine hübsche, gut gewartete Falle. Sie achtete noch weniger als sonst auf das monotone Geplapper ihrer Schwiegermutter, sie hörte nur: »Ihr werdet es eines Tages alles bekommen, sehr bald schon.«

Die altbekannten Worte erfüllten Paula mit einer schmerzhaften, unruhigen Sehnsucht. Wenn ›bald‹ nur jetzt schon wäre. Geld, hatte sie immer gläubig bekannt, sei nicht wichtig; und doch, wenn man sonst nichts hatte …

Mit genügend Geld könnte sie Howard aus seinem engen, kleinen Leben reißen; ein Jahr in Paris, dann vielleicht Rom; vielleicht könnten sie schließlich in der Schweiz leben, wie es so viele Leute taten. In Howard könnte immer noch ein verborgener Funke entfacht werden, wenn er nur aus dem tödlichen Bannkreis dieser bedrückenden Stadt mit ihrem erstickenden College befreit würde.

Ein leises Schnarchen aus dem Rollstuhl riß Paula brutal in die Wirklichkeit zurück. Keine Chance, dachte sie. Der famose fünfundsechzigste Geburtstag stand in einer Woche bevor, und die alte Frau, die friedlich im Schatten schlief, sah noch fit genug für mindestens fünfzehn weitere Jahre aus. Oh, das war einfach nicht fair!

Paula befreite mit einem Ruck ihr eingeschlafenes Bein und streckte es schnell durch. Ihr Fuß traf zufällig ein Rad des Rollstuhls. Sie keuchte, als der aus seiner Verankerung gelöste Stuhl einige Schritte rückwärtsrollte und gefährlich nahe vor dem langen, steilen Abhang stehenblieb.

Paula saß einige Sekunden wie versteinert da und konnte kaum atmen, während das Schnarchen wie ein idiotisch versöhnlicher Kontrapunkt ungebrochen weiterging. Die alte Frau schlief anscheinend genauso inbrünstig, wie sie aß. Paula entspannte sich schließlich, durch die Angst erschöpft. Das war knapp!

Und dann schlich sich hinterlistig ein zweiter Gedanke in ihr Bewußtsein. Wie *leicht* es gegangen war. Beinahe bevor sie selbst gemerkt hatte, was sie tat, rutschte Paula auf dem Boden vor. Sie streckte vorsichtig ein Bein aus und gab dem Stuhl noch einen Schubs. Dieses Mal bewegte sich der Rollstuhl nur einige Zentimeter, um dann, direkt auf dem Rand, in einer Spalte gefangen zu werden.

Wieder wartete Paula mit klopfendem Herzen. Und wieder gab es kein Geräusch außer dem Schnarchen. Die Frau im Rollstuhl rührte sich nicht.

Paula stand leise auf. Sie schien jedes Bewußtsein für das verloren zu haben, was sie zu tun versuchte. Sie war nur noch von der Entschlossenheit erfüllt, es zu vollenden. Sie packte die hintere Lehne des Stuhls mit beiden Händen.

Sie brachte vorsichtig erst die vorderen, dann die hinteren Räder über die hinderliche Stelle. Dann stieß sie den Rollstuhl kräftig ab.

Er rollte zuerst langsam, dann immer schneller, den Hang hinab. Die fette kleine Frau, die so fest in ihn geklemmt war, wachte nicht einmal weit genug auf, um zu schreien. Es gab kaum ein Geräusch, bis der ferne, splitternde Knall des Aufpralls kam, als der Stuhl mit seinem schweren Insassen in die massive Steinwand krachte …

Mehr als drei Stunden danach verließ Howard endlich das Zimmer seiner Mutter. Paula, die draußen im Flur gesessen hatte, sah an seinem Gesicht, daß die alte Frau tot war. Die Spannung, unter der Paula die dazwischenliegenden Stunden verbracht hatte, löste sich plötzlich, und sie ergab sich einem hysterischen Schluchzen.

»Oh, Liebste«, murmelte Howard verzweifelt. Er kam schnell zu ihr und setzte sich neben sie. »Paula, du darfst nicht … Mach dir keine Vorwürfe, Liebes. Es war ein schrecklicher Unfall, das ist alles.« Dann, als sie unvermindert weiterschluchzte, fuhr er nervös fort: »Bitte, Liebes, sieh es doch mal so. Diese letzten paar Monate waren für Mutter die glücklichsten ihres Lebens, und das ist größtenteils dir zu verdanken. Wirklich, sie hat oft betont, wie freundlich du zu ihr warst.«

Paula vergrub ihr Gesicht noch tiefer in den Händen, um die Röte zu verbergen, die in ihren Wangen aufgeflammt war. Sie brauchte mehrere schmerzhafte Minuten, ehe sie das Schluchzen so weit unter Kontrolle hatte, daß sie murmeln konnte: »Sie hat nicht einmal mehr ihre Geburtstagsfeier erlebt.«

»Das ist wahr«, sagte Howard mit einem traurigen Lächeln. »Arme Mutter. Ich glaube, das ist das einzige, das sie bedauern würde. Sie hatte so darauf gehofft, uns Vaters Geld übergeben zu können.«

Paula hob darauf den Kopf und starrte Howard durch einen Vorhang aus Tränen an. »Was meinst du damit?« fragte sie schließlich.

»Was – hat dir Mutter Vaters Testament nicht erklärt?«

»Nicht – sehr klar«, konnte Paula herausquetschen. Ihr Mund wurde trocken.

»Nun«, begann Howard, indem er sich wie in seinem Klassenzimmer bequem zurücklehnte, »obwohl Vater zu seinen Lebzeiten ein ziemlich wohlhabender Mann wurde, bewahrte er sich stets eine starke, typisch amerikanische Angst vor dem korrumpierenden Einfluß von Geld, das man nicht selbst verdient hat. Er hatte das Gefühl, daß Mutter mich verzog und daß sie das Geld, wenn er es ihr direkt überlassen hätte, sofort an mich weitergegeben hätte, was aus mir einen Nichtsnutz gemacht hätte. Und weißt du, es kann sein, daß er recht hatte. Gute Mutter, es fiel ihr so schwer, mir etwas zu verbieten. Auf jeden Fall setzte Vater ein Testament auf, durch welches das Geld in einem Treuhandfonds belassen wurde, während Mutter nur eine monatliche Rente ausgezahlt wurde, bis sie fünfundsechzig würde.

»Fünfundsechzig?« wiederholte Paula einfältig.

»Ich weiß nicht, warum gerade fünfundsechzig. Vielleicht glaubte er, daß ich dann vierzig Jahre alt wäre und die Gewohnheit erworben hätte, mir meinen Lebensunterhalt selbst zu verdienen.«

»Aber …« Paula bemühte sich krampfhaft, den Sinn von

Howards Worten zu erfassen. »Aber wie konnte er sicher sein, daß sie die Fünfundsechzig erreichen würde?«

»Das konnte er natürlich nicht. Und«, setzte er seufzend hinzu, »wie sich gezeigt hat, hat sie sie auch nicht erreicht.«

Paula schloß die Augen. Sie konnte sich kaum überwinden, die Frage zu stellen. »Was – was passiert jetzt mit dem Geld?«

»Oh – das.« Howard runzelte die Stirn, während er sich bemühte, sich an den genauen Wortlaut zu erinnern. »Im Falle ihres Ablebens vor dem fünfundsechzigsten Lebensjahr«, zitierte er mit entnervender Genauigkeit, »fällt das Geld automatisch an das College.« An dieser Stelle erlaubte er sich ein würdevolles Kichern. »Wie so viele Menschen mit mangelnder Schulbildung hatte auch Vater den allergrößten Respekt vor den Institutionen der höheren Bildung.«

Bis zu diesem Augenblick hatte Howard es bewußt vermieden, seine Frau direkt anzusehen, in der barmherzigen Annahme, ihr erster, heftiger Ausbruch sei für sie genauso peinlich gewesen wie für ihn. Als er jetzt den Kopf drehte, um sie anzusehen, war er über die vernichtende Wirkung seiner Worte schockiert.

»Oh, meine liebste Paula«, beeilte er sich ihr zu versichern, »du glaubst doch wohl nicht, daß mir das mit dem Geld was ausmacht? Wir haben auch zu Vaters Lebzeiten schon sehr bescheiden gelebt. Was soll's, ich habe meine Arbeit, eine gute Frau, unser kleines Heim – was will ich mehr? Siehst du, Liebes, unser Leben wird ganz normal weitergehen. Abgesehen davon, daß Mutter nicht mehr bei uns ist, hat sich überhaupt nichts geändert.«

# Zwei links, zwei rechts …

von Thomasina Weber

Flo Connelly stopfte die Verpackung ihres Mittagessens in die große Tragetasche, die neben ihrem Campingstuhl stand. »Eigentlich sollte man meinen, daß sie einen Mülleimer hier haben müßten«, sagte sie zu ihrer neuesten Bekanntschaft vom gleichen Morgen.

»Ich glaube nicht, daß sie begeistert sind, wenn man auf dem Flur des Gerichtsgebäudes ißt«, antwortete Mrs. Frisbee.

»Ein starkes Stück. Ich habe jede Verhandlung verfolgt, die in diesem Gericht stattfand. Wenn man nicht vorne ist, wenn sie nach der Mittagspause die Türen öffnen, bekommt man keinen Sitzplatz mehr.«

»Ich wußte gar nicht, daß so viele Leute die Vorverhandlungen besuchen«, sagte Mrs. Frisbee.

»Das tun sie auch nicht immer. Aber für eine Sache wie diese, wo die süße, unschuldige Braut ihren Mann umlegt, kommen sie, um die schmutzige Wäsche zu sehen.«

Mrs. Frisbee rückte etwas von der kleineren Frau ab. »Es ist doch nicht erwiesen, daß Delcey Clark ihren Mann getötet hat«, sagte sie.

Flo Connelly lachte, während sie aus der Tragetasche zwei Stricknadeln mit fünfzehn Zentimetern eines blauen, undefinierbaren Etwas holte. »Sie brauchen sich doch nur dieses Kindergesicht mit den großen Augen und die glänzenden roten Haare anzuschauen, um zu sehen, was da los ist. Was will sie denn von einem kranken, alten Griesgram, wenn nicht sein Geld?«

»Wie könnte denn ein so junges Mädchen einen kranken alten Mann umbringen?«

Flos Stricknadeln bewegten sich geschäftig. »Wie kann ein so

249

junges Mädchen einen kranken alten Mann *heiraten*, das ist doch wohl erstmal die Frage.«

»Manche Menschen fühlen sich eben berufen, anderen Menschen zu helfen.«

»Blödsinn.«

Mrs. Frisbee schluckte. »Es scheint Ihnen an Mitgefühl zu mangeln, meine Liebe.«

Flo sah die Frau verächtlich an. »Und Sie scheinen der Typ zu sein, der das Buch nach dem Einband beurteilt.«

»Die Fähigkeit zu lieben kann man nicht verbergen.«

*Amen*, dachte Flo, während sie sich wieder ans Stricken machte. Der Gang begann sich zu füllen. Die Menschen bildeten eine Schlange an der Wand, aber Neuankömmlinge versammelten sich zu zweien und dreien neben der Schlange, und obwohl sie in ihre Unterhaltung vertieft schienen, schoben sich ihre Füße auf die Türen zu. Spitze Blicke wurden wie Giftpfeile von den in der Schlange Stehenden auf sie abgeschossen, doch niemand rief sie zur Ordnung.

Flo betrachtete interessiert einen Nachzügler, einen schwitzenden Mann in dunklen Hosen und einem schmutzigen weißen Hemd, mit offenen Schuhen ohne Schnürsenkel, und ohne Socken. Als er sich bis zu Flo vorgearbeitet hatte, war sie für ihn bereit.

»Wo möchten Sie denn hin?« fragte sie laut.

»Ich stehe in der Schlange, genau wie Sie«, sagte er.

»Aber nein, das tun Sie nicht. Sie sind hier vor fünfzehn Minuten angekommen, und Sie sind zwölfter, vom Ende der Schlange aus gesehen, und das ist ungefähr fünfzig Fuß südlich von hier.«

»Wer ist denn gestorben und hat Sie zum Chef gemacht, Oma?«

Sie stand auf. Ihre Augen waren auf einer Höhe mit seinem dritten Hemdknopf. Sie war durch seinen massigen Körper von den anderen abgeschnitten. Flo drückte die Spitze ihrer Stricknadel in seinen Bauch. »Wenn ich Sie wäre, Mister, dann würde ich zum Ende der Schlange gehen.« Er ging zum Ende der Schlange.

Zwanzig Minuten bevor geöffnet wurde, packte Flo ihr Strickzeug und ihren Campingstuhl in die Tragetasche und drehte sich zur Tür um. Als wäre eine unsichtbare Pfeife ertönt, drängte die Menge vorwärts, bis sie eine massive Einheit war, die sich ziellos vorschob.

»Um Himmels willen«, keuchte Mrs. Frisbee, die angesichts des Gedrängels bestürzt war, »man könnte meinen, daß es hier was umsonst gibt.«

Als die Türen endlich geöffnet wurden, wußte Flo ihre Ellbogen so gut einzusetzen, daß sie für sich und Mrs. Frisbee zwei Plätze in der dritten der vier Stuhlreihen ergattern konnte.

»Waren Sie heute morgen hier?« fragte die Frau an Flos anderer Seite. Sie war dick, hatte weißes Kraushaar und trug einen straff gespannten grünen Fetzen mit einem riesigen gelben Gänseblümchen, das obszön auf ihrem Bauch blühte.

»Ja«, antwortete Flo, während sie die Frau in Gedanken Daisy taufte. »Und Sie?«

»Na, und ob. Sie glauben doch nicht, daß ich in meinem heißen kleinen Wohnwagen sitze und Zeitschriften lese, wenn ich hier eine Klimaanlage haben und die starken Sachen beobachten kann, was?«

Flo holte ihr Strickzeug heraus. »Was halten Sie von dem Apotheker?«

»Oh, der ist süß. Erinnert mich an meinen Sohn, als er in dem Alter war.«

»Die beiden geben ein hübsches Pärchen ab.«

»Da liegen Sie aber völlig verkehrt. Die ganze Sache war ihre Idee. Er hatte nichts damit zu tun.«

»Machen Sie sich nicht lächerlich«, sagte Flo. »Sie sind ein Liebespaar, und er hat ihr das Gift besorgt, das sie dem alten Mann gegeben hat.«

»Das können Sie mir doch nicht erzählen. Mensch, mein Sohn hat genau wie er ausgesehen, nur daß sein Haar braun ist und nicht blond.«

»Das ist aber ein dummes Argument, um eine Meinung zu begründen«, sagte Flo.

»Alles aufstehen!«

Als der Richter eintrat, erhoben sich alle. Er war von kleiner Statur, und seine dunkelgefaßte Brille schien zu groß für sein hübsches Gesicht zu sein. »Sie dürfen wieder Platz nehmen«, sagte er.

Delcey Clark, die mit ihren geröteten Augen und ohne Make-up etwas gespenstisch aussah, saß neben ihrem Rechtsanwalt am Tisch. Er war ein gutgebauter Mann Anfang Vierzig, dem sein tadellos geschnittener Anzug ausgezeichnet stand. Er hatte einen Arm so über ihre Stuhllehne gelegt, daß seine Hand ihre weiße Nylonschulter berührte.

»Sie hat ihren Anwalt genau da, wo sie ihn haben will«, teilte Flo Mrs. Frisbee flüsternd mit.

»Was haben Sie gesagt?« fragte Daisy.

»Ich muß die Zuschauer ermahnen, sich lauter Kommentare zu enthalten«, sagte der Richter, während er Flo direkt ansah. Sie ertrug seinen Blick, bis er sich wieder seinen Amtshandlungen zuwandte, worauf Flo wieder zu stricken begann.

»Ist der Richter nicht ein Zuckerpüppchen?« sagte Daisy.

»So würde ich ihn wohl kaum bezeichnen«, sagte Flo.

»Er ist derjenige, der entscheiden wird, ob das Belastungsmaterial für eine Mordanklage gegen sie ausreicht«, sagte Daisy.

»Er ist trotzdem ein Mann«, sagte Flo. »Sie braucht nur ihr Hemdchen ein wenig zu lüften, und schon kaut er an seinem Hammer.«

»Scht!« machte Mrs. Frisbee. »Der Richter sieht Sie schon wieder an.«

»Der sieht mich dauernd an«, sagte Flo. »Er hat sich mittlerweile an mich gewöhnt.«

Der Staatsanwalt rief seinen ersten Zeugen an diesem Nachmittag auf. Es war ein Nachbar, der bezeugte, daß er einmal Delcey und den Apotheker zusammen vor ihrem Haus in einem Auto gesehen habe. Im Kreuzverhör der Verteidigung gab er zu, daß er keine Umarmung zwischen ihnen bemerkt hatte. Die Verteidigung förderte im folgenden die Tatsache zutage, daß Delcey in der Apotheke war, um die Medikamente für ihren Mann abzuholen, als es zu regnen begann. Da Geschäftsschluß war, hatte der Apotheker sie nach Hause gefahren. Der Apotheker gab bereitwillig zu, daß er Delcey Clark liebte; er bestand jedoch darauf, daß er bereit war zu warten, bis sie frei wäre, »selbst wenn es Jahre dauert, bis ihr Mann stirbt«, hatte er ihr gesagt.

»Es gibt doch noch ein paar gute Menschen in der Welt«, murmelte Mrs. Frisbee.

Flo lachte. Leute drehten sich auf ihren Stühlen um und wollten sehen, wer die Verhandlung störte. Der Richter sah Flo finster an. »Wenn die Zuschauer sich nicht beherrschen können«, sagte er, »dann sehe ich mich gezwungen, den Saal räumen zu lassen.«

»Pah!« sagte Flo leise. »Junger Lackel! Bloß weil er in seiner schwarzen Robe da oben sitzt, meint er, er wär' der Liebe Gott.«

»Dieser Richter wird sehr geachtet«, sagte Mrs. Frisbee.

»Wenn Sie mich fragen, hat er bisher noch keine richtige Entscheidung getroffen«, sagte Flo. »Ich verstehe gar nicht, wie ein Mann allein soviel falsch machen kann.«

»Die bloße Tatsache, daß Sie mit seinen Entscheidungen nicht einverstanden sind, bedeutet doch nicht, daß sie falsch sind«, sagte Mrs. Frisbee nachsichtig.

»Was haben Sie gesagt?« fragte Daisy, während sie sich an Flo vorbei hinüberbeugte.

»Ich sagte, sie sollen Frauen als Richter anstellen, wenn sie wirklich Gerechtigkeit wollen«, sagte Flo.

William Clarks Arzt trat in den Zeugenstand und erklärte, daß er in Südamerika war, als er vom Tod seines Patienten hörte. Er habe den ersten Rückflug wahrgenommen. Er sagte, daß er zwar einerseits das Vertrauensverhältnis zwischen Arzt und Patient sehr ernst nehme; andererseits sei sein Patient aber jetzt tot und ein weiteres Leben stünde auf dem Spiel.

Da Dr. Fleischmann seinen Eid, Menschenleben zu erhalten, sehr ernst nahm, sah er seine Verantwortung eher bei den Lebenden liegen, wobei die fragliche Lebende Delcey Clark war.

Der Arzt sagte weiterhin aus, daß William Clark, im Bewußtsein, daß er nur noch weniger als ein Jahr, ein Jahr unter sich ständig verstärkenden Schmerzen, zu leben hatte, darauf bestanden habe, diese Information vor seiner Frau geheimzuhalten. Der Arzt sagte, er sei überzeugt davon, daß Clark sein Schmerzmittel gehortet habe, um es dann in einer tödlichen Überdosis auf einmal einzunehmen. Dann legte der Arzt die Notizen vor, die er bei William Clarks Konsultationen gemacht hatte und die die Feststellung des Verblichenen bestätigten, daß er sich lieber das Leben nehmen wollte als jemand anders zur Last zu fallen.

Im Gerichtssaal begann es zu summen. Der Staatsanwalt war aufgesprungen, der Richter pochte mit seinem Hammer.

»Das haben sie fein hingekriegt«, sagte Flo sarkastisch. »Alles, damit es gut aussieht, wenn man sie freiläßt.«

»Ruhe, Ruhe«, sagte der Richter mit leiser Stimme, die dennoch irgendwie den Aufruhr übertönte. Es wurde sofort ruhig, so daß Flos Worte in die Stille posaunten: » ...die übliche Reinwascherei.«

Flo sah auf, um den kalten blauen Augen des Richters zu begegnen. Er sah sie lange an, dann klopfte er noch einmal mit dem Hammer auf sein Pult.

»Würden sich die Anwälte bitte zum Richtertisch begeben«, sagte er. Dann folgte eine Konferenz mit gedämpften Stimmen, und schließlich sagte der Richter: »In Anbetracht der Aussage Dr. Fleischmanns, eines Zeugen der Verteidigung, und in Anbetracht der Beweismittel, die seine Aussage stützen, wird das Verfahren gegen Delcey Clark eingestellt.« Er stand auf und verließ den Sitzungssaal.

Flo stopfte ihr Strickzeug in die Tragetasche und bahnte sich einen Weg zur Tür, Mrs. Frisbee und Daisy völlig ignorierend, denen es nun überlassen blieb, sich allein zu unterhalten. Sie ging entschlossen den Flur zum Büro des Richters hinunter, öffnete die Tür und trat ein.

Der Richter sah auf, als sie eintrat. »Was wollen Sie denn hier?«

»Ich stehe hier in meiner Eigenschaft als Steuerzahlerin und Bürgerin dieser Stadt, um Ihnen zu sagen, was ich von Ihnen halte.«

»Haben Sie nicht schon genug Unruhe im Gerichtssaal verursacht?«

»Es ist das Recht eines Steuerzahlers, an öffentlichen Sitzungen teilzunehmen, oder?«

»Selbstverständlich.«

»Und es gibt so etwas wie Meinungsfreiheit, oder?«

»Ja.«

»Und das bedeutet, daß ich alle Sitzungen besuchen kann, die ich sehen will, und daß ich alles sagen kann, was ich möchte. Trifft das nicht zu?«

»Nein, das trifft *nicht* zu. Es gibt auch so etwas wie Mißachtung des Gerichts, und Sie liebäugeln jedesmal damit, wenn Sie meinen Gerichtssaal betreten.«

Flo stand jetzt direkt vor ihm und hielt ihren Strickbeutel zwischen ihnen hoch. Er war nicht viel größer als sie.

»Verstehen Sie, was ich meine?« fragte er.

»Ich habe es gehört«, sagte sie, während sie in den Beutel langte und ihre Strickarbeit herausholte, wobei sie den Blick keine Sekunde von ihm abwandte.

»Natürlich haben Sie mich gehört«, sagte er, »aber haben Sie mich auch verstanden?«

»Gewiß. Ich bin nicht dumm. Ich habe vielleicht keine Hochschulbildung wie Sie, aber ich bin nicht dumm.« Sie befreite ihr Gestricktes aus den Nadeln und hob eine, an der es frei baumelte, an seine Schulter.

»Sie hören nicht zu«, sagte er. »Ich will Ihnen etwas sagen. Wenn ich Sie noch einmal in meinem Verhandlungszimmer sehe, werde ich Sie gewaltsam entfernen lassen, ob Sie nun Steuerzahlerin sind oder nicht.«

»Na schön!« sagte sie und stopfte die Strickarbeit in den Beutel zurück. »Dann sieh nur zu, wie dein Pullover fertig wird!« Sie marschierte zur Tür, legte die Hand auf den Griff und drehte sich noch einmal zum Richter um. »Das ist doch keine Art, mit seiner eigenen Mutter zu sprechen!«

# Der Vaterinstinkt

## von Al Nussbaum

Big Ben kam am Seiteneingang des B-Blocks im Leavenworth-Gefängnis auf mich zu. Er wird von allen Big Ben genannt, weil er zweihundertfünfzig Pfund auf die Waage bringt und weil sein Vorname Benny ist. Der Spitzname hat nichts mit der Zeit zu tun oder mit der berühmten Uhr in London, trotz der langen Strafe – dreißig Jahre –, die er absitzen muß.

»Heh, Bill, verstehste was von Vögeln?« fragte Ben.

»Was für welche denn?« fragte ich, als machte es einen Unterschied.

»Spatzen.«

»Nein, tut mir leid.« Ich sah mich um und vergewisserte mich, daß keine Wachen in der Nähe waren. »Hast du denn einen?«

»Ja, sieh mal.«

Ich sah, daß er die rechte Hand zu einer Höhle geschlossen hatte. Jetzt streckte er sie mir hin und öffnete sie. Auf seiner Handfläche kauerte die häßlichste kleine Kreatur, die ich je gesehen hatte. Es waren ungefähr vier Zentimeter nacktes Fleisch, und der Kopf bestand nur aus Schnabel. Federn gab es nicht.

»*Das* ist ein Vogel?« fragte ich.

»Sicher. Er ist noch ein Baby. Was meinste, womit ich ihn füttern soll?«

»Wo haste'n her?«

»Draußen gefunden. War 'n Nest runtergefallen und ganz kaputt. Ich hab 'ne Weile gewartet, aber da war kein Mama-Vogel, und da hab' ich ihn mitgenommen.«

Big Ben ›Mama-Vogel‹ sagen zu hören, war schon komisch. Ich hätte beinahe gelächelt – aber ich ließ es dann sein. Ich wollte nicht Gefahr laufen, daß er dachte, ich lachte über ihn.

»Vögel fressen Würmer. Und Brot. Ich glaub', du kannst ihn mit Brot und Würmern füttern«, schlug ich vor.

Das war am Freitagnachmittag. Ich sah Ben erst am folgenden Montag wieder. Wir waren beide zum Schulhaus abgestellt – Ben als Laufbursche und ich als Hilfe in der Bücherei –, und ich traf ihn auf dem Weg zur Arbeit. »Hast du den Vogel noch?« fragte ich.

»Ja, sieh mal.« Er öffnete die Zigarrenkiste, die er bei sich trug, und hielt sie mir stolz unter die Nase. Er hatte sie innen mit weichen Lumpen ausgekleidet, in die sich der kleine Vogel gekuschelt hatte.

»Nimmst du ihn zur Arbeit mit?« fragte ich ungläubig.

»Ja, klar doch. Kann ihn doch nicht in meiner Zelle lassen. Muß ihn füttern. Außerdem könnten sie 'ne Durchsuchung machen und ihn finden. Tiere sind verboten, das weißte doch.«

»Und was willst du jetzt mit ihm machen?«

»Ich stell' die Kiste im A-Block auf 'ne Fensterbank. Da kriegt er viel Sonne und Luft, und ich kann immer rausgehen und ihn füttern, so oft ich wegkomme.«

Und genau das tat er auch.

Ich sah an diesem Tag öfter aus einem Seitenfenster im Schulhaus. Einmal sah ich die Zigarrenkiste in dreißig Fuß Entfernung auf der Fensterbank des Gebäudes stehen; die anderen Male war Ben draußen und fütterte den Vogel und flüsterte mit ihm.

Am nächsten Tag bemerkte ich, daß zwei Stücke Wellpappe, ungefähr vierzig Zentimeter im Quadrat, auf dem Grasflecken zwischen dem Schulhaus und dem A-Block lagen. Das war ungewöhnlich, weil in Leavenworth Müll eigentlich keine Chance bekommt, sich zu sammeln. Man sieht nur selten eine leere Zigarettenschachtel, von großen Papierstücken ganz zu schweigen. Ich fragte mich, wie sie dort liegengeblieben sein konnten, als Big Ben auftauchte.

Er kniete sich hin, hob eine Ecke eines der Papierstücke hoch und langte schnell darunter. Als er wieder aufstand, baumelte ein rosa Wurm zwischen seinem Daumen und dem Zeigefinger. Dann ging er zur Zigarrenkiste hinüber.

Ich ging nach draußen, weil ich sehen wollte, was da im Gange war. Als ich näher kam, hörte ich Big Ben sagen: »Willste noch 'n Wurm, Baby?« Aber als er mich sah, hörte er auf, mit dem Vogel zu sprechen.

»Ich hab' gesehen, wie du 'n Wurm unter der Pappe rausgeholt hast«, sagte ich. »Wie haste das gemacht?«

»Hab' 'n paar Stücke aus'm Karton gerissen und sie in Wasser eingeweicht. Dann hab' ich sie aufs Gras gelegt«, sagte er. »Die Würmer sind letzte Nacht unter dem Papier aus'm Boden gekommen. Sie sind nich' in den Boden zurückgekrochen, als es hell wurde. Sie sind nich' so schnell, und ich kann sie fangen.«

Ich stand bei ihm und sah ihm zu. Ben verfütterte drei große Würmer an den Vogel, doch er riß immer noch den Schnabel auf und schrie nach mehr. Als es keine Würmer mehr zu fangen gab, nahm Ben kleine Brotstücke, die er in Wasser tauchte, zu kleinen Kugeln rollte und in den geöffneten Schnabel steckte. Der Vogel blieb einige Sekunden ruhig, während er das Brot verschluckte, dann ging der Schnabel wieder auf, und er schrie: »Tschiep! Tschiep!«

»Der haut aber rein«, sagte Ben zärtlich.

Danach schien es so, daß Ben ständig damit beschäftigt war, den Vogel zu füttern, wann immer ich auch aus dem Fenster sah. Es war leicht einzusehen, warum in Leavenworth, wie in jedem anderen Gefängnis, Haustiere verboten waren. Wenn sie alle so fordernd und unersättlich wären wie Baby, würde niemand mehr arbeiten. Die Haustiere würden rasch jede Ordnung und Disziplin untergraben.

Aber sie würden auch ein Bedürfnis erfüllen.

Mir wurde klar, daß, genau wie Frauen einen Mutterinstinkt haben, es auch bei Männern das Bedürfnis gibt, für ein anderes Wesen zu sorgen und es zu beschützen. Ich konnte den Beweis jedesmal sehen, wenn ich aus dem Fenster schaute. Big Ben, der keinen Augenblick zögern würde, einem den Kiefer zu brechen, wenn er den Verdacht hatte, daß man sich über ihn lustig machte, dachte sich nichts dabei, wenn er zärtlich einen kleinen Vogel umsorgte. Ich erkannte plötzlich, daß das leere Gefühl in meinem Magen kein Hunger war; ich wünschte, ich hätte auch einen mageren, häßlichen Vogel, um den ich mich kümmern konnte.

Niemand im Gefängnis achtet sehr auf die Zeit, es sei denn, er würde bald entlassen. Eine oder zwei Wochen oder einer und zwei Monate vergingen. Dann sah ich eines Morgens hinaus und bemerkte Bill in der Nähe des Gehweges vor dem Gebäude. Er hockte in der klassischen Würfelposition auf dem Boden. Er öffnete die Hand und gab einen kleinen, schmutzfarbenen Vogel frei.

Ich konnte kaum glauben, daß es Baby war; er war so gewachsen. Er war noch nicht so groß wie ein erwachsener Vogel, aber man hatte jetzt keine Schwierigkeiten mehr, ihn als Vogel zu erkennen. Der kleine Bursche schlug wild mit den Flügeln und flatterte hin und her, dann landete er ungefähr zwanzig Fuß von seinem Startpunkt entfernt im weichen Gras.

Bill rutschte zu dem Vogel hinüber und nahm ihn in die hohle Hand. Ich konnte sehen, daß sich seine Lippen bewegten, und ich wußte, daß er dem Vogel murmelnd Lob und Mut zusprach.

Ich beobachtete von meinem Fenster noch einige weitere Flugversuche. Baby legte immer größere Strecken fliegend zurück, aber er gewann nicht viel Höhe. Einige Beamte erschienen, die den A-Block durch die Seitentür verließen. Sie starrten Big Ben und seinen Vogel an, dann sahen sie schnell in eine andere Richtung. Niemand legte Wert darauf, das Tierverbot besonders scharf anzuwenden, und so zogen sie es vor, es nicht zu bemerken. Nach einer Weile hörte Ben damit auf, dem Vogel Flugstunden zu geben, und ich verließ das Fenster und machte mich wieder an die Arbeit.

In den nächsten Tagen sah ich noch öfter aus dem Fenster, aber anscheinend war es immer im falschen Augenblick, denn ich konnte Ben nicht entdecken. Die anderen Jungs erzählten mir ständig von Big Ben und seinem Vogel und wie gut er schon fliegen könnte und wie er zu ihm zurückkäme, wenn er nach ihm pfiffe. Baby wurde rund um das Schulhaus zum wichtigsten Gesprächsthema. Einige Männer witzelten, daß sie auch Flugunterricht von Ben bekommen wollten – sie wollten sehen, was jenseits der fünfunddreißig Fuß hohen Gefängnismauer wäre.

Dann sah ich eines Tages Ben allein auf den Stufen vor dem A-Block sitzen. Ich spürte, daß etwas nicht in Ordnung war, und ging zu ihm rüber. »Wie geht's Baby?« fragte ich.

»Er ist weg«, sagte Ben. »Weggeflogen. Hat da oben gesessen«, er deutete vage auf die Mauer, »und noch einmal zurückgesehen, dann ist er weggeflogen.«

»Vielleicht kommt er zurück.«

»Nee, der kommt nich' zurück.« Seine Stimme klang zugleich nach Schmerz und Wut. »Vögel sind wie Leute. Wenn 'se dich nich' mehr brauchen, dann vergessense dich.«

Ich erinnerte mich, daß mir jemand einmal gesagt hatte, daß Big Ben seit zwei Jahren keinen Brief mehr bekommen hatte. »Vielleicht will sich Baby nur etwas umsehen«, sagte ich so aufmunternd, wie ich konnte. »Vögel machen das immer. Es würde mich nicht überraschen, wenn er zurückkommt. Die Schwalben zum Beispiel kehren immer dahin zurück, wo sie hergekommen sind.«

Ben bedachte mich mit einem kalten Blick, dann ignorierte er mich, und ich ging immer wieder ans Fenster, um ihn im Auge zu behalten. Und so bekam ich zufällig mit, wie der Vogel einige Stunden später zurückkam und sich auf seine Schulter hockte. Er schloß ihn in seine riesigen Hände und saß lange da und sprach mit ihm. Über seine Wangen rollten Tränen, und sein Rücken zitterte. Ich konnte sehen, daß er den Vogel sanft mit den Lippen berührte, bevor er ihn zerquetschte.

Die gibt's in allen Größen ...

# Was für ein Mensch sind Sie?

von Bill Pronzini und Barry N. Malzberg

Am Montagmorgen, pünktlich um neun Uhr, kam ich in der Fairfield-Filiale der Quality-Supermärkte an und ging sofort ins Büro, um die Wochenendeinnahmen zu prüfen. Ein vielbeschäftigter Bezirksleiter mit zwölf Geschäften und beinahe einhundert Mitarbeitern kann es sich nicht leisten, Zeit zu verschwenden; ich arbeite nach einem sehr knappen Zeitplan.

Um 9.40 Uhr stand ich auf und ging rasch in den Verkaufsraum, wo Franklin an seinem normalen Platz, an Kasse Drei, arbeitete. Ich wartete, bis er mit der Bedienung eines Kunden fertig war, dann bedeutete ich ihm, die Kasse zu schließen und mir zu folgen. Als er soweit war, führte ich ihn ins Büro und ließ ihn Platz nehmen.

Er saß ganz vorn auf der Stuhlkante. Seine Hände zuckten nervös; er war ungefähr vierundzwanzig, rothaarig und schlaksig, und er erinnerte mich irgendwie an meinen Sohn Ronald. Ich sagte eine Weile nichts, beobachtete ihn nur. Er zappelte unter meinem prüfenden Blick, sah mir in die Augen, wich meinem Blick aus, sah mich wieder an. Er schien in meiner Gegenwart immer nervös zu sein; ich hatte den Ruf, ein ziemlich strenger und kompromißloser Bezirksleiter zu sein.

»Ich will direkt zur Sache kommen«, sagte ich. »Ich habe gerade die Wochenendeinnahmen und die Kassenbelege durchgesehen und dabei festgestellt, daß bei Ihnen siebzig Dollar fehlen, Franklin – fünfzig am Samstag und zwanzig am Sonntag.«

Seine Augen weiteten sich, und er erbleichte sichtlich. »Siebzig Dollar. Das ist ein ansehnlicher Betrag, Franklin, ich bin sicher, daß Ihnen das auch klar ist.«

»Sind Sie denn *sicher*, Mr. Adams? Ich meine, könnten Sie sich nicht verrechnet haben ...«

»Ich verrechne mich nicht«, sagte ich streng. »Dieser Fehler, falls es einer ist, liegt ausschließlich bei Ihnen.«

»Ich … ich weiß nicht, was ich sagen soll. Ich hatte noch nie einen Fehlbetrag, ich passe immer auf …«

»Wirklich?«

»In den zwei Monaten, die ich hier arbeite, hat mir nie auch nur ein Penny gefehlt«, sagte Franklin. »Das wissen Sie doch, Sir.«

»Ich weiß es, ja«, sagte ich. »Aber es bleibt die Tatsache, daß Sie für das vergangene Wochenende einen Fehlbetrag von siebzig Dollar haben – exakt siebzig Dollar, kein Cent mehr oder weniger. Die Frage ist, was für ein Mensch Sie sind, Franklin.«

»Sir?«

»Was für ein Mensch sind Sie?« wiederholte ich. »Ein ehrlicher, der sich geirrt hat und dessen einziges Vergehen darin besteht, daß er in seiner Sorglosigkeit einen Rechenfehler gemacht hat? Oder ein dummer und schuldiger, der der offensichtlichen Versuchung erlegen ist?«

Er riß schockiert den Mund auf und blinzelte einige Male mit den Augen. »Mr. Adams, Sie glauben doch nicht, daß ich das Geld *gestohlen* habe?«

»Haben Sie's gestohlen?«

»Nein! Nein!«

Ich hob eine Hand. »Ich klage Sie nicht an, Franklin. Ich versuche nur, in dieser Situation die Wahrheit zu ermitteln.«

»Ich bin kein Dieb«, sagte er verzweifelt. »Das müssen Sie mir glauben, Mr. Adams. Ich weiß nicht, wie ich mich um siebzig Dollar verrechnen konnte, aber das ist bestimmt alles, was es war – ein Rechenfehler. Ich schwöre es.«

»Ich möchte das wirklich gerne glauben.«

»Das *müssen* Sie mir einfach glauben«, sagte er. »Es ist die Wahrheit.«

Ich nahm meinen Bleistift in die Hand und klopfte mit dem Radiergummi auf die Papiere, die vor mir lagen. »Veruntreuung ist ein schweres Vergehen, wie Sie wissen. Ich könnte Sie verhaften lassen oder wenigstens hinauswerfen.«

»Bitte, Mr. Adams – ich habe das Geld nicht gestohlen!«

»Hatten Sie früher schon mal Schwierigkeiten? Egal was für welche?«

»Nein, Sir. Niemals.«

Ich seufzte. »Also schön. Ich bin nicht so streng, wie ich aussehe, und ich habe einen Sohn in Ihrem Alter; ich sehe keinen Grund, Ihnen nicht zu glauben, besonders unter Berücksichtigung Ihrer bisherigen Leistungen. Wenn Sie bereit sind, die siebzig Dollar zu ersetzen, und unter der Voraussetzung, daß so etwas nicht noch einmal passiert, bin ich, glaube ich, bereit, die Sache fallenzulassen.«

Die Erleichterung ließ ihn im Stuhl zusammensacken.

»Ich werde das Geld bestimmt ersetzen«, sagte er eifrig. »Ich weiß, daß ich dafür verantwortlich bin. Ich habe jetzt keine siebzig Dollar dabei, aber ich kann sie bis morgen besorgen. Ich kann sie mir von meinem Vater leihen …«

»Das wird nicht nötig sein, Franklin. Ich bin damit zufrieden, wenn Sie mir jetzt zehn Dollar geben und in den nächsten sechs Wochen jeweils weitere zehn Dollar, vorausgesetzt, es gibt keine weiteren Fehlbeträge, und Sie bemühen sich in Zukunft, korrekt zu arbeiten.«

»Ganz bestimmt, Mr. Adams. Ich werde ganz besonders gut aufpassen. Das wird nie wieder passieren, das verspreche ich Ihnen.«

»Sehen Sie um Ihrer selbst willen zu, daß Sie Ihr Versprechen halten«, sagte ich.

Er nickte, holte seine Brieftasche heraus und übergab mir einen Zehndollarschein. Ich nahm ihn und legte ihn behutsam vor mir auf den Tisch. »Sie können jetzt wieder an Ihre Arbeit gehen«, sagte ich.

»Ja, Sir. Danke, Mr. Adams.«

Als er gegangen war, blieb ich noch einen Augenblick sitzen und sah die Kassenbelege und die Buchführung der Filiale durch. Dann beendete ich meine Arbeit, verschloß alles im Safe, steckte Franklins Zehndollarschein in meine eigene Brieftasche und verließ den Laden, um meine Runde fortzusetzen …

Genau um zwölf Uhr traf ich in der Essex-Filiale ein und verbrachte fast eine Stunde damit, die Wochenendeinnahmen zu prüfen. Um 12 Uhr 50 ging ich in den Verkaufsraum hinaus und holte Trowbridge – wieder ein junger Mann in den Zwanzigern, groß und dünn wie Ronald – ins Büro und sagte ihm, er sollte sich setzen.

»Ich habe gerade die Wochenendeinnahmen durchgesehen«, sagte ich, »und bei Ihnen fehlen siebzig Dollar – fünfzig am Samstag und zwanzig am Sonntag.«

Er starrte mich ungläubig an.

»Die Frage ist nun«, sagte ich, »was für ein Mensch Sie sind.«


Am folgenden Freitagabend traf ich um acht im Dunes Motel ein, das etwas außerhalb der Stadt liegt. Ich klopfte an die Tür von Haus Acht und wurde hineingebeten.

»Auf die Minute«, sagte Cobb.

»Ich bin immer pünktlich.« Ich öffnete meine Brieftasche und legte zweihundertfünfzig Dollar aufs Bett.

Er hob sie auf und zählte sie zweimal. »In Ordnung, Adams«, sagte er. »Das war die erste Rate. Noch sechs Wochen so weiter, und ich bin mit Ronnie quitt.« Er kicherte. »Es sei denn, er borgt sich noch mal tausend, um noch andere Spielschulden zu bezahlen.«

»Ronald wird sich nie wieder auch nur einen Cent von Ihnen borgen«, sagte ich, »dafür werde ich schon sorgen. Und er spielt auch nicht mehr.«

Cobb lächelte weise. »Sicher – wenn Sie's sagen, Adams. Aber seien Sie auch ja am kommenden Freitag mit der nächsten Rate da. Ich würde wirklich nicht gerne meine Jungs losschicken, um Ronnie einen kleinen Besuch abzustatten.«

Ich wurde plötzlich wütend und ballte die Hände zu Fäusten. »Was für ein Mensch sind Sie eigentlich, daß Sie unbescholtene Leute auf diese Weise bedrohen!« sagte ich. »Was für ein *Monster* sind Sie eigentlich?«

Cobbs Gelächter klang auf dem ganzen Weg zum Auto, und auf dem ganzen Weg heim zu meinem Sohn, in meinen Ohren nach.

## Bruchfest

von Jack Ritchie

Er war ein Mann mit weichem Gesicht und randloser Brille, aber die Art, wie er mit der Automatik umging, zeugte unmißverständlich von Kompetenz.

Ich war von meiner eigenen Ruhe ziemlich überrascht, als ich den Grund für seine Anwesenheit erfuhr. »Es wäre ein Jammer, in Unwissenheit zu sterben«, sagte ich. »Wer hat Sie angeheuert, mich zu töten?«

Seine Stimme war sanft. »Ich könnte ja selbst einer Ihrer Feinde sein.«

Ich war gerade dabeigewesen, mir in meinem Arbeitszimmer einen Drink zu mixen, als ich ihn gehört und mich umgedreht hatte. Jetzt goß ich mir weiter aus der Karaffe ein. »Ich kenne die Feinde, die ich mir gemacht habe, und Sie sind ein Fremder. War es meine Frau?«

Er lächelte. »Sehr richtig. Ihr Motiv muß ziemlich offensichtlich sein.«

»Ja«, sagte ich. »Ich habe Geld, und anscheinend will sie es haben. Alles.«

Er betrachtete mich sachlich. »Wie alt sind Sie?«

»Dreiundfünfzig.«

»Und Ihre Frau?«

»Zweiundzwanzig.«

Er schnalzte mit der Zunge. »Sie waren ein Narr, etwas Dauerhaftes zu erwarten, Mr. Williams.«

Ich nahm einen Schluck Whiskey. »Ich habe die Scheidung nach ein oder zwei Jahren und die Zahlung einer Abfindung nahe an der Schmerzensgrenze erwartet. Aber nicht den Tod.«

»Ihre Gattin ist eine schöne Frau, Mr. Williams, aber habgierig. Es überrascht mich, daß Sie das nie bemerkt haben.«

Mein Blick richtete sich auf die Waffe. »Ich nehme an, Sie haben schon einmal getötet.«

»Ja.«

»Und es macht Ihnen offensichtlich Spaß.«

Er nickte. »Ein morbides Vergnügen, das gebe ich zu. Aber es stimmt.«

Ich beobachtete ihn und wartete ab. Schließlich sagte ich: »Sie sind schon seit mehr als zwei Minuten da, und ich lebe immer noch.«

»Es hat keine Eile, Mr. Williams«, sagte er leise.

»Aha, dann ist also das Töten selbst nicht Ihr größtes Vergnügen. Sie genießen wahrscheinlich die kurze Zeit davor.«

»Sie verfügen über Scharfblick, Mr. Williams.«

»Und solange ich Sie auf diese oder jene Weise unterhalten kann, bleibe ich am Leben?«

»Innerhalb eines gewissen Zeitrahmens, natürlich.«

»Selbstverständlich. Einen Drink, Mr. …?«

»Smith, das bedeutet keine übermäßige Anstrengung des Gedächtnisses. Ja, gerne. Aber lassen Sie mich bitte sehen, was Sie tun, während Sie ihn zubereiten.«

»Es ist kaum anzunehmen, daß ich ausgerechnet für einen solchen Anlaß bequemerweise Gift zur Hand habe.«

»Kaum anzunehmen, aber immerhin möglich.«

Er beobachtete mich, während ich ihm einen Drink zurechtmachte, dann nahm er in einem Sessel Platz. Ich setzte mich aufs Sofa. »Wo meine Frau sich wohl in diesem Augenblick aufhält?«

»Auf einer Party, Mr. Williams. Es wird ein Dutzend Leute geben, die bezeugen können, daß sie sich zum Zeitpunkt Ihrer Ermordung keinen Moment außerhalb ihres Blickfeldes befunden hat.«

»Ich werde von einem Einbrecher erschossen? Von einem Eindringling?«

Er stellte seinen Drink auf dem Cocktailtisch vor sich ab. »Ja. Wenn ich Sie erschossen habe, werde ich natürlich dieses Glas auswaschen und es in die Hausbar zurückstellen. Und wenn ich gehe, werde ich alle Fingerabdrücke von den Türgriffen abwischen, die ich berührt habe.«

»Sie nehmen ein paar Kleinigkeiten mit? Um die Einbrechergeschichte glaubhafter zu gestalten?«

»Das wird nicht nötig sein, Mr. Williams. Die Polizei wird annehmen, daß der Einbrecher in Panik geriet, nachdem er Sie umgebracht hat, und ohne Beute geflohen ist.«

»Das Bild dort an der Ostwand«, sagte ich. »Es ist dreißigtausend wert.«

Sein Blick wandte sich einen Augenblick dorthin und dann schnell zu mir zurück. »Es ist verführerisch, Mr. Williams. Aber ich habe nicht das Bedürfnis, irgend etwas zu besitzen, das mich auch nur im entferntesten mit Ihnen in Verbindung bringt. Ich habe was übrig für Kunst und insbesondere ihren finanziellen Wert, aber doch nicht so sehr, daß ich dafür den elektrischen Stuhl riskieren würde.« Dann lächelte er. »Oder wollten Sie mir das Gemälde etwa anbieten? Im Austausch gegen Ihr Leben?«

»Es war so ein Gedanke.«

Er schüttelte den Kopf. »Es tut mir leid, Mr. Williams. Wenn ich erst einmal einen Auftrag angenommen habe, lasse ich mich nicht davon abbringen. Es ist eine Frage der Berufsehre.«

Ich stellte meinen Drink auf den Tisch. »Warten Sie darauf, daß ich Angst zeige, Mr. Smith?«

»Sie werden sie zeigen.«

»Und dann werden Sie mich töten?«

Seine Augen blitzten auf. »Das kostet Mühe, nicht wahr, Mr. Williams? Angst haben und es nicht wagen, sie zu zeigen.«

»Erwarten Sie von Ihren Opfern, daß sie betteln?« fragte ich.

»Sie tun es. Auf die eine oder andere Weise.«

»Sie appellieren an Ihre Menschlichkeit? Und das ist sinnlos?«

»Es ist sinnlos.«

»Sie bieten Ihnen Geld an?«

»Sehr oft.«

»Ist das auch sinnlos?«

»Bisher war es das, Mr. Williams.«

»Hinter dem Bild, auf das ich Sie aufmerksam gemacht habe, Mr. Smith, befindet sich ein Wandsafe.«

Er schenkte dem Gemälde einen weiteren kurzen Blick. »Ja.«

»Er enthält fünftausend Dollar.«

»Das ist viel Geld, Mr. Williams.«

Ich nahm mein Glas und ging zu dem Gemälde hin. Ich öffnete den Safe, entnahm ihm einen braunen Umschlag, dann trank ich aus. Ich stellte das leere Glas in den Safe und drehte am Kombinationsschloß.

Smith' Blick wurde von dem Umschlag angezogen. »Bringen Sie das hierher, bitte.«

Ich legte den Umschlag vor ihn auf den Cocktailtisch.

Er sah ihn einige Augenblicke lang an, dann blickte er zu mir auf. »Dachten Sie wirklich, Sie könnten Ihr Leben erkaufen?«

Ich zündete mir eine Zigarette an. »Sie sind, sagen wir, unbestechlich.«

Er runzelte ein wenig die Stirn. »Und trotzdem haben Sie mir die Fünftausend gebracht?«

Ich nahm den Umschlag und schüttete seinen Inhalt auf dem Tisch aus. »Alte Quittungen. Allesamt vollkommen wertlos für Sie.«

Er zeigte sich verärgert. »Was glauben Sie eigentlich, was Ihnen dies für einen Vorteil gebracht haben könnte?«

»Die Gelegenheit, zum Safe zu gehen und Ihr Glas hineinzustellen.«

Sein Blick zuckte zu dem Glas vor ihm. »Das war Ihres. Nicht meins.«

Ich lächelte. »Es war Ihr Glas, Mr. Smith. Und ich denke mir, daß die Polizei sich fragen wird, was ein leeres Glas in meinem Safe zu suchen hat. Ich meine fast, daß sie die Intelligenz besitzen wird, davon Fingerabdrücke zu nehmen, insbesondere da es sich hier um einen Mordfall handeln wird.«

Seine Augen verengten sich. »Ich habe Sie keinen Moment lang aus den Augen gelassen. Sie können unsere Gläser nicht vertauscht haben.«

»Nein? Ich meine, mich erinnern zu können, daß Sie mindestens zweimal das Gemälde angeschaut haben.«

Automatisch blickte er noch einmal dorthin. »Nur für ein oder zwei Sekunden.«

»Das hat gereicht.«

Er war ins Schwitzen geraten. »Ich sage, es war unmöglich.«

»Dann befürchte ich, daß Sie eine ziemliche Überraschung erleben werden, wenn die Polizei Sie holen kommt. Und kurze Zeit darauf werden Sie die wunderbare Gelegenheit haben, dem

Tod auf dem elektrischen Stuhl entgegenzusehen. Sie werden die Todeserwartung Ihrer Opfer teilen, nur daß Sie sehr viel mehr Zeit haben werden, Ihrer Phantasie in dieser Hinsicht freies Spiel zu lassen. Ich nehme doch an, daß Sie Berichte über Hinrichtungen auf dem elektrischen Stuhl gelesen haben?«

Sein Finger schien sich um den Abzug zu spannen.

»Ich frage mich, wie Sie wohl dahinscheiden werden«, sagte ich. »Sie haben sich wahrscheinlich vorgestellt, Sie würden dem Tod ruhig und gefaßt entgegensehen. Aber das ist ein weitverbreiteter, wenn auch tröstlicher Irrglaube, Mr. Smith. Wahrscheinlich wird man Sie hinschleppen müssen …«

Seine Stimme war ruhig. »Öffnen Sie den Safe, oder ich töte Sie.«

Ich lachte. »Aber, aber, Mr. Smith, wir wissen doch beide, daß Sie mich zweifellos töten werden, *falls* ich den Safe öffne.«

Eine halbe Minute verging, ehe er wieder sprach. »Was haben Sie mit dem Glas vor?«

»Falls Sie mich nicht ermorden – und ich glaube fast, daß Sie das jetzt nicht mehr tun werden –, werde ich es zu einer Privatdetektei bringen und Ihre Fingerabdrücke abnehmen lassen. Ich werde sie zusammen mit einer Notiz, die alle notwendigen Informationen enthält, in einen versiegelten Umschlag stecken. Und ich werde Anweisungen hinterlassen, daß der Umschlag im Falle meines gewaltsamen Todes, selbst wenn er wie ein Unfall aussehen sollte, der Polizei zu übergeben ist.«

Smith starrte mich an, dann holte er tief Luft. »All das wird nicht nötig sein. Ich werde jetzt gehen, und Sie sehen mich nie wieder.«

Ich schüttelte den Kopf. »Ich ziehe meinen Plan vor. Er bietet mir Schutz für die Zukunft.«

Er wirkte nachdenklich. »Warum wenden Sie sich nicht direkt an die Polizei?«

»Ich habe meine Gründe.«

Sein Blick fiel auf seine Pistole, dann steckte er sie langsam in die Tasche. Ihm war etwas eingefallen. »Ihre Frau könnte ohne Schwierigkeiten jemand anders anheuern, um Sie zu töten.«

»Ja. Das könnte sie tun.«

»Man würde mich Ihrer Ermordung beschuldigen. Ich könnte auf dem elektrischen Stuhl landen.«

»Das könnte ich mir vorstellen. Außer …«

Smith wartete.

»Außer, natürlich, sie wäre nicht imstande, jemanden anzuheuern.«

»Aber es gibt wahrscheinlich ein halbes Dutzend anderer …

Er hielt inne.

Ich lächelte. »Hat Ihnen meine Frau gesagt, wo sie sich zur Zeit befindet?«

»Nur, daß sie bei Leuten namens Peterson sein würde. Sie geht dort um elf.«

»Elf? Eine gute Zeit. Es wird heute nacht sehr dunkel sein. Kennen Sie die Adresse der Petersons?«

Er starrte mich an. »Nein.«

»Sie wohnen in Bridgehampton«, sagte ich und teilte ihm die Hausnummer mit.

Unsere Blicke trafen sich eine halbe Minute lang.

»Es ist etwas, das Sie tun müssen«, sagte ich leise. »Zu Ihrer eigenen Sicherheit.«

Er knüpfte langsam seinen Mantel zu. »Und wo werden Sie um elf sein, Mr. Williams?«

»In einem Club, wahrscheinlich beim Kartenspielen mit fünf oder sechs Freunden. Sie werden mich zweifellos bemitleiden, wenn ich die Nachricht erhalte, daß meine Frau … erschossen wurde?«

»Es hängt alles von den Umständen und der Gelegenheit ab.« Er lächelte dünn. »Haben Sie sie je geliebt?«

Ich griff nach einer Figurine aus Jade und betrachtete sie. »Als ich es neu gekauft hatte, mochte ich dieses Stück sehr gerne. Jetzt langweilt es mich. Ich werde es durch ein anderes ersetzen.«

Als er gegangen war, blieb gerade noch genug Zeit, das Glas bei einer Detektei vorbeizubringen, ehe ich mich zu meinem Club begab.

Natürlich nicht das Glas im Safe. Das enthielt nichts als meine eigenen Fingerabdrücke.

Ich nahm das mit, das Mr. Smith auf dem Cocktailtisch zurückgelassen hatte, als er ging.

Die Abdrücke von Mr. Smiths Fingern ließen sich klar entwickeln.

## Außer Betrieb

von Carl Henry Rathjen

Den Jungen erwischte es um halb acht an jenem Abend in den Rücken.

Er war in der Tankstelle ans Bürotelefon gegangen, hatte zugehört, dann die Sprechmuschel zugedeckt und zu Jim Daly gesagt: »Duck dich. Es ist der Heckenschütze. Ich werde ihn zwingen, Farbe zu bekennen.«

»Tu's nicht«, hatte Jim ihn gewarnt und war sich in dem Büro mit Glaswänden auf allen vier Seiten sehr ungeschützt vorgekommen.

Aber der Junge lief hinaus, um von der Telefonzelle an der Auffahrt die Polizei anzurufen. Ein heranfahrender Kunde veranlaßte ihn dazu, auszuweichen, so daß er auf einem Schmierölfleck ausrutschte. Deshalb war nicht festzustellen, ob die Kugel ihn vor oder nach seinem Ausrutscher erwischt hatte. Genauso wenig, wie festzustellen war, aus welcher Richtung sie gekommen war. Und es war auch kein Schuß zu hören gewesen.

Das alles erzählte Jim Daly, dessen Haar genauso schwarz war wie das Schmieröl auf seinen großen Fingerknöcheln, die er fortwährend mit der Handfläche rieb, Whitehead, dem untersetzten blonden Detektiv, der mit dem zweiten Polizeiwagen eintraf, als die Krankenwagenbesatzung gerade den Jungen mit einer Plane zudeckte.

»Das macht es also auch nicht leichter für Sie, nehme ich an«, fügte Daly hinzu.

Dies war der siebte solche Überfall auf eine Tankstelle. Jemand rief an und sagte: »Auf Sie ist eine Waffe gerichtet, sie folgt jeder Ihrer Bewegungen. Tun Sie eine Klammer oder ein Gummiband um die Scheine in der Kasse. Werfen Sie sie über die Mauer hinter dem Luftschlauch, dann machen Sie mit Ihrer

Arbeit weiter. Werden Sie nicht neugierig, rufen Sie nicht die Polizei. Die ganze Zeit zielt eine Waffe auf Sie.« Siebenmal, und die Polizei behauptete wie üblich, sie arbeite daran. Jetzt war der Junge tot. Der erste Mord.

Whiteheads eckiges Gesicht wurde etwas blaß, dann sagte er ruhig: »Zusehen, wie jemand getötet wird, nimmt einen ganz schön mit, aber hat er Ihnen etwas Besonderes bedeutet?«

Jim Daly blickte zu der Plane hin, umgeben von einem Kreis morbider Blicke, der von uniformierter Polizei von der Tankstelle ferngehalten wurde.

»Er hat mal versucht, mich zu überfallen«, sagte Daly. »Ich hab's ihm ausgeredet und ihm einen Job gegeben.«

Whitehead starrte ihn an. »Statt uns zu rufen.«

»Alles, was er brauchte, war eine Chance«, knurrte Daly.

»Genau das ist es, was wir auch brauchen«, murmelte Whitehead. Sein Partner, ein dünner Mann mit rasiermesserscharfem Blick, schwieg.

»Mit anderen Worten«, warf ihnen Daly vor, »haben Sie verdammt noch mal überhaupt nichts unternommen. Jetzt ist ein anständiger Junge tot, ermordet. Er hatte nie eine Chance.«

Whitehead schien seine Worte sorgfältig zu wählen, ehe er sprach. »Sie müßten eigentlich besser wissen als ich, wie viele Tankstellen es im Stadtgebiet gibt. Fast zweitausend, oder?«

»Schon gut«, sagte Daly. »Ihr könnt nicht jede einzelne davon unter Beobachtung halten. Aber ihr Kerle wißt doch angeblich Bescheid, wie man diese Killer aufspürt.«

»Es braucht Zeit«, setzte Whitehead an.

»Damit komme ich in meinem Geschäft nicht durch«, erklärte Daly. »Von mir erwartet man, innerhalb von fünf Minuten den Defekt am Wagen eines Kunden zu finden.«

Whitehead nickte, starrte hinüber zu den Apartments auf der anderen Straßenseite, zu den Ladenfenstern an der Seitenstraße mit dem Stück Nachthimmel zwischen den Häuserreihen.

»Und der Kunde«, sagte er mit einem leichten Lächeln, »der erwartet das, weil er glaubt, es sei einfach, weil er die Probleme Ihres Berufs nicht kennt. Das gilt in beide Richtungen, Daly. Wenn Sie Polizist wären, wüßten Sie das.«

»Ich wollte es ja einmal wissen.« Daly preßte die Lippen zusammen.

Whitehead wandte sich ihm interessiert zu.

»Warum hat man Sie nicht genommen?«

Daly antwortete trotzig, starrte dabei seine Faust an, die den Daumennagel weiß hervortreten ließ, als das Blut darin zurückgepreßt wurde. »Ich habe als Junge mal gesessen.«

Whitehead betrachtete ihn. »Deshalb haben Sie dem hier eine Chance gegeben.«

Daly nickte. »Deshalb bin ich sauer, verdammt sauer. Jemand erkennt, daß er einen Fehler gemacht hat, und macht ihn wieder wett, sogar mehr als das. Dann versaut es ihm jemand, und ihr speist mich mit dem üblichen Gewäsch als Entschuldigung ab. Spart euch das für jemand anderen auf. Ich werde herausfinden, wer ihn erwischt hat.«

»Halten Sie sich da raus«, setzte Whitehead an.

»Das ist es ja gerade. Ich habe mich rausgehalten und darauf gewartet, daß Sie etwas unternehmen.«

Daly zog seinen Overall aus.

Aber er war um Mitternacht immer noch an der wenn auch inzwischen nicht mehr offenen Tankstelle, als Whitehead mit seinem Partner vorfuhr.

»Haben Sie den Fall gelöst, Daly?« fragte er, weder sarkastisch noch hoffnungsvoll, während er am Schreibtisch lehnte, die Hände in den Manteltaschen.

Daly stocherte mit einem dicken Finger in einem Zigarettenpäckchen, das aussah, als hätte sich jemand daraufgesetzt. »Es ist, als ob man bei einem Wagen den Grund für eine Fehlzündung sucht. Ich habe herausgefunden, woher es nicht kommen kann.«

»Ich weiß, was Sie meinen«, sagte Whitehead. Er wartete ab. Daly bog sorgfältig eine geknickte Zigarette gerade, dann zündete er mit dem Daumennagel ein Streichholz an. Auch er wartete ab. Whitehead seufzte, dann lächelte er. »Na gut, ich sag's Ihnen. Auch wir wissen, woher es nicht kommen kann, aber da wir Polizisten sind, mußten wir trotzdem alles überprüfen. Der Schuß kann nicht aus den Apartments oder Läden gekommen sein. Die sind alle seit langem belegt. Kein Überfallspezialist wird in der Umgebung sämtlicher Läden, die er hochnehmen will, Freunde wohnen haben. Er wird auch nicht auf eins der Dächer gehen. Da könnte er sein Opfer nicht beim Telefonieren beobachten. Das wissen wir von anderen Überfällen, wo er dem Opfer mitgeteilt hat, was es gerade tat, als es gewarnt wurde.«

Daly blies den Rauch in Richtung Tür. »Man muß kein Bulle sein, um darauf zu kommen.«

Whitehead sah auf das Rauchen-Verboten-Schild, warf einen Blick auf die abgeschlossenen Zapfsäulen, dann holte er seine eigenen Zigaretten hervor.

»Und man muß auch kein Polizeibeamter sein, um darauf zu kommen, daß es zwei Leute brauchte, um diese Überfälle abzuziehen. Einen, der telefonierte, während der andere aus einem abgedunkelten, geparkten Wagen alles beobachtete.«

Daly nahm einen langen Zug, dann deutete er mit dem Daumen in Richtung Seitenstraße. »Ich würde sagen, der Wagen war dort drüben geparkt.«

Whiteheads Partner trat zur Seite, um in die angegebene Richtung zu schauen, dann wandte er sich um und blickte dorthin, wo der Körper des Jungen gelegen hatte. Whitehead lehnte einfach weiter am Schreibtisch.

»Polizeibeamte haben gegenüber Bürgern, die meinen, wir würden unsere Arbeit nicht richtig machen, einen Vorteil. Schalten Sie mal Ihren Haß ab und hören Sie zu, Daly. Wir haben Akten gewälzt. Als der Junge versuchte, Sie zu überfallen, war das nicht das erste Mal und auch nicht das letzte.«

Daly schloß die Augen und nahm noch einen tiefen Zug. »Ich wünschte, Sie hätten es mir nicht erzählt.« Plötzlich blickte er auf. »Wollen Sie sagen, daß er an diesen Heckenschützen-Aktionen beteiligt war?«

Whitehead nickte. »Und er wollte einen größeren Anteil. Deshalb wurde er erschossen.«

Daly runzelte die Stirn. »Aber die haben doch versucht, mich zu überfallen.«

»Das ist das, was nicht ins Bild paßt«, sagte Whitehead. »Die haben sich nur Tankstellen ausgesucht, die gut im Geschäft waren. Wir haben beim Großhändler die Benzinlieferungen überprüft. Bei Ihnen lief es nicht mehr so gut, seit die Umgehungsstraße den Verkehr abgezogen hat. In vielen Nächten hat es sich nicht einmal gelohnt, den Laden offenzuhalten.«

»Dann war es also ein vorgetäuschter Überfall«, knurrte Daly. »Nur, um den Jungen zu erledigen.«

»Vorgetäuscht mit Sicherheit«, stimmte ihm Whitehead zu, »denn wir glauben, daß der Junge dort draußen in den Rücken geschossen wurde und im Stolpern starb, weil er vor *Ihnen* wegrannte!«

Daly richtete sich auf. Whiteheads Partner hielt plötzlich eine Waffe in der Hand. Whitehead nahm die Hände aus den Taschen. In einer von ihnen hielt er Handschellen.

»Sie haben zu dick aufgetragen, Daly. Sie waren zu sicher, daß wir uns als blöde Bullen erweisen würden. Zu blöd, um uns zu fragen, was aus dem angeblichen Kunden wurde, der den Jungen zum Ausweichen veranlaßte, so daß man nicht feststellen konnte, woher der Schuß kam. Zu blöd, um alles gründlich nachzuprüfen, sämtliche Akten, das Mögliche und das Unmögliche. Wir waren sogar so blöd, daß wir bei der Telefongesellschaft nachgefragt haben, obwohl wir nicht glaubten, den Anruf zurückverfolgen zu können. Das konnten wir auch nicht, weil der Junge vergessen hat, Ihnen zu sagen – oder keine Zeit mehr dazu hatte –, daß er früher am Abend durchgegeben hatte, das Telefon funktioniere nicht.«

Daly stieß Rauch aus. »Was beweist das schon? Vielleicht war ich von dem Schock über seinen Tod verwirrt. Wahrscheinlich hat er den Anruf am Außentelefon entgegengenommen.«

»Genau wie Sie so verwirrt waren«, gab ihm Whitehead zu verstehen, »daß Sie vergaßen, sich Schmieröl unter die Daumennägel zu reiben, als wir ankamen. So verwirrt, daß Sie uns selbst mitgeteilt haben, wir hätten es bei diesen Überfällen mit mehreren Killern statt einem einzelnen Mann zu tun. Sie haben auch geglaubt, wir wären zu blöd, Sie beobachten zu lassen, während Sie so taten, als wollten Sie anfangen, den Mörder des Jungen aufzuspüren. Eben jetzt sind Männer dabei, den Kanaldeckel aufzumachen, um Ihre Pistole mit Schalldämpfer wieder herauszuholen.«

Er legte Daly die Handschellen an und führte ihn zum Wagen. »Wissen Sie«, sagte er, »es stört uns nicht, daß die Leute uns für blöd halten. Es braucht seine Zeit, aber auf Dauer gesehen stellen wir fest, daß wir auf viele treffen, die noch blöder sind. Mit denen werden Sie viel gemeinsam haben, Daly … im Gefängnis.«

# Schockierend!

## Ein Mann für alles

von Marion M. Markham

»Was für ein Glück für mich, daß ein so geschickter Mann wie Sie auf der Insel wohnt«, gurrte Thelma Norburton. Thelma gurrte immer, wenn sie wollte, daß jemand etwas für sie tat. Arthur wurde häufig von ihr angegurrt. Das war billiger, als einen Handwerker zu bezahlen, um den Schalter an ihrem Staubsauger, den Fernseher oder die Toilettenspülung zu reparieren.

»Ich weiß *einfach* nicht, was ich *ohne* Sie tun würde. Seit der *arme* Henry von mir gegangen ist, fühle ich mich ja *so* verloren. Sie ahnen ja nicht, wie *schwierig* es ist, als Witwe zu leben. *Jeder* versucht, mich *auszunutzen* und zu *betrügen*.«

Arthur hörte nur die Hälfte von dem Gegurre, da sein Kopf sich unter Thelmas rosa Spülbecken befand. Es war das dritte Mal in diesem Monat, daß er den Kopf unter Thelma Norburtons Spülbecken steckte. Zuerst war es ein Leck in der Zuleitung zum Geschirrspüler – dann war der Müllschlucker verstopft – und nun der Diamantring im Abfluß.

Heute lag er länger darunter als gewöhnlich, und sein Rücken schmerzte sehr. Außerdem hatte er sich zweimal den Kopf am Müllschlucker gestoßen.

»Seit *Sie* und Millie nebenan eingezogen sind, ist mein Leben so viel *einfacher* geworden. Sie können sich nicht *vorstellen*, wie *erleichtert ich* war. Das Haus hat *so* lange leergestanden, während das Testament angefochten wurde. Und manchmal habe ich *nachts* so *seltsame* Lichter gesehen. Aber *natürlich* hat die *Polizei* meinen Anrufen nie Beachtung geschenkt. Und dann sind Sie eingezogen, und seither fühle ich mich so viel *sicherer*.

Als *Sie* da waren, habe ich mich nicht mehr zu *Tode* gefürchtet, ich würde in meinem Bett *ermordet* werden. Und als ich dann feststellte, daß Sie alles, aber auch *alles* reparieren können. Ich meine, keine Witwe in ganz Florida hat *soviel* Glück wie ich. *Gerade* gestern habe ich das zu Millie gesagt. Millie, habe ich gesagt, ich bin *absolut* die einzige Witwe an der ganzen Goldküste, die das *Glück* hat, zwei der *geschicktesten* Leute von Süd-Florida als Nachbarn zu haben.«

Über dieses Gespräch hatte Arthur schon alles von Millie erfahren.

»Jetzt will sie, daß du ihr einen Schlafzimmerstuhl neu polsterst«, hatte Millie erzählt. »Und sie möchte, daß ich ihr passend dazu neue Vorhänge nähe. Ist es das, was Ruhestand bedeutet, Arthur? Für meine Nachbarin Vorhänge zu nähen? Ich habe jahrelang meine eigenen genäht und selbst tapeziert und die Eßzimmerstühle selbst neu bezogen, nur damit wir genug sparen konnten, um in den Ruhestand zu gehen. Ich will diesen Ruhestand nicht damit verbringen, Thelma Norburtons Vorhänge zu nähen.«

»Sag ihr, daß du es nicht tust.«

»Arthur, du weißt doch, wie sie ist. So energisch und gleichzeitig so bemitleidenswert. Sie kann es sich leisten, sich jeden Monat neue Vorhänge von einem Innenarchitekten machen zu lassen, und trotzdem schafft sie es, daß ich Schuldgefühle habe, wenn ich ihr etwas ausschlage. Ich glaube, es ist die Umgebung. Wir passen nicht zu all diesen reichen Leuten. Und Thelma weiß, wie ich mich fühle, und das benutzt sie, um mir das Gefühl zu geben, ich sei eine Bedienstete.«

»Du bist nicht Thelmas Bedienstete. Du bist meine wunderbare Frau, und du gehörst genauso hierher wie sie. Zwei Millionen kann man kaum Armut nennen.«

»Aber man sieht es mir an – all die Jahre, in denen ich selbst Geschirr gespült und meine eigenen Kleider genäht habe. Man sieht es an meinen Händen und an der Art, wie mein Rücken gebeugt ist. Man sieht dir auch an, daß du sie selbst gewickelt hast, diese Kondensatoren – oder was diese Dinger auch waren, an denen du jede Nacht gearbeitet hast, als Alice noch ein Baby und das Geschäft gerade angelaufen war.«

»Man sieht es uns nicht an. Wir sind genau so viel wert wie sonst irgend jemand auf dieser Insel.«

»Warum hat dich Thelma dann kaum zwei Tage nachdem wir

eingezogen waren, darum gebeten, ihr in der Garage ein neues Regal anzubringen?«

»Ich spreche morgen mit Thelma und sage ihr, daß du ihre Vorhänge nicht nähen kannst und ich ihren Stuhl nicht beziehen werde. Ich lasse es nicht zu, daß sie meiner Frau das Gefühl gibt, sie sei eine Bedienstete.« Er küßte sie sanft. »Ich verspreche dir, ich nehme das morgen in die Hand.«

Am nächsten Morgen versuchte Arthur mit Thelma zu reden. Als er kaum den Mund aufgemacht hatte, gurrte Thelma ihn an, daß ihr Diamantring, den der *liebe* Henry ihr an ihrem *letzten gemeinsamen* Weihnachtsfest geschenkt hatte, in den Küchenabfluß gefallen sei, und ob es Arthur wohl *sehr* viel ausmachen würde, ihn für sie herauszuholen?

Und so lag Arthur auf dem Rücken unter dem rosa Spülbecken, während Thelma am – ebenfalls rosafarbenen – schmiedeeisernen Küchentisch mit der Glasplatte saß. Sie schlürfte einen Grasshopper nach dem anderen, ohne Arthur jemals etwas anzubieten, und gurrte.

»Meine Güte, Arthur. Ich hätte nie gedacht, daß es *so* lange dauern würde, einen kleinen alten Diamantring aus einem kleinen alten Abfluß zu holen. Um zwei muß ich zum Bridgespielen. Ich meine, Sie haben die *Waschmaschine* doch in einer Stunde repariert, und dazu mußten Sie sie ganz auseinandernehmen. Erinnern Sie sich, wie ich gewettet habe, daß Sie es *nicht* schaffen würden, alles wieder zusammenzusetzen? Aber Sie *haben* es geschafft. Sie können wirklich so wunderbar mit den Händen umgehen. Ich glaube fast, es gibt *nichts*, was Sie *nicht* können.

Weiß Millie Sie zu *schätzen? Wirklich* zu schätzen, meine ich. Sollte sie Sie jemals satt haben, dann kommen Sie *direkt* hier herüber. Hören Sie? Henry Bejaman Norburton hat zwar *zwanzig Millionen* Dollar geerbt. Aber er konnte Ihnen nicht das *Wasser* reichen, was *Elektrizität* und *Installation* betrifft. Ich *habe* aber auch ein *Glück*, so einen *starken, intelligenten* und *klugen* Mann wie *Sie* in der Nähe zu haben.«

»Fast fertig«, sagte Arthur und versetzte dem dünnen Kupferdraht, an dem er arbeitete, eine letzte Drehung. Er reichte den Diamantring heraus, der zu klein wirkte für Thelmas dicke Finger.

»Sie kommen immer noch zurecht zu Ihrer Bridgepartie.« Er kroch unter der Spüle hervor und begann, den Drahtschneider, den Spannungsmesser und die anderen Werkzeuge einzusammeln.

»Ich *weiß* einfach nicht, wie ich Ihnen *danken* soll, Arthur. Möchten Sie vielleicht ein Glas *Wasser?*«

»Nein danke, Thelma. Es ist fast zwei, und Millie wird sich schon fragen, was aus mir geworden ist.«

»Jedenfalls weiß ich Ihre Hilfe zu *schätzen*. Sie *sind* aber auch so ein *kluger* Mann. Gibt es denn *irgendwas*, das Sie nicht können?«

»Nichts, was ich mir erst einmal in den Kopf gesetzt habe, Thelma«, sagte er stolz.

Später an jenem Abend verspürte Arthur echten Stolz, als er das plötzliche, unheimliche Glühen in der Küche des Nachbarhauses sah, gefolgt von völliger Finsternis. Er hatte noch nie zuvor einen Müllschlucker verkabelt.

Diese auf stetige Beschickung eingerichteten Müllschluckereinheiten waren gefährlich, das hatte er schon immer behauptet, wo doch mit laufendem Wasser hantiert wurde und die Frauen mit nassen Händen Sachen durch den metallenen Abflußring stopften. Sollte jemals die Sicherung der Einheit nicht richtig funktionieren, wenn etwas passierte, das den Motor kurzschloß und elektrischen Strom zu diesem Metallring leitete …

Natürlich war die Wahrscheinlichkeit, daß so etwas passierte, sicher nicht größer als eins zu fünfhundert Millionen – es sei denn, ein geschickter Mann wußte, wie man es exakt so einrichten konnte.

## Alptraum

von Elaine Slater

Den einen Moment schien die Sonne, im nächsten wurde alles grau und düster. In der Richtung, in die wir fuhren, sah ich in weiter Ferne Blitze, konnte aber noch keinen Donner hören. Wie aus dem Nichts kam ein Wind auf, und all die Blätter an den Büschen und Bäumen schlugen einen Purzelbaum.

Ich sah zu Mutti rüber, aber die fuhr ganz ruhig weiter, als sei nichts geschehen. Sie wirkte zu jung, um meine Mutter zu sein, und eine Sekunde lang hatte ich Mitleid mit ihr, aber dann haßte ich sie wieder.

Sie war dabei, mich in dieses Sommer-Feriencamp zu bringen, und ich wollte da nicht hin. Mist, wie sehr ich da nicht hinwollte! Sie hatte mir diese Broschüre gezeigt, und da gab es ein Bild, auf dem der Direktor und alle Camper vor ihren Kojen posierten, zusammen mit den Aufsehern. Der Direktor war ein glatzköpfiger, speckiger Kerl mit einem Silberzahn, und er grinste so was von schrecklich. Die Aufseher waren riesige Typen in weißen Leinenhosen und offenen Hemden. Sie wirkten alle zu verdammt stolz auf sich.

Aber die Kinder! Ich sage Ihnen, es waren die Kinder, die mir den Rest gaben. Da waren sie, standen vor ihren Kojen, die Shorts hingen ihnen herunter, die Hemden aus der Hose, das Haar wuchs ihnen praktisch über die Augen. Und ich sage Ihnen, auf ihren Gesichtern war so ein Ausdruck von stummem Elend, daß es jeden in Angst und Schrecken versetzt hätte. Besonders ein Junge – er gehörte, glaube ich, zu Koje 9 – schrie mir aus dem Foto heraus geradezu eine Warnung entgegen. »Bleib weg von hier, Junge«, sagte er, »das hier ist die Hölle.«

Aber meine Mutti hatte beschlossen, daß ich ins Camp mußte. Und wenn Mutti sich erst mal auf etwas festlegt!

Ich flehte Vati an. Ich sagte: »Schau dir bloß diese Gesichter in der Broschüre an. Da sieht man schon, was für ein mieser Laden das ist.«

Mein Vati braust leicht auf, aber trotzdem ist er leichter rumzukriegen als Mutti. Aber diesmal sagte er nur: »Deine Mutter und ich haben das besprochen, und du mußt uns vertrauen, daß wir tun, was wir für dich für richtig halten.«

Er sah die Gesichter nicht so wie ich, und ich schämte mich, ihm die Wahrheit zu sagen. Ich hatte Angst. Mist, was ich für eine Angst hatte!

Ich versuchte alles. Zuerst versuchte ich es mit Überredung. Ich diskutierte ununterbrochen mit ihnen. Ich sagte ihnen, daß es keinen Sinn hätte, mich dorthin zu schicken, weil ich nicht bleiben würde. Ich sagte ihnen, sie könnten mich nicht dazu zwingen, wenn ich es nicht wollte. Schließlich wurde ich so häufig vom Eßtisch weggeschickt, daß ich beschloß, in den Hungerstreik zu treten. Ich hatte nichts zu verlieren, weil ich sowieso nicht viel Gelegenheit hatte, was zu essen. Aber das hielt ich nicht lange durch.

Als nächstes riß ich von zu Hause aus. Ich kam nicht weit – mein Fahrrad hatte einen Platten. Dann versuchte ich so brav zu sein, wie ich konnte, damit sie mich den ganzen Sommer über bei sich behalten würden. Ich muß zugeben, daß das am besten funktionierte. Ich half Mutti bei allem, und wenn Vati nach Hause kam, half ich ihm, den Wagen zu waschen und den Rasen zu mähen. Das Camp erwähnte ich überhaupt nicht, aber als die Zeit dafür herannahte, konnte ich feststellen, wie sie sich gegenseitig ansahen und dann mich. Sie dachten, ich würde es nicht sehen, aber natürlich merkte ich es.

Dann flog die ganze Geschichte auf. Wir hatten einen handfesten Krach um meine Fingernägel, ausgerechnet! Ich weiß nicht, wie mir geschah. Wahrscheinlich war mir die ganze Helferei an die Nerven gegangen. Jedenfalls fing ich an, zu brüllen und mich zu wehren, und Junge, Junge, zwei Tage später wurde ich zu Mutti ins Auto gepackt und befand mich auf dem Weg ins Camp.

Wir hatten gerade dieses schäbige Schild erreicht, auf dem »Happy Days Camp« stand, als ich den ersten Donnerschlag in der Ferne rumpeln hörte. Der Sturm kam schnell näher. Ein paar

Regentropfen klatschten gegen die Windschutzscheibe, als wir diese lange, ungeteerte Straße entlangholperten, und ich dachte: »Mein Gott! Sie macht es wahr. Sie wird mich hier allein lassen« – und plötzlich wußte ich todsicher, daß ich hier sterben würde. Ich war innerlich am Schreien, aber meine Mutti war immer noch die Ruhe selbst, während sie sich auf diesen miesen Feldweg konzentrierte.

Der Direktor erwartete uns zusammen mit einem der Aufseher. Er grinste mich genau wie auf dem Foto an, und ich schwöre, daß ich unter seinem fetten Gesicht und der schweißnassen Brille einen Totenkopf erkennen konnte. Er nahm meine Hand, um mich zu dem Aufseher zu führen, aber ich zog sie fort. Seine Hand war eisig, obwohl sonst alles an ihm vor Schweiß tropfte.

Ich blickte zu diesem riesengroßen Aufseher auf und wäre fast auf der Stelle umgekippt.

»Dies ist Archie«, sagte der Direktor, »der Aufseher von Koje 9. Deiner Koje.«

Ich schlenderte auf diesen riesigen Typen zu und flüsterte, jedenfalls glaube ich, daß ich flüsterte: »Ich werde dich vor den Schädel treten.«

Mist! Er lächelte nur auf mich herunter, mit einem Lächeln, das sagte: »Alles, was du kannst, kann ich besser und härter, und ich kann noch MEHR.«

Dann ertönte so ein riesiger Donnerschlag, und es begann wie aus Eimern zu gießen, während wir da auf diesem schäbigen Parkplatz standen.

Ich fing an, am ganzen Körper zu zittern. Ich konnte gar nicht aufhören zu zittern. Ich würde sterben, wenn ich hierblieb – das wußte ich genau. Aber niemand würde mir glauben, am wenigsten die, die ich am meisten liebte und die mich eigentlich am meisten hätten lieben sollen.

Ich zitterte am ganzen Körper und hatte die Augen zugekniffen … Dann war da dieser Lärm, wie von einer Klingel, die in meinen Ohren kreischte. Ich erwachte, vor Kälte zitternd. Es war dunkel, nur über dem fernen, eisigen Horizont zeigte sich ein schmaler heller Streifen, aber der Wecker klingelte beharrlich.

»Stell das verdammte Ding ab«, sagte die Stimme meiner Frau undeutlich. Sie lag wie betäubt im anderen Bett, die Augen geschlossen, der Mund hing offen wie bei einem toten Fisch, und in ihrem Haar hatte sie diese riesigen Lockenwickler.

Ich betrachtete sie mit plötzlichem Ekel, und das Zittern hörte auf. Bei Gott! Sie sah aus wie meine Mutter in dem Traum. Ich wälzte mich herum und stand aus dem Bett auf. Ich ergriff mein Kopfkissen und stand über meiner schnarchenden Frau.

Als ich aufgehört hatte, sah sie immer noch wie ein toter Fisch aus, nur daß sie es jetzt wirklich war. Tot, meine ich. Dann zertrümmerte ich den gottverdammten Wecker und stieg wieder ins Bett. Dies war jedenfalls ein Morgen, an dem ich nicht in der Fabrik ihres speckigen Vaters erscheinen oder mich von ihrem miesen Bruder Archie herumkommandieren lassen würde.

Die Hölle kennt keine Schrecken –

# Ein Rezept für Rache

von Jane Speed

Es war ein Rezept für gebrochene Herzen: Ihre Liebe währte ewiglich, seine nur ein Weilchen.

Sie wußte das natürlich. Sie war keine Närrin. Aber gut gewarnt ist halb gewappnet, sagte sie sich.

Mutige Worte, doch vergebens. Sein Abschied, so leicht genommen wie seine Liebe, ließ sie trostlos und niedergeschlagen zurück.

Nach außen hin lief alles so weiter wie zuvor. Ihr Mann, der nie einen Verdacht gehabt hatte, lud weiterhin Geschäftsfreunde nach Hause zum Essen ein, um ihre charmanten Fertigkeiten zur Schau zu stellen; sie war eine exzellente Köchin und untadelige Gastgeberin. Und sie ließ ihn nicht ein einziges Mal im Stich, obwohl es ihr nun bereits als tägliche Mutprobe erschien, einfach nur am Leben zu bleiben.

Warum machte sie sich die Mühe? Worauf wartete sie?

»Übrigens, meine Liebe, wir werden am Samstag zwei Gäste zum Abendessen haben«, sagte ihr Mann eines Abends. »Erinnerst du dich noch an den netten jungen Mann, der letztes Jahr so oft hier war? Er konnte ja nicht genug kriegen von deiner Kochkunst. Na ja, er ist gerade aus den Flitterwochen zurück, also habe ich das junge Paar zum Essen eingeladen. Ich dachte, es macht dir nichts aus. Du kannst so etwas so gut arrangieren.«

»Es macht mir gar nichts aus«, versicherte sie ihm. Und mit einem Borgia-Lächeln machte sie sich daran, ihr endgültiges Menü zu planen.

Hör nur den einsamen Ton, wenn der Zug pfeift –

## Süßes Fieber

von Bill Pronzini

Viertel vor Mitternacht, wie an jedem Abend, außer am heiligen Sabbat oder wenn's stürmt oder mein Rheumatismus mir zu viel Kummer macht, gingen Billy Bob und ich runter zum Eisenbahntunnel am Chigger Mountain, um auf den Nachtgüterzug aus St. Louis zu warten. Heute war's ein schöner Sommerabend, mit 'nem großen alten, fetten, gelben Mond, der über den Fichten auf Hankers Ridge hing, und die Spottdrosseln und Zikaden und Frösche machten leisen Radau. In solchen Nächten, da fühle ich mich gut, und ich weiß, daß es Billy Bob genauso geht.

Auf der näher gelegenen Seite der Tunnelöffnung liegt 'n Sumpfloch und daneben ein bewaldeter Hang, nicht zu steil. Auf halber Höhe am Hang steht ein großer Catalpabaum, und da sitzen wir immer, Seite an Seite mit dem Rücken an den Stamm gelehnt.

Also sind wir dort runtergegangen, ich gehumpelt an meinem Stock, und Billy Bob, der hat meinen Arm festgehalten. Der Mond war so hell, daß man links drüben die Melonen in Ferdie Johnsons Feld sehen konnte, und die Gleise haben ganz glänzend und ölig ausgesehen, wie sie da aus der Tunnelöffnung kamen in Richtung vom Rangierbahnhof in Sabreville, was 'ne Meile weiter an der Bahnlinie liegt. Der Wald und die klapprigen Hütten auf der anderen Seite der Gleise, die früher mal 'ne Bleibe für Tramps waren, bevor der Sheriff, dreißig Jahre her, den ganzen Laden dichtgemacht hat, das hatte alles so'n silbrigen Schimmer, als wär's mit Rauhreif überzogen.

Wir haben uns unter den Catalpabaum gesetzt, und ich hab' den Kopf zurückgelehnt, um wieder zu Atem zu kommen. Billy Bob hat gesagt: »Alles in Ordnung, Opa?«

»Bestens, Junge.«

»Rheumatismus macht dir kein' Kummer?«

»Kein bißchen.«

Er grinst mich an. »Hab' da 'ne kleine Überraschung für dich.«

»Hast du, Teufel noch mal.«

»'n frischen Priem Kautabak«, hat er gesagt. Und hat ihn aus der Tasche geholt. »Mr. Cotter hat grad heute 'ne neue Lieferung drunten in sein' Laden gekriegt.«

Da hab' ich mich ganz schön gefreut. Hab' aber gesagt: »Du solls' doch nich' hingeh'n und dein ganzes Geld für mich ausgeben, Billy Bob.«

»Gibt niemand, für den ich's lieber ausgeben würde.«

Ich hab' den Priem genommen und ausgepackt und erstmal ein' weggekaut. 'nem alten Mann wie mir bleiben nich' mehr viele Vergnügungen, aber frischer Kautabak is' eine davon; guter Korn is' auch noch eine. Billy Bob besorgt uns all 'n Korn, den wir brauchen, von Ben Logans Jungs. Die ha'm 'ne ganz anständige Destille droben auf Hankers Ridge, und ihr Korn is' der beste weit und breit. Also, nich', daß einer von uns saufen würde. 'n kleiner Schluck nach'm Abendessen und an besonderen Tagen, das is' alles. Ich hab' nie viel davon gehalten, zuviel trinken oder sonstwas zuviel machen, und das hab' ich auch Billy Bob beigebracht.

Er is'n guter Junge. Man könnte sich kein' besseren Enkel wünschen. Aber so hab' ich ihn auch aufgezogen – nach mein'm eig'nen Ebenbild, könnte man sagen –, nachdem mein eig'ner Sohn Rufus und Billy Bobs Mutter beide 1947 von uns genomm' wurden. Ich denke, ich hab's ganz gut hingekriegt, und ich könnt' nich' stolzer auf ihn sein als auf sein' Vater und ihn auch nich' lieber ha'm.

Also, wir ha'm da gesessen, und ich hab' an dem Priem gekaut und ab und zu mal ausgespuckt, und keiner von uns hat viel erzählt. Bald hat man das erste Pfeifen gehört, weit weg auf der andern Seite vom Chigger Mountain. Billy Bob hat gehorcht und gesagt: »Sie is' ganz pünktlich.«

»Is' sie meistens«, hab ich gesagt, »um diese Jahreszeit.«

Dieser traurige, einsame, hungrige Schmerz hat sich wieder in mir geregt – was mein Paps immer »süßes Fieber« genannt hat. Er is' Eisenbahner gewesen, und ich bin mit Zügen großgeworden und hab' ein gut Teil von mein' jungen Jahren beim Lokschuppen auf'm Rangierbahnhof in Sabreville zugebracht. Einmal, da war ich zehn, hat er mich an' Gashebel von der großen 2-8-0-Mogul-Dampflok gelassen, auf der Schnellstrecke runter nach Eulalia, und ich kann mich in mei'm ganzen Leben an kein schöneres Erlebnis erinnern.

Später hab' ich als Helfer gearbeitet, dann als Heizer auf 'ner 2-10-4, und auch 'ne Zeitlang als Lokführer von 'ner Rangierlok, und ich denk', ich hätte weiter als Eisenbahner gearbeitet, wenn da nich' die Depression gewesen wäre und ich mich nich' verheiratet hätte und Rufus nich' gekommen wäre. Die Nebenliniengesellschaft, für die mein Paps gearbeitet hat, die hat 1931 dichtgemacht, und noch'n halbes Dutzend andere dazu, und da gab's dann für keinen von uns mehr Arbeit auf der Bahn, nich' in Sabreville und nich' in Eulalia und auch nich' anderswo.

Das hat mei'm Paps dann so ziemlich den Willen geraubt, und er is' kränklich geworden, und ich mußte'n Job auf Mr. John Barnetts Großfarm annehm', um ihn und den Rest der Familie über Wasser zu halten. Eigentlich wollte ich ja zurück zur Bahn, aber die Depression hat sich hingezogen, und mein Paps is' gestorben, und ein Jahr danach is' meine Frau Amanda krank geworden und von uns gegang'n, und als dann der Krieg angefangen hat, war's einfach zu spät.

Aber mein' Sohn Rufus hat das süße Fieber auch gepackt, und er hat sich 'n Job als Weichensteller im Rangierhof von Sabreville geangelt, und da hat er bis zu der Nacht gearbeitet, in der er gestorben is'. Damals war Billy Bob erst drei; sein süßes Fieber kommt ganz allein von mir und von dem, was ich ihm erzählt hab'. Da gibt's kein' Zweifel, daß die Eisenbahn ein' großen Teil von unserm Leben ausgemacht hat, im guten wie im schlechten, und da gibt's auch kein' Zweifel, daß die ein'm Mann in Fleisch und Blut übergeht und ihn vielleicht auch verändert, so oder so. Ich glaub' schon, daß es so is'.

Da war wieder das Pfeifen, schon näher, und ich hab' geschätzt, daß der Güterzug aus St. Louis jetzt wohl grade auf der andern Seite vom Berg in' Tunnel einfährt. Man hat die großen Räder auf dem Gleis singen gehört, und wenn man ganz genau gehorcht hat, war fast schon das Klappern von den Kupplungen und das Zischen von den Druckluftbremsen zu hören, als der

Lokführer wegen der Kurve Gas weggenommen hat. Der Tunnel geht nich' geradeaus durch den Chigger Mountain; er kommt von Norden her rein und biegt nach Osten ab, drum muß ein schwerer Güterzug wie der aus St. Louis die Geschwindigkeit auf ein Viertel zurücknehmen, wenn er durchfährt.

Wie sie in den Tunnel einfuhr, hat man gemeint, drunten würden die Gleise zittern, und das Vibrieren war bis zu uns rauf zu spüren, wo wir unter dem Catalpabaum sitzen. Billy Bob is' aufgestanden und hat zum Tunnelausgang runtergespäht wie ein Vorstehhund, der was wittert. Dann hat man wieder das Pfeifen gehört, und nochmal, von drinnen aus dem Tunnel, und das hat jetzt hohl und kläglich geklungen. Immer, wenn ich das so höre, muß ich an jemand denken, der eingefangen is' und dem's weh tut und der um Hilfe ruft, die in den einsamen Nachtstunden nich' kommt. Ich hab' den Priem in die andere Backe geschoben und Spucke gesammelt, damit mein Mund nich' austrocknet. Ganz stark hab' ich das süße Fieber im Bauch gespürt.

Die Finsternis um das Tunnelende herum is' heller geworden, immer heller, bis man den langen weißen Strahl vom Scheinwerfer der Lok gesehen hat, wie er auf die Gleise dahinter fällt. Dann is' sie in mein Blickfeld gekommen mit ihrem Scheinwerfer wie dem Auge von 'nem Riesen, und der Lokführer hat nochmal an der Dampfpfeife gezogen, und das Geräusch vom Zug war jetzt ein rasselndes Rumpeln, so laut in meinen Ohren wie 'ne Steinlawine vom Berg runter. Aber er is' gar nich' schnell gefahren, nur so langsam gerollt, hat sich aus dem Tunnel rausgezogen wie so'n Nachtkriecher aus'm Erdhügel.

Die Lok is' vorbeigeklappert, und Billy Bob und ich ha'm zugesehen, wie die Waggons vor uns vorbeifahren. Offene, geschlossene, drei Kesselwagen hintereinander, dann wieder offene, beladen mit Fichtenstämmen, so dick wie 'n Plumpsklo, ein Kühlwagen, fünf Kohleloren, wieder 'ne Reihe von geschlossenen Güterwagen. Schon fünfzig Waggons, hab' ich gedacht. Sie wird nich' mehr als sechzig oder fünfundsechzig ziehen.

Plötzlich hat Billy Bob gesagt: »Opa, schau mal da drüben!«

Er hat den Arm gehoben und hingezeigt. Meine Augen sind nich' mehr so gut, und es hat 'n paar Sekunden gebraucht, bis ich gesehen hab', wo er hingezeigt hat, links von uns und runter auf die Tür vom dritten Güterwagen in der letzten Reihe von geschlossenen. Sie is' grade aufgegangen, und im Mondlicht hab' ich ganz deutlich gesehen, wie der Kopf von 'nem Mann rauskam, dann seine Schultern.

»'s is 'n Tramp, Opa«, hat Billy Bob ganz aufgeregt gesagt. »Gleich springt er ab. Schau, wie er sich festhält, gleich springt er.«

Ich hab' ins Gras ausgespuckt. »Helf mir aufstehen, Junge.«

Er hat 'ne Hand unter mein' Arm gesteckt und mich hochgezogen und gestützt, bis ich mit mei'm Stock zurechtkam. Dort drunten hat der Tramp von der Tür vom Güterwagen aus nach beiden Seiten und zum Boden neben den Gleisen geguckt. Der Boden dort is' weicher Lehm, und der Zug is' langsam genug gefahren, und da hatte er 'ne gute Chance, abzuspringen, ohne sich was anzutun.

Das hat er sich auch gedacht, und mit dem Gedanken hat er sich vom Waggon abgestoßen, mit ausgebreiteten Armen, und seine Haare und sein Mantel haben im Fahrtwind geflattert. Ich hab' gesehen, wie er gut gelandet is', hingefallen und sich einmal überschlagen. Dann hat er da gekniet, den Kopf geschüttelt und sich umgeschaut.

Also, das war der erste Tramp, den wir seit sieben Monaten zu Gesicht bekommen haben. Die Rangiermannschaften verplomben heutzutage die Waggons, und 's gibt sowieso nich' mehr viele, die den Gleisen folgen, nich' mal hier bei uns drunten. Aber ab und zu will'n Tramp so dringend mitfahren, daß er 'ne Plombe aufbricht oder sich in 'ner Lore versteckt oder auf 'nem beladenen Plattformwagen. Junge Gören, alte Vagabunden, gesuchte Verbrecher. 's gibt immer noch 'n paar.

Und von denen springen immer wieder welche dort drunten ab, so wie der hier, weil sie wissen, daß der St. Louis-Güterzug in Sabreville hält und dort die Rangierer die Waggons kontrollieren, oder weil sie die alten Hütten vom Trampdorf sehen oder Ferdie Johnsons Melonenfeld. Wenn ein Mann lang genug auf'm Zug war ohne Proviant, dann kriegt er 'n mächtigen Hunger. Der Anblick von so 'nem Melonenfeld wie dem von Ferdie is' schon Grund genug, daß einer abspringt.

»Billy Bob«, hab' ich gesagt.

»Ja, Opa. Du wart nur hier.«

Dann is' er am Hang entlang losgerannt. Ich hab' den Tramp

beobachtet, und der is' aufgestanden und hat sich in ein Gebüsch neben den Gleisen geschlagen, um abzuwarten, bis der Bremserwagen vorbei ist', damit man ihn nich' sieht. Bald danach is' der letzte Waggon aus'm Tunnel gekomm', dann der Bremserwagen mit 'nem Bremser draußen auf der Plattform, der 'ne rote Laterne hielt. Als der Zug schon ein Stück weiter weg war und ich ihn bald nich' mehr sehen konnte, is' der Tramp wieder vorgekommen und hat sich noch mal umgeschaut. Dann hat er sich tatsächlich gradewegs zum Melonenfeld aufgemacht.

Als er da erstmal drin war, konnt' ich ihn nich' mehr sehen, weil er direkt am Waldrand neben dem Hang stand. Und Billy Bob konnt' ich auch nich' sehen. Die Pfeife hat'n letztes Mal aufgeheult, ganz traurig, als die Lichter vom Bremserwagen verschwunden sind, und da is' es mir kalt über'n Rücken gelaufen und hat mich wie 'ne eiskalte Hand gepackt. Ich hab' die Augen zugemacht und nachgehorcht, wie das letzte Singen von den Rädern verklungen is'.

's hat nich' lang gedauert, da hab' ich gehört, wie Schritte am Hang näher kommen, dann die wütende Stimme von 'nem Fremden, aber ich hab' die Augen zugelassen, bis sie nah bei mir waren und Billy Bob gesagt hat: »Opa.« Wie ich die Augen aufgemacht hab', da stand der Tramp kaum 'n Meter vor mir, und sein weißes Gesicht glänzt – 'n ängstliches Gesicht, wütendes Gesicht, bösartiges Gesicht.

»Was, zum Teufel, soll das?« hat er gesagt. »Was wollt ihr von mir?«

»Geb mir deine Pistole, Billy Bob«, hab' ich gesagt.

Das hat er dann gemacht, und ich hab' sie fest gepackt und den Lauf gehoben. Der Schmerz in mei'm Bauch war so stark, daß meine Knie schwach geworden sind und ich kaum atmen konnte. Aber meine Hand, die war ruhig.

Der Tramp hat die Augen ganz weit aufgerissen und is' ein' Schritt zurückgetreten. »He«, hat er gesagt, »he, das kannste doch nich' –«

Ich hab' ihm zwei Schüsse verpaßt.

Er is' umgefallen und gerollt und auf'm Rücken liegengeblieben. Kein Zweifel, daß er tot war, also hab' ich Billy Bob die Pistole zurückgegeben, und er hat sie wieder in 'n Gürtel gesteckt. »Also los, Junge«, hab' ich gesagt.

Billy Bob hat genickt und is' rübergegangen und hat sich den toten Tramp auf die Schulter geladen. Ich hab' zugeschaut, wie er in Richtung von dem Sumpfloch losmarschiert is', und in mein' Kopf hab' ich den Zug pfeifen hören, wie sich's aus dem Tunnel angehört hat. Ich hab' wieder daran gedacht, wie ich schon so oft gedacht hab', daß in der Nacht damals 1947 mein Sohn Rufus und Billy Bobs Mutter sich genauso angehört haben müssen, als die beiden Tramps aus dem Hüttendorf in ihr Haus eingebrochen sind und sie vergewaltigt haben und Rufus totgeschossen haben. Sie is' grade lang genug am Leben geblieben, daß sie uns von den Tramps erzählen konnte, aber die sind nie erwischt worden. Also hab' ich was unternehmen müssen, und dann Billy Bob mit mir, als er alt genug war.

Na ja, 's is' nich' mehr so wie früher, und das is' schade. Aber 's gibt immer noch 'n paar, die den Gleisen folgen, immer noch 'n paar, die's sich in' Kopf setzen, dort drunten abzuspringen, wo der St.-Louis-Güterzug langsam durch'n Chigger-Mountain-Tunnel kommt.

O ja, 's werden immer'n paar übrigbleiben für mich und Billy Bob und das süße Fieber in uns beiden drin.

Denken Sie nur an das Selbstbewußtsein,
das Sie gewinnen – und das zu dem Preis!

# Die Magnumflasche

## von Jack Ritchie

Amos Weatherlee hielt die Magnumflasche Champagner fest in
der einen Hand und einen Hammer in der anderen.

Im breiten Durchgang zur Hotelbar hielt er inne.

Zu dieser Nachmittagsstunde war die Bar fast leer, bis auf
drei Frauen, die mit Pink-Lady-Cocktails in einer der Nischen
saßen, und einem Mann im mittleren Alter in einer anderen.

Weatherlee trat auf ihn zu und streckte ihm den Hammer entgegen. »Entschuldigen Sie, aber ich würde es als großes Entgegenkommen Ihrerseits betrachten, wenn Sie meine Flasche
zerschlagen würden.«

Harry Sloan betrachtete ihn skeptisch. »Glauben Sie nicht,
das würde eine ziemliche Schweinerei werden?«

Weatherlees silbergraues Haar war ziemlich unordentlich,
und er sprach etwas undeutlich. »Daran habe ich gar nicht
gedacht. Meinen Sie, der Barmann hätte vielleicht eine Schüssel
oder etwas derartiges, das wir benützen könnten?«

Sloan nahm einen Schluck von seinem Whiskey-Soda. »Wenn
Sie wirklich darauf aus sind, die Flasche zu zerschlagen, warum
machen Sie es dann nicht selbst?«

Weatherlee seufzte.

»Ich habe es versucht. Ich habe es wirklich versucht. Auch
Captain O'Reilly hat es versucht. Ebenso Carruthers und Larson
und Cooper und ich weiß nicht wie viele andere. Es war eine
ziemlich wilde Nacht.«

»Was war eine wilde Nacht?«

»Unser Clubtreffen vor einem Jahr.«

Sloans Aufmerksamkeit wurde abgelenkt durch die Prozes-
sion eines Dutzends älterer Männer, die hintereinander durch

den Hoteleingang hereinkamen. Mindestens die Hälfte von ihnen gingen am Stock. Sie bewegten sich langsam durch das Foyer auf die offene Tür eines privaten Speiseraums zu.

Sloan zeigte etwas Interesse. »Wer, um Himmels willen, sind denn die?«

»Unser Club«, sagte Weatherlee. »Es handelt sich um unsere alljährliche Zusammenkunft. Die Mitglieder haben gerade eine Stadtrundfahrt mit dem Bus beendet, und jetzt werden wir unser Dinner einnehmen.« Er schaute zu, wie die Gruppe den Speisesaal betrat. »Wir waren alle Mitglieder der selben Kompanie der Nationalgarde. Gleich nach dem Krieg haben wir den Club gegründet.«

»Nach dem Ersten Weltkrieg?«

»Nein«, sagte Weatherlee. »Dem Spanisch-Amerikanischen Krieg.«

Sloan schaute ihn ungläubig an.

»Das ist Captain O'Reilly«, sagte Weatherlee. »Der mit der breitkrempigen Uniformmütze.« Er setzte sich. »Was schätzen Sie, wie alt ich bin?«

»Ich habe nicht die leiseste Ahnung.«

»Neunzig«, sagte Weatherlee stolz. »Ich war achtzehn, als ich in die Armee eintrat.«

»Na klar«, sagte Sloan. »Und wahrscheinlich waren Sie bei Teddy Roosevelts Rough-Rider-Truppe und sind mit ihm den Hügel von San Juan hinaufgestürmt?«

»Nein. Tatsächlich ist unsere Truppe nie über Tampa in Florida hinausgelangt, ehe der Krieg zu Ende war. Unsere einzigen Verluste sind auf Gelbfieber zurückzuführen.«

»Für einen Neunzigjährigen machen Sie noch einen ganz frischen Eindruck.«

»Das bin ich auch«, sagte Weatherlee bestimmt. »Ich mache jeden Tag einen flotten Spaziergang und bin immer noch im Vollbesitz all meiner geistigen und körperlichen Fähigkeiten. Im Vollbesitz.«

»Sicher«, sagte Sloan, »sicher.«

»Natürlich waren wir nicht alle gleich alt, als wir den Club gründeten. Captain O'Reilly, unser ältester, war zum Beispiel sechsunddreißig. Doppelt so alt wie ich, zu dem Zeitpunkt. Er ist dem Club mehr aus einem Gefühl der Kameradschaft heraus beigetreten als in der Erwartung, tatsächlich einmal aus der Flasche zu trinken.«

Sloan warf ein Auge auf die Magnumflasche Champagner. »Um was für eine Art Club handelt es sich?«

»Ein Letzter-Mann-Club. Vielleicht haben Sie schon mal davon gehört? Wir haben unseren 1898 gegründet. Direkt nach Kriegsende, als wir darauf warteten, nach Hause eingeschifft zu werden. Wir wollten eigentlich einhundert Mitglieder, aber tatsächlich haben wir nur achtundneunzig dazu gebracht, sich dafür einzutragen.«

»Und das dort sind die Überlebenden? Die, die noch übrig sind?«

»O nein. Das sind nur die Mitglieder, die herreisen konnten. Die anderen befinden sich in Krankenhäusern, Altenheimen und ähnlichem.«

Sloan übte sich im Kopfrechnen. »Sie sagten doch, Captain O'Reilly sei sechsunddreißig gewesen, als der Club 1898 gegründet wurde?«

»Ja.«

»Wollen Sie mir erzählen, daß Captain O'Reilly heute einhundertundacht Jahre alt ist?«

»Das stimmt. Unser Ältester.«

»Und Sie sind mit neunzig der Jüngste?«

»Ja«, sagte Weatherlee. »Und ich bin Hüter der Flasche. Nach unseren Regeln ist immer das jüngste lebende Mitglied Hüter der Flasche.«

Sloan trank seinen Drink aus. »Wie viele Mitglieder sind denn noch am Leben?«

»Fünfundneunzig.«

Sloan starrte ihn einige Augenblicke lang an. »Wollen Sie damit sagen, daß seit 1898 nur drei von Ihnen gestorben sind?«

Weatherlee nickte.

»Da war Meyer. Der starb damals 1909 bei einem Zugunglück. Oder war es 1910? Dann McMurty. Der ist bei der Nationalgarde geblieben und hat es bis zum Oberst gebracht, ehe er 1918 in den Argonnen gefallen ist. Und Iverson. Der ist 1921 an einem Blinddarmdurchbruch gestorben.«

Sloan betrachtete sein leeres Glas, dann seufzte er. »Möchten Sie einen Drink?«

Weatherlee lächelte freundlich. »Ich denke, einer mehr kann nichts schaden. Ich nehme das gleiche, was Sie trinken.«

Sloan lenkte die Aufmerksamkeit des Barmanns auf sich und hielt zwei Finger hoch.

Weatherlee beugte sich vor und senkte die Stimme. »In Wirklichkeit ist dies nicht die Original-Champagnerflasche. Die habe ich 1924 zerbrochen.«

Wieder warf Sloan ein Auge auf die Flasche.

»Es passierte bei unserer Zusammenkunft in jenem Jahr«, sagte Weatherlee. »Ich fuhr gerade im Aufzug. Damals funktionierten die nicht so reibungslos wie heute. Es gab einen plötzlichen Ruck, als der Fahrstuhlführer den Lift auf meinem Stockwerk anhielt. Der Koffer, den ich trug, sprang auf, und die Flasche fiel zu Boden. Sie kann nicht mehr als dreißig Zentimeter tief gefallen sein, aber da lag sie nun in Scherben auf dem Boden.«

Weatherlee schüttelte bei dieser Erinnerung den Kopf. »Ich bin vollkommen in Panik geraten. Ich meine, ich als Hüter der Clubflasche – eine schwere Verantwortung –, und da lag sie in Scherben auf dem Boden des Fahrstuhls. Glücklicherweise war ich zu der Zeit der einzige Fahrgast. Niemand außer dem Fahrstuhlführer wußte, was geschehen war.«

»Also sind Sie losgegangen und haben eine neue Flasche eingekauft?«

»Nein. Ich glaubte nicht, daß ich sie irgendwie durch eine genau gleiche ersetzen könne. Die Flasche war ziemlich einmalig. Sechsundzwanzig Jahre zuvor in Tampa erstanden.«

Sloan deutete auf die Flasche. »Was ist dann das da?«

»Es war der Fahrstuhlführer, der mich gerettet hat«, sagte Weatherlee. »Er ging los und besorgte ein *exaktes* Duplikat.«

»Wie hat er das geschafft?«

»Ich habe nicht die leiseste Ahnung. Er ist meiner Nachfrage wohl ausgewichen, wenn ich mich jetzt so recht erinnere, aber ich war zu freudig erregt, um auf einer Antwort zu bestehen. Er hat sich wirklich zutiefst für den Zwischenfall entschuldigt. Er war sehr um mich besorgt. Hat die Schweinerei im Fahrstuhl beseitigt und fünfzehn Minuten später die neue Flasche auf mein Zimmer gebracht. Wollte mich nicht einmal dafür bezahlen lassen. Behauptete, der ganze Zwischenfall sei allein seine Schuld, und wollte auch nicht einen Cent annehmen.«

Sloan hob die Augen von der Magnumflasche. »Sie sagten etwas darüber, daß Captain O'Reilly die Flasche zerbrechen wollte?«

»Ja. Letztes Jahr bei unserem Treffen. Ich weiß immer noch nicht genau, warum er es versucht hat. Aber ich erinnere mich, daß er den ganzen Abend lang die Flasche anstarrte. In dem Jahr war ich Schatzmeister, und ich hatte gerade meinen Finanzbericht beendet. Wir hatten 4990 Dollar in der Kasse. Unsere Beiträge sind eigentlich fast nur symbolisch, aber zusammen mit den angesammelten Zinsen hatten sie nach all den Jahren diese Summe erreicht.«

Der Barmann brachte die Drinks. Sloan bezahlte und nahm einen Schluck von seinem Whiskey-Soda. »Was war also mit O'Reilly?«

Weatherlee sah dem Barmann nach. »Ach ja. Also, als ich gerade geendet hatte, erhob er sich plötzlich, begann mit seinem Stock auf die Flasche einzuschlagen und schrie: ›Diese verdammte Flasche! Diese verdammte Flasche!‹ Und dann schien es, als würden alle anderen auch durchdrehen. Sie schrien und fluchten und schlugen nach der Flasche, einige sogar mit Stühlen. Ich weiß wirklich nicht, wie das alles geendet hätte, wenn nicht die Kellner hereingeeilt wären und sie zurückgehalten hätten.«

»Aber die Flasche haben sie nicht zerbrochen?«

»Nein. Es war ganz erstaunlich. Die Schläge waren wirklich heftig, aber sie ist nicht zerbrochen. Ich habe darüber das ganze Jahr nachgedacht. Dieses ganze lange Jahr.«

Weatherlee holte tief Atem. »Ich bin heute am frühen Morgen hier angekommen. Ich trinke normalerweise nicht sehr viel, aber ich kaufte mir spontan eine Flasche Whiskey und nahm sie mit auf mein Zimmer. Ich habe einfach nur dagesessen, Whiskey getrunken und die Flasche angestarrt. Ich habe sogar die Stadtrundfahrt vollkommen vergessen. Und dann, ich weiß nicht, was über mich gekommen ist, habe ich einen Aschenbecher gepackt – eins von diesen schweren Glasdingern, die so gut wie unzerbrechlich sind – und auf die Flasche eingeschlagen. Ein ums andere Mal, bis schließlich der *Aschenbecher* zerbrach.«

Weatherlee holte ein Taschentuch aus seiner Westentasche. »Ich war wie rasend. Ich rannte mit der Flasche aus meinem

Zimmer, und auf halbem Wege den Flur entlang fand ich einen dieser Wandschränke für die Utensilien des Personals, dessen Tür offenstand. Auf einem der Regale befand sich ein Hammer. Ich legte die Champagnerflasche in das in der Kammer angebrachte Waschbecken und schlug wiederholt mit dem Hammer auf sie ein.«

»Aber die Flasche ist immer noch nicht zerbrochen?«

Weatherlee tupfte sich mit dem Taschentuch leicht über die Stirn. »Aber das schrecklichste daran war, daß ich die ganze Zeit, während ich versuchte, diese Flasche zu zerbrechen, das Gefühl hatte, als würde mich irgendwer, irgendwo, *auslachen*.«

Er warf der Magnumflasche einen finsteren Blick zu. »Und dann kam mir plötzlich die *Überzeugung, die Gewißheit*, daß weder ich noch *irgendein* Clubmitglied die Flasche zerstören könne. Wenn es vollbracht werden mußte, dann von einem Außenstehenden.«

Sloan runzelte über seinem Drink die Stirn. »*Warum*, genau, wollen Sie die Flasche eigentlich zerstören?«

Weatherlee seufzte. »Ich weiß es nicht. Ich weiß nur, daß ich es *will*.«

Sie schwiegen beide fast eine Minute lang, dann sagte Sloan: »Dieser Fahrstuhlführer. Wie sah er aus?«

»Der Fahrstuhlführer? Ein ziemlich gediegen aussehender Mensch. Ich erinnere mich, daß ich damals noch dachte, daß er überhaupt nicht das war, was man sich gemeinhin unter einem Fahrstuhlführer vorstellt. Ziemlich groß. Dunkles Haar, dunkle Augen.«

Eine der Türen zum Speisesaal auf der anderen Seite des Foyers ging auf, und ein Kellner trat heraus. Er kam in die Bar. »Mr. Weatherlee, wir servieren jetzt.«

Weatherlee nickte. »Ja. Ich komme gleich.«

Sloan wartete, bis sich der Kellner außer Hörweite befand. »Wann, sagten Sie, haben Sie die Originalflasche zerbrochen?«

»1924.«

»Und seither ist niemand mehr gestorben?«

»Seit 1921 ist niemand mehr gestorben. Das war das Jahr, als Iverson seinen Blinddarmdurchbruch hatte.«

Wieder starrte Sloan die Flasche an. »Ich möchte Ihrem Club beitreten.«

Weatherlee blinzelte mit den Augen. »Aber das ist unmöglich.«

»Warum ist es unmöglich?«

»Also … zum einen haben Sie nicht zu unserer Kompanie der Nationalgarde gehört.«

»Besagen Ihre Regeln irgend etwas darüber, daß die Mitglieder jener bestimmten Kompanie angehören müssen? Oder überhaupt irgendeiner Kompanie?«

»Na ja, eigentlich nicht. Aber es wurde immer davon *ausgegangen* …«

»Und Sie haben doch gesagt, Sie hätten Ihre Sollstärke an Mitgliedern nie erreicht, oder? Nur achtundneunzig Personen haben sich eingetragen? Also bleiben zwei Plätze offen, stimmt's?«

»Ja, aber Sie sind so viel jünger als sonst irgendeiner von uns. Es wäre uns gegenüber unfair, mit Ihnen um die Flasche konkurrieren zu müssen.«

»Hören Sie«, sagte Sloan. »Ich bin kein reicher Mann, aber ich werde der Clubkasse auf den Dollar genau so viel beisteuern, wie sie zur Zeit enthält.«

»Das ist sehr liebenswürdig von Ihnen«, sagte Weatherlee ein wenig steif, »aber wenn Sie uns alle überleben sollten, und das ist ja wohl wahrscheinlich, würden Sie es sowieso alles zurückbekommen.«

Sloan lächelte geduldig. »Ich unterzeichne eine eidesstattliche Erklärung, in der ich jedem Anspruch auf den Inhalt der Clubkasse entsage.«

Weatherlee rieb sich den Nacken. »Ich weiß nicht. Ich bin nicht befugt, über etwas Derartiges zu entscheiden. Ich gehöre dieses Jahr nicht einmal dem Clubvorstand an, wenn Sie mal von meiner Funktion als Hüter der Flasche absehen. Ich weiß wirklich nicht, wie in so einem Fall vorzugehen wäre. Ich nehme an, wir müßten darüber abstimmen, oder so etwas.«

Er stand auf und schob sich die Magnumflasche unter den Arm. »Wahrscheinlich kann es nicht schaden, zu fragen, aber ich glaube, ehrlich gesagt, daß man Sie ablehnen wird.«

Sloan legte die Hand auf den Hammer. »Den lassen Sie lieber hier bei mir.«

Um halb zehn am nächsten Morgen betrat Sloan Weatherlees Zimmer.

Er holte einen Briefumschlag aus der Tasche und übergab ihn Weatherlee.

Weatherlee bestätigte den Empfang mit einem Nicken. »Um ganz ehrlich zu sein, war ich doch überrascht, daß der Club Sie aufgenommen hat. Nicht einstimmig, natürlich. Captain O'Reilly war strikt dagegen.«

Sloan ging zur Kommode hinüber und nahm die Magnumflasche Champagner an sich.

Weatherlee blinzelte. »Was tun Sie da?«

»Ich nehme die Flasche mit. Sie haben mir selbst gesagt, daß nach den Regeln des Clubs das jüngste Mitglied als Hüter der Flasche fungiert.«

»Ja, aber …«

Sloan öffnete die Tür zum Flur. Er lächelte breit. »Wir wollen doch nicht, daß Sie herumlaufen und fremde Leute bitten, sie zu zerschlagen, nicht wahr?«

Als Sloan fort war, versiegelte Weatherlee die Tür.

Er begab sich ins Badezimmer und begann, sein Gesicht von Make-up zu reinigen. Während er daran arbeitete, fiel ein halbes Jahrhundert von ihm ab.

Vielleicht hätte er Sloan mehr als fünftausend abnehmen können, aber man wußte ja nie. Wenn er zu gierig geworden wäre, hätte das ganze Geschäft platzen können.

Er lächelte.

Das schwierigste war, einen Dummen zu finden.

Aber wenn das erst einmal erledigt war und man herausgefunden hatte, von wieviel er sich ohne allzu große Anstrengung trennen konnte, machte man sich daran, das Arrangement zu planen. Dazu gehörte, daß man das nächstgelegene Altersheim für pensionierte Soldaten besuchte und anbot, ein Dutzend der ältesten Veteranen zu einem Dinner einzuladen.

Und die alten Knaben hatten immer so viel Spaß an ihrem Ausgehnachmittag.

Erachte einen Mann erst als glücklich,
wenn alles vorbei ist

## Doppeltes Nachspiel

von Isak Romun

Desmond Blinn schnitt sich eine saftige Scheibe vom innen noch
rohen Rinderbraten, drückte sie auf eine Scheibe Roggenbrot,
legte ein weiteres Stück Brot auf das Fleisch und biß herzhaft
hinein, während er mit der anderen Hand sein stoppeliges
Gesicht betastete. Ein Bier stand bereit, inzwischen warm, einge-
gossen vor allzu langer Zeit, kurz bevor er begonnen hatte, sich
mit seinen Gedanken herumzuschlagen. Aber er trank es mit
Genuß, und die hellen Bernsteintropfen verwandelten sich auf
seinem Bartwuchs in winzige, reflektierende Perlen, aufgespießt
an den Spitzen borstiger Haare.

Es war eine gute Mahlzeit, eine gute Henkersmahlzeit, kräftig
und deftig, wie sein Leben gewesen war; und einfach, einfach
und direkt, wie schon bald sein Tod sein würde, das wußte er.
Ein eigenartiger Mann, Bohlmann, der Anführer; ein Mann, der
für kleine Rituale etwas übrig hatte, sorgfältig eingehaltene
Bräuche, präzises Zeremoniell. Die traditionelle »Henkersmahlzeit« nach dem Wunsch des Verurteilten, wie im vorliegenden
Fall. Was würde sich binnen kurzem ereignen? – ein kurzer
Gang in den Hof, Blinns Hände im Rücken gefesselt, zwei starke
Jungs, jeder mit einer Pranke auf seiner Schulter, die ihn sanft,
aber bestimmt auf die Knie zwangen; eine lange, hölzerne Latte,
auf der in dickgepinselten Lettern die Verbrechen Undankbar-
keit, Verrat und Treuebruch verkündet waren, derer Blinn ange-
klagt und nach Bohlmanns unmittelbarem, in schwerer Robe
gesprochenem Urteil für schuldig befunden worden war. Und
dann ein Schuß durch den Nacken aufwärts ins Gehirn, und vor
Blinn würde sich die Ewigkeit ausbreiten.

Bohlmann hatte das Verfahren in einer Wochenschau gesehen: Rotchinesen, die Holzlatten, auf denen in Schönschrift die Sündenregister geführt waren, hingerichtet von Nationalisten – oder umgekehrt; und das Einfache, dem es andererseits nicht an einem gewissen kargen Prunk und hochmoralischen Beigeschmack fehlte, wirkte anziehend, unwiderstehlich auf seine Natur.

»Laßt uns das gleich beim nächsten ausprobieren, den wir erschießen«, hatte er fröhlich gesagt, und Desmond Blinn erinnerte sich mit einem Schaudern daran, denn er war es gewesen, der Bohlmann den Gefallen getan hatte, der sich bückte, die Waffe nach oben richtete, abdrückte und dann rasch zurücktrat, während die beiden stämmigen Burschen wie Tänzer beim *pas de deux* zur Seite hüpften, um wie Desmond dem spritzenden Blut und den kleinen, fliegenden Gehirnfetzen zu entgehen.

Und nun würde er, Desmond Blinn, wieder Teilnehmer an dieser Schlußzeremonie sein. Und weshalb? Wegen einer Frau. So töricht, denn es gab so viele Frauen. Bohlmann sammelte sie und stieß sie ab wie Kupfermünzen, und bald würde Blinn dafür büßen müssen, daß er an einer von ihnen gerieben hatte, solange sie noch glänzte. Die Frau war beseitigt worden, war in einen Brunnenschacht geworfen und dort dem Tod überlassen worden. Frauen durften nicht an dem Zeremoniell teilnehmen, nur Männer – diejenigen, gegen die Bohlmann ungeheure Anschuldigungen erhob und sich nach und nach zu rachsüchtiger Wut emporschraubte, bis er, von ihrer absoluten Treulosigkeit überzeugt, das schreckliche Urteil verkündete: das Zeremoniell.

»Morgen«, hatte er Blinn angebrüllt, wobei sein feuchter, roter Mund vor Zorn und Vorfreude zitterte. »Morgen, bei Sonnenaufgang.«

Es passierte immer bei Sonnenaufgang, noch eine Spitzfindigkeit, noch ein Bestandteil der Prozedur: ein Helldunkeleffekt, wie Bohlmann ihn schätzte.

Aber vorerst, dachte Desmond Blinn, gibt es den prachtvollen Rinderbraten, herausgelöst aus einer Kuh, die am selben Tag gestohlen, geschlachtet und über einem großen Feuer gegart worden war, und das deftige, einfache Brot und das Bier, wenn auch warm, so doch zufriedenstellend, aber das war beinahe alle. Ob sie ihm wohl noch eins geben durften?

Als Blinn zur Tür der Zelle des Klosters ging, das die Bande übernommen hatte, war er hellauf begeistert, wie gut er mit der ganzen Sache fertig wurde, sich das Fleisch und das Brot schmecken ließ, ja sogar mit seinem Chalzedonitbecher so gegen die kurzen Stäbe der kleinen Öffnung in der Tür klapperte, daß Splitter von seinem Überzug durch die Luft flogen, und den Korridor entlangbrüllte, er verlange noch etwas zu trinken. Und, bei Gott, seht zu, daß es was Anständiges, Kaltes ist!

Er war sicher, daß er so weiter durchhalten konnte, genießen, was ihm vom Leben geblieben war, ohne sich falschen Hoffnungen hinzugeben, es werde nach dem Morgengrauen irgendwie weitergehen, er werde im letzten Augenblick noch begnadigt und wieder in die Bande aufgenommen werden. Nein, das würde nicht passieren, aber Blinn würde Bohlmann etwas von dem Vergnügen rauben, das er an dem Zeremoniell hatte. Hah! – wie war denn das Zeremoniell aufgebaut? Jedenfalls nicht so, daß ein Mann in jenem letzten Moment aufrecht dastehen und dem Blick seines Henkers standhalten konnte, wie vor einer Mauer zum Zwecke des Erschießens oder, das Seil um den Hals, auf einem scheuenden Pferd. Nein, das Opfer wurde zu Boden gestoßen, sein Kopf vornüber gebeugt, und die hölzerne Latte stellte das komische Element in einem ohnehin schon würde- losen Stück dar; und dann wurde in dieser schmachvollen Stel- lung, die beinahe fötal war (eigentlich seltsam), die Mündung der Waffe aufwärts gegen die kurzen Nackenhaare gepreßt, aber nicht geschossen, bis Bohlmann, der seitlich fett und garstig in seinem Segeltuchstuhl hockte und dessen apathisches Gesicht sich beim ununterbrochenen Kauen gerösteter Sesamkörner rhythmisch verzog, wodurch er seine freudige Erregung ver- barg, das Signal gab. (Caligula im Circus Maximus.) Bis es soweit war, war aus dem Missetäter eine bebende, schreiende Gestalt geworden, die sich vor Bohlmann rechtfertigte, Bohl- mann anflehte, Bohlmann versicherte, was immer in der Welt sie verbrochen habe (und vielleicht wußte sie es ehrlich nicht), es würde nie wieder vorkommen. Nie.

Wenn du mich nur am Leben läßt. Das haben sie alle gesagt, dachte Desmond Blinn, während sein Becher sein beharrliches, rhythmisches Klirren gegen die Gitterstäbe aufgab, und die Knie wurden ihm weich, als er an jene armen Teufel dachte, die bemerkenswerterweise nun in seinen Gedanken alle sein eigenes Gesicht trugen, das angstverzerrte Gesicht Desmond Blinns.

Er wischte diese Vision einer unerfreulichen unmittelbaren Zukunft von der Schiefertafel seines Bewußtseins und stimmte aufs neue den Krawall mit Becher und Gitterstäben an, wobei er laut (zu laut?) nach mehr Bier rief. Dann ließ er die Bilder wieder aufleben, die er gerade erst beiseite geschoben hatte, und ließ sie so über den Gedankenprojektor laufen, daß jedes von ihnen jetzt wundersam verwandelt Desmond Blinn als unerschütterlich, ungebrochen und aufrecht darstellte, und nicht ohne eine Spur ärgerlicher Verachtung, die Bohlmann seinen Spaß verdarb.

Jedenfalls im Moment, als einer seiner Wächter den Korridor heruntergetrottet kam, wußte Blinn, *wußte* er, daß er das Zeremoniell überstehen würde, wie jene letzten Bilder ihn gezeigt hatten, daß er Bohlmann die Zirkus-Szene verweigern würde, nach der ihn gelüstete.

Aber der näher kommende Wächter ignorierte Blinns Verlangen nach mehr Bier und drückte das Gesicht gegen die Stäbe in der kleinen Öffnung und blies seinen süßlichen Atem in die Zelle, während er dem Gefangenen rasche und präzise Anweisungen zuflüsterte. Der Wächter war Padrilone, ein langjähriges Mitglied der Bande.

Morgen würde alles vorbei sein, sagte er dem Gefangenen, aber nicht für Blinn. Für Bohlmann. Falls sich die Männer jetzt nicht von ihm abwandten, sagte er, würde mit der Zeit jeder einzelne schreiend dem gleichen Schicksal entgegengehen, das ihr Anführer für Blinn vorgesehen hatte. Bohlmann war wahnsinnig!

Es war schließlich, erläuterte Padrilone, nicht wegen einer Frau soweit gekommen, daß Blinn sterben sollte, sondern weil er eine Bedrohung der Führerschaft Bohlmanns darstelle, genau wie Bohlmann eine Bedrohung für *seinen* Vorgänger gewesen war. Die Frau sei vorgeschoben worden, um Bohlmann einen unmittelbaren Anlaß zu liefern, Blinns Vernichtung zu befehlen; und womöglich auch gleich die der Frau, denn Bohlmann sei ihrer müde geworden.

Dies sei der Grund, warum Blinn der Mittelpunkt der Meuterei der Bande gegen ihren Führer sein müsse. Die anderen hätten Angst oder könnten, niedergehalten durch die Ehrfurcht, die sie Bohlmann entgegenbrachten, sich einfach nicht vorstellen, sein Sturz werde erfolgreich verlaufen, so als sei er von Göttlichkeit erfaßt.

Blinn taumelte von der Tür weg und wich zu seiner Pritsche zurück, von der Aussicht auf Rettung ebenso geschwächt wie andere von der auf den Tod. Auf den Tod war er vorbereitet gewesen. Seine Bereitschaft war absolut gewesen, frei von jeglicher Selbsttäuschung. Er wußte, daß er diese Bereitschaft nie mehr würde aufbringen können, daß sich die Konditionierung von Geist und Seele, der er sich während des stundenlangen Aufenthalts in der dunklen Zelle unterzogen hatte, nicht irgendwann in der Zukunft wiederholen ließ, daß sie sich nicht einschalten und ausschalten ließ durch eine Art geistigen Finger, der auf einen Knopf drückt.

»Was ist los mit dir?« zischte Padrilone durch die Gitterstäbe. »Bist du auf unserer Seite?«

Desmond Blinn nickte, während er aufstand und zurück zur Tür ging. »Wie? Der Plan. Weiß Quesada Bescheid?« Quesada war eine ferne revolutionäre Gestalt, der die Bande von Partisanen zu gelegentlichem Tribut verpflichtet war.

»Er wird es gutheißen. Später. Hier hast du eine Waffe. Geladen.« Der Wächter schob eine häßliche Automatikpistole zwischen den Stäben durch. »Das Magazin ist voll. Die Waffe ist durchgeladen.«

»Ich bringe Bohlmann damit um?«

»Ja. Wenn ich dich holen komme, werde ich deine Hände nur locker fesseln. Sieh zu, daß du dein Wollfell trägst, damit es die Pistole verbirgt. Wenn du dort draußen bist, befreie deine Hände, zieh rasch die Pistole und erschieß ihn, wie er dasitzt und zusieht.«

»Direkt in sein fettes Schweinsgesicht.«

»Nein«, warnte Padrilone. »Zu riskant – du könntest ihn verfehlen. Plaziere deine Schüsse in seiner Brust, in der Herzgegend. Schaffst du das?«

Blinn sagte, er könne es.

»Gut. Du wirst unser neuer Anführer. Das ist halt die Art und Weise, wie so was abläuft.«

Am nächsten Tag funktionierte der Plan perfekt. Aber ungeachtet dessen, was Padrilone gesagt hatte, schoß und traf Blinn mit zwei Kugeln mitten in Bohlmanns Gesicht und sah mit Befriedigung zu, wie die Wucht der Schüsse den fetten Mann rückwärts umfallen ließen, während sein breites Hinterteil zwischen den Armlehnen des Segeltuchstuhls festsaß, der mit ihm zusammen umstürzte, als er rutschte und rollte und in einigen Metern Entfernung an einem Auto zum Stillstand kam. Etwas von Blinns Befriedigung wurde ihm allerdings von Bohlmann gestohlen, der in dem Augenblick zwischen dem Erscheinen der Pistole und ihrem Abschuß erkannte, was vor sich ging, und Blinn gefaßt, mit einer Andeutung von Verachtung um die Lippen, ansah.

Padrilone begab sich hinüber zu der Leiche, untersuchte sie und schnauzte Blinn an: »Du hättest auf die Brust zielen sollen. Wenn du danebengeschossen hättest, wäre es um viele von uns geschehen gewesen. Das war idiotisch, so ein Risiko einzugehen.«

»Ich hab' nicht danebengeschossen – er ist tot oder etwa nicht?« erwiderte Blinn lässig.

Padrilone erwog das Für und Wider dieser Logik, akzeptierte sie, wandte sich an die anderen Bandenmitglieder und brüllte: »Heil Blinn, unserem neuen Anführer!«

Die Rufe waren Balsam für Blinns Ohren, der im Mittelpunkt einer bewundernden Menschenmenge stand, von der jeder einzelne noch vor einem Moment kaltblütig auf ihn geschossen hätte. Er hatte die Arme über dem Kopf erhoben, die Hände ineinandergelegt nach Art eines Boxchampions. Außerhalb des Kreises – nun selbst von Evelyn, seiner letzten Frau, vergessen, die jetzt ihre verschlagenen Glutaugen Blinn zuwandte – lag Bohlmann, dessen zerschmettertes Gesicht einem gezackten O glich.


Hiernach führte Blinn die Bande auf zahlreichen tollkühnen Raubzügen, die ihnen reiche Beute einbrachten und eine Reihe von Verlusten. Sie waren reicher denn je, aber verstimmt über die Risiken, die sie eingehen mußten. Also packten sie eines Tages Blinn, fesselten ihm die Hände auf den Rücken und zerrten ihn auf offenes Gelände. Von dem Augenblick an, als sie

Hand an ihn legten, bis zu jenem Augenblick, als sie einen einzigen sicheren Schuß auf seinen Kopf abgaben, schrie und bettelte Blinn, ein Bündel zuckenden, schlaffen Fleisches, um sein Leben. Als das Ende nahte, hatte er wenige Gedanken, aber einer bezog sich darauf, wie ruhig doch Bohlmann gestorben war. Und wie ruhig er, Blinn, am gleichen Tag hätte sterben können.

Es regnet gar keine Regentropfen, es regnet –

# Handel mit Diamanten

von Edward D. Hoch

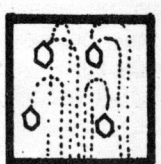

Es war der Anblick eines Mädchens, das einen Penny in den Brunnen am Marktplatz warf, der Pete Hopkins auf diese Idee brachte. Er hielt dauernd Ausschau nach einträglichen Ideen, und die waren jedesmal schwieriger zu entdecken. Aber als er vom Brunnen zum offenen Fenster der Städtischen Diamantenbörse hinaufsah, meinte er, endlich wieder eine gute gefunden zu haben.

Er schlenderte hinüber zur Telefonzelle auf der anderen Seite des Platzes und rief Johnny Stoop an. Johnny war der eleganteste Typ, den Pete kannte – ein echter Modegeck, der in einen Laden gehen und die Angestellten dazu bringen konnte, daß sie sich überschlugen, um ihn zu bedienen. Besser noch, hier im Osten lag nichts gegen ihn vor. Und es war fraglich, ob die Bullen ihn mit der langen Liste von Verbrechen in Verbindung bringen konnten, die er vor zehn Jahren in Kalifornien begangen hatte.

»Johnny? Hier ist Pete. Bin froh, daß ich dich daheim erwischt habe.«

»Ich bin tagsüber immer daheim, Pete mein Junge. Eigentlich bin ich gerade dabei, aufzustehen.«

»Ich habe einen Job für uns, Johnny, falls du Interesse hast.«

»Was für einen?«

»Triff dich mit mir in der Birchbark Bar, dann unterhalten wir uns darüber.«

»Wann?«

»In einer Stunde?«

Johnny Stoop stöhnte. »Mach lieber zwei daraus. Ich muß in die Dusche und frühstücken.«

»Okay, zwei. Bis dann.«

Die Birchbark Bar war an den Nachmittagen ein stilles Plätzchen, perfekt für die Art von Verabredung, wie Pete sie haben
wollte. Er nahm eine Nische im hinteren Teil und bestellte ein
Bier. Johnny kam nur zehn Minuten zu spät, und er stolzierte in
den Laden, als wolle er ihn für einen Raubüberfall auskund-
schaften oder nach einem Mädel Ausschau halten, das er vielleicht aufreißen konnte. Schließlich ließ er sich beinahe widerwillig in Petes Nische nieder.

»Also, was liegt an?«

Der Barmann hing am Telefon und brüllte jemanden wegen
einer Lieferung an, und der übrige Laden war leer. Pete fing an
zu reden. »Die Städtische Diamantenbörse. Ich denke, wir können sie um eine rasche Handvoll Steine erleichtern. Könnte für
fünfzig Riesen gut sein.«

Johnny Stoop grunzte, offensichtlich interessiert. »Wie machen
wir es?«

»*Du* machst es. Ich warte draußen.«

»Großartig! Und ich bin es, den die Bullen greifen!«

»Die Bullen greifen gar niemanden. Du schlenderst rein,
genau wie Dapper Dan, und sagst, du möchtest eine Auswahl
Diamanten sehen. Du weißt, wo das ist, im dritten Stock. Geh
um die Mittagszeit hin, wenn immer nur ein paar Kunden da
sind. Ich sorge für Aufruhr im Vorraum, und du schnappst dir
eine Handvoll Steine.«

»Was mache ich damit – sie verschlucken, wie es die Zigeu-
nerkinder immer gemacht haben?«

»Nicht so etwas Plumpes. Außerdem wissen die Bullen darüber Bescheid. Du wirfst sie aus dem Fenster.«

»Hüten werde ich mich!«

»Ich meine es ernst, Johnny.«

»Die haben doch gar nicht ihre Fenster offen. Die haben eine
Klimaanlage, oder etwa nicht?«

»Ich habe heute das Fenster offen gesehen. Du kennst doch
die ganze Energiesparerei – Klimaanlage abschalten und Fenster
auf. Also, die machen das. Vermutlich rechnen die damit, daß
drei Stockwerke hoch schon keiner einsteigen wird. Aber etwas
kann *raus* – die Diamanten.«

»Das klingt irgendwie verrückt, Pete.«

»Hör zu, du schmeißt die Diamanten von der Theke aus

durch das Fenster. Das sind etwa drei Meter Entfernung.« Er fertigte eine flüchtige Bleistiftskizze des Geschäftsraums an, während er redete. »Siehst du, das Fenster ist hinter der Theke, und du stehst davor. Die kommen nie auf den Verdacht, daß du sie aus dem Fenster geworfen hast, weil du dem Fenster gar nicht nahe kommst. Sie durchsuchen dich, sie fragen dich aus, aber dann müssen sie dich ziehen lassen. Es sind noch andere Leute im Laden, andere Verdachtspersonen. Und niemand hat gesehen, wie du sie genommen hast.«

»Also fliegen die Diamanten aus dem Fenster. Aber du bist nicht draußen, um sie aufzufangen. Du bist im Vorraum und sorgst für Ablenkung. Was passiert denn nun mit den Steinen?«

»Das ist der Witz an der Sache. Direkt unter dem Fenster, drei Stockwerke tiefer, ist der Brunnen auf dem Platz. Er ist groß genug, daß die Diamanten ihn nicht verfehlen können. Sie fallen in den Brunnen, und sie sind dort so sicher wie in einem Banksafe, bis wir beschließen, sie zu holen. Niemand hat bemerkt, wie sie auf dem Wasser aufgetroffen sind, weil der Springbrunnen plätschert. Und niemand sieht sie im Wasser, weil sie durchsichtig sind. Sie sind wie Glas.«

»Jaaa«, pflichtete Johnny ihm bei. »Es sei denn, die Sonne –«

»Die Sonne kommt nicht bis auf den Grund des Beckens. Du könntest direkt draufschauen und sie nicht bemerken – es sei denn, du wüßtest, daß sie da sind. Wir werden's wissen, und wir werden sie morgen abend oder übermorgen holen kommen.«

Johnny nickte. »Ich bin dabei. Wann ziehen wir es durch?«

Pete grinste und hob sein Bierglas. »Morgen.«


Am folgenden Tag betrat Johnny Stoop genau um 12 Uhr 15 die Räume der Städtischen Diamantenbörse im dritten Stock. Der uniformierte Wachtposten, der immer an der Tür stand, warf ihm lediglich einen flüchtigen Blick zu. Pete beobachtete alles vom belebten Vorraum aus und hatte durch die dicken Glastüren, die vom Boden bis zur Decke reichten, freie Sicht.

Sobald er den Angestellten ein Tablett Diamanten für Johnny hervorholen sah, spähte er zur anderen Seite des Geschäftsraums zum Fenster hinüber. Es stand halb offen, wie am vergangenen Tag. Pete begann auf die Tür zuzugehen, berührte den massiven Türgriff aus Glas und fiel allem Anschein nach in Ohnmacht. Der Wächter hinter der Tür hörte ihn fallen und kam heraus, um seine Hilfe anzubieten.

»Was ist los, Mister? Sind Sie okay?«

»Ich – ich kriege – keine Luft …«

Er hob den Kopf und bat um ein Glas Wasser. Einer der Angestellten war bereits hinter der Ladentheke hervorgekommen, um nachzusehen, was es für Probleme gab.

Pete setzte sich auf und trank das Wasser, wobei er eine ordentliche Show abzog. »Ich bin einfach in Ohnmacht gefallen, nehme ich an.«

»Lassen Sie mich Ihnen einen Stuhl besorgen«, sagte einer der Angestellten.

»Nein, ich denke, am besten gehe ich einfach nach Hause.« Er klopfte sich den Anzug aus und bedankte sich. »Ich komme wieder, wenn es mir bessergeht.« Er hatte nicht gewagt, zu Johnny hinüberzusehen, und er hoffte, daß die Diamanten wie geplant aus dem Fenster geflogen waren.

Er nahm den Aufzug nach unten und schlenderte über den Platz zum Brunnen. Um die Mittagszeit war immer eine Menschenmenge darum versammelt – Sekretärinnen, die ihr Mittagessen aus braunen Papiertüten verspeisten, junge Männer, die zwanglos mit ihnen plauderten. Er mischte sich unbemerkt unter sie und arbeitete sich bis zum Beckenrand vor. Aber es war eine weite Fläche, und er konnte durch die Wellen des Wassers nicht mit Sicherheit sagen, daß er etwas anderes sah als die verstreuten Pennies und Nickels auf dem Grund. Nun ja, er hatte sowieso nicht erwartet, die Diamanten zu sehen, daher war er nicht enttäuscht.

Er wartete eine Stunde, dann sagte er sich, daß die Polizei Johnny wohl immer noch verhörte. Das beste war, sich auf den Weg zu seinem Apartment zu machen und dort auf einen Anruf zu warten.

Der kam zwei Stunden später.

»Das war knapp«, sagte Johnny. »Die haben mich schließlich ziehen lassen, aber möglicherweise beschatten sie mich immer noch.«

»Hast du es gemacht?«

»Klar hab' ich es gemacht! Weshalb, meinst du, haben die mich festgehalten? Die haben da drin den Verstand verloren. Aber ich kann jetzt nicht reden. Treffen wir uns in einer Stunde in der Birchbark Bar. Ich werde dafür sorgen, daß ich nicht beschattet werde.«

Pete nahm die gleiche Nische im hinteren Teil der Birchbark Bar und bestellte sein gewohntes Bier. Als Johnny kam, lächelte der adrette Mann. »Ich denke, wir haben's geschafft, Pete. Zur Hölle will ich fahren, wenn wir's nicht geschafft haben!«

»Was hast du denen gesagt?«

»Daß ich nicht das mindeste gesehen habe. Klar, ich hatte nach dem Tablett mit Steinen verlangt, aber als es dann diesen Aufruhr im Vorraum gab, bin ich wie alle anderen nachsehen gegangen, worum es ging. Es waren vier Kunden im Laden, und sie konnten keinen von uns so richtig drauf festnageln. Aber sie haben uns alle durchsucht und uns sogar in die Stadt zum Röntgen mitgenommen, um sich zu vergewissern, daß wir die Steine nicht verschluckt hatten.«

»Ich hab' mich schon gefragt, warum du so lange brauchst.«

»Ich hatte noch Glück, daß ich so bald rauskam. Ein paar andere haben sich wesentlich verdächtiger aufgeführt als ich, und das war ein Glücksfall. Einer hatte sogar eine Vorstrafe, weil er mal wegen Autodiebstahl verhaftet worden war.« Er sagte das in überlegenem Tonfall. »Die blöden Bullen bilden sich ein, wer ein Auto gestohlen hat, könnte Diamanten stehlen.«

»Hoffentlich haben sie mich nicht zu genau angeschaut. Schließlich bin ich es, der den Aufruhr verursacht hat, und die brauchen nur draufzukommen, daß ich damit zu tun habe.«

»Mach dir keine Sorgen. Wir holen heute abend die Diamanten und verschwinden eine Weile aus der Stadt.«

»Wie viele Steine waren es?« fragte Pete erwartungsvoll.

»Fünf. Alles Prachtexemplare.«

Die Abendzeitungen bestätigten es. Sie schätzten den Wert der verschwundenen Diamanten auf 65 000 Dollar. Und die Polizei hatte keine einzige Spur.

Sie gingen gegen Mitternacht zurück zum Platz, aber Pete hatte ein ungutes Gefühl. »Vielleicht sind sie dahintergekommen«, sagte er zu Johnny. »Laß uns noch eine Nacht warten, für den Fall, daß die Bullen hier oben immer noch rumschnüffeln. Teufel, die Steine sind da, wo sie sind, in Sicherheit.«

In der folgenden Nacht, als die Story bereits aus den Zeitungen verschwunden war und einem Bankraub Platz gemacht hatte, kehrten sie erneut zum Marktplatz zurück. Diesmal warteten sie bis drei Uhr morgens, als sich selbst die Nachtschwärmer aus den Bars heimwärts zerstreut hatten. Johnny hatte eine Taschenlampe dabei, und Pete trug Gummistiefel. Er hatte bereits die Möglichkeit erwogen, daß ein oder zwei Diamanten nicht auffindbar sein würden, aber auch so würden sie fein raus sein.

Der Springbrunnen war während der Nacht abgestellt, und die Stille des Wassers erleichterte die Suche. Im flachen Wasser umherwatend fand Pete zwei der Edelsteine beinahe sofort. Es kostete weitere zehn Minuten, den dritten zu entdecken, und als es soweit war, war er geneigt, aufzuhören. »Laß uns nehmen, was wir haben, Johnny.«

Das Licht der Taschenlampe hüpfte. »Nein, nein. Such weiter. Sieh zu, daß du mindestens noch einen findest.«

Plötzlich erstarrten sie im Gleißen eines Suchscheinwerfers, und eine Stimme brüllte: »Stehenbleiben! Hier spricht die Polizei!«

»Verdammt!« Johnny ließ die Taschenlampe fallen, und schon waren die beiden Bullen aus ihrem Streifenwagen heraus. Einer von ihnen zog seine Waffe, und Johnny blieb wie angewurzelt stehen. Pete kletterte aus dem Becken und stand mit erhobenen Händen da.

»Sie haben uns erwischt, Officer«, sagte er.

»Verdammt richtig, wir haben euch erwischt«, knurrte der Bulle mit der Waffe. »Die Münzen in diesem Brunnen werden jeden Monat wohltätigen Zwecken zugeführt. Wer die klaut, muß ganz schön niederträchtig sein. Ich hoffe nur, der Richter verpaßt euch beiden neunzig Tage Einzelhaft. So, dann stützt euch mal hier ans Auto, während wir euch durchsuchen!«

Das Recht zu sterben –

# Der letzte Tag der Jagd

von Dion Henderson

Gegen neun Uhr strömte die Sonne warm in den Anstand, und Johnny Tennants großer Retriever lag schlafend auf der Jagdkanzel auf einem Jägermantel, den Kopf auf dem Rucksack, in dem sich der Proviant befand. Hinter uns im Morast machten sich geräuschvoll die Goldamseln zu schaffen, die roten Schulterstücke traten vor dem welken Gras leuchtend hervor, und einmal flatterten drei Silberreiher weiß und schwerfällig den Kanal von den Reisfeldern entlang. »Schneegänse«, sagte einer gedämpft irgendwo hinten im Sumpf und lachte, und die Worte hallten deutlich über das Wasser. Der Himmel war außerordentlich blau, und natürlich waren die einzigen Vögel, die aus dem Schutzgebiet in einer Meile Entfernung aufflogen, unmöglich hoch droben; das wäre gar nicht so schlimm gewesen, bis auf die Tatsache, daß dies der letzte Tag war. Es war der letzte Tag der Entensaison und für die meisten von uns das letzte Mal, daß wir gemeinsam auf die Jagd gehen oder gar sonstwie zusammentreffen würden, es sei denn durch Zufall.

Drunten im Ansitz stand plötzlich Tom Randall auf, brüllte und ruderte über dem Schilf und Weidengeflecht, das das Versteck tarnte, wild mit den Armen, und ein aufgeschrecktes Sumpfhuhn, das beinahe in sein Boot hineingetappt wäre, schlidderte heftig piepsend quer über den Kanal. Unterdrücktes Gelächter angesichts der nun schon vertrauten Darbietung erscholl aus den übrigen drei Ansitzen rund um das Versteck. Es war alles wie an anderen Tagen in anderen Jahren mit dem einen Unterschied, der dafür sorgte, daß er keinem von ihnen ähnlich war.

»Ich wünschte, er hätte nicht die große Flinte genommen«, sagte Johnny Tennant. Er saß auf der Plattform neben dem schlafenden Hund, die Füße drunten im Boot. Er hatte über das aufgeschreckte Sumpfhuhn keine Miene verzogen.

»Deine Kaliber 20 wird bestimmt groß genug sein«, sagte ich. »So hoch, wie die Vögel fliegen.«

»Ich hatte nicht ans Schießen gedacht. Es wird nicht dazu kommen, daß geschossen wird.«

»Wenn es dich tatsächlich beunruhigt, daß er die große Flinte hat, rudere ich mal eben hinunter und hole sie zurück.«

»Wenn er wüßte, daß ich beunruhigt bin, würde er sie dir nicht geben.«

»Das könnte angehen. Er hat seine Scherze schon immer zu weit getrieben.«

»Selbst dann, wenn es gar kein Scherz war«, sagte Johnny Tennant, ohne zu lächeln.

»Das war doch nur ein Scherz, die Flinte mitzunehmen.«

»Nein. Das war kein Scherz.«

»Steht es denn wirklich so schlimm zwischen dir und Tom?« fragte ich. »Es hat immer schon so schlimm gestanden«, sagte Johnny Tennant. »Aber jetzt fängt es an, offenkundig zu werden, weil mir nicht viel geblieben ist, was er haben will.«

»Ich sagte nichts. Es tat mir leid, daß es ihm schlecht ging und dieser letzte Ausflug für ihn keinen guten Ausgang nahm. Die meisten von uns waren gekommen, weil er uns darum gebeten hatte, weil er ihn für uns geplant hatte und weil uns Johnny Tennant leid tat – aber es gab leider gar nichts, was wir hätten tun können. Die Clam-Point-Fischtopf-Poker-und-Entenjagd-Gesellschaft war ein Überbleibsel aus früherer Zeit, als wir alle wesentlich jünger waren. So eine Sache ist immer für einige Mitglieder wichtiger als für andere, und in unserem Fall war es Johnny Tennant, der sie angeregt hatte, der sie aufrecht erhielt und dem es nun, da die Jagd nicht viel erbrachte und die Mitglieder in alle Himmelsrichtungen verstreut waren und die Lizenz ablief, wichtig war, daß wir alle zu einem letzten Jagdtag zusammenkamen.

Ich nehme an, für Johnny wurde es um so wichtiger, je unwichtiger es für den Rest von uns wurde. Er kümmerte sich um die Boote, er sorgte für Reparaturen an den Lockvögeln und verbrachte einen beachtlichen Teil seiner Zeit in dem Schuppen am Ansitz. Er war unser Büchsenmacher und füllte unsere

Patronenhülsen mit einer Mischung aus Pulver und Schrot wieder auf, die seiner Berechnung nach die wirkungsvollste für die Jagd am Kanal war. Johnnys Probleme standen vermutlich irgendwie im Zusammenhang mit all dem. Ganz unauffällig holten sie ihn ein, eins nach dem anderen: das Geschäft, das er mit Tom Randall zusammen eröffnete, das nicht gut lief, solange Johnny daran beteiligt war; die Frau, die sich einfach nicht zwischen ihnen entscheiden konnte; und dann hatte Johnny sowohl das Geschäft als auch die Frau aufgegeben. Aber er machte es beiläufig, mit einem Achselzucken, und der einzige Unterschied, der uns auffiel, bestand darin, daß Johnny Tennant mehr Zeit in dem Schuppen am Ansitz verbrachte, peinlich genau nachgebildete Miniaturenten schnitzte, die wir anderen daheim in unseren Herrenzimmern aufhängen sollten, und an den Intarsien und Gravuren seiner eigenen Lieblingsflinte arbeitete.

Er hatte mit einem ungeheuer komplizierten Rautenmuster an Schaft und Griff begonnen, und dann war er allmählich zu Metallgravuren übergegangen, Hochreliefschnitzereien und Intarsien aus Gold und Elfenbein. Auf der einen Seite der Ladeöffnung gab er eine Szene mit der Jagdkanzel selbst wieder, und das Versteck am Kanal auf der anderen, mit fliegenden Enten und dem Hund beim Apportieren – bis das ganze Gewehr eine schimmernde Enzyklopädie unserer gemeinsamen Zeit auf dem Ansitz war.

Waffengravur ist an und für sich eine hochspezialisierte Kunst, und ich weiß nicht, wie Johnnys Arbeit im Vergleich zu der von Unsterblichen wie Rudolph Kornbrath oder Arnold Griebel oder Joseph Baver abgeschnitten hätte, aber die Flinte war wunderschön.

Nun war die Flinte draußen im Versteck bei Tom Randall, und ob es nun Gedankenlosigkeit war oder ein schlechter Scherz, die Jagd verlief nicht so, wie Johnny es geplant hatte; die ganze Sache war für ihn verdorben.

Es begann damit, daß Tom Randall sein eigenes Gewehr in den Sumpf fallen ließ. Wir hatten bei verhängten Fenstern im Laternenschein im Schuppen unser Frühstück eingenommen: geröstetes Brot, fetttriefend vom mitgebrachten Speck, und Eier und Kartoffeln in einem Mischungsverhältnis, das jedermann daheim in der Stadt umgebracht hätte, aber hier draußen im

Sumpf lediglich genügend seinen Bauch wärmen würde, um ihn vor dem Erfrieren zu retten. Dann folgten wir, unter den Jagdmänteln in gesteppte Kleidung gehüllt, tapsig in hüfthohen Stiefeln, Johnny hinaus ins frostige Sternenlicht und den Fünfhundert-Meter-Pfad durch Eichengestrüpp entlang zu der Stelle, wo die Boote unter der Zypresse ans Ufer gezogen worden waren.

Johnny schob den Kahn hinaus und stieg selbst hinein. »Ich übernehme allein das zentrale Versteck«, sagte er. »Auf die Art gelingt es mir vielleicht, ein paar von den hohen Fliegern, die aus dem Schutzgebiet aufsteigen, abzulenken und näher heranzubringen, damit ihr alle mal zum Schuß kommt.«

Er packte seine Flinte aus, und das Sternenlicht funkelte auf den Intarsien, als er drei Schrothülsen sanft und gleitend im Magazin verschwinden ließ.

»Du solltest dieses Museumsstück lieber eingepackt lassen«, sagte jemand, »sonst erschreckt es noch die Enten im Nachbarland mit seinem Widerschein.«

»Ich werde es im Schatten halten«, sagte Johnny kichernd. Da hatte er sich noch vergnügt angehört. »Ein hübsches Ding ist sie jedenfalls.«

Das war der Moment, als Tom sein eigenes Gewehr in den Sumpf fallen ließ, in dreißig Zentimeter Wasser und weitere dreißig Zentimeter Schlamm. Er versuchte gerade, ein Boot hinauszuschieben, hielt dabei die Waffen unter den Arm geklemmt, und seine Hände rutschten an der frostnassen Dolle ab, und er ließ das Gewehr fallen. Es war nicht schwer zu finden, aber es würde eine Stunde erfordern und Tageslicht, es soweit zu reinigen, daß es wieder schußbereit war. Randall stand finster im Wasser und fluchte.

»Mach dir nichts draus«, sagte Johnny Tennant geduldig und schob den Kahn wieder ans Ufer. »Ich hab' noch eine Flinte droben im Schuppen, die du benutzen kannst. Es ist nur eine Kaliber 20, die ich einsetze, um die Eichhörnchen in ihre Schranken zu verweisen, aber sie wird genügen.«

Er stieg aus dem Kahn und rannte leichtfüßig den Pfad hinauf in die Dunkelheit, während wir übrigen unbehaglich schweigend herumstanden.

»Das Tageslicht kommt schnell,« sagte Tom Randall plötzlich.

»Wenn wir nicht beim ersten Licht in den Ansitzen sind, werden wir nie einen Vogel in Schußweite zu sehen kriegen.«

»Was schlägst du vor?« sagte ich.

Tom Randall stieg in den Kahn und ließ ihn in den Kanal hinausgleiten. »Das«, sagte er. »Ich nehme das Boot und das Schießeisen vom alten Johnny und fahre selber raus zum zentralen Versteck. Er kann mit einem von euch auf die Jagd gehen.«

»Das wird Johnny nicht gefallen.«

»Das wird Johnny nichts ausmachen«, sagte Tom Randall lachend, auch wenn niemand mit ihm lachte. »Nichts macht Johnny etwas aus.«

Er war schon fort, als Johnny mit der Kaliber 20 wiederkam, aber es sah so aus, als werde er recht behalten. Johnny zuckte nur die Achseln und kletterte bei mir ins Boot, und wir knobelten mit den anderen darum, wer den Ansitz am Kanal nehmen sollte und wer die anderen. Dann stakten wir hinaus in die Dunkelheit und tasteten uns durch die Fahrrinnen im Gras hin zum offenen Wasser.

Und natürlich war niemand zum Schuß gekommen. Die Sonne ging unverhüllt und mit voller Kraft auf und brannte den Frost vom Sumpfland. Die warme Luft vom Golf zog den Fluß herauf, und die Vögel, die aus dem Schutzgebiet aufstiegen, erkletterten ihre luftige Treppe geradewegs nach oben in den wunderbar blauen Himmel, und keiner scherte sich drum, außer Johnny.

Ein wenig später kam das Sumpfhuhn erneut über den Kanal, schwamm in engen, argwöhnischen Kreisen umher, wurde jedoch von Neugier getrieben, nachzuschauen, was es beim ersten Mal so erschreckt hatte. Es war etwa fünfunddreißig Meter vom Ansitz entfernt und verrenkte sich den Hals, als Tom Randall schoß. Die Ladung 4er Schrot platschte auf die Wasseroberfläche, erwischte den Vogel im Zentrum eines tödlichen Musters von etwa einem Meter Durchmesser, und gleich darauf schwamm er, die Füße nach oben, tot im Wasser.

»Es schießt so gut, wie es aussieht«, ertönte Tom Randalls Stimme über das Wasser. »Ich denke, ich werde es behalten.«

Johnny Tennant saß auf der Plattform in unserem Versteck und lächelte nicht. Der Retriever, der von dem Schuß geweckt worden war, spähte hinaus zu dem weit entfernten Sumpfhuhn und legte sich dann, da kein Kommando kam, es zu apportieren, wieder schlafen.

»Er ist schon ein ziemlich komischer Mann«, sagte ich verärgert.

Johnny Tennant zuckte die Achseln. »Ich nehme an, er mußte es zumindest ausprobieren. Er konnte es nicht bloß ansehen.«

»Es tut mir wirklich außerordentlich leid. Wir hatten keinerlei Chance, ihn davon abzuhalten.«

»Es macht nichts … Vielleicht dachte er, es sei sicherer, meine Flinte zu nehmen als die, die ich extra für ihn geholt habe.« Diesmal lächelte er ein wenig.

»Klar«, sagte ich. »Du hättest ja die 20er speziell für ihn präparieren können, mit einem niedlichen Stöpsel, der in den Lauf gerammt ist oder so was.«

»Das ist keine gute Idee. Ein Ballistiker wäre in der Lage, festzustellen, daß ein Gewehr nach hinten losgegangen ist, weil der Lauf blockiert war.«

Er lächelte wieder, beinahe wehmütig. »Wenn ich den Wunsch hätte, durch Zufall einen Mann in einem Entenjagdversteck zu töten«, sagte er, »gäbe es bessere Methoden.«

Die Sonne brannte warm im Ansitz, und am Kanal wehte keine Brise, aber plötzlich empfand ich die Berührung eines eisigen Luftzugs.

»Ein abgenutzter Arretierhebel«, sagte Johnny. »Oder ein gebrochener Schlagbolzen, so daß einem der Lademechanismus nach einem Schuß mitten im Gesicht landet. Und wenn man handabgefüllte Patronen benutzt, wäre es ganz einfach.«

Ich sagte gar nichts.

»Man könnte alle möglichen Fehler machen«, fuhr er fort. »Man könnte die falschen Ladepfropfen erwischen und den Schußkanal gerade lange genug blockieren, um den Lauf zu spalten. Oder man könnte aus einer Flasche Büchsenpulver nachfüllen, statt der regulären Nitrozellulose.«

Er schwieg, dann sagte er: »Du erinnerst dich sicher, daß ein einziges Körnchen Nitrozellulose-Schießpulver den Druck im Laderaum um fast zehntausend Pfund erhöhen kann.«

Er saß auf der Plattform, lächelte immer noch ein wenig und rieb dem Hund die Ohren, als dieser plötzlich den Kopf hob und zu irgend etwas am Himmel jenseits des Ansitzes aufsah. Wir folgten aus alter Gewohnheit seinem Blick, und kurz darauf konnten wir einen Vogel erkennen, der in niederer Höhe heranflog, schwerfällig, mit schwingendem Kopf.

»Eine Junggans, die nach der Familie Ausschau hält«, sagte Johnny Tennant. »Es sieht so aus, als käme sie möglicherweise direkt den Kanal entlang.«

Ihn über die Gans sprechen zu hören beruhigte mich. Der eisige Luftzug ließ einen Augenblick lang nach, und ich sagte: »Sieht aus, als würde Tom zu Schuß kommen. Ich bin froh, daß er bereits einmal geschossen hat.«

Johnny Tennant sah mich mit einem merkwürdigen Gesichtsausdruck an. »Hab' ich dich etwa nervös gemacht mit dem Gerede über Fehler?«

»Ich hatte so ein komisches Gefühl, während du geredet hast. Ich bin wirklich froh, daß er schon einmal geschossen hat.«

»Das beweist gar nichts«, sagte er leise. »Falls einer beim Abfüllen der Patronen einen Fehler machen würde, könnte er sich nur einen Fehler leisten – und es gibt keine Möglichkeit festzustellen, wo im Magazin er auftreten würde.«

Die Nackenhaare sträubten sich mir, und ich stand auf, aber drunten im zentralen Versteck war Tom Randall bereits oben auf der Jagdkanzel. Die Junggans flatterte leicht erreichbar über ihm, und Randall schwang die wunderschöne Flinte herum, wobei die Sonne auf ihren Schnörkelverzierungen und ihren herrlichen Intarsien blitzte. Als die Gans angstvoll am höchsten Punkt ihrer Flugbahn hing, löste sich die ganze Oberseite des Ansitzes in einem weißen Blitz auf, der ganz deutlich zu sehen war, bevor das Krachen der Explosion über das Wasser fegte.

Ich stand wie benommen im Boot, hörte die Stille nach dem Knall und dann das Platschen, mit dem Schrot und Metallfragmente ringsum ins Wasser regneten, und dann unnatürlich viel später das schwere Geräusch, mit dem der Körper im Ansitz zu Boden fiel.

»Zur Hölle mit ihm«, sagte Johnny Tennant mit heiserer, trauriger Stimme.

Ich sah ihn an, und Tränen rannen ihm über das enttäuschte Gesicht.

»Tom hat sich immer genommen, was ich für mich haben wollte«, sagte Johnny Tennant. »Selbst dies.«

Warum arbeiten, wenn man einen Arbeiter
anheuern kann?

## Blasen im Mai

von Jack Ritchie

Dr. Kaufmann war nicht sicher, ob er richtig gehört hatte. »Sie
meinen, Sie wollen zum Straßentrupp versetzt werden?«

»Ja, Sir«, sagte ich.

Er schüttelte den Kopf. »Fred, Sie haben einen der besten Jobs
im Innendienst. Sie sind aus der Sonne und müssen nicht
schwitzen. Gefällt es Ihnen etwa nicht, Krankenpflegehelfer zu
sein?«

»Doch, Sir«, sagte ich. »Aber ...« Ich zuckte die Achseln. »Ich
denke, man könnte es so ausdrücken, daß mir ein anderes
Tempo mal ganz gut tun würde.«

Er dachte einige Sekunden lang darüber nach. »Für wie lange
sind Sie drin, Fred?«

»Lebenslänglich«, sagte ich.

Er lächelte ein wenig. »Na gut, Fred. Ich werde die Verset-
zung veranlassen. Aber ich wette darauf, daß Sie nach ein paar
Tagen mit Hacke und Schaufel darum betteln werden, zurück-
zukommen. Wie auch immer, ich halte Ihre jetzige Stelle frei.
Wann wäre Ihnen diese Tempoveränderung denn recht?«

»So bald wie möglich, Sir. Wenn Sie es Montag möglich
machen könnten? Das ist der erste Mai.«

Bevor ich an jenem Tag meine Arbeit auf der Krankenstation
beendete, steckte ich eine Rolle Klebeband in meine Tasche. Am
Montag nach dem Frühstück reihte ich mich in der Mannschaft
für die Außenarbeiten ein, und wir marschierten zu den wartenden Lastwagen. Die Tore öffneten sich für uns, und zum ersten
Mal seit neun Jahren war ich außerhalb der Mauern.

Die Fahrt war kurz, und ich verbrachte meine Zeit damit, mir
die Hände zu umwickeln. Die Lastwagen kamen vor einem gro-

ßen, baufälligen Schuppen zum Stehen, der die Werkzeuge und Maschinen beherbergte. Wir stiegen ab und warteten in einer Reihe, während ein Wachmann die Doppeltüren aufschloß. Er ging rein, und ein Gefangener namens Mark Hanson folgte ihm.

Ein paar Augenblicke später zogen wir anderen im Gänsemarsch in das Gebäude. Hanson hatte die Aufgabe, die Werkzeuge auszugeben. Bei mir trug er eine Axt ein.

Wir stellten uns erneut draußen auf und warteten, während Hanson umständlich die Türen verschloß. Er wollte gerade das Vorhängeschloß zuschnappen lassen, als er den Wachmann ansah und grinste: »Ich hab' meine Schaufel vergessen.«

Ja, dachte ich, du vergißt sie zweimal im Jahr.

Hanson verschwand noch einmal im Schuppen und kam zwanzig Sekunden später mit einer Schaufel wieder heraus. Er machte die Vorhängeschlösser dicht und reihte sich hinten in den Trupp ein.

Wir marschierten etwa fünfhundert Meter bis zur Baustelle und machten uns ans Werk. Es waren hauptsächlich Vorarbeiten, Kieferngestrüpp beseitigen und Langholz hacken.

Um die Mittagszeit ließ ich mir bei der Essensausgabe den Teller vollschlagen und hockte mich neben Hanson in den Schatten eines Baumes. Er war in den Anblick des Tellerinhalts versunken, und ich hatte das Gefühl, als wollte er nicht essen, was drauf war. Jedenfalls heute nicht. Als er den Teller absetzte, ohne ihn angerührt zu haben, sagte ich: »Was machen die Hände?«

Er warf ganz automatisch einen Blick auf seine Handflächen. Blasen begannen sich darauf zu bilden. Ich holte meine Rolle Klebeband hervor. »Versuch's mal hiermit.«

Er bedankte sich mit einem Achselzucken und nahm sie an sich.

»Recht interessant, das mit deinen Händen«, sagte ich. »Jeden ersten Mai oder so legst du dir Blasen zu, die so schlimm sind, daß sie auf der Krankenstation behandelt werden müssen. Ist jedes der vier Jahre so gewesen, die du hier verbracht hast.«

Er betrachtete mich mit steinerner Miene. »Na und?«

»Und der Knast führt ziemlich gründlich Buch über alles, was dir passiert – ob das nun Halsschmerzen, Hexenschuß oder Blasen sind. Es wird in deiner Akte vermerkt.«

»Was geht dich das alles an?«

Ich kaute an einem Stück von meinem Brot und schluckte. »Aber die Sache, die mich am meisten interessiert, ist dein Blinddarm. Vor zwei Jahren, als noch Dr. Williams Anstaltsarzt war, hat er ihn rausgenommen. Und, wer hätte das gedacht, vor vier Monaten mußte Dr. Kaufmann das gleiche noch mal machen.« Er vergewisserte sich, daß wir außer Hörweite der anderen Gefangenen und der Wachtposten waren, bevor er wieder etwas sagte. »Die Aufzeichnungen stimmen nicht.«

»Nein«, sagte ich. »Sie stimmen sehr wohl. Ich bin derjenige, der sie gemacht hat.« Ich probierte den kalten Tee in meiner Blechtasse. »Als Mark Hanson heute morgen wegen seiner Schaufel noch mal allein in den Schuppen zurückging, hatte er einen kleinen Riß am Knie in seiner Kluft. Als er wieder rauskam, war der Riß verschwunden.«

Ich lächelte und sagte: »Der Werkzeugschuppen befindet sich außerhalb der Mauern. Er ist verschlossen, wird aber nachts nicht bewacht. Also bist du letzte Nacht eingestiegen und hast dich versteckt. Vermutlich unter den Bodenbrettern oder so. Und als der Mark Hanson mit dem Riß in der Kluft die Chance bekam, heute morgen noch mal allein reinzukommen, habt ihr beide ganz schnell die Plätze getauscht, und du bist rausgekommen. Wie lange bleibst du dieses Mal bei uns?«

Er taxierte mich eine volle Minute lang, bevor er sich entschloß, alles zuzugeben. »Mai und Juni. Wie immer.«

Ich nickte. »Dann bist du, nehme ich an, der echte Mark Hanson. Aber wenn du den anderen schon dazu bringen kannst, zehn Monate für dich abzusitzen, warum dann nicht das ganze Jahr?«

»Er hat Familie. Eine Frau und Kinder. Er hätte sich nicht auf den Handel eingelassen, wenn es ihn die ganzen sieben Jahre von ihnen ferngehalten hätte, zu denen ich verdonnert bin.«

»Wer ist er? Dein Zwillingsbruder oder so?«

»Nein. Ich hab' ihn immer als Doppelgänger eingesetzt, wenn ich mir Sorgen um ein paar von meinen Freunden gemacht habe und darum, was sie wohl vorhaben könnten. Als mir die Sache mit der Einkommensteuer passiert ist, habe ich einen Doktor veranlaßt, sich ein wenig mit ihm zu beschäftigen, damit er meinem Spiegelbild noch ähnlicher wird.«

Ich stellte meinen geleerten Blechteller beiseite. »Also kommst du raus. Warum bleibst du dann nicht draußen? Die Welt ist groß, und aus Brasilien wird keiner ausgewiesen.«

Er schüttelte den Kopf. »Kann sein, aber ich habe meine geschäftlichen Interessen in den Vereinigten Staaten, und die erfordern meine Anwesenheit. Im Moment leite ich den Laden hinter verschlossenen Türen, aber in ein paar Jahren möchte ich in der Lage sein, dahinter vorzukommen, ohne daß mir die Regierung wieder auf die Schulter tippt.«

Er sah mich an. »Nun haben wir uns unterhalten. Worauf bist du aus? Geld? Oder wirst du mit der Geschichte zum Aufseher watscheln?«

»Nein«, sagte ich. »Ich will kein Geld.«

Er runzelte die Stirn. »Verdammt, du erwartest doch wohl nicht, daß ich dafür sorge …«

»Warum nicht?« sagte ich. »Du hast die Verbindungen, und du müßtest es schaffen, jemanden mit meinem Gesicht zu finden.«

Die Wachen bliesen ihre Trillerpfeifen, und wir standen auf.

Ich rieb die schmerzhafte Stelle an meinem Rücken und hob dann meine Axt auf. Diese Sorte Arbeit war tatsächlich nichts für mich, und ich hatte den Verdacht, daß ein gewisser Jemand, der meinen Namen benutzte, nach etwa zehn Monaten zu dem gleichen Schluß gelangen und Krach schlagen würde, weil er rauswollte.

Aber ich ging davon aus, daß ich ihn in Brasilien nicht hören würde.

## Die Sammlung

von Patricia A. Matthews

Allister Hugh liebte die gute alte Zeit. Er betete das Possierliche an, verehrte das Altertümliche und verkündete des öfteren traurig, die Hand ans Herz gelegt: »Alles ist heutzutage nicht mehr so, wie es früher war.« Aus diesem Grunde war er in Lenadine Lou Le Clare verliebt. Nicht, daß Lenadine alt gewesen wäre, ganz und gar nicht. Sie war jung und sehr schön. Und für Allister war sie die Verkörperung sämtlicher Reize, die den Schönen längst vergangener Jahre zugeschrieben wurden.

Ihre Schönheit war von der Art von Dresdner Porzellan. Ihr Haar blaßgolden und schlicht frisiert. Sie nahm genau um drei an jedem Nachmittag den Tee ein und fiel oft in Ohnmacht, wenn sie sich aufregte.

Jeden Sonntagnachmittag sprach Allister bei ihr vor. Sie tranken Tee auf der Veranda und unterhielten sich gepflegt.

Er beschenkte sie mit Blumen, und einmal dichtete er – tief bewegt von ihrem Vortrag der Mondscheinsonate, gespielt auf einem altmodischen Spinett – ein Sonett mit dem Titel »Liebliche Hände, elfenbeinblaß«, das er ihr widmete.

Alles ging gut. Sie empfing ihn mit Würde und Haltung. Die Zeit ihres Werbens verlief so anmutig wie ein Menuett, und Allister war glücklich. Er war sicher, daß sie schließlich die Seine werden würde; ein angemessener Höhepunkt des jahrelangen Sammelns von Museumsstücken.

Eines wunderschönen Nachmittags, als sie noch spät beim Tee auf der Veranda saßen, entschied Allister, dies sei der Moment, seine Absichten kundzutun.

Es wehte eine laue Brise, die Luft war erfüllt vom Duft der Blumen aus dem Garten. Er sank neben Lenadines Stuhl in die Knie.

»Lenadine«, verkündete er und blickte voller Leidenschaft in ihre meergrünen Augen. »Lenadine, ich bin verrückt nach dir. Wirst du mir die Ehre erweisen, meine Frau zu werden?«

»Oh, Allister«, erwiderte sie mit erstickter Stimme. »Lange habe ich den Tag herbeigesehnt, an dem du mir dein Herz schenkst.«

»Mein Herz«, versicherte er eindringlich, »meine Seele, mein Leben, alles liegt dir zu Füßen.«

Sie wurden getraut. Es war eine reizende altmodische Hochzeit, und nach taktvollen Flitterwochen in Niagara Falls bezog das Paar das herrschaftliche alte Haus, das Lenadine von ihrem ersten Ehemann geerbt hatte.

Allister fand in Lenadine alles, was er je an einer Frau begehrt hatte, und das Herrenhaus war voller Erinnerungsstücke jener vergangenen Tage, die er so liebte. Nur einen Makel hatte die Sache. Es gelang ihm nicht, Lenadine für sein Hobby zu interessieren. Vermutlich war es unrealistisch von ihm, diesen Wunsch zu hegen, denn wer erwartet schon, daß ein Sammlerstück sich für die Sammlung interessiert, der es angehört? Aber wie so viele, die über ein fesselndes Interessengebiet verfügen, wollte er jemanden daran teilhaben lassen.

Eines Tages sagte er zu ihr: »Lenadine, meine Liebe, da du mein Interesse an Antiquitäten nicht teilst, solltest du dir vielleicht ein eigenes Steckenpferd zulegen.«

Lenadine lächelte hold. Sie lächelte immer hold, das gehörte zu den Dingen, die er an ihr bewunderte.

»Oh, ich habe eine Art Steckenpferd«, erwiderte sie verschmitzt; und war nicht bereit, noch ein Wort über das Thema zu verlieren.

Er hielt das für eine weibliche Laune. Frauen waren unberechenbar. Er ließ es durchgehen.

Dann entdeckte er eines Tages die verschlossene Tür. Es war eine schwere Tür, massiv verstärkt und verriegelt. Neugierig fragte er Lenadine danach.

Sie antwortete ausweichend.

Seine Neugier wurde stärker. Er bestürmte sie.

Sie weinte.

Hierauf drang er nicht weiter in sie, aber seine Neugier wuchs. Er entschied, daß er das Schloß aufbrechen und selber nachsehen würde, was der Raum dahinter enthielt. Er beschloß, es noch in dieser Nacht zu tun, wenn Lenadine und die Dienerschaft schliefen.

An jenem Abend war er Lenadine gegenüber besonders aufmerksam, weil er sich ein wenig für das schämte, was er zu tun vorhatte. Sie dagegen war an jenem Abend recht gedämpfter Stimmung.

»Komm, mein Liebes«, schmeichelte er. »Warum ist mein kleines Vögelchen heute abend so still?«

»Ich wollte es dir eigentlich nicht erzählen«, sagte sie, »aber heute ist genau der Abend, an dem mein ehemaliger Mann –« Hier brach sie in sachtes Schluchzen aus, das sie mit ihrem Spitzentaschentuch erstickte.

»Ah, meine Liebe«, antwortete Allister mitfühlend in dem Bewußtsein, daß ihr erster Mann auf unklare, wenn auch tragische Weise den Tod gefunden hatte. »Natürlich, Liebes. Es ist nur natürlich, daß du seiner gedenkst. Ich nehme keinen Anstoß daran. Vielleicht wäre es besser, wenn du dich jetzt zurückziehen würdest.«

Lenadine lächelte dankbar und zog sich mit einem kühlen Kuß auf seine Wange in ihr Zimmer zurück.

Allister hatte nun freie Hand, den verschlossenen Raum zu untersuchen. Er beschaffte sich eine Kerze – er zog eine Kerze bei weitem einer Taschenlampe vor – und näherte sich der alles verbergenden Tür.

Es kostete ihn beträchtliche Zeit, sich den Zugang zu erzwingen. Das Schloß war außerordentlich kompliziert. Aber am Ende stand die Tür offen, und Allister war in der Lage, den Raum zu betreten.

Er entzündete die Kerze und ging hinein. Die Tür fiel langsam hinter ihm ins Schloß. Die Kerzenflamme flackerte, aber ihr fahles Licht reichte aus, den seltsamen altarähnlichen Steinblock mit den merkwürdigen, dunklen Flecken darauf zu erleuchten und die eigenartigen, runden Gläser, die in präzisen Reihen auf einem Regal standen; jedes der Gläser enthielt ein unidentifizierbares, in einer Flüssigkeit schwimmendes Objekt.

Mit einem Gefühl gräßlicher Vorahnung hob Allister die Kerze und näherte sich den Glasbehältern.

Die Kerze flackerte bedrohlich, es zog, als hätte jemand eine

Tür geöffnet. Aber bevor die Kerze erlosch, war Allister in der Lage, den Inhalt der Gläser ganz deutlich zu sehen.

Und in der ersten, furchterregenden Dunkelheit nach dem Erlöschen der Flamme entsann er sich der Worte Lenadines an jenem sonnigen Nachmittag auf der Veranda.

»Oh, Allister, ich habe lange darauf gewartet, daß du mir dein Herz schenkst.«

Diese geliebten Hände, so abgearbeitet nur für mich!

## Hausbesuch

von Elsin Ann Graffam

Sie wählte die Nummer und wartete. Zweimal Klingeln, dreimal »Hallo? Dr. Reed? Hier spricht Joes Mutter, Mrs. Forte. Ja. Also bitte, Sie müssen rüberkommen und nach meinem Joe sehen! Er sieht furchtbar schlecht aus, und ich mach' mir solche Sorgen. Was? Oh, nein, er kann nicht in Ihre Praxis kommen. Er ist – er sieht gar nicht gut aus. Sie könnten doch vielleicht herkommen? Sie kommen? In 'ner halben Stunde? O danke, vielen, vielen Dank, Doktor!«

Sie legte langsam den Hörer auf und strich sich die widerspenstigen grauen Haarsträhnen zurück. Ihre Finger waren knorrig, aber stark und muskulös durch die vierzig Jahre, in denen sie für ihre Buben gesorgt hatte. Ihre Buben. Früher waren es fünf gewesen, aber nun war ihr nur Joe geblieben. Ein guter Junge, ja, das war er; nichts Böses durfte ihrem Joe je geschehen. Deshalb mußte sie auch den Doktor dazu bringen, daß er zu ihr nach Hause kam, mußte zusehen, daß alles in Ordnung kam.

Sie lief auf Zehenspitzen den Flur entlang zu Joes Schlafzimmer und öffnete behutsam die Tür. Er saß auf der Bettkante, sein Körper war steif und sein Gesichtsausdruck so leer wie die letzten fünf Male, als sie nach ihm gesehen hatte.

»Joe?« flüsterte sie. Er sah sie nicht an. »Joe, alles wird wieder gut. Wart's nur ab. Ich werde mich um dich kümmern.« Während sie die Tür so leise schloß, wie sie sie geöffnet hatte, blickte sie auf die Zeiger der alten Uhr im Vorraum. Noch fünfundzwanzig Minuten warten. Sie würde verrückt werden, wenn sie nur dasaß und wartete –

Sie ging ins Wohnzimmer, nahm sich ihr Strickzeug vor und begann an dem Pullover zu arbeiten, den sie letzte Woche angefangen hatte. Der leuchtende Blauton war Joes Lieblingsfarbe. Das würde eine echte Überraschung für ihn werden, wenn er ihn zu Gesicht bekam.

»Oh, Mama«, würde er sagen, »du hättest dir meinetwegen nicht soviel Mühe machen sollen!«

Aber er würde ihn über den Kopf ziehen und sie dabei wie ein kleiner Junge angrinsen. Ja, ihr Joe würde sich über den Pullover freuen. Es war die arthritischen Schmerzen in ihren Fingern wert, ihren Jungen glücklich zu machen. Wofür ist eine Mutter schließlich da, wenn nicht dazu, sich um ihre Buben zu kümmern?

Sie ließ das Knäuel fallen, als die Klingel ertönte, und ging zur Tür. Als sie hinter dem Vorhang hervorspähte, war sie erleichtert, den Arzt dort stehen zu sehen.

»Dr. Reed, oh, vielen, vielen Dank, daß Sie so schnell gekommen sind. Ich bin ja so dankbar –«

Er drängte sich an ihr vorbei und ging mit großen Schritten in den Flur.

»Ist ja schon gut, Mrs. Forte. Wo ist er?«

»Was?«

»Joe. Wo ist er?«

»Oh. Also, wenn Sie vielleicht – wenn wir uns erst ein bißchen unterhalten könnten, in der Küche vielleicht?«

Er seufzte. »Ich habe wirklich nicht allzu viel Zeit, Mrs. Forte. Es ist immerhin Samstag nachmittag, wissen Sie, und meine Sprechstunde ist eigentlich seit über einer Stunde vorbei.«

»Bitte, Doktor?«

Sie stand mit flehenden Augen da, und als sie sich umdrehte und vor ihm her in die Küche ging, zuckte er die Achseln und folgte ihr.

»Eine Tasse Kaffee für Sie, Doktor?«

»Nein, ich –«

»Ah, Kaffee für den guten Doktor. Egal, wie reich und wichtig er wird, er kommt immer noch zu uns nach Hause und kümmert sich um uns. Für den guten Doktor eine nette Tasse Kaffee. Hier, lassen Sie mich –«

Sie goß die dampfende Flüssigkeit in eine ihrer beiden besten Porzellantassen und schob sie über den Tisch zu ihm hin.

Wiederum seufzend nahm er sie und nippte daran. Diese

alten Frauen. Diese *alten Frauen!* dachte er verzweifelt. Eine Tasse Tee? Eine Tasse Kaffee? Und wenn du ihre Gastfreundschaft ablehnst, sind sie so verdammt beleidigt. »Nun«, sagte er laut, »was ist mit Joe?«

»Er ist in seinem Zimmer, Doktor, sitzt nur so auf seinem Bett und starrt ins Leere. Ist so gewesen, seit er gestern abend nach Hause gekommen ist. Er wollte nicht mit mir reden oder sonstwas. Vor ein paar Stunden ist er da einen Augenblick lang rausgekommen und hat mir gesagt, was los ist, aber dann hat er den Kopf abgewandt. Er hat Tränen in den Augen gehabt. Tränen! Mein Joe!«

Sie schüttelte beim Gedanken daran den Kopf.

»Sie trinken ja Ihren Kaffee nicht, Doktor«, sagte sie dann.

»Aber ja. Aber ja. Bitte *fahren Sie fort.*«

»Also, mein Joe, das ist ein wichtiger Mann, ehrlich. In seiner Gruppe, Sie wissen schon.«

»Nein, weiß ich nicht.« Er trank seinen Rest Kaffee aus und schickte sich an, aufzustehen.

»Doktor!«

Der Tonfall ihrer Stimme überrumpelte ihn, und er setzte sich wieder.

»Die Gruppe«, fuhr sie fort, »sie nennen sie ›Unsere Sache‹.«

Unter Mißachtung des gespannten Gesichtsausdrucks des Mannes sagte sie: »Sie – die Bosse, sie haben Joe eine Aufgabe gegeben. Und er muß sie ausführen. Wenn sie sagen, tu das und das, muß man es tun, sonst …, richtig?«

»Mh-hh«, antwortete der Doktor.

»Aber mein Joe, er ist so *sensibel!* Er ist immer der zarteste von meinen Buben gewesen.«

Sie lächelte, während sie sich erinnerte. »Als er gerade, oh, acht oder neun war, ist er vom Fahrrad gefallen, und Sie mußten ihm das Knie zusammenflicken. Er ist in Ohnmacht gefallen, erinnern Sie sich? So ist er eben, Doktor. Ein echter Mann, Sie verstehen schon, aber so *sensibel.*«

Dr. Reed grunzte.

»Na ja, es sieht so aus, als gibt's da diesen Mann in der Nachbarschaft, der – wie hat Joe es ausgedrückt – ›versucht hat, im Drogenhandel mitzumischen‹ oder so was ähnliches. Und, sehen Sie, die haben Joe gesagt, er soll ihn loswerden – ihn umbringen, Sie wissen schon. Weil sie keinen Wettbewerb vertragen können, sie können ihn *ganz und gar nicht* vertragen.

Aber mein Joe, er hat es einfach nicht *fertiggebracht*. ›Einen Fremden vielleicht, Mama‹, hat er gesagt, ›aber nicht –‹ Und er hat angefangen zu weinen. Weinen. Denken Sie nur, was das für ein Gefühl war für mich, seine Mutter, als ich zusehen mußte, wie ihm die Tränen über das Gesicht laufen!«

»Ah«, sagte der Doktor.

»Dieser Mann, den Joe umbringen soll, er ist ein ganz respektabler Mann hier in der Gegend. Ein Doktor … Doktor?«

Sie sah ungerührt zu, als der Doktor vom Stuhl glitt und mit einem dumpfen Schlag auf dem Küchenfußboden landete.

Er hatte, wie sie mit Erleichterung feststellte, bei seinem Sturz nicht ihre Porzellantasse zerbrochen. Sie nahm sie und trug sie zum Spülbecken hinüber und schrubbte sie und die Kaffeekanne mit besonderer Sorgfalt; dann stieg sie über den Doktor hinweg und begab sich zum Zimmer ihres Sohnes.

»Joe? Joe!«

Er wandte sich um und sah sie lustlos an. »Was, Mama?«

»Es ist alles erledigt, genau wie ich's dir gesagt habe. Komm in die Küche und schau es dir an!«


So ist Mama. Sie kümmert sich immer um ihre Buben.

Eine besondere Note …

## Der Überfall in der Sackgasse

von Edward Wellen

Polizeikonstabler Cooper bahnte sich, seinem Instinkt vertrauend, einen Weg durch den Erbsensuppennebel und blieb stehen, als er die Geräusche eines Handgemenges vernahm. Angestrengt starrte er, um besser zu hören. Beim ersten Aufschrei und den Geräuschen der Rauferei war seine Hand zu seiner Pfeife gezuckt. Aber bevor er einen Ton ausstoßen konnte, um den Angreifer abzuschrecken, hörte er den Übelkeit erregenden Laut eines Schlags an den Kopf, dann den dumpfen Fall eines Körpers.

Er verzichtete auf den Pfiff und wandte, um den Aggressor auf frischer Tat zu ertappen, seine Stiefelschritte mit größter Vorsicht dorthin, wo die Geräusche heftigen Atmens und zerreißender Kleidung deutlich hörbar waren.

Konstabler Cooper lächelte grimmig vor sich hin. Er wußte, daß dies eine Sackgasse war und daß er sich zwischen dem Angreifer und seinem Fluchtweg befand. Er hatte den Verbrecher sozusagen schon gefaßt.

Er schlüpfte aus seinem Umhang und bewegte sich langsam, aber stetig durch die Blindheit der Gasse. Da tauchte aus dem Nichts ein Bordstein auf. Konstabler Coopers Stolpern und sein gemurmelter Fluch warnten den Angreifer.

Der Konstabler stieß einen grellen Pfiff aus. »Im Namen des Gesetzes, bleiben Sie stehen!«

Konstabler Cooper hörte fliehende Schritte, den Klang eines Stiefelnagels, der an einen eisernen Gully stieß, dann das Knirschen einer Tür und das Einschnappen eines Riegels. Der Verbrecher war also ein Bewohner dieser widerwärtigen Gasse.

Der Konstabler fluchte unterdrückt. Er hatte seinen Mann – und doch hatte er ihn nicht. Er wußte, daß es auf beiden Seiten der Straße ein halbes Dutzend Türen gab. Wenn er die richtige Tür nicht auf Anhieb lokalisierte, würde der Verbrecher Gelegenheit bekommen, seine nasse Kleidung zu wechseln und alles, was er seinem Opfer gestohlen hatte, zu verstecken.

Das Opfer. Ein Dutzend Schritte weiter die Gasse hinunter, und der Konstabler sah die umrißhafte Gestalt des Opfers auf den Pflastersteinen liegen.

Plötzlich die Klammheit und Kälte spürend, beugte sich Konstabler Cooper über den hingestreckten Mann. Er erkannte ein vertrautes, falkenähnliches Profil, eine blutige Jagdkappe, einen noch immer fest umklammerten Geigenkasten. Risse zeigten sich an den Kleidern des Opfers, wo hastige Hände eine Uhrkette weggerissen und eine Brieftasche herausgezerrt hatten. Daß der gewaltige Menschenjäger einem gemeinen Straßenräuber zum Opfer gefallen sein sollte!

Das Opfer regte sich. Ein Wort wurde laut. »Konstabler …«

Konstabler Cooper kniete nieder, ohne darauf zu achten, daß er mit dem Knie die nassen Steine berührte. Das vom Blut geblendete Gesicht hatte sich ihm nicht zugewandt. Wie war der Mann darauf gekommen, ihn Konstabler zu nennen?

Die Pfeife, natürlich. Die Gewohnheiten und Fähigkeiten eines ganzen Lebens würden ihn nicht einmal in den ärgsten Augenblicken im Stich lassen. Wiewohl betäubt, würde der große Detektiv irgendeinen Anhaltspunkt zur Kenntnis genommen haben, und aller Wahrscheinlichkeit nach hatte er nur deshalb gegen die Bewußtlosigkeit angekämpft, um diesen Anhaltspunkt weitergeben zu können.

»Sir, haben Sie den Angreifer gesehen? Wo ist er hingelaufen? Wer war er?«

Ein schmerzerfülltes Kopfnicken.

Konstabler Coopers Herz raste, aber der Mann hatte nur noch die Kraft, eine vage Handbewegung zu machen und zu keuchen: »Ein As …«

Vor Enttäuschung schnitt der Konstabler eine Grimasse. Der große Detektiv hatte ihm nur gesagt, was er schon selbst wußte.

Ein As, in der Tat! Der Räuber war so schnell und umsichtig vorgegangen, daß er wirklich allerhand von seinem Handwerk verstehen mußte.

Konstabler Cooper legte seinen Umhang ab und schob ihn

dem großen Detektiv als Kissen unter den Kopf. Dann richtete er sich auf und überließ sich seinem Pflichtgefühl. Seine Pfeife wies antwortenden Pfeifen den Weg.

Jeder Pfiff, jedes Echo tat weh. Es tat ihm weh, daran zu denken, daß ihn seine Kollegen hier stehend und wartend vorfinden würden, während sich der Verbrecher sicher hinter einer der nicht sichtbaren Türen befand.

Ein As ...

Konstabler Cooper schüttelte den Kopf. Warum gingen ihm diese Worte unaufhörlich durch den Kopf? Sie waren dem schwer mitgenommenen Kopf des großen Detektivs entsprungen.

Ein As ...

Stampfende Stiefel kamen heran. Konstabler Cooper erkannte die Gestalt von Konstabler Lloyd.

Lloyd war Waliser, und Waliser waren berühmt dafür, daß sie ein absolutes Gehör besaßen.

Mit vor Autorität geschwellter Brust ergriff Cooper Lloyds Arm und wies ihn ein.

»Mann, treten Sie mit Ihren großen Stiefelnägeln gegen die Gullys und finden Sie den heraus, der wie der Kammerton As klingt.«

Und nun bauen wir alles wieder zusammen!

## Der unfreundliche Nachbar

von Al Nussbaum

Als ich mich heute an den Frühstückstisch setzte, hatte meine
Frau wie immer die gefaltete Morgenzeitung neben meinen Tel-
ler gelegt. Ich nahm einen Schluck Kaffee, schlug dann die erste
Seite der Zeitung auf und bekam den Schock meines Lebens. Ein
Bild Elmer Seslers starrte mich an. Ich las den zugehörigen Arti-
kel und konnte ein Lachen nicht unterdrücken.

»Was ist so lustig?« fragte meine Frau.

»Das ist eine lange Geschichte, Liebes. Sie begann vor zwanzig Jahren.« Dann erzählte ich ihr von Elmer Sesler …

Ich besuchte das erste Jahr die High-School, als die Seslers
neben uns einzogen, Elmer, der in meinem Alter war, und seine
Eltern. Sein Vater, ein leitender Angestellter der unteren
Gehaltsklasse bei einer Versicherungsgesellschaft, war in unsere
Stadt versetzt worden, um im örtlichen Filialbüro zu arbeiten.

Elmer war sofort aufgefallen, und das nicht wegen seiner
Henkelohren und seines sommersprossigen Gesichts. Er besaß
ein eigenes Auto. Wenige ältere Semester hatten Wagen, hier
aber war ein grüner Frischling, der nicht nur einen Wagen hatte,
sondern noch dazu einen, der fast neu war. Einige Burschen versuchten, die Sache madig zu machen, indem sie sagten, daß der
Wagen vermutlich seinem Vater gehörte, aber ich setzte diesem
Gerede ein Ende.

»Sein Vater fährt das Modell dieses Jahres«, sagte ich. »Der da
ist seiner, es stimmt schon.«

Wenn noch jemand nicht überzeugt war, dann überzeugten
ihn Elmers Aktionen bald. Er fing an, den Wagen auseinanderzunehmen. An einem Tag kam er in der Schule ohne Kühler-

haube oder Kofferraumdeckel an, am nächsten Tag mochten die Türen fehlen. Nach den ersten Tagen sah kein Mensch den Wagen mehr in komplettem Zustand. Es *mußte* sein Wagen sein. Niemand konnte es sich erlauben, so mit dem Wagen seines Vaters umzugehen.

An Abenden und Wochenenden pflegte ich über die Hecke zu blicken, die unsere Gärten voneinander trennte, und sah ihn an seinem Wagen herumfummeln oder in der Garage an etwas anderem arbeiten. Er hatte eine Werkbank aufgestellt und besaß weitaus mehr Werkzeuge, als ich namentlich aufzählen konnte. Eines Tages hatte er den Motor seines Wagens völlig in Einzelteile zerlegt und überall auf dem Boden verstreut, wobei jedes Teil auf einem Stück sauberen Zeitungspapiers lag. Zu anderen Zeiten hockte er über einem alten Fernsehapparat und einem Staubsauger, die er auf seiner Werkbank ausgebreitet hatte. Er schien von unersättlicher Neugier erfüllt zu sein und ein echtes Talent zu besitzen, Dinge auseinanderzunehmen.

Wenn sein Auto nicht gewesen wäre, hätte er überhaupt keinen Kontakt zu anderen gehabt. Er hatte das Taktgefühl eines Fußtritts zwischen die Zähne. Wenn er sah, daß ich ihn beobachtete, ignorierte er mich stets, obgleich er mich von der Schule wiedererkannt haben mußte, wo wir gemeinsam mehrere Kurse besuchten. Schließlich sprach ich ihn an, und er kam zur Hecke hinüber.

»Ja?« sagte er in gelangweiltem Tonfall.

»Ich bin Bill Ford«, sagte ich und langte über die Hecke, um ihm die Hand zu geben.

Er ignorierte meine Hand und starrte mich nur gleichgültig an, bis ich verwirrt meinen Arm zurückzog.

»Nur weil wir Nachbarn sind, heißt noch lange nicht, daß du mit meinem Wagen zur Schule fahren kannst«, sagte er.

»Wer hat irgendwas davon gesagt, daß ich mit deinem Wagen zur Schule fahren will?« erkundigte ich mich. »*Ich* habe nichts von deinem alten Wagen gesagt oder davon, daß ich damit fahren will.«

»Nein, aber du hast daran gedacht«, sagte er.

Er wandte mir den Rücken zu und kehrte zur Garage zurück, wo er auf dem Zementboden eine Waschmaschine auseinandergenommen hatte.

Ich stand mehrere Minuten lang da, zitternd vor Wut. Mein Zorn war um so größer, weil er recht gehabt hatte. Ich *hatte* daran gedacht, wie bequem es doch sein würde, zur Schule zu fahren, statt jeden Morgen fünfzehn Häuserblocks weit zu Fuß zu gehen.

Es stellte sich heraus, daß ich nicht der einzige war, dem er unterstellte, Absichten auf seinen Wagen zu haben. Er unterstellte es fast jedem, aber offenbar war ich der einzige, der ihn deswegen haßte. Die anderen Jungs in der Schule konnten darüber lachen, weil er sie vielleicht grundlos beschuldigt hatte, während ich ihm übelnahm, daß er meine Gedanken erraten hatte.

Von da an machte ich alles runter, was Elmer Sesler tat, und ließ mir keine Gelegenheit entgehen, ihm verbal eins auszuwischen. Obwohl jeder ihn als eine Art heranwachsendes, exzentrisches Genie zu betrachten schien, stellte ich ganz klar heraus, daß er meiner Meinung nach nur ein Verrückter war.

»So, wie er denkt, daß jeder versucht, ihn auszunutzen, könnte er sogar gefährlich sein«, sagte ich. »Nur weil er Sachen auseinandernehmen kann, bedeutet noch lange nicht, daß er ein Genie ist. Ich sehe ihn jeden Tag in seinem Garten, und die Hälfte von dem Zeug, das er zerlegt, paßt nie wieder zusammen. Nehmt seinen Wagen als Beispiel bevor er anfing, daran herumzufummeln, sah er besser aus und fuhr auch besser.«

Nichts von dem, was ich sagte, hinterließ jedoch Wirkung. Die anderen Schüler waren davon überzeugt, daß Elmer Sesler eines Tages berühmt werden würde. Er wurde zum vielversprechendsten Schüler gewählt, während mir die saure Zitrone überreicht wurde.

Dann, nach diesem einen Jahr, wurde Elmers Vater in eine andere Stadt versetzt, und ich habe von Elmer nie wieder etwas gehört oder gesehen …

»Was war also so lustig in der Zeitung?« fragte meine Frau. »Hat er irgend etwas erfunden?«

»Nein, er hat nichts erfunden«, sagte ich. »Und ich glaube, es ist auch nicht wirklich lustig. Elmer Sesler hat seine Frau ermordet. Die Polizei hat ihren Körper in Chicago, Detroit, Cleveland und Buffalo gefunden.«

## Die Katze läßt das Mausen nicht

von Lael J. Littke

Jerome Kotter sah aus wie eine Katze. Damit zog er bei seinen Schulkameraden allerdings keine besondere Aufmerksamkeit auf sich, denn sie hatten fast alle selbst den einen oder anderen ungewöhnlichen Zug an sich. Beverly Baumgartner hatte eine Lache wie ein Pferd. Bart Hansen war so vollschlank wie ein Elefant. Carla Seavers langer Hals ähnelte dem einer Giraffe. Und Randy Ramsbottom roch stets bemerkenswert wie ein Hund an einem Regentag.

Die einzige Person, die sich wegen Jeromes ungewöhnlichen Aussehens Sorgen machte, war sein Vater, der seinen Sohn in aller Stille auf eine Welt vorbereitete, in der er ein bißchen anders war. Er brachte Jerome angenehme Manieren bei und versicherte ihm, daß er, gleichgültig wie anders er aussah, immer gut zurechtkommen würde, wenn er nur richtig handelte. Er lehrte ihn, alle Strophen des *Star-Spangled Banner* auswendig herzusagen. Er ermutigte ihn, die Bibel zu lesen. Und er lehrte ihn, die Songs aus den bekanntesten Operetten von Gilbert und Sullivan zu singen. Er fühlte, daß Jerome gut gerüstet war, um der Welt entgegenzutreten.

Als Jerome zur High-School kam, wurde er zum größten Sprintstar, den Quigley High jemals hervorgebracht hatte, obwohl er aufpassen mußte, weil die Trainer von Konkurrenzschulen jedesmal Protest einlegten, wenn Jerome dazu überging, auf allen vieren zu laufen.

Insgesamt wären Jeromes Schuljahre ziemlich glücklich gewesen – wenn es Benny Rhoades nicht gegeben hätte.

Während Jerome, hochgewachsen, höflich und lernbegierig war und ein wohlgepflegtes seidenes Fell und glänzende Schnurrhaare besaß, war Benny dürr, ungekämmt, unfreundlich

338

und verschlagen. Sein Gesicht war ausgemergelt und spitz, und das Haar wuchs ihm in unregelmäßigen Strähnen. Er haßte jeden, der auf irgendeinem Gebiet besser war als er. Fast jeder war auf jedem Gebiet besser als er, und da Jerome ihn bei der einen Fähigkeit, die er recht gut beherrschte – Laufen –, übertraf, haßte er Jerome von allen am meisten. Als ihm Jerome seinen Titel als Laufchampion von Quigley High abnahm, schwor er, daß er es ihm heimzahlen würde, selbst wenn es ihn den Rest seines Lebens kostete.

Eine von Bennys Lieblingsgemeinheiten war es, im Studierraum auf Jeromes Schwanz zu treten, wodurch er ihn zum Jaulen brachte und den Zorn des Aufsichtführenden auf ihn richtete. Benny zog an Jeromes Schnurrhaaren und schmierte ihm Honig ins Fell. Er tat alles, was ihm einfiel, um Jerome das Leben zu versauern.

Wenn es um Benny Rhoades ging, fiel es Jerome schwer, die Ermahnungen seines Vaters zu beherzigen – daß er seine Feinde lieben und selbst zu denen gut sein sollte, die ihm Böses antaten. Er blickte dem Tag entgegen, an dem er die Schule verlassen und weggehen würde, denn tief in seinem Herzen mußte er zugeben, daß er den widerwärtigen Benny verabscheute. Es erfüllte ihn mit Zorn, daran zu denken, daß Benny die einzige Person war, die ihn dazu bringen konnte, in der Öffentlichkeit seine Haltung zu verlieren und zu miauen, wodurch die Leute trotz seiner verbindlichen Manieren und intellektuellen Gespräche darauf aufmerksam wurden, daß er ein bißchen anders war. Um sein Temperament im Zaum zu halten, gewöhnte er sich an, *The Star-Spangled Banner* oder Passagen aus der Bibel zu deklarieren. Einmal kam er bis zu den Versen der Genesis, bevor er sich zusammenriß und seine Haltung zurückgewann.

Kurz vor dem College-Abschluß Jeromes stahl Benny sämtliche Fische von Old Man Walkers kleinem Fischwagen und deponierte sie in Jeromes Auto, wonach er einen anonymen Telefonanruf bei der Polizei tätigte. Die Polizei, die Jerome immer als die Verkörperung all dessen angesehen hatte, was sie bei jungen Männern für erstrebenswert hielt, zog es vor, seinen Unschuldsbeteuerungen Glauben zu schenken. Aber dennoch, so wie er aussah, war es eigentlich nur natürlich für sie, zu glauben, daß er einen Haufen Fische abgeräumt haben mochte.

Die Leute begannen zu flüstern, wenn Jerome die Straße entlangging. Sie wiesen darauf hin, daß er, obwohl seine Manieren makellos waren, diese langen, schwertgleichen Krallen besaß, und sie hatten ganz und gar nicht den Wunsch, ihm zu dunkler Nachtzeit allein in einer Gasse zu begegnen. Und lag in seinen schrägstehenden Augen nicht eine nahezu katzenhafte Verschlagenheit?

Jerome verließ die Stadt nach der Abschlußprüfung, umgeben von einer Aura des Verdachts und mit dem Duft von faulendem Fisch in seinem Wagen, den er niemals völlig loswerden konnte.

Jerome beschloß, eine Karriere als Werbetexter in New York einzuschlagen, und ging dabei von der Überlegung aus, daß bei all den seltsamen Gestalten, die durch diese Stadt streiften, wohl niemand das bißchen Anderssein an ihm bemerken würde. Er wurde von der ersten Firma, bei der er sich bewarb, Bobble, Babble & Armbruster, Inc. in der Madison Avenue, engagiert. Mr. Armbruster hatte in der Nacht zuvor seinen vierzehnten Hochzeitstag gefeiert und sich bei dem Versuch, die Verheerungen zu vergessen, die diese vierzehn Jahre bei ihm angerichtet hatten, fast bis zur Bewußtlosigkeit betrunken. Als Jerome sein Büro betrat, sah er ihn natürlich als einen Verwandten der dreieinhalb Meter langen, gepunkteten Kobra an, die ihn in der Nacht zuvor verfolgt hatte, und ging davon aus, daß er sich mit dem Kater verflüchtigen würde. Nachdem er diesen Kater hinter seinem Schreibtisch in noch etwas mehr Alkohol ersäuft hatte, engagierte er Jerome. Zu dem Zeitpunkt, an dem sich Mr. Armbruster völlig von seiner Feier erholt hatte, war es Jerome gelungen, sich seinem Job gewachsen zu erweisen und ein gutes Verhältnis zu den anderen Angestellten herzustellen, und so durfte er bleiben. Natürlich setzte ihn Mr. Armbruster auf den Katzenfutter-Etat an.

Es dauerte nicht lange, bis sich Jerome in seine Sekretärin Marie verliebte, eine gutgewachsene Blondine, die Jeromes glattes Fell und seine goldenen Augen sexy fand. Er wollte sie um ein Rendezvous bitten, aber zuerst gedachte er in aller Fairneß herauszufinden, welche Gefühle sie ihm entgegenbrachte.

»Marie«, sagte er eines Tages, als er das tägliche Diktat beendete, »gefalle ich Ihnen als Chef?«

»Oh, ja«, hauchte Marie. »Wirklich, Mr. Kotter, Sie sind der tollste Chef, den ich je hatte. Sie sind so anders.«

Jeromes Herz sank. »Anders? In welcher Weise, Marie?«

»Nun«, sagte Marie, »Mr. Leach, mein alter Chef, pflegte mich gelegentlich zu kneifen. Und er schlich sich von hinten an mich heran und küßte mich.« Sie blickte Jerome scheu unter ihren Wimpern hervor an. »Sie sind ein perfekter Gentleman, Mr. Kotter. Sie sind wirklich anders.«

Jerome war verzaubert und verschwendete keine weitere Zeit mehr, um sie zum Abendessen einzuladen.

Mehrere Wochen lang war alles wunderbar. Dann tauchte, vollkommen unerwartet, Benny Rhoades auf. Jerome blickte eines Tages von seinem Schreibtisch hoch, um seine Nemesis im Türeingang stehen zu sehen.

»Mann«, sagte Benny, »wenn das nicht Jerome Kotter ist.« Er grinste.

»Benny Rhoades«, rief Jerome aus. »Was tust du hier?«

»Mann, du bist der Größte«, sagte Benny sanft. »Ich arbeite in der Postabteilung, Mann. Du wirst noch viel von mir sehen, Jerome.«

Jeromes Schwanz zuckte.

»Warum bist du hergekommen?« fragte er. »Warum läßt du mich nicht in Ruhe?«

Beleidigte Unschuld ersetzte den berechnenden Ausdruck in Bennys kränklichem Gesicht.

»Was denn, Mann, ich habe doch nichts getan. Ein Mann muß arbeiten. Und ich arbeite hier.« Er lümmelte sich gegen den Türpfosten. »Ich höre, du giltst hier als ganz toller Hecht. Ich frage mich, wie lange das noch so sein wird.«

»Raus mit dir«, sagte Jerome.

»Sicher, Mr. Kotter, Sir. Sicher. Schätze, ich schaue mal beim Schreibtisch deiner Sekretärin vorbei. Schon eine Puppe, diese Marie.«

»Halt dich fern von ihr.« Jerome konnte spüren, wie sich das Fell in seinem Nacken sträubte. Seine Schnurrhaare zitterten.

Benny lächelte und glitt davon wie eine heimtückische Schlange.

Von diesem Zeitpunkt an tat Benny alles, was er konnte, um Jerome zu quälen. Er hielt seine Post zurück, bis wichtige Klienten anriefen und sich bei den Chefs beschwerten, daß an ihren Etats nichts getan wurde. Er klemmte Jeromes Schwanz in Türen ein, gewöhnlich gerade dann, wenn ein VIP das Büro besuchte. Am schlimmsten war jedoch, daß er Marie piesackte, indem er um ihren Schreibtisch herumscharwenzelte, sie um Rendezvous bat und manchmal von hinten an sie heranschlich, um an ihrem Nacken zu knabbern. Marie haßte ihn fast so sehr, wie Jerome es tat.

Jerome wußte nicht so recht, was er dagegen tun konnte, ohne seinen Job aufs Spiel zu setzen, den er inzwischen sehr liebte. Die anderen Leute in der Agentur mochten ihn, obwohl sie ihn als leichten Exzentriker ansahen, da er stets darauf bestand, die Katzenfuttermuster zu behalten, über die er schrieb. Aber jeder nach seinem Geschmack, sagten sie.

Die Dinge spitzten sich eines Abends zu, als Jerome Marie vor dem Besuch einer Show zu einem Fischessen in sein Apartment einlud. Sie setzten sich gerade zum Essen nieder, als die Türklingel anschlug.

Es war Benny.

»Wie traulich«, murmelte er, während er die Szenerie überblickte. Er schlug die Tür hinter sich zu.

»Ein ganz toller Hecht«, sagte er und schlüpfte in den Raum. Er holte eine kleine Pistole aus der Tasche.

»Hast du den Verstand verloren?« sagte Jerome. »Was soll das bedeuten?«

»Ich habe meinen Job verloren«, lächelte Benny.

»Was hat das mit mir zu tun?«

»Marie hat sich beschwert, daß ich sie belästigen würde. Sie haben mich gefeuert.« Bennys kleine Augen glitzerten. »Ich werde mich bei ihr für diesen Gefallen revanchieren, dann kümmere ich mich um dich, Jerome. Ich werde es so drehen, daß sie denken, du hättest erst sie erschossen, weil sie sich gegen deinen Charme gewehrt hat, und dann dich selbst. Jeder weiß, daß ein Tiger wie du jederzeit Amok laufen kann.«

»Sie sind eine Ratte«, sagte Marie. »Sie sind eine elende, bösartige kleine Ratte.«

Jerome stellte sich schützend vor sie.

»Stöcke und Steine zerbrechen mich, über Kränkungen aber lache ich«, sang Benny heiter.

Jerome betrachtete Benny nachdenklich. »Eine Ratte«, sagte er. »Das ist er wirklich. Eine Ratte. Komisch, daß es mir nicht schon früher aufgefallen ist.« Sein Schwanz zuckte nervös.

Der Ausdruck in Jeromes Gesicht gefiel Benny gar nicht. »Bleib, wo du bist, Mann. Ich schieße.«

Bevor Benny zielen konnte, sprang Jerome mit der schnellen, geschmeidigen Bewegung eines Tigers quer durch den Raum. Er schleuderte Benny zu Boden und entwand ihm ohne Schwierigkeiten die Pistole.

»Eine Ratte«, wiederholte Jerome sanft.

Benny blickte in Jeromes Gesicht, das dem seinen so nahe war.

»Was hast du vor?« quiekte er. Sein eigenes Gesicht war eingefallen und weiß, seine knopfartigen Augen panikerfüllt.

»Was hast du vor?«

Jerome verspeiste ihn.


Es dauerte einige Zeit, den Polizei-Sergeanten dazu zu bringen, die Sache ernst zu nehmen. Marie hatte Jerome gedrängt, die ganze Geschichte zu vergessen, aber Jerome meinte, daß er ein Geständnis ablegen müßte.

»Sie sagen, Sie haben diesen Burschen Benny verspeist?« fragte der Sergeant zum zwanzigsten Mal.

»Ich habe ihn verspeist«, sagte Jerome.

»Er war eine Ratte«, sagte Marie.

Der Sergeant schüttelte den Kopf. »Es gibt solche und solche«, knurrte er. »Gehen Sie nach Hause. Überschlafen Sie es.« Er seufzte. »Selbstverteidigung, sagen Sie?«

»Benny wollte uns beide erschießen«, sagte Marie.

»Wo ist die Leiche?« fragte der Sergeant.

Jerome schüttelte den Kopf. »Es gibt keine Leiche. Ich habe ihn verspeist.«

»Er war eine Ratte«, sagte Marie.

»Es gibt keine Leiche«, sagte der Sergeant. »Wir haben ein paar Männer zu Ihrem Apartment geschickt, aber da ist keine Leiche und kein Anzeichen dafür, daß jemand getötet wurde. Wir haben sogar ein Ferngespräch mit der Familie dieses Benny geführt, um herauszufinden, ob sie wissen, wo er ist, aber sein

Vater hat gesagt, daß er nach ihrem Wissen bei der Geburt starb. Also gehen Sie nach Hause.«

»Ich habe ihn verspeist«, beharrte Jerome.

»Sie haben also der Öffentlichkeit einen Dienst erwiesen. Ich habe sechs Kinder zu versorgen, Freund. Ich will nicht die nächsten zwei Jahre auf der Couch eines Psychiaters verbringen, weil ich meinem Vorgesetzten weismachen wollte, daß ich hier eine ein Meter achtzig große Katze habe, die einen Kerl verspeist hat. Also gehen Sie jetzt nach Hause, Sie beide, bevor ich wütend werde.«

Jerome blieb vor dem Schreibtisch stehen.

»Also«, sagte der Sergeant, »Sie haben einen Kerl verspeist.«

»Eine Ratte«, berichtigte Marie.

»Eine Ratte«, sagte der Sergeant. »Wie fühlen Sie sich also?«

»Schrecklich«, sagte Jerome. »Ich habe außerordentliche Verdauungsstörungen.«

»Sie haben eine Ratte verspeist«, sagte der Sergeant. »Und jetzt haben Sie Bauchschmerzen. Das ist Ihre Strafe. Erinnern Sie sich noch daran, wie Sie als Kind grüne Äpfel gegessen haben?« Er seufzte. »Gehen Sie jetzt nach Hause.«

Als sie sich zum Gehen wandten, hörte Jerome den Sergeanten vor sich hinmurmeln, daß er seit vier Jahren keinen Urlaub mehr gemacht hatte.

Trotz seiner Verdauungsstörungen fühlte sich Jerome prächtig.

»Und wird sich das Verbrechen durch diese Strafe rächen«, sagte er mit Befriedigung.

Er nahm galant Maries Arm und sang während des Weitergehens leise vor sich hin.

»Mein Ziel so weit
Erfüllt die Zeit
Und wird sich das Verbrechen
Durch diese Strafe rächen
Durch diese Strafe rächen ...«

»Wirklich, Mr. Kotter«, sagte Marie und blickte voller Bewunderung zu ihm auf. »Sie sind so ganz anders als jeder, mit dem ich jemals gegangen bin.«

»Anders?« fragte Jerome. »Wieso, Marie?«

»Wirklich«, sagte Marie. »Ich bin noch nie mit jemandem ausgegangen, der Gedichte aufsagen konnte.«

# Das Gedächtnis! Das Gedächtnis!

## Kennen wir uns nicht?

von Henry Slesar

Der Mann war wohlgepflegt und überaus elegant gekleidet, in einem Stil, der etwa in der Mitte zwischen Broadway und Bond Street lag. Seine Hände waren in den tiefen Taschen eines Kamelhaarmantels vergraben, und während er darauf wartete, daß die Ampel umsprang, trieb frostiger Winteratem an seinem nerzfarbenen Schnurrbart vorbei.

Der andere Mann, kleiner, nicht so wohlgepflegt und mit einem braunen Tweedmantel bekleidet, der vergleichsweise abgetragen aussah, musterte ihn scharf, blickte weg, blickte wieder hin und wurde schließlich durch einen Gegenblick belohnt, der ebenso fragend und engagiert war wie der seine.

Sie überquerten gemeinsam die Straße, Schritt um Schritt nebeneinander hergehend, blieben dann an der gegenüberliegenden Straßenecke stehen und blickten sich abermals an. Der schnurrbärtige Mann brach das Schweigen zuerst, mit einem Lächeln und den Worten:

»Kennen wir uns nicht?«

Der kleinere Mann brauchte längere Zeit, um aufzutauen. Er sagte: »Ich bin mir verdammt sicher, daß ich *Sie* kenne. Nur kann ich mich nicht erinnern …«

»Carmody ist mein Name«, sagte der schnurrbärtige Mann auf eine Weise, die an das Aneinanderschlagen von Stiefelabsätzen oder das Präsentieren einer Karte denken ließ. Tatsächlich bewegte er weder seine blankgewienerten Schuhe, noch nahm er die Hände aus den Taschen.

»Mein Name ist Siegel«, sagte der kleinere Mann. »Frank Siegel. Und wenn wir uns *wirklich* kennen …«, hier rang er sich schließlich ein Lächeln ab, » …muß es verdammt lange her sein. Sie kommen nicht zufällig aus Michigan?«

»Bin nie dort gewesen«, sagte Carmody. »Aber ich bin viel gereist. In den Süden meistens, Florida, die Karibik, Südeuropa. Ich liebe die Sonne – hasse diese viehische Kälte.« Er sprach die Adjektive ohne den geringsten englischen Akzent aus.

»Nein«, sagte Siegel. »Bin nie in diesen Gegenden gewesen.«

»Schule vielleicht? Nein, vermutlich nicht. Ich bin aufs Washington und Lee gegangen.«

»City College.«

»Es muß aber irgendwo gewesen sein«, sagte Carmody. »Je länger ich Sie ansehe, desto sicherer bin ich mir.«

»Mir geht es genauso«, sagte Siegel.

»Hören Sie«, sagte Carmody und blickte die Straße in östlicher und westlicher Richtung hinunter. »Ich habe es nicht besonders eilig. Und Sie? Wir könnten einen kleinen Drink nehmen – hübsche, warme Bar – und es herausknobeln.«

»Tja«, sagte Siegel unentschlossen. Aber auch er hatte es nicht eilig. »In Ordnung. Einen Drink.«

Sie fanden eine kleine, nicht überfüllte Cocktailbar in der 50th Street und suchten sich im hinteren Teil einen Tisch. Carmody nahm einen Martini, und Siegel, der sich nicht viel aus scharfen Sachen machte, entschied sich für ein Bier. Er war zufrieden, daß es Carmody übernahm, in der Vergangenheit zu bohren.

»Gemeinsame Freunde vielleicht?« sagte Carmody. »Kennen Sie jemand namens Martin? Mein Leben ist voller Leute namens Martin. Nein? Wie steht es mit George LeRoy? Carl Kramer? Lillian Dietz?«

Siegel schüttelte weiterhin den Kopf. Er begann zu ermüden und sogar das Interesse zu verlieren, bis Carmody sagte: »Nun, eins weiß ich. Wir haben nicht dieselbe Beschäftigung.« Er hob sein Glas. Der Gin funkelte und seine Augen ebenfalls. »Ich bin ein Dieb«, sagte er.

Siegels Augenbrauen zogen sich zusammen. »Wie meinen Sie das?«

»Nun, wörtlich, mein Freund, wörtlich«, sagte Carmody. »Ich bin Mitglied einer aussterbenden Spezies. Ein edler Dieb. Gesellschaftsdieb. War früher mal der Liebling von Schriftstellern und Sonntagszeitungsbeilagen – aber heute nicht mehr.«

»Sie wollen mich aufziehen«, sagte Siegel in verletztem Tonfall.

»Nein, das würde mir nicht einfallen«, antwortete Carmody. »Ich stehle, um mir meinen Lebensunterhalt zu verdienen. Stehle sehr schöne, hübsche Sachen, mit hohen Preisschildern. Natürlich nur von Leuten, die es sich leisten können – das ist mein einziges Prinzip.«

Zum ersten Mal holte er seine linke Hand aus der Tasche. In der Hand hielt er ein mit Juwelen verziertes Armband. Reihen von reinen Diamanten ließen blaue Lichtpfeile in der abgedunkelten Nische aufblitzen.

»Wunderschön, nicht wahr? Gehörte einer Witwe, die es seit fünfzehn Jahren nicht mehr getragen hat. Ich tue allen einen Gefallen, wenn ich es wieder in Umlauf bringe.«

»Und Sie haben dieses Armband wirklich gestohlen?«

»Heute morgen.« Carmody lächelte. »Es war ganz einfach, wirklich. Und natürlich werde ich es jetzt verkaufen – an jeden, der es haben will. Ich verkaufe es selbst Ihnen.«

»Ich könnte so etwas nicht kaufen«, sagte Siegel.

»Vielleicht doch. Ich schätze, es ist, na, fünf-, sechstausend Dollar wert. Sie könnten es haben für fünf-, sechshundert, was auch immer Sie aufbringen könnten.«

»Sie meinen das wirklich ernst?«

»Natürlich«, sagte Carmody. »Das ist das wenigste, was ich für einen alten Freund tun kann.« Sein Lächeln wurde breiter, zeigte die meisten seiner Goldzähne. »Selbst wenn ich mich nicht erinnern kann, wer Sie sind.«

Siegel seufzte. Es war ein Seufzen des Bedauerns. Er griff in die Tasche und holte seine Brieftasche hervor. Er öffnete sie, um Carmody etwas zu zeigen, das ebenfalls glitzerte, wenn auch nur matt. Es war eine Polizeimarke.

»Ich bin Kriminalbeamter«, sagte er mit echter Traurigkeit. »Es tut mir leid, Mr. Carmody, aber ich muß Sie festnehmen.«

Carmodys Gesichtsmuskeln zuckten vor Überraschung. Er stöhnte leicht auf und legte das ›Diamantenhalsband‹ in den Aschenbecher. Er war sichtlich unglücklich, zwang sich jedoch, einen Schatten seines verlorengegangenen Lächelns wiederentstehen zu lassen.

»Natürlich«, sagte er. »*Jetzt* erinnere ich mich, woher ich Sie kenne.«

# Die Drohung

von Morris Hershman

Roy Worth sagte: »Das ist alles purer Blödsinn! Erwartest du von deinem eigenen Mann, daß er an das Übernatürliche glaubt?«

»Es ist aber wahr.« Edie Worth legte ihre Hand aufs Herz, wie sie es immer tat, wenn ihre Urteilskraft angezweifelt wurde. »Der Mann stand die ganze Nacht vor Dr. Arbuckles Haus, und am nächsten Tag starb er.«

»Arbuckle war krank. Er hatte seit Jahren Herzbeschwerden. Früher oder später war ihm der Tod sicher, früher, wie es sich gezeigt hat. Und genauso war es bei der alten Mrs. Culp, die an Durchblutungsstörungen litt.«

»Aber *er* stand vor dem Haus.«

»Du meinst den Mann, den man Gray nennt, weil er immer in Grau gekleidet ist. Alles, was du über ihn weißt, ist, daß, wenn er vor einem Haus steht, bald jemand darin sterben wird.«

»Ja. Und du weißt, wo sich der Mann jetzt aufhält.«

Roy stieß seinen Stuhl vom Küchentisch zurück und stand auf. »Ich könnte deine Aufregung darüber ja vielleicht verstehen, wenn wir in Afrika leben würden, aber in Lakeville passieren solche Dinge nicht.«

»Sieh nach draußen.« Edie flüsterte plötzlich, beide Hände gegen ihre Herzgegend gepreßt. »Du weißt, wie krank ich bin. Diskutiere nicht mit mir, Roy. Sieh einfach nach.«

Er ging zum Fenster hinüber. Ein Mann stand auf der anderen Straßenseite, ihnen zugewandt. Der Vollmond, der die Farbe eines Schweizer Käses hatte, beleuchtete ihn so, daß man ihn mit übereinandergeschlagenen Beinen gegen einen Pfahl gelehnt sehen konnte. Er trug einen grauen Mantel, eine graue Hose und einen Hut, der dazu paßte.

»Willst du, daß ich die Polizei rufe? Letzten Endes lungert er herum, und ich glaube, deswegen kann man ihn einsperren.«

»Sprich mit Hugo Bradford«, verlangte sie. »Er ist bei der Polizei. Vielleicht weiß er, was man tun muß.«

»Mitten in der Nacht kann man die Nachbarn nicht mehr belästigen.«

»Bitte«, sagte sie mit erstickter Stimme.

Wütend betrachtete Roy seine Frau und stellte fest, wieviel Fett sie doch angesetzt hatte. Ihr einst schöner Busen hatte angefangen, nach unten zu sacken, ihre Beine waren viel dicker geworden, und von einem jugendlichen Gesicht konnte auch nicht mehr die Rede sein.

Er zuckte die Achseln und schlenderte zum Telefon hinüber.

Schnell sagte sie: »Hugo wohnt doch nur quer über die Straße. Ich will nicht, daß die ganze Stadt etwas davon erfährt.«

Finster nickte er. Sie würde nicht aufhören, ihn verrückt zu machen, das wußte er. Er war seit zwölf Jahren mit ihr verheiratet.

»Ich komme hier schon zurecht«, sagte Edie. »Und nimm bitte den Hinterausgang, damit er dich nicht sieht.«

»Ich gehe vorne raus. Dies ist mein Haus, und ich kann wenigstens …«

»Meine Medizin, Roy«, sagte sie mit belegter Stimme. »Ich brauche meine Medizin.«

»Die brauchst du immer, wenn ich etwas tun will, was du nicht willst.«

Aber er brachte sie ihr trotzdem, zusammen mit einem Teelöffel und einem halbvollen Wasserglas. Edie schluckte eine orangefarbene Pille aus dem Fläschchen und lehnte sich zurück.

Er ging zur Garderobe und zog seinen Mantel, sein Jackett und seine pelzgefütterten Handschuhe an. Er murmelte noch immer etwas von Herzbeschwerden, die manche Patienten ausnutzten, um ihren Willen durchzusetzen, als er durch die Hintertür nach draußen trat. Der Wind ließ ihn frösteln.

Roy streckte das Kinn vor, als er an dem Mann namens Gray vorbeiging, nachdem er seinen Weg ganz bewußt geändert hatte. Gray blickte weder nach links noch nach rechts.

Auf sein Läuten öffnete Hugo Bradford selbst und lud ihn zu einem Drink in den Living-room ein. Bradford war ein hochgewachsener, muskulöser Mann, der während des Koreakrieges wegen Tapferkeit ausgezeichnet worden war und nun als Polizeisergeant Dienst tat.

»Ich kann mir schon vorstellen, warum Sie hier sind«, sagte Bradford. »Und ich kann Ihnen und Ihrer Frau nur raten, keine Notiz von dem Mann zu nehmen und dazu beizutragen, ihm das Handwerk zu legen.«

»Handwerk?«

»Gray hat sich selber zu einer Art Unglücksboten ernannt. Er stellt fest, wer in der Stadt krank ist, ruft, wenn es irgendwie möglich ist, das Familienoberhaupt bei der Arbeit an und verlangt zweitausend Dollar dafür, daß er wegbleibt. Sie wären überrascht, wie viele Leute ihm das Geld geben.«

»Nun, bei uns geht er nach einer anderen Methode vor«, sagte Roy prompt. »Er ist einfach aufgetaucht, und das ist es auch schon.«

»Vielleicht werden Sie morgen einen Telefonanruf bekommen, wenn Ihre Frau noch mehr Angst hat«, sagte Bradford. »Ich werde die Jungs anrufen, damit sie ihn mitnehmen, aber das bringt Ihnen garantiert einige Publicity ein. Und er wird zurückkommen, wenn er wieder aus dem Gefängnis raus ist. Es gibt im Grund genommen nichts, was man tun kann. Niemand will gegen ihn als Zeuge auftreten. Wir haben nur zufällig von seinem schmutzigen Handwerk gehört. Eins seiner Opfer hat einen Neffen, der als Stenograph bei Gericht arbeitet.«

»Sie sollten ihn wirklich besser mitnehmen lassen«, entschied Roy. »Um Edies willen. Sie hat es wirklich am Herzen, müssen Sie wissen.«

»In Ordnung«, sagte Bradford. »Wir werden versuchen, ihn aus der Stadt zu jagen, aber bei einem Burschen wie ihm wird das nicht klappen, wissen Sie. Er wird zurückkommen und genau dort weitermachen, wo er aufgehört hat.«

»Ich bin es müde, herumgestoßen zu werden, von ihm oder … Nun, lassen wir das. Gute Nacht, Hugo. Grüßen Sie Miranda und die Kinder.« Roy murmelte leise vor sich hin, als er Bradfords Haus verließ. Er fragte sich, ob es Edie beruhigen würde, wenn er ihr die Wahrheit sagte. Vermutlich nicht. Sie hatte sich ihre Meinung gebildet und war zu stur, sich davon abbringen zu lassen.

Roy ging an der Bordsteinkante entlang, bis er unmittelbar vor dem Mann in Grau stand. Dazu brauchte er nur eine Minute.

Als er an ihm vorbeiging sagte er: »Sie hätten sich Ihre Anrufe bei mir sparen können, Freundchen. Tun Sie meiner Frau ruhig das Schlimmste an, zu dem Sie fähig sind. Das Allerschlimmste.«

Roy Worth besann sich darauf, das Lächeln von seinem Gesicht zu wischen, als er sein Haus wieder betrat ...

# Zusammen-Treffen

von Edward D. Hoch

Ich traf Rosemary zum ersten Mal, als ich letzten Sommer in die Redaktion des Neptun-Verlags eintrat. Der Job war meine große Chance, denn vorher hatte sich meine Redakteurstätigkeit hauptsächlich auf Heftromane und Magazine mit ›Wahren Kriminalgeschichten‹ beschränkt. Für mich war der Neptun-Verlag ein in Erfüllung gegangener Traum – ein Job mit grenzenloser Zukunft und einer heftigen Wachstumsphase des Verlagswesens.

Ich gehe davon aus, daß jeder die Bücher des Neptun-Verlags kennt, diese Nachdrucke für einen Dollar fünfundneunzig mit dem Bild des lächelnden Königs Neptun als Markenzeichen. In der Branche heißt es, daß Neptun deshalb ständig lächelt, weil er gerade die jüngsten Verkaufszahlen gesehen hat. Und wenn das stimmt, dann hat er wirklich allen Grund zum Lächeln.

In nur drei Jahren nämlich ist der Neptun-Verlag an die Spitze seines Genres gelangt. Die Verkäufe sind geradezu phantastisch, und selbst die Verantwortlichen des Verlags schütteln in erfreuter Verblüffung den Kopf, während das Geld in die Kassen strömt.

Ursache all dessen ist, wie jedermann in der Verlagsbranche weiß, Rosemary. Schon mit achtundzwanzig ist sie das Hirn hinter Neptuns Lächeln. Der simple Tatbestand ist der, daß sie ein mathematisches Genie ist, nicht gerade im gewöhnlichen Sinn, sondern in einem sehr ungewöhnlichen.

Zu meinem ersten Zusammentreffen mit ihr kam es, wie ich schon sagte, an dem Tag, an dem ich meine Arbeit bei Neptun begann. Sie war in ihrem winzigen Büro, wo sie den größten Teil ihrer Zeit verbrachte, und brütete über einer Liste mit Verkaufszahlen aus Städten im ganzen Land.

Sie blickte hoch, als ich mit Mason, dem Vizepräsidenten Neptuns, eintrat, und gleich als ich sie sah, wußte ich, daß die Geschichten über sie nicht übertrieben gewesen waren.

Sphinxhaft und mit etwas knochigem Gesicht war sie nichtsdestoweniger attraktiv – besonders wenn sie hinter dieser Hornbrille hervorkam. Sie besaß das Aussehen, die Stimme, das Wesen der Macht. Und ich spürte schon da, daß sie eine sehr ungewöhnliche Frau war.

Dieses intuitive Gefühl verstärkte sich, als die Wochen vergingen, und ich wurde einer von Rosemarys wenigen guten Freunden. Immer wenn ich eine Stunde abknapsen konnte, saß ich dort in ihrem Büro, diskutierte mit ihr über neue Titel, die wir nachdrucken wollten, und lauschte ihren unfehlbar brillanten Ratschlägen. Ich begann sogar, romantische Gefühle für sie zu hegen, aber sie gab nie zu erkennen, daß sie solche Empfindungen mir gegenüber hatte. Ich hielt meine eigenen Emotionen unter Kontrolle.

Aber es war die Vertriebsseite unseres Geschäfts, wo sie ihr Engagement und ihre phantastischen Fähigkeiten unter Beweis stellte. Neptun organisierte den Vertrieb selbst, was bedeutete, daß die Bücher zu mehreren hundert Großhändlern versandt werden mußten, die im ganzen Land verstreut waren. Rosemary war zur Position des Vertriebsleiters aufgestiegen, ein seltsamer Job für eine so junge Frau und vielleicht die wichtigste Position in der ganzen Firma.

Sie pflegte an ihrem Schreibtisch zu sitzen und Kalkulationen vor sich hinzukritzeln, um schließlich müde, aber triumphierend mit der Lösung zu kommen.

»Erhöht die Quote Salt Lake Citys bei diesem Titel auf fünftausend«, ordnete sie dann an. Oder: »Leitet im Westen tausend von Dallas nach Kansas City um.«

Ich sah sie dann immer verblüfft an, und manchmal dachte ich, daß sie sich übernahm, aber es wurde immer getan, was sie sagte – und Neptun lächelte weiterhin von allen Titelseiten hinab.

Wenn ich sie auf irgendeinen phantastischen Glücksgriff ansprach, mit dem sie die richtigen Bücher zum richtigen Zeitpunkt an den richtigen Ort transferiert hatte, pflegte sie nur zu seufzen und zu sagen: »Oh, ich hörte, daß dort ein Konvent stattfindet, und dachte mir, daß von diesem Titel noch tausend gebraucht werden könnten.«

Nach den ersten paar Monaten gewöhnte ich mich an diese Hexerei und hörte wie die anderen auf, ihr Fragen zu stellen. Ich las Bücher, half mit, darüber zu entscheiden, welche nachgedruckt werden sollten, und sah zu, wie das Geld in die Kassen kam.

Nur eine Sache war unangenehm an meinem Job. Und das war Mason, der Vizepräsident. Der wahre Eigentümer des Neptun-Verlags war irgendein Krösus aus dem Mittelwesten, den niemals jemand sah. Was die Praxis anging, war Mason der große Boß.

Wir saßen in der dritten Etage eines uralten Gebäudes in der West 47th Street, und die räumlichen Verhältnisse erreichten gerade das Minimum des Erträglichen. Nicht, daß nicht an sich genug Platz gewesen wäre, aber da Buchhaltung, Fakturiermaschinen, Registratur und andere Notwendigkeiten des Vertriebsapparats soviel Raum einnahmen, blieb für den Rest nicht mehr so furchbar viel übrig. Mason hatte sein Problem gelöst, indem er eine drei Meter lange und breite Trennwand aufbaute und den Raum innerhalb dieser Wand zu seinem Privatbüro erklärte. Er war in vielen kleinen Dingen plump und anmaßend und ging mir mehr und mehr auf die Nerven.

Ungefähr einmal in der Woche hielt er eine sogenannte Strategiekonferenz ab. Wir drängten uns dann alle in seinem Büro. Hauptsächlich redete er, umriß die Firmenpolitik und erzählte uns von seinen nebulösen Zukunftsplänen. Wenigstens Rosemary hatte bei diesen langweiligen Lehrstunden das Vorrecht eines Stuhls. Ich allerdings, das jüngste Mitglied der Redaktionsmannschaft, fand mich meistens auf dem dicken, grünen Teppich sitzend wieder, der den Fußboden bedeckte.

Mir war von Anfang an klar, daß sich Rosemary und Mason haßten. Rosemary haßte ihn, weil er die einzige Person war, die zwischen ihr und dem Platz stand, den sie erreichen konnte. Mason haßte sie, weil er über ihre Ambitionen und ihr Streben nach der Vizepräsidentschaft des Neptun-Verlags Bescheid wußte. Natürlich konnte er sie nicht feuern. Zu diesem Zeitpunkt war alles, was Rosemary sagte, ein Bibelwort, und jede ihrer Entscheidungen stand außerhalb aller Fragen. Es war das altbekannte Gesetz des Dschungels: Fressen oder gefressen werden.

Wir alle wußten, daß Mason nur darauf wartete, daß sie einen Fehler machte, aber sie machte niemals einen. Die Verkaufszahlen gingen weiter in die Höhe, und Rosemary setzte die Papierzaubereien an ihrem Schreibtisch fort. Bald war es so, daß selbst von einem schwachen Titel eine halbe Million Exemplare verkauft wurde – und der Verkauf von einer Million Exemplaren galt als Durchschnitt. Rosemary pflegte mit der Leinenausgabe irgendeines billigen Romans in mein Büro gestürmt zu kommen, von dem in der Originalausgabe nicht einmal dreitausend Exemplare verkauft worden waren, und bestand darauf, daß wir ihn als Taschenbuch nachdruckten.

Wir argumentierten dann, daß er sich überhaupt nicht gut verkauft hatte, aber sie sagte einfach: »Um so mehr Leser sind noch für uns übrig.« Natürlich stimmten wir ihr letzten Endes zu. Und natürlich wurden von dem Buch zwei Millionen Exemplare verkauft.

Als ich sechs Monate da war, hatte sich meine Freundschaft zu Rosemary so vertieft, daß ich ein paarmal in der Woche mit ihr zum Mittagessen ging. Es war anläßlich einer dieser Verabredungen zum Lunch in einem kleinen französischen Lokal in der Nähe der Fifth Avenue, als ich sie schließlich überredete, mir das Geheimnis ihres phantastischen Talents zu verraten.

»Nun«, sagte sie, »ich habe es niemals einem anderen Geier erzählt, aber Sie sind irgendwie anders.« Ich dankte ihr schnell, und sie fuhr fort: »Es geschieht alles durch die Berechnung des Prozentsatzes von Ereignissen. Ich habe fast fünf Jahre dazu gebraucht, eine Art mathematische Rechenschiebergleichung auszuarbeiten. Ich habe entdeckt, daß es mathematisch möglich ist, zwei beliebige Objekte zu einer gegebenen Zeit an einem gegebenen Ort zusammentreffen zu lassen, vorausgesetzt, man weiß genug über diese Objekte und kann auf eins von ihnen genug Kontrolle ausüben. Ich richte einen Ereigniswinkel so aus, daß er auf einen anderen Ereigniswinkel stößt. Resultat? Zusammen-Treffen!«

Es hörte sich in meinen Ohren noch phantastischer an, aber ich unterbrach sie nicht.

»Beim Vertrieb«, fuhr sie fort, »berechne ich, wo und wann

Angebot und Nachfrage aufeinandertreffen. Ich schicke Bücher hin – und die Leute kaufen sie. So einfach ist das.«

Ich schüttelte den Kopf und fragte nach Einzelheiten.

»Passen Sie auf«, sagte sie. »Wenn ich mathematisch berechnet habe, daß fünfhundert Leute in Chicago am nächsten Dienstag einen unserer neuen Kriminalromane haben wollen, sorge ich dafür, daß so viele Bücher dort hingeschafft werden. Das ist alles. Meine Gleichung arbeitet alles für mich aus. Es geht darum, die Bücher genau zu dem Ort zu schaffen, wo der Käufer ist, wenn er den Beschluß faßt, ein bestimmtes Buch haben zu wollen.«

Ihre Augen senkten sich, als sie ominös hinzufügte: »Ich kann dasselbe mit zwei x-beliebigen Objekten machen, wenn ich genug über sie weiß.«

»Warum haben Sie sich das Verlagswesen ausgesucht?«

»Ich wußte, daß ich auf diesem Weg am schnellsten nach oben kommen konnte. Die Schattenseite des Verlagswesens ist meiner Meinung nach immer gewesen, daß die Bücher nicht genau in dem Augenblick zur Verfügung stehen, in dem die meisten Leute sie kaufen wollen. Wenn sie das Buch, das sie kaufen wollten, dann sehen, ist ihr Kaufwunsch geringer geworden. Gibt man ihnen die Bücher in die Hand, wenn ihr Kaufwunsch am stärksten ist, dann erzielt man Verkäufe.«

»Und Sie sagen, Sie können dies mit anderen Sachen genauso gut machen?«

»Gewiß. Haben Sie sich jemals Gedanken darüber gemacht, daß, wenn ein Mensch von einem Auto überfahren wird, dies so ist, weil beide aufgrund einer Kette von Geschehnissen an genau demselben Ort zu genau demselben Zeitpunkt zusammengetroffen sind? Denken Sie an die Millionen von Geschehnissen, die, alle in keinem Zusammenhang zueinander stehend, dazu geführt haben, daß sie zusammengetroffen sind.«

»Und Sie behaupten, daß Sie einige dieser Geschehnisse kontrollieren können!«

»*Einige* von ihnen. Ich kann Kalkulationen anstellen. Wenn ich einige Teilgeschehnisse kontrollieren kann, kann ich Mensch und Buch oder Mensch und Auto zusammenbringen.«

Sie sah so ernsthaft aus, daß ich leicht auflachte. »Mit dieser Art Macht können Sie das Schicksal kontrollieren.«

Sie lachte nicht. »Ja, ich nehme an, daß ich das könnte ...«

Die Unterhaltung endete an dieser Stelle. Während ich mich wieder an die Arbeit machte, drängte ich den Vorgang in den Hintergrund meines Bewußtseins. Wir mußten für das große Weihnachstgeschäft einige Bestseller – Fünf-Millionen-Bestseller – einplanen, und ich war eifrig damit beschäftigt, mit den Verlegern um die Rechte zu kämpfen.

Eines Nachmittags gegen vier hatten Rosemary und Mason ihre letzte große Auseinandersetzung. Es ging um die Geschäftspolitik, darum, auf welche Art von Buch wir uns genau konzentrieren sollten. Und diesmal wollte Mason nicht auf Rosemary hören.

»Noch habe ich hier zu bestimmen«, machte er ihr in scharfem Tonfall klar. »Noch haben Sie meinen Posten nicht. Und wenn es nach mir geht, werden Sie ihn auch nie bekommen. Ich werde ihn behalten, und wenn ich hundert Jahre alt werden muß.«

Rosemarys knochiges Gesicht sah wie gefroren aus. Sie sagte nichts mehr, zog sich einfach in ihr winziges Büro zurück. Ich glaubte, daß die Geschichte in Vergessenheit geraten war, bis ich ein paar Tage später zufällig zu ihr hineinging und sie dabei ertappte, wie sie aus dem Fenster blickte und sich sorgfältig Notizen auf einem Merkblock machte. Als ich sie fragte, was sie da tat, war sie so in Gedanken vertieft, daß sie keine Antwort gab. Aber ich hatte genug gesehen, um trotzdem Bescheid zu wissen.

Rosemary hielt die Dauer der Ampelphasen an der Ecke von Fifth Avenue und 47th Street fest und notierte die Anzahl der Fahrzeuge, die vorbeikamen.

In den folgenden Tagen erwischte ich sie ein paarmal dabei, wie sie aus dem Fenster blickte, Zahlen niederschrieb und die Zeiten der Fahrzeuge festhielt, wenn sie um die Ecke bogen. Und sie fing damit an, auch Mason genau zu beobachten. Er verließ das Büro stets um drei Minuten vor fünf. Er war einer von jenen pünktlichen Menschen, nach denen man die Uhr stellen konnte. Statt auf den Aufzug zu warten, ging er immer die beiden Treppen hinunter.

Rosemary ging dazu über, länger im Büro zu bleiben – bis Mason dieses verlassen hatte. Dann lief sie zum Fenster und nahm seine Zeiten, wenn er aus dem Gebäude trat und auf seinem Weg zum Grand Central Terminal die 47th Street überquerte.

Ich redete mir selbst ein, daß alles purer Unsinn war, aber dennoch …

Es war an einem Freitagabend, kurz vor fünf, als sie aus ihrem Büro trat, im Gang stehenblieb und Mason anrief, der gerade gehen wollte. Er runzelte die Stirn und kam mit einem Blick auf seine Uhr zu ihr hinüber. Sie begann, über eine ziemlich nebensächliche Angelegenheit zu reden, die einen Großhändler in Kalifornien betraf.

Als sie miteinander sprachen, blickte ich auf die große Wanduhr und war mir bewußt, daß auch Rosemary sie im Auge hatte. Schließlich, nachdem sie exakt fünfundzwanzig Sekunden miteinander geredet hatten, beendete sie abrupt das Gespräch, zog sich in ihr Büro zurück und schloß die Tür. Hastig ging Mason die Treppen zur Straße hinunter.

Ich trat an mein eigenes Fenster und blickte hinaus. Langsam, aber stetig stieg ein eigenartiges Gefühl in mir auf. Ich wollte etwas zu Mason hinausbrüllen, wollte ihn warnen, aber ich blieb stumm. Vor was hätte ich ihn denn retten wollen?

Ich sah zu, wie er aus dem Gebäude trat und sich anschickte, die Straße zu überqueren.

Er hatte die Hälfte des Wegs zurückgelegt, als eine Taxe um die Ecke schoß und ihn voll erwischte …

Nun, kurz nach Masons Begräbnis ließ uns der große Boß wissen, daß Rosemary nun die Vizepräsidentin des Neptun-Verlags war. Natürlich freuten wir uns alle mit ihr, aber schon bald danach verließ ich Neptun und kehrte zu meinem alten Job bei einem Magazin für Wahre Kriminalgeschichten zurück.

Oh, ich weiß, daß die ganze Geschichte phantastisch ist und daß Masons Tod nur ein Zufall war, aber die Erinnerung an meine Tätigkeit dort, in der Nähe Rosemarys, ließ mich noch immer frösteln.

Angenommen, ich hätte mich ernsthaft in sie verliebt und sie gefragt, ob sie mich heiraten wollte. Und sie wäre darauf eingegangen. Ich hätte den Rest meines Lebens damit verbracht, mich zu fragen, wann sie mich aufhalten und exakt fünfundzwanzig Sekunden mit *mir* sprechen würde!

Der Apfel fällt nicht weit vom Stamm ...

# Alma

## von Al Nussbaum

An dem Tag, an dem Alma Southerly zu uns gebracht wurde, hatten meine Frau Silvia und ich schon seit fast zwanzig Jahren Pflegekinder gehabt. Wir waren im Vorgarten und wanden Ranken um ein Spalier, als der Kombiwagen der Kreisverwaltung an den Bordstein heranfuhr. Mrs. Dunbar von der Bewährungsstelle des Kreises kletterte hinter dem Steuer hervor. Und Mrs. Snyder vom städtischen Wohlfahrtsamt kam auf der Beifahrerseite heraus und zog die widerstrebende Alma hinter sich her. Die Frauen waren ziemlich breithüftig und beträchtlich übergewichtig, so daß auf dem Sitz zwischen ihnen nur wenig Platz geblieben war. Allerdings hatte Alma auch nicht viel Platz gebraucht.

Wir waren auf eine Dreizehnjährige vorbereitet worden, aber Alma Southerly sah eher wie eine unterernährte Zehnjährige aus. Sie war kaum mehr als ein Meter fünfunddreißig Haut und Knochen, und ihr Fleisch war so blaß, daß an ihren Schläfen und den nackten Armen blaue Adern zu erkennen waren. Sie hatte große, traurige Augen, wie eins der verwahrlosten Kinder auf einem Keane-Gemälde, und ihr glattes, schulterlanges Haar war so hellblond, daß es fast weiß erschien. Ihre Lippen zitterten, und ihr Gesicht war tränenfeucht, als Mrs. Snyder sie bei uns ablieferte.

»Ich habe Böses getan«, schluchzte sie mitleiderregend. »Ich habe Böses getan.« Unsere Herzen wurden augenblicklich zu ihr hingezogen.

Als Silvia und ich damit angefangen hatten, Kinder in unser Haus aufzunehmen, waren es Überstellungen sowohl von den Gerichten als auch von den Wohlfahrtsstellen gewesen. Bald jedoch hatten wir größten Erfolg bei Straffälligen, und dann handelte es sich bei den Kindern, die zu uns geschickt wurden, ständig um Gerichtszöglinge, deren Urteil man ausgesetzt hatte oder deren Strafverfolgung in der Vergangenheit eingestellt worden war.

Es war nicht ungewöhnlich, festzustellen, daß ein Kind mühelos lügen, betrügen oder stehlen konnte. Im Lauf der Jahre machten wir so ziemlich mit jeder Anomalität Bekanntschaft, die zu gesellschaftlichen Anpassungsschwierigkeiten führt. Da wir keine eigenen Kinder hatten, behandelten wir jedes Pflegekind so, als wäre er oder sie eins von den Kindern, die wir nie gehabt hatten. Wir gaben ihnen Liebe, Vertrauen, Verständnis und ein Gefühl echter Familienzugehörigkeit, was viele niemals kennengelernt hatten.

Im Resultat wurden wir Experten darin, selbst die Schutzmauern der verstocktesten Übeltäter zu durchbrechen, und wir taten es, ohne uns um ihre vorangegangenen Vergehen zu kümmern. Nur selten lasen wir die Akte eines Kindes. Wir glaubten, daß alles, was ein Kind in der Vergangenheit getan hatte, unwichtig war. Wir hatten nicht das Gefühl, daß wir wissen müßten, zu welcher Teufelei ein Kind fähig sein mochte. Wenn wir eine Befürchtung hatten, dann die, daß man uns eines Tages ein Kind schicken würde, dem wir nicht helfen konnten, ein Kind wie Alma Southerly.

Silvia und ich beugten uns herunter, um das kleine Mädchen zu beruhigen, und überraschenderweise wandte sich Alma mir zu und nicht, wie es die jüngeren Kinder immer taten, meiner Frau. Sie schmiegte sich in meine Arme und preßte ihr tränenüberströmtes Gesicht an meine Seite.

»Ich habe Böses getan«, sagte sie zwischen erstickten Schluchzern. »Ich habe Böses getan, und es tut mir schrecklich leid.«

Aufgrund ihres Dialekts wurde deutlich, daß Alma den größten Teil ihres Lebens in den Bergen von West Virginia oder Tennessee verbracht hatte, aber wenn es nicht offensichtlich gewesen wäre, hätten wir es nie erfahren. Abgesehen davon, daß sie gestand, ›Böses getan‹ zu haben, und deswegen Reue empfand, gab sie keinerlei Informationen von sich. Nach zwei Wochen wußten wir nicht mehr über sie, als wir schon wenige Minuten nach ihrer Ankunft gewußt hatten. Es war uns nicht gelungen, ihre Tränen zu stoppen, und wir wußten nicht einmal, wie wir es versuchen sollten.

»Tom«, sagte meine Frau eines Morgens nach dem Frühstück, »du solltest zum Jugendamt fahren und Almas Akten lesen.«

»Ja«, stimmte ich zu, »das sollte ich wohl …«


Alma war auf Händen und Knien und schrubbte den Küchenfußboden, als sie ihren Vater rufen hörte.

»Al-ma! Al-ma!«

Sie stand auf und wischte sich die Hände am Saum ihres Kleides ab. Dann eilte sie ins Vorderzimmer, wo er auf der Couch saß. Er trug nur seine Shorts und ein ärmelloses Unterhemd, aber er zog sich während der Tagesstunden selten richtig an, und so fand Alma nichts dabei. Die Morgenzeitung lag vor ihm ausgebreitet auf einem kleinen Tisch.

»Komm her, Kind«, sagte er und deutete auf den Platz neben sich.

Sie ging zu ihm und setzte sich. Sie kam gut mit ihrem Vater aus. Er lachte meistens und war guter Laune. Es machte mehr Spaß, bei ihm zu sein als bei ihrer Mutter, die selten zu Hause war, und Alma mochte den Geruch von Tabak und Whiskey, der wie eine Wolke an ihm klebte. Sie wußte, daß er ihr bei der Hausarbeit geholfen hätte, wenn er sich nicht immer so schlecht fühlen würde.

»Ja, Papa?«

Er räusperte sich. »Deine Mama wird nich' mehr nach Hause kommen, Kind. Wir sind jetzt ganz allein.«

Alma wußte nicht, was sie sagen sollte. Stumm blickte sie sich nach einer Erklärung um, fand jedoch keine. Die aufgeschlagene Zeitung berichtete von einer nicht identifizierten Frau, die mit einer Überdosis von Barbituraten tot in einem Motelzimmer aufgefunden worden war, aber das hatte nichts mit ihrer Mama zu tun.

Alma kletterte auf den Schoß ihres Vaters und schlang die Arme um seinen Hals. »Ich verstehe nicht, Vater. Sie ist doch nur zu einer Verabredung gegangen, wie immer.«

Er fing an, sie in seinen Armen hin und her zu schaukeln, wie sie es so gerne hatte. »Da gibt's nix zu verstehen, Kind. Sie kommt nur nich' wieder nach Hause, und wir werden uns was Neues einfallen lassen müssen, um Geld zu verdienen.«

»Papa, ich wette mit dir, daß ich auch Verabredungen kriegen kann«, bot sie strahlend an.

Er hielt beim Schaukeln inne, als ob er über den Vorschlag nachdenken würde, schüttelte dann aber den Kopf. »Nein, du bist zu klein. Es wird noch 'n paar Jahre dauern, bis du groß genug für Verabredungen bist. Bis dahin muß ich mir was anderes ausdenken.«

»Vielleicht können wir nach Hause gehen?« fragte Alma hoffnungsvoll.

»Nee, das können wir nich'. Sie warten nur darauf, daß dein alter Papa sein Gesicht wieder zeigt. Aber mach dir keine Sorgen. Mir wird bestimmt was einfallen.«

Wie er versprochen hatte, fiel ihm binnen einer Woche etwas ein – Einbruch. Als er seinen staubbedeckten alten Wagen dem Apartmentkomplex der Tall Towers im Stadtzentrum entgegenlenkte, lauschte Alma seinen Erklärungen, die ihre Rolle betrafen. Jedes Apartmenthaus war zwanzig Stockwerke hoch und konnte sich nahezu selbst versorgen. Unten gab es Wäschereien, Supermärkte, Restaurants und die notwendigsten Dienstleistungsbetriebe. Das Parkgeschoß befand sich auf der dritten Ebene, und Selbstbedienungsaufzüge operierten von dort aus.

Er fuhr den Wagen die Rampe zum Parkgeschoß hoch und stellte ihn auf einem Platz ab, der für seelsorgerisch tätige Geistliche reserviert war. Alma folgte ihm mit einer kleinen, abgenutzten Tasche, in der einst Rollschuhe gewesen waren, als er zum Aufzug voranging und den Knopf mit der Bezeichnung *Dach* drückte.

»Also, erinnere dich an das, was ich dir gesagt habe, Kind. Das sind alles reiche Leute, die wo hier wohnen. In der Zeitung steht, daß es jeden Monat mindestens tausend Dollar kostet, hier zu wohnen, und je höher man kommt, desto mehr kostet es. Wir sollten heute nacht so viel Geld kriegen, daß wir zwei, drei Monate damit auskommen.«

Alma blieb ihm bis zum Rand des Dachs dicht auf den Fersen. Ängstlich blickte sie nach unten, während er das eine Ende eines schmutzigen Seils in eine Schleife verwandelte und ihr unter die Arme schob.

»Siehst du den kleinen Balkon genau unter uns?«

»Ja, Papa.«

»Gut, da werde ich dich hinbefördern. Wenn du unten bist, siehst du nach, ob die Glastür verschlossen ist. Das wird sie vermutlich nich' sein, wenn die Leute zu Hause sind. Dann schlüpfst du aus dem Seil und wartest 'n paar Minuten, bevor du die Tür aufschiebst. Geh ganz leise durch das Zimmer und öffne die Tür zum Flur für mich.«

Ohne weitere Vorbereitung nahm er sie hoch und hob sie über die Kante.

Ein paar Sekunden lang schwang Alma am Ende des Seils bedenklich hin und her, landete dann unten auf dem Balkon, wobei sie sich die Knie abschürfte.

Sie saß auf dem kühlen Balkon und versuchte, ihre Angst unter Kontrolle zu bringen, bis er oben an dem Seil zog, um sie daran zu erinnern, daß sie die Tür überprüfen sollte. Sie war unverschlossen. Sie würde nicht zu einem anderen Balkon hinüberschwingen müssen, um eine unverschlossene Tür zu suchen. Mit einem Seufzer der Erleichterung streifte sie das Seil ab.

Sie wartete ein paar Minuten und lauschte. Dann, vor Angst zitternd, ließ sie vorsichtig die Glastür aufgleiten und hielt inne. Sie konnte nur das Ticken einer Uhr hören und ging deshalb auf Zehenspitzen über den dicken Teppich zur Flurtür. Im nächsten Augenblick hatte sie die Sicherheitskette entfernt und lautlos den Riegel zurückgeschoben.

Ihr Vater stieß die Tür auf und hastete an ihr vorbei. Er legte die Tasche, in der er das Seil gehabt hatte, auf den Boden und holte seine Pistole unter dem Jackett hervor. Mit der freien Hand tätschelte er ihre Wange.

»Bist ein gutes Mädchen, Alma«, flüsterte er. »Hast du prima gemacht.«

Dann ging er zur Tür des einzigen Schlafzimmers des Appartments und öffnete sie. Alma folgte und war neben ihm, als er das Licht anknipste.

Es befanden sich zwei Einzelbetten im Zimmer und ein Paar in mittleren Jahren, das geschlafen hatte. Die Frau erwachte, als das Licht anging, setzte sich aufrecht und klammerte sich an der Bettdecke fest. Mit großen Augen starrte sie Alma und ihren

Vater an. Dann wanderte ihr Blick zu dem großen schwarzen Revolver, den er in der Hand hielt, und ihr Mund öffnete sich.

»Laß den Mund nur zu, Frau, und sag keinen Ton«, befahl Almas Vater und trat nach vorne, die Pistole schußbereit.

Den Mann aufzuwecken und das Paar mit den Streifen eines zerrissenen Bettuchs zu fesseln und zu knebeln nahm nur einige wenige Minuten in Anspruch.

Als er damit fertig war, lagen sie mit auf den Rücken gebundenen Armen und Beinen auf der Seite, und dicke Knebel verschlossen ihnen den Mund. Sie konnten nur zusehen, wie er und Alma Schränke und Frisierkommode nach Wertsachen durchsuchten.

Alma und ihr Vater wechselten sich dabei ab, ihre Beute im Wagen zum Parkgeschoß zu bringen. Jeder trug einen Arm voll Kleider, eine mit Wäsche vollgestopfte Tasche oder einen kleinen Gegenstand – nichts, was die Aufmerksamkeit auf sich ziehen würde, wenn man sie sah. Alles konnte als Geschenke erklärt werden, falls man sie zur Rede stellen sollte. Den Farbfernseher bewahrte er bis zum Schluß auf.

»Alma, mein Liebling«, sagte er, »ich muß diesen Fernseher hier zum Wagen schleppen.« Seine Pistole war verschwunden, und er hatte jetzt ein langes, dünnes Tranchiermesser in der Hand, das er aus der Kochnische geholt hatte. »Es gibt hier nur noch eine Sache, die du erledigen mußt, Liebling, bevor wir uns am Wagen wiedersehen.«

»Ja, Papa.«

»Du erinnerst dich, wie ich zu Hause die Schweine geschlachtet habe? Ich habe sie an den Füßen aufgehängt und schnell und gründlich abgestochen, nich'?« Er machte mit dem Messer eine pantomimische Geste.

Alma befeuchtete ihre Lippen und schlang die Arme um sich, um ihr Zittern zu unterdrücken.

»Ja, Papa.«

»Nun, ich möchte, daß du in dieses Schlafzimmer da gehst und diese Leute ausmachst. Wenn wir sie nich' zum Schweigen bringen, werden sie uns so schnell verraten, wie du spucken kannst. Sie würden deinen alten Papa ganz bestimmt ins Gefängnis bringen. Und das willst du doch nich', oder?«

»Nein, Papa.«

»Braves Mädchen«, sagte er und drückte ihr den Messergriff in die Finger der rechten Hand. Er gab ihr einen sanften Stoß in Richtung Schlafzimmertür. »Wir treffen uns unten am Wagen. Am besten beeilst du dich ...«

»Oh!« warf Silvia ein. »Wie entsetzlich! Kein Wunder, daß sich das Kind so schrecklich fühlt. Nach dem Abschlachten dieser Leute ist es kein Wunder, daß ihr das Gewissen keine Ruhe läßt, selbst wenn es ihr von ihrem verbrecherischen Vater *befohlen* wurde.«

Ich legte meine Arme um Silvia, um ihr Kraft zu geben. »Du verstehst es nicht«, sagte ich. »Almas Vater wurde von den Einbruchsopfern identifiziert und sitzt eine lange Strafe im Staatsgefängnis ab. Als Alma mit dem Messer in der Hand das Schlafzimmer betrat, wimmerten die Leute und flehten hinter ihren Knebeln um Gnade. Sie war nicht imstande, sich dazu zu zwingen, sie zu töten, wie man es ihr befohlen hatte. Sie ließ sie am Leben. *Das* ist es, was ihr leid tut.«

# Großer Abgang

von Leo R. Ellis

Brett Delane ließ den Schlüssel im Schloß der Vordertür stecken, als er hastig durch den dunklen Korridor stolperte. Beim Betreten des Arbeitszimmers knipste er die Schreibtischlampe an. Das matte Leuchten enthüllte eine Gestalt, die sich gegen die Wand preßte, die Gestalt eines Mannes, eines Mannes, der eine Pistole in der Hand hielt.

Brett keuchte. Er öffnete den Mund, um zu sprechen, stöhnte statt dessen jedoch nur auf und fiel zurück gegen den Schreibtisch, krümmte sich zusammen und hielt sich den Leib fest.

Der Eindringling kam aus dem Schatten heraus und wurde zu einem Mann, kaum dem Teenageralter entwachsen, mit einer engen Hose und einer fleckigen Jacke bekleidet. Struppiges Haar hing ihm bis über die Ohren. Er hielt die Pistole schußbereit.

Immer noch in verkrümmter Haltung arbeitete sich Brett um die Ecke des Schreibtischs herum und ließ sich in den Ledersessel fallen. Er streckte die Hand nach der Schreibtischschublade aus.

»Laß die Kanone drin, Alter«, sagte der Mann.

»Medizin … meine Medizin.« Brett ignorierte die Pistole und stützte sich schwer auf den Schreibtisch, als er ein Fläschchen hervorholte und mühevoll den Deckel entfernte. Er setzte das Fläschchen an den Mund und schluckte mit großer Anstrengung eine Tablette. Brett ließ sich in den Sessel zurücksacken, mit geschlossenen Augen und totenbleichem Gesicht.

Der Mann starrte den schmächtigen, silberhaarigen Brett hinter dem Schreibtisch an. Der Abzugfinger des Pistolenmannes spannte sich, aber es fiel kein Schuß. Statt dessen blickte der Mann zurück zum geöffneten Fenster. Seine Blicke huschten über die Bilder an den Wänden des Arbeitszimmers, Fotografien von Brett Delane in vielen seiner Charakterrollen, die er auf der Bühne gespielt hatte.

Ein Stöhnen brachte die Pistolenmündung wieder in Richtung des Schreibtischs. Noch immer schoß der Mann nicht. Mit einer nervösen, unsicheren Handbewegung strich er sich die Haare aus der Stirn.

Bretts Lider öffneten sich zitternd, und seine Augen konzentrierten sich über den Schreibtisch hinweg. »Was wollen Sie?«

»Beute, Mann, Beute.«

»Dann nehmen Sie, was ich habe, und gehen Sie.«

Der Mann schüttelte den Kopf. »So läuft die Sache nicht, Alter. Ich hatte vor, zu verschwinden, als ich dachte, daß du weggetreten warst, aber du hast alles versaut, indem du wieder zu dir gekommen bist. Jetzt muß ich dich umlegen.«

Brett setzte sich aufrecht. »Sie können nicht meinen, daß Sie mich umbringen wollen!«

»Du hast mich prima verstanden. Ich mag keine Zeugen… Zeugen sorgen dafür, daß man geschnappt wird.« Der Mann hob die Pistole, und Brett sackte in seinem Sessel zusammen.

»Hör auf mit der Schau«, sagte der Mann wütend. »Du stirbst nicht. Ich habe dich deine Medizin nehmen sehen.«

Langsam öffnete Brett die Augen. »Doch, ich sterbe«, sagte er mit leiser Stimme. Er streckte die Hand aus und berührte das Fläschchen. »Diese Medizin hat mich bisher am Leben gehalten, aber eines Tages, eines Tages … pfft!« Er gab ein sardonisches Kichern von sich. »Vielleicht wäre es ein Segen, wenn Sie mich erschießen würden. Es käme ganz plötzlich, keine langen hinausgezögerten Leiden.«

»Ich hatte nicht vor, dir ’nen Gefallen zu tun, Pop!«

Brett nickte langsam. »Man muß den Tod fürchten, wenn er langsam kommt. Mord jedoch, das wäre ein passender Schlußpunkt für die Karriere von Brett Delane.« Brett beugte sich vor und mühte sich auf die Füße. »Ja, dann hätte ich schon die Schlagzeilen für meinen Nachruf – ›Berühmter Schauspieler Opfer eines geheimnisvollen Mordfalls‹, sehr hübsch.«

Der Mann wich zurück. »Mann, Sie haben ’ne Meise.«

»Nein, ich bin Schauspieler. Ein großer Abgang ist sehr wichtig für einen Schauspieler, müssen Sie wissen.« Brett hob den

Arm. »Ich wünsche mir eine dramatische Schlußszene, vollgepackt mit Emotionen und Spannung.« Brett ließ den Arm sinken. »Kein Schauspieler könnte sich etwas Besseres wünschen, und da ich sowieso sterben muß, meine ich, daß Mord als exzellenter Rahmen dienen würde, in den ich mein Dahinscheiden einpassen kann.«

»Mann, du hast eine M-E-I-S-E, eine wirkliche, echte Kohlmeise.« Die Pistole des Mannes war nach unten gesunken, zuckte aber wieder hoch, als Brett Anstalten machte, auf die Tür zuzugehen.

»Bleib, wo du bist, Alter. Du gehst nicht.«

»Aber ich bestehe darauf, daß die Szene richtig abläuft. Ich brauche die passende Garderobe und möchte meinen kastanienfarbenen Morgenmantel holen. Ich nehme an, Sie werden mir nicht erlauben, vorher noch ein Bad zu nehmen?«

Der Pistolenmann stieß die Pistole nach vorne, während er sich mit der freien Hand im Gesicht kratzte. »Du *kannst* nicht so bekloppt sein«, brüllte er. »Keiner kann bekloppt genug sein, sich für seine eigene Ermordung zurechtzumachen.« Er unterbrach sich, und seine Augen wurden schmal. »Ich habe es. Du willst mich reinlegen. Du hast hier irgendwo 'ne Falle aufgebaut.« Seine Blicke huschten durch den Raum und blieben am Schreibtisch hängen. »Ein Tonbandgerät! Du nimmst alles auf Band auf.« Der Mann stürmte quer durch das Zimmer.

»Ich brauche dieses Gerät, um meine Aussprache und Betonung zu überprüfen«, sagte Brett ruhig. »Sie werden feststellen, daß es völlig leer ist.«

Der Pistolenmann schleuderte den Rekorder auf den Fußboden. Er vergewisserte sich, daß der Telefonhörer fest auf der Gabel lag, kam dann eilig zurück, um mit der Hand die Wand abzufühlen. »Jetzt weiß ich's, der Raum wird abgehört. Du versuchst, mich hier festzuhalten, bis die Bullen da sind.« Er wirbelte herum und brachte die Pistole in Anschlag. »Es wird nicht klappen. Ich werde dir jetzt den Kopf wegputzen.«

»Bitte, nicht den Kopf. Schießen Sie mich in den Körper. Außerdem gibt es keine versteckten Mikrophone.«

Der Mund des jungen Mannes arbeitete, während er an seinem langen Haar herumzupfte. »Du versuchst, mich in irgendeine Falle zu locken. Du *willst*, daß ich dich umbringe, aber dazu bin ich zu clever. Ich bin für keine Mordgeschichte zu haben.« Er lief zum Fenster und schwang ein Bein über die Brüstung. »Du wirst schon ganz allein einen natürlichen Tod sterben müssen, Alter.« Der Mann schlüpfte nach draußen und verschwand.

Brett Delane hatte das zweite seiner beiden Telefonate geführt, als sich die Vordertür öffnete und seine Frau hereinkam.

Brett küßte sie auf die Wange. »Tut mir furchtbar leid, daß ich nach dem Abendessen so abrupt aufbrechen mußte, meine Liebe. Ich hätte wissen sollen, daß mir der verdammte Curry den Magen verknoten würde. Und ich hatte meine Arznei für das Magengeschwür in der Schreibtischschublade vergessen.«

Brett half seiner Frau aus dem Mantel. »Wir hatten einen Einbrecher hier«, sagte er. »Es war eine ziemlich dramatische Szene, und ich habe eine großartige Darstellung geboten. Du wirst alles hören, wenn die Reporter hier sind. Nun sei ein gutes Mädchen und halte sie auf, bis ich ein Bad genommen und meinen kastanienfarbenen Morgenmantel angezogen habe.«

# Jagdgründe

von A. F. Oreshnik

Früher am Tag hatte es geregnet. Dunkelgraue Wolken füllten den Himmel aus und schienen sich drohend dem Erdboden zu nähern. Böen eines eisigen Nordwinds jagten verwelkte Blätter über das feuchte Gras. Ohne Ausnahme waren die Drahtgestelle, die man an einigen Grabstätten aufgebaut hatte, um die Blumenkränze zu stützen, umgeweht worden und hatten sterbende Blumen und buntfarbene Schleifen aus Satin oder Nylon im nassen Gras und auf dem schlammigen Erdreich verstreut.

Wilson Block hatte wegen der Kälte den Kragen seines dunklen Mantels hochgeschlagen und die Krempe seines schwarzen Huts in die Stirn gezogen. Das Wetter war schrecklich, aber selbst an sonnigen Tagen waren Friedhöfe freudlose Orte. Während seiner dreiundsechzig Jahre hatte Wilson Block mehr als vierzig Ehefrauen begraben, so daß er in bezug auf Friedhöfe Experte war. Mount Calvary außerhalb von Buffalo, Oak Grove in St. Louis, El Camino in San Diego und einige Dutzend andere waren durch seine Aktivitäten ins Geschäft gebracht worden.

Es hatte einmal eine Zeit gegeben, als auf jedem Grab ein kunstvoller Grabstein oder eine Statue stand. Heutzutage wurde dies, abgesehen von älteren Friedhofsbereichen, nur noch selten gestattet. Natürlich durfte man die Stätten seiner Lieben in den neuen Arealen kennzeichnen, aber die Steine mußten normalerweise klein sein und mit dem Boden eine Einheit bilden. So konnten Rasenmäher über die Gräber geführt werden, was die Wartungskosten auf ein Minimum reduzierte. Es war alles sehr pietätlos, und Wilson Block empfand es als abstoßend. Auch wenn er ein Massenmörder war, so war er doch nicht gefühllos.

Er hielt seinen silberbeschlagenen Spazierstock aus Ebenholz in einer behandschuhten Hand. Er hatte ihn seit dreißig Jahren in seinem Besitz. Es hatte eine Zeit gegeben, als er munter die Promenade in Atlantic City entlangspaziert war, den Stock dabei hin und her wirbelnd wie einen Trommelschlegel. Wenn er nach New York kam, um seinen Börsenmakler aufzusuchen, hatte es ihm Spaß gemacht, beim zielbewußten Gang durch den Finanzdistrikt den Griff des Stocks mit fester Hand zu packen, den Bürgersteig aber nur alle acht oder zehn Schritte zu berühren. Jetzt jedoch diente der Stock weniger als Zierrat, sondern war mehr zu einer Notwendigkeit geworden. Er würde niemals irgendwohin gehen, ohne daß er den Stock bei sich hatte, um sich darauf zu stützen und das Gleichgewicht zu bewahren.

Die Frau stand neben einem frischen Grabhügel im benachbarten Areal. Sie war etwa vierzig, eins sechzig groß und wog wohlgerundete stattliche hundertzwanzig Pfund. In ihrem langen, dunklen Haar gab es einige graue Strähnen. Wegen des Verbots von großen Grabsteinen konnte Wilson Block die Frau trotz der knapp fünfzig Meter, die sie trennten, ganz deutlich sehen.

Dies war ihr vierter Grabbesuch binnen einer Woche. Sie kam stets allein und schien nie zu wissen, was sie mit sich anfangen sollte. Manchmal stand sie nur da und verlagerte ihr Gewicht von einem Fuß auf den anderen, manchmal kniete sie und zupfte Unkraut weg, das Wurzeln geschlagen hatte.

Nachdem er sie das zweite Mal gesehen hatte, war er nach ihrem Weggang zu dem Grab hinübergeschlendert. Es war noch kein Stein da, aber er zweifelte nicht daran, daß sie einen Ehemann verloren hatte. Die nervösen Aktivitäten der Frau verrieten es ihm. Er hatte festgestellt, daß Frauen ganz ruhig an den Gräbern von Kindern und Freunden standen, von einem toten Gatten jedoch zur Hektik getrieben wurden. Vielleicht deshalb, weil sie bei den Leben von Kindern oder Freunden nur Zuschauer waren, während der Verlust eines Ehemannes eine gewaltige Leere zurückließ, die ausgefüllt werden mußte.

Block konnte nicht wissen, wie zutreffend seine Theorie war, aber ihre Anwendung hatte ihn ungeheuer reich gemacht. Sie war ein Werkzeug für ihn, das arbeitete, und dies war der einzige Test, der eine Rolle spielte.

Beim Begehen seiner ersten Morde vor mehr als vierzig Jahreń hatte er seine Opfer unter der Rubrik ›Einsame Herzen‹ in Zeitungen und Magazinen gefunden. Bald jedoch wurde das zu zeitaufwendig und gefährlich. Viele amateurhafte Glücksritter und unfähige Mörder begannen ihm bei den vielverprechenden Opfern Konkurrenz zu machen. Dies war sehr unbefriedigend, so daß er sich gezwungen sah, sich etwas anderes zu überlegen.

Er stieß per Zufall auf seine nächste Auswahlmethode. Er war in eine neue Stadt gezogen, unmittelbar nach einem Begräbnis, und hatte vorgehabt, sich so schnell wie möglich als junger Witwer zu etablieren. Ein paar Blocks von der Wohnung entfernt, die er gemietet hatte, gab es eine Kirche, und so begann er, sie zu besuchen. Binnen eines Monats hatte er ein halbes Dutzend Witwen und doppelt so viele Jungfern kennengelernt. Er brauchte nur noch seine Wahl zu treffen.

Kirchen waren exzellente Jagdgründe, aber keineswegs ideal. Zum einen waren die Frauen, die er traf, nur selten reich oder auch nur wohlhabend. Die Jungfern waren durchgehend fast mittellos, und die Witwen, selbst jene, die bescheidene Versicherungssummen kassiert hatten, hatten das Geld in den meisten Fällen bereits ausgegeben, bevor Block an sie herankam.

Trotz dieses Nachteils der Kirchen hätte Block wohl weiter auf sie zurückgegriffen, wenn nicht der Computer erfunden worden wäre. Vor den Computern war es eine ganz einfache Sache gewesen, sich einen neuen Namen zu geben und seine Frauen zu versichern, jedesmal bei einer anderen, sorgfältig ausgewählten Versicherungsgesellschaft. Als sich jedoch die elektronische Datenverarbeitung ausbreitete, fingen die Gesellschaften an, Informationen über die ausgezahlten Summen auszutauschen und den Begünstigten genauer auf die Finger zu sehen. Es war nicht länger möglich, nach jedem Umzug seine Identität zu wechseln, und es war nicht länger sicher, die Versicherungssumme seiner Frau zu kassieren. Wenn er eins von beidem tat, würde ihn das neue elektronische Wunder schnell herausfiltern und menschlicher Aufmerksamkeit zugänglich machen.

Er konnte eine Frau nicht länger wegen ihrer eigenen Versicherung heiraten, mußte es also wegen der ihres früheren Ehemannes tun. Und gab es einen besseren Platz als einen Friedhof, um eine frische Witwe zu finden? Er rechnete es sich aus und fing an, ihnen dort nachzustellen. Wenn eine Frau eine eigene

Versicherungspolice besaß – und das war bei den meisten der Fall –, veranlaßte er sie stets, eine Wohltätigkeitsorganisation oder einen nahen Verwandten als Begünstigten einzusetzen, wodurch er die Möglichkeit eines späteren Verdachts verringerte. Er nahm alles, was an Grundbesitz, Wertpapieren oder Bargeld vorhanden sein mochte, und betrachtete den Verlust des Versicherungsgeldes der Frau als notwendigen Spesenaufwand.

Die Frau an dem Grab im benachbarten Areal straffte ihre Schultern und schien den Griff um ihre Handtasche zu verstärken. Wilson Block hatte sich schon gefragt, wie lange sie noch so dastehen wollte. Er war durchgefroren bis auf die Knochen. Er drehte sich um und ging ihr im gleichen Moment auf dem Querweg entgegen, in dem sie in seine Richtung zu gehen begann. Er richtete es so ein, daß sie zum gleichen Zeitpunkt die Wegkreuzung erreichten und sich gemeinsam dem Ausgang zuwandten.

Die Frau schien ein bißchen erschrocken zu sein, ihn neben sich gehen zu sehen. Sie blickte zu seinem Gesicht hoch, dann schnell zur Seite.

»Sie brauchen keine Angst zu haben«, sagte Block. Er hatte eine sehr tiefe und sanfte Stimme, die Frauen immer als tröstend empfunden hatten. »Ich habe meine Frau besucht.«

Die Frau nickte, ohne etwas zu sagen, machte jedoch keine Anstalten, ihre Schritte zu beschleunigen. Dann, als sie den Ausgang erreicht hatten, platzte sie heraus: »Mein Mann ist dort begraben.« Dann eilte sie davon.

Wilson Block blickte ihr nach. Was erste Kontakte anging, war dieser durchschnittlich gewesen. Ungewöhnlich war allerdings der Umstand, daß er sie sehr attraktiv gefunden hatte. Seit er in den zwanzigern gewesen war, hatte ihn keine Frau mehr so gereizt. Ein weiterer positiver Faktor war die Kleidung der Frau. Mantel, Schuhe und Handtasche waren neu und sehr teuer gewesen, aber nicht so neu, um erst kürzlich mit plötzlich erworbenem Versicherungsreichtum gekauft worden zu sein. Auch schon vor dem Tod ihres Mannes war sie an ein komfortables Leben gewöhnt gewesen.

Am nächsten Tag wechselte Wilson Block ein paar weitere Worte mit der Frau, und sie tauschten auch die Namen aus. Es handelte sich um Mrs. Elizabeth Ayer, und ihr Mann war seit einem Monat tot. So weit, so gut.

Binnen einer Woche fuhr Block in ihrem Wagen in die Stadt zurück, statt Bus oder Taxi zu benutzen. Er besaß selbst eine absolut vollkommene Limousine, aber er benutzte sie in solchen Zeiten niemals, es sei denn, sein Zielobjekt verfügte über kein Beförderungsmittel.

Eines Tages lud er sie zum Mittagessen ein, und sie nahm die Einladung an. Von da an machte er schnelle Fortschritte. Block war immer in der Lage gewesen, Frauen zu faszinieren. Er spielte jede Rolle, die sie zu brauchen schienen. Er rühmte sich selbst, daß alle seine Frauen glücklich gestorben waren. Bald hieß es nicht mehr ›Mr. Block‹ und ›Mrs. Ayer‹. Daraus wurde Will und Betty.

Er empfand sie als durch und durch bezaubernde Frau. Im Gegensatz zu allen seinen vorangegangenen Eroberungen übte sie keinen stillen Druck aus, um unterhalten zu werden, und sie klagte auch nicht über ihr Unglück oder versuchte, an sein Mitgefühl zu appellieren. Sie beteiligte sich rege an jeder Unterhaltung und schien sich große Mühe zu geben, ihm ein wohliges Gefühl zu vermitteln.

An dem Tag, an dem Block ihre Hand in die seine nahm und sagte: »Betty, ich liebe dich und möchte, daß du meine Frau wirst«, meinte er jedes einzelne Wort. Das tat er immer. Spielen ist glauben.

Sie hatten beide keine Verwandten oder Freunde, und es gab nur ein paar Bekannte. Kein Grund also, die Hochzeit, nur um die Form zu wahren, auf die lange Bank zu schieben. Betty machte nicht einmal den Vorschlag. Wilson hatte die Leere, die ihr toter Mann hinterlassen hatte, bereits gefüllt. Er war sich sicher, daß sie die Heirat als naheliegenden logischen Schritt betrachtete.

Wilson sagte ihr auch, daß er gerne in eine andere Stadt ziehen würde. Auf diese Weise, erklärte er ihr, könnten sie die Vergangenheit hinter sich zurücklassen, und ihr Flitterwochenhaus würde auch ihr neues Heim werden.

»Der Platz einer Frau ist dort, wo ihr Mann sein will«, antwortete sie und küßte ihn.

Mehr aus Gewohnheit denn aus einem Plan heraus überprüfte Block, ob es in der neuen Gemeinde einen Amtsarzt gab. Er stellte fest, daß dies der Fall war.

Hätte er einen sofortigen Mord vorgehabt, wären dadurch Probleme entstanden. Er zog ganz entschieden Städte und Orte mit gewählten und ungeschulten Leichenbeschauern vor. Ein Leichenbeschauer pflegte eine Brucin- oder Strychninvergiftung oft als Herzattacke zu diagnostizieren, was einem erfahrenen Amtsarzt niemals einfallen würde. Für einen Amtsarzt mußte Block immer sorgfältig geplante Unfälle arrangieren, eine Angelegenheit, die er als äußerst lästig empfand.

Glücklicherweise ging es ihm einmal in seinem Leben mehr um eine Frau als um ein Begräbnis. Betty war alles, was seine anderen Frauen niemals gewesen waren, und ihm wurde plötzlich klar, daß sie alles war, was er brauchte. Er war dreiundsechzig. Er besaß all das Geld, das er jemals brauchen würde. Es wurde Zeit, sich zurückzuziehen, und einen besseren Zeitpunkt konnte er nicht wählen. Betty ging auf jede seiner Launen ein. Niemals war es ihm so gut gegangen.

Er stellte fest, daß ihm das häusliche Leben Spaß machte. Wenn seine erste Ehe halb so befriedigend gewesen wäre, hätte er es vielleicht nie so eilig gehabt, sie zu beenden. Betty hatte absolut keine Fehler. Sie hielt das Haus fleckenlos sauber, meckerte ihn jedoch nie wegen seiner Schlampigkeit an. In der Küche hätte sie dem Koch eines Feinschmeckerrestaurants Konkurrenz machen können, und sie buk gut genug und oft genug, um einen fortwährenden Schwarm von Nachbarkindern an die Hintertür zu locken.

Die einzigen Haushaltspflichten, die sie ihm überließ, waren diejenigen, die traditionell dem Mann oblagen: Er reparierte tropfende Wasserhähne, ersetzte durchgebrannte Glühbirnen und brachte abends den Müll nach draußen.

Eines Abends, drei Monate nachdem sie ihr neues Heim bezogen hatten, nahm er einen Beutel mit Küchenabfällen und trug ihn nach draußen. Vorsichtig stieg er die rückwärtige Betontreppe hinunter, setzte dabei aber einen Fuß auf den Rollschuh eines Kindes, der auf einer Stufe liegengeblieben war. Das Bein rutschte ihm weg, der Müllbeutel flog hoch in die Luft, er ruderte wild mit den Armen und taumelte rückwärts. Sein erschrockener Aufschrei endete abrupt, als sein Kopf mit einem dumpfen Geräusch gegen die Kante einer Betonstufe schlug.

Betty stand an Wilsons Grab und fühlte sich sehr unglücklich. Sie haßte Friedhöfe. Während ihrer einundvierzig Jahre hatte sie mehr als fünfzehn Ehemänner beerdigt, so daß sie in bezug auf Friedhöfe Expertin war – aber sie mochte sie nicht.

Wie gewonnen, so zerronnen ...

# Die große Reise

von Elsin Ann Graffam

Dies war der Teil des Tages, den Nancy am meisten liebte. Geschirr gespült, Wohnung aufgeräumt, Zeit, sich ein bißchen ins Bett zu legen, eine Tasse Tee zu schlürfen, Fernsehen zu gucken und eine Zigarette zu rauchen.

Allein zu sein war keine so üble Sache, zu dieser Überzeugung war sie längst gekommen. Kein Mann, der sie herumkommandierte, keine Kinder, die ihr Kummer bereiteten. Nur zwei lebhafte Katzen, ein kleines Appartement und ihr Fernseher. Der zweite Teil des Lebens, für den der erste gemacht war. Sie war den ersten Teil allein gewesen, sie würde auch den zweiten Teil allein sein. Und das war ihr ganz recht. Eins hatte sie zu schätzen gelernt – ihre Unabhängigkeit. Andere Frauen ihres Alters hatten Bindungen. Nicht so Nancy. Ihr Leben gehörte ihr, jede einzelne Minute davon, und genauso wollte sie es haben.

Sorgsam, spartanisch hatte sie in all den Jahren ihr Geld für die große Reise nach Europa gespart. Das Ausmaß, in dem sie an ihrem Geld hing, war im Büro zu einem Witz geworden. »Wenn die alte Nancy es nicht mitnehmen kann, dann stirbt sie nicht«, hatte sie June einmal sagen gehört.

Sollten sie doch lachen, dachte sie. Wenn sie alt waren und von der Rente lebten, würden sie sich an sie, Nancy, und ihre große Weltreise erinnern. Ja, sollten sie doch lachen, sie, die nicht an ihre Zukunft gedacht hatten, die in den Tag hinein lebten und ihr Geld so schnell ausgaben, wie sie es verdienten.

Nun hatte sie das Vergnügen, ihre Reise zu planen, während der Mittagspause in Reisebüros zu gehen, sich zu überlegen, welche Kleider sie kaufen würde. Oh, die Länder, die sie sehen würde! Die Schweiz, mit Sicherheit. Und Spanien, Deutschland, England, Italien – die Welt würde ihr gehören!

Pensionierung in zwei kurzen Monaten – und dann würde der Spaß beginnen! Das Geld lag bereit, sicher in ihrer Matratze versteckt, Hunderte und Aberhunderte von Dollarnoten. Nur noch zwei Monate mußte sie warten!

Sie schloß die Augen, lächelte, dachte an den Augenblick, in dem sie das Flugzeug besteigen würde, in dem die große Reise endlich beginnen würde …

»Was plappert sie da vor sich hin?«

Die andere Frau zuckte die Achseln. »Immer dieselbe alte Geschichte. Wie sie nach Europa geht und alles sieht. Irgendwie tut sie mir leid, weißt du.«

»Hm, hm. Es führt zu nichts, wenn sie dir leid tun, Joan. Du mußt dein Herz verhärten, sonst wirst du hier bei der Arbeit verrückt, wenn du den Ausdruck entschuldigst.«

Die Frau lachte. »Ja. Und irgendwie fühlt sie sich ja auch ganz glücklich, glaube ich. Ich meine, sieh sie dir an, wie sie da so in ihrer Traumwelt lebt.«

»Komische Sache mit ihr«, sinnierte die Frau. »Ich war hier, als sie eingeliefert wurde, vor zehn Jahren. Scheint, daß sie so normal war wie du und ich, bis sie eines Abends rauchend im Bett einschlief. Die Nachbarn holten sie und ihre Katzen rechtzeitig raus. Sie selbst trug kaum Brandwunden davon, aber als die Feuerwehr eintraf, war ihr Appartement ruiniert, jedes einzelne Möbelstück zu Asche verbrannt. Man sollte gar nicht meinen, daß deswegen jemand wahnsinnig wird, oder?«

## Dutch

von William F. Nolan

Dutch hatte die Idee, als wir in Beverly Hills waren. Es war spät, fast Mitternacht, und die ganze Stadt war so still wie ein Grab. All die aufgeputzten Läden waren dunkel, und unsere Fußtritte hörten sich auf dem Pflaster wie Händeklatschen an. Ich, Dutch und Rosa. Sie war eine von seinen Flammen. Dutch hatte noch viele andere.

Rosa war siebzehn, eine richtige kleine Puppe, wie man sie im Regal eines Spielwarenladens findet, ganz in Blau und Rosa. Sie zog sich immer wirklich hübsch an, wenn Dutch mit ihr loszog.

Dutch war achtzehn, und er sah aus wie ein Filmstar. Attraktiv und mit dunklen Locken, meine ich. Die Puppen himmelten ihn an. Rosa, zum Beispiel.

Ich bin Eddie Conners, und was das Aussehen angeht, gewinne ich bestimmt keinen Preis. Ein Jahr jünger als Dutch, klein, mit dicker Brille. Dutch sagt immer, daß meine Augen hinter den Gläsern wie zwei Fische aussahen, die wie Verrückte herumschwammen.

Die Puppen lassen mich links liegen, und ich schätze, ich kann es ihnen nicht übelnehmen. Manchmal besorgte mir Dutch eine hübsche Puppe, aber wenn wir eine Doppelverabredung hatten, verbrachten sie meistens mehr Zeit damit, ihn anzusehen, als sich mit mir zu beschäftigen.

Wie auch immer, in dieser Nacht kam Dutch jedenfalls die Idee, daß wir uns zwei neue Schlitten unter den Nagel reißen und ein kleines Rennen auf dem Mulholland Drive veranstalten sollten.

»Ich gegen dich, Eddie«, grinste er. »Du bist dabei, Boy?«

»Klar«, sagte ich. »Warum, zur Hölle, auch nicht! Wir müssen nur sicher gehen, daß wir zwei gleiche kriegen. Sonst könntest du mir mit einem aufgemotzten davonfahren.«

»Also sehen wir uns um.«

Rosa erhob keine Einwände. Was für Dutch okay war, war auch für sie okay.

Wir fanden zwei neue Fords in der Nähe von Martindales Buchladen. Wenn es um so ein Ding ging, war Dutch wirklich eiskalt. Er sagte uns, daß wir im Schatten der Häuser warten und die Augen aufsperren sollten, während er die Wagen ans Laufen brachte. Dutch brauchte keine Schlüssel, er machte es auf seine Weise. Im Handumdrehen hatte er die beiden Motoren am Schnurren wie ein Paar großer Katzen. Es konnte losgehen.

»Paß auf«, sagte er zu mir. »Du folgst meinem Schlitten über Coldwater nach Mulholland. Dann stellen wir uns nebeneinander für das Rennen auf. Ich wette, daß ich dich nach der dritten Kurve nicht mehr hinter mir sehen kann.«

»Warten wir's ab, Dutch«, sagte ich.

Rosa stieg vorne bei ihm ein, und sie glitten vom Bordstein weg, ich in dem anderen Ford dicht hinter ihnen. Es gefällt mir sehr, wie sich ein neuer Wagen anfühlt – kraftvoll und bereit, alles zu tun, was man von ihm verlangt.

Ich fühlte mich ziemlich großartig, als ich da so flüssig und leicht dahinkutschierte, wie ein hochkarätiger Bankier vielleicht oder wie der Präsident irgendeiner großen Firma, der mit seinem neuen Wagen eine kleine Spazierfahrt machte. Meine Leute sind bettelarm, und alles, was ich im Lagerhaus verdiene, geht an die Familie. Ich konnte mir keinen eigenen Wagen leisten.

Dann machte ich mir vor, daß Rosa statt neben Dutch neben mir saß. Ganz nah, mit dem Kopf auf meiner Schulter. Das war verdammt schön. Fast konnte ich das sexy Parfüm riechen, das sie an sich hatte, und ihr Lächeln sehen, das nur für mich bestimmt war. Ja, Rosa war wirklich eine Klassepuppe, da gab's nichts.

Wir ließen es in der Stadt ganz langsam angehen, denn wir wollten keine Bullen im Schlepptau. Nachts ist es mit den Bullen in Beverly Hills ganz schön lausig. Ich sah an Dutchs Ford den Blinker aufleuchten, als er in eine die ganze Nacht geöffnete Tankstelle einbog. Was, zur Hölle, stimmte bei dem Burschen da im Oberstübchen nicht? Warum das Risiko eingehen, in diesen heißen Kisten festgenagelt zu werden? Ich war schwer sauer, als ich ausstieg.

»Spinnst du?« fragte ich mit gedämpfter Stimme. »Was soll der Blödsinn?«

»Die Reifen«, sagte er. »Was ist, wenn der Luftdruck zu niedrig ist und wir auf diese Klippenstraße kommen? Teufel, Junge, wir würden uns glatt auf den Kopf stellen. Du überprüfst sie, während ich aufs Klo gehe. 1,8 atü hinten und vorne sollten okay sein.«

Ich winkte den Tankwart weg und fing an, den Luftdruck zu überprüfen.

Rosa blieb in Dutchs Wagen, machte sich das Gesicht zurecht und zupfte leicht an ihrem Haar herum. Sie putzte sich immer heraus, wenn sie mit Dutch zusammen war, und versuchte, noch hübscher auszusehen, als sie es schon tat. Das brauchte sie gar nicht. In meinem Augen sah Rosa immer toll aus. Sie hatte naturblondes Haar und eine höllisch gute Figur, und sie wußte wirklich, wie sie sich bewegen mußte.

»Wie waren sie?« fragte mich Dutch.

»Bei mir war hinten links zu wenig drin«, sagte ich. »Gut, daß wir's überprüft haben.«

»Hast verdammt recht. Ich überlasse nicht gerne was dem Zufall.«

Wir stiegen wieder in die Fords und fuhren los. Solange wir nicht mehr als vierzig drauf hatten, war alles okay. Wir hatten uns schon mal ein paar heiße Schlitten für eine Spritztour geholt. Nicht für ein Wettrennen. Nur so zum Spazierenfahren. Anschließend hatten wir sie wieder da hingestellt, wo wir sie gefunden hatten, und keiner hatte den Unterschied gemerkt.

Ich schaltete ein bißchen Tanzmusik ein. Rosa war wirklich eine wunderbare Tänzerin. Einmal, in Gardena, als Dutch zu müde gewesen war, hatte mich Rosa aufgefordert, einen Tanz mit ihr hinzulegen. Ich erinnerte mich, wie leicht und schwebend sie sich in meinen Armen angefühlt hatte, wie weich und warm sie gewesen war. *Verdammt!*

Wir hatten den Sunset überquert, den langen Coldwater-Anstieg hinter uns gebracht, und ich bereitete mich auf die scharfe Rechtskurve vor, die auf den Mulholland Drive führte. Leicht zu verpassen, wenn man nicht auf Zack war. Ich folgte

Dutch und ließ es dabei langsam angehen. Er winkte mich heran, und ich lenkte meinen Ford neben den seinen.

»Es geht los, Eddie.« Er lächelte auf seine gewinnende, leicht verschlagene Art und Weise. »Wir starten bei drei. Rosa übernimmt das Zählen.«

»Warte einen Augenblick«, sagte ich. »Rosa belastet deinen Schlitten mit mehr als neunzig Pfund.«

»Und?«

»Ich will keinen Vorteil. Entweder wir starten unter gleichen Voraussetzungen, oder wir lassen es.«

Die Straße lag vor uns, schmal, tückisch und voller Nebelschwaden.

»Okay, okay.« Dutch streckte die Hand aus und öffnete Rosas Tür. »Warte hier auf uns, Baby. Das Rennen geht runter bis Laurel Canyon und wieder zurück.«

»In Ordnung, Dutch«, sagte sie und glitt nach draußen. »Aber sei vorsichtig, Honey.«

Ihre Stimme war weich und leicht belegt, und ich vermutete, daß sie es üben mußte, so zu sprechen, weil sie wußte, wie sexy das klang.

»Nervös, Eddie?« fragte Dutch und grinste mich durch das offene Wagenfenster an. Er ließ den Motor des Ford aufheulen, und es klang bösartig. Richtig bösartig.

»Teufel, nein«, schnappte ich und zündete mir einen Sargnagel an. Ich log. Und ob ich nervös war! Wer wäre das bei einer solchen Sache nicht gewesen?

Rosa stand an der Seite, mit erhobenem Arm und bereit, uns loszuwinken. Im grellen Licht unserer Scheinwerfer sah sie aus wie eine rosafarbene kleine Puppe.

Dutch grinste so, wie er es immer tat, wenn er sich einer Sache ganz sicher war. Er war sich sicher, daß er mich auf dieser Strecke schwer einseifen würde. Der Mulholland Drive ist nachts eine echte Schaffe, noch dazu, wenn der Nebel niedrig über diesen Haarnadelkurven hängt und ein steiler Abhang auf einen wartet, wenn man Mist baut. Er hatte eine viel größere Fahrpraxis als ich und kannte die Straße sehr gut. Und er kannte sich mit Schlitten aus. Er konnte durch eine Kurve jagen und dabei einen Powerslide hinlegen wie ein Profi. Klar war ich nervös.

»Macht euch fertig, Jungs«, schrie Rosa.

Ich drückte meine Kippe am Armaturenbrett des Ford aus und versuchte, mich zu entspannen. Ich kitzelte den Motor, um mich zu vergewissern, daß es keine Fehlzündung gab, und machte mich hinter dem Steuer startbereit.

»Eins … zwei …«

Plötzlich konnte ich den Schweiß an meinen Handflächen spüren. Gott, ich wünschte mir, daß schon alles vorbei wäre. Die ganze Sache war verrückt und unwirklich.

»Drei!«

Wir schossen los wie zwei Düsenjäger, mit aufbrüllenden Motoren und Reifen, die auf dem feuchten Asphalt durchdrehten. Ich trat das Gaspedal des Ford im ersten Gang so weit durch, wie es ging, und blieb auf einer Höhe mit Dutch, aber als ich den zweiten reinknallte, war er an mir vorbei und jagte auf die erste Kurve zu. Diese war ganz schön haarig. Ich nahm ein bißchen Gas weg und beobachtete, wie Dutch seinen Wagen hineinwarf. Er sägte wie verrückt, und sein Ford brauchte die ganze Straßenbreite. Er hängte sich wirklich voll rein.

Ich kam ohne große Schwierigkeiten durch, und wir steuerten die nächste Kurve an. Er zog auf der kurzen Geraden davon, und ich ließ ihn fahren. Zur Hölle damit! Ich sah keinen Sinn darin, auf so einer Straße meinen Hals zu riskieren.

Die zweite Kurve war nicht so schlimm – nicht mehr als ein kleiner Bogen –, aber die danach kam, war ein Hammer. Ich erinnerte mich daran, daß ich im Chevy meines Vetters einmal fast aus ihr rausgeflogen wäre – und da hatte es sich nicht mal um ein Rennen gehandelt.

Dutch fuhr wie ein Wahnsinniger und donnerte mit vollem Stoff durch den Bogen. Ich wußte, daß er die Haarnadel niemals schaffen würde.

Und er schaffte sie nicht.

Der hintere Teil seines Wagens verlor die Bodenhaftung und schleuderte zur Seite. Ich konnte sehen, wie er mit dem Lenkrad kämpfte, aber das half ihm nichts. So ein Schleudern endete nur auf eine Weise.

Dutch ging über die Klippe.

Ich sah, wie sein Ford über die kleine Bodenerhöhung am Straßenrand sprang, vielleicht für den Bruchteil einer Sekunde in der Luft schwebte, so als ob er sich nicht entscheiden könnte, welche Richtung er einschlagen sollte, und dann aus meinem Blickfeld verschwand.

Ich werde niemals das langanhaltende Getöse vergessen, das der Wagen machte, als er über Gestein, Sträucher und Bäume bis ganz nach unten stürzte.

Ich fuhr an den Rand, stellte den Motor ab und stieg aus. Zitternd riß ich eine Zigarette hervor und zündete sie an. Der Rauch tat mir gut. Ich fing an, mich zu entspannen.

Dutch war tot. Das war ganz sicher. Niemand, wirklich *niemand*, konnte so etwas überleben. Außerdem konnte ich ein trockenes, knisterndes Geräusch hören, wie Cellophan, das man zusammenknüllt, und ich wußte, daß der Wagen da unten brannte. Ja, Dutch hatte es wirklich hinter sich.

Was mich wirklich schaffte war, wie dumm er sich angestellt hatte. Als er die erste haarige Kurve genommen und gemerkt hatte, wie der ganze Wagen ausbrach, hätte er wissen müssen, daß etwas faul war. Aber er wollte mitten in einem Rennen nicht aufhören, nicht Dutch. Das Fieber hatte ihn gepackt, und genau darauf hatte ich gebaut. Mich immer zu schlagen. Beim Rennen, beim Billard oder bei den Puppen. Den alten Eddie zu schlagen. Ihn wie einen verdammten Idioten aussehen zu lassen.

Nun, Dutch, diesmal hast *du* verloren. Denn nicht einmal du konntest voll durch eine Kurve fahren – mit nur 0,8 atü in deinen Hinterreifen.

Ich machte die Zigarette aus und ließ den Ford an. Ich sollte mich beeilen.

Rosa würde sich schon fragen, was passiert war.

Die Liebe ist dort zu Hause, wo man sie findet

## Die Suche

von Thomasina Weber

Tony Graybill stieg aus dem Bus, mit Beinen, die während der langen Fahrt steif geworden waren. Es war acht Uhr dreißig an einem warmen Juliabend, und die Luft Floridas war nach der Klimaanlagen-Atmosphäre des Busses angenehm würzig. Der Zigarrenraucher, der während der letzten dreihundert Kilometer sein Sitznachbar gewesen war, hatte die Situation auch nicht verbessert.

Tony nahm seinen Seesack aus dem Gepäckfach und schritt auf das Motel zu, das er ein paar Blocks von der Haltestelle entfernt gesehen hatte. Die Nacht war noch jung, und nachdem er sich erfrischt hatte, würde er immer noch eine oder zwei Stunden Zeit haben, um nach Millie zu suchen.

Das Zimmer, das man ihm gab, war sauber, aber alles andere als luxuriös. Nach den Örtlichkeiten jedoch, an denen er gewesen war, kam es ihm wie das Paradies vor. Er wollte niemals wieder einen Dschungel sehen. Er genoß das heiße Bad, ließ seinen müden Körper durch viele Liter Wasser neu beleben. Er fragte sich, ob er sich jemals wieder ausgeruht fühlen würde.

Er hatte sich noch immer nicht an die Tatsache gewöhnt, daß er sein eigener Herr war, der keine Befehle mehr entgegennehmen mußte, der nicht länger mit Schmutz und Tod leben und jeder Kugel dankbar sein mußte, die an seinem Ohr vorbeipfiff, um ein weniger glückliches Zielobjekt zu treffen. Jetzt konnte er genau das tun, was ihm beliebte. Gegenwärtig hatte er nur ein Ziel im Kopf, das Ziel, das ihn am Leben gehalten hatte, einen höllischen Tag nach dem anderen.

Vielleicht ließen sich dadurch Geister erklären, dachte er, als er sein Motelzimmer hinter sich abschloß. Es handelte sich vermutlich um willensstarke Menschen, die gestorben waren,

386

bevor sie ihr Ziel erreichten. Es erschien logisch. Der Tod würde nicht stark genug sein, um *sein* Feuer zu ersticken. Er konnte sich selbst sehr gut als zielbewußten Geist vorstellen. Ein Lächeln huschte über seine Lippen, das sich ganz seltsam anfühlte, wie etwas, an das er sich nicht mehr erinnern konnte.

Die Hauptstraße kam ihm nicht bekannt vor, aber er war eine lange Zeit weg gewesen, und Städte verändern sich. Auch Menschen verändern sich, sinnierte er grimmig. Man kann es einer Stadt nicht übelnehmen, wohl aber einem Menschen, das ist etwas anderes. Ein treuer, anständiger Mensch verändert sich nicht, nicht so, wie Millie es getan hatte. Als was also sollte man Millie bezeichnen?

Andere Frauen warteten, auch wenn es nicht leicht war. Es war auch für die Männer nicht leicht, aber zu wissen, daß sie jemanden hatten, zu dem sie zurückkehren würden, machte es erträglich. Millie hatte ihm nicht einmal das gegeben. Er hätte wissen sollen, daß etwas nicht stimmte, als keine Briefe mehr von ihr kamen. Und als er schließlich wieder einen Brief bekam, war er nicht von Millie, sondern von ihrem Rechtsanwalt.

Bevor die Tinte auf den Scheidungspapieren getrocknet war, hatte Millie schon wieder geheiratet. Das war alles, was er wußte. Er wußte nicht, wen sie geheiratet hatte, aber er war bereit zu wetten, daß es sich um jemanden mit Geld handelte. Als Tony und Millie geheiratet hatten, waren ihr ganzer Besitz weniger als fünfzig Dollar gewesen. Zuerst hatte Millie es lustig gefunden, auf einem über Betonblöcke gelegten Brett zu sitzen und von einem Tablett auf dem Schoß zu essen. Miete und Essen, mehr warf sein Job als Tankwart nicht ab.

Der Reiz des Neuen war schnell vergangen, denn Millie gehörte nicht zu den stillen Duldertypen. Millie war stark, aber in Millies Leben stand Millie an erster Stelle. Ihre Eltern waren wohlhabend, und sie war an ein bequemes Leben gewöhnt. Als Tony noch vor ihrem ersten Hochzeitstag eingezogen wurde, hatte er das Gefühl gehabt, daß Millie über die Aussicht, wieder in das Haus ihrer Eltern ziehen zu können, glücklicher gewesen war, als sie sich den Anschein gegeben hatte. Sein einziger Trost war, daß ihre Ehe wohl auch dann nicht überlebt hätte, wenn er nicht in den Krieg gezogen wäre.

Ihr neuer Ehemann mußte also Geld haben. Daraus folgte,

daß sie im reichen Teil der Stadt wohnen würde. Jede Stadt besaß ihre Snobgegend, und so ging er in diese Richtung.

Es war reine Zeitverschwendung, stellte er eine halbe Stunde später fest. Die Häuser lagen ein gutes Stück von der Straße zurückgesetzt, und viele von ihnen waren unbeleuchtet. Natürlich, hier wohnten die Leute, die zu Parties gingen. Und die Familien, die zu Hause waren, hatten diskret die Vorhänge zugezogen. Er würde morgen bei Tageslicht zurückkommen müssen. Auch gut, er war ohnehin müde.

Am nächsten Morgen frühstückte er im *The Diner*. Niemand erkannte ihn wieder, aber das war nicht überraschend. Auch er erkannte keinen wieder. Es gab vermutlich ein neues Management. Geschäfte wechselten ständig den Besitzer, und Kellnerinnen blieben nie lange an einer Arbeitsstelle. Abgesehen davon, die Kellnerinnen hier sahen so aus, als ob sie bei seinem Weggang noch in der Schule gewesen wären.

Erneut machte er sich auf den Weg in die Snobgegend. Gestärkt durch einen guten Schlaf und ein kräftiges Frühstück kämmte er die Nachbarschaft systematisch durch. Ein anderer Mann wäre von der augenscheinlichen Vergeblichkeit seiner Suche vielleicht entmutigt worden, denn es zeigten sich nur sehr wenige Leute, aber Tony war fest entschlossen, Millie zu finden. Er zweifelte nicht im mindesten daran, daß die Intensität seiner Gefühle sie hervorholen würde. Es war sein fester Glaube, daß er durch die Konzentration auf das, was er suchte, elektromagnetische Wellen abstrahlte, durch die jene elektromagnetischen Wellen angezogen wurden, die das gesuchte Objekt abstrahlte. Auf diese Weise würden sie zusammentreffen.

Ob dies nun der Fall war oder auch nicht, in jedem Fall trat Millie aus einem 200 000-Dollar-Haus hervor, als er gerade daran vorbeiging. Dank der Entfernung zwischen Haus und Bürgersteig sah sie ihn nicht. Sein Gesicht abwendend, eilte er weiter. Er war noch nicht so weit, ihr gegenüberzutreten zu können. Er würde wissen, wann der richtige Zeitpunkt gekommen war.

Er beobachtete sie eine ganze Woche lang. Er sah sie in Shorts, in langen Hosen, in Miniröcken, in Kostümen, in allen Kleidungsstücken, die man für Geld kaufen konnte, alle teuer, nichts als das Beste. Millie hatte eine gute Figur gehabt, aber sie hatte in den Kleidern, die sie trug, als sie mit Tony verheiratet war, nie so gut ausgesehen. Es versetzte ihm einen Stich, als er sich daran erinnerte, wie seine Finger immer mit ihrem langen roten Haar gespielt hatten, das jetzt blond gefärbt und so elegant auf ihrem Kopf aufgetürmt war. Seine Millie – dieselbe Millie –, und doch so ganz anders.

Er war erfreut zu sehen, daß es keine Kinder gab. Er glaubte nicht, daß er es ertragen könnte, seine Millie als Mutter der Kinder eines anderen Mannes zu sehen. Es war schon schlimm genug, daß sie die Frau eines anderen Mannes war. Er fragte sich vage, ob ihr Ehemann zur Verteidigung des Landes beigetragen hatte. Vermutlich nicht. Wer soviel Geld hatte, brauchte nicht zu kämpfen.

Er fragte sich, was sie wohl sagen würde, wenn sie ihn sah. Würde sie weinen? Dort drüben, durch Schweiß und Schmutz schielend, hatte er geglaubt, daß er unmöglich noch einen Tag länger warten könnte, bis er sie wiedersah. Jetzt, da sie praktisch zusammen waren, konnte er warten. Alles mußte genau stimmen. Er würde nicht zulassen, daß blinde Hast alles verdarb. Er würde auf sie zutreten, wenn er bereit dazu war, nicht einen Augenblick früher. Er hatte alle Zeit der Welt.

Er sah zu, wie sie sich im Garten sonnte und im Pool schwamm. Er folgte ihr, wenn sie einkaufen ging, nahm eines Nachmittags in einem Kino sogar einen Platz in der Reihe hinter ihr und beobachtete statt des Films ihr Profil. Ihr Ehemann mußte außerhalb der Stadt gewesen sein, denn eines Abends brachte eine Taxe einen großen, gutangezogenen Mann, der einen Aktenkoffer bei sich trug. Sie öffnete ihm die Tür, und er nahm sie in die Arme. Tony beobachtete das Haus die ganze Nacht – der Mann kam nicht wieder zum Vorschein.

Der Ehemann entsprach ziemlich genau dem, was Tony erwartet hatte – knapp fünfzig, die Wirkung von zuviel gutem Essen zeigend, ein Gehabe, das auf jahrelanges Herumkommandieren von Hotelpagen, Gepäckträgern und anderen unbedeutenden Sterblichen schließen ließ. Geld mußte Millie mehr bedeutet haben, als er gedacht hatte.

Es war gegen Ende der zweiten Woche, als Tony wußte, daß die Zeit gekommen war. Offensichtlich hatte ihr Ehemann ein paar Tage zuvor eine weitere Geschäftsreise angetreten. Es war früher Abend, noch nicht ganz dunkel, obwohl der Vollmond schon sichtbar war. Millie kam in einem goldfarbenen Bikini aus dem Haus. Hinter den Hibiskussträuchern verborgen, die den Swimming-Pool umrahmten, folgte ihr Tony mit den Augen, als sie sich auf den Beckenrand setzte und die Beine ins Wasser baumeln ließ. Die Hände flach neben sich ausgebreitet, blickte sie in die grüne Tiefe hinein. Lautlos trat er hinter sie.

»Hallo, Millie«, sagte er, als er ihre Schultern packte und sie nach vorne stieß. Er mußte mit ihr hineinspringen, denn bei ihrer heftigen Gegenwehr fing sie an zu schreien. Das hätte alles verdorben, aber sie schrie nicht lange. Er ließ sie dort liegen, ein schimmernder Stein auf dem Grund des grünen Pools.


Tony Graybill stieg aus dem Bus, mit Beinen, die während der langen Fahrt steif geworden waren. Es war neun Uhr an einem heißen Augustabend, und die Luft von Texas war nach der Klimaanlagen-Atmosphäre des Busses erfrischend.

Tony nahm seinen Seesack aus dem Gepäckfach und schritt auf das Motel zu, das er während der Fahrt in die Stadt gesehen hatte. Die Nacht war noch jung, und nachdem er sich erfrischt hatte, würde er immer noch eine oder zwei Stunden Zeit haben, um nach Millie zu suchen.

# Die Hand im Handschuh

von James Holding

»Der Mann war ein Erpresser«, stellte Inspektor Graves fest und verzog angewidert seinen Mund. »Es gibt nichts Ekelhafteres. Daher verdient meiner Meinung nach die Person, die ihn umgebracht hat, auch viel mehr Dank als Tadel und eine mögliche Gefängnisstrafe.«

Golightly stand mit seinem Rücken zum Kamin und klimperte mit dem Kleingeld in seiner Hosentasche. Nun blickte er den Inspektor erstaunt an.

»Ein Erpresser?« fragte er nach. »Davon stand aber nichts in der Zeitung.«

»Natürlich nicht«, erwiderte der Inspektor, »denn das war ja auch eine der wenigen Spuren, mit denen wir in diesem Fall überhaupt arbeiten konnten. Wenn wir das an die Presse weitergegeben hätten, dann wäre die ganze Sache enorm kompliziert geworden.«

»Ah, das verstehe ich«, sagte Golightly. Dann, neugierig, fuhr er fort. »Was ich jedoch nicht verstehe, ist, wie Sie darauf gekommen sind, daß Clifford ein Erpresser war.«

Der Inspektor lächelte. »Das war ganz einfach, wirklich. Wir haben eine vollständige Liste seiner Opfer in einem Wandsafe gefunden, der hinter einem Gemälde in seinem Schlafzimmer versteckt war – mit genauen Angaben, wieviel jeder der Erpreßten an Clifford gezahlt hatte. Und in welchen Zeitabständen. Das war in der Tat ein sehr aufschlußreiches Dokument.«

»Das glaube ich gern.« Golightly nickte zustimmend. »Das beantwortet natürlich auch eine Frage, die mich schon seit dem Moment beschäftigt, als Sie vor ein paar Minuten bei mir angeklopft haben, Inspektor.«

»Sie meinen, warum ich hier bin? Ja, Mr. Golightly, Ihr Name befindet sich auf Cliffords Liste. Er hat ein recht atemberaubendes Sümmchen von Ihnen haben wollen, nicht wahr?«

»Das kann man wohl sagen.« Golightly blickte sich mißmutig in seiner einst sicher luxuriösen Wohnung um. Alles machte jetzt einen leicht schäbigen, ungepflegten Eindruck. »Ich mache kein Hehl aus der Tatsache, daß der Mord an Clifford mich von einer schweren Last befreit.«

»So geht es allen seinen Opfern auf seiner Liste«, gab der Inspektor zu. »Und alle haben das auch bereitwillig zugegeben, als sie erkannt hatten, daß wir hinter Cliffords schmutziges Geschäft gekommen waren. Wir haben natürlich mit allen gesprochen. Die Personen auf dieser Liste stellen gleichzeitig den Kreis aller Verdächtigen dar, wie Sie sicher verstehen werden.«

»Aber Sie waren bisher nicht in der Lage, den Mörder zu überführen?«

»Zufälligerweise hat jedes der übrigen Opfer von Cliffords Erpressungen für den Abend seiner Ermordung ein unerschütterliches Alibi«, meinte der Inspektor traurig. Erwartungsvoll blickte er Golightly an. »Haben Sie auch ein Alibi, Mr. Golightly?«

Golightly schien erstaunt zu sein. »Für letzten Samstag abend?«

»Freitag abend. Und zwar in etwa für die Zeit von zehn bis Mitternacht.«

»Freitag, hm, lassen Sie mich einmal nachdenken.« Während Golightly angestrengt nachdachte, legte er seine Stirn in Falten. Dann lächelte er. »Ja, zufälligerweise habe ich auch ein Alibi, Inspektor. Allerdings würde ich es vorziehen, Ihnen den Namen der Dame nur im äußersten Notfall verraten zu müssen. Denn sie ist der eigentliche Anlaß für Cliffords Schweigegeldforderungen, wissen Sie. Soviel kann ich Ihnen sagen: sie ist eine Dame von sehr hohem gesellschaftlichen Rang und – bis jetzt – von unbescholtenem Ruf. Verstehen Sie mein Dilemma?«

Der Inspektor seufzte. »Ja, vollkommen«, sagte er. »Falls unsere anderen Ermittlungen sich jedoch als Sackgasse herausstellen sollten, dann kann es sehr wohl sein, daß wir auf Ihren äußersten Notfall zurückkommen werden, Mr. Golightly. Es ist nur recht und billig, Sie jetzt schon zu warnen.«

»Vielen Dank.« Golightly deutete eine Verbeugung an. »Dann haben Sie noch weitere Spuren?«

»Nur eine. Einen kompletten Satz blutiger Fingerabdrücke auf der Fensterbank eines nach hinten hinausgehenden Fensters, durch das der Mörder aus Cliffords Haus verschwunden ist.«

»Blutige Fingerabdrücke, sagen Sie?«

»Ja. Wie schon in der Zeitung stand, ist Clifford mit einem Brieföffner erstochen worden. Es war eine ziemlich blutige Angelegenheit.«

Golightly war verdutzt. »Vielleicht bin ich ja ein bißchen schwerfällig und dumm«, sagte er, »aber wenn Sie doch einen vollständigen Satz Fingerabdrücke haben ... Kann man damit denn nicht eindeutig die Identität des Mörders feststellen?«

Der Inspektor nickte. »Wenn sie deutlich und nicht verschmiert sind, dann sind Fingerabdrücke ein unfehlbares Beweismittel. Doch unsere blutigen Fingerabdrücke waren alles andere als deutlich, wie ich zu meinem größten Bedauern sagen muß. Sie waren übel verschmiert. Und selbst wenn sie nicht verschmiert wären, dann bereiteten sie immer noch gewisse Schwierigkeiten.«

»Wenn ich fragen darf, Inspektor, um welche Schwierigkeiten handelt es sich dabei denn?«

»Wer immer diese blutigen Fingerabdrücke auf Cliffords Fensterbank hinterlassen hat – er hat Handschuhe getragen.«

Golightly schreckte auf. »Handschuhe! Dann ist es allerdings kein Wunder, daß die Abdrücke Sie nicht viel weiter bringen.«

»Ich sprach von gewissen Schwierigkeiten, nicht davon, daß wir gar nichts mit ihnen anfangen können«, murmelte der Inspektor leise. »Tatsächlich habe ich jedoch gewisse grundsätzliche Informationen aus diesen Abdrücken ableiten können, selbst wenn die Finger, die sie gemacht haben, in Handschuhen steckten.«

»Ich werde wohl nie aufhören, mich über die Techniken und Methoden der Polizei zu wundern«, sagte Golightly. »Was könnten Sie denn wohl aus Abdrücken schließen, die von behandschuhten Händen stammen?«

Der Inspektor hakte die verschiedenen Punkte an seinen eigenen Fingern ab. »Erstens habe ich gefolgert, daß die Handschuhe, die Cliffords Mörder getragen hat, sehr teuer gewesen sein mußten. Unter starker Vergrößerung ließen die Abdrücke erkennen, daß die Handschuhe des Mörders von feiner Machart waren – Sie wissen schon, gewebt oder gestrickt. Und sie waren nicht aus irgendeinem gewöhnlichen Baumwollgarn gestrickt, sondern aus bester Seide. Zweitens, in einem der Abdrücke war ganz deutlich eine Saumnaht zu erkennen, und diese Naht war dermaßen fein und so sorgfältig, beinahe künstlerisch gefertigt worden, daß unser Labor daraus eindeutig und zweifelsfrei folgerte, daß diese Handschuhe mit Sicherheit in Handarbeit gefertigt wurden. Maßgeschneidert sozusagen, wenn Sie diesen Ausdruck vorziehen. Und das von einem sehr teuren Handschuhmacher.«

»Sie setzen mich in Erstaunen, Inspektor.«

»Ja, manchmal staune ich über mich selbst«, sagte der Inspektor ruhig. »Wie dem auch sei, diese und andere Charakteristika der verschmierten Handschuhabdrücke deuteten uns an, daß wir uns mit unseren Ermittlungen in einer Richtung bewegten, die Aussicht auf Erfolg versprach.«

»Und Sie haben sie weiterverfolgt?«

»Ganz richtig. Ich selbst habe, nach einer stadtweiten Suche, einen Handschuhmacher aufgetrieben – in einer kleinen Seitengasse der Baker Street –, Mr. Golightly, der zugab, Handschuhe dieser besonderen Art herzustellen. Wenn es nötig werden sollte, steht er uns für eine Aussage zur Verfügung.«

»Solche Art Handschuhe muß er doch für Dutzende von Kunden hergestellt haben«, deutete Golightly an.

Inspektor Graves schüttelte den Kopf. »Nein, das war nicht der Fall. Dieser Handschuhmacher hat nur ein einziges Paar jener Handschuhe hergestellt, die ich ihm beschrieb. Nur ein einziges Paar. Vor mehreren Jahren. Doch dank eines großen Glücksfalles enthielten seine Aufzeichnungen auch jetzt noch den Namen und die Adresse des speziellen Kunden.«

»Ach, tatsächlich?« sagte Golightly. »Das war aber wirklich ein Glücksfall. Für Sie, wenn schon nicht für mich.« Er zuckte die Achseln. »Ich vermute«, fuhr er fort und verzog das Gesicht zu einem trockenen Lächeln, »daß der Erfolg Ihrer Ermittlungen nun weitgehend von einer Überprüfung der Hände abhängt, nicht wahr?«

Inspektor Graves nickte widerstrebend. »Wenn ich darum bitten darf, Mr. Golightly.«

Golightly hörte auf, mit den Münzen in seiner Tasche zu spielen. Langsam zog er seine Hände aus den Hosentaschen und streckte sie zur Überprüfung vor sich aus.

Seine rechte Hand hatte sechs Finger.

Man benutzt stets die Waffe, die man zur Hand hat ...

## Ausgleichende Gerechtigkeit

von Phyllis Ann Karr

Wäre ich fünf Jahre jünger, Hal, ich hätte mich umgebracht, weil ich deinem Andenken solche Schande zugefügt habe. Doch nun will ich mich damit begnügen, alles niederzuschreiben und es in der Erde über deinem Grab zu vergraben. Und ich bitte dich inständig: laß es damit gut sein, denn hier hat es genug Blutvergießen gegeben.

Daß dein Vater ein harter Mann war, mein geliebter Ehemann, wer wüßte das besser als du? Ach, wäre seine Lordschaft, dein Vater, doch bereit gewesen, seinen Streit mit Camden zu begraben, damals, kommenden Aschermittwoch vor sechs Jahren – hätte er sich doch selbst vergegenwärtigt, daß es das Leben seines eigenen Sohnes war, das an einem seidenen Faden hing, und hätte er doch Camden rufen lassen, der der nächsterreichbare Arzt war – aber nein, da er geschworen hatte, Camdens Ruf und Ansehen zu ruinieren, mußte er unbedingt nach Trevane aus Saltash schicken, nach diesem Trunkenbold und Nichtsnutz Trevane – und das, wo du doch in derselben Nacht nichts mehr als einen guten Arzt brauchtest! Und nun liegen wir hier getrennt, mit kalter Erde und Gras und Stein zwischen uns, wo du doch immer noch in meinem Bett hättest sein können.

Ich flehe dich an, Hal, fälle kein vorschnelles Urteil über mich. Mir graut vor Urteilen, die nicht mehr ungeschehen gemacht werden können. Unsere derzeitige Schande reicht weit in eine Zeit zurück, in der du und ich kaum mehr als Kinder waren, in das Jahr 1616, als dein Vater einen Prozeß gegen Thomas Penhallow anstrebte und ihn mit einem ungerechten Urteilsspruch gewann; und als Penhallow Berufung einlegte, antwortete ihm der Richter mit den Worten, die König James vor dem Obersten Inquisitionsgericht verwendet hatte, daß »es besser ist, ein ungerechtes Urteil aufrechtzuerhalten, als es jemals in Zweifel zu ziehen, nachdem es verkündet worden ist«. Als Penhallow in der Folge ruiniert war, sein Haus und seine Ländereien und alles verloren hatte, ging das Gerücht um, daß sein Kind verhungerte und seine Frau ihn deshalb verließ. Er hatte wirklich Grund genug, deinen Vater zu hassen, Hal, doch er verschwand von der Bildfläche. Und für fünfzehn Jahre hatte seine Lordschaft dann keinen weiteren Gedanken mehr für ihn übrig, außer sich hin und wieder hämisch über jene Worte Seiner verstorbenen Majestät zu freuen, die zu solch einem für ihn günstigen Zweck gewendet werden konnten.

Es ist nur so, daß dein Vater, einige Zeit nachdem du beerdigt wurdest, sich daran machte, Master Carnsew und Sir Edward zu bearbeiten. Und nachdem er sie zermürbt hatte, und das war ihm im vergangenen Jahr durchaus gelungen, zahlte er ihnen ihre Anteile an der Wheal Nancy aus. Doch eines Tages, er wollte sein neues Bergwerk besichtigen, stand er da und schaute zu, wie die Männer aus dem Schacht nach oben gezogen wurden. Als sie oben waren, kam einer heraus, der, als er ins Tageslicht hinaustrat, lange stehen blieb und seine Lordschaft ansah. Dann schaute dein Vater, als er sich den Mann genauer ansah, hinter den Ruß und den Erzstaub und die Spuren der vergangenen Jahre und wußte, daß dieser Mann Thomas Penhallow war.

Wir zogen Erkundigungen ein und stellten Nachforschungen an (denn nachdem sich Master Harkness weigerte, länger in Wilharthen House zu bleiben, hat dein Vater aus mir, obwohl ich doch eine Frau bin, eine Art Sekretär gemacht; das war eine raffinierte und überlegte Sparmaßnahme für ihn, denn er sah, daß er mir nicht mehr als Essen, Kleidung und ein Zimmer in Wilharthen bezahlen mußte, was er mir ja auf jeden Fall hätte zur Verfügung stellen müssen; und ich konnte ihn auch nicht verlassen, denn wo sollte ich schon hingehen?). Doch alles, was wir erfahren konnten, war, daß Penhallow seit drei oder vier Jahren in der Wheal Nancy gewesen war und daß er dort als Tributpflichtiger, für einen Anteil des Erzes, das er an die Oberfläche brachte, arbeitete und daß er gut darin war, neue Adern zu entdecken. Der Schachtmeister des Bergwerkes glaubte, daß er von der Great Pelcoath gekommen war, nachdem sie mit Wasser vollgelaufen war. Doch wie lange er in der Pelcoath gewesen war oder wo er davor gelebt hatte, das konnte der Schachtmeister uns nicht sagen. Insgeheim hegte dein Vater wohl die Hoffnung, daß Penhallow, nachdem er nun seinen alten und mächtigen Feind gesehen hatte, freiwillig gehen würde. Aber als Penhallow dies nicht tat, begann seine Lordschaft, ihn um seine Verdienste zu betrügen. Dein Vater, Hal, hat die Kunst, Bücher zu frisieren und Erzprüfer zu bestechen, sehr gut erlernt. Zu meiner Schande habe ich ihm auch dabei geholfen, die Kolonnen gefälschter Zahlen zu schreiben – es gibt so viele kleine Unannehmlichkeiten und Belästigungen, denen ein Mann seine Schwiegertochter, die allein unter seinem Dach lebt, Tag für Tag aussetzen kann. Doch Penhallow ging nicht fort. Lediglich die Menge seines Erzes wurde geringer, was wiederum den Profit, den dein Vater aus der Mine zog, wenn auch nur minimal verringerte. Dann gab es in den darauffolgenden vierzehn Tagen einen Schachteinbruch, der den neuen Stollen verschüttete. Und obwohl keiner der Arbeiter dabei zu Schaden gekommen war, konnte doch während der drei Tage, die sie brauchten, um den Stollen wieder freizuräumen, kein Erz gefördert werden. Schließlich ging dein Vater wieder zum Bergwerk, um nachzusehen, wie er den Bergleuten noch mehr Zinn abpressen könnte. Als er den Männern von Penhallows Arbeitsgruppe über den Weg lief, die ihre Morgenschicht beendet hatten und gerade mit Wurfringen spielten, kam ein Wurfring von seiner Bahn ab und verfehlte nur um Haaresbreite deinen Vater, der natürlich sofort nichts anderes vermutete, als daß der Ring in böswilliger Absicht von Penhallows Hand geworfen worden war.

Sei es nun, daß Thomas Penhallow deinem Vater tatsächlich einen körperlichen Schaden zufügen wollte oder daß dein Vater bloß glauben wollte, daß das so war, jedenfalls faßte seine Lordschaft den Entschluß, daß er sich jetzt um den Mann kümmern mußte, dem er vor fünfzehn Jahren ein Unrecht angetan hatte, bevor dieser sich um ihn kümmerte. Da gab es so einen nichtsnutzigen Burschen namens Ned Curnow, der in der Nancy arbeitete oder vielmehr dort nur angestellt war, um jeden Monat sein Gehalt abzuholen, denn er brachte herzlich wenig Erz nach oben. Man sagte, daß manches in seiner Art zu sprechen und sich zu benehmen darauf schließen ließ, daß er ein Gentleman oder der in Armut abgesunkene Sohn eines Gentleman sein müsse. Jedenfalls verging kaum ein Tag, daß Curnow nicht in irgendwelche Schwierigkeiten geriet, und oft genug waren es ernste Schwierigkeiten. Der Schachtmeister des Bergwerkes machte deinen Vater am selben Tag, als die Sache mit dem Wurfring passierte, auf ihn aufmerksam und bemerkte dabei, daß er diesen Curnow am liebsten aus dem Bergwerk entfernen würde. Seine Lordschaft befragte den Schachtmeister daraufhin etwas eingehender, und es endete damit, daß er ihm auftrug, diesen Burschen nach Wilharthen House zu schicken.

Er kam erst zwei Morgen später und wurde von Bosvannion hereingelassen (das ist unser neuer Verwalter, Hal; der alte Parsons ist vierzehn Tage nach dir gestorben, nach einem Tritt, den ihm Thomsons Esel verpaßt hatte). Wir saßen gerade im Salon. Curnow verbeugte sich und schaute mich an, wie ein Mann eben eine Frau anschaut. Ich, gerade erst dreißig und immer noch in Trauerkleidung, die ich geschworen hatte, nie mehr abzulegen. Dann nahm er sich einen Apfel aus der Schüssel auf dem Tisch, setzte sich in den Eichenlehnsessel, in dem du immer am liebsten gesessen hast, und legte seine Füße auf die Wandbank. Drei Wochen zuvor war dieser Vagabund mit Peitschen durch die Straßen von Saltash getrieben und an den Pranger gestellt worden und machte sich nicht die geringsten Gedanken darüber, wer davon wußte, und jetzt führte er sich auf, als wäre Wilharthen eine Bierschenke und dein Vater ein Saufkumpan. Nur mir gegenüber, Hal, zeigte er allen Respekt. Ich blieb sitzen und nähte. Dein Vater hatte mich weit genug in sein Vertrauen gezogen, auch wenn er mich nicht in alles einweihte, was in seinem bösen Herzen vorging, daß es ihn wenig kümmerte, ob ich nun ging oder blieb.

Seine Lordschaft berichtete Curnow von gewissen Nachforschungen, die er angestellt hätte.

»Es ist nur der Gnade von Sir Edward Chilwidden zu verdanken«, sagte er, »daß man dich nicht auf die Galeeren verbannt hat, als du nicht den Namen deiner Heimatgemeinde preisgeben wolltest, und es ist nur ein ganz dünner Faden, der dich davor bewahrt, jetzt ins Stannary Gefängnis geschickt zu werden.«

»Nun gut, dann schicken Sie mich doch hin«, sagte Curnow, »auf die Galeeren oder ins Gefängnis. Was immer Ihnen beliebt.« Ich glaube, der Schurke hatte sein Gesicht gewaschen, ehe er zu uns kam, und vielleicht sogar seine Haare, die lang und goldblond über seine Schultern fielen. Doch sein Bart war ungepflegt, und die Lumpen, die er am Leibe hatte, hinterließen auf allem, was sie berührten, den Staub des Bergwerkes. Und er wirkte wie ein Mann, der all seine Freude und Wünsche und Hoffnungen verloren hat, so daß es ihm gleichgültig war, wie lange er noch zu leben hatte oder wann er sterben würde.

Auch ich, Hal, hatte all meine Freude verloren. All meine Wünsche und Hoffnungen. Und ich hatte Falten bekommen, und in meinem kastanienbraunen Haar fand man auch schon silberweiße Haare. Ich schaute nur selten in meinen Spiegel und hätte es auch gar nicht getan, wäre er nicht ein Geschenk von dir gewesen.

So unterhielt sich dein Vater für einige Minuten mit Curnow, horchte ihn aus, wie ich es schon oft erlebt habe, wenn er sich nach der Widerstandsfähigkeit einer Stute erkundigte, bevor er sie kaufte, oder wie er die Redlichkeit eines Richters auslotete, ehe er ihn bestach, während Curnow dasaß und einen Apfel aß. Curnows Augenfarbe schwankte zwischen grün und grau, und er schaute deinen Vater mit einem Blick an, wie er, so stelle ich es mir vor, auch in einen langen tiefen Schacht im Bergwerk hineingeschaut hätte. Schließlich kam seine Lordschaft zum Kern der Sache und bot Curnow fünfzehn Pfund an, um Thomas Penhallow zu beseitigen.

Curnow warf seinen Kopf zurück und lachte.

»Ich soll also einen Mann umbringen«, sagte er, »und soll auch noch dafür bezahlt werden. Wie wär's denn, wenn ich mit dieser Geschichte zum Friedensrichter ginge?«

Seine Lordschaft erwiderte: »Ich habe die Beamten in meinem Geldbeutel und die Richter auch.«

Curnow warf das Kernhaus seines Apfels in das Feuer. »Das bezweifle ich aber«, sagte er, »wenn Sie die im Verhältnis genauso schlecht bezahlen, wie Sie mich bezahlen wollen.«

Und dann feilschten sie über die Höhe des Blutgeldes, als wäre Penhallow nichts anderes als ein Pfund Fisch oder ein Haufen Erz. Schließlich einigten sie sich auf dreißig Pfund. Seine Lordschaft gab ihm zehn und sagte ihm, er solle wiederkommen, wenn er die Sache erledigt hätte. Und er solle des Nachts kommen. Als Curnow uns verließ, verbeugte er sich wieder tief vor mir und schaute mir wieder in die Augen, so wie ein Mann eine Frau ansieht. Ich senkte meinen Blick auf meine Näharbeit. (Dein Vater hatte doch genug Geld, Hal, ich hätte mit gutem Garn nähen können, das sich nicht dauernd verknotete und riß.)

Ich besaß nicht die Macht, mich dieser Sache entgegenzustellen, Hal, aber welch ein großer Unterschied lag doch immerhin in der Art und Weise, wie dein Vater sich mit Thomas Penhallow vor fünfzehn Jahren befaßt hat und wie er sich jetzt um ihn kümmern wollte? Auf jeden Fall, was auch immer wir vor Außenstehenden und Fremden verbergen, es ist doch kein Leben, in Unwissenheit und Argwohn mit jenen zu verkehren, mit denen wir unter einem Dach leben; von denen man abhängt. Und ich hielt es für besser, es zu wissen, als nur Vermutungen anzustellen.

Deshalb blieb ich auch an diesem Abend mit deinem Vater noch auf, um sehen zu können, wie sein Spiel ausging. Seine Lordschaft hatte den Verwalter mit irgendeinem Auftrag nach Launceston geschickt und Betty eine Stunde vor Sonnenuntergang auf ihr Zimmer verbannt. Sie sollte zur Strafe wegen irgendeines angeblichen Fehlers bei der Küchenarbeit den ganzen Abend dort bleiben. Er richtete alles so ein, daß wir allein waren. Ich war mir ganz sicher, daß er für den Fall vorsorgen wollte, daß Curnow etwas von seiner Tat erzählen würde.

Während des ganzen Tages erhielten wir weder eine Nachricht noch ein Gerücht vom Bergwerk, und wir wußten nicht, ob Curnow an diesem oder an einem anderen Abend zurückkehren würde – oder, dachte ich mir, ob er überhaupt je kommen würde. Dein Vater saß über seinen Büchern. Du erinnerst dich sicher, wie sehr er seine Bücher und Bilanzen liebte, Hal: so sehr wie andere ihre Münzen lieben, und mehr noch, denn es bestand ja immerzu die Hoffnung, daß er vielleicht auf einen Fehler stoßen würde, der mir bei der Buchführung unterlaufen sein mochte und wegen dem er mich dann ins Gebet nehmen konnte. Ich war über meinem Buch eingenickt, und als die Stunden vergingen, stand ich auf, um ein Glas Wein aus jener Silberkaraffe einzuschenken, die der Stolz deiner Mutter gewesen ist.

»Ich würde dir davon abraten, Margery«, sagte dein Vater.

Ich roch den Wein. Es war ein Hippokrates, nach vielen

Gewürzen duftend. Ich ging mit dem Glas zurück und setzte es näher an seinem als an meinem Ellbogen ab. Ich sah, daß er nichts trank.

»Warum hast du dir keine Mittel und Wege ausgedacht, Penhallow mit deiner eigenen Hand zu töten?« fragte ich ihn.

»Penhallow hätte sich gehütet, meiner Hand zu nahe zu kommen«, antwortete dein Vater. »Und auch ich hätte mich nicht in die Reichweite seiner Hand gewagt.«

»Vielleicht wird sich auch Ned Curnow nicht mehr in deine Nähe wagen«, sagte ich.

»Ich habe diesen Mann schon richtig eingeschätzt«, sagte seine Lordschaft. »Er hat noch zwanzig Pfund von mir zu kriegen. Er wird kommen.«

Ich konnte nicht umhin zu denken, daß dein Vater sicher seinen eigenen Maßstab an Curnow angelegt hatte, während dieser unverschämte Mann ohne Hoffnung oder Wünsche oder Angst in seinen graugrünen Augen wahrscheinlich zu einem viel treffenderen Urteil über seine Lordschaft gelangt war. Doch diesen Gedanken behielt ich für mich, und so warteten wir einfach ab. So etwa gegen Mitternacht brach ein Sturm aus, und ich hätte, weil ich glaubte, daß Curnow nicht mehr kommen würde, sicherlich auch mein Bett aufgesucht, wenn ich es nicht von einem Moment auf den nächsten immer wieder hinausgeschoben hätte. Und so blieb ich also sitzen, dachte kaum an irgend etwas und hielt das geöffnete Buch auf meinem Schoß. Dein Vater hatte sogar inzwischen seine geliebten Bücher zur Seite gelegt, und so war alles still und ruhig. Nur der Regen und der Donner waren zu hören. Eine Maus wagte sich in die Mitte des Zimmers vor. Dein Vater sagte:

»Wir müssen uns eine neue Katze besorgen«, und bei dem Geräusch seiner Stimme trippelte die Maus schnell davon.

Es war beinahe eins, als Curnow kam. Er klopfte mit dem vereinbarten Zeichen an die Tür. Seine Lordschaft schickte mich mit einer Kerze los, um seinen gedungenen Mörder einzulassen. Curnow war in einen zerlumpten, triefend nassen Umhang gewickelt und hinterließ mit jedem Schritt, den er machte, Matsch und Schmutz auf dem Boden. Als er mich sah, begrüßte er mich auf eine Art, die zeigte, daß er tatsächlich früher einmal eine gute Erziehung genossen hatte.

Als wir wieder in den Salon zurückkamen, stand seine Lordschaft bereits mit der silbernen Weinkaraffe in der einen und mit einem frischen Glas in der anderen Hand bereit. »Hast du es getan?« fragte er.

Curnow zog seinen Umhang aus und warf ihn auf die Bank. Unter dem Umhang trug er in der einen Hand seine Bergarbeiterspitzhacke aus Eisen. Der starke Regen hatte ihn selbst durch den Umhang durchnäßt, doch hatte er noch nicht vollkommen das Blut und die Haarspuren von dem breiten Ende der Hacke fortgespült. Curnow trat vor, um seiner Lordschaft einen besseren Blick darauf zu erlauben.

Seine Lordschaft schaute sich das Blut genau an und nickte.

»Hier sind deine zwanzig Pfund. Du hast sie verdient«, sagte er. »Aber ehe du gehst, trink doch ein Glas Hippokrates. Das wird dich bei dem Wetter ein wenig aufwärmen.«

»Tom Penhallow hat mir viel über Sie erzählt, ehe er gestorben ist«, erwiderte Curnow, »und es gibt eine Sache, die ich seiner Seele schulde.« Und dann drehte er die Spitzhacke um und schlug ihr scharfes Ende deinem Vater in den Schädel. Der vergiftete Wein vermischte sich mit dem Blut und der Flut schmutzigen Wassers, und die silberne Karaffe bekam eine große Delle, als sie zu Boden fiel.

Curnow ließ die Spitzhacke mit dem Leichnam deines Vaters fallen. Und drehte sich zu mir um. Er lächelte.

»Das war genug Mord für diesen Tag, meine Dame«, sagte er. »Aber folgen Sie mir nicht, damit Sie sich bei dem Sturm nicht noch eine Erkältung holen.«

Dann lächelte ich ihn an, wie eine Frau einen Mann anlächelt. »Bis morgen früh wird niemand kommen«, sagte ich. »Zeit genug, daß Sie sich Ihre Kleider ausziehen und sie am Kamin trocknen.«

Hal, dein Vater hat nur eine einzige gute Tat in seinem Leben vollbracht. Und das war, dich zu zeugen. Und das hat er in jener Nacht rückgängig gemacht, als er dich nur wegen seinem sturen und hartnäckigem Herzen sterben ließ. Doch immerhin war er dein Vater und mein Schwiegervater, und er ist ermordet worden, und er hat mich wenigstens nach seinem Tod besser versorgt zurückgelassen, als er es zu seinen Lebzeiten jemals getan hat. Angenommen, sein Schlachter wäre in die Nacht und den

Sturm hinausgegangen – hätte man am Morgen seine Spur aufnehmen können?

Vergib mir, Hal, mein Ehemann, mein Geliebter, aber wie
sonst hätte ich Ned Curnow bis zum Morgen festhalten können,
wo man ihn gefangennehmen konnte, wenn nicht in meinem
Bett?

# Kind auf Reisen

von Fred S. Tobey

Der große Düsenjet hatte kaum von der Startbahn des Los
Angeles Airport abgehoben, als die Passagiere sich bereits ihren
Aktivitäten und Beschäftigungen zuwandten, mit denen sie sich
während des langen Fluges nach Boston die Zeit vertreiben
wollten. Einige lenkten ihre Aufmerksamkeit auf den Fernseh-
schirm und warteten auf den Beginn des Spielfilms; andere holten Bücher oder Magazine hervor. Eine Hollywood-Schauspielerin zog ein Drehbuch aus ihrer Handtasche und begann es
durchzublättern. Zwei ältere Herren entschieden sich fürs Kartenspielen und spielten Gin Rommé.

Dr. Gordon Prince, der in seiner Sitzreihe allein war und auf
dem Fensterplatz saß, wartete ab, bis das Flugzeug sich über
den Wolken befand, und holte dann seine fast abgeschlossene
Betrachtung der mittelalterlichen Geschichte aus dem Aktenkoffer und legte sie auf die kleine Tischfläche, die er von der vor
ihm befindlichen Rückenlehne seines Vordermannes herunter-
geklappt hatte. Das umfangreiche Dokument, an dem er schon
einige Wochen arbeitete, sollte in einer renommierten Fachzeit-
schrift veröffentlicht werden, und der jungenhaft wirkende Professor der Sozialwissenschaften war entschlossen, keine Mühe
zu scheuen, um Syntax und Orthographie mit akribischer Sorgfalt zu korrigieren. Dank einem gnädigen Schicksal waren die
beiden Plätze hinter ihm nicht gebucht worden, und er empfand
ein geradezu sinnliches Vergnügen bei dem Gedanken an die
ruhigen Stunden ungestörter Konzentration, die ganz alleine
ihm gehörten. Er dachte, daß er sogar das Dinner ausfallen lassen und durcharbeiten würde.

Mitten auf der Seite zwei, als Dr. Prince seinen Blick von dem

Text löste, um über eine besondere grammatikalische Feinheit nachzudenken, bemerkte er eine kleine Gestalt, die auf dem Mittelgang neben seinem Platz stand. Er sah etwas genauer hin und erblickte ein Mädchen von sieben oder acht Jahren. Sie starrte ihn aufdringlich mit großen blauen Augen an. Ein Paar kastanienbrauner Zöpfe hing adrett vor ihrem blauen Jeanskleid.

»Hallo«, sagte die Kleine. »Ich heiße Suzy. Liest du gerade?«

Dr. Prince war ein sprachlich sehr genauer Mensch. »Nicht ganz«, sagte er. »Ich schreibe etwas.«

Die Augen des Kindes wurden noch größer. »Oh, das ist sicher etwas Wunderbares«, sagte sie. »Wenn ich groß bin, schreibe ich auch. Schreibst du Bücher für Filme?«

»Das ist eine ganz andere Art von Schreiberei«, erklärte der Professor. Er dachte bei sich, daß es sicherlich nicht ganz ungewöhnlich war, daß man einen Schriftsteller, der in einem Flugzeug nach Los Angeles saß, verdächtigte, heiße Luft für die Filmindustrie zu produzieren. »Dies hier befaßt sich mit Geschichte. Mit wichtigen Ereignissen, die tatsächlich geschehen sind.«

Suzy ließ sich in den Sitz am Gang fallen. »Ich denke, ich setze mich hier ein wenig hin«, sagte sie, »außer du hast etwas dagegen.«

»Nun …«, begann Dr. Prince ziemlich lahm und unsicher: »Macht deine Mutter sich denn keine Sorgen, wo du bist?«

»Mami –«, Suzy verstummte und sah Dr. Prince argwöhnisch an, als fragte sie sich, wieviel sie diesem Fremden anvertrauen konnte. Dann schüttelte sie den Kopf. »Mami ist tot«, sagte sie. »Mami und Papi wurden bei einem Autounfall getötet, und jetzt kümmert Onkel sich um mich.«

Dr. Prince betrachtete das Kind mit zunehmendem Interesse. Wie schrecklich, daß ein so junges Ding schon die Eltern verloren hatte! Der Professor war nicht verheiratet, doch er ging davon aus, daß er eines Tages auch heiraten würde, wenn er die Zeit dazu fand, und sollten Kinder kommen, hoffte er, daß sie genauso wären wie diese Kleine vor ihm: intelligent, sauber und sprachmächtig.

»Mein großer Bruder wurde ebenfalls getötet«, fuhr Suzy fort. »Er fuhr das Auto, als er und Daddy wegen Geld in einen heftigen Streit gerieten, und er fuhr zu schnell und krachte gegen einen Baum. Ich hatte Glück, denn ich saß auf dem Rück-

sitz und wurde nur leicht verletzt, und ich kam ins Krankenhaus, aber jetzt bin ich wieder in Ordnung.«

»Nun, du armes Kind.« Dr. Prince sah sich um. »Wo sitzt
denn dein Onkel?«

»Onkel ist nicht mitgekommen. Er sagte, er hätte zuviel zu
tun.«

»Heißt das, daß du ganz alleine unterwegs bist? Ein kleines
Mädchen wie du?« Er wußte, daß Kinder manchmal den Ste-
wardessen anvertraut wurden, aber nach seinem doch sehr kon-
ventionellen Verständnis schien es eine seltsame Art der Kindes-
fürsorge zu sein.

Suzy nickte. »Onkel hat mich zum Flugzeug gebracht und ist
dann nach Hause gefahren, um sich zu besaufen.«

Ehe Dr. Prince die Gelegenheit zu einer Erwiderung bekam,
näherte sich die Stewardeß, die sie die ganze Zeit beobachtet
hatte.

»Belästigt Sie das kleine Mädchen?« fragte sie. »Ich hatte versprochen, mich ein wenig um die Kleine zu kümmern, aber wir
haben heute mehr Betrieb als sonst. Wenn Sie zu tun haben –«
Sie wies mit einem Kopfnicken auf das Manuskript auf dem
Klapptischchen vor ihm.

»Ach nein, ist schon gut«, erwiderte Dr. Prince.

Die Stewardeß lächelte, strich über Suzys Kopf und entfernte
sich.

»Wer holt dich denn in Boston ab?« erkundigte Dr. Prince
sich.

»Onkel hat gesagt, sein Bruder will mich mit nach Hause nehmen, und dann wohne ich in einem großen Haus, und ich
bekomme ein Dienstmädchen ganz für mich alleine, und ich
kann dann mit einem großen Segelschiff fahren, wann ich will.
Aber ich glaube ihm nicht. Wahrscheinlich wird niemand da
sein, um mich abzuholen.«

»Aber Suzy! Natürlich ist jemand da. Dein Onkel würde dich
doch niemals anlügen.«

»Ja, würde er doch. Onkel Lucifer will mich loswerden und
daß ich sterbe, denn er will mein Geld. Wenn Onkel betrunken
ist, dann sagt er immer, ›Hoffentlich stirbst du, du kleines Luder,
und dann kriege ich dein Geld.‹«

Das ging ihm alles etwas zu schnell. »Lucifer?« fragte Dr.

Prince nach. »Heißt er wirklich Lucifer? Was meinst du damit, er will dein Geld?«

»Natürlich ist sein richtiger Name nicht Lucifer. Onkel meint, in der Familie hätte es schon immer einen Lucifer gegeben. Daddy hat mir massenhaft Geld zurückgelassen, aber ich kriege es erst, wenn ich achtzehn Jahre alt bin, und Onkel bekommt immer nur ganz wenig davon, damit er für mich sorgen kann, deshalb will er, daß ich sterbe und daß er es dann bekommt.«

Dr. Prince betrachtete zweifelnd das kleine Mädchen. Wieviel von dieser Geschichte war geflunkert? Sie schien eine lebhafte Phantasie zu haben.

Andererseits gab es tatsächlich Menschen wie den Onkel, den Suzy beschrieben hatte.

Dr. Prince nahm sich vor, sich mit eigenen Augen davon zu überzeugen, daß Suzy in Boston abgeholt wurde. Bis dahin war da erst mal sein Manuskript, das er bisher sträflich vernachlässigt hatte. Er wandte sich wieder seinen Aufzeichnungen zu, nahm ein Blatt auf und hoffte, daß Suzy diesen Wink verstünde.

»Ich wünschte, ich hätte jetzt meinen Teddybär bei mir«, sagte Suzy mit einem traurigen Seufzer.

Dr. Prince witterte eine günstige Gelegenheit. »Warum gehst du nicht zu deinem Platz und leistest deinem Teddy ein bißchen Gesellschaft?« schlug er vor. »Ich glaube, sie bringen gleich das Abendessen, und du solltest wirklich deinen Teddy nicht alleine lassen, wenn das Essen kommt.«

»Er heißt gar nicht Teddy, sondern Smoky, und er ist auch gar nicht mitgekommen. Er war im Koffer, aber Onkel Lucifer hat ihn wieder rausgeholt und dafür eine Schachtel mit Bonbons reingetan, weil es, wie er sagt, in Boston keine Bonbons gibt.«

»Das war aber nicht schön, so etwas zu sagen. In Boston gibt es jede Sorte Bonbons, ja, einige davon sind sogar ganz berühmt…«

Suzy nickte. »Onkel lügt mich die ganze Zeit an. Außerdem sind gar keine Bonbons in der Schachtel, das weiß ich. Es ist eine Uhr.«

»Eine Uhr?«

Suzy nickte wieder. »Ich hab' gehört, wie sie tick-tack-tick-tack gemacht hat, als Onkel kurz aus dem Zimmer ging, und ich hab' ihm auch gesagt, daß ich es gehört hätte, aber er schimpfte nur: ›Halt's Maul, du freches Gör!‹, und dann hat er den Koffer zugemacht.«

Dr. Prince spürte plötzlich ein seltsames Prickeln im Nacken, und auf einmal hatte er das Gefühl, als würde seine Stirn feucht. Er zerrte ein Taschentuch hervor und tupfte sich sein schweißnasses Gesicht ab.

»Paß mal gut auf, Suzy«, sagte er. »Wo ist dieser Koffer jetzt? Steht er hinten bei deinem Sitz?«

Suzy ließ mit einem Kopfschütteln ihre Zöpfe fliegen. »Onkel hat den Koffer auf dem Flughafen einem Mann gegeben, und der hat einen Zettel draufgeklebt und erklärt, ich bekäme den Koffer in Boston wieder zurück.«

Die Lautsprecheranlage des Flugzeugs erwachte mit einem Knacken zum Leben.

»Hier spricht der Kapitän«, verkündete eine feste, angenehme Stimme. »Wir haben soeben unsere Reisehöhe von sechsunddreißigtausend Fuß erreicht. Wir haben einen günstigen Schiebewind, und unsere Fluggeschwindigkeit über Grund beträgt sechshundertund-«

Dr. Prince schaute sich verstohlen in der Kabine um. *All diese unschuldigen Menschen!* dachte er. *Wie kann jemand nur so skrupellos sein!* Ein Gefühl der Panik niederkämpfend, dachte er plötzlich an sein Manuskript, sah vor seinem geistigen Auge die einzelnen Seiten wie welkes Herbstlaub herumwirbeln und zur fernen Erde hinunterschweben.

*Reiß dich zusammen, du Idiot*, dachte er. *Gott sei Dank hast du rechtzeitig davon erfahren. Irgendwo auf unserer Route muß es doch einen Flugplatz geben, auf dem wir schnellstens landen können.*

Er sah die Stewardeß in der kleinen Bordküche ungefähr zehn Sitzreihen entfernt, und er kletterte über Suzy hinweg und wollte zu ihr gehen. Dann wandte er sich um, ergriff die Hand des Kindes und zog es hinter sich her. Besser, die Kleine wiederholte ihre Geschichte selbst.

Als sie sich der Bordküche näherten, riß Suzy sich auf einmal los und ließ sich in einem Sitz in einer der hinteren Reihen der Ersten Klasse nieder.

»Ich glaube, ich setz' mich ein wenig hierher«, meinte sie.

Der angstgepeinigte Professor rannte hinter ihr her und versuchte mehrmals, ihre Hand zu fassen, doch das Kind wich ihm aus und drängte sich an eine Frau auf dem Sitz neben ihm. Es war die Hollywood-Schauspielerin.

»Verdammt noch mal, Suzyschätzchen!« stöhnte die Frau und ließ mit schicksalsergebener Miene das Manuskript sinken. »Wo, zum Teufel, ist denn die Stewardeß, die dich für einige Zeit beschäftigt halten sollte? Ich habe dir schon von meinem neuen Film, *Onkel Lucifer*, erzählt. Kannst du deine Mammi denn nicht wenigstens für ein paar Minuten in Ruhe lassen, damit sie das Manuskript auch lesen kann?«

Welche alte Hexe? Die böse Hexe!

# Die Hexen im Schrank

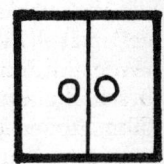

von Anne Chamberlain

Abgesehen von den Hexen im Schrank war Catharine als Ehefrau genau das, was John sich von ihr erwartet hatte. Sie war gesellig und ordentlich, sie spielte recht gut Bridge, und sie kochte sehr gern. Sie mochte, oder gab vor zu mögen, all die Filme, die Magazine und die meisten Leute, die er mochte. An die Hexen verschwendete er keinen einzigen Gedanken bis einige Wochen nach der Hochzeit. Genaugenommen dachte er nicht an sie, bis er und Catharine ihre erste Wohnung suchten.

»Denk daran, Liebling«, sagte sie und mußte über ihre eigene Dummheit lachen, »wir brauchen eine Wohnung mit einem geeigneten Schlafzimmerschrank.«

John mußte einen Moment nachdenken, ehe er sich wieder erinnerte. Das Problem hatte sich in dem Hotel, in dem sie gewohnt hatten, nicht gestellt, und John hatte den Abend, an dem Catharine ihm von den Hexen erzählt hatte, schon fast vergessen. Er wußte noch, wie es ihr damals kurz nach ihrer Verlobung ziemlich wichtig gewesen war, ihm davon zu erzählen, und wie er voller Zärtlichkeit gedacht hatte, daß sie wie ein unschuldiges Kind war. Es hatte ihm damals nicht das geringste ausgemacht, denn als sie davon sprach, lieferte sie gleichzeitig eine einleuchtende Erklärung.

»Weißt du« – dabei hatte sie vertrauensvoll seine Hand gedrückt – »ich muß dich wirklich warnen, ehe wir heiraten. Es wäre einfach nicht fair, dir meine Phobie zu verschweigen.«

»Jeder halbwegs intelligente und normale Mensch hat heutzutage mindestens eine Phobie.«

Catharine lächelte und legte dabei eine hellackierte Fingerspitze auf ihre Lippen.

»Vielleicht ist es keine Phobie; ich kenne mich bei diesen Ausdrücken nicht so gut aus. Jedenfalls, als ich zehn Jahre alt war, wurde ich ernstlich krank, und ich hatte hohes Fieber und Schüttelfrost und alles mögliche, und eines Nachts wachte ich auf und sah drei Hexen im Schlafzimmerschrank. Ich schrie und schrie – wirklich, das tat ich!« Sie lächelte bei dieser Erinnerung. »Ich war ein richtig dummes Ding, und weißt du, wir hatten so einen großen Schlafzimmerschrank in dem Haus, einen großen, ganz dunklen. Na schön, ich sah dort also drei Hexen. Und seitdem …«

»Rechnest du die ganze Zeit damit, daß du sie wiedersiehst«, unterbrach er sie, nicht etwa, weil ihm dieses Thema Unbehagen bereitete, sondern weil er glaubte, sie hätten sich über wichtigere Dinge zu unterhalten.

Sie faltete die Hände.

»Mach dich auf etwas gefaßt, Liebling. Ich muß dir was erzählen. Zufälligerweise sehe ich sie nämlich tatsächlich. Ab und zu bekomme ich diese Hexen zu Gesicht.« Ihre Augen verengten sich, als versuchte sie, ein besonders kompliziertes Rätsel zu lösen. Dann lachte sie und schüttelte den Kopf. »Natürlich spielt der Schrank dabei eine ganz besondere Rolle.«

Das war alles, was sie über Hexen sagte, bis sie mit der Suche nach ihrer ersten Wohnung begannen und Catharine mit Nachdruck forderte, daß sie nach einem Apartment Ausschau halten sollten, mit einem Schrank, der klein und eng war und über Innenbeleuchtung verfügte. Sie machten darüber ihre Scherze und malten sich aus, daß die Vermieter sie bestimmt für besonders wählerisch ansahen, wenn sie die jeweilige Wohnung so genau inspizierten.

Als sie dann schließlich eine Wohnung mieteten, die Catharines Anforderungen genau entsprach, vergaß John die Hexen fast, aber nicht ganz.

»Besonders phantasiebegabt bist du eigentlich nicht«, stellte er beiläufig am Abend nach ihrem Umzug fest. »Seltsam, daß du glaubst, solche Dinge sehen zu können. Klar, im Grunde sind das nichts anderes als Halluzinationen.« Er sah sie an und lachte. Sie saß auf der Bettkante und bürstete ihr langes seidiges schwarzes Haar. In ein paar Minuten würde sie ein Haarnetz über die Locken ziehen, ihr Gesicht mit einer dickflüssigen weißen Creme reinigen, aus ihrem gelben Kimono schlüpfen und das Licht ausschalten. Sie mochte alles mögliche sein, aber ganz bestimmt nicht der Typ Mensch, der Halluzinationen hat.

»Oh, das weiß ich«, erwiderte sie mit einer Haarnadel zwischen den Zähnen. »Ich weiß, das alles ist furchtbar lächerlich, und wahrscheinlich würde ein guter Psychiater dafür eine durchaus einleuchtende Erklärung haben. Aber genausogut könnte er auch vor einem unlösbaren Rätsel stehen.«

»Ich sehe mich schon im Büro zu spät kommen und mich damit entschuldigen, daß ich meine Frau eben bei ihrem Psychiater abgesetzt habe.«

»Zerbrich dir nicht länger den Kopf«, wehrte sie ab. »Ich hoffe, wir haben zum Frühstück noch genug Weizenflocken; ich hab' vergessen, welche zu kaufen.«

»Seit wir verheiratet sind, hast du sie doch nicht mehr gesehen, oder?«

»O nein.« Ein leises Lächeln spielte in ihrem Gesicht. »Nein, ich glaube, ich sag's dir, wenn es wieder passieren sollte.«

»Vielleicht hat das Ganze auch mit Sex zu tun.«

Catharine kicherte.

»Ich wette, daß ein Psychiater das als erstes sagen würde.« Ihre Augen hatten plötzlich einen rätselhaften Ausdruck. »Vielleicht stimmt es sogar.«

Eines Abends, sieben Monate nach ihrer Hochzeit, kehrte John erst spät von seiner Pokerrunde zurück. Er hatte ihr versprochen, er wäre bis ein Uhr nachts wieder zu Hause, doch er kam erst um vier. Leise betrat er die Wohnung und stellte überrascht und leicht verärgert fest, daß alle Lampen eingeschaltet waren. Er hatte sie für viel vernünftiger gehalten, als voller Zorn wachzubleiben und auf ihn zu warten. Er ging von Zimmer zu Zimmer und rief mit lauter, erzürnter Stimme »Liebling?« Als sie keine Antwort gab, betrat er das Schlafzimmer, schleuderte seinen Mantel auf einen Stuhl und begann, sein Zuspätkommen zu rechtfertigen, während er sich auszog.

»Ich konnte schlecht aufstehen und mich verabschieden, nachdem ich jedem sein Geld abgenommen hatte; und so lief es den ganzen Abend …«

Er blickte zum Bett und erschrak. Sie hatte sich zusammengerollt und unter ihre Decke verkrochen. Die Matratze bebte, als weinte sie schon seit mehreren Stunden.

»Catharine!« Er beugte sich über sie, und sein Verhalten tat ihm zutiefst leid, und er wollte sich entschuldigen. »Hast du dir solche Sorgen gemacht? Du hättest mich doch anrufen können.«

Sie zog die Decke von ihrem Gesicht.

»Oh, Liebling.« Sie setzte sich auf und hatte plötzlich wieder gute Laune. »Darling, sie waren eine Stunde lang da. Es muß schon eine ganze Reihe Stunden her sein, als ich sie entdeckte.«

»Was entdecktest?«

Sie lachte selig.

»Es hat mir wirklich nichts ausgemacht, daß du nicht zu Hause warst. Das war es gar nicht. Aber vor ein paar Stunden wußte ich plötzlich, daß sie dasein würden, deshalb stand ich auf und schaltete alle Lampen ein. Doch dabei hatte ich schreckliche Angst. Ich war nervös, weißt du, und ich kam mir so dumm vor.«

»Mein Gott«, seufzte er, »war das der Grund, warum du dich verkrochen hast?«

»Bitte denk jetzt nicht, du dürftest deshalb nicht mehr ausgehen. Das könnte ich nicht ertragen.« Sie nahm dankbar eine Zigarette und beugte sich vor, um sie anzuzünden. »Doch ich hab' sie wirklich gesehen.«

Er wußte nicht, ob er ihr glauben sollte oder nicht. Das Timing schien ihm einfach zu auffällig perfekt. Doch Catharine war kein melodramatischer Typ, und soweit er sich erinnern konnte, war sie nie sonderlich besitzergreifend gewesen. Sie war nicht berechnend und auch nicht raffiniert, und ihr Mangel an Sentimentalität hatte ihm im Grunde genommen immer mehr gefallen, als daß es ihn gestört hätte. Als er sie nun ansah, mißtrauisch, erschien ihm ihr Lächeln zu ehrlich, und ihre Augen zeigten einen zu seltsamen Ausdruck. Er wählte seine Worte mit Bedacht.

»Jetzt paß mal gut auf. Du darfst dich nicht zu sehr in etwas hineinsteigern. Du weißt, und ich weiß, wie verrückt die ganze Angelegenheit ist. Schließlich bist du nicht neurotisch, Darling.« Er wartete, dann wiederholte er seine letzte Feststellung: »Du bist nicht neurotisch, überhaupt nicht.«

Sie zupfte das verrutschte Haarnetz über ihren Lockenwicklern zurecht.

»Erinnerst du dich noch an die Geschichte mit den russischen

Kindern und der alten Hexe?« Ihre Stimme klang lebhaft. »Und an ein kleines Mädchen namens Magda, das immer vor ihr weglief? Nun, ich habe diese Geschichte gelesen, als ich noch klein war. Wenn ich es mir recht überlege, dann ähneln sie mehr und mehr den Hexen aus *Macbeth*.« Sie fröstelte. »Nur müßte es in diesem Fall heißen, ›wann treffen wir *vier* wieder zusamm'‹.«

»Es gibt Frauen, die erfinden solche Geschichten, damit ihre Männer zu Hause bleiben. Was wirst du denn tun, wenn ich zur Armee eingezogen werde? Was machst du dann?«

Sie tätschelte seine Hand.

»Deshalb mach dir keine Sorgen, bitte, zerbrich dir darüber nicht den Kopf. Immerhin bin ich einige Jahre lang ganz gut alleine zurechtgekommen.« Sie zuckte die Achseln. »Weißt du, sie tun überhaupt nichts. Sie erscheinen nur.« Seufzend lehnte sie sich an ihn. »Wahrscheinlich hätte ich dir gar nicht von ihnen erzählen sollen. Das nächste Mal sage ich auch nichts mehr.«

Er faßte sie bei den Schultern.

»Doch, das wirst du tun. Du wirst es mir jedesmal erzählen; du mußt es einfach tun. Und um Himmels willen«, krächzte seine Stimme, »sieh zu, daß du diesen seltsamen Ausdruck in deinen Augen loswirst.«

Am nächsten Morgen machte er den Vorschlag, sie sollten sich eine andere Wohnung suchen. In der kleinen von Sonnenlicht durchfluteten Küche erschien das Gespräch ihm derart närrisch, daß er sich eines Lächelns nicht erwehren konnte.

»Wir brauchen gar keinen Psychiater. Wir brauchen nichts anderes als ein Apartment ohne Schlafzimmerschrank. Komm, wir gehen gleich heute auf die Suche.«

Catharine erwiderte sein Lächeln, während sie den Kaffee einschenkte.

»Dürfte so etwas nicht ziemlich schwierig zu finden sein? Abgesehen davon, wenn ein solcher Schrank nicht im Schlafzimmer ist – ich weiß auch nicht, warum –, dann suchen sie sich bestimmt einen anderen Ort.«

Der Gedanke, sie zu einem Psychiater zu schicken, blieb bei ihm haften. Er haßte es allerdings, ihn ernsthaft in Erwägung zu ziehen. Er befürchtete, sie wäre verletzt oder wütend. Wahrscheinlich würde sie so tun, als stellten diese Erscheinungen gar keine Gefahr dar. Nachdem einige ereignislose Wochen vergangen waren, kam er allmählich zu der Überzeugung, daß das ganze Problem irgendwie völlig absurd war. Einige Leute, die er kannte, haßten Spinnen, und seit einem schweren Sturz im Alter von vier Jahren hatte er Angst vor unbeleuchteten Treppenhäusern.

Er ging abends nicht oft aus. Wenn er sich dazu entschloß, dann schaltete er stets im Schrank das Licht ein, ehe er ging, und weigerte sich einfach, an die Hexen zu denken, während er weg war. Doch er ging immer seltener aus. Er schied aus der Pokerrunde aus, und Catherine meinte dazu:

»Ich nahm an, du spielst so gerne Karten, Liebling. Und es ist doch recht nett für einen Mann, wenn er ab und zu einmal alleine ausgehen kann.«

»Das war etwas, um sich seine einsamen Junggesellenabende zu vertreiben.« Er sah sie etwas eindringlicher an und war sich sicher, daß sie nicht wußte, warum er zu Hause blieb.

Sie luden Freunde ein oder gingen gemeinsam aus, und die Abende, die sie alleine verbrachten, waren gemütlich und ausgeglichen. Sie nähte gerne, und er liebte es, über den Rand einer Zeitung hinweg zu beobachten, wie sie säuberlich die Nadel hin und her gleiten ließ. Aus den Wochen wurden Monate. Das Problem mit der Wehrpflicht regelte sich von selbst, da John aufgrund eines schlecht verheilten Schädelbasisbruchs für untauglich erklärt wurde. Er hatte diesen Unfall in seiner Kindheit völlig vergessen, doch nun konnte er nicht umhin, als irgendwie dafür dankbar zu sein. Sie legten sich ein paar patriotische Argumente zurecht und richteten sich ein gemütliches Eheleben ein. Dann mußte John eines Tages eine Dienstreise antreten, die ihn auch über Nacht in eine andere Stadt führte.

Er betrachtete die ganze Situation als nicht unbedingt gefährlich, bis er – er hatte es sich im Zug mittlerweile gemütlich gemacht – sich daran erinnerte, nicht das Licht im Schrank eingeschaltet zu haben. Sofort faßte er den Entschluß, so schnell wie möglich wieder nach Hause zurückzukehren, und verbannte jeden anderen Gedanken völlig aus seinem Bewußtsein. Er lieferte noch nicht einmal sich selbst eine Erklärung dafür, daß er am nächsten Morgen bereits um unchristliche fünf Uhr den Eisenbahnzug bestieg.

Als er die Tür des Apartments öffnete, zitterte er, und ihm

war schlecht. Sein Herz schien aufzuatmen, als er die Lampen nicht eingeschaltet vorfand und der Morgen langsam in die dämmrigen Räume eindrang. Auf Zehenspitzen tastete er sich ins Schlafzimmer und ließ den Mantel auf einen Stuhl fallen. Leise vor sich hinsummend und in der Hoffnung, daß seine Stimme sie aufwecken möge, trat er ans Bett.

Ein eisiger Schauer kroch ihm über das Rückgrat. Am Fußende des Bettes, vollkommen zugedeckt, gewahrte er ihren zusammengerollten Körper, der krampfhaft zuckte und zitterte. Erregt riß er die Decke weg.

»Catharine!« rief er. »Was, zum Teufel, ist passiert?«

Er packte ihre Handgelenke und zog sie hoch.

»Fühlst du dich nicht gut? Stimmt etwas nicht?« Er wiederholte die Frage voller Überheblichkeit und verschloß seinen Geist vor der Antwort. Ihre Augen blickten ihn aus schwarzen Ringen an. Nach einem Moment schüttelte sie den Kopf und begann, ihr Haarnetz zu ordnen. »Willst du mir keinen Willkommenskuß geben?«

»Du mußt das sofort unterlassen, Catharine.« Er ging zum Schrank, schaltete das Licht an und kam wieder zurück. »Wenn das heißen sollte, daß du sofort einen Psychiater aufsuchen mußt, dann mußt du sofort damit aufhören. Hast du mich verstanden?«

Sie lächelte ihn besänftigend an.

»Ich hatte noch nicht einmal genug Zeit, die Lampen einzuschalten«, plapperte sie. »Sobald ich hier hereinkam – die Dämmerung setzte gerade ein –, spürte ich irgendwie, daß es wieder passieren würde. Aber ich ging trotzdem ins Bett und las eine Weile, und das Gefühl hörte auf. Ich schaltete die Nachtischlampe aus und blickte hoch …«

»Red nicht weiter. Morgen suche ich einen guten Psychiater.«

Sie machte ein trauriges Gesicht.

»Darling, ich werde niemals einen Psychiater aufsuchen. Das habe ich mir schon vor langer Zeit geschworen.«

Er schlug ihr mit der flachen Hand ins Gesicht. Sie wich zurück und starrte ihn mit weitaufgerissenen Augen an.

»Liebling, bitte tu das nicht.«

»Wir müssen das Ganze beenden«, sagte er sanft.

»Das geht nicht«, widersprach sie ihm ebenso sanft. »Weißt

du, wenn ein Psychiater nun gar nichts unternehmen kann – ich meine, wenn das Ganze nicht richtig klappt –, dann wird alles bestimmt nur noch schlimmer.« Sie starrte den Schrank an. »Möglicherweise kommen sie dann heraus.«

Lange saß er auf der Bettkante. Er wußte nicht, wie lange er dort saß. Der Morgen erhellte das Schlafzimmer mehr und mehr. Die Lampe im Schrank erschien ihm wie ein mißtrauisches Auge. Ab und zu sah John auch zu Catharine. Sie trug einen pinkfarbenen Morgenrock mit Spitzenbesatz; so müde sie sein mußte, so frisch und unheimlich liebenswert und reizvoll erschien sie ihm. Und ihre Augen erwiderten seine Blicke mit einem aus Liebe geborenen Vertrauen.

Sie lächelte das Lächeln, über das er sich schon oft amüsiert hatte, wenn sie sich wegen einer unbedachten Bemerkung entschuldigte. Doch sie war anders. Er sah einen bösartigen Zug um ihre Lippen, ein seltsames Funkeln in ihren Augen. Er sprach sie nicht an und machte auch keine Anstalten, sich ihr zu nähern. An diesem Morgen spürte er, daß er nie mehr den Wunsch haben würde, sie zu berühren.

# Die Falle

von Jack Ritchie

McNally nahm den Telefonhörer ab. »Ja, bitte?«

Die Stimme gehörte einem Mann. »Mr. Amos McNally?«

»Ja.«

»Mein Name ist Hamilton, James Hamilton. Ich bin Vizepräsident der Zweigstelle der First National Bank im Southview Shopping Center.«

McNally war hochgewachsen und hager und Mitte Siebzig. Er nickte. »Das ist meine Bank.«

»Ja. Mr. McNally, ich habe gehört, daß Sie ein angesehener Bürger der Gemeinde sind. Ein Mann, dem man trauen kann.«

»Das nehme ich an. Warum?«

»Ich ... *wir* brauchen Ihre Hilfe, Mr. McNally. Ihre Mitarbeit.«

»Was haben Sie für ein Problem?«

»Es geht um einen Angestellten – einen Kassierer – in unserer Bank, der ... wie soll ich es ausdrücken ... den wir in Verdacht haben.«

»Was hat er denn angestellt?«

»Wir nehmen an, daß er die Bücher fälscht. Wenn ein Kunde tausend Dollar von seinem Konto abhebt, dann verbucht der Kassierer elfhundert und steckt die zusätzlichen hundert Dollar in seine eigene Tasche.«

»Das klingt aber recht einfältig. Warum sitzt der Kerl noch nicht hinter Gittern?«

»Er ist sehr, sehr clever, Mr. McNally. Irgendwie gelingt es ihm, die Fehlbeträge bis zum Feierabend auszugleichen, ehe wir seine Bücher überprüfen können. Das Ganze unterliegt gewissen technischen Regeln, die ausführlich zu erklären zuviel Zeit in Anspruch nehmen würde. Dafür haben wir – die Leitung der Zweigstelle und ich – beschlossen, daß der beste Augenblick, diesen Gauner zu schnappen, dann gegeben ist, wenn er gerade dabei ist, seinen speziellen Trick auszuführen.«

»Da kann ich Ihnen nur beipflichten«, erwiderte McNalley. »Und wo komme ich dazu?«

»Sie haben … Moment, ich schau mal nach … ich habe Ihre Kontenunterlagen gerade vor mir auf dem Schreibtisch … so um die zehntausend Dollar auf Ihrem Sparkonto?«

»Fünftausendzweihundertsechsundfünfzig Dollar und ein paar Cents«, sagte Mr. McNally. »Und den Rest in Obligationen und Sparverträgen. An letztere komme ich nur einmal alle sechs Monate heran. Ich hatte mir überlegt, mein ganzes Geld in Obligationen anzulegen.«

»Eine sehr gute Idee, Mr. McNally. Allerdings, wenn ich es recht überlege … Ah ja. Ich habe hier Ihre Kontoauszüge. Fünftausendzweihundertsechsundfünfzig Dollar und die zusätzlichen Cents. Aber auch Kleinvieh macht Mist, nicht wahr?«

»Um welchen Kassierer handelt es sich denn? Soweit ich mich erinnern kann, arbeiten bei Ihnen drei oder vier.«

»Ich glaube, ich sollte seinen Namen vorerst nicht nennen. Sie wissen ja, wie pingelig die Gerichte gerade in solchen Dingen sind. Wenn Sie jedoch in diesem Moment ans Fenster treten, dann entdecken Sie einen jungen Mann Ende Zwanzig mit schwarzen Haaren und einem Schnurrbart …«

»Ah ja«, sagte McNally. »Wissen Sie, dem habe ich eigentlich nie richtig getraut. Ich weiß, man sollte niemals etwas nach äußeren Verpackungen beurteilen, aber ich mag ihn nun mal nicht.«

»Möglicherweise ist Ihr Instinkt in der ganzen Sache weitaus zuverlässiger, als Sie ahnen. Nun, Sir, wir haben jetzt kurz nach neun Uhr. – Wir, die Verantwortlichen der Bank und ich – möchten, daß Sie zum Schalter des Kassierers gehen, um genau zehn Uhr, und fünftausend Dollar von Ihrem Konto entnehmen.«

»Fünftausend Dollar?«

»Wir denken gar nicht daran, Mr. McNally, von Ihnen eine Hilfe ohne Gegenleistung zu empfangen. Wir werden dafür sorgen, daß Sie zweihundert Dollar für Ihre Hilfe bei der Verhaftung des Gauners erhalten.«

»Zweihundert Dollar?« McNally massierte sein Kinn. Eine

kurze Pause entstand. »Wenn ich nun die fünftausend Dollar abhebe, was geschieht dann?«

»Sie stecken die Banknoten in einen Briefumschlag und verlassen die Bank. Dann suchen Sie einen kleinen Park am Einkaufszentrum auf.«

»Sie meinen den Darrow Square?«

»Ja, genau den. Sie gehen also dorthin, setzen sich auf eine Bank und warten auf mich. Ich werde innerhalb von fünf oder zehn Minuten dort sein.«

»Soll ich mich auf eine bestimmte Bank setzen?«

»Das ist nicht nötig. Setzen Sie sich, wohin Sie wollen. Ich werde Sie schon erkennen. Wenn ich nun da bin, dann geben Sie mir den Umschlag.«

»Ich soll Ihnen den Umschlag aushändigen?«

»Ja, der ist nämlich das Beweisstück, und das brauchen wir.«

»Aber …«

»Sie brauchen sich absolut keine Sorgen zu machen, Mr. McNally. Unsere Bank haftet für den gesamten Betrag. Es ist lediglich eine reine Formsache, um den gesetzlichen Vorschriften zu genügen, aber wir brauchen das Geld, wenn die Polizei die Verhaftung vornimmt. Gleich anschließend werde ich Ihnen Ihr Geld zurückgeben. Der ganze Vorgang dürfte nicht länger dauern als eine halbe Stunde. Und bedenken Sie, wir zahlen Ihnen zweihundert Dollar für Ihre Mithilfe. Das ist doch kein schlechter Zins für einen Kredit von fünftausend Dollar bei einer Laufzeit von einer halben Stunde, nicht wahr, Mr. McNally?«

»Und ich soll auf dem Darrow Square warten, bis Sie mit meinem Geld zurückkommen?«

»Genau so, Mr. McNally. Sie warten dort auf mich.«


In der Telefonzelle wartete der Mann, der sich als Hamilton vorgestellt hatte, genau drei Minuten, dann wählte er erneut McNallys Nummer.

McNally meldete sich. »Ja, bitte?«

Hamilton konnte seine Stimme recht gut verstellen. »Kann ich mal Bill sprechen?«

»Bill? Hier gibt es keinen Bill.«

»Ist das denn nicht der Anschluß 674-4778?«

»Nein. Ich habe 674-4779.«

»Oh, Entschuldigung, dann habe ich mich wohl verwählt.«

Er wartete weitere drei Minuten und wählte dann McNallys Nummer ein drittes Mal. Als das Rufzeichen ertönte, legte er sofort auf.

Prima. Die Leitung war jedesmal frei gewesen. Wenn die Trottel nicht innerhalb der ersten fünf oder sechs Minuten die Polizei anriefen, waren die Chancen recht günstig, daß sie darauf hereingefallen waren.

Hamilton kehrte zur Bar zurück und bestellte sich einen Whisky Soda.

Von seinem Barhocker aus konnte er die Vorderfront von McNallys dreistöckigem Apartmenthaus bestens überblicken. Diese zusätzliche Sicherung, seine Opfer beobachten zu können, kam ihm stets sehr gelegen. Mehr als einmal hatte er miterleben können, wie ein Streifenwagen auftauchte, wenn sein Opfer doch mißtrauisch geworden war und die Polizei benachrichtigt hatte.

Hamilton nippte an seinem Drink.

Warum fielen die eigentlich so leicht auf seine Geschichte herein?

Unwissenheit, Dummheit, Altersschwachsinn. Manchmal auch alle drei zusammen, oder?

Am vorhergehenden Tag hatte Hamilton den Vormittag in der Lobby der First National Bank im Southview Shopping Center verbracht. Er hatte die ganze Zeit den Kassenschalter im Auge behalten. Es war der zweite Tag des Monats, und es herrschte ungewöhnlich viel Betrieb, da die Pensionsschecks und die Schecks der Sozialhilfe eingelöst wurden.

Er hatte sich für Amos McNally entschieden.

McNally paßte genau ins Bild. Er war siebzig oder darüber. Gut gekleidet. Eine gepflegte Erscheinung.

Hamilton war ihm gefolgt, als McNally die Bank verließ.

McNally brachte vier Blocks zügig zu Fuß hinter sich, ehe er das dreistöckige Apartmenthaus betrat. Hamilton, der einen Block zurückging, war außer Atem, als er kurz danach das kleine Foyer betrat und die Namen auf den verglasten Hausbriefkästen studierte.

Offensichtlich war soeben erst der Briefträger da gewesen. In allen Briefkästen steckte Post, bis auf einen, der war leer. Offensichtlich hatte Amos McNally seine Post entnommen und war unterwegs zu seinem Apartment.

Nun sah Hamilton auf seine Uhr, als er beobachtete, wie Amos McNally das Wohnhaus verließ und in Richtung Einkaufszentrum losmarschierte.

Hamilton leerte hastig sein Glas und folgte dem Mann. Er war schon wieder außer Atem, als McNally im Gebäude der First National Bank verschwand.

Nach etwa zehn Minuten verließ McNally das Gebäude wieder. Er hielt auf den begrünten Platz mit seinen Parkbänken zu. Auf einer ließ er sich nieder.

Hamilton wartete weitere fünf Minuten, dann näherte er sich seinem Mann. »Mr. McNally?«

McNally blickte auf. »Hamilton? Der Vizepräsident der Bank?«

Hamilton nickte. »Sie haben das Geld?«

McNally holte einen Briefumschlag aus der Innentasche seines Mantels. »Sie sagten doch etwas von zweihundert Dollar?«

»Natürlich.« Hamilton holte seine Brieftasche hervor und entnahm ihr zwei Hundert-Dollar-Noten. »Bitte sehr, Sir. Und die Bank bedankt sich bei Ihnen für Ihre Hilfsbereitschaft.«

Hamilton blickte auf den Briefumschlag. Das Geld war wirklich darin. »Ich gehe jetzt zurück zur Bank, und dann schnappen wir uns den Gauner. In einer halben Stunde bin ich sicher zurück.«

Er machte ein paar Schritte, bis er eine Hand auf seiner Schulter spürte. Er wandte sich um und sah sich zwei Männern gegenüber, von denen ihm sein Instinkt mitteilte, daß sie Detektive waren.

Der größere der beiden ergriff das Wort. »Sie sind verhaftet. Sie haben das Recht, die Aussage zu verweigern. Wenn Sie keinen …«

Hamilton schloß die Augen und hörte sich die Formel bis zu ihrem bitteren Ende an.

McNally gesellte sich zu ihnen und übernahm Hamiltons Verteidigung. »Ich habe fünfzehn Minuten gewartet, ehe ich anrief.« Er grinste. »Ich war vierzig Jahre bei der Truppe, bevor ich aus dem Dienst ausschied, und die letzten zehn Jahre war ich Chef der Abteilung für Trickbetrügereien. Ich glaube, damals hab' ich eine ganze Menge über Bauernfängerei gelernt.«

Hamilton seufzte. Etwa alle fünf Jahre erlebte er einen Tag wie diesen. Das brachte ihn zu der Überlegung, ob sich die ganze Sache wirklich noch lohnte.

Man sollte erst einmal nach Beweisen suchen –
was allerdings nur selten getan wird

## Eine sehr seltene Krankheit

von Henry Slesar

Spiro betrat das Restaurant als erster und nahm auf einem halb-
runden Ledersofa Platz, wo er sich einen kalten, trockenen
Martini genehmigte und den Gesprächen der Mittagsgäste
lauschte. Laute Gespräche, leise Gespräche, Geschäfte, Geschäfte, Geschäfte; es wurde über die gleichen Themen geredet
wie in jedem anderen Restaurant in jeder Stadt, wohin sein Ver-
käuferjob ihn und seinen schwarzen Aktenkoffer verschlagen
hatte. Heute jedoch gingen ihm diese Gespräche auf die Nerven.
Heute hatte Spiro große Sorgen.

O'Connor tauchte gegen 12 Uhr 30 auf. Er tönte »Willkommen daheim, Joe. Hast du sie in Chicago ans Kreuz genagelt?«

Spiro machte Platz für seinen Mitesser und griff nach einem
Löffel. »Klar, ich hab's ihnen richtig gezeigt, und wie.« Er
klopfte mit dem Löffel gegen ein Glas und erzeugte einen klaren, hellen Glockenton, der den Kellner in ihre Richtung blicken
ließ. »Auch einen Martini, ja?«

»Erraten«, erwiderte O'Connor grinsend. »Ehrlich gesagt,
Joe, ich beneide dich. Ich hasse es, hinter einem Schreibtisch versauern zu müssen. Ich würde am liebsten auch reisen.«

»Mir gefällt's«, sagte Spiro.

»Was stimmt denn dann nicht mit dir? Du siehst so aus, als
hättest du Sorgen.«

»Habe ich auch.«

»War deine Reise erfolglos?«

»Nein, im Gegenteil. Die letzten drei Wochen waren die
ertragsreichsten seit einem Jahr. Ich mache mir nicht wegen meiner Geschäfte Sorgen. Es geht um die Gesundheit.«

»Tatsächlich? Hast du Probleme, Joe?«

Spiro fiel regelrecht in sich zusammen.

»Nein, nein, ich nicht. Katherine.«

»Deine Frau?«

»Ja. Ich glaube, das Schlimmste ist überstanden, aber für eine Weile hat sie mir wirklich Angst gemacht. Die letzten drei Tage waren für mich die reinste Hölle …«

»Nun, was ist denn passiert?«

»Es muß vor zwei Wochen angefangen haben, als ich sie aus Chicago anrief, um ihr kurz hallo zu sagen. Sie klagte über Kopfschmerzen, eine seltsame Benommenheit, nichts Ernstes. Aber genauso ist es ja damit – man stellt praktisch keine Symptome fest. Das macht die ganze Sache ja so unheimlich.«

»Was denn, um Himmels willen?«

»Diese Krankheit. Ich hab' vergessen, wie sie richtig heißt – Mono … Monotheocrosie oder so ähnlich. Es ist ein sehr seltenes Leiden, eine von diesen medizinischen Monstrositäten, die alle hundert Jahre auftauchen. Es gibt so gut wie überhaupt keine eindeutigen Symptome; der Arzt meinte sogar, daß einige Menschen nichts davon bemerken, bis es zu spät ist.«

O'Connors Mund klappte auf. »Heißt das, die Sache ist tödlich?«

»Stimmt. Wenn man es nicht rechtzeitig merkt –« Spiro schnippte mit den Fingern, »– dann war's das.«

»Aber sie ist doch wieder okay, ja? Du hast es doch rechtzeitig bemerkt, oder?«

»Ja, Gott sei Dank. Es war ein reiner Zufall, der uns gerettet hat. Mein Arzt kam am Donnerstagabend zum Bridge zu uns. Ich erzählte ihm von Kathys Erkältung, und er untersuchte sie schnell. Ihm kam es so vor, als sähe sie etwas sonderbar aus, deshalb beschloß er, eine Blutuntersuchung durchzuführen; und dabei fand er diesen verrückten Erreger. Er hat seine Sache verdammt gut gemacht – für uns beide.«

»Wie meinst du das?«

»Diese Monotheocrosie – die ist ansteckend wie der Teufel. Zwei Tage später hätte ich wahrscheinlich diesen Erreger auch im Blut gehabt.«

O'Connors Drink wurde gebracht, und er kippte ihn dankbar hinunter.

»Aber was hast du denn dagegen getan? Gibt es eine Heilung?«

»Das war auch meine erste Frage. Mein Arzt war anfangs auch ein wenig ratlos, aber glücklicherweise erinnerte er sich an den Namen des Mannes, der sich eingehend mit dieser Krankheit beschäftigt hatte. Es ist ein Dr. Hess, und er hat seine Praxis im dritten Stock des Birch Building. Wir sind sofort hingefahren und haben mit ihm gesprochen, und er hat uns beruhigt. Er meinte, vor zehn, zwölf Jahren hätte man dagegen nicht allzuviel tun können, doch nun hätte man Medikamente entwickelt, die die Krankheit in den Griff bekommen. Ich war so erleichtert, daß ich beinahe angefangen hätte zu heulen.«

»Junge, Junge! Kein Wunder, daß du so kaputt aussiehst. Das war sicher ein schlimmes Erlebnis, nicht wahr?«

»Das kann man wohl sagen«, pflichtete Spiro ihm bei und leerte sein Glas.

Sie verließen das Restaurant gegen zwei Uhr, und Spiro verabschiedete sich von O'Connor an der Ecke Achtundfünfzigste und Madison. Dann winkte er ein Taxi heran und nannte dem Fahrer die Adresse des Birch Building.

Nach zehn Minuten traf er dort ein. In der Lobby blieb er am Zeitungsstand stehen und kaufte sich eine Schachtel Zigaretten. Er zündete eine an und betrat den Fahrstuhl. »Dritter Stock«, teilte er dem Fahrstuhlführer mit.

Auf dem Korridor herrschte hektische Betriebsamkeit, hervorgerufen durch die Angestellten, die nach der Mittagspause wieder ihre Arbeitsplätze aufsuchten. Er blieb weitere zehn Minuten in der Nähe des Fahrstuhls, und die Korridore leerten sich allmählich.

Um 2 Uhr 30 trat O'Connor aus dem Fahrstuhl, sah sich auf dem Korridor suchend um und wandte sich dann nach links.

Spiro machte sich bemerkbar. »O'Connor!«

O'Connor fuhr herum, machte ein verwirrtes Gesicht und kam dann auf seinen Freund zu.

»Ich wollte nur ganz sichergehen«, erklärte Spiro, »du miese Ratte.« Dann holte er mit geballter Faust aus und setzte sie voll in O'Connors Gesicht. O'Connor stieß einen Quieklaut aus und landete wie ein nasser Sack auf den Marmorfliesen. Spiro, der sich besser fühlte als jemals zuvor, drückte auf den Abwärts-Knopf.

Die Wunder der modernen Technik!

## Zwei kleine Fläschchen

von Elsin Ann Graffam

Er erwachte um 6 Uhr 55, fünf Minuten bevor der Wecker klingelte. Er drehte sich auf die Seite und betrachtete mit leidenschaftslosem Interesse die Frau, die schlafend neben ihm lag.

Was für eine Kuh, dachte er. Wenn er sich vorstellte, neben wem er in diesem Moment liegen könnte –

Seufzend richtete er sich auf, saß auf der Bettkante und schaltete den Wecker aus.

»Ist es schon sieben?« fragte Joanne schläfrig. »Ich mache Frühstück. Möchtest du Pfannkuchen, Liebling?«

»Jaja«, erwiderte er und sah seine Frau dabei nicht an.

Ihr banales Geschwätz beim Frühstück wirkte auf ihn beinahe tödlich.

»Und die Frau, die den Jackpot gewonnen hat, die war reich und kam aus Great Oaks – kannst du dir das vorstellen? Warum gewinnen eigentlich niemals arme Leute?«

Kuh, dachte er und stand auf. »Ich mach' mich besser auf den Weg«, sagte er und schlüpfte in seinen Mantel.


Die Fahrt zur Arbeit war angenehm. Nach dem Frühstück mit Joanne richtig friedlich.

Er suchte im Radio seinen Lieblingssender und fuhr langsam und dachte dabei an Chris. Chris mit ihrem langen goldenen Haar, ihrer jugendlichen Figur, ihren blauen Augen.

»Du wirst über sie hinwegkommen, Bill«, hatte Joanne ihm mindestens hundertmal gesagt, hatte ihn aufgemuntert und ihm verziehen. Die vorbildliche, duldsame, leidende Ehefrau. Verdammte Kuh! dachte er.

Er lenkte den Wagen auf den riesigen Parkplatz der Willsin

Chemiewerke und parkte in der Box mit dem Namensschild MR. REED.

Es war angenehm, dachte er, erst siebenundzwanzig Jahre alt und trotzdem schon Produktionsleiter mit seiner eigenen Parkbox zu sein. Das Willsin Chemiewerk war noch relativ jung, doch es wuchs rasant. Vielleicht schon in fünf Jahren, höchstens in zehn würden sie zur gleichen Kategorie wie zum Beispiel Dun & Bradstreet gehören.

Er hatte von allem das beste vorzuweisen – College, gute Beziehungen, sein Aussehen, Ehrgeiz; alles war da, nur nicht die richtige Frau.

Niemals konnte er seine Kollegen und deren Frauen zu sich zum Essen einladen. Sie bekämen eines von Joannes ungenießbaren Rezepten vorgesetzt – überbackenen Thunfisch zum Beispiel. Sie würde den Mund aufmachen und sagen: »Und die Frau, die den Jackpot gewonnen hat, die war reich und kam aus Great Oaks – können Sie sich das vorstellen?«

Von innerem Schmerz gepeinigt, schloß er den Wagen ab und eilte in sein Büro im Verwaltungsgebäude des Werks.

Ich hätte sie mit viel Geld loswerden können, dachte er. Ich hätte sie bezahlen und eine Abtreibung organisieren können. Aber so was tut ein Tugendbold nicht. Ich hab' sie statt dessen geheiratet.

Und dann hat sie eine Fehlgeburt. Und ich stehe da. Mit einer *Kuh!* Einer –

»Guten Morgen, Mr. Reed.«

»Guten Morgen, Susan«, begrüßte er die Buchhalterin.

»Wir haben einen ganzen Stapel Bestellungen für diesen neuen Sprengstoff. Harper Construction Company, Mideast Construction, Fallstaff.« Sie blätterte die Bestellzettel durch.

»Nun, das Zeug ist gut, billig und räumt gründlich auf.«

»Und dabei braucht man davon nur ganz geringe Mengen«, fügte sie hinzu.

Plötzlich bekam er weiche Knie und fühlte sich leicht benommen. Er setzte sich hin.

»Ist irgendwas?« fragte sie.

»Nein. Mir ist nur gerade was durch den Kopf gegangen, mehr nicht.«

Joanne schaute auf die Bratpfannenuhr an der Küchenwand. Fünf vor zehn. In ein paar Minuten fingen ihre Fernsehprogramme an. Sie schenkte sich ein Glas Mineralwasser ein und schlurfte ins Wohnzimmer, um den Fernsehapparat einzuschalten. Sie legte die in Filzpantoffeln steckenden Füße auf die Couch und machte es sich bequem.

In sieben Stunden käme Bill nach Hause. Vielleicht. In der vorhergehenden Woche war er an drei Abenden hintereinander erst spät in der Nacht heimgekehrt. Wie spät genau, hatte sie nicht feststellen können; sie hatte bereits geschlafen. Er machte sich nicht mehr die Mühe, sie anzurufen und Bescheid zu sagen, daß er später käme. Er kam ganz einfach nicht nach Hause. In ihrer Enttäuschung verschlang sie ihr Abendbrot – und seine Portion gleich mit. Jedes der fünfundfünfzig Pfunde Übergewicht war allein seine Schuld.

Sie war entschlossen, sich mit seiner Schürzenjägerei abzufinden. Irgendwann käme er zur Ruhe und würde erkennen, was für ein gemütliches, heimeliges Nest sie ihm geschaffen hatte. Und was noch wichtiger war, er würde auch erkennen, daß er sie immer noch liebte wie ganz am Anfang. Er würde wieder vernünftig werden. Sie brauchte nichts anderes zu tun als zu warten.

Die erste Fernsehshow, *Mister Dollar*, begann. Sie lehnte sich zurück und ließ sich vom Geflimmer auf dem Bildschirm entführen.


»Du bist heute so seltsam angespannt, Liebling«, stellte Chris fest und zog ihren Morgenmantel an.

»Mir geht eine ganze Menge durch den Kopf.«

»Armer Schatz.«

»Es ist – ich hab' in der Firma ziemlich viel zu tun.«

»Nun, ich hab' auch meine Probleme.«

»Ich weiß, ich weiß.« Bill zündete eine Zigarette an. Manchmal nörgelte sie mehr, als ihm lieb sein konnte.

»Ich meine, ich habe keine Lust, so lange auf die Ankunft meines Schiffes zu warten, daß mein Pier vorher zuammenbricht.«

Er lächelte trotz seiner schlechten Laune. »Es dauert nicht

mehr so lange. Irgendwann in allernächster Zeit wird Joanne endlich begreifen, was los ist, und in die Scheidung einwilligen.«

»Und ich werde eines Tages in der Lotterie das große Los ziehen.«

»Aber Chris, jetzt hör doch auf. Hab noch etwas Geduld. Wir sind doch trotz allem zusammen, oder etwa nicht?«

»Sicher«, meinte sie. »Möchtest du noch etwas trinken?«

Er nickte. Seine Gedanken kehrten wieder zu den zwei kleinen Glasfläschchen zurück, die er in seine Jackentasche gesteckt hatte. Sie während des Mittags zu besorgen war lächerlich einfach gewesen. Jetzt brauchte er sich nur noch zu überlegen, wie er die beiden Chemikalien am besten miteinander kombinierte.

Das Telefon klingelte.

»Verdammt«, schimpfte Chris und ging hin, um den Höhrer abzunehmen. »Ich wette, das ist Mutter – *schon wieder.*


Der Wecker meldete sich um 6 Uhr 30. Schnell streckte er die Hand aus und brachte ihn zum Schweigen. Joanne schlief noch, wie er erleichtert feststellte. Er stahl sich aus dem Bett, schlich auf Zehenspitzen aus dem Schlafzimmer und huschte die teppichbelegte Treppe hinunter in die Küche. Die beiden Fläschchen befanden sich in der Besteckschublade, wo er sie am Abend vorher deponiert hatte.

Der besondere Vorteil des neuen Sprengstoffs bestand nicht nur darin, daß man nur sehr wenig brauchte, um eine Sprengung durchzuführen, wie Susan es gesagt hatte, sondern daß die Explosion schon durch die geringste Vibration – zum Beispiel das Klingeln eines Telefons – ausgelöst werden konnte. Getrennt voneinander waren die beiden chemischen Substanzen absolut ungefährlich. Miteinander kombiniert, würden sie, so schätzte er, das gesamte Erdgeschoß zu Staub zerblasen. Und Joanne gleich mit.

Er wußte, daß sie sich in ihrer ganzen fetten Pracht um zehn Uhr auf die Couch fallen ließ, um sich ihre ach so wichtigen Fernsehshows anzusehen. Das Telefon stand auf dem Beistelltischchen neben dem Sofa. Um viertel nach zehn würde er seine Nummer wählen. Die durch das Klingeln verursachte Vibration würde sicher ausreichen, um die Angelegenheit ein für allemal zu erledigen.

Einen Moment lang preßte er die Hände gegeneinander, um das Zittern zu unterdrücken. Dann, nachdem er das Telefongehäuse geöffnet hatte, brachte er je einen Tropfen Dioxorb und Riantrin auf die Klingel.

Hörte er sie etwa schon die Treppe herunterkommen? Er hielt den Atem an und lauschte. Nein, das war nur sein eigenes Herzklopfen. Sanft – *ganz sanft* – schloß er wieder das Gehäuse des Telefonapparates. So. Das war es –

Sie hatte die ganze Nacht über ihn und sein ›Hab Geduld‹ nachgedacht, unfähig, zu schlafen, und mit jeder verstreichenden Stunde wütender werdend. Viel zu lange hielt er sie hin. Wie sollte sie diese lange Wartezeit ihrer Mutter, ihren Schwestern, ihrem Bruder, ihren Freunden plausibel machen?

Nun, ein frühmorgendlicher Anruf bei ihm zu Hause müßte ihm eigentlich klar machen, wie ernst es ihr tatsächlich war! Wenn ihr Ruf nur endlich durchkäme. Sie ließ die Gabel wieder hochschnellen und wählte erneut.

# Wie in der guten alten Zeit

von Betty Ren Wright

»Ich gebe diesen schlimmen Büchern die Schuld an seinem Tod«, erklärte Miss Mackey dem Sergeant. »Natürlich nur indirekt. Ich denke durchaus liberal, da können Sie ganz beruhigt sein, aber ich glaube doch, daß Buchverleger eine gewisse Verantwortung tragen. Haben Sie schon mal gesehen, was für ein Schund jeden Tag in den Drugstores und Supermärkten verkauft wird?«

Sie sah eigentlich nicht wie ein liberal denkender Mensch aus. Der Sergeant betrachtete verstohlen ihre schlanken weißen Hände, erfahren im Umgang mit feinem Porzellan, und verspürte ein Gefühl der Nostalgie für ein Zeitalter, das er nie kennengelernt hatte. In den wenigen Stunden ihrer Bekanntschaft hatte er ein sehr herzliches Gefühl der Sympathie für Miss Mackey entwickelt, und er konnte nicht begreifen, warum. Sie glich überhaupt nicht seiner Mutter – seiner lauten, launenhaften, aufdringlich freundlichen Ma – oder seinen nicht minder lauten, ebenso aufdringlichen Schwestern und Tanten. Vielleicht war es genau das, dachte er und vergaß über dem Vergnügen, das er empfand, als er ihr beim Einschenken des Tees in die feinen Porzellantassen zuschaute, den traurigen Anlaß seines Besuchs bei ihr. Vielleicht mochte er sie auch deshalb, weil sie für ihn die andere Seite des Mondes darstellte, den unerfüllten, vielleicht sogar unerkannten Traum davon, wie eine Frau beschaffen sein sollte.

»Und nun zu Mr. Higgins«, sagte sie mit entwaffnender Direktheit, nachdem sie einen ersten Schluck von ihrem Tee gekostet hatte. »Er ist ein wahrlich überzeugendes Beispiel für das, was ich meine. Wenn er nicht solche Bücher gelesen hätte – wenn er nicht solche Gedanken gedacht hätte! –, dann, so wage

433

ich zu behaupten, wäre er ganz bestimmt in diesem Moment noch am Leben.«

Der Sergeant stellte seine Tasse zurück auf die Untertasse. »Ich begreife nicht ganz –«, begann er vorsichtig, doch sie war geradezu begierig, ihre Theorie ausführlich zu erläutern.

»Stets hatte er eines von diesen schlimmen Büchern in einer der Taschen seines Overalls«, erzählte sie. »Sie wissen schon, diese schlimmen Dinger mit solchen *Titelbildern*. Dauernd suchte er Gelegenheiten, darin zu lesen – ich hab's selbst gesehen –, und diese Gemeinheiten und der Schmutz erregten nur seine Neugier. Eine schlüpfrige Neugier, junger Mann.« Sie reichte ihm einen Teller mit zierlichen Keksen, doch er lehnte dankend ab. »Warum sonst hätte er sich hinter meinen Vorhängen verstecken sollen?«

»Vielleicht wollte er Sie berauben«, äußerte der Sergeant eine Vermutung, doch Miss Mackey wollte davon nichts wissen.

»Unsinn! Als Hausmeister dieses Gebäudes hatte er zu jedem Apartment einen Schlüssel, und dann wußte er genau, daß ich jeden Dienstagvormittag in meinen Buchclub ging und daß ich Freitagvormittag immer meine Lebensmittel einkaufte, also hatte er hinreichend Gelegenheit, meine Wohnung zu betreten, wenn er etwas stehlen wollte.« Sie schüttelte mit Entschiedenheit ihren zierlichen weißen Kopf. »Nein, Sergeant, fleischliche Gier war sein Problem, und sein Schuldgefühl hat ihn schließlich den Tod suchen lassen. Als ich ihn entdeckte und schrie, drehte er sich um und kletterte aus dem Fenster, als hätte er völlig den Verstand verloren. Er war in diesem Moment das Bild von einem von seiner Schuld getriebenen Menschen.«

Es gefiel ihm, dachte der Sergeant, daß Miss Mackey nichts Sonderbares darin sah, daß Mr. Higgins ihr nachspionierte anstatt einer der jüngeren Frauen, die ebenfalls in dem Haus wohnten. Mit einem Gefühl des Bedauerns stellte er seine Tasse wieder zurück. »Nun, ich will Sie nicht länger belästigen«, erklärte er. »Sie waren sehr freundlich und hilfsbereit, und ich bin überzeugt, daß Sie nach diesem schlimmen Erlebnis sicherlich müde sind. Haben Sie vielen Dank für den Tee.«

Sie begleitete ihn zur Tür. »Sie sind überhaupt nicht so, wie man sich gewöhnlich einen Detektiv vorstellt«, sagte sie. »Sie sind sehr jung. Und Sie haben so eine gewisse – Würde.«

Der Sergeant erstarrte für einen kurzen Moment. Seine Eltern hätten bei dieser Vorstellung gebrüllt, und seine Brüder und Schwestern hätten sich nicht mehr eingekriegt! Würde, dachte er, und dann sagte er sich, daß ihm diese Feststellung durchaus gefiel, solange niemand sonst sie hören konnte.

Westerberg wartete in der Halle.

»Und?« fragte er.

»Eine feine alte Lady.«

»Die Hausmeister aus Fenstern wirft.«

Der Sergeant ging voraus zum Streifenwagen und hatte das Gefühl, sich verteidigen zu müssen. »Na schön, ein paar Leute haben gehört, wie sie ihn wegen seiner schmutzigen Bücher beschimpft hat«, sagte er unwirsch. »Macht sie das schon zu einer Mörderin? Sie gibt ja zu, daß sie mit ihm darüber gesprochen hat – um ihm zu helfen. Sie glaubte, sie tat nur ihre Pflicht.«

»Sie hat ihn bedroht«, widersprach Westerberg geduldig. »Er hat sich mit anderen Leuten im Haus darüber unterhalten; er hielt das Ganze eher für einen Scherz. Sie prophezeite ihm, er bekäme seine Strafe, wenn er seinen sündigen Lebenswandel beibehielte, und daß seine bösen Gedanken sich schon in seinem Gesicht abzeichneten. Sie stellte sich an wie eine Irre.«

»Sie ist doch nur eine nette alte Dame, die versucht, die Welt ein wenig in Ordnung zu bringen«, hielt der Sergeant ihm entgegen. »Wer immer das zu einem Verbrechen aufbauschen will, ist nicht ganz bei Trost.«

Während er sich rasierte, dachte er über Miss Mackey nach, und während des Abendessens erwähnte er sie gegenüber seiner Freundin, und anschließend träumte er, daß er sich unter einem uralten Eichenbaum, der mit Spanischem Moos überwuchert war, zu einem Duell stellen mußte.

Am nächsten Morgen lag auf seinem Schreibtisch im Revier ein Bericht, und Westerberg saß auf einem Stuhl und balancierte eine Tasse Kaffee in der Hand. Als er die Lektüre des Berichts beendet hatte, saß der Sergeant lange Zeit unbeweglich da und starrte den Riß in der eierschalenfarbenen Wand vor ihm an.

»Ich war nie so jung wie du, als ich so jung war wie du«, sagte Westerberg, nachdem er die Kaffeetasse geleert hatte und das Schweigen nahezu unerträglich geworden war. »Willst du, daß ich die alte Dame abhole, während du versuchst, über deine zerstörten Illusionen hinwegzukommen?«

»Hol sie!« stieß der Sergeant hart hervor. »Warum überhaupt? Willst du sie tatsächlich auf den elektrischen Stuhl setzen, nur weil in diesem Bericht steht, in ihrer letzten Wohnung sei ebenfalls jemand ums Leben gekommen?«

»Nicht gerade jemand.« Westerberg stellte die Kaffeetasse auf die Fensterbank und schob sie zurecht, daß ihr Boden genau auf den bereits vorhandenen braunen Ring paßte. »Ein Fensterputzer; ein ordentlicher, anständiger Knabe, der eine Ehefrau, eine Mutter, eine Schwester und deren beide Kinder zu versorgen hatte. Seit siebzehn Jahren putzte er dort Fenster, und niemals gab es Klagen über ihn, er kümmere sich nicht um seine eigenen Angelegenheiten, bis Miss Mackey dort einzog. Zweimal zeigte sie ihn wegen Voyeurismus an – und als er beim dritten Mal zufälligerweise ihre Fenster putzte, stürzte er aus dem siebten Stock ab und brach sich das Genick.«

Der Sergeant sackte auf seinem Sessel in sich zusammen und dachte an seinen heroischen Kampf im Schatten der mächtigen Eiche. »Man kann doch eine alte Dame nicht deshalb verhaften, weil sie zufälligerweise zugegen war, als zwei Menschen starben«, sagte er, »ganz gleich, ob sie sie mochte oder nicht.«

»Eines erkläre mir doch mal«, sagte Westerberg mit einer aufreizenden Sanftheit. »Hat die alte Dame dir gegenüber den Fensterputzer erwähnt? Hat sie dir erzählt, Mr. Higgins sei der zweite Mann gewesen, der sich auf ziemlich überstürzte Art und Weise ihrer eleganten Gesellschaft entzogen hätte?«

Der Sergeant sah ihn mit einem Ausdruck an, der bereits an Haß grenzte. »Nein«, gab er zu. »Zufälligerweise hat sie das nicht erwähnt. Wahrscheinlich nahm sie an, wir würden es ebenso interpretieren wie sie selbst, nämlich als einen besonders gespenstischen Zufall.«

»Herr im Himmel!« rief Westerberg aus, aber er setzte die Diskussion nicht fort.

Den Rest des Tages verbrachten sie damit, die übrigen Bewohner des Apartmenthauses zu vernehmen. Die meisten von ihnen hatten Mr. Higgins flüchtig gekannt; keiner hatte jemals angenommen, daß er irgendwie seltsam gewesen sei, obgleich alle zugaben, ihn mit ganz bestimmten Büchern gesehen zu haben, und daß er stets über die jüngsten Mordfälle bestens informiert war und jederzeit bereit, sich ausführlich darüber zu unterhalten. Drei Bewohner berichteten, in den vergangenen beiden Monaten anonyme Briefe erhalten zu haben: ein Junggeselle, der ein Aktgemälde in seiner Wohnung hängen hatte; ein Modell, das nur mit einem Bikini bekleidet für ein Magazin posiert hatte, und eine junge Schauspielerin, die in dem Brief beschuldigt worden war, einen Mann über Nacht bei sich in der Wohnung behalten zu haben. Jeder dieser Briefe schloß mit einer Warnung vor einer bevorstehenden Strafe; kein Brief war jedoch ernst genommen worden. Die Empfänger konnten sich daran erinnern, daß sie auf grauem, sehr dünnem Papier mit einer feinen, gestochen scharfen Handschrift geschrieben worden waren.

Während er seine Aufzeichnungen durchging, fragte sich der Sergeant, warum er unmöglich etwas Schlechtes von Miss Mackey glauben konnte. Wer konnte schon mit Sicherheit sagen, ob ihre selbstgerechte Unschuld und Naivität sich nicht hinter diesen strahlenden blauen Augen in eine verdrehte, perverse Wahnvorstellung verwandelt hatten? Er war einfach nicht bereit, eine solche Möglichkeit in Betracht zu ziehen. Wütend erledigte er seine Tagesarbeit, und am Ende besuchte er sie noch einmal und wunderte sich über das Gefühl des Nachhausekommens, das er empfand, als er sich im Salon niederließ.

*Salon*, dachte er. Das Wort allein ließ vor seinem geistigen Auge ein Bild voller Plüsch und Samt und Chinaporzellan entstehen; eine Seth-Thomas-Uhr; in Leder gebundene Bücher, friedvolles Schweigen, das jeden Gegenstand einhüllte. Dann erinnerte er sich an seine Jugend, als er zwölf Jahre alt gewesen war und seine Lehrerin nach Browning gefragt hatte und diese in einer Anwandlung überschwenglicher Dankbarkeit – welcher Siebtkläßler hatte sich je nach Browning erkundigt? – ihn zu sich nach Hause eingeladen hatte, um ihm ein Buch dieses Dichters leihweise zur Verfügung zu stellen.

Das Haus war eher eine Schatzkiste voller Kitsch, wo sie zuerst gemeinsam mit ihren Eltern und später allein gelebt hatte. Als der Junge durch die Tür eintrat, hatte er das Gefühl gehabt, in eine Traumwelt geraten zu sein. Die enge Küche, Mittelpunkt des Lebens in seinem Zuhause, war aus seinem

Bewußtsein verschwunden, als hätte es sie niemals gegeben, und mit ihr das brüllende Gelächter, die Schläge, die Flüche und die Tränen, welche die Musik waren, die sein Alltagsleben erfüllte. Würde, Normalität und vor allem Ordnungssinn waren die Dinge, die er im Haus der Lehrerin antraf, und er war immer wieder hingegangen und hatte sich im Geist eine Liste mit all den Dingen zusammengestellt, nach denen er bei seinem jeweils nächsten Besuch fragen wollte, wenn er seine Blicke über die deckenhohen Bücherregale schweifen ließ.

»Sie sehen müde aus, Sergeant.« Eine kleine Sorgenfalte entstand zwischen Miss Mackeys Augen. »Ich glaube, diesmal biete ich Ihnen keinen Tee an. Ich habe da eine bessere Idee.« Sie durchquerte den Raum und öffnete die Glastür eines Schränkchens und holte aus seinen glitzernden Tiefen eine Kristallkaraffe und zwei Gläser auf einem Tablett. Das Glas ruhte in seiner Hand wie eine kleine Seifenblase; er balancierte es behutsam zwischen den Fingern und genoß die wohltuende Wirkung des Brandys.

»Und wie entwickelt sich Ihr Fall?« fragte die alte Dame, während er es sich in seinem Sessel bequem machte. »Haben Sie erfahren können, was Sie von dem unglücklichen Mann hatten wissen wollen?« Genausogut hätte sie nach dem Wetter oder seiner Verdauung oder danach fragen können, wohin er in seinem nächsten Urlaub zu verreisen gedächte.

»Nun«, entgegnete er, »es scheint immer komplizierter zu werden. Wir fragen uns, ob es zwischen dem Tod von Mr. Higgins und dem Tod eines anderen Mannes einige Zeit vorher irgendeine Verbindung gibt.«

Sie nahm einen kleinen Schluck von ihrem Brandy. »Ich verstehe Sie nicht.«

»Ihre Theorie«, verriet er ihr, »könnte durchaus zutreffen.«

Sie beugte sich mit einem sanften Lächeln des Triumphes vor. »Verquere Gedanken«, sagte sie, »der Einfluß des Bösen kann Menschen verleiten, Dinge zu tun, die sie sonst niemals tun würden.«

»Verquere Gedanken«, pflichtete der Sergeant ihr bei. »Natürlich auf seiten des Mörders und nicht so sehr bei den Opfern. Wissen Sie, Miss Mackey, in diesem Haus wohnt jemand, der sogar erheblich verquer ist.«

Sie beobachtete ihn aufmerksam, als er sein Glas abstellte und zum Fenster ging. »Ich hasse es eigentlich, mich der ganzen Prozedur erneut zu unterziehen«, sagte er, »aber ich muß sichergehen können, daß ich die Fakten in die richtige Reihenfolge gebracht habe.« Er öffnete das Fenster so weit es ging. »Also«, begann er, »als Sie das Zimmer betraten, sahen Sie Mr. Higgins an dieser Stelle stehen, wo er von den Gardinen halb verborgen wurde. Bis zu diesem Moment hatten Sie nicht die geringste Ahnung, daß er sich in Ihrer Wohnung aufhielt.«

»Das stimmt genau«, entgegnete Miss Mackey, und wieder glaubte der Sergeant die Stimme seiner Lehrerin aus dem siebten Schuljahr zu hören.

»Sind Sie sicher, daß Sie Mr. Higgins nicht hereingerufen haben, damit er ein Fenster repariert?« fuhr er fort. »Einige Ihrer Nachbarn sagen aus, Sie hätten kurz vor dem Sturz des Hausmeisters draußen auf dem Korridor Stimmen gehört.«

»Ganz bestimmt nicht«, erwiderte Miss Mackey.

»Als Sie ihn entdeckten, stießen Sie einen Schrei aus und forderten ihn auf, die Wohnung zu verlassen«, faßte der Sergeant weiter zusammen.

»Richtig.« Miss Mackey stellte ihr Glas ab und kam herüber zum Fenster. »Er schien in Panik zu geraten. Er kletterte auf die Fensterbank, sah über die Schulter zu mir zurück, und dann stürzte er nach vorne und war verschwunden.«

»Etwa so.« Der Sergeant stieg vorsichtig auf die Fensterbank und blieb dort hocken, während er sich mit den Fingerspitzen am Rahmen abstützte. Er drehte noch gerade rechtzeitig den Kopf, um ihr feingeschnittenes vorwurfsvolles Gesicht in Höhe seiner Schulter zu sehen, und dann spürte er ihre Hand auf seinem Rücken, dem sie voller Entschlossenheit einen heftigen Stoß gab, und dann flog er durch die Luft.

»Etwa so«, hörte er Miss Mackey dicht neben sich sagen.

Der Weg nach unten dauerte erstaunlich lange. Der Sergeant dachte an seine Ma und an die fröhlichen, manchmal schamlosen Mädchen, in die er sich während seiner Jugend verliebt hatte. Wie in einem Kaleidoskop sah er die dunklen Stellen seines Lebens und die gleißenden Farben, die chronische Unordnung, mit der man sich während seines Lebens stets herumschlagen muß. Als er landete und zweimal von dem Sicherheitsfallnetz wieder hochgeworfen wurde, kam es ihm so vor, als hätte er resigniert, als gäbe er sich für immer und alle Zeiten der Erkenntnis geschlagen, daß die Dinge so waren, wie sie waren.

Westerberg half ihm aus dem Netz.

»Willst du raufgehen oder soll ich lieber?« fragte er mitfühlend.

»Geh du«, bat der Sergeant.

Er wartete auf dem dunklen Hinterhof, bis Westerberg in dem Gebäude verschwunden war. Dann strich er seinen Mantel glatt und ging um das Gebäude herum zu der Stelle, wo der Streifenwagen geparkt war. Er holte seine Pfeife heraus und stopfte sie. Er wußte, daß es eine ganze Weile dauern würde, bis sie herunterkämen. Miss Mackey wollte sicher erst die Brandygläser spülen und wegräumen, dann ihre Nase pudern und das Fenster schließen, ehe sie zum Revier mitkäme.

# Langfinger

von Bill Pronzini

Ich saß in einem schweren Barocksessel in der eleganten Lobby des Hotels Poole und blätterte in einem der Magazine, die von der Hotelleitung für die Gäste ausgelegt worden waren, als das Mädchen im dunklen Tweedkostüm sich über Andrew F. Stuyvesants Taschen hermachte.

Sie ging dabei sehr geschickt zu Werke. Mr. Stuyvesant – ein silberhaariger älterer Herr, der mit einem Spazierstock bewaffnet war und außerdem fünfzehn oder zwanzig Millionen Dollar in texanischem Öl gemacht hatte – hatte soeben einen der mit Chrom und Walnußholz reichlich ausgestatteten Fahrstühle direkt mir gegenüber verlassen. Das Mädchen kam von der geschwungenen Marmortreppe, ging mit hastigen Schritten, als hätte sie es besonders eilig, und stieß mit ihm zusammen. Sie entschuldigte sich. Sich galant verbeugend, beruhigte Stuyvesant sie und meinte, es wäre nichts passiert und alles sei in Ordnung. Sie schnappte sich seine Brieftasche und die mit einem Diamanten besetzte Krawattennadel, und er merkte davon nicht das geringste, noch wurde er mißtrauisch.

Das Mädchen entschuldigte sich und eilte dann auf dem indigofarbenen Spannteppich zum Haupteingang am anderen Ende der Halle und verstaute dabei ihre Beute in einem braunen Wildlederbeutel, den sie am Arm trug. Fast gleichzeitig schoß ich aus meinem Sessel hoch und folgte ihr. Es gelang ihr, sich zwischen den Topfpflanzen und den dunklen Möbeln hindurchzuschlängeln, und sie war nur noch ein paar Schritte von der doppelten Glastür entfernt, als ich sie einholte.

Ich ließ meine Hand auf ihren Arm fallen. »Verzeihung, einen kleinen Moment bitte«, sagte ich lächelnd.

Sie versteifte sich. Dann wandte sie sich um und musterte

mich, als wäre ich ein Ungeziefer, das soeben aus einem der Blumentöpfe hervorgekrochen war. »Ja, bitte?« fragte sie mit eisiger Stimme.

»Wir sollten uns mal kurz unterhalten.«

»Gewöhnlich lasse ich mich nicht von Fremden ansprechen.«

»Ich glaube, in meinem Falle machen Sie bestimmt eine Ausnahme.«

Ihre braunen Augen sprühten wütende Blitze, als sie entgegnete: »Sie sollten lieber meinen Arm loslassen. Wenn nicht, dann rufe ich den Geschäftsführer.«

Ich zuckte die Achseln. »Das wird nicht nötig sein.«

»Das hoffe ich auch.«

»Einfach deshalb, weil er dann ganz bestimmt mich hereinrufen würde.«

»Wie bitte.«

»Ich bin in diesem Haus für die Sicherheit verantwortlich, wissen Sie«, erklärte ich ihr. »Ich bin das, was früher als Hausdetektiv bezeichnet wurde.«

Sie erbleichte, und in ihren Augen glomm ein Licht des Verstehens auf. »Oh«, brachte sie nur hervor.

Ich steuerte sie auf den gewölbten Eingang zum Speisesaal des Hotels links von uns zu. Sie wehrte sich nicht. Ich schob sie in einer der Nischen auf eine Ledercouch und nahm ihr gegenüber Platz. Ein blaubefrackter Kellner kam heran, doch ich schüttelte den Kopf, und er zog sich wieder zurück.

Ich betrachtete das Mädchen auf der anderen Seite der auf Hochglanz polierten Tischplatte. Der diffuse orangefarbene Schimmer der Lampe über dem Tisch verlieh ihren klassischen Gesichtszügen den Ausdruck von Reinheit und Unschuld und verwandelte ihr dunkelbraunes Haar in eine schwarzschimmernde Kaskade. Ich schätzte ihr Alter auf etwa fünfundzwanzig. Ich sagte: »Sie sind ganz zweifellos der hübscheste Langfinger, der mir je untergekommen ist.«

»Ich … ich hab' keine Ahnung, wovon Sie reden.«

»Wirklich nicht?«

»Ganz bestimmt nicht.«

»Langfinger ist der Ganovenausdruck für Taschendieb.«

Sie versuchte, die Beleidigte zu spielen. »Wollen Sie damit etwa behaupten, daß *ich* …?«

»Jetzt hören Sie aber auf«, unterbrach ich sie. »Ich habe schließlich genau gesehen, wie Sie Mr. Stuyvesants Brieftasche und seine Krawattennadel fischten. Ich saß genau gegenüber den Fahrstühlen, keine fünfzehn Schritte entfernt.«

Sie sagte kein Wort. Ihre Hände spielten mit dem Schloß des braunen Wildlederbeutels. Nach einem kurzen Moment hob sie kurz den Blick, sah mich an, und dann starrte sie wieder auf den Beutel. Sie seufzte gequält auf. »Natürlich haben Sie recht. Ich habe diese Sachen gestohlen.«

Ich streckte eine Hand aus, nahm ihr den Beutel ab und ließ das Schloß aufschnappen. Stuyvesants Brieftasche mitsamt seiner diamantenen Krawattennadel lagen oben auf den verschiedenen typisch weiblichen Gegenständen. Ich holte ihre Sachen heraus, blickte lange genug auf ihren Ausweis, um mir ihren Namen und ihre Adresse zu merken, schloß den Beutel wieder und gab ihn zurück.

Leise sagte sie: »Ich kann nichts dafür, das müssen Sie mir glauben. Ich habe immer diesen … *Drang* zu stehlen. Dagegen bin ich völlig machtlos. Ich kann mich nicht mehr bremsen.«

»Kleptomanie?«

»Ja. Im vergangenen Jahr war ich bei insgesamt drei verschiedenen Psychiatern, aber die haben mir auch nicht helfen können.«

Ich schüttelte voller Mitgefühl den Kopf. »Das muß ja schrecklich sein für Sie.«

»Furchtbar«, bestätigte sie. »Wenn … wenn mein Vater von dieser Sache erfährt, dann schickt er mich sofort in irgendein Sanatorium.« Ihre Stimme bebte. »Er hat damit gedroht, falls ich je wieder etwas stehlen sollte, und er stößt niemals leere Drohungen aus.«

Ich studierte sie. Dann meinte ich: »Ihr Vater braucht nicht zu erfahren, was heute hier geschehen ist.«

»Er … er braucht es nicht?«

»Nein«, sagte ich. »Es wurde im Grunde kein Schaden angerichtet. Mr. Stuyvesant erhält seine Brieftasche und seine Krawattennadel zurück. Und ich sehe keinen Grund dafür, dem Hotel zu peinlicher Publicity aufgrund des Aufsehens zu verhelfen, falls ich die Sache bei offizieller Stelle melde.«

Ihr Gesicht hellte sich auf. »Dann … dann lassen Sie mich laufen?« Ich holte tief Atem. »Ich glaube, ich habe für meine Position innerhalb des Hauses ein viel zu weiches Herz. Ja, ich lasse Sie laufen. Aber Sie müssen mir versprechen, daß Sie niemals mehr einen Fuß in das Hotel Poole setzen.«

»Oh, das verspreche ich.«

»Wenn ich Sie in Zukunft noch einmal hier sehen sollte, dann werde ich Sie wohl der Polizei melden.«

»Das wird ganz bestimmt nicht nötig sein«, versprach sie mir eifrig. »Ich … ich habe morgen vormittag bei einem anderen Psychiater einen Termin. Ich bin sicher, daß er mir helfen kann.«

Ich nickte. »Na schön.« Ich sah hinaus in die Halle, wo Gäste und uniformierte Pagen durcheinander liefen. Als ich mich wieder umdrehte, schwang die Tür zur Straße langsam zu, und das Mädchen war verschwunden.

Ich blieb noch einige Minuten sitzen und dachte über sie nach. Wenn sie eine Kleptomanin war, dann war ich Maria Stuart, Königin der Schotten. In Wirklichkeit war sie eine fähige, professionelle Taschendiebin – ihre Technik war viel zu ausgefeilt, ihre Hände waren zu geschickt – und eine überaus überzeugende Lügnerin.

Ich lächelte innerlich, stand auf und ging hinaus in die Halle. Doch anstatt meine Position in dem Sessel vor den Aufzügen wieder einzunehmen oder zum hufeisenförmigen Empfangspult hinüberzugehen, wandte ich mich nach links und ging durch die Glastüren im Schlenderschritt hinaus in die Powell Street.

Während ich mich durch die Spätnachmittagsmenge drängte – meine Hand lag auf der dicken Lederbrieftasche und der diamantenen Krawattennadel in meiner Manteltasche –, stellte ich fest, daß mir das Mädchen leid tat. Doch nur ein wenig.

Immerhin war Mr. Stuyvesant von Anfang an meine Beute gewesen, seitdem ich ihn zum ersten Mal gesehen hatte, wie er das Hotel Poole an diesem Morgen betrat – und nach einer dreistündigen Wartezeit war ich ganze fünfzehn Sekunden davon entfernt, mich etwas eingehender mit ihm zu beschäftigen und ihn zu erleichtern, als die Kleine praktisch wie aus dem Nichts erschien.

Meinen Sie nicht auch, daß ich einen gewissen Anspruch auf diesen Fischzug hatte?

Vater, lieber Vater …

# Ein ärztlicher Rat

von John F. Suter

Der Schmerz, der Schmerz ist überall. Nein, nicht überall. Aber ich spürte ihn an Stellen, wo überhaupt kein richtiger Schmerz ist. Und nun ist es nicht mehr als ein bohrendes, unangenehmes Gefühl und eine große Müdigkeit. Es scheint so, als gäbe es keine Zeit, keinen Raum, nichts als das. Aber ich bin schon ein wenig kräftiger als vorher. Ein kleines bißchen nur. Aber ich bin kräftiger. Ich will wieder gesund werden. Ich habe die Absicht, wieder gesund zu werden. Und ich werde gesund.

»Mr. Shaw, ich glaube, sie kommt durch. Sie wissen ja selbst, daß es nur darum ging, entweder Ihre Frau oder das Baby zu retten. Aber sie ist dabei, sich zu erholen, das kann ich mit Sicherheit sagen. Natürlich wird eine gewisse Schwäche, eine Anfälligkeit zurückbleiben. Daran können wir nichts ändern.«
    »Ich verstehe. Sie nur wieder gesund zu sehen ist alles, was ich mir wünsche.«

Ich sollte lieber die Augen öffnen. Jeff ist nicht da. Ich kann ihn nicht spüren. Aber ich kann jetzt den weißen Raum ertragen. Ich habe nicht mehr den Wunsch zu sterben. Nein, obwohl er nicht am Leben blieb. Ich könnte mir deshalb die Augen ausweinen. Ich wollte es, als Jeff mir das erste Mal davon erzählte. Aber solche Tränen sind zwecklos. Ich werde wieder gesund.

»Sie haben ihr gesagt, daß das Baby gestorben ist?«
    »Ja, Doktor. Zuerst konnte sie es nicht fassen. Es war sehr

445

schlimm für sie. Dann erzählte ich ihr, es wäre ein Junge gewesen. Das munterte sie wieder auf, trotz dem, was vorher passiert war.«

Aha. Die Welt ist wieder da. Soviel Sonne in diesem Zimmer. So viele Blumen. Ich möchte wissen, wo Jeff ...

»Haben Sie ihr gesagt, daß das Kind bereits beerdigt wurde?«
    »Noch nicht. Wenn Sie eindeutig feststellen können, daß sie sich etwas erholt hat und allmählich wieder zu Kräften kommt, dann werde ich heute mit ihr darüber reden.«
    »Meinen Sie nicht, daß sie Ihnen daraus einen Vorwurf macht, Mr. Shaw? Ich meine, daß Sie die Beerdigung schon haben vornehmen lassen.«
    »Jessie ist sehr vernünftig, Doktor. Sie wird einsehen, daß wir nicht mehr länger damit warten konnten. Und – wenn Sie es in diesem Moment nicht für fehl am Platze halten – wir lieben uns.«

Ich bin sicher, daß Jeff das getan hat, was jetzt am sinnvollsten war. Wenn es – er – doch nur lange genug gelebt hätte, daß ich ihn hätte betrachten können ... Wie lange bin ich schon hier? Wo ist Jeff? Ist er so vernünftig, wie ich ihn gebeten hatte zu sein? Ist er arbeiten? Ich hoffe es. Sein Job ist für ihn so wichtig. Oh, ich liebe ihn wirklich! Und ich möchte ihm die schönsten Kinder schenken.

»Wahrscheinlich, Mr. Shaw, wäre es am besten, wenn Sie ihr alles erzählten. Ich meine, es wäre sicher besser, wenn Sie es tun und nicht ich. Es würde ihr leichter fallen, es von jemandem zu hören, der sie liebt. Manchmal glauben die Leute, sie wüßten mehr als Ärzte.«
    »Darüber zu reden wird nicht leicht sein.«

Ich hoffe, daß die Kinder wie Jeff aussehen. Ich bin nicht häßlich. Aber ich bin so – unscheinbar. Jeff ist attraktiv genug für uns beide. Das ist einer der Gründe, warum es hieß, daß er nur hinter meinem Geld her wäre. Aber er hat es abgelehnt, daß ich ihm helfe. Er ist unabhängig. Er arbeitet so fleißig, die Sportabteilung zu leiten. Und warum? Er möchte uns unterhalten. Keiner von uns müßte jemals arbeiten, wenn wir es nicht wollen. Um seinetwillen muß ich wieder gesund werden. Und ich werde wieder gesund.


»Leicht oder nicht leicht, Mr. Shaw, es muß geschehen. Jemand muß es ihr sagen. Und am besten tun Sie es. Sie darf nie mehr schwanger werden. Niemals. Es würde sie umbringen. Machen Sie sich und Ihrer Frau nichts vor – eine neue Schwangerschaft wäre ihr sicherer Tod.«

»Ich werde diese Verantwortung übernehmen, Doktor. Sie brauchen ihr nichts davon zu sagen. Ich denke doch, daß ich sie entsprechend beeinflussen kann. Vielleicht kann ich sie sogar dazu bringen, für einige Zeit von hier fortzuziehen. Wir haben nämlich schon ein Zimmer für das Baby eingerichtet. Und sie sollte dadurch nicht immer an diese Zeit erinnert werden.«


Ich bin doch froh, daß ich mein Testament gemacht habe, ehe ich ins Krankenhaus ging. Ich bin froh, daß ich Jeff als Alleinerben eingesetzt habe. Er weiß nichts davon. Und wie es sich herausgestellt hat, wäre es gar nicht nötig gewesen. Aber ich bin trotzdem froh. Er war so gut zu mir, daß ich seiner jetzt richtig sicher sein kann …


Die Tür ging lautlos auf. Sie wandte den Kopf, mühsam. Ein müdes Lächeln stahl sich in ihr fahles Gesicht. Ein hochgewachsener junger Mann mit wuscheligen blonden Haaren stand auf der Schwelle.

»Jeff!«

Dann kniete er neben ihrem Bett und küßte ihre Hand. »Jessie!«

Als sie beide wieder reden konnten, umklammerte sie seine Hand. »Jeff, während ich hier lag, habe ich nachgedacht. Jeder Mensch hat irgendwelche Sorgen und Probleme. Wir werden schon darüber hinwegkommen. Und ich werde mich schnell wieder erholen und zu Kräften kommen. Und dann werden wir wieder ein Baby haben. So schnell wie möglich. Nicht wahr?«

Er lächelte zuversichtlich. Die Wahrheit war genau die richtige Antwort.

»Das werden wir, Liebling. Das werden wir ganz bestimmt.«

Der arme Teufel …

# Mrs. Twillers Einkaufsbummel

von Lael J. Littke

Die alte Mrs. Twiller strich mit einem knotigen Finger über die billigen Armbanduhren auf der Ausstellungsplatte und lächelte unsicher die Verkäuferin an.

»Dürfte ich die mal anprobieren, Miss?« fragte sie, wobei ihre Stimme leicht zitterte. »Das Modell mit dem hübschen braunen Armband?«

»Aber sicher doch«, erwiderte die Verkäuferin und lächelte ihrerseits Mrs. Twiller an. »Für den Preis sind das sehr schöne Uhren.« Sie legte die Uhr um Mrs. Twillers zerbrechliches Handgelenk.

»Ist das nicht hübsch?« fragte Mrs. Twiller, streckte den Arm aus und drehte ihn, um die Uhr von allen Seiten bewundern zu können. Sie räusperte sich. »Wieviel kostet die, meine Liebe?« fragte sie zaghaft.

Die Verkäuferin reagierte mit einem strahlenden Blick. »Sie werden es kaum für möglich halten – sie kostet nur neun Dollar achtundneunzig. Ein Sonderangebot, nur diese Woche. Soll ich sie Ihnen einpacken?«

»Oh, danke, nein«, wehrte Mrs. Twiller ab. »Neun Dollar achtundneunzig? Oh, nein danke!« Sie fingerte am Verschluß des Armbandes herum und versuchte ihn zu öffnen.

Die Verkäuferin betrachtete die alte Dame mit einem verblüfften Gesichtsausdruck. »Das ist aber sehr günstig«, sagte sie. »Zu diesem Preis machen Sie ein ganz einmaliges Schnäppchen.« Mrs. Twiller zeigte ein strahlendes Gesicht. »Oh, sie ist einfach wunderschön«, versicherte sie dem Mädchen. »Aber wo heutzutage alles so furchtbar teuer ist – wissen Sie, ich kann mein ganzes Geld doch nicht für eine Uhr verschwenden. Haben Sie trotzdem vielen Dank, Miss.«

Das Mädchen blinzelte immer noch etwas verwirrt, als es der alten Dame half, die Uhr vom Handgelenk zu nehmen. »Das tut mir schrecklich leid, Ma'am.«

»Ist schon gut, Liebes.« Mrs. Twiller tätschelte dem Mädchen die Hand. »Manchmal muß man nun mal den Wünschen seines Fleisches nachgeben.« Sie behielt die Uhr noch einen Moment in ihrer zerbrechlichen Hand und betrachtete sie mit einem letzten bewundernden Blick, während die Verkäuferin sich bereits einem neuen Kunden zuwandte.

Mit einer schnellen Geste ließ Mrs. Twiller die Uhr in die Einkaufstasche fallen, die vor ihren Füßen auf dem Boden stand.

Prima, dachte sie. Mit dem Transistorradio und dem elektrischen Rasierapparat, die sich bereits in der Einkaufstasche befanden, dürfte das an Beute für einen Tag genug sein. Das Geld, das Mr. Simpson ihr dafür geben würde, würde ihr helfen, ihr Heer von streunenden Katzen wieder einige Tage lang satt zu bekommen.

Als sie sich bückte, um die Einkaufstasche hochzunehmen, bemerkte Mrs. Twiller einen Mann zwei Verkaufstische weiter, der sie beobachtete. Zweifellos ein Plattfuß. Sie umklammerte die Henkel ihrer Tasche und richtete sich auf, wobei sie etwas schwankte, aber nicht so viel, um den Plattfuß ihr zu Hilfe eilen zu lassen, sondern gerade genug, daß er selbst an seine liebe alte Mutter dachte. Sie faßte sich mit einer zitternden Hand an die Brust und sah, daß der mißtrauische Ausdruck aus seinem Gesicht verschwand und einem gütigen Lächeln Platz machte.

Nun, damit wäre der versorgt. Falls er wirklich gesehen haben sollte, daß sie etwas in ihre Einkaufstasche hatte fallen lassen, so würde er es allenfalls ihrer Geistesabwesenheit zuschreiben, was bei einer Lady ihres Alters durchaus entschuldbar sein dürfte.

Es wurde Zeit zu verschwinden, doch Mrs. Twiller wollte erst noch hinunter ins Tiefparterre, um einige Plastikschüsseln für die neuen Katzen zu erstehen, die erst im Laufe der Woche den Weg zu der privaten Wohltätigkeitsstation gefunden hatten, die Mrs. Twiller betrieb. Sie legten sehr viel Wert auf eigene Schüsseln, und Mrs. Twiller wollte ihnen diesen kleinen Luxus nicht versagen.

Auf dem Weg zum Fahrstuhl sah sie in ihrem Portemonnaie

nach, ob sie überhaupt genug Geld bei sich hatte. Niemals würde sie so etwas wie die Schüsseln in ihre Einkaufstasche fallen lassen. Das wäre nicht gerade anständig. Diese anderen Dinge verschaffte sie sich nur deshalb auf diesem Weg, weil sie den niedrigen Scheck, den sie jede Woche von ihrem Sohn bekam, nicht strecken konnte – erst recht nicht, um für das Katzenfutter aufzukommen, das sie jeden Tag bereitstellte. Außerdem achtete ihr Sohn peinlich genau darauf, wie sie das Taschengeld verwendete, das er ihr schickte.

Sicher wäre das Kaufhaus, so dachte sie, richtig stolz, wenn bekannt würde, welches humanitäre Projekt von ihm indirekt unterstützt wurde.

Plötzlich fiel es Mrs. Twiller auf, daß sie schon seit einiger Zeit im Fahrstuhl stand. Sie hätte doch längst im Tiefparterre ankommen müssen. Vielleicht war der Fahrstuhl defekt. Nein, er bewegte sich noch. Warum dauerte es dann so lange?

Mrs. Twiller blinzelte in die Dunkelheit. Dunkelheit? Warum war es dunkel? War das wieder so ein Stromausfall wie 1965 oder 1977? Nein, in einem solchen Fall wäre auch der Fahrstuhl stehengeblieben.

Einen Moment lang verspürte Mrs. Twiller so etwas wie Angst, doch dann atmete sie erleichtert auf, als sie weit unten im Nebel auf dem Boden des Fahrstuhls einen Lichtschimmer wahrnahm. Nebel? Nebel im Tiefparterre eines Großkaufhauses?

Das Licht wurde immer heller, als sie weiter darauf zu sank. Der Nebel erinnerte nun eher an Rauchschwaden, und sie konnte einen stetig intensiver werdenden Schwefelgestank wahrnehmen. In der Ferne konnte sie etwas erkennen, das an loderndes Feuer erinnerte. Und dann gewahrte sie ein gigantisches Tor, über dem sich eine weithin sichtbare Tafel befand, auf der in flammenden Lettern ein Wort zu lesen stand: HÖLLE. Darunter hing ein kleines Hinweisschild mit der Aufschrift: Eingang.

»Donnerwetter«, staunte Mrs. Twiller laut. »Dort befindet sie sich also, unter der Haushaltswarenabteilung.«

Ihr blieb wenig Zeit, sich zu wundern, denn sie wurde von einem unangenehm aussehenden Individuum erwartet, das einen schweren Sonnenbrand zu haben schien.

»Folgen Sie mir, meine Dame«, gab der Kerl von sich, ohne sich vorzustellen, was Mrs. Twiller unter der Rubrik überaus schlechter Manieren verbuchte. Aber andererseits, sagte sie sich, was sollte man in der Hölle schon anderes erwarten?

Sie beschloß, daß sie lieber dem Mann folgen sollte, da dies sicherer schien als den Versuch zu machen, in das vom Rauch und Qualm bedeckte Gelände zu entfliehen, das sich ringsum erstreckte. Er geleitete sie in ein angesengtes Gebäude neben dem imposanten Tor, und Mrs. Twiller fand sich in einem riesigen Raum wieder, der in lebhaften Farben dekoriert war – scharlachrot, mandaringelb und blutrot, unter anderem. Dort hielt sich ein weiteres verbrannt aussehendes Individuum auf. Es saß hinter einem mächtigen Tisch, den Mrs. Twiller als Empfangspult interpretierte, doch als sie darauf zusteuerte, sagte ihr Führer hinter ihr kurz und knapp: »Setzen«, und verschwand durch eine karmesinrote Tür.

Mrs. Twiller entschied sich für ein kirschrotes Sofa und ließ sich darauf fallen, wobei ihre armen alten Knochen durchgeschüttelt wurden, daß sie klapperten. Obwohl es weich und einladend aussah, war das Sofa steinhart – was im Grunde auch nur logisch war, dachte Mrs. Twiller, da sich bei näherem Hinsehen herausstellte, daß es aus versteinerter Lava bestand. Sie machte es sich so bequem wie möglich und blickte zu dem Mann hinter dem Tisch hinüber; doch der war mit etwas anderem beschäftigt, wobei er irgendwelche Aufzeichnungen in irgendein großes Buch einbrannte. Da er überhaupt nicht feindlich gesonnen erschien, entspannte sie sich ein wenig und ließ ihre Blicke durch den hellerleuchteten Raum schweifen.

Erbarmen, dachte sie, es war sicherlich ein Ort, der hübsch anzusehen war, doch hier leben wollte sie nicht. Nicht daß er nicht auf seine eigene Art und Weise mit all den Farben und erstaunlichen Kunstobjekten schön war. Doch nach Mrs. Twillers Dafürhalten war der Raum völlig überladen und sogar ein wenig vulgär, als versuchte der Eigentümer jemanden dadurch zu beeindrucken, daß er all die wertvollen Dinge zur Schau stellte, die er besaß. Dennoch hielt sie gebannt die Luft an, als sie sich vorbeugte, um die kleine goldene Figur eines Teufelchens zu betrachten, die auf einem kleinen Obsidiantisch neben dem Sofa stand. Dort war auch eine rubinrote Statue von unbestimmbarer Form und eine kleine mit Diamanten besetzte Vase. Sie ergötzte sich gerade an einem kleinen Modellversuch aus Platin, als eine tiefe Stimme sie ansprach.

»Mrs. Twiller.«

Sie drehte sich schnell um und erblickte einen eleganten, dunkelhaarigen Gentleman in einem schwarzschimmernden Cutaway mit kupferroter Weste und Fliege und gestreifter Hose. Sein Spitzbart war gepflegt und machte tatsächlich einen seriösen Eindruck, obwohl er auch feuerrot war.

Mrs. Twiller schluckte, dann straffte sie sich. »Woher wissen Sie meinen Namen?« wollte sie wissen und starrte den Fremdling streitlustig an.

»Es gehört zu meinen Aufgaben, die Namen von Leuten wie Ihnen zu kennen«, entgegnete er mit einem sardonischen Lächeln.

Mrs. Twiller umklammerte ihre Einkaufstasche mit beiden Armen, war sie doch der einzige vertraute Gegenstand in dieser bedrückenden Situation.

»Was meinen Sie mit Leuten wie mich?« erkundigte sie sich nun schon etwas zaghafter.

Der feuergesichtige Gentleman zuckte die Achseln. »Ich hasse es, eine so hübsche und anmutige Dame wie Sie mit der Bezeichnung Diebin zu belegen. Sollen wir uns nicht lieber auf Gaunerin einigen?«

»Ich weiß gar nicht, was Sie meinen«, flüsterte Mrs. Twiller, und ihre Stimme zitterte. Sie ließ ihre linke Hand in einer Geste zum Hals zucken, die in starken Männern stets den Drang erweckte, zu helfen und Mitleid zu haben.

Die rote Erscheinung hob die Hand. »Bitte, liebe gnädige Frau«, sagte er, »ersparen Sie mir das. Ich kenne Ihre Methoden genau, und ich habe auch eine Liste von jedem Gegenstand, den Sie sich jemals zur Durchsetzung Ihrer sicherlich ehrenwerten Ziele angeeignet haben.«

Die Erwähnung ihres Projekts verlieh Mrs. Twiller neuen Mut. »Wer würde denn sonst die armen verhungernden Katzen füttern außer mir? Ich versuche nur, auf diese Weise etwas Gutes zu tun, so wie ich es am besten vermag.« Sie zwinkerte und versuchte wenigstens eine einzige Träne aus ihren Augen zu pressen.

Der Mann im Gehrock, der sich nun weinrot verfärbt hatte, schlenderte zum Fenster und hob einen Vorhang an, wodurch er den Blick auf eine Landschaft aus Feuer und Rauch freigab. »Liebe Dame«, sagte er, »Sie scheinen zu vergessen, wo Sie sind. Wir sind an den guten Dingen, die Sie tun, nicht interessiert. Ganz im Gegenteil!« Er wandte sich um und richtete einen schlanken Finger auf sie. »Sie lassen in der letzten Zeit erheblich nach, Mrs. Twiller, und ich habe Sie hierhergeholt, um Sie diesmal nur zu warnen. Sehen Sie sich vor, oder Sie enden hier unten – oder soll ich lieber sagen, sonst geht es für Sie hier unten richtig los?«

»Diesmal?« fragte Mrs. Twiller und war sichtlich erfreut. »Heißt das, daß ich gar nicht hierbleiben soll?«

Ihr Gesprächspartner gab ein kurzes Lachen von sich und wandte sich wieder ab, um durch das Fenster sein Reich zu betrachten. »Ich hoffe, Sie so gründlich erschrecken zu können, Mrs. Twiller, daß wir unsere Akten über Sie verbrennen können. Was würde wohl geschehen, wenn wir damit anfingen, kleine alte Damen wie Sie hierherzuholen? Nicht lange, und vor unseren Fenstern hingen neckische Spitzengardinen, und zwischen unseren Feuerstellen gäbe es üppige Blumenbeete.« Er drehte sich wieder zu ihr um. »Dies ist die letzte Warnung, liebste Lady. Keine Diebstähle in Kaufhäusern mehr, oder Sie landen hier unten, und das wäre für keinen von uns besonders angenehm, nicht wahr?«

Mrs. Twillers Courage war wieder in alter Frische zurückgekehrt. »Na, ich weiß nicht so recht«, sagte sie und strich mit einer Hand über eine Elfenbeinstatue des Gottes Pan. »So übel scheint es hier unten gar nicht zu sein.«

»Sie haben meine Sammlung gesehen«, sagte der rote Mann, und ein Ausdruck des Stolzes schwang in seiner Stimme mit. »Natürlich gibt es auch gewisse Annehmlichkeiten in diesem Job, sonst würde niemand ihn übernehmen, nicht einmal ich. Ich kann mit Fug und Recht behaupten, daß ich wohl die wertvollsten Kunstobjekte besitze, die die Kunst aufzuweisen hat.« Er seufzte. »Das schlimme ist nur, daß es überhaupt keinen Reiz in sich birgt, sich in ihren Besitz zu bringen. Ich brauche nur den Wunsch danach zu äußern, und schon gehören sie mir.«

»Oh, das ist aber wirklich traurig.« Mrs. Twiller nickte mitfühlend. »Das raubt Ihnen wohl jeden Spaß, wenn Sie nicht jemanden austricksen können, nicht wahr?«

»So ist es«, brummte der Feuerlord.

Mrs. Twiller murmelte einige tröstende Worte und tätschelte seinen Arm, woraufhin er zusammenzuckte und wütend zurückwich.

»Unterlassen Sie das!« brüllte er. »Begreifen Sie, was ich meine? Kaum habe ich eine nette alte Dame hier unten, und schon werde ich weich und lasse mich um den Finger wickeln. Und das dulde ich nicht, verstanden?«

»Aber ja«, sagte Mrs. Twiller und zog sich ein paar Schritte zurück. »Ich hab' schon verstanden.«

Die Augen des Mannes leuchteten karmesinrot. »Dann schwören Sie, daß Sie nie mehr irgendwelche Waren aus dem Kaufhaus über uns entwenden werden.«

Mrs. Twiller schluckte. »Ich schwöre es. Und wie ich es schwöre.«

»Und jetzt gehen Sie«, brüllte der Herr des Hades. »Und sorgen Sie dafür, daß Sie keinen Grund mehr liefern, noch einmal hierherzukommen.«

Mrs. Twiller entfernte sich, umklammerte ihre Einkaufstasche und eilte in Richtung Fahrstuhl so schnell sie es vermochte davon. Sie erlebte einen Moment des Schreckens, als sie feststellen mußte, daß der Fahrstuhl nur abwärts fuhr, doch sie fand eine schmale, nahezu unbenutzte Treppe, welche sie unverzüglich hinaufrannte; und sie blieb erst stehen, als sie das Parterre des Kaufhauses erreicht hatte.

»Hab' schon wieder das Tiefparterre verfehlt«, keuchte sie halblaut, doch sie entschied sich dagegen, noch einmal hinunterzufahren. Sie war bereits ziemlich spät dran für ihre wöchentliche Zusammenkunft mit Mr. Simpson. Die Katzenschüsseln würde sie auch woanders einkaufen können, obgleich sie das Geschäft gerne mit diesem speziellen Kaufhaus gemacht hätte.

Als sie zum Ausgang eilte, blieb ihr Blick an einer Auslage mit Porzellan und Silberbesteck hängen. Es war das einfachste von der Welt, einige Stücke in ihre Einkaufstasche zu bugsieren. Doch nachdem sie einen Moment gezögert und diese Möglichkeit erwogen hatte, ging sie weiter. Ein Versprechen war immerhin ein Versprechen. Dennoch würden diese Einkaufsbummel ihr fehlen. Es war schon schlimm, ansehen zu müssen, was sie alles hätte mitnehmen können. Doch in Zukunft wären solche Raubzüge bestimmt nicht mehr notwendig. Nein, ganz bestimmt nicht mit dem, was sie in ihrer Einkaufstasche hatte.

Ehe sie sich in die Drehtür schob, verharrte Mrs. Twiller lange genug, um ihre Einkaufstasche einen Spalt zu öffnen und einen Blick auf den Modellversuch aus Platin, die Rubinstatue, die diamantbesetzte Vase und den Pan aus Elfenbein zu werfen. Wenn sie sich im Wert der Gegenstände nicht sehr täuschte, dann dürften die Katzen für den Rest ihrer neun Leben versorgt sein.

Leise eine Melodie summend und etwas atemlos, verschloß sie ihre Tasche und entfernte sich eilig von dem Kaufhaus. Mrs. Twiller hatte einen erfolgreichen Einkaufsbummel hinter sich.

Es sind die kleinen Dinge, die einem das Leben
schwermachen …

## So ein schöner Tag

von Penelope Wallace

Little Treddington ist das hübscheste Dorf, das man sich vorstellen kann. Es liegt in den Cotswolds, und die Reiseführer
bezeichnen die Sankt Andreas Kirche als »ein kleines Juwel«,
was sie auch wirklich ist.

Ich erinnere mich noch sehr gut, als ich dieses Dorf zum
ersten Mal sah. Mein verstorbener Ehemann, der Reverend
Charles Framley, fuhr mit mir hin, um sein neues Kirchspiel zu
besichtigen. Der ausscheidende Vikar, Mr. Wyland, zeigte uns
die Kirche und wies auf deren touristische Attraktionen hin. (Ich
fürchte, er war ein sehr weltlicher Mensch!) Er zeigte uns auch
die Ansichtskarten und Schriften, die im Vorraum der Kirche
zum Verkauf auslagen, aber ich sah sofort, daß Charles davon
nichts hielt, und auch Mr. Wyland blieb dies nicht verborgen,
denn er war taktvoll genug, uns durch den Garten zum Pfarrhaus zu geleiten. Er war Junggeselle, doch ich muß zugeben,
daß er uns einen hervorragenden Tee anbot und daß Haus und
Garten sich in einem vorbildlichen Zustand befanden.

Natürlich freute ich mich schon darauf, in dieser wunderschönen Umgebung zu leben und aus dem ziemlich bedrückenden Vorort Manchesters wegzuziehen, in dem sich Charles'
damalige Gemeinde befand. Der Gedanke daran, schon bald
jeden Tag grüne Weiden und jene niedlichen, goldfarbenen Hütten anstatt die schmutzigen Häuser unserer Heimat zu sehen,
ließ mich unsere Heimfahrt nach Manchester viel leichter ertragen. Irgendwie war der bevorstehende Umzug für mich so
etwas wie ein Nach-Hause-Kommen, da ich in der lieblichen
Landschaft von Surrey aufgewachsen war und für mich der
Norden immer »eine fremde Welt« sein würde.

Das lag schon zehn Jahre zurück.

Im Herbst zogen wir nach Little Treddington, und schon bald war Weihnachten, und die Christmette mußte vorbereitet werden, und wir waren von Lord und Lady Dawson zum Sherry ins Manor House eingeladen; dann kamen Ostern und Pfingsten, und dann war jede freie Minute mit den Vorbereitungen auf das große Kirchweihfest ausgefüllt. Es wurde stets am zweiten Sonnabend im August veranstaltet und, natürlich, von Lady Dawson eröffnet, daher lag der Termin zwischen ihrer Rückkehr von der Riviera und ihrer Abreise nach Schottland – Lord und Lady Dawson waren beide ganz hervorragende Schützen. Ich erinnere mich, daß der Vikar (Mr. Wyland, wohlgemerkt, nicht mein Mann, denn der machte niemals einen Witz!) einmal gesagt hatte, daß Lady Dawson diesen Tag gewählt hatte, um ihrem Hut nach dem Rennen in Ascot wenigstens noch einen zweiten Auftritt zu gewähren! Glücklicherweise hatte Charles diese Bemerkung nicht mitgehört.

Für das Fest mußte soviel erledigt werden, und so viele Eifersüchteleien mußten geschlichtet werden, aber ich kann mit einem gewissen Stolz behaupten, daß ich mit Menschen ganz gut umgehen kann, und ich hatte wirklich das Gefühl, daß ich mich für eine ganze Menge loben konnte, als ich mich im Pfarrgarten umsah und so viele strahlende Gesichter hinter den Basar- und Getränkeständen sah und auch die ganzen Kinder – für sie war es ein besonders festlicher Tag – mit ihren Pennies und Sixpences, die sie krampfhaft in der einen Hand hielten, während sie mit der anderen nach Kokosnußhälften zielten oder ihr Glück beim Blindangeln versuchten, und dann war da noch Lady Dawson in ihrem schönsten Kleid …

Und dann – ohne die geringste Vorwarnung – rauschte der Regen herab! Ganz bestimmt war Lady Dawsons Hut völlig ruiniert, doch sie trug es mit Fassung, und wir alle rannten so schnell uns unsere Füße trugen ins Pfarrhaus.

Der Regen hörte genauso plötzlich auf, wie er eingesetzt hatte, und wir kehrten alle in den Garten zurück – bis auf Lady Dawson, für die »der Tag ein Ende hatte«, wie sie es ausdrückte, und die nach Hause gefahren war. Natürlich war es jetzt ein bißchen matschig vor der Bude mit den Kokosnüssen, und auch das Wasser zum Glücksangeln war ein wenig trübe geworden, und die arme Mrs. Wills regte sich über die Maßen auf, da die kleine Millicent den Kuchen, dessen Gewicht es zu erraten galt, im Regen stehengelassen hatte und nun alle Verzierungen zerstört und flüssig geworden waren! Aber, wie ich immer zu sagen pflegte: »Diese Zeichen schickt Gott, um uns zu prüfen.«

Der arme Charles nahm die ganze Sache überhaupt nicht so philosophisch, und er ärgerte sich sehr, und im darauffolgenden Jahr fing er schon lange vor dem Fest an, sich Sorgen wegen des Wetters zu machen. In diesem Jahr gab es keinen Regen, und alles lief bestens, doch das machte überhaupt keinen Unterschied – manchmal regnete es, und manchmal war es schön –, doch jedes Jahr, zwei Wochen vor unserem großen Tag am zweiten Sonnabend im August, vertiefte Charles sich in die Wettervorhersagen.

»Ich hoffe inständig, daß das Wetter am Festtag schön ist«, sagte er dann immer (und das recht düster), und während der letzten Woche vor dem Tag stand er oft in der Pfarrhaustür und suchte den Himmel ab.

Ich erinnere mich an eine Gelegenheit, als Dr. Brown (ein sehr amüsanter Mensch, aber ich fürchte, sehr unreligiös) ihn fragte, ob er nach Regenwolken Ausschau hielt oder auf ein Zeichen des Allmächtigen warte!

Mein Ehemann fand das gar nicht so spaßig, und als Dr. Brown fortfuhr: »Der Teufel schickt uns die Sünde, und der Herr schickt uns das Wetter, und ich hätte doch erwartet, daß Er uns einen schönen Nachmittag schenkt als Gegenleistung für all die Arbeit, die Sie für Ihn leisten«, war der arme Charles richtiggehend verärgert.

»Charles«, sagte ich immer (ich hätte ihn niemals Charley genannt, denn meiner Meinung nach sind derartige Abkürzungen einfach schrecklich), »Charles, warum machst du dir wegen des Wetters solche Sorgen? Wenn es wirklich naß sein sollte, dann können wir unser Fest im Dorfsaal veranstalten.« Doch seine Antwort war immer die gleiche.

»Nein, Maude«, erwiderte er dann mit seiner traurigsten Stimme, »du weißt doch, wie sehr Miss Gosling sich dann aufregt; sie hat dann anschließend die ganze Arbeit, den Saal für die Sonntagsschule am nächsten Vormittag herzurichten.« Und es stimmte tatsächlich, daß bei einer Gelegenheit, als wir den

Saal benutzt hatten, Miss Gosling sich noch Wochen nachher darüber beklagt hatte!

Und selbst nachdem Miss Gosling ganz plötzlich Ende Juli vor drei Jahren gestorben war, schien ihr Geist ihn immer noch zu verfolgen, denn er bestand nach wie vor darauf, daß das Fest unter freiem Himmel veranstaltet wurde.

Tag für Tag schlug er die *Times* auf und las den Wetterbericht (ehe er sein Frühstücksei anrührte). Tag für Tag schüttelte er sorgenvoll den Kopf und meinte: »Ich hoffe von ganzem Herzen, daß das Wetter am Festtag schön wird.« Und Tag für Tag starrte er zum Himmel.

Er starb ganz plötzlich, voriges Jahr – gerade vier Tage vor dem Fest.

Dr. Brown war außerordentlich überrascht – aber ich kann nicht behaupten, daß das auch auf mich zutraf.

Sie versuchten es mit der Behauptung, ich sei verrückt – wie schrecklich dumm von ihnen! Zu meinem Glück drangen sie damit nicht durch. (Und ebenfalls zu meinem Glück kam niemand auf die Sache mit der armen Mama.)

Denn, sehen Sie, da war auch noch Miss Gosling; damals hielten sie es für ›eine natürliche Todesursache‹, wie sie es immer ausdrückten, doch nach dem Tod meines Mannes gruben sie sie wieder aus! (Ich glaube, das war eine ziemlich unappetitliche Angelegenheit.)

Sie meinen, mein Mann wäre recht gut versichert; aber das war überhaupt nicht der Grund, wie Sie sich sicher denken können.

Heute ist ein wunderschöner Tag, wie geschaffen für ein Fest – oder eine Hinrichtung.

# Die Matineevorstellung

## von Ruth Wissmann

»Es ist nicht meine Schuld, daß ich mich in dich verliebt habe«, sagte Carla. Sie stützte einen Ellbogen auf das Kopfkissen, das Kinn in der Hand, und betrachtete den Mann neben ihr im Bett. »Ich wollte es nicht. Ich wollte auf keinen Fall in so etwas verwickelt werden. Es ist – nun, ganz einfach passiert.«

Er lächelte und durchwühlte ihre Haare. »Aber es tut dir nicht leid«, meinte er. »Ich weiß, daß es so ist.«

Sie seufzte, setzte sich hin, schob ihre Beine auf ihrer Seite aus dem Bett und sagte, nachdem sie einige Sekunden in Gedanken versunken dagesessen hatte: »Nein, es tut mir nicht leid, Alan, aber ich bin auch nicht gerade glücklich.«

»Das ist doch eine völlig natürliche Sache, Baby«, beruhigte er sie. »Du wirst schon darüber hinwegkommen – über das Unbehagen und die Selbstvorwürfe, meine ich. Das war es doch, was du meintest, nicht wahr? Stimmt's?« Sie nickte.

Manchmal«, flüsterte sie, »sehe ich Tom an und habe das schreckliche Gefühl, daß er über uns Bescheid weiß.«

»Ich hoffe doch nicht! Ach – unmöglich!«

Ihr Gesicht verdüsterte sich. »Ich weiß. Wenigstens wüßte ich nicht, wie …«

»Wir waren vorsichtig.« Er sagte das mit ruhiger, überzeugter Stimme. »Ja! Vorsichtig und dumm und selbstsüchtig und …«

»Jetzt hör aber auf. Komm mir nicht mit deinem Selbsthaß, bitte.«

Sich im Motelzimmer umsehend, sagte Carla: »Ich habe immer Angst, daß jemand, der mich kennt, sieht, wie ich hierherfahre. Ich hatte deswegen schon Alpträume – und darüber, daß ich verfolgt werde.«

»Dann wollen wir nur hoffen, daß du nicht auch noch im

Schlaf sprichst.« Ein amüsiertes Lächeln spielte um seine Lippen und zauberte Fältchen in seine Augenwinkel.

»Oh, mein Gott! Ich hoffe nicht. Alan, machst du dir denn niemals darüber Gedanken, daß Lisa etwas über uns erfahren könnte?«

Er lachte und schüttelte den Kopf. »Sie würde mich umbringen, Liebling. Ich denke einfach nicht darüber nach. Wir müssen ein solches Risiko eben eingehen, Schatz. Aber ich glaube, daß in allem irgendein Risiko steckt. Das Leben selbst ist ein großes Risiko. Zum Teufel! Wir können uns nicht die ganze Zeit den Kopf darüber zerbrechen, was passieren könnte. Das würde uns solche Nachmittage verderben, würde unsere Matineevorstellungen schmeißen.«

»Das ist sicher richtig.« Sie klang wenig überzeugt, als sie sich erhob. Dann blickte sie stirnrunzelnd auf ihre Armbanduhr. »Es ist spät. Wir sollten lieber duschen und verschwinden. Ich muß rechtzeitig zu Hause sein, um das Abendessen zu machen und ...«

»Na schön, Liebes. Wenn es unbedingt sein muß, nur zu.«

Es war Carla, die die Tür zur Dusche öffnete. Es war Alan, der zischend einatmete und ihr eine Hand auf den Mund preßte, ehe der Schrei ihre Kehle verließ. Was sie sahen, würde ihnen für den Rest ihres Lebens im Gedächtnis bleiben.

Die schlaffe Gestalt, die dort lag, starrte sie aus blinden Augen an, und in der Stirn klaffte ein Einschußloch. Es war ein tödlich weißer und zugleich blutroter Schock in schwarzer Hose und grauem Oberhemd. Carla bekam überhaupt nicht mit, daß Alan die Duschtür schloß, doch das tat er. Dennoch konnte sie immer noch den grotesk verrenkten, grauenvollen Körper sehen. Die Woge der Hysterie, die sie zu überspülen drohte, ließ sich durch nichts aufhalten oder eindämmen.

Über dem Grauen, das schreiend durch ihr Bewußtsein raste, hörte sie seine Stimme. »*Bitte! Mein Gott!* Irgend jemand wird dich noch hören! Sei still!« Er drückte sie an sich, während seine Augen den Raum absuchten, als hielten sie Ausschau nach einem Fluchtweg, wo es etwas derartiges gar nicht gab. »Jesus!« stieß er ungläubig hervor. »Was sollen wir tun? Was, zum Teufel, sollen wir jetzt tun?« Sie zitterte und weinte, und er spürte, wie ihre Haut kalt und feucht wurde. »Zieh dich an, Carla«, sagte er mit einer Stimme, die plötzlich befehlend und scharf geworden war. »Wir müssen schnellstens von hier verschwinden.«

»Ich weiß«, schluchzte sie. »Ich weiß, ich weiß!« Als er sie losließ, stellte sie fest, daß ihre Arme und Beine sich in Wasser verwandelt hatten und ihre Finger in Eiszapfen. »Es ist so schrecklich! So grauenvoll! Dieser – dieser Mann!« Ihr Herz hämmerte in ihrer Brust, ihrer Kehle, ihren Ohren. Ihr Gesicht hatte jegliche Farbe verloren. »Alan, ich glaube, ich – ich werde ohnmächtig.«

»Hör gut zu«, sagte er und umklammerte ihre Schultern mit seinen eisigen Händen. »Jetzt ist nicht der Augenblick, umzukippen. Wir müssen abhauen, und gerate ja nicht in Panik. Auf keinen Fall!«

»Ja, aber …«, sie starrte ihn mit gequälten Augen an, »– sollen wir nicht die Polizei rufen – oder jemand anderen?«

Er sah sie mit einem ungläubigen Ausdruck an, als er nach seiner Kleidung griff. »Die Polizei?« fragte er. »Du mußt doch den Verstand verloren haben! Ich glaube, dir ist gar nicht klar, in was für einer Klemme wir jetzt stecken!«

»Aber Alan – der Mann wurde ermordet! Jemand hat ihm in den Kopf geschossen!«

»O Gott!« Er verdrehte die Augen und blickte hilfesuchend zur Decke. »Ich weiß ja, daß du nicht besonders helle bist, aber – jetzt zieh dich endlich an und beeil dich!« Er hielt inne und starrte stirnrunzelnd die Duschtür an, seine Augen ein einziges Fragezeichen. »Wir müssen nachdenken«, sagte er halblaut, als redete er mit sich selbst. »Ja – eine Minute. Wir …«

»Wir können später nachdenken«, unterbrach sie ihn, während sie versuchte, sich die Tränen abzuwischen und gleichzeitig den Reißverschluß ihres Rockes hochzuziehen. »Wenn wir von hier verschwunden sind, können wir immer noch …«

Er schüttelte den Kopf. »So einfach ist das nicht. Wir können nicht so ohne weiteres von hier abhauen. Wir können nicht rausgehen und eine Leiche liegenlassen, damit …«

Sie schluckte nur mit Mühe, und das Schreckliche ihrer Lage entfaltete sich in ihrem Bewußtsein. »Alan!« stieß sie atemlos hervor. »Wir werden geschnappt, nicht wahr? Und dann wird das mit uns herauskommen. Der Manager dieses Ladens wird uns melden, und die Polizei wird uns suchen, und dann kommen die Fragen, und Tom wird es erfahren, und dann …«

»Halt den Mund! Ich muß nachdenken. Und das kann ich nicht, wenn du die ganze Zeit redest.«

»Aber Alan, ich muß von hier weg. Ich will nicht in einen Mord verwickelt werden. Ich will nicht, daß Tom ...«

Dann flossen wieder Tränen, und sie hörte, wie Alan zu reden begann, und in seinen Worten schwang kein wenig Mitgefühl mit.

»Was ist mit mir? Du glaubst, du steckst in Schwierigkeiten – was meinst du, was eine solche Publicity für mich im Studio bewirkt? Ganz abgesehen von Lisa und ihren Launen.« Nun blickten seine Augen auf Carla, ohne sie richtig wahrzunehmen.

Als sie die Falten sah, die die Furcht in sein Gesicht grub, sagte sie: »Du hast Angst. Und ich mag keinen Mann sehen, der Angst hat. Oh, Alan. Denk nach! Laß dir was einfallen! Wir müssen weg von hier – von dieser ...« Sie schluckte wieder mühsam und stellte fest, daß ihre Kehle völlig ausgetrocknet und gelähmt war, daß es sie große Mühe kostete, überhaupt einen Ton hervorzubringen.

Sie schüttelte den Kopf und zog sich schweigend zu Ende an.

»Alan, wer immer dieses Zimmer vor uns bewohnt hat, muß den Mann umgebracht haben, also, warum suchst du nicht einfach den Manager auf und sagst ihm – die Wahrheit? Erzähle ihm, was wir gefunden haben, und dann ...«

»Gütiger Gott!« Wut schwang in seiner Stimme mit. »Was meinst du, warum sollte er mir denn Glauben schenken?«

»Nun, das weiß ich nicht – aber er kennt doch den Namen der Person, die dieses Zimmer vor uns gemietet hatte, demnach ...«

»Namen, zum Teufel! Wahrscheinlich genauso falsch wie der, den ich angegeben habe. Oh, warum nur? Warum haben wir nur dieses gottverdammte Pech, 'ne Leiche zu finden?«

Sie erschauerte und griff nach ihrem Pullover. »Alan, ich fahre nach Hause. Ich muß dort sein, ehe Tom erscheint. Ich – ich gehe jetzt.«

Sein Gesicht verfinsterte sich schlagartig. »Du wartest jetzt noch eine verdammte Minute«, schnappte er. »Du verschwindest nicht so einfach und läßt mich mit unserem Freund allein zurück. Du hängst genauso in dieser Sache drin wie ich.«

Ihre Augen weiteten sich entsetzt. »Aber ich kann nicht hierbleiben!« jammerte sie.

»Schrei nicht so. Die Wände hier sind ziemlich dünn. Jemand wird dich noch hören.«

Carla sah sich in dem Zimmer um, als wäre es eine Gefängniszelle. Als sie beobachtete, wie Alan hin und her wanderte wie ein eingesperrtes Raubtier, krächzte sie: »Wir sitzen in der Falle, so sieht es aus. Wir hängen an diesem schrecklichen Ort fest, und mit uns auch …«

»Sei still! Ich versuche, alles zu überdenken – jede Möglichkeit in Erwägung zu ziehen.«

»Zum Beispiel?« Er wandte sich zu ihr um und fixierte sie mit schmalen Augen. »Nun, angenommen – nimm nur einmal an, Tom weiß, daß du mit jemandem etwas hast, und …«

»Nein! Sag nicht so etwas. Das will ich nicht hören. Ich will es einfach nicht!«

»Du hörst jetzt zu, und zwar ganz genau. Woher willst du wissen, ob du nicht doch im Schlaf redest? Wie kannst du dir so sicher sein, daß er uns nicht hierher gefolgt ist? Vielleicht hat er geglaubt, daß … Sieh doch mal, angenommen, er kam her, traf diesen Burschen in diesem Zimmer an und glaubte, ich wäre es gewesen – daß er derjenige war, mit dem du dich immer triffst.«

»Nein! Oh, nein!« Sie schüttelte heftig den Kopf.

Und wieder ging Alan auf und ab. Dann ging er ins Badezimmer, öffnete die Duschtür, verzog das Gesicht und schloß die Tür wieder. »Jesus! Das ist furchtbar! Wer immer das getan hat – er muß verrückt gewesen sein, völlig von Sinnen.« Nun blieb er stehen, runzelte nachdenklich die Stirn und schlug sich mit der Faust in die offene Handfläche.

Ein langer, quälender Moment des Schweigens folgte, ehe er ins Schlafzimmer zurückkehrte, dort tief Luft holte und sagte: »Es gibt nur eines, was wir tun können. Es ist eine ganz dünne Chance, aber wir müssen es versuchen.«

»Von hier verschwinden?« fragte sie. »Einfach ins Auto steigen und wegfahren?«

»Wie kannst du nur so dämlich sein?« fragte er und spuckte die Worte geradezu aus. »Der Manager würde uns jederzeit wiedererkennen, jederzeit und überall, denn wir waren ziemlich oft hier.«

»Aber er kennt unsere Namen nicht.«

»Dies«, sagte er und zeigte auf sein Gesicht. »Dies wird er

erkennen und beschreiben. Deins auch. Zweifellos hat er dich etwas eingehender betrachtet, und das sicher mehr als einmal. Er kann auch unsere Autos identifizieren. Hast du daran schon mal gedacht? Möglicherweise hat er sogar unsere Nummern aufgeschrieben.«

Sie zitterte wieder. »Ich will nach Hause. Ich muß hier raus. Ich wünschte, ich wäre niemals hergekommen, ich wünschte …«

Er ließ sich in einen Sessel fallen, schloß die Augen, stützte sein Kinn auf eine Faust, deren Knöchel schneeweiß waren und an Marmor erinnerten. Dann nickte er schließlich. »Klar, ich brauche nur bis zum Einbruch der Dunkelheit zu warten, dann packe ich unseren Bademeister in den Kofferraum meines Wagens und lade ihn einfach irgendwo ab.«

Sie hielt die Luft an, und dann meinte sie: »Du hast recht. Ja – tu das. Ich gehe jetzt, und wenn es dunkel ist, dann …« Sie bemerkte, wie er ihr einen langen, nachdenklichen Blick zuwarf. »Sieh mich nicht so an, Alan. Ich bekomme ein schlechtes Gewissen.«

»Bin ich daran schuld?«

»Alan – ich muß weg. Ich kann nichts dafür, daß Tom bald zu Hause ist und daß er sich wegen mir Sorgen macht. Er wird sich fragen, wo ich bin. Er wird bei den Nachbarn nachfragen und bei unseren Freunden. Wie soll ich ihm denn erklären, wo ich mich aufgehalten habe? Es wird spät, und allmählich ist es dunkel, und …«

»Seltsam«, unterbrach er sie, »aber plötzlich denke ich an Ratten, die ein sinkendes Schiff verlassen …«

»Was erwartest du denn, das ich tun soll?« schrie sie.

»Nichts.«

»Aber Alan, du weißt doch, daß ich nicht länger warten kann.«

Er beobachtete sie schweigend, als sie zum Fenster ging, die Vorhänge ein wenig auseinanderschob und nach draußen sah. »Die Sonne geht unter«, sagte sie. »Du weißt ja, daß es im Winter immer schnell dunkel wird. Du wirst nicht allzu lange warten müssen.«

»Danke. Du machst mir richtig Mut.«

»Alan, wo willst du – ihn abladen?« fragte sie mit zaghafter Stimme.

466

»In deinem Vorgarten! Wo sonst?«

»Oh, Alan! Du kannst doch nicht mir die Schuld geben. Du kannst Lisa anrufen und ihr erklären, du seist aufgehalten worden, aber ich kann das nicht. Es gibt keinen logischen Grund, warum ich mich verspäten sollte. Tom würde …«

»Paß mal auf«, sagte er und zeigte mit dem Zeigefinger auf sie, »wenn ich nun dabei geschnappt werde, wie ich gerade die Leiche lozuwerden versuche …«

»Verdammt«, stieß sie hervor. »Was willst du, das ich tun soll?«

»Sag für mich aus, wenn ich erwischt werden sollte«, antwortete er. »Das könntest du tun.«

»Aber du hast doch den Mann nicht getötet, also können sie dich auch nicht … Oder können sie?«

»Meinst du wirklich nicht? Carla, wenn ich geschnappt werde, während ich die Leiche ablade – oder wenn der Mord mir in die Schuhe geschoben werden soll, dann mußt du dich melden und unter Eid aussagen, daß wir beide zur selben Zeit dieses Zimmer hier betreten haben. Verstanden? Ich will nicht, daß jemand erfährt, daß ich vor dir schon hier war. Vergiß das nicht.« »Aber dann würde Tom doch …« Sie starrte ihn an, während ihr der Schweiß von der Stirn perlte. »Das kann ich nicht fassen«, keuchte sie. »Ich kann nicht fassen, daß all das mir passiert. Alan, wenn du wirklich etwas für mich übrig hättest, dann würdest du mich nicht in die ganze Affäre hineinziehen wollen. Du würdest eher versuchen mich zu schützen, meinen Namen aus der Sache herauszuhalten – wenn du mich wirklich liebtest.«

Das Schweigen zwischen ihnen war fast körperlich spürbar, und dann meinte er: »Carla, wie kommst du darauf, daß ich das tue?«

»Alan!«

»Um Gottes willen, was macht das jetzt schon aus? Was gibt es denn im Moment Wichtigeres, als daß wir aus dem ganzen Schlamassel herauskommen? Ich meine – wir sind in echten Schwierigkeiten.«

»Es macht etwas aus«, sagte sie langsam.

»Himmel! Dort in der Dusche liegt ein Toter! Es gibt niemanden, der jemand anderem als uns die Schuld geben würde. Uns!

Dir und mir!« Carlas Wangen hatten ihre fahle Blässe verloren und waren feuerrot angelaufen, und ihre Stimme hob sich, als sie sagte: »Ich verschwinde von hier. Alan, ruf mich nicht an. Versuche nicht, dich jemals wieder mit mir in Verbindung zu setzen – egal wie. Ich werde dir niemals helfen. Du hättest mir schon früher sagen müssen, daß du mich nicht liebst. Weißt du, was ich jetzt hoffe? Ich hoffe, daß du in der tiefsten Hölle verbrennst?« Sie war verschwunden, und er starrte die Tür an, die sie hinter sich zugeschlagen hatte. Er hörte, wie sie ihren Wagen startete, wie der Motor erstarb, dann wieder ansprang. Er stand da wie eine Marmorsäule, als sie wegfuhr. Dann ging er hinaus, sah sich vorsichtig um und, als er niemanden entdeckte, eilte er zu seinem Auto, öffnete den Kofferraum, holte einen Regenmantel heraus und eilte wieder zurück ins Wohnzimmer.

Er ging geradewegs ins Badezimmer, öffnete die Duschkabine, griff hinein und zerrte die leblose Gestalt heraus. Hastig wickelte er sie in den Regenmantel, während er sagte: »Wir haben es wieder mal geschafft, George, altes Haus. Und jetzt schnellstens ab mit dir in die Requisite.«

## Großmaul

von Robert Edmond Alter

Hardesty hatte soeben drei Eier ins Speckfett geschlagen, und die drei Speckstreifen brutzelten bereits lustig, als seine alte Emaillekaffeekanne vom Felsengrund hochsprang und umkippte, so daß Kaffee und Kaffeesatz in den Sand rannen und versickerten. Dann hörte er das trockene *Paff!* eines Gewehrs.

Er streckte sich im Sand neben seiner durchlöcherten Kanne aus und hob vorsichtig den Kopf. Etwa hundert Yards oberhalb des Hanges, westlich von seinem Lager, erhob sich ein baumbestandener Felsgrat. Er stellte sich vor, daß ein guter Gewehrschütze ihn von dort oben aus ohne Schwierigkeiten erwischen konnte. Er zog die Knie an und bereitete sich darauf vor, notfalls in sein Zelt zu tauchen und seine Winchester zu holen.

Die zweite Kugel erwischte die qualmende Bratpfanne und versetzte sie in eine Kreiseldrehung. Hardesty wandte das Gesicht ab und schützte es vor dem herumspritzenden Bratfett. Die Eier hatten sich in eine schleimige Substanz verwandelt, als sie auf dem Erdboden landeten, und einen kurzen Moment lang brutzelte das heiße Fett im Sand weiter. Hardesty drehte den Kopf, als seine Feldflasche mit einem hohlen Glockenton hochsprang und sich in einem silbernen Wasserrinnsal aus dem Kugelloch ausblutete.

*Schätze, er hat mich beim ersten Schuß verfehlt,* dachte er. *Aber ein Mann verfehlt sein Ziel nicht bei drei Gewehrschüssen hintereinander – ganz bestimmt dann nicht, wenn er dafür eine Kaffeekanne, eine Bratpfanne und eine Feldflasche trifft. Der Kerl da oben weiß genau, was er tut.*

Hardesty wußte auch, was er selbst zu tun hatte. Nichts. Er war festgenagelt, und er konnte nichts anderes tun, als sich ruhig zu verhalten und auf seine Chance zu warten.

Seine Emailletasse stand auf dem Blechteller, welcher wiederum auf der Packkiste stand, die er als Tisch benutzte, wenn sie nicht einem anderen Zweck diente, und er sah zu, wie die Tasse davonflog, als das Gewehr wieder paffte. *Das war ein guter Schuß,* dachte er. *Ein verdammt guter Schuß.*

Eine Büchse Pfirsiche, die auf der Kiste gleich neben der Tasse gestanden hatte, kippte nach einem nassen Klatschen um. Dann schickte ein weiterer Treffer den Blechteller auf eine groteske Flugbahn, und schließlich befand sich in der spülwassergrauen Zeltwand plötzlich ein Loch.

Ein Zögern lag in der Luft, als Hardesty die Zeltöffnung anstarrte. Unvermittelt knickte die vordere Zeltstange in der Mitte durch, und das Zelt sank in sich zusammen wie die Röcke einer alten Dame, die plötzlich auf die Knie fällt.

*Hab's mir fast gedacht,* sagte Hardesty sich. *Der Treffer im Zelteingang war im Grunde ein Fehlschuß. Muß schon ein verflucht guter Schütze sein, auf die Entfernung eine Zeltstange zu erwischen.*

Er verdrehte den Kopf nach links und sah durch die Büsche hinunter zu Shingles, seinem Maultier. *Wenn er das aufs Korn nimmt,* dachte er, *dann bringe ich ihn um. Egal, wie lange es dauert, bis ich ihn erwische, ich schnappe ihn mir.*

Er schickte sich an, zu seinem Zelt zu kriechen. Er glaubte, daß er jetzt wußte, was gespielt wurde. Dies hier war kein Mord aus dem Hinterhalt; es war wohl eher ein Scherz, ein Schabernack nach Westernart.

Die meisten Indianer und die Revolverschwinger und der ganze Rest der Gesetzlosenbande waren längst dahingegangen, doch gelegentlich traf man immer mal auf irgendeinen Rowdy, der ein Überbleibsel jener harten Burschen aus den gewalttätigen Tagen war – ein Nachkomme jener ruhelosen Brut, die es nicht geschafft hatte, den Übergang vom neunzehnten ins zwanzigste Jahrhundert mit zu vollziehen.

Sie, jene ruhelosen Geister, zogen über die Steppen und träumten von Kid und Jesse James und Wyatt Earp, und in der Monotonie ihrer frustrierten Einsamkeit ergriff eine Art einfältiger, gewaltgieriger Wahnsinn Besitz von ihnen, und sie glaubten, daß der einzige Weg, diese ohnmächtige Wut loszuwerden, darin bestand, einfach loszuschlagen. Und das war es, was der Bursche oben am Hang im Augenblick machte, er schlug los und machte sich einen Spaß daraus, jemanden nach seinen Kugeln tanzen zu lassen.

Eines war jedoch zu bedenken, Hardesty hatte für Scherze nichts übrig, er hatte überhaupt keinen Sinn für Humor. Er kroch zu seinem schlaff herabhängenden Zelt, als eine Kugel mit einem dumpfen Laut direkt vor seinem Gesicht in den Sand schlug, und er zwinkerte und spuckte und schob sich unter die Zeltbahn und griff nach seiner Winchester.

Doch das Spiel war beendet. Er konnte das gedämpfte Getrappel von Hufen hören, die sich jenseits der Felskette durch ein ausgetrocknetes Bachbett entfernten. Er ging trotzdem hin, um sich wenigstens einen Überblick zu verschaffen. Doch er fand dort nichts, keinen Hinweis auf den, der von dort aus sein Lager beschossen hatte. Die paar U-förmigen Hufeindrücke im Sand sagten ihm überhaupt nichts. Und dann hatte der Scherzbold noch genug gesunden Menschenverstand besessen, die leeren Patronenhülsen einzusammeln und mitzunehmen.

Hardesty kehrte in sein Lager zurück, um sich seine Stadthose sowie Stadthemd und -jacke anzuziehen.


Er machte sich auf den Weg nach Stag, einem Ort, den er und all seine abgeschiedenen Nachbarn als »Stadt« bezeichneten. Doch das war es nicht. Es war lediglich ein heruntergekommener Markierungspunkt in der Landschaft, der seine Daseinsberechtigung einzig und allein aus den Bedürfnissen der Männer in der Wildnis gewann. Dort wurde ausschließlich verkauft und niemals etwas verschenkt. Der Ort besaß weder eine Kirche noch irgendwelche öffentlichen Gebäude, noch Wohnhäuser. Man brachte entweder Geld nach Stag, oder man blieb ganz einfach weg. So ehrlich und geradlinig war der Ort wenigstens.

Hardesty ging sofort in den Laden, der mit einem Schild mit der Aufschrift »Post Office« versehen war, und erwiderte nur »Um-hm«, als der Inhaber meinte: »Hallo, Hard. Wie geht's denn so?«

»Ich brauch 'ne neue Kaffeekanne, Bratpfanne, Feldflasche, 'ne Tasse …«

»Leistest dir 'ne neue Ausrüstung, was? Hast du draußen wohl 'ne Ader gefunden, oder?« sagte der Ladeninhaber ohne

Hoffnung auf eine Antwort, denn er wußte, daß Hardesty kein geselliger und schon gar kein mitteilsamer Mensch war.

»Und eine Zeltstange«, fügte Hardesty hinzu, legte etwas Geld auf die Theke und machte auf dem Absatz kehrt und betrat durch eine offene Seitentür den angrenzenden Saloon, wo vier oder fünf Männer an einem Tisch pokerten.

Sie begrüßten ihn »Hallo, Hardesty« und fragten: »Willst du einsteigen?« und er nickte und sagte nur, »Um-hm.«

Es war ein sehr stilles Spiel, denn eben diese Wirkung übte der hochgewachsene, hagere, stumme, stets gereizt wirkende Mann auf andere Menschen aus. Er hatte während des Spiels sehr wenig zu sagen. Nur manchmal öffnete er den Mund für ein »Eine Karte« oder »Passe« oder »Zeigen« oder »Erhöhe«.

Das Spiel zog sich durch die Nacht hinein in den neuen Tag und die Morgendämmerung, und dann wurde es abgebrochen. Hardesty hatte Glück gehabt. Er steckte fast 200 $ ein. Doch er gab dazu keinen Kommentar ab.

Er ging ins kleine Hotel und forderte »Ein Zimmer« und reagierte nicht, als der mexikanische Hausdiener meinte: »Joe erzählte mir, du hättest dir eine neue Ausrüstung besorgt, Hard?« Er ging nach oben, nahm ein Bad, rasierte sich und legte sich ins Bett.

Der Abend kündigte sich bereits an, als er wieder in den Saloon zurückkehrte. Er bestellte sich ein Steak und eine Flasche, und dann saß er etwa eine Stunde lang allein in einer dunklen Nische und beschäftigte sich ausschließlich mit der Flasche. Danach verließ er den Saloon ohne eine sichtbare Veränderung in seiner drohenden, abweisenden Haltung.

Hardesty hing für drei Tage in Stag herum, kippte einige doppelte Whiskeys und spielte ab und zu Poker. Dann bezahlte er für sein Hotelzimmer, holte seine Waren aus dem Laden und kehrte mit Shingles zu seinem Claim zurück.


Hardesty hockte am Feuer und hatte soeben die Eier in die Pfanne geschlagen, und das Speckfett zischte und knisterte, als er das dumpfe Hufgetrappel eines herannahenden Reiters hörte. Er blickte auf, musterte Mann und Pferd in der Ferne und griff hinter sich nach seiner Winchester und lehnte sie gegen einen

Felsen rechts neben sich. Danach ließ er seinen Blick zwischen den Eiern und dem Reiter hin und her wandern, bis der Mann nahe genug heran war, so daß Hardesty ihn erkennen konnte. Dann ignorierte er ihn.

Es war Tope Jenkins, ein junger Bursche aus der Gegend westlich von Hardestys Claim. Der Cowboy bremste sein Pferd und ließ es in Schritt fallen, als er ins Lager hineinritt. Er lächelte Hardesty freundlich an.

»Hi, Hard. Der Kaffee riecht gut.«

»Um-hm.«

»Hörte, du hattest im letzten Monat ein bißchen Ärger, heh?« sagte Tope. »Die Leute in Stag erzählten, irgend so ein Witzbold hätte aus reinem Jux dein Lager zusammengeschossen. Ich wette einen Vierteldollar, daß das einer von den Schafsleuten aus dem Tal südlich von hier war.«

Hardesty hatte nichts zu erwidern. Er nahm die brutzelnde Pfanne vom Feuer und stellte sie auf einen flachen Stein. Dann nahm er den Hut vom Kopf und legte ihn mit der Öffnung nach oben in den Sand. Schließlich griff er nach der Winchester, entlud sie und deponierte die Patronen in seinem Hut. Dann nahm er den Hut, kippte sich die Patronen in die Hand und ließ sie in die Tasche seiner Jeans gleiten.

Tope saß auf seinem Pferd, hatte die Hände gefaltet auf das Sattelhorn gelegt und beobachtete den Mann mit einem neutralen Gesichtsausdruck. Hardesty kam herüber und griff mit einer schnellen, aber keineswegs hastigen Geste nach Topes Gewehr; er zog es aus dem Futteral, trat zurück und ließ die Patronen in den Sand fallen.

»Hey! Was tust du da?«

Hardesty sagte nichts. Er packte das Gewehr am Lauf, hob es hoch über den Kopf und ließ den Kolben gegen einen Felsbrocken krachen. Dann schleuderte er den Lauf in den Sand.

»Du verrückter Hund! Was, zum Teufel, hast du ...« Tope verstummte, als der hochgewachsene, stumme, offensichtlich wutentbrannte Mann auf ihn zukam, während er seine an harte Arbeit gewohnten Hände an den Oberschenkeln seiner Jeans abrieb. Unvermittelt zuckten diese Hände hoch und packten Tope am Gürtel, hievten ihn aus dem Sattel und schleuderten ihn in einem hohen Bogen in den Sand.

Hardesty gab dem nervös tänzelnden Pferd einen Klaps mit der flachen Hand und rief »Weg!«, und der Gaul sprang zur Seite, wobei er wild mit den Augen rollte.

Tope, außer sich vor Zorn, spuckte Sand und wilde Flüche, kam hoch auf die Knie und bedachte Hardesty mit einer ganzen Litanei übelster Beschimpfungen.

Hardesty schlug ihm ins Gesicht und ließ ihn einen Salto machen, der ihn beinahe im Feuer landen ließ. Er folgte dem Rinderhirten, packte ihn bei den Revers seiner Cordjacke, hievte ihn wieder hoch, bohrte eine gerade Linke in Topes Magengrube, ließ ihn zusammenklappen und richtete ihn danach mit einem hart geschlagenen Uppercut wieder auf, der von einer linken Geraden vervollständigt wurde, und Tope machte erneut Bekanntschaft mit dem sandigen Erdboden.

»Du verrückter alter Bastard! Warum verprügelst du mich? Was habe ich dir denn getan?«

»Weil ich niemandem etwas erzählt habe, du verdammter Kerl!« brüllte Hardesty, als ihm schließlich die Nerven durchgingen. »Hast du gehört, du Großmaul? Ich habe zu niemandem darüber gesprochen!«

Siegen ist nicht alles, aber –

# Das alte Holzbrett

von Alvin S. Fick

Warum sie ihre Grube am Fuß des kleinen Hügels aushoben, werden wir, glaube ich, wohl niemals erfahren. Vielleicht stand gerade dort ein Baum, der ein wenig Schatten bot, eine Seltenheit in diesem Teil der wilden Wyominglandschaft, wo die Erde sich aufwölbt, um die Berge zu formen, die den Kontinent unterteilen.

Vielleicht ritten sie auch nur einfach hin und legten eine Rast ein, um die Pferde zu schonen. Vielleicht hatten sie sich auch schon tagelang gestritten, und dieser Punkt trockenen und von der Witterung zerfressenen Wüstenlandes mit seinen kümmerlichen Büschen und schwarzem Sage war rein zufällig der Ort, wo das Streitgespräch sich zu etwas weitaus Tödlicherem entwickelte. Diese Gegenden waren für Frieden nicht geschaffen.

Möglich auch, daß sie sich hinsetzten und rauchten, wie Cowboys es immer taten, und im stillen hofften, daß ihr Blut sich abkühlte. Doch das sollte nicht sein. Am Ende gruben sie das Loch in der weichsten Erde, die sie finden konnten, und lockerten sie wahrscheinlich noch zusätzlich mit einem spitzen Stein auf und warfen die Erde mit den bloßen Händen heraus. Sie arbeiteten angestrengt, hatten die Hemden ausgezogen, so daß der Schweiß schon eintrocknete, ehe er aus der Haut austreten konnte. Der Wind blies kleine Staubteufel von den Spitzen der Erdhaufen neben der Grube auf sie herab.

Die Sonne stand schon tief, und die Schatten waren lang, als sie fertig waren. Die Pferde, mittlerweile unruhig geworden und begierig, den Weg fortzusetzen, wieherten und zerrten an den Zügeln, die um einen Busch geschlungen waren.

Als die Grube etwa brusttief war und eine ovale Form aufwies, hörten sie auf zu graben. Wahrscheinlich kletterten sie heraus und ruhten sich aus und rauchten. Als sie dann wieder hinunterstiegen, kämpften sie mit Messern gegeneinander, schweigend.

Nur ein Mann kroch wieder heraus. Zweimal rutschte er wieder zurück und landete auf dem anderen Mann, da er schwer verletzt war. Der Geruch nach Blut erschreckte eines der Pferde. Es warf den Kopf hoch, rollte mit den Augen und riß sich los. Der Mann beobachtete, wie es bei jedem Schritt mit den Hufen kleine Staubwölkchen hochschleuderte, als es davonstürmte.

Einige Wochen später zügelte ein Reiter sein Pferd an der Stelle, wo ein kleiner Steinhügel, der dem Rücken eines Berges in der Nähe entrissen worden war, die Eintönigkeit der abwechslungslosen Landschaft unterbrach. Er stieg langsam aus dem Sattel, band das Pferd an einen Baum und nahm ein Brett mit einem daran befestigten Pfahl vom Sattel.

Er arbeitete mit einer Hand. Sein rechter Arm hing herab und schwang hin und her, wenn er ging. Eine soeben verheilte Narbe von der Farbe frischer Leber begann an seiner Schläfe, verlief an seinem Gesicht entlang bis zum Kinn, unter dem Ohr hinweg und verschwand in seinem Hemdkragen. Von Zeit zu Zeit legte er eine Pause ein, hockte sich auf die Fersen und drückte seine gesunde Hand gegen die Seite unter seinem abgestorbenen Arm. Er mußte den Pfahl mit Steinen abstützen, um ihn mit der Spitze in den Erdboden zu treiben, was er mit einem dicken Stein und mit der linken Hand machte.

Als er das erledigt hatte, drehte er sich eine Zigarette, wobei er zwei Papierblättchen ruinierte, ehe er Erfolg hatte. Die Zigarette hing unangezündet in seinem Mundwinkel. Er suchte nach einem Zündholz, fand aber keins. Er brauchte recht lange, um mit der gesunden Hand in seine rechte Hosentasche zu greifen. Die ungerauchte Zigarette baumelte immer noch in seinem Mundwinkel, als er davonritt.

Die Gegend von Wyoming, wo die Männer sich ihre eigenen Gräber graben, befindet sich am oberen Ende des Sonoralandes. Es ist ein trockenes Land, doch es liegt fast an der Grenze der Übergangszone. Manchmal spült der Regen den Sage ab, und die Luft riecht so sauber, daß es einem in der Nase beißt. Man sollte das Grab an einem Morgen nach einem solchen Regen aufsuchen. Kleine helle Blüten von Wildblumen sprenkeln den braunen Lehm zwischen den kantigen Felsbrocken am Hügelhang.

Holz verfault in diesem trockenen Land nur selten. Wenn Sie jemals diesen einsamen Punkt finden sollten, dann können Sie immer noch die Inschrift auf dem Brett lesen, das an den Pfahl genagelt wurde.

LAFE THOMAS
1882
ER VERLOR

Bevor Sie wieder aufbrechen, vergessen Sie nicht, die winzigen kleinen Wassertropfen am Ende der Fichtennadeln zu betrachten, die das Sonnenlicht einfangen und in kleine Lichtblitze zerlegen, die sich genauso scharf ins Auge bohren, wie ein Messer sich in ein Herz bohren mag.

## Serie 721/XY258

von R. L. Stevens

Es braucht mehr als Haß, um einen zum Mörder zu machen.

William Willis hatte seine Frau fast vom Tage ihrer Eheschließung vor siebzehn Jahren an gehaßt, doch der Gedanke an Mord war ihm nie in den Sinn gekommen. Er war damit zufrieden, die Tage seines Lebens ohne Klagen oder Vorwürfe zu verbringen, fuhr jeden Morgen ins Büro, kehrte jeden Abend nach Hause zurück und verschloß einfach seine Ohren vor dem unaufhörlichen Gebabbel ihrer Stimme.

Im Alter von Ende Dreißig hatte Constance Willis nahezu alles von jener jugendlichen Schönheit verloren, die Willis anfangs auf dem College so zu ihr hingezogen hatte. Sie war schlaff von Körper und Geist und machte sich so gut wie nie die Mühe, eine Zeitung zu lesen oder auch nur ein Buch aufzuschlagen. Ihre Tage verbrachte sie mit zahllosen Einkaufsbummeln in der Gesellschaft von Freundinnen, bei wöchentlichen Treffen in einem Bridge-Club und mit stundenlangen Telefongesprächen. Aber trotz all seines Hasses hatte William Willis niemals an Mord gedacht. Tatsächlich dachte er noch nicht einmal an die Möglichkeit einer Scheidung, bis er Rita Morgan kennenlernte, die im Apartment einen Stock tiefer wohnte.

Willis und seine Frau hatten keine Kinder, deshalb wohnten sie viele Jahre in dem hübschen Gartenapartment unweit der Stadtautobahn. Er konnte sein Büro bequem erreichen, und die Umgebung vermittelte das angenehme Gefühl eines Zuhauses. Das Apartment war eines der wenigen Dinge in ihrer Ehe, über die William und Constance der gleichen Meinung waren.

Als Rita Morgan in das Apartment eine Etage tiefer einzog, gewannen Williams Feierabende und Wochenenden augenblicklich eine ganz neue Bedeutung. Rita war eine fünfundzwanzigjährige Lehrerin mit langen blonden Haaren, deren unaufdringliche Schönheit nicht einmal von den Fünftkläßlern an ihrer Schule übersehen werden konnte. Willis half ihr beim Einzug, trug ein paar Kartons mit Büchern von ihrem Wagen nach oben, und sie freundeten sich auf Anhieb an. Sie war all das, was er siebzehn Jahre früher in Constance gesehen hatte. Aber was noch wichtiger war – sie war intelligent und schlagfertig.

»Warst du schon wieder unten bei Rita?« fragte Constance eines Samstagnachmittags.

»Einer ihrer Wasserhähne tropfte«, erklärte er. »Er brauchte nur eine neue Dichtung.«

»Wir haben einen Hausmeister, der sich um solche Dinge kümmert.«

Er seufzte und öffnete eine Flasche Bier. »Du weißt genau, daß sie mindestens einen Monat hätte warten müssen, bis er zu ihr gekommen wäre.«

Constance murmelte etwas, doch er wußte, daß ihr seine Aufmerksamkeit gegenüber Rita Morgan überhaupt nicht paßte. Sie hätte sich überhaupt keine Gedanken machen müssen, denn Rita war eine jungfräuliche Dame – zumindest was Willis betraf –, die mit ihm nur auf gutnachbarlichem Fuß stand.

Nichtsdestoweniger dachte Willis zuerst an Rita, als er in der Nachmittagszeitung von der Lebensmittelvergiftung las. Ein zwölfjähriger Junge war in Chicago an Botulismus gestorben, nachdem er konservierte Pfirsiche gegessen hatte, die nur unzureichend sterilisiert worden waren. Gewöhnlich waren Pfirsiche nur selten die Ursache für Lebensmittelvergiftungen, jedoch hatte man diese Sorte etwas unterschiedlich zubereitet und sie damit zu einem günstigen Nährboden für die tödlichen Bakterien gemacht.

Während er über den schrecklichen Zufall nachdachte, aufgrund dessen der Junge ums Leben gekommen war, konnte er sich nicht dagegen wehren, sich gleichzeitig vorzustellen, wie es wohl wäre, wenn Constance von einem ähnlich blinden Zufall heimgesucht würde. Als er an diesem Abend nach Hause fuhr, nahmen seine Tagträumereien von Scheidung und neuer Ehe mit Rita mehr Gestalt an. Nun stellte er sich vor, daß Constance gestorben wäre, umgebracht von einem Eingriff des Schicksals wie einem Autounfall oder vergifteten Lebensmitteln.

Constance erwähnte nichts von der Meldung über die Lebensmittelvergiftung, und die ganze Sache blieb für den Rest des Abends unbeachtet. Sie behielt so wenig über aktuelle Ereignisse im Ausland oder über neue Persönlichkeiten in der Politik im Gedächtnis. Ihr Interesse an Ereignissen und an Leuten, die nicht zu ihrem engsten Freundeskreis gehörten, hatte praktisch an dem Tag aufgehört, an dem sie das College verließ, um Willis zu heiraten.

Doch er wurde wieder an die Pfirsiche erinnert, als eine der Sekretärinnen im Büro davon sprach. In den Nachmittagszeitungen hatten genauere Details gestanden inklusive einem Hinweis, daß eine ganze Dosenserie vom Hersteller eingezogen wurde. Es waren die Pfirsichkonserven der Serie 721/XY258.

Daraufhin meldeten sich die Tagträume wieder. Er wußte, daß Constance während des Sommers sehr oft Pfirsiche aß, und zwar meistens als Dessert nach dem Lunch. Und er wußte, daß sie sehr oft die Marke Can o'Gold kaufte.

Er stürzte sich an jenem Nachmittag sofort auf die Zeitung und ging sogar drei Häuserblocks weit zu einem Supermarkt, wo er eine Chicagoer Zeitung kaufen konnte. Er las mehr über den Tod des Jungen und über die tödliche Wirkung einer Lebensmittelvergiftung, und die Phantasievorstellung nahm in seinem Geist immer deutlicher Gestalt an.

In der Abendzeitung wurde bereits gemeldet, daß sämtliche Produkte der Firma Can o'Cold zurückgerufen wurden, und die Verbraucher wurden vor allem vor der Verwendung der Serie 721/XY258 gewarnt.

An jenem Abend, während Constance mit einer Freundin telefonierte, sah Willis in der Speisekammer nach und untersuchte die Obstkonserven. Er fand zwei Dosen Pfirsiche, eine kam von der Firma Can o'Cold. Sein Herz übersprang einen Schlag, als er die Seriennummer, die in den Deckel eingestanzt war, genauer untersuchte. Es war die Serie 721/XY258. Als er sie eingehender inspizierte, bemerkte er, daß die Dose sich leicht verformt hatte – ein nahezu sicheres Zeichen dafür, daß von den Bakterien in der Dose bestimmte Gase erzeugt wurden.

Dort, auf dem Regalbrett, stand eine der tödlichen Pfirsichdosen.

Er sagte davon nichts zu Constance, doch in jener Nacht im

Bett zogen sämtliche Möglichkeiten paradengleich durch seinen Geist. Er brauchte nicht mehr zu tun als zu schweigen, und früher oder später würde Constance von den vergifteten Pfirsichen essen und an Lebensmittelvergiftung sterben. Alle würden sehr mitfühlend reagieren. Niemand würde auch nur den geringsten Verdacht schöpfen.

Und William Willis wäre ein freier Mensch!

Er drehte sich auf die Seite, starrte in die Dunkelheit und dachte an Rita Morgan im Stockwerk unter ihm.

Als er am nächsten Tag zur Arbeit fahren wollte, sah er, wie Rita ihr Auto mit einem Wasserschlauch abspritzte. »Hallo«, rief er. »Ich hätte nie gedacht, daß Lehrer im Sommer so früh aufstehen.«

»Ich fahre zu einem Picknick«, erwiderte sie und schenkte ihm ein strahlendes Lächeln. »Ich will jedoch erst mal versuchen, etwas von dem Dreck herunterzubekommen.«

»Wenn ich nicht zur Arbeit müßte, würde ich Ihnen helfen.« Er blieb noch einen Moment stehen und schwatzte mit ihr, bis er Constance am Fenster bemerkte, von wo aus sie ihn beobachtete. »Ich muß weg«, meinte er schließlich. »Bis bald.«

An jenem Tag im Büro versuchte er nicht daran zu denken. Doch als er nach dem Lunch in der Zeitung neue Meldungen von der Rückrufaktion las, ließ er sich die Idee von einem Mord ernsthaft durch den Kopf gehen.

Wenn Constance nun von diesen Pfirsichen aß, wäre er dann des Mordes schuldig?

Nein, nein – er wehrte sich dagegen, es unter diesem Aspekt zu betrachten. Er hatte noch nicht einmal die Dose angefaßt. Constance hatte sie gekauft, Constance würde sie öffnen, Constance würde sie essen – wahrscheinlich im Laufe des Tages, während er in seinem Büro wäre. Wie konnte es dann seine Schuld sein?

Ein Unglücksfall. Oder Tod durch eine Verkettung ungünstiger Umstände, wie die Briten es gerne umschreiben. Aber ganz sicher kein Mord.

William Willis ging wieder an seine Arbeit und versuchte, nicht an die Dose Pfirsiche zu denken, die auf dem Regalbrett stand und auf Constance zu warten schien.

Als er an diesem Abend nach Hause kam, begrüßte ihn als

erster Anblick seine Frau Constance, die am Küchentisch saß und Pfirsiche mit Schlagsahne aß.

»Verdirbst du dir damit nicht den Appetit fürs Abendessen?« fragte er etwas steif.

»Es ist in unserer Behausung einfach zu heiß, um zu kochen. Ich dachte, wir könnten später ausgehen und irgendwo ein Sandwich essen. Geht das?«

An jedem anderen Abend hätte er dagegen protestiert, doch an diesem Abend sagte er ganz einfach »Klar doch« und ging hinter ihrem Rücken zum Regal. Die Can o'Gold-Pfirsiche standen immer noch auf dem Brett. Sie hatte die Dose von der anderen Marke geöffnet.

Sie redeten an diesem Abend nur sehr wenig miteinander, und zum ersten Mal seit vielen Jahren hielt er die langen Stunden durch, ohne seinen früheren Haß auf Constance zu spüren. Als sie vom Essen zurückkamen, tauchte Rita bei ihnen auf, um sich eine Flasche Milch zu leihen, und Constance begrüßte sie wie eine alte Freundin und lud sie sogar zu einer Tasse Kaffee ein. An diesem Abend ging Willis schon früh zu Bett und fühlte sich sehr gut.

Dieses Gefühl hielt auch am nächsten Tag im Büro an, und er fragte sich, ob er Constance gegenüber weich wurde. Er nahm sich vor, die New Yorker und Chicagoer Zeitungen zu kaufen, wo die Meldung von der Lebensmittelvergiftungsangst immer noch die Innenseiten beherrschte. Eine Zeitung brachte ausführliche Aufzählungen der Todesqualen des Jungen, beschrieb das schrittweise Zusammenbrechen der Organfunktionen inklusive seines Gehirns, bis er einfach aufhörte zu atmen. Willis preßte bei der Lektüre die Lippen zusammen und stellte sich Constance in einem solchen stundenlangen Todeskampf vor.

Er griff zum Telefonhörer, wählte seine Heimnummer, doch der Anschluß war besetzt. Sie redete wieder mit einer Freundin.

Seine Hände zitterten, als er den Hörer wieder auf die Gabel legte, und er wußte, er mußte sich zusammenreißen. Beinahe hätte er sie gewarnt, hätte ihr von der vergifteten Pfirsichdose erzählt und damit die düsteren Gedanken offenbart, die durch seinen Kopf gegangen waren. Er mußte sich unter Kontrolle halten. Er war kein Mörder. Er war noch nicht mal ein dem Zufall willenlos ausgeliefertes Geschöpf.

Und doch – wenn Constance starb, würde er sich jemals wieder im Spiegel in die Augen blicken können? Würde er Rita Morgan lieben können, ohne daß Constances Tod ihn in seinen Träumen verfolgte?

Er nahm wieder den Telefonhörer ab und wählte erneut. Der Anschluß war noch immer besetzt.

»Ich muß nach Hause«, erklärte er seiner Sekretärin. »Ein Notfall.«

Er lenkte den Wagen vom Parkplatz und fuhr zur Stadtautobahn hinüber. Es war schon später Nachmittag, und er wußte, daß sie, wenn überhaupt, ihre Pfirsiche immer um etwa diese Zeit aß. Die Nachhausefahrt erschien ihm länger als jemals zuvor in der Rush-hour. Während er ziemlich schnell fuhr, fast rücksichtslos, stellte er sich vor, daß er sie auf dem Küchenboden tot vorfinden würde – obgleich er aus der Zeitung wußte, daß es bei einer Lebensmittelvergiftung einige Stunden dauerte, bis sich die ersten Symptome zeigten.

Er bog in die Auffahrt zum Parkplatz vor dem Apartmenthaus ein und stellte seinen Wagen ab wie immer. Das Fenster seines im zweiten Stock liegenden Apartments schien so zu sein wie immer, und auch die Wohnung sah von unten völlig unverändert aus. Wahrscheinlich war er völlig umsonst hergekommen und würde Constance jetzt einiges erklären müssen. Und dabei irgendwie die Dose aus dem Haus bringen.

»Liebes! Ich bin schon früher nach Hause gekommen!«

Es kam keine Antwort, und er ging in die Küche, um nach ihr zu suchen.

Das erste, was er sah, war die offene, leere Dose Can o'Gold Fancy Prepared Peaches in der Spüle. Dies und eine benutzte Schüssel mitsamt einem benutzten Löffel und den aufschlußreichen Saftspuren.

»*Constance!*«

In diesem Moment tauchte sie aus dem Badezimmer auf. Ihr Gesicht war blaß und zeigte einen etwas seltsamen Ausdruck. »Was machst du denn schon zu Hause?« wollte sie wissen.

»Ich hab' mich nicht wohlgefühlt.«

»Oh.«

»Constance, hast du die Pfirsiche gegessen?«

Sie blickte zu der leeren Schüssel und der offenen Konservendose in der Spüle. Dann trafen sich ihre Blicke wieder, und da war etwas in ihren Augen, das er nie zuvor bemerkt hatte.

»O nein, Liebes. Diese nette Miss Morgan kam herauf, um sich etwas zu leihen, und dann blieb sie einige Zeit, und wir unterhielten uns, und ich konnte sie zu einem kleinen Imbiß überreden.«

# Dreizehn

von Edward D. Hoch

Renger blickte von der grob gezeichneten Karte auf dem Tisch vor ihm auf und musterte den Neuankömmling mit kritischem Blick. »Sie sind Hallman?«

»Stimmt.«

»Ich hörte, Sie seien mit dem Gewehr ein As.«

»Ich komme damit zurecht.«

»Dann sind Sie, glaube ich, der richtige Mann für den Job. Schon mal mit einem automatischen Karabiner gearbeitet?«

»Sehr oft.«

»Mit so einem?« fragte Renger und holte einen neuen Plainfield-Karabiner hervor, der im wesentlichen der Standardwaffe der Armee entsprach. »Er wird mit Dreißig-Schuß-Magazinen geladen. Gut so?«

»Bestens.« Hallman ließ seinen Blick über die fünf anderen Männer im Raum wandern. Der einzige, den er kannte, war Asmith, ein gelegentlicher Heroindealer, der schon einige Male im Gefängnis gesessen hatte. Er nickte ihm zu und wartete, daß Renger ihm die anderen vorstellte.

»Das sind Crowthy und Evens und Asmith und Galliger und Yates. Ein verdammt gutes Team für den betreffenden Job. Aber wir brauchten einen guten Mann mit einem Gewehr – jemanden, der keine Angst hätte, es auch zu benutzen.«

»Das bin ich«, sagte Hallman. Er hatte sich diesen Ruf erworben.

»Gut! Wir verfügen über Rauchbomben und solches Zeug, aber ich mache mir keine Illusionen, daß wir reinkommen, ohne auch ein paar Leute zu töten.«

»Wie steht's mit Wachen?« erkundigte Hallman sich. »Und Streifenwagen?«

Renger strich sich seine ergrauenden Haare zurück und trommelte mit einem Bleistift auf der Karte. »Der einzige Wächter, auf den Sie achten müssen, befindet sich genau dort. Schalten Sie ihn aus, und alles geht problemlos ab. Also, ein Streifenwagen kommt jede Stunde durch diese Straße. Wir haben es so getimed, daß wir nicht mit ihm zusammentreffen, doch man sollte sich darauf nicht zu sehr verlassen. Ich kann Ihnen lediglich zusagen, daß Crowthy Sie von der gegenüberliegenden Straßenseite aus sichern wird. Wenn Ihnen der Streifenwagen in die Quere kommt, dann müssen Sie sich damit befassen.«

»Verstehe«, sagte Hallman.

»Ihr Job besteht darin, diesen Wächter auszuschalten, einzudringen und ein paar Schüsse abzufeuern. Sie müssen Verwirrung stiften. Die müssen da drin glauben, daß wir mit einer ganzen Armee angerückt sind. Dann werfe ich ein paar Rauchbomben, und die anderen kommen nach.«

Asmith meldete sich in seiner Ecke zu Wort. »Was ist mit dem Fluchtwagen?«

»Wir lassen den Lastwagen an dieser Stelle stehen und legen den Rest des Weges zu Fuß zurück. Danach muß jeder von euch selbst sehen, wie er zu dem Lastwagen zurückkommt. Evans wird beim Lastwagen bleiben und die Augen offenhalten. Aber um genau zehn Uhr fahren wir ab. Jeden, der es bis zehn Uhr nicht zum Wagen geschafft hat, betrachten wir als geschnappt. Irgendwelche Fragen?«

Während sie Schritt für Schritt den Plan noch einmal durchgingen, machte Hallman sich seine eigenen Gedanken. Er war vierundzwanzig Jahre alt und hatte bereits den Ruf, mit dem Gewehr ein As zu sein. Und wenn man sich etwas eingehender über ihn informierte, dann erfuhr man, daß er mit dem Messer genauso gut war. Seinen ersten Mann hatte er mit dem Messer getötet, und er sah immer noch den Ausdruck des Entsetzens in den Augen des Mannes, als das Messer ihm zwischen die Rippen drang.

So war es auch bei allen anderen Gelegenheiten gewesen, doch an das erste Mal erinnerte er sich am besten. Manchmal hatte er die Männer, die er tötete, nicht einmal zu Gesicht bekommen. Sie waren lediglich winzige Figuren, die aus der Entfernung erschossen werden sollten, oder es waren manchmal

Männer, die in ihren Betten mittels genau geworfener Bomben in die Luft zu sprengen waren. Und die Leute wußten, daß Hallman ein Experte war. Sie wandten sich an Hallman, wenn es darum ging, jemanden sauber und schnell und mit hundertprozentiger Sicherheit zu töten.

»Na gut«, schloß Renger. »Dann wäre ja alles klar. Wir brechen im Morgengrauen auf.«

Die Männer nickten schweigend und verließen den Raum. Es kam keine Unterhaltung in Gang, und Hallman war das nur recht. Er war nicht besonders gesprächig.


Der frühe Morgen war für einen solchen Job gewöhnlich die beste Zeit, wie Hallman im Laufe seiner Tätigkeit festgestellt hatte. Es war besonders günstig, wenn man kurz vor acht am Operationsziel auftauchte, wenn die Leute sich gerade an ihren Arbeitsplätzen einfanden. Im allgemeinen waren dann auch keine Streifenwagen mehr auf den Straßen, weil die Besatzungen wechselten.

Dieser Morgen war besonders geeignet, denn vom Fluß war leichter Nebeldunst aufgestiegen und trieb durch die Straßen der Stadt.

Evans hatte den Lastwagen eine Stunde vorher geparkt, und sie waren den Rest des Weges einzeln zu Fuß gekommen, um keine Aufmerksamkeit zu erregen. Die Stadt war ruhig, und nur wenige Leute waren unterwegs, als Hallman seinen Kopf hinter einem Baum hervorschob, genau gegenüber ihrem Operationsziel.

Das erste, was er sah, war ein uniformierter Wächter am Tor. Er schien jeden zu kennen, der hineinging, obwohl er gelegentlich auf einen Ausweis blickte, wenn er ihm vorgezeigt wurde. Der Revolver im Futteral bereitete Hallman, der den Mann, falls notwendig, von seiner Straßenseite aus hätte töten können, keine Kopfschmerzen.

Hallman löste sich aus seiner Deckung und ging direkt auf den Wächter zu, wobei er den Karabiner ganz offen und lässig in der Hand trug, mit dem Lauf schräg zu Boden gerichtet. Der Mann bemerkte ihn erst, als er ihn fast erreicht hatte, und dann senkte sich die Hand des Wächters zögernd auf das Lederholster mit dem Revolver. »Sie brauchen einen Ausweis«, sagte er. »Einen Passierschein.«

Hallman lächelte und ging weiter auf den Mann zu, als verstünde er dessen Sprache nicht. Als er nahe genug heran war, riß er schnell den rechten Arm hoch zur Kehle des Wächters und jagte das Messer tief ins Fleisch. Der Mann sackte mit dem gurgelnden Laut zusammen, den sie immer von sich geben. Ehe der Wächter zu Boden stürzte, riß Hallman bereits den Karabiner hoch, um den Eingang vor ihm zu sichern, und das war beinahe ein tödlicher Fehler.

Von hinten hörte er Crowthy eine Warnung rufen, und er wirbelte herum und sah, wie der Streifenwagen sich in schneller Fahrt näherte. Sie hatten ihn bereits entdeckt und bremsten mit quietschenden Reifen. Crowthy feuerte blind einen Schuß ab und zog sich in den Wald zurück. Zwei Beamte sprangen aus dem Wagen, und einer von ihnen feuerte drei Schnellschüsse auf Crowthys flüchtenden Rücken ab. Hallman sah ihn in den Staub stürzen, als er selbst sein Gewehr hochriß. Er gab einen kurzen Feuerstoß ab, schaltete einen Beamten aus, während der andere hinter dem Streifenwagen in Deckung tauchte. Ein dritter Mann, der Fahrer, wollte aussteigen und kippte dann zurück, von den Splittern der Windschutzscheibe blutend.

Hallman zog sich schießend ins Gebäude zurück und sah den zweiten Beamten umkippen. Dann war er im Innern und rannte durch einen unzureichend erhellten Korridor, wobei er ein frisches Dreißiger-Magazin in seine Waffe schob. Er hoffte, daß die anderen bald kämen.

Ein Mann erschien am Ende des Korridors wie eine Pappfigur auf dem Schießstand, und Hallman deckte ihn mit Kugeln ein. Dann rannte er weiter, ins erste Zimmer hinein, und gab ein paar schnelle Schüsse ab, um sich den Weg freizuräumen. Er hatte jetzt seinen Rhythmus gefunden, dieses halbvergessene Gefühl für das Töten, das manchmal von ihm wich, doch stets zurückkehrte.

Im zweiten Büro hockte eine schreiende Frau zusammengekrümmt in einer Ecke und hatte die Hände vors Gesicht geschlagen. Hallman hielt nur einen kurzen Augenblick inne, dann jagte er einen kurzen Feuerstoß in ihren Körper. Sie rutschte an der Wand herunter, zerfetzt und blutend und bereits ohne einen

Hauch von Leben. Sie war die erste Frau, die er je getötet hatte, und es überraschte ihn, wie wenig ihm das ausmachte.

Er zertrümmerte das Fenster in einem nach vorne hinaus gelegenen Büro, suchte die anderen und sah zwei weitere uniformierte Wächter zur Vorderfront des Gebäudes laufen. Er schoß schnell und fällte sie mit einer Kugelspur quer über ihre Rücken. Renger führte den Trupp an, als sie aus dem Wäldchen hervorbrachen. Er hielt sein Gewehr schußbereit und warf eine Rauchbombe, als sie die Straße überquerten. Dann machte jemand sich im Stockwerk über ihm mit drei Schnellschüssen bemerkbar, und Hallman sah Yates stolpern und unten auf der Straße hinstürzen, kurz bevor der Rauch ihn verschluckte.

Hallman fand die Treppe und machte sich auf den Weg nach oben. Eine Gestalt erschien am oberen Ende, und Hallman schaltete sie mit den restlichen Kugeln im Magazin aus. Ehe er nachladen konnte, stürzte sich ein zweiter Mann brüllend auf ihn und stieß ihn rücklings die Treppe hinunter. Er spürte, wie ihm der Karabiner aus der Hand rutschte, doch er rollte sich herum und holte sein Messer heraus. Er stieß es in die fleischige Seite des Mannes, hörte sein schmerzerfülltes Stöhnen und stieß erneut zu. Der Mann wurde augenblicklich schlaff, und Hallman rollte seinen Körper die Treppe hinunter.

Unter ihm hörte er wildes Schießen, und er wußte, daß Renger und die anderen das Tor hinter sich gebracht hatten. Er schaffte den restlichen Weg zum oberen Ende der Treppe, fand seine Waffe und lud sie neu, während er weiter kletterte. Er brach durch die Tür auf dem obersten Absatz und tötete den Mann am Fenster mit einer Salve. Zwei andere – kleinwüchsige, ängstliche Männer – hoben ihre Hände und zogen sich zur Wand zurück. Hallman erschoß sie beide.

Er konnte nun die Wärme von Blut auf seiner Unterlippe spüren, und er begriff, daß der Mann auf der Treppe einige Treffer gelandet hatte. Doch er empfand keine Schmerzen. Die Erregung des Augenblicks hatte sie ausgeschaltet, überdeckt. Er blickte aus dem Fenster, doch der Rauchvorhang war zu dicht, um etwas erkennen zu können.

Sich gegen eine Wand lehnend, überlegte er, wie viele er schon getötet hatte. Den Wächter und mindestens zwei von den dreien im Streifenwagen und den Mann im Korridor. Und die

Frau und die beiden Wächter am Fenster. Und die beiden auf der Treppe. Und drei in diesem Raum. Damit waren es zwölf und weniger als fünf Minuten. Schnelle Arbeit. Gut gemacht.

Er holte wieder sein Messer hervor und sorgte dafür, daß sie auch wirklich tot waren. Er hatte nur noch ein vollständiges Magazin und durfte damit nicht verschwenderisch umgehen. Dann hörte er jemanden die Treppe heraufkommen und seinen Namen rufen. Es war Renger, der zwei Koffer trug. Hallman leckte sich das Blut von den Lippen, verschluckte es und stieg hinunter, um seinen Boß zu treffen.


»Sie haben verdammt gute Arbeit geleistet«, erklärte Renger ihm. »Sie sind ja die reinste Ein-Mann-Armee.«

»Ich sagte ja, daß ich mit dem Gewehr ganz gut bin. Wie viele Männer haben wir verloren?«

»Crowthy und Yates. Die anderen sind alle in Ordnung. Wir sollten drei Sprengpatronen scharf machen und dann so schnell wie möglich von hier weg.«

Sie erledigten das Notwendige schnellstens und verließen dann mit den anderen das Gebäude.

»Verdammt!« sagte Renger, als sie durch den Matsch der Straße wateten und sich in den Schutz des Wäldchens begaben. »Ich werde zusehen, daß Sie dafür eine Medaille bekommen, Hallman.«

»Vielen Dank, Major.«

»Wenn die zu Hause hören, daß Sie einen Angriff gegen einen vorgeschobenen Kommandoposten des Feindes angeführt haben und ihn praktisch im Alleingang genommen haben, dann machen sie Sie zum Helden. Wie viele haben Sie getötet?«

»Zwölf.«

»Sie sind ein verdammt guter Schütze.«

Sie kamen am feindlichen Streifenwagen vorbei, der mitten auf der Straße stand, und Hallman bemerkte, daß der Fahrer immer noch lebte und hinter der zersplitterten Windschutzscheibe keuchend nach Luft rang. Er hob den Karabiner mit einer Hand und tötete den Mann mit einem einzigen Schuß.

»Damit wären es dreizehn«, sagte er und ging weiter.

# Agent 375

von Gary Brandner

Als das Individuum durch die Bürotür hereinkam, hörte Gus Blattner auf, die Kurbel des Vervielfältigers zu drehen, und starrte nur. Die Erscheinung trug einen Trenchcoat und einen Filzhut aus einem Trödlerladen, den sie sich tief über die gelbblonden Augenbrauen gezogen hatte. Die Augen und der Mund waren hinter tiefroten Sonnenbrillengläsern verborgen, und darunter klebte ein grotesker Schnurrbart.

»Sollten Sie nicht auch noch ›Buh!‹ sagen?« erkundigte Gus sich.

Mit einer gewandten Bewegung riß die im Trenchcoat steckende Gestalt sich den Hut, die Sonnenbrille und den Schnurrbart herunter und enthüllte einen grinsenden jungen Mann mit gelbblonden Haaren, die zu den Augenbrauen paßten. Er trat an das Empfangspult und verkündete: »Ich bin Dudley McBean.«

»Aha. Na und?«

»Dies ist doch die Allgemeine Detektiv-Universität, nicht wahr?«

»Ja«, gab Gus zu.

»Nun, ich bin Dudley McBean«, wiederholte der junge Mann. »Agent 375.«

Gus wischte sich mit der Hand über das tintenfleckige Sweatshirt. »Ich denke, Sie sollten lieber mit meinem Partner reden«, sagte er und zog sich in den hinteren Teil des Büros und weiter in einen Sperrholzkasten zurück. Darin saß ein rundgesichtiger Mann an einem Kartentisch mit einem Stapel Briefumschläge vor sich. Diese schlitzte er mit einer Nagelfeile auf und entnahm ihnen Geldscheine oder Schecks, die er säuberlich getrennt aufstapelte.

Gus sagte: »Geheimagent X-9 oder jemand anderer von dieser Sorte steht draußen. Ich habe das schlimme Gefühl, daß es sich um einen unserer Schüler handelt.«

»Was will er hier?« fragte der Mann am Tisch.

»Woher soll ich das wissen? Ich bin in dieser Organisation nur der Helfershelfer. Ich betätige lediglich diese dämliche Maschine.«

»Jetzt reg dich nicht auf, Partner«, beruhigte der andere Mann ihn. »Du weißt doch, wie wichtig es ist, die Lehrbücher zu verschicken. Ich würde dich ja gerne an der Maschine ablösen, wenn ich nicht mit meiner alten Lacrosse-Verletzung herumlaborierte. Meine Schulter wird bei der geringsten Anstrengung steif.«

»Ich würde ganz gerne ab und zu mal hier rauskommen, und selbst wenn es nur geschähe, um zur Post zu gehen.«

»Also Gus, ich hole ja nur deshalb die Post selbst ab, um die nötigen persönlichen Kontakte zu knüpfen. Das ist trotz allem immer noch meine besondere Spezialität. Abgesehen davon, welchen Unterschied macht es schon, wie wir uns die Arbeit aufteilen? Das Geld wird fifty-fifty geteilt, und jetzt sieh dir nur mal an, wieviel alleine heute wieder eingegangen ist. Als du noch Tankstellen überfallen hast, ist es dir niemals so gutgegangen.«

»Ach, laß dich durch mich nicht stören«, sagte Gus. »Ich bin wegen Natalie ein bißchen nervös. Ich glaube, sie treibt es mit einem anderen. Wenn ich sie nur dabei erwischen könnte, dann könnte ich sie beide umbringen und die Sache endlich vergessen.«

Der andere Mann stand auf und ging um den Tisch herum, um seinem Partner auf die Schulter zu klopfen.

»Das ist eben das Kreuz, mit einer schönen Frau verheiratet zu sein«, sagte er mitfühlend. »Ich gehe mal raus, um mich mit unserem Besucher zu unterhalten, derweil setz dich hin und mach mit dem Geldzählen weiter. Vielleicht bringt dich das auf andere Gedanken.«

Seine Fliege zurechtzupfend, verließ der rundgesichtige Mann das kleine Büro und schlenderte nach vorne zum Empfang, wo Dudley McBean mit einem hoffnungsvollen Lächeln wartete.

»Guten Tag, lieber Freund. Ich bin Colonel Homer Fritch. Was kann ich für Sie tun?«

»Es freut mich, Sie kennenzulernen, Sir. Ich bin Dudley McBean.« Der junge Mann wartete auf eine Reaktion seines Gegenübers, doch nichts passierte. Deshalb fuhr er fort: »Agent 375. Aus Snohomish. Ich habe Ihren Kurs zum Privatdetektiv absolviert.«

»Natürlich!« rief Colonel Fritch aus. »Aus Snohomish. Einer unserer besten Studenten. Was führt Sie nach Los Angeles, Dudley? Sie wissen doch, daß unsere Kurse ausschließlich im Heimstudium zu absolvieren sind?«

»Klar, Sir, aber da ich nun den Kursus abgeschlossen habe, bin ich persönlich hergekommen, um mir meine bronzene Detektivplakette und mein hübsches auf handgeschöpftem Bütten geschriebenes Diplom abzuholen. Ich habe auch die zusätzlichen zehn Dollar mitgebracht, wie es in Ihrer Anzeige im *Fearless Action Magazine* stand.«

Der Colonel suchte in den Augen seines Besuchers nach einem Ausdruck des Spotts oder der Belustigung, fand jedoch nichts dergleichen. Daher meinte er: »Ich glaube, ich kann Ihnen da behilflich sein, junger Mann.« Er griff unter das Pult und brachte ein Abzeichen in der Form eines Schildes mit einem drohend darauf hockenden Adler zum Vorschein. Das Abzeichen trug die Inschrift *Offizieller Privatdetektiv.* Colonel Fritch legte es feierlich vor Dudley auf die Tischplatte. »Tragen Sie das mit Stolz und Achtung«, erklärte er. Dann holte er ein bedrucktes Stück steiferen Papiers hervor. »Ich hatte noch keine Zeit gefunden, Ihren Namen darauf eintragen zu lassen, aber wenn Sie mir etwas zu schreiben leihen könnten, dann werde ich das nachholen. Man sagt mir nach, ich hätte eine sehr schöne Handschrift.«

Dudley reichte dem Colonel seinen Kugelschreiber, und der Colonel trug sorgfältig den Namen des jungen Mannes an der vorgesehenen Stelle in das Diplom ein. Er fügte eine Schmucklinie hinzu, rollte das Dokument zusammen, band eine Schleife darum und schob es über das Pult.

»Bitte sehr, mein Junge, und jetzt nichts wie zurück nach Snoqualamie.«

»Nach Snohomish, Colonel Fritch, und ich fahre nicht dorthin zurück.«

»Sie fahren nicht?«

»Nein, Sir. Ich schätze, im Detektivgeschäft bietet Los Angeles weitaus mehr Chancen als das kleine Nest, wo ich herkomme.«

»Das kann ich mir allerdings vorstellen. Wenn Sie mich jetzt entschuldigen würden ...«

»Deshalb möchte ich die in Ihrer Anzeige erwähnte Assistentenstelle annehmen.«

»Hmm, ja, da haben Sie ganz recht. Sie sind ganz schön auf Draht, junger Mann. Sehr vielversprechend. Ich werde das gleich in die Wege leiten.«

Der Colonel riß ein Blatt Papier von einem Spiralblock ab und schrieb hastig eine kurze Notiz darauf:

*Referenz für Mr. Dudley McBean. Ich empfehle ihn hiermit wärmstens für eine Anstellung als Privatdetektiv.*

*Col. Homer Fritch*

»Da haben Sie das Gewünschte, mein Freund«, sagte er. »Legen Sie das bei einer beliebigen größeren Detektivagentur in der Stadt vor, und Sie bekommen einen Fall, ehe Sie Piep sagen können.«

»Ich weiß gar nicht, wie ich Ihnen danken soll, Colonel.«

»Ist schon gut, Freund. Viel Glück und auf Wiedersehen.«

Nachdem er sich das neue Abzeichen hinter den Kragenaufschlag gesteckt hatte, zog Agent 375 den Gürtel seines Trenchcoats fester, setzte sich Hut, Sonnenbrille und Schnurrbart wieder auf. »Lektion acht – die Kunst der Verkleidung«, erklärte er und schlich sich aus dem Büro.

Colonel Fritch seufzte tief auf und kehrte in den Sperrholzkasten zurück. Gus Blattner kam ihm schon entgegen.

»Hast du nicht ein bißchen dick aufgetragen?« fragte Gus.

»Es schadet niemandem«, erwiderte der Colonel, »und der Junge fühlt sich gut.«

»Wie wird er sich wohl fühlen, wenn er feststellt, daß dein Name bei den Detekteien nicht mehr Gewicht hat als Donald Duck?«

Der Colonel zuckte die Achseln. »Ich fürchte, daß der junge Mann seiner Illusionen beraubt werden wird, doch er wird gleichzeitig eine sehr wertvolle Lektion gelernt haben – Traue niemals einem Fremden.«

»Viel wird das nicht nützen, wenn die Bullen erst mal hinter uns her sind.«

»Von der Polizei haben wir nichts zu befürchten. Wir haben auf dem Papier alles erfüllt, was wir in unserer Anzeige angeboten haben. Vergiß nicht, Gus, daß wir ehrenwerte Geschäftsleute sind, demnach hör jetzt auf, dir den Kopf zu zerbrechen.«

»Klar, wenn du meinst«, murmelte Gus und drehte weiter die Kurbel des Vervielfältigungsapparates.

Am darauffolgenden Nachmittag waren der Colonel und Gus gerade damit beschäftigt, gediegen aussehende Diplome in Briefumschläge zu schieben, als Dudley McBean wieder das Büro betrat – diesmal ohne Verkleidung.

»Hallo«, begrüßte der Colonel ihn gelassen, »so schnell hätte ich Sie aber nicht zurückerwartet.«

»Ich glaube, ich brauche noch etwas mehr Unterstützung«, meinte Dudley. »Ich habe mein Diplom und Ihre Empfehlung in jeder Detektei aus dem Branchentelefonbuch vorgelegt. Einige haben mich ausgelacht, andere waren nicht so höflich.«

»Das tut mir leid zu hören, lieber Junge, aber ich habe alles getan, was in meinen Kräften steht.«

»Deshalb habe ich mich entschlossen, mich auf eigene Faust in dieses Gewerbe zu stürzen«, fuhr Dudley fort, als wäre er gar nicht unterbrochen worden.

»Ich verstehe. Na ja, dann viel Glück.« Der Colonel wandte sich wieder den Diplomen und den Briefumschlägen zu.

»Ich dachte mir, daß Sie sicherlich bereit sind, das Geld aufzubringen, das ich brauchen werde, um meinen eigenen Laden aufzuziehen.«

Gus Blattner und Colonel Fritch klappte gleichzeitig der Unterkiefer herunter, und sie starrten den jungen Mann mit den gelbblonden Haaren sprachlos an.

Als der Colonel seine Stimme wiedergefunden hatte, erkundigte er sich: »Wer hat Sie denn auf diese wahrlich hirnrissige Idee gebracht?«

»Für Sie wäre das eine gute Investition«, sagte Dudley. »Ich hab' über die Detektivarbeit schon eine Menge gelernt. Zum Beispiel eines – was meinen Sie, wie ich dieses Büro überhaupt gefunden habe? In der Anzeige stand lediglich die Nummer eines Postfachs.«

Colonel Fritch setzte zu einer Antwort an, dann trat plötzlich ein nachdenklicher Ausdruck in seine Augen, und er wandte sich an seinen Partner. »Gus«, meinte er, »lauf doch mal runter in den Schreibwarenladen und hol noch ein paar von diesen Briefumschlägen.«

»Warum das denn? Wir haben noch zwei volle Kartons hinten.«

»Es wird nicht schaden, noch ein paar mehr auf Vorrat zu haben.«

»Na schön«, knurrte Gus, umrundete die Empfangstheke und verschwand durch die Tür.

Als er mit Dudley alleine war, fragte der Colonel: »Dann verraten Sie mir mal, lieber Freund, wie Sie dieses Büro gefunden haben?«

»Lektion drei«, erwiderte Dudley stolz. »Beschatten und beobachten. Ich habe am Postamt gewartet, bis jemand – und das waren Sie – kam und die Post aus dem Postfach abholte. Dann bin ich Ihnen gefolgt, nur um zu üben.«

»Sehr schlau.«

»Aber Sie sind von der Post nicht direkt hierhergekommen. Sie haben einen Abstecher zu einem Apartment in der Franklin Avenue gemacht, wo Sie sich eine Stunde und zwanzig Minuten bei einer blonden Lady aufgehalten haben.«

Der Colonel tupfte sich die Stirn mit einem blütenweißen Taschentuch ab. »Dudley«, sagte er, »ich habe mir die ganze Sache noch einmal durch den Kopf gehen lassen und bin bereit, Ihnen trotz allem den Start zu finanzieren. Wenn Sie mir bitte in mein Büro folgen würden, damit wir die Bedingungen besprechen können.«

»Das freut mich, Colonel Fritch«, sagte der junge Mann. »Schon ein seltsamer Zufall, nicht wahr, daß die blonde Lady den gleichen Nachnamen hat wie Ihr Partner.«

Scherz beiseite –

# Er wird dich umbringen

von Richard Deming

Ich sagte: »Ich glaube, es ist besser, wenn ich Ellen morgen als vermißt melde. Wenn wir noch länger warten, könnte die Polizei auf dumme Gedanken kommen.«

Margots sommersprossiges Gesicht verzog sich zu dem Grinsen, das ich so liebte. Sie lachte immer, wenn ich Ellen erwähnte, und während ich den Klang ihres herzlichen, ansteckenden Lachens so sehr mochte, störte mich ihre scherzende Art in dieser Angelegenheit. Ich glaube, Humor war die gesundeste Reaktion auf Ellens Verschwinden, und ich verspürte ganz gewiß nicht das geringste Bedauern, doch irgendwie ließ Margots Lachen auf einen Mangel an Feingefühl schließen, den ich von ihr nicht erwartet hätte.

Es war das Lachen und das offene, herzliche Grinsen, das mich anfangs zu Margot hinzog. Als wir nach Bradford kamen, befand sich das universitätseigene Wohnhaus, das uns zugewiesen worden war, gleich neben ihrem, und vom Fenster meines Arbeitszimmers aus konnte ich direkt in das große Fenster von Margots Wintergarten schauen, wo sie auch ihr Telefon stehen hatte. Sie schien gerne zu telefonieren, und oft sah ich sie dort, ihr von Sommersprossen übersätes Gesicht strahlend lachend, während eine schlanke, kräftige Hand ihre Worte mit lebhaften Bewegungen unterstrich. Wenn sie mit Ellen telefonierte, beobachtete ich sie besonders gerne, denn in der Diele konnte ich Ellens Teil des Gesprächs mithören und mir aus ihren Worten und Margots Gesten zusammenreimen, was Margot sagte.

Fast vom ersten Augenblick unseres Kennenlernens waren wir voneinander angetan – und zwar schon seit dem ersten Nachmittagstee, der mir zu Ehren anläßlich meiner Übernahme der Anglistischen Abteilung veranstaltet wurde. Miss Rottell,

497

die dienstälteste Vertreterin der Kollegiumsfrauen, machte uns miteinander bekannt und sagte in ihrem gestelzten Slang: »Professor Brandt, Miss Margot Springs. Sie ist Musik«, und entfernte sich wieder und ließ uns allein.

Ich erinnere mich noch, wie ich mich formell verbeugte und sagte: »Ein überaus passender Name. Sie sehen wirklich aus wie die schönste Jahreszeit.«

Sie lachte. »Aber Professor! Ich glaube, Sie sind ein Romantiker.«

So einfach fing es an und entwickelte sich im Laufe der folgenden Monate zu einer tiefen, aber stillen Liebe. Oh, nach außen hin waren wir nicht mehr als gute Freunde, denn in einer Collegestadt kann Klatsch jede Karriere töten, und Margot nahm meine Komplimente als besonders lustige Bemerkungen, auch wenn niemand in der Nähe war, der uns hätte belauschen können. Und auch ich war sorgsam darauf bedacht, keine zweideutigen Bemerkungen herauszufordern. Nicht ein einziges Mal küßte ich sie auch nur auf die Wange, sondern ich beschränkte die physischen Beweise meiner Liebe auf gelegentliche, zufällige Berührungen – wenn meine Finger ihre Haare streiften, wenn ich ihr in den Mantel half, nachdem sie Ellen einen Besuch abgestattet hatte, oder wenn ich es so einrichtete, daß ich ihr während der täglichen Teestunde mit dem Kollegium eine Tasse reichte und dabei ihre Hand länger als nötig berührte.

Doch die Tiefe unseres gegenseitigen Verstehens, das aus einer reifen Liebe entspringt, machte meine unschuldigen Worte und Gesten genauso bedeutsam für Margot, als hielte ich sie in den Armen, genauso wie ihre offensichtlich scherzhaften Entgegnungen für mich einen Hintersinn hatten, der einer weniger sensiblen Natur völlig entgangen wäre. Genaugenommen war es das beste, daß niemand außer mir ihre Zweideutigkeit verstand, denn sie hatte einen atemberaubenden Hang zu gefährlichen Situationen und schien es geradezu zu lieben, mir durch das Risiko, das sie einging, Angstschauer über den Rücken zu jagen. Sie präsentierte mit besonderer Vorliebe ihre wahren Gedanken, als wären es eher plumpe Witze, wie zum Beispiel anläßlich Ellens Ankündigung, ihre Eltern zu besuchen. Sie meinte damals: »Beeil dich lieber mit deiner Rückkehr, sonst stehle ich dir noch deinen romantischen Ehemann.« Doch Ellen lachte nur, und ich tat so, als sei Margots Bemerkung ein gelungener Witz.

Ich wartete bis zum vorletzten Tag vor Ellens geplanter Abreise, ehe ich erwähnte, welche Möglichkeiten sich für uns ergeben würden, und selbst dies brachte ich eher beiläufig zur Sprache. Doch Margot überraschte mich mit der unverfrorenen Deutlichkeit ihrer Antwort.

»Es ist eigentlich schade, daß Ellen nur zwei Wochen wegbleiben will«, bemerkte ich.

»Bitte sie doch, einen ganzen Monat zu fahren«, sagte Margot. »Ich bin überzeugt, daß Ellen, wenn du ihr erklärst, du wolltest mit deiner Nachbarin ein Verhältnis anfangen, deinen Vorschlag begeistert annimmt.«

Margots Art, total phantastische Vorschläge auf durchaus ernstgemeinte Erklärungen zu äußern, war eine weitere absonderliche Richtung, in die ihr seltsamer Humor sie oft führte, und ich wußte natürlich, daß sie nicht im Schlaf erwartete, daß ich mit Ellen über derartige Dinge sprechen würde.

Ich fragte: »Würde es dir gefallen, wenn sie für immer wegblieb?«

»Du meinst, wenn du ihre Leiche im Keller vergräbst?« Sie senkte ihre Stimme zu einem verschwörerischen Flüstern herab. »Ist denn die Lebensversicherung hoch genug, um uns die Flitterwochen zu finanzieren?«

Ich faßte mich in Geduld. »Ich dachte eher daran, sie um die Scheidung zu bitten.«

»Und damit einen Campus-Skandal auszulösen?« Irgendwie schaffte sie es, gleichzeitig zu grinsen und ein entsetztes Gesicht zu machen. »Nein, Theodore. Da ist der Keller wohl das sicherste.« Sie zwinkerte mir zu und machte mit der Hand eine Bewegung quer über ihren Hals.

Ich meinte: »Ich habe noch nicht einmal ein Huhn umgebracht.«

»Da ist überhaupt nichts dabei«, sagte Margot. »Du liest doch Zeitung. Ehemänner tun so etwas jeden Tag. Ich rufe Ellen nachher an und bitte sie, ganz still zu halten.«

»Jetzt sei so nett und mach gegenüber Ellen keine solchen Bemerkungen«, bat ich sie. »Ich weiß, daß Ellen der Hintersinn deiner Witze völlig entgeht, aber es wäre ein unnötiges Risiko.«

Doch Margot ignorierte meine Bitte, als sie Ellen am gleichen Abend anrief. Von meinem Arbeitszimmer aus konnte ich Margots breites Lachen und ihre lebhaft gestikulierende Hand beobachten, und in der Diele in unserem Haus hörte ich Ellens verhaltenes Lachen.

»Es verblüfft mich, daß du Theodore so unterhaltsam findest«, sagte Ellen. »Ich habe bisher auch nicht die kleinste Spur von Humor an ihm feststellen können.«

In diesem Moment wußte ich, daß Margot mit Ellen über unser Gespräch redete, und obwohl Ellen es offensichtlich aufnahm wie einen Witz, war ich dennoch darüber verärgert, daß Margot gegen meinen Wunsch ihrem bizarren Sinn für Humor nachgab.

Etwa eine Woche nach dem Termin, an dem Ellen ihre Reise hätte beenden sollen, erwähnte ich zu Margot, daß ich lieber die Polizei benachrichtigen würde, weil ich nichts von ihr gehört hätte. Wir saßen in meinem Arbeitszimmer und tranken unseren allsonntäglichen Nachmittagstee.

»Du hast mir bisher noch nicht gezeigt, wo du ihre Leiche versteckt hast«, sagte Margot und grinste mich über den Rand ihrer Tasse hinweg an wie ein zu Schabernack aufgelegter Cocker-Spaniel.

Ich erwiderte: »Ich dachte, das solltest du lieber nicht erfahren. Aber wenn du willst, komm mit, ich zeig's dir.«

Ich erhob mich und ging durch das Haus vor, während Margot mir belustigt folgte. Ich holte die Taschenlampe aus der Küche und ging vor ihr die Kellertreppe hinunter.

Ich richtete den Lichtstrahl der Taschenlampe auf den Fußboden hinter der Heizung und wies auf den frischen Zement. »Dort«, sagte ich einfach.

Sie wandte sich mir zu, ein seltsamer Ausdruck machte sich auf ihrem Gesicht breit, und plötzlich erschien sie mir so begehrenswert, daß ich meine bisher geübte Zurückhaltung ablegte und sie in die Arme schloß. Sie stand starr, aber ohne sich zu wehren da, als ich sie küßte, und ihre Lippen waren ganz kalt.

Augenblicklich begriff ich, daß es ein Fehler gewesen war, die Schranken so schnell fallen zu lassen, und daß es klüger war, unsere lockere Art im freundschaftlichen Umgang so lange beizubehalten, bis die Polizei jegliches Interesse an dem Fall verlor.

Ich trat einen Schritt zurück, verbeugte und entschuldigte mich.

Margots starres Gesicht nahm plötzlich die Farbe von Papier an. Es war ein interessantes Beispiel für eine verzögerte psychische Reaktion. Offensichtlich hatte ihr der Anblick des frischen Zements zum erstenmal richtig bewußt gemacht, was wir getan hatten und daß es diesmal nichts war, über das man hätte lachen oder seine Scherze machen können.

Langsam und vom Schock der Erkenntnis schwankend stieg sie vor mir die Treppe hinauf. Als wir wieder im Salon standen, wandte sie sich zu mir um, und ihr Ausdruck war eine Studie in nacktem Grauen. Wortlos nahm sie ihren Mantel und stolperte zur Tür.

Vom Fenster meines Arbeitszimmers aus kann ich sehen, wie sie telefoniert. Aber ihr fröhliches Gesicht lacht nicht wie sonst, und ihre sonst so lebhafte Hand ist seltsam starr. Ihr Ausdruck ist der des nackten Horrors, und ich bin besorgt, daß sie dieses Gefühl, wem immer von ihren zahllosen Freunden, mit dem sie gerade spricht, mitteilt. Aber sie liebt das Telefon so sehr, und vielleicht hilft ein wenig weiblicher Klatsch ihr dabei, über den Schock hinwegzukommen.

Ich wünschte, sie würde wenigstens einmal lächeln.

## Caveat Emptor

### von Kay Nolte Smith

Das erste Mal verspürte Judson Wick den Wunsch, als er in der Oper war.

Eine Loge in der Oper war nicht seine normale Umgebung, aber er konnte sich die Chance nicht entgehen lassen, eine ältliche Witwe zu begleiten, die vor Diamanten und Einfluß nur so funkelte. Er verbarg also sein mangelndes Interesse und musikalisches Wissen, bemühte sich um einen aufmerksamen Ausdruck auf seinem gutaussehenden, wenn auch ziemlich ausdruckslosen Gesicht und neigte seinen schmalen, dunklen Kopf in Antwort auf die häufigen Rippenstöße der Witwe. Während eines solchen Momentes, als er sich auf das Bühnengeschehen konzentrierte, verspürte er den Wunsch. Er lächelte traurig und schob ihn beiseite.

Er kam am nächsten Tag zu ihm zurück, während seines einmal im Jahr stattfindenden Mittagessens mit dem Geschäftsführer der Wick Gruppe. Der Mann betete immer reihenweise Zahlen herunter – in diesem Jahr zeigten sie den Wertverlust des Kapitals der Firma an – und entsann sich in ärgerlicher und weitschweifiger Weise der Zeiten, als Judsons Vater die Firma gründete und leitete. Judson trug in dieser Situation immer eine distanzierte und gleichgültige Miene zur Schau. Aber diesmal bekam die Miene feine Risse, wie gesprungenes Sicherheitsglas, als der Geschäftsführer spitze Bemerkungen über »das Leben in Muße« machte – bis der Augenblick gerettet wurde, weil der Wunsch plötzlich wieder auftauchte.

An diesem Abend kehrte er noch einmal wieder, als Judson als Gast des Regisseurs bei der Premiere eines Broadway-Stückes und der darauffolgenden Party anwesend war. Er aß geräucherte Austern und hörte zu, während die schwärmerischen Kritiken laut vorgelesen wurden. Über den Rand seines Champagnerglases sah er, wie der Regisseur, mit dem er zur Schule gegangen war, vom Erfolg angestrahlt wurde, und der Wunsch kehrte so mächtig zurück, daß der Champagner auf einmal sauer schmeckte und er die Party verließ.

Er war kaum in sein Apartment zurückgekehrt, als es schellte. Seine Laune hob sich bei dem Gedanken, daß die rothaarige Schauspielerin bezüglich des Schlaftrunks anderen Sinnes geworden war, aber die Person an der Tür war nicht weiblich, und ihr Haar war ziemlich grau. Der Anzug war auch grau, in der Farbe sowohl wie im Ausdruck. Er hing faltig an den Schultern des Mannes und war an den Knien ausgebeult. Alles an ihm schien müde und traurig, außer seiner Krawatte, ein Streifen von kräftig orangefarbener Seide, der über sein Hemd lief wie eine Feuerzunge. »Guten Abend«, sagte er. »Meine Firma hat mir mitgeteilt, daß Sie etwas zu verkaufen haben.«

»Ich glaube, Sie sind im falschen Apartment.«

»Ich glaube nicht. Sie sind Judson A. Wick. Sie sind einundvierzig Jahre alt, und Sie sind daran interessiert, das Guthaben zu verkaufen.«

»Was für ein Guthaben?« fragte Judson vorsichtig.

»Gestern abend waren Sie in der Gounod-Oper und hatten einen Wunsch, den Sie zweimal wiederholt haben. Deshalb wünschen Sie ein Abkommen, ähnlich wie das von Doktor Faustus. Darf ich eintreten?«

Judson trat mechanisch zur Seite, während er sich bemühte, zu verstehen. »Ich glaube, Sie treiben Spaß mit mir.«

»Mr. Wick, wenn ich nicht der wäre, der ich zu sein behaupte, wie könnte ich dann von Ihrem Wunsch wissen?«

»Ich weiß nicht«, sagte Judson endlich. »Aber Sie sehen gar nicht so aus. Wer hat je von Ihnen als von dem Mann im grauen Flanellanzug gehört?«

»Ich bin doch nur ein Handelsvertreter, ein schlichter Bediensteter der Firma. Nennen Sie mich John, wenn Sie mögen.« Der Mann schob seine Manschetten hoch und glättete seine Krawatte. »Wir sind im 20. Jahrhundert, Mr. Wick. Wir sind kein mittelalterlicher Tauschhandel mehr, sondern eine moderne Firma. Natürlich erwarten wir nicht, daß Sie uns einfach glauben. Wir bieten, in der Tat, wir bestehen auf einer 24-Stunden-

Probezeit, in der Sie unsere Ware kostenlos prüfen können, ohne weitere Verpflichtung. Nun, für was wollten Sie den Handel abschließen? Macht? Wissen? Ewige Jugend?« Als Judson die Stirne runzelte, fügte er hinzu: »Dann gibt es da noch unser beliebtestes Angebot, Ruhm und Einfluß.«

»Ah«, sagte Judson. »Ja.«

»In welchem Bereich wollen Sie sie?«

Judson zuckte die Schultern. »Das ist mir egal. Nein, warten Sie mal.« Die Erinnerung an Champagner und schwärmerische Kritiken prickelte in ihm hoch. »Lassen Sie es das Showbusineß sein. Broadway. Nein, größer. Hollywood.«

Der Mann nahm einen kleinen grauen Notizblock heraus, notierte etwas und erhob sich. »Wenn Sie morgen früh aufwachen, fangen die vierundzwanzig Stunden an. Übrigens werden wir Sie beobachten, damit sichergestellt ist, daß Sie zufrieden sind. Ich werde dann am Ende der Probezeit zurückkehren, mit dem Vertrag, den Sie unterschreiben müssen.«

Judsons Blick wanderte durch den Raum. »Gut, sagte er schließlich. »Was habe ich schon zu verlieren?«

In den grauen Augen des Besuchers leuchtete für einen Moment etwas auf, wie Streichhölzer am Ende von zwei Tunneln. Die orangefarbene Krawatte leuchtete schwächer, und er war fort.


Als Judson um zehn aufwachte, hörte er eine Stimme, die sich in seinem Ohr zu befinden schien. »Guten Morgen«, sagte sie in metallischen, geschlechtslosen Lauten. »Die Beobachtung hat begonnen. Wir sind bereit, Ihre Wünsche zu erfüllen.« Nach einer kleinen Weile hatte Judson ein merkwürdiges Gefühl im Kopf: ein schwaches, nicht unangenehmes Echo, so ähnlich, als höre jemand auf einem zweiten Telefonapparat mit. »Sie meinen es wirklich ernst«, sagte er leise. »Was, zum Teufel, soll man dazu sagen?«

Bei diesen Worten mußte er lächeln. Einige Zeit lag er im Bett und grinste. Aber dann begann er zu überlegen, wie seine Wünsche aussehen sollten. Zuerst verlegen, weil ihm der innere Zuhörer bewußt war, aber dann mit wachsendem Vergnügen bei dem Gedanken, ein Publikum zu haben, dachte er an einige der wichtigen Filmleute, die er in der Vergangenheit getroffen hatte, in den Jahren, als er mit Shelley verheiratet und sie noch nicht zu Berühmtheit gelangt war. Er könnte, dachte er, sich aussuchen, wie irgendeiner von denen zu sein, einer von denen, die sich am Rande der Scheinwerfer, aber im Zentrum der Macht bewegen, oder auch ein Schauspieler zu sein, vielleicht der berühmteste männliche Star im Land. Oder in der Welt.

Das blaßgrüne Telefon auf seinem Nachttisch klingelte. Ein Mann mit einer ziemlich erstaunten Stimme stellte sich als Reporter von *Variety* vor, sagte, er hätte gerade gehört, es gäbe etwas Wichtiges über und von Judson Wick, und fragte, was dies denn wäre.

Judsons ganze Geschicklichkeit war nötig, um den Mann davon zu überzeugen, daß es etwas Wichtiges gab, daß er aber noch nicht darüber sprechen konnte. Als er aufgelegt hatte, wurde ihm sehr deutlich, daß der innere Lauscher immer noch zuhörte. Er stellte sich unter die Dusche und machte eine sorgfältige Liste von Leuten, die er anrufen könnte, die er bis auf drei zusammenstrich. Einer davon war sein Freund, der Regisseur vom vergangenen Abend. Aber am Ende strich er alle Namen. Während er sich rasierte, ließ ihn der Gedanke nicht los, daß Shelley in der Stadt war, um ihren neuesten Film vorzustellen. Er schnitt sich ins Kinn, fluchte und lachte plötzlich laut auf: Warum sollte er sich Gedanken über einen Vorwand für einen Anruf machen? Shelley würde ihn anrufen – wenn er das wünschte.

Als er zwei Stunden später zum Restaurant kam, traf Shelley gerade mit einem Pulk von Reportern ein. Er holte sie dort heraus und führte sie zu einem Tisch. Dort bestand er darauf, daß sie während des ersten Drinks von ihrem neuen Film erzählte. »Gut«, sagte sie schließlich, »ich habe dich angerufen, Gott weiß, warum. Also muß ich daran interessiert sein, was du all diese Jahre getrieben hast.«

Er nahm ihre Hand und atmete tief durch. Es schien ihm, daß das Interesse des inneren Lauschers zugenommen hatte. Indem er sich einen Weg durch die Worte in seinem Geist suchte, sagte er: »Ich habe etwas ganz Großes vor. Etwas sehr Großes. Etwas, was mich direkt in deine Stadt führen wird.«

»Meinst du etwas, das mit dem Filmgeschäft zu tun hat?«

»Was tut man sonst in Hollywood?«

»Aber du weißt nichts über die Branche.«

»Shelley«, sagte er leise, »ich werde in der Lage sein, alles zu tun, was ich will. Alles.«

Sie musterte ihn. Ihre violetten Augen verengten sich zu zwei Punkten schwarzen Lichts. »Sprichst du im Ernst? Du wirst einen Film produzieren?«

»Ja, ich nehme an, soviel kann ich sagen. Klar. Das werde ich machen.«

»Was für einen Film?«

Er winkte dem Kellner und bestellt neue Drinks. Dann lehnte er sich zurück und sagte vorsichtig: »Laß es mich so ausdrücken. Ich bin auf der Suche nach Ideen.«

»Tatsächlich? Das ist ein Zufall.« Mit einem malvenfarbenen, perfekt lackierten Fingernagel klopfte Shelley langsam an ihr Glas. »Es gibt da ein Buch, das Global für Lisa Gordon kaufen möchte. Aber es wäre genau das richtige für mich. Wenn jemand anders es bekäme, heißt das. Wenn jemand anders in der Lage wäre, es zu bekommen.«

»Was für ein Zufall.« Er lächelte jungenhaft. Es war das Lächeln, das sie immer gemocht hatte. »Ich hatte nämlich vor, einen großen Film mit Shelley zu machen.«

Als er zu seinem Apartment zurückkehrte, waren noch achtzehn von den vierundzwanzig Stunden übrig. Trotz des erfolgreichen Mittagessens spürte er die Spannung wie eine Faust im Nacken, deren Griff sich nicht lockern wollte. Er mixte sich einen Martini und saß und starrte die Oliven an. Dann griff er zum Telefon und rief die ältliche Witwe an, die er zur Faust-Aufführung begleitet hatte. Er fragte nach dem Wohltätigkeitsball, den sie plante, in der lausbübischen Art, die sie mochte, ergatterte sich automatisch eine Einladung und erreichte schließlich den eigentlichen Zweck seines Telefonanrufes, eine Telefonnummer.

Er wählte sie und stellte sich geistig darauf ein, bescheiden aufzutreten. Er spielte dem berühmten Filmkritiker, der antwortete, vor, ein Student zu sein, der an einer Arbeit über das Umschreiben von Romanen zu Drehbüchern säße. Er fragte nach der Meinung des Kritikers zu einigen neuen Filmen und erwähnte dann beiläufig den Roman, den Shelley vorgeschlagen hatte. Als der Kritiker sich begeistert darüber äußerte, fragte er mit heruntergespielter Neugier, welche Autoren und Regisseure am geeignetsten wären, einen solchen Stoff für den Film zu bearbeiten. Er legte mit einem leisen Lächeln auf. Dann saß er da, massierte seinen Nacken und sagte sich, daß er an die frische Luft müsse.

Eine Stunde später war er zu einer Kunstgalerie am Madison Square unterwegs. Die Menge der Besucher bei der Vernissage war schon so groß, daß es keine Möglichkeit und auch keine Notwendigkeit gab, die Bilder zu betrachten. Er tauchte in die Menge und hatte bald genügend Kommentare aufgeschnappt, die er dem Künstler gegenüber als eigene Meinung äußern konnte. Dann war er frei, sich der eigentlichen Aufgabe des Abends zuzuwenden.

Angeblich ziellos durch die Menge schlendernd, sprach er mit der Geliebten eines Senators und dem Direktor eines Kaufhauses auf der Fifth Avenue und erzählte ihnen, daß er einen Film machen werde. Das plötzliche Interesse in ihren Augen brachte seine eigenen Augen zum Glänzen. Er erzählte den Frauen von drei Industriellen, daß Shelley Garnett der Star seines Films sein würde. Der warme Klang ihrer Stimmen verlieh seiner eigenen den Ausdruck sicherer Erfolgserwartung. Er erzählte zwei Kunstkritikern von dem großen literarischen Stoff, den er kaufen wolle, und deutete an, wen er als Drehbuchautor und wen als Regisseur verpflichten wolle. Ihre Reaktion gespannter Aufmerksamkeit erfüllte ihn mit Siegesgewißheit.

Gegen neun Uhr hatte die Menschenmenge sich verlaufen, aber er spürte immer noch ihre Macht. Mit der Frechheit, die aus Selbstvertrauen erwächst, hängte er sich an den Maler und lud sich selbst zu dessen Abendessen mit einigen einflußreichen Kunden ein.

Als er gegen zwei Uhr heimkehrte, wußte er nicht, ob sein Triumphgefühl dem Rasen seines Pulses entsprang oder der erregten Aufmerksamkeit des inneren Zuhörers. Er durchmaß das Wohnzimmer mit langen, hastigen Schritten. Schließlich nahm er eine Schlaftablette und zwang sich, sich aufs Bett zu legen.

Gegen fünf fielen seine brennenden Augen zu, aber hinter den Lidern begann fast sofort ein Traum: Er wurde am Ende eines flammenfarbenen Teppichs, auf dem er Dutzende von umjubelten Metern entlangschritt, von einer riesigen Gestalt in Rot begrüßt.

John wischte sich das Gesicht mit einem grauen Taschentuch ab und wandte sich der letzten Eintragung in seinem Notizbuch zu. Er war bei seinem Tagesbericht für einen Herrn, der sich schlicht M nannte und der hinter einem abgenutzten Schreibtisch in einem Büro saß, das bessere Jahrhunderte gekannt hatte. M trug einen grauen Umhang, der so dünn war wie Rauch, und zeigte einen permanent finsteren Blick.

»Verkaufsbereitschaft von Judson A. Wick überprüft«, las John vor. »Erbat Ruhm und Einfluß. Bereich: keiner. Auf Nachfrage wählte der Kunde die Filmindustrie, ein Wunsch, der in ihm durch den Erfolg eines Freundes geweckt worden war. Hier ist der Ausdruck seiner gedanklichen Prozesse: Entschlossen, Produzent zu werden, eine Idee, die er von seiner Ex-Frau bekam. Entschlossen, einen bestimmten Roman zu verfilmen. Die Idee kam aus der gleichen Quelle. Überzeugt, daß der Roman hervorragend ist, indem er die Meinung eines bekannten Filmkritikers einholte. Wählte einen Drehbuchautor und einen Regisseur aus, dessen Namen er ebenfalls von dem Filmkritiker bekam. Der Kunde fühlte sich am Ende der Probezeit stark und selbstsicher. Diesen Zustand rief er hervor, indem er die Reaktionen einflußreicher Leute bei einem wichtigen kulturellen Ereignis prüfte.«

M schaute wütend. »Heißt das, daß nicht eine Idee von ihm selber kam? Nicht eine einzige Meinung oder ein einziger Wunsch?«

»Nein, alles kam von anderen Leuten. Ich glaube, er bezog sogar die Idee, seine Seele zu verkaufen, aus der Oper von Gounod.«

»Verdammt!« brüllte M. »Es gibt viel zu viele, die so sind wie er! Sie ruinieren mein Geschäft! Ich brauche eine Art von Verbraucherschutz. Es ist Betrug, ja, das ist es. Die Leute versuchen, mir geliehene Ware zu verkaufen. Wenn ich sie nicht vorher überprüfen würde, würden sie mich in den Bankrott treiben.« Er seufzte und erzeugte einen Funkenregen. »Warum sind die, die keine eigene Seele haben, immer die eifrigsten, wenn es darum geht, sie zu verkaufen?«

John lächelte schief. »Ich werde den Vorfall aus Wicks Gedächtnis entfernen lassen.«

»Was für ein Gedächtnis?« fauchte M. »Man stelle sich nur vor, ich nähme solche Leute. Wo bleibt mein Profit? Wo bleibt mein Vergnügen? Wenn man sie zu Bediensteten machen würde, zu Seelenkäufern, würden sie sich gleich zu Hause fühlen. Überhaupt kein Problem.« Sein Blick tanzte erregt über Johns Gesicht. »Nicht wie Sie, was, Doktor?«

»Nein, nicht wie ich.«

»Nun«, seufzte M, »gehen Sie zurück an die Arbeit. Und sehen Sie zu, daß Sie mir jemanden finden, der so ist wie Sie selbst. Jemanden, der auch wirklich über Eigentum verfügt.«

Etwas in den Tiefen der Augen von John Faust glühte für einen Augenblick schmerzlich auf. Dann schloß er sein Notizbuch und verließ das Büro müde und traurig.

## Der Faksimile-Laden

von Bill Pronzini und Jeffrey Wallman

James Raleigh hatte gerade die Worte *Der Faksimile-Laden* mit goldener Sprühfarbe auf das kleine Schaufenster gezeichnet, als die beiden Männer hereinkamen.

Raleigh, ein untersetzter, jovialer Mann mit silbernen Strähnen im Haar, säuberte sich die Hände mit einem Fensterleder und ging höflich lächelnd auf sie zu. Es war schon fast drei Uhr, und sie waren die ersten Kunden an diesem seinem ersten Tag. »Meine Herren«, sagte er, »kann ich Ihnen behilflich sein?«

Keiner der Männer sprach sofort. Ihre Augen machten eine langsame und sorgfältige Bestandsaufnahme von dem kleinen Laden. Sie bemerkten die Kopie von Sesshus Winterlandschaft an der Wand neben der Tür, das vergoldete, mit zierlichen Bernstein-Intarsien versehene Brustschild der Löwin von Kelermes, die falsche kretische Schlangengöttin in Gold und Elfenbein aus dem 16. Jahrhundert vor Christi Geburt, die Imitation des sitzenden ägyptischen Schreibers aus rötlichem Sandstein. Jedes dieser Stücke schmückte unter anderen das einzige Ausstellungsregal im Laden.

Der größere der beiden Männer, er trug einen konservativen grauen Anzug und einen perlgrauen Hut mit zurückgeschlagener Krempe, nahm den sitzenden Schreiber auf und drehte ihn in den Händen. Er hatte zerklüftete Züge und ein gespaltenes Kinn, und er betrachtete das synthetische Kunstwerk mit kühlen braunen Augen. Nach einem Augenblick sagte er beiläufig: »Schönes Stück Arbeit.«

Raleigh nickte lächelnd. »Sein Prototyp geht zurück auf 2500 vor Christus.«

Der Mann schaute ihn fragend an. »Prototyp?«

»Nun, ja. Wissen Sie, alles in meinem Laden ist ein Faksimile eines echten *objet d'art*. Meine Spezialität sind echte Imitationen – Skulpturen, Bilder und ähnliches.«

»Mit anderen Worten, Schund, Harry«, sagte der zweite Mann leutselig. Er trug einen karierten Anzug, der um die Schultern zu eng geschnitten war, und einen grünen Filzhut mit einer kleinen roten Feder im Hutband. Seine Nase war einmal gebrochen gewesen und nicht richtig zusammengeheilt. Seine Ohren waren groß und langgezogen.

»Also, Alex«, sagte Harry milde, »so kannst du doch nicht reden.«

»Klar«, sagte Alex. Er sah Raleigh an. »Wie heißt du, Junge?«

Raleigh mochte den Ton des Mannes nicht, aber er sagte: »James Raleigh. Wirklich, meine Herren, wenn ich etwas –«

Der Mann, der Harry genannt wurde, schaute weiterhin den sitzenden Schreiber an und runzelte gedankenvoll die Stirn. Schließlich schaute er den anderen Mann an. »Was denkst du?«

Alex zuckte die Schultern.

»Wieviel kostet er, Mr. Raleigh?«

»Neunundvierzigfünfundneunzig.«

»Alex?«

»Verdammt noch mal, zu teuer.«

»Ich glaube, du hast recht«, sagte Harry. Er wandte sich den Regalen zu und schien dann die Hände zu öffnen. Dabei ließ er die Figur fallen. Sie zerbarst mit einem dumpfen hohlen Geräusch auf dem Holzboden vor seinen Füßen.

Raleigh starrte auf die Stücke und fühlte, wie seine Wangen heiß wurden. Es wurde still im Laden. Nach einiger Zeit hob er den Kopf und blickte die beiden Männer an. Sie blickten stetig und ausdruckslos zurück. »Warum haben Sie das getan?« fragte Raleigh.

»Ein Unfall«, antwortete Harry. »Es ist mir einfach aus der Hand gerutscht.«

»Das glaube ich nicht«, sagte Raleigh ruhig.

»Sie glauben das nicht?«

»Nein. Ich glaube, Sie haben sie absichtlich fallen lassen.«

»Nun, warum sollte ich das wohl tun?«

»Das frage ich *Sie*.«

Harry wandte sich dem zweiten Mann, Alex, zu und schüttelte traurig den Kopf. Dann zog er eine Brieftasche aus der

Brusttasche seines Anzuges und nahm eine kleine weiße Visitenkarte heraus. Darauf waren die Worte ›Wachmann Schutz Gesellschaft‹ in Schwarz gedruckt. Unter den Worten war die Zeichnung eines uniformierten Soldaten mit einem Gewehr in Präsentierhaltung zu sehen.

Harry sagte: »Unfälle passieren kleinen Geschäftsleuten wie Ihnen immer, Mr. Raleigh. Sie können nichts tun, um sie zu verhindern. Aber Sie können etwas tun, um eine Menge anderer kostspieliger Risiken zu vermeiden – Vandalismus, Einbruch, Plünderung. Das ist hier eine schlechte Gegend, wissen Sie, ziemlich abgelegen, wenig Polizei. Die Wachmann Schutz-Gesellschaft bewahrt Sie hier vor all diesen Risiken, vor allen, natürlich außer einfachen Unfällen.«

Raleigh lächelte schwach.

»Und wieviel verlangt die Wachmann Schutz-Gesellschaft für ihre Dienste?«

»Es gibt einen Mitgliedsbeitrag von hundert Dollar«, sagte Harry. »Der wöchentliche Beitrag ist fünfundzwanzig Dollar. Zahltag ist Freitag.«

»Nehmen wir an, ich entschließe mich, nicht beizutreten?«

»Nun, wie ich schon sagte, dies ist eine sehr schlechte Gegend.«

»Sehr schlecht«, stimmte Alex zu. »Also, gerade letzte Woche wurde der Laden vom armen Mr. Holtzmeier – ihm gehört der Feinkostladen im nächsten Block – fast völlig von Vandalen zerstört, mitten in der Nacht.«

»Ich nehme an, Mr. Holtzmeier war kein Klient der Gesellschaft.«

»Er war es«, sagte Harry. »Aber er hatte sich entschlossen, unsere Dienste nicht mehr in Anspruch zu nehmen, gerade drei Tage vor dem Vorfall. Eine sehr ungünstige Entscheidung seinerseits.«

Raleigh leckte sich die Lippen. »Man nennt das ›Auspressen‹, nicht wahr?«

»Verzeihung?«

»Diese angeblichen Schutz-Gesellschaften, wie Sie sie hier aufgezogen haben.«

»Ich habe wirklich keine Ahnung, wovon Sie sprechen, Mr. Raleigh. Die Wachmann Schutz Gesellschaft wurde zum Nutzen kleiner Geschäftsleute in dieser Gegend gegründet, und sie arbeitet nur in Ihrem Interesse.«

»Natürlich tut sie das«, sagte Raleigh.

»Dürfen wir Sie als Mitglied eintragen?«

Raleigh antwortete nicht sofort. Er sah sich in dem kleinen Laden um. Es war ein gemütliches kleines Geschäft. Er fühlte sich sehr wohl dort, und die Miete war erträglich. Es war kein ansprechender Gedanke, herausgetrieben zu werden.

Nach einer Minute wandte er sich wieder den Männern zu. »Ja«, sagte er langsam, »ich habe keine Wahl, nicht wahr?«

Harry schaute unschuldig drein. »Ich wußte, daß Sie ein vernünftiger Mann sind«, sagte er.

»Ich nehme an, Sie wollen das Geld in bar?«

»Natürlich.«

»Ich kann es Ihnen bis morgen mittag beschaffen.«

Harry schüttelte den Kopf. »Es tut uns leid, Mr. Raleigh, aber wir könnten Ihnen unmöglich Schutz garantieren, wenn wir nicht wenigstens eine Anzahlung auf den Mitgliedsbeitrag bekommen.«

Alex wandte sich zu dem Regal und fing an, eine Replik eines Christuskopfes aus dem 11. Jahrhundert hin und her zu kippen. »Eine Menge Dinge können vor morgen mittag passieren«, fügte er bedeutungsvoll hinzu.

Raleigh seufzte. »Wieviel wollen Sie jetzt?«

»Ich glaube, fünfzig Dollar wären eine ausreichende Summe«, sagte Harry. »Ein Beweis für Ihren guten Willen.«

Raleigh kaute lange an seiner Unterlippe. Dann seufzte er wieder, resigniert, und sagte: »Vielleicht wäre es besser, wenn ich einen Monatsbeitrag im voraus zahlte, zusammen mit dem Mitgliedsbeitrag. Ich möchte nicht, daß etwas Unerwartetes passiert.«

Die beiden Männer blickten sich an. Harry hob die Augenbrauen. »Nun, das ist sehr klug von Ihnen, Mr. Raleigh«, sagte er. »Äußerst vorausschauend.«

»Ja«, sagte Raleigh. »Ich habe etwas Geld im Safe. Wollen Sie mich einen Moment entschuldigen?«

»Selbstverständlich.« Die beiden Männer lächelten.

Raleigh drehte sich um und verschwand durch eine Tür, die in einen Lagerraum im Rückteil des Ladens führte. Nach einiger

Zeit kam er wieder hervor und trat zu dem kleinen Ladentisch, auf den er zehn Zwanzig-Dollar-Scheine legte. »Bitte sehr«, sagte er. »Zweihundert Dollar.«

Alex trat vor und zählte das Geld. Dann nickte er zufrieden, legte die Scheine in eine lederne Brieftasche und holte einen Quittungsblock und einen Kugelschreiber aus seinem Jackett. Sorgfältig füllte er ein Blatt aus und reichte es Raleigh.

»Wir gratulieren Ihnen dazu, daß Sie ein Klient der Gesellschaft geworden sind, Mr. Raleigh«, sagte Harry. »Sie können sicher sein, daß wir Ihr Entgegenkommen zu schätzen wissen und daß Sie keinerlei Schwierigkeiten haben werden.«

Raleigh nickte.

»Dann einstweilen auf Wiedersehen«, sagte Harry mit einer freundlichen Stimme, und die beiden Besucher gingen ruhig hinaus.

Sobald sie aus seinem Blickfeld verschwunden waren, eilte Raleigh zur Ladentür, verschloß sie und zog das Rollo herunter. Dann ging er schnell in den Lagerraum.

Er seufzte ein drittes Mal, jetzt traurig, als er sich an die Arbeit machte. Es war wirklich ein nettes Plätzchen. Aber er war ziemlich sicher, daß er kaum Schwierigkeiten haben würde, etwas Neues in einer Seitenstraße zu finden, vielleicht in einem anderen Staat, wo er seinen Faksimile-Laden aufmachen könnte – und die alte Heidelberg Druckpresse aufstellen, die er gerade auseinandernahm.

Er lächelte nur einmal während dieser langwierigen Aufgabe. Das war, als er an die zur Vernichtung vorgesehenen Exemplare von schlechter Qualität dachte, die er heute morgen zu Versuchszwecken gedruckt hatte. Und daran, was passieren würde, wenn die Wachmann Schutz Gesellschaft versuchen würde, diese besonderen, echt imitierten Zwanzig-Dollar-Scheine als Zahlungsmittel zu benutzen.

Das Böse hat viele Gesichter

# In einer Ecke des Kellers

von Michael Gilbert

»Und vergiß den Boiler nicht«, sagte Mrs. Cotton. »Ich habe die Lüftung geöffnet, damit wir ein schönes heißes Bad nehmen können. Er wird zwei Schütten Kohle brauchen.«

Sam Cotton stöhnte.

Als sie in das alte Pfarrhaus in Marlhammer gezogen waren, hatte er es im Gefühl gehabt, daß dies sein letzter Umzug sein würde. Er war erst neunundfünfzig. Aber es kommt im Leben eines jeden Mannes die Zeit, wo er sich zurücklehnt und die Früchte seiner Arbeit genießt.

Er hatte als unausgebildeter, fast unbezahlter Gehilfe eines Gehilfen in einer wackeligen Buchhaltungsfirma begonnen. Und er hatte gearbeitet. Wie er gearbeitet hatte! Zwölf, vierzehn, sechzehn Stunden am Tag – in seiner Freizeit, nachts, am Wochenende. Jetzt war er ein vereidigter Buchprüfer, ein Teilhaber, der Direktor von vier Firmen und ein reicher Mann.

Zu dick, nicht gesund, selten glücklich, aber reich.

Das alte Pfarrhaus hatte eine Menge Geld gekostet. Es war ein schlichtes Haus im georgianischen Stil aus dunkelrotem Backstein und noch dunkleren roten Fliesen, mit mehr massivem Holz in den Fensterrahmen und -läden, als ein Schreiner heute für eine ganze Reihe von Häusern verwenden würde.

Es lag ein wenig zurück. Buchen schützten es vor der Einsicht von der Straße her. Ein Privatweg führte zu der kleinen Kirche, aber das Haus war fast eine Viertelmeile vom nächsten menschlichen Nachbarn entfernt.

»Es ist hübsch«, stimmte Mrs. Cotton zu, »aber es hat zu viele Zimmer.«

Dies war, wie die meisten von Bertha Cottons trügerisch simplen Bemerkungen, wahr. Das Haus war für altmodische Landpfarrer gebaut und von ihnen bewohnt worden. Es hatte viele Schlafzimmer und riesige Vorratsräume. Es hatte eine Speisekammer, die die Cottons als Küche nutzten. Eine Küche, die sie zum Vorratsraum umfunktionierten. Und reihenweise Schränke und Kammern und Keller.

»Ich frage mich, wie die Grundsells damit fertig wurden?« sagte Mrs. Cotton. Sie meinte ihre Vorgänger, die das Haus vom letzten residierenden Pfarrer vor fünf Jahren gekauft hatten.

Mr. Grundsell war ein kleiner, glücklicher und fröhlicher Mann gewesen, sehr beliebt im Dorf. Nicht halb so reich wie Sam Cotton, aber vielleicht glücklicher. Seine Frau, um einige Jahre älter als er, hatte anfangs etwas Mysteriöses. Eine schwere, dunkle, wie eine Ausländerin aussehende Frau, die selten sprach. Wie dem auch sei, nichts bleibt lange vor der Legion von Putzfrauen und Haushaltshilfen verborgen, und es wurde bekannt – man flüsterte es leise – daß sie trank. Selten, aber dann gründlich!

»Ein Schrank voller Flaschen«, berichtete Mrs. Tyzer. »Gin. Und ein weiterer Stapel – so groß – auf der Pferdekoppel vergraben.«

Nun, Mrs. Grundsell war nicht lange geblieben. Vielleicht war ihr das Haus zu einsam. Sie sprach mit Sehnsucht von Blackpool. Mr. Grundsell, der ihr in allem nachgab, gab ihr auch hierin nach. In einer dunklen, stürmischen Nacht, als niemand da war, packte er sie und ihre Habseligkeiten in seinen großen, geschlossenen Wagen und brachte sie weg. Jedenfalls berichtete er es so, als er es später erwähnte.

Marlhammer sah sie nie wieder. Kurz darauf entschloß sich Grundsell zu verkaufen.

»Ich bin eigentlich nicht überrascht«, sagte Mrs. Tyzer. »So ein großes Haus, und er ganz allein.«


So konnten die Cottons es kaufen. Ein schönes Haus, voller großer, freundlicher Zimmer, Zimmer, die immer noch den Charakter der nüchternen, gottesfürchtigen Geistlichen atmeten, die in ihnen mit ihren fleißigen Ehefrauen, ihren Bediensteten und ihrer Kinderschar gewohnt hatten. Am Rahmen einer Schlafzimmertür hatte Sam Cotton Striche gefunden, die die Größe der

Kinder anzeigten. Sie begannen mit Benjamin, nur 2,9 Fuß vom Boden, und gingen über acht andere bis zu Ruth.

Ein fröhliches Haus, mit einer Ausnahme.

Er konnte sich nicht an den Keller gewöhnen.

Also, es war eigentlich gar kein Keller. Es ging am Ende einer Reihe von Speisekammern, Milchkammern und Waschküchen nur zwei Stufen herunter. Eine Art abgesackter Sackgasse. Es war ursprünglich als Lagerraum für Wild gedacht gewesen. Wenn man mit der Taschenlampe nach oben leuchtete – das elektrische Licht reichte nicht so weit –, konnte man die großen, jetzt völlig verrosteten Stahlhaken in den Deckenbalken erkennen. Der Betonboden zeigte viele Risse.

»Das ist genau der richtige Ort für die Kohlen«, sagte Mrs. Cotton.


Sie zogen im Spätsommer ein, aber durch die Erfahrung im vorhergegangenen Winter klug geworden, hatte sie achtzig Zentner bestellt. Und sie hatte sie bekommen.

Mrs. Cotton bekam am Ende immer das, was sie wollte.

Als der Herbst in den Winter überging und der Winter in den Frühling und Sam Cotton seine abendliche, gefürchtete Pilgerreise machte, manchmal für eine Schütte, manchmal für zwei, wurde der riesige Berg kleiner. Als er ihn so kleiner werden sah, wuchs in Mr. Cottons Hirn eine merkwürdige Idee. Der Keller hatte etwas Böses. Und das Böse war in der hintersten Ecke, wo die Kohlen am höchsten aufgetürmt waren.

Er begann auszurechnen, wie lange er brauchen würde, um diese Ecke abzutragen, wenn er so weitermachte wie bisher. Zwei Monate. Einen Monat.

Er sagte seiner Frau direkt nichts, denn sie hatte keine Phantasie und wurde wegen der Ideen ihres Mannes schon einmal ungeduldig. Aber er schlug, ganz nebenbei und versuchsweise, vor, einen Bediensteten ins Haus zu nehmen. Im Augenblick hatten sie nur Mrs. Tyzer, die tagsüber wie eine Wilde arbeitete, aber sie um sechs Uhr abends verließ.

»Ich könnte es nicht ertragen, jemanden hier wohnen zu haben«, sagte Mrs. Cotton. »Das würde auf meine Nerven gehen.«

»Wir könnten es uns leisten«, sagte Sam.

»Es ist keine Geldfrage«, sagte Bertha. »Außerdem ist es völlig unnötig. Bitte ich dich je darum, irgend etwas zu tun, außer abends Kohle zu holen?«

Das war wahr. Sie war eine exzellente Hausfrau. Zwanzig Jahre jünger als Sam und fünfmal so gesund.

»Ich bitte dich noch nicht einmal darum, abzuwaschen«, sagte sie.

»Es würde mir nichts ausmachen, zu spülen«, sagte Sam. Aber dabei war es geblieben. Es wäre zu schwierig gewesen, es zu erklären. Und bald würde es Sommer werden – und der Rest Kohle würde verbraucht sein. Vierzehn Tage. Eine Woche.

Er hatte kürzlich bemerkt, daß der Riß im Boden direkt in die Ecke zu führen schien. Er wurde breiter, je weiter er ihn freimachte.

Er war jetzt sicher, daß da etwas in der Ecke war. Instinkt hatte einen großen Teil seines Lebens bestimmt, und nun sagten ihm alle Instinkte, daß da etwas war.

Als der Kohlehaufen kleiner wurde, als er sich Abend für Abend niederbeugte, um die beiden Metallschütten zu füllen, näher und näher und näher zu der Ecke, brach ihm am ganzen Körper ein prickelnder Schweiß aus. Sein Herz schlug heftig, und er fühlte sich wie auf merkwürdige Art beschwipst. Er hatte sich noch nie so gefühlt, aber es erinnerte ihn an eine Gelegenheit, als er, noch ein Junge, wegen Überarbeitung und Mangel an Nahrung ohnmächtig geworden war.

Da war etwas in dieser Ecke. Etwas Unvermeidliches, etwas Tödliches, das offensichtlich werden würde, wenn die letzten Kohlen fortgenommen würden.

Aber wie wäre es, wenn die letzte Schütte, die allerletzte Schütte, von jemand anders fortgetragen würde? Wie alles im Leben war es eine Frage der Berechnung. Die Zugehfrau füllte pro Tag vier Schütten. Er füllte abends zwei. Es war wie eines dieser Kartenspiele, wo man sein Spiel so einrichten mußte, daß man nicht die letzte Karte hatte.

Als er die Kohlen am vergangenen Abend gesehen hatte, waren noch, überschlug er, etwa 16 Schütten übrig. Vier würden fort sein. Er würde noch einmal zwei fortnehmen – dann würde Mrs. Tyzer wieder vier nehmen –

»Du hast seit zehn Minuten still vor dich hingerechnet«, sagte seine Frau. »Ist was nicht in Ordnung? Geld?«

»Es ist alles in Ordnung«, sagte Sam.

»Dann beeil dich und hole die Kohlen, damit wir zu Bett gehen können. Ich weiß nicht, wie es mit dir ist, aber ich bin hundemüde.«

»Wir müssen bald neue bestellen«, sagte Sam listig. »Ich glaube nicht, daß wir noch genug für drei Tage haben.«

»Wir haben noch nicht einmal das«, sagte seine Frau abrupt. »Ich habe Mrs. Tyzer etwas geliehen. Sie hatte überhaupt nichts mehr. Allerdings solltest du in der Lage sein, noch genug für die Nacht zusammenzukratzen. Morgen früh werden zwanzig Zentner geliefert.«

Sam Cotton ging schweren Schrittes hinaus in den Keller, mit einem merkwürdig bleiern Gefühl, das sich auf die obere Magen- und die untere Brustgegend konzentrierte.

Es war, wie seine Frau gesagt hatte. Ein trauriger Rest Kohlen und Kohlenstaub bedeckte die Ecke. Der Spalt klaffte jetzt so weit, daß er fast seine Faust hineinlegen konnte. Zwei Blöcke des Zementbodens sahen so aus, als hätte man sie hochgehoben und dann achtlos wieder hingelegt.

Sam nahm die Schaufel und beugte sich nieder.

Jetzt war es da. Er mußte ihm ins Auge blicken. So, wie er anderen Dingen in seinem harten Leben ins Auge geblickt und sie überwunden hatte.

Sein Herz hämmerte so, daß es ihn fast erstickte. Eine Schütte. Dann die andere. Die übrige Kohle würde sie genau füllen.

Er beugte sich wieder nieder und kratzte die Schaufel über den Boden. Ein blendendes rotes Licht. Ein überwältigender Schwindel. Er war auf den Knien. Dann auf dem Gesicht, die Nase einen Zentimeter von dem Spalt entfernt …

»Mord«, sagte der junge Arzt wütend zu seinem Partner. »Schlichter Mord. Ihn Abend für Abend da rausgehen lassen, mit dem Herzen in dem Zustand, und nach Kohle jammern und ihn dieses schwere Gewicht schleppen lassen. Aber es ist nicht die Art Mord, für die sie gehängt werden kann – wie schade.«

Ach, das waren noch Zeiten, als das ein
Unterscheidungsmerkmal war!

# Jeder fünfte Mann

von Edward D. Hoch

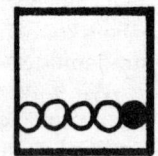

Sie werden sich möglicherweise wundern, warum ich immer
noch am Leben bin, nach allem, was passiert ist. Ich nehme an,
es ist tatsächlich eine ganz irre Geschichte. Ich hatte zwei Jahre
lang bei den Exilierten gelebt und mich ausbilden lassen vor
dem geplanten Coup. Ich kannte – wie alle anderen – die Strafe
im Falle eines Versagens. Monatelang kämpften wir Mann
gegen Mann, wurden im Fallschirmspringen ausgebildet und
bekamen sogar Praxis im Umgang mit Sprengstoffen, bevor wir
bereit waren für den großen Tag, den Tag, an dem wir nach
Costanera zurückkehren würden.

Ich hatte die fünfundzwanzig Jahre meines Lebens in den
Städten und Orten und Dschungeldörfern von Costanera gelebt.
Es war mein Land. Jeder Zentimeter seines Bodens war es wert,
daß man dafür kämpfte. Wir verließen das Land, als General
Diam kam, aber jetzt würden wir zurückkehren. Wir würden
nachts vom Himmel fallen, zu dem Anti-Diam-Militär stoßen
und im Triumph in die Hauptstadt einziehen.

So war der Plan. Irgendwie klappte es aber nicht. Das Militär
änderte seine Meinung, und wir sprangen aus unseren Flugzeu-
gen in ein mörderisches Kreuzfeuer von General Diams Leuten.
Mehr als die Hälfte unseres Befreiungstrupps von fünfundsechzig war tot, bevor wir den Boden erreicht hatten, und die anderen wurden schnell überwältigt. Als es dunkel wurde, fanden wir
uns als Gefangene der Streitkräfte in der großen, alten Festung
wieder, die sich über Azul Bay erhob.

Dreiundzwanzig von uns wurden an diesem Tag gefangenge-
nommen, und einer – Tomas – hatte eine schlimme Wunde in
der Brust. Wir wurden in eine einzige große Zelle der Festung

gepfercht, um dort unserem Schicksal entgegenzublicken. Es war heiß darin. Der Schweiß der Männer und die Luftfeuchtigkeit drangen in meinen Hals und drohten, mich zu ersticken. Ich hätte gerne meine schwarze Kappe und mein Hemd ausgezogen und mich auf dem harten Steinboden ausgestreckt, aber ich tat es nicht. Statt dessen ertrug ich es schweigend und wartete mit den anderen.

Es gab eine Art Brauch im Land, einen Brauch, der seit Hunderten von Jahren in den Revolutionen praktiziert wurde. Die Regierungen hatten angesichts des Problems des besiegten Gegners traditionell den Befehl gegeben: *Tötet jeden fünften Mann und laßt alle anderen frei.* Es war ein gerechtes System, hart, aber auch mit einem großen Anteil an Gnade gemildert. Und es funktionierte als Abschreckungsmittel, das aber doch eine Art Opposition im Lande erlaubte.

Natürlich kamen die achtzig Prozent, die freigelassen wurden, oft wieder zusammen, um eine neue Revolte anzuzetteln, aber die Bedrohung, die über ihnen schwebte, genügte manchmal, um ihre Aktivitäten zu dämpfen.

Das war also das Schicksal, das auf uns wartete – dreiundzwanzig Gefangene in einer düsteren Festung neben dem blauen Wasser einer Bucht. Wir hatten Grund zur Hoffnung, weil die meisten eine Chance hatten, freizukommen, aber wir hatten nicht mit der kaltblütigen Überlegung General Diams gerechnet. Der Befehl wurde früh am nächsten Morgen weitergegeben und wurde uns durch die Gitter der Zelle verlesen. Es war, wie wir erwartet hatten: *Jeder fünfte Mann wird sofort hingerichtet. Die verbleibenden Gefangenen werden nach vierundzwanzig Stunden freigelassen.*

Aber dann kam die Überraschung, die uns durchrüttelte. Der diensthabende Offizier las weiter und las dieselbe Nachricht noch viermal. General Diam hatte fünf identische Hinrichtungsbefehle geschickt. Niemand sollte die Hinrichtungen überleben.

Ich wußte, daß etwas getan werden mußte, und zwar schnell. Als die Wachen die Zellentür aufschlossen, ging ich zu dem diensthabenden Offizier. Indem ich meine tiefste Stimme benutzte, versuchte ich mit ihm zu verhandeln. »Sie können nicht alle dreiundzwanzig hinrichten. Das wäre gegen die Befehle.«

Er sah mit einer Art Verachtung auf mich herab. »Sei tapfer, kleiner Kerl. Stirb wie ein Soldat!«

»Aber im ersten Befehl steht, daß jeder fünfte Mann sofort hingerichtet werden soll. Das heißt genau das. Sie sollen hingerichtet werden, bevor Sie den zweiten Befehl verlesen.«

Der Offizier seufzte. »Wo ist der Unterschied? Heute wird es heiß werden. Wer will schon unter der Mittagssonne sterben? Jetzt geht wenigstens eine kleine Brise da draußen.«

»Sie müssen dem Befehl gehorchen«, sagte ich hartnäckig. »Jeder Befehl muß einzeln ausgeführt werden.«

Sie können natürlich den Grund für meine Hartnäckigkeit erkennen. Wenn die fünf Hinrichtungsbefehle zusammengeworfen und sofort ausgeführt würden (wie General Diam zweifellos beabsichtigte), würden wir alle dreiundzwanzig erschossen werden. Aber wenn sie einzeln ausgeführt würden, würde der Befehl neun von uns das Leben gewähren. Ich war schon immer gut in Mathematik, und so hatte ich es ausgerechnet – jeder fünfte Mann würde von den ursprünglich dreiundzwanzig genommen werden, das macht vier, bleiben neunzehn übrig. Der Prozeß würde ein zweites Mal wiederholt werden, drei würden getötet, dreizehn blieben übrig. Dann würden zwei erschossen, elf wären übrig. Schließlich würden noch einmal zwei erschossen, und neun von uns könnten völlig frei aus der Festung herausspazieren.

Sie sagen, daß ich immer noch schlechte Karten hatte? Überhaupt nicht – wenn der Offizier meinen Argumenten beipflichtete, war es sicher, daß ich überleben würde. Denn, überlegen Sie – wie würde der fünfte Mann jeweils ausgesucht werden? Nicht durch das Ziehen von Strohhalmen, denn wir waren beim Militär. Wir würden uns in einer Reihe aufstellen und durchzählen. Und in welcher Ordnung würden wir uns aufstellen – alphabetisch? Kaum, wenn sie noch nicht mal unsere Namen wissen. Wir würden uns in alter militärischer Tradition aufstellen, der Größe nach.

Und ich hatte schon während der Nacht in der Zelle festgestellt, daß ich der kleinste der dreiundzwanzig Gefangenen war!

Wenn sie mit dem Abzählen bei den Kleinen beginnen würden – was unwahrscheinlich war –, wäre ich immer sicher, denn ich wäre immer Nummer eins. Wahrscheinlicher ist, daß sie bei den Großen beginnen. Bei dem fünfmaligen Abzählen wäre ich immer der letzte, Nummer 23, 19, 16, 13, 11 und 9. Niemals eine Zahl, die durch 5 teilbar wäre – niemals einer der dem Tode geweihten Gefangenen!

Der Offizier starrte auf mich herunter, und es schien mir eine Ewigkeit zu dauern. Schließlich schaute er sich noch einmal die Befehle in seiner Hand an und kam zu einer Entscheidung. »In Ordnung. Wir werden den ersten Befehl ausführen.«

Wir stellten uns im Innenhof auf – der Größe nach –, zwei Männer stützten den verwundeten Tomas, und wir begannen, abzuzählen. Von den dreiundzwanzig wurden vier zu der zum Meer hinausgehenden Mauer gebracht. Einer der übriggebliebenen begann zu weinen. Er hatte seine Position ausgerechnet.

Der Offizier las den dritten Hinrichtungsbefehl formell vor, und wieder gingen drei zur Mauer. Ich war immer noch der letzte in der Reihe.

Nach dem vierten Befehl wurden zwei von den dreizehn zu ihrem Tod begleitet. Sogar das Hinrichtungskommando fing schon an, erhitzt und gelangweilt auszusehen. Die Sonne stand jetzt fast direkt über uns. Nun, nur noch einmal abzählen, und neun von uns würden frei sein.

»Wartet!«, rief der Offizier, als der erste wieder zu zählen begann. Ich drehte meinen Kopf in Entsetzen. Tomas war aus der Reihe gefallen, und das Blut quoll aus seiner Seite. Er war tot, und die Elf war plötzlich nur noch eine Zehn.

Ich war der zehnte, als das letzte Abzählen begann! Der fünfte Mann trat aus der Reihe – dann sechs, sieben, acht, neun, zehn. Ich bewegte mich nicht.

»Komm, kleiner Kerl«, sagte der Offizier. »Jetzt bist du dran.«

Sie fragen mich, wie es kommt, daß ich jetzt hier sitze, wo ich doch so sicher dem Tod geweiht war, wo meine sorgfältigen Berechnungen sich als so nichtig erwiesen hatten. Ich stand in diesem Moment da, schaute dem Tod ins Auge und tat, was ich die ganze Nacht und den ganzen Tag nicht getan hatte. Ich wußte, daß der Offizier General Diams Befehl buchstabengetreu gehorchen würde – jeden fünften Mann hinzurichten –, und das war es, was mich rettete.

Ich nahm die Kappe vom Kopf, ließ mein Haar bis auf die Schultern fallen und zeigte ihnen, daß ich eine Frau war.

# »Willkommen in meinem Heim«, sagte die Fliege zur Spinne

## Der Profi

von Robert H. Curtis

Mrs. Henrietta Marshall betrachtete sich in dem blinden Spiegel. Das Spiegelbild gefiel ihr nicht. In ihrem Bademantel und ohne Korsett kam sie sich fett und alt vor. Normalerweise verhinderten der ihr eigene Optimismus und ihre Energie jede Art von Selbstmitleid, aber sie war jetzt traurig, weil sie New York verlassen mußte. Das deprimierende Hotelzimmer beeinflußte ihre Gefühle nicht. Vertreterhotels im Stadtzentrum waren ihr seit über vierzig Jahren vertraut, und im ganzen Land wohnte sie in solchen Häusern. Aber es tat ihr jedesmal leid, von New York abzureisen. Sie traf so viele alte Freunde in dieser Stadt. Mrs. Marshall war mehr Zeit unterwegs, als sie in der kleinen Stadt in Iowa verbrachte, wo sie wohnte – kaum ein Ort, den man in den Ferien besuchen würde.

»Nun ja«, überlegte sie. »Ich habe noch mindestens zehn Jahre vor mir, bevor ich endgültig aufhören muß.« Sie musterte das Zimmer und seufzte, als sie ihren halb gepackten Koffer betrachtete, der wie ein offenes Sandwich auf dem Bett lag. Sie schaute auf ihren Wecker – 11 Uhr 15. Noch zwei Stunden, bis das Flugzeug startete. Und morgen früh wieder an die Arbeit in Chicago. Sie schaute erneut in den Spiegel und bemerkte, wie sich der Türknauf drehte und die Tür sich langsam öffnete. Das Spiegelbild zeigte einen dünnen, blassen Mann in den Dreißigern. Mrs. Marshall wollte ihm gerade sagen, daß er sich im Zimmer geirrt habe, aber bevor sie ein Wort herausbringen konnte, sagte der Mann: »Seien Sie still!« mit einer Stimme, die einen frieren machte, weil sie so haßerfüllt war. »Ich will Geld und Schmuck. Im Austausch dafür dürfen Sie alle ihre Zähne behalten.«

»Nichts, was ich habe, ist wertvoll«, erwiderte sie. Sie stand jetzt und hatte ihren Bademantel fest um sich geschlungen.

Der Eindringling legte seine Aktentasche auf das Bett und öffnete sie. »Hören Sie mal zu!« sagte der Mann. »Verschwenden Sie nicht meine Zeit. Geben Sie mir Ihr Portemonnaie.«

Mrs. Marshall tat, was ihr befohlen wurde, und der Mann hielt das Portemonnaie in der linken Hand, während er eilig den Koffer durchsuchte. Er war wütend, als er nichts fand, was von Wert war. Nun sah Mrs. Marshall hilflos zu, wie er den Inhalt des Portemonnaies auf das Bett entleerte. Er nahm ihre Brieftasche und zählte das Geld.

»Zweihundertdreiundfünfzig Dollar. Dumme Frauen wie Sie tragen immer eine Menge Bargeld mit sich herum. Weil ihr nicht mit euren Matratzen verreisen könnt.« Er stopfte ihr Geld in seine eigene Brieftasche, die er wieder in die Innentasche seines Jacketts steckte. Dann legte er Mrs. Marshalls kleine goldene Puderdose in seine Tasche.

»Sie lassen mir noch nicht einmal Geld für das Taxi da«, beklagte sie sich. »Ich muß in einer halben Stunde zum Flugplatz.«

»Versuchen Sie nicht, mich auszutricksen. Sie haben da Reiseschecks.« Er zeigte mit dem Finger. »Sie haben bloß Glück, daß Fälschung nicht meine Masche ist. Das war nicht viel bei Ihnen«, murmelte er, »aber manchmal zahlt es sich aus, es in einem Schuppen wie hier zu versuchen. Sehen Sie!« Er griff nach seiner Tasche. Mrs. Marshall sah nur einige Einbruchswerkzeuge und einen schmalen Schmuckkasten. Aber dann öffnete der Mann den Kasten, und Mrs. Marshall sog die Luft ein. Auf dem schwarzen Samt zeichnete sich das schönste Kollier ab, das sie je gesehen hatte. Es war aus vollkommen gleichmäßigen natürlichen Perlen gemacht und glänzte so hypnotisch, daß sie einen fast körperlichen Zwang fühlte, es zu berühren.

Der Mann lachte häßlich. »All Ihr Geld hätte noch nicht einmal drei Perlen von diesem Prachtstück bezahlen können.« Er schloß den Schmuckkasten und dann die Aktentasche. Er ging zur Kommode hinüber und wühlte durch die Schubladen, fand aber nichts. »Sie haben überhaupt keinen Schmuck? Schwer zu glauben.«

»Sie haben mir alles abgenommen. Ist das nicht genug?«

fragte sie. Dabei gingen ihre Augen zum Schrank und wieder zurück.

Ihre Augenbewegung blieb nicht unbemerkt, und der Mann ging zum Schrank hinüber und schob nach einer kurzen Untersuchung jedes Kleid zur Seite. Schließlich entdeckte er eine Kameenbrosche. Er versuchte, sie abzunehmen, hatte aber Schwierigkeiten mit der Nadel.

Während der Mann sich mit der Brosche abmühte, glitt Mrs. Marshall leise zum Tisch und nahm dort etwas weg. In dem Moment, als der Mann gerade die Nadel von dem Kleid abreißen wollte, gab der Verschluß nach, und der Mann steckte die Brosche ein. Als er zum Bett kam, um seine Aktentasche aufzunehmen, wurde er fast umgeworfen, als Mrs. Marshall über den Teppich stolperte.

»Oh, das tut mir leid«, sagte sie.

»Idiot!« fauchte der Mann. Sein Gesicht war nur Zentimeter von ihrem entfernt. »Ich gehe jetzt. Wenn Sie zum Telefon greifen oder um Hilfe rufen in den nächsten zehn Minuten, wird Ihnen das wirklich leid tun.« Mrs. Marshall glaubte ihm.

Der Einbrecher rannte zur Treppe und raste zwei Absätze hinunter. Er betrat die überfüllte Empfangshalle, ohne bemerkt zu werden. Er ging ruhig zur Drehtür und verschwand in der Menge, die sich um die Mittagszeit über die Lexington Avenue bewegt. Eine halbe Stunde später betrat er ein Apartmenthaus auf der Third Avenue in den neunziger Nummern. Er verließ den Fahrstuhl im vierten Stock, schloß die Tür zu seinem Zimmer auf und setzte sich auf das Sofa. Er wartete einen Moment und genoß die Vorfreude darauf, sich die Beute seines erfolgreichsten Morgens anzusehen. Nun war er bereit. Er drückte auf den Verschluß der Aktentasche und öffnete sie. Zuerst konnte er nicht glauben, was er sah, aber dann gab er ein Stöhnen von sich. Sein Werkzeug war fort, die goldene Puderdose war fort und auch der schmale Kasten mit der Perlenkette war fort. Nur ein schwarzes Buch lag in der Tasche. Für einen Augenblick war er in Panik, aber dann wurde ihm klar, daß er die Halskette in seiner Brusttasche haben mußte. Er griff in seine Jacke und brach in kalten Schweiß aus. Nicht nur, daß die Halskette nicht dort war, auch seine Brieftasche fehlte. Er eilte zurück zur Aktentasche und nahm das schwarze Buch auf und drehte es um. Es war eine Gideon-Bibel. Er öffnete sie und fand zwischen dem Deckel und dem Schmutztitel ein Blatt dicken Briefpapiers, das zur Hälfte mit einem ziemlich bunten Bild bedruckt war. Es zeigte eine Reihe von Männern in altmodischen Abendanzügen, die vor einer jüngeren, schlankeren, aber leicht zu erkennenden Mrs. Marshall knieten, die lächelnd zwei Hände voller Uhren, Westen, Strumpfbänder und Brieftaschen hochhielt. Die Überschrift hieß: Madame Henrietta, die Amerikanische Hexe. Zauberin, Illusionistin, Taschenspielerin. Terminabsprachen möglich.

Das höllische Dreieck –

# Niemand war's

von William F. Nolan

Hör mal, Danny, du bist mein Rechtsanwalt, oder? Kannst du
mich nicht da rausholen? Verdammt, es ist verrückt, es ist eine
Falle. Klar, ich kann es alles noch mal wiederholen für dich,
wenn das hilft. Klar, von Anfang an, draußen vor ihrem Apartment.

Nun, wie ich schon gesagt habe, ich hatte nichts Bestimmtes,
nach dem ich hätte gehen können. Also, ich hatte diese Art von
Ahnung, und das war's. Nur so ein Gefühl, als ob sie mit einem
anderen Kerl rummacht, während ich zahle. Wenn ich so eine
starke Ahnung habe, dann gehe ich normalerweise danach. Also
entschloß ich mich an diesem Abend, in der Nähe zu bleiben,
nachdem ich ihr Apartment verlassen hatte. Für alle Fälle. Ich
küßte sie, als ob alles in Ordnung wäre, und tat so, als ginge ich.
Aber ich fuhr mit dem Aufzug nur ein Stockwerk tiefer und
stieg dann die Stufen zu ihrem Apartment wieder hinauf. Ich
postierte mich am Ende des Flurs, wo es reichlich dunkel war
und wo ich annahm, nicht gesehen werden zu können. Und, bei
Gott, ich mußte noch nicht mal lange warten. Vielleicht zehn,
fünfzehn Minuten. Dann kommt dieser Kerl daher. Wie ich dir
gesagt habe, habe ich nie einen Blick auf sein Gesicht werfen
können. Er hatte seinen Hut ganz weit ins Gesicht gezogen, und
der Kragen seines Mantels war rundrum hochgeschlagen. Ich
konnte also keine Gesichtszüge erkennen. Nur einen großen
Mann in dunkelblauer Kleidung. Na, jedenfalls klopfte er an der
Tür, ganz leise, zweimal kurz, einmal lang, und sie öffnete, während er reinschlüpfte. Das war ganz genau um zwei Uhr. Ich
schaute auf meine Armbanduhr, weil ich sehen wollte, wie
lange er bei ihr bleiben würde. Verdammt, ich wäre am liebsten
da reingestürmt, um sie in flagranti zu erwischen, aber dazu

hätte ich die verdammte Tür aufbrechen müssen. In der Zwischenzeit wäre er längst über die Feuerleiter vor ihrem Fenster abgehauen. Also beschloß ich, abzuwarten, wie lange er bleiben würde.

Ich dachte mir, daß ich schlecht im Flur rumhängen könnte. Zu verdächtig, falls der Hausschnüffler vorbeikommen würde oder vielleicht ein anderer Hotelgast oder sonst irgend jemand. Ich wußte, daß der Kerl durch die Empfangshalle mußte, um nach draußen zu kommen. Deshalb nahm ich den Aufzug und pflanzte mich in einen Ledersessel neben den Türen und wartete. Ich wartete einfach auf ihn. Ich wußte in diesem Moment noch nicht, was, zum Teufel, ich tun würde, wenn er endlich auftauchte. Ich kochte, das gebe ich ja zu. Ich hasse es, für dumm verkauft zu werden. Das nagte richtig an mir. Ich meine, nach allem, was ich für sie getan hatte und so. Ich saß einfach in diesem Sessel da und kochte.

Endlich, zwei Stunden später, gleitet die Aufzugtür zurück, und er tritt heraus. Derselbe Typ. Derselbe dunkelblaue Mantel, Hut und alles. Und, verdammt, ich konnte immer noch nicht erkennen, wie er aussah. Mein Sessel stand zu weit zurück, und die Halle war zu dieser Zeit schon ziemlich dunkel. Ich hätte ihn mir schnappen müssen und den Hut runterhauen müssen, um ihn richtig ansehen zu können. Aber, verdammt, ihr wollte ich es ja heimzahlen, nicht ihm. Also ließ ich ihn gehen. Das war mein erster großer Fehler.

Dann hatte ich diese Idee, sie zu erschrecken. Ich meine, ich wollte ihr eine Lektion erteilen. Sie so richtig durchrütteln. Nicht sie verletzen, verstehst du, sie nur erschrecken. Klar, ich wäre völlig im Recht gewesen, sie auseinanderzunehmen, weil sie mich betrogen hatte. Aber ich beschloß, sie nicht anzurühren. Ich dachte mir, wieso dich blöd anstellen und Ärger mit der Polizei riskieren.

Also ging ich die Treppe zu ihrem Apartment hoch. Vier Stockwerke, gerade genug, daß ich nach Luft schnappte, so richtig schwer atmete, als wäre ich halb wahnsinnig, verstehst du. Ich dachte mir, das wäre gut.

Ich klopfte an die Tür, leise, genauso wie er es getan hatte. Zweimal kurz, einmal lang. Ich wußte, sie würde reichlich erstaunt sein, mich zu sehen – und sie war es auch. Sie dachte, ihr Liebster sei zurückgekommen, bis sie mich sah. Dann versuchte sie, mir die Tür vor der Nase zuzuschlagen, aber ich drückte die Tür einfach auf und erzwang mir den Eintritt.

»Was willste?« sagt sie und fängt an, rückwärts zu gehen, zum Bett hinüber.

Ich sagte keine verdammte Silbe, stand einfach da, sah sie wütend an und atmete schwer und keuchend.

Sie gab einen erschreckten Laut von sich, als würde sie nach Luft schnappen. Dann ließ sie sich aufs Bett fallen und rollte sich dort zusammen. Dabei beobachtete sie mich, als wäre ich eine Art Tier.

Ich schloß die Tür hinter mir, ging dann hinüber zum offenen Fenster und schloß und versiegelte es. So, als wollte ich vielleicht etwas tun, das sonst niemand hören sollte.

Oh, sie hatte ganz schöne Angst, *reichlich* Angst. Sie wußte nicht, was, zum Teufel, ich als nächstes tun würde. Ich konnte sehen, wie ihre Augen vom Bett herüberglitzerten, wild und weitaufgerissen. Sie trug ein rosé und blau gemustertes Shorty, und ihre Beine waren ganz darunter hochgezogen. Sie sah aus, wie ein Kaninchen, das in Autoscheinwerfer starrt, und sich vor Angst nicht rühren kann.

Ich ließ mich in einen Sessel neben dem Fenster nieder, wo sie mein Gesicht durch den Widerschein des Neonlichts sehen konnte, das draußen brannte.

Dann fiel mir ein herrliches Detail ein. Ich fing an, meine Fingernägel zu feilen. Weißt du, ich sitze da ganz ruhig in dem Sessel, rotes und gelbes Neonlicht springt über mein Gesicht, ich atme leise und heftig und feile mir jeden einzelnen Nagel mit einer dieser scharfen kleinen Silberfeilen. Junge, da lernte sie Gottesfurcht. Sie meinte, ich würde nur noch meine Nägel fertig machen, bevor ich auf sie losgehen würde. Also war sie ruhig wie eine Katze. Nur ihre Augen bewegten sich, sie beobachteten mich.

Also, das dauerte etwa zehn Minuten. Dann fing sie an zu verstehen, daß ich bluffte, daß ich gar nichts machen würde. Sie setzte sich auf und grub nach ihren Zigaretten. Sie zündete sich eine an, mit dem Kissen im Rücken. Dann versuchte sie selbst ein wenig, mich zu bluffen.

»Was ist los?« sagt sie. »Was soll das große Schauertheater?«

»Ich weiß alles über deinen Freund«, sagte ich ihr. »Ich sah, wie er kam, und ich sah, wie er ging.«

»Na und?« fauchte sie. »Da verbringt ein Kerl eben mal ein paar Stunden in meinem Apartment.«

Die hatte vielleicht einen Nerv! Ich hatte ihr diese eigene Wohnung gemietet, hatte ihr ein paar hübsche Kleider gekauft und sie immer gut behandelt. Und das kriege ich zurück. Ich kann dir sagen, das warf mich um. Dann fragte ich sie, ob sie leugnete, mit dem Kerl zu schlafen.

»Er hat's ein paar Mal probiert, und wir haben was rumgebalgt, aber das ist alles«, erzählte sie mir.

Na klar. Genausogut könnte sie mir erzählen, daß es keinen Mond am Himmel gibt.

Als sie sah, daß ich das nicht schluckte, wurde sie sauer. Ihr ganzes Gesicht veränderte sich. Ich meine, sie sah auf einmal so hart aus wie irgend so ein Straßenflittchen. All das Weiche an ihr war plötzlich verschwunden, und es war, als sähe ich sie zum ersten Mal ohne Maske. Sie wußte, daß das Spiel aus war, und es war ihr scheißegal.

Dann kriegte ich die volle Abreibung. Sie lachte mich aus, als wäre ich ein Dummkopf.

»Du bist nicht sehr helle«, erklärte sie mir in dieser neuen, harten Stimme. »Klar habe ich mit dem Typ gebumst. Warum? Weil ich es satt bin, mit dir rumzuspielen, darum.«

Dann sagte sie mir, daß dieser andere Kerl ein richtiger *Mann* wäre – nicht nur eine schwache Imitation – und daß einer wie er mehr wert sei als zehn von meiner Sorte.

Gott im Himmel, sie hatte einen Nerv! Hatte überhaupt keine Angst mehr vor mir. Kein bißchen mehr.

Und ich wollte sie nicht anrühren. Sie war es nicht wert. Vielleicht war ich ja der Blödmann, wie sie meinte. Vielleicht verdiente ich ja, was ich bekam. Ich war unheimlich sauer auf mich selber, daß ich mich überhaupt mit ihr abgegeben hatte.

»Ich bin fertig«, sagte ich. »Das ist das Ende der Straße für uns.« Sie lachte einfach immer weiter. Sagte mir, je früher ich gehen würde, um so glücklicher wäre sie. Und hier fängt der verrückte Teil an. Ich war auf dem Weg zur Tür, als sie aufging – und da war dieser Kerl von ihr im blauen Mantel. Seine Silhouette war im Flurlicht gut zu erkennen. Und sofort sah ich etwas in seiner Hand blitzen und wußte, daß es eine Pistole war.

Es war alles total abartig. Er hatte das gleiche getan, was ich auch gemacht hatte. Ich meine, er war zurückgekommen. Er hatte wahrscheinlich mein Auto auf dem Hotelparkplatz gesehen und es wiedererkannt. War wieder hochgekommen und hatte unsere Stimmen draußen vor der Tür gehört. Hatte sich eingebildet, daß sie *ihn* für dumm verkaufte. Verdammt, es war alles total verworren.

Na, der Typ gab keinem von uns eine Chance, irgend etwas zu sagen. Stand einfach da für den Bruchteil einer Sekunde, gerade lang genug, daß er das Mädchen gut und deutlich erkennen konnte. Dann pumpte er einfach zwei Dinger in sie rein, eins, zwei. Einfach ganz schnell. Knallte die Tür zu und war weg. Nur schleuderte er erst noch seine Pistole ins Zimmer, und sie landete genau vor meinen Füßen auf dem Teppich.

Und da habe ich mich dann *wirklich* dämlich angestellt. Ich habe das verdammte Ding tatsächlich aufgehoben und es mir angeschaut. Also, ich habe mindestens fünfzig Mal im Film gesehen, wie ein Typ so was machte, und habe immer gedacht, das würde in Wirklichkeit nie vorkommen. Kein Unschuldiger, sagte ich mir, würde eine Mordwaffe aufheben und seine Fingerabdrücke darauf verteilen. Aber ich schwöre es, genau das tat ich. Wer weiß, warum. Schock, nehme ich an. Der Schock war entsetzlich. So, wie man ihn nach einem wirklich schlimmen Autounfall kriegt. Ich kann mich erinnern, daß ich zitterte und mich ganz schwach fühlte.

Ich wußte, daß sie tot war, auch ohne daß ich zu ihr hinübergehen mußte. Niemand konnte auf diese Entfernung vorbeischießen. Also stand ich nur da, hielt die verdammte Pistole fest und schaute sie an, während der Flur draußen sich mit Leuten füllte.

Das nächste, woran ich mich erinnere, ist, wie jemand wie verrückt gegen die Tür schlägt und mir zuschreit, ich solle öffnen. Tja, in dem Moment habe ich die Pistole ganz fix fallengelassen. Ich wußte, ich wäre der Verlierer, wenn sie mich hier mit der Leiche finden würden. Also entriegelte ich das Fenster und machte mich die Feuerleiter runter.

Was kann ich dir noch erzählen? Die Bullen warteten auf

mich, als ich in die Gasse runtersprang – und ich nehme an, daß ich sicherlich schuldig genug aussah. Ich erzählte ihnen von dem anderen Typen in Blau, aber sie grinsten nur und behandelten mich, als wäre ich schon auf dem Weg zum elektrischen Stuhl.

Verdammt, Danny, kannst du diesen Kerl nicht finden? Er hat sie umgebracht, nicht ich. Ich habe sie an diesem Morgen nicht ein einziges Mal angerührt. Ich weiß nicht, wie der Kerl aussieht, aber er muß gefunden werden. Was für eine Chance habe ich schon ohne ihn? Wer wird meine Geschichte glauben?

Ich werd's dir sagen, niemand.

Fang an, diesen Typ zu suchen, ja? Es könnte fast jeder sein. Vielleicht ein gemeinsamer Freund. Verdammt, Danny, *du* hast sie gekannt – und ich habe gesehen, wie du schon mal einen dunkelblauen Mantel getragen hast. Und … der Typ hat auch ungefähr deine Größe.

Willst du nur eine einzige Sache für mich tun, bitte, ja? Hör auf, so zu grinsen. Genauso haben mich die verdammten Bullen angegrinst.

Wirst du endlich damit aufhören?

# Taube

von William F. Nolan

Als Vince Thompson sein Apartment betrat, sah er den kleinen weißen quadratischen Zettel unter der Tür.

Na, dachte er, es wurde ja auch Zeit. Das letzte Mal ist schon einen Monat her.

Er verschloß die Tür hinter sich und faltete den Zettel auseinander. Er sah aus wie all die anderen: eine Telefonnummer und unten der Buchstabe R. Sonst nichts. Vince zündete den Zettel an der Ecke mit seinem Feuerzeug an und sah zu, wie die Nummer sich schwärzte und sich in Asche verwandelte. Dann wischte er sich die Finger ab und nahm den Telefonhörer auf.

»Vince?« Rs Stimme klang kalt und metallisch aus der Leitung.

»Ja. Habe die Nachricht gerade bekommen.«

»Sind Sie bereit, sich an die Arbeit zu machen?«

»Geben Sie mir nur die Anweisungen.«

»Es ist für heute abend. Am Ende der Bel Air Road, die vom Sunset abgeht. Sie fahren sie ganz rauf. Am höchsten Punkt werden Sie links ein Stück unbebaute Fläche sehen. Etwa hundert Fuß zurückliegend steht ein kleines weißes Stuckhaus. Es ist in den Hügel gebaut und hat vorne eine Doppelgarage. Sie plazieren sich in der Garage. Die Tür ist unverschlossen. Sie werden kein Problem mit dem Hineinkommen haben. Ihre Taube sollte gegen elf dort sein. Seien Sie gegen 10 Uhr 45 dort, für alle Fälle.«

»Gut. Wie sieht mein Junge aus?«

»Groß. Ziemlich schlank. Um die Vierzig oder so.«

»Es geht ums Übliche?«

»Vielleicht auch um mehr, wenn die Arbeit echt sauber ausgeführt wird. Wir werden sehen.«

»Muß ich sonst noch etwas wissen?«

»Das ist alles, Vince.« Die Stimme klickte weg.

Thompson legte den Hörer auf und ließ sich schwer auf die Couch zurückfallen. Er grinste in sich hinein, als er an zwei schnelle Riesen für nur einen Abend Arbeit dachte. Wilma würde sich wirklich freuen, wenn sie diesen Mantel bekäme, den er ihr schon länger versprochen hatte. Morgen abend würden sie feiern gehen, tanzen, guten Champagner trinken …

Vince zündete sich eine Zigarette an. Er zog den Rauch tief in die Lungen ein. R war schon ein besonderer Arbeitgeber. Wie ein Gespenst. Niemand sieht ihn, niemand weiß, wer er ist. Wie er Mitch gesagt hatte, mochte Vince dieses Gefühl nicht, für einen Typ zu arbeiten, der kein Gesicht hat. Ein quadratischer weißer Zettel, eine Telefonnummer, einige Angaben, ein toter Mann – und ein paar tausend Dollar. Keine Probleme. Keine Unklarheiten. Aber manchmal machte es Vince nervös. Er hatte sich umgehört, bei Leuten, die viel wußten, aber niemand schien etwas zu wissen. R war nur eine Stimme. Na ja, für die Knete, die er bekam, konnte Vince seine Neugier gut beherrschen. Außerdem waren es perfekte Voraussetzungen, da R alles vorbereitet hatte.

Vince sah auf die Uhr: 9 Uhr 30. Er schätzte, eine halbe Stunde würde es dauern, um nach Bel Air zu kommen, weitere zehn Minuten bis nach oben. Das hieß, er hatte noch Zeit, für ein paar schnelle Drinks.


Die Kneipe war gerammelt voll. Ganz schön voll für einen Freitagabend. Vince schaffte es, sich zur Bar vorzudrängen. Er bestellte einen Scotch mit Wasser und musterte die Leute.

Hier bin ich, dachte er, bereit, heute abend einen Mann umzubringen, und es könnte sogar einer von euch Jungens sein. Er nippte langsam an seinem Drink.

Wie viele Aufträge hatte er für R übernommen? Zehn? Ein Dutzend? Es war eigentlich egal. Für Vince Thompson war das Töten ein Geschäft, und R war für die Buchführung verantwortlich. Vor einem Jahr, als er von Frisco nach L. A. gekommen war, hatte sein alter Freund Mitch ein gutes Wort bei R für ihn eingelegt, und schon war er drin.

Er ließ seinen Blick noch einmal durch den Raum schweifen. Idioten! Arme, dumme Idioten, die Laster fuhren, um sich den Lebensunterhalt zu verdienen, oder Milch ausfuhren oder an einem Schreibtisch in einem heruntergekommenen Büro schwitzten. Verdammt, er würde heute abend mit einem Schuß mehr verdienen als diese Schlafwandler in drei Monaten!

Er trank aus, bestellte einen neuen. Als er die Bar verließ, fühlte er sich gerade richtig: nicht betrunken, sondern ganz hellwach. Er wußte, er konnte den Auftrag ohne Schwierigkeiten ausführen und gegen Mitternacht wieder in seinem Apartment sein. Er könnte sogar Wilma noch mit einem späten Anruf überraschen und ihr die gute Nachricht erzählen.


Genau an der Einfahrt zur Bel Air Road, unter dem hohen, schmiedeeisernen Tor am Sunset, hielt Vince seinen Wagen an. Niemand in der Nähe, keine anderen Autos.

Schnell griff er unter das Armaturenbrett und schnallte die kleine italienische Beretta los, die er immer dort hatte. Er ließ das Magazin herausspringen, überprüfte es und ließ die Pistole in seine Jackentasche gleiten. Er seufzte, weil er sich wieder komplett fühlte.

Eine der härtesten Regeln, die Vince akzeptieren mußte, als er anfing, für R zu arbeiten, betraf die Beretta. Keiner von Rs Jungens trug eine Pistole bei sich, bevor er einen Auftrag ausführte. Auf diese Weise, meinte R, wären sie immer sauber, wenn die Polizei sie zwischen zwei Aufträgen aufgabelte. Für Vince schien diese Regel total falsch zu sein. Ohne seine Beretta fühlte er sich halb nackt. Seit er sechzehn war, hatte er sie immer bei sich getragen. Er fühlte sich ohne sie nie ganz wohl.

Die Bel Air Road führte in scharfen Kurven an den vornehmen Häusern am Hang vorbei. Vince fühlte, wie der Mercedes in den Biegungen etwas ins Rutschen kam. Er fuhr ins Gelände. Es hatte keinen Zweck, es zwingen zu wollen, denn die Straße war dunkel und schmal, und er wollte nicht einem anderen Wagen ins Gehege kommen, wenn er zurückfuhr.

Es war ein steiler Aufstieg. Oben angekommen, fuhr er den Mercedes weiter hinüber zum Abhang unter eine Baumgruppe und stellte den Motor aus. Hier würde man den Wagen nicht sehen können. Unter sich konnte Vince die langgestreckten, glitzernden Lichter von Beverly Hills und Hollywood sehen.

Er stieg aus dem Mercedes aus und reckte sich. Verdammt kühl hier oben, dachte Vince, als er den kalten Wind in seinem Gesicht fühlte. Er schaute sich um.

Wie üblich hatte R die perfekte Umgebung für den Job arrangiert. Keine anderen Häuser in der Nähe, ein langes, unbebautes Stück zwischen der Garage und der Straße. Wenn jemand den Schuß hören würde, würde es sich wie die Fehlzündung eines Autos beim steilen Aufstieg anhören. Perfekt.

Vince sah wieder auf die Uhr. 10.44 Uhr. Er sollte sich besser auf den Weg machen. Als er bei der Garage angekommen war, ein flaches, modernes Gebäude mit einer Schwingtür, nickte er. Kein Schloß, genau wie R gesagt hatte. Das Tor glitt unter seiner Hand leise zurück.

Innen, in der hinteren Ecke, sah er einige aufeinandergestapelte Kartons. Vince ließ das Tor hinter sich heruntergleiten, als er sich zu den Schachteln hinbewegte.

Er ließ sich auf dem kühlen Betonboden nieder, den Rücken gegen die Wand. Wenn sich die Tür öffnen würde, würde seine Taube sich als perfektes Ziel gegen die Scheinwerfer des Wagens abzeichnen.

Minuten tickten vorüber. Eine Zigarette wäre zu riskant, das wußte er. Deshalb hörte er auf, ans Rauchen zu denken. Er ließ die kleine Beretta in seine rechte Hand gleiten, ein Finger legte sich langsam um den Abzug. Ein Schuß. Mehr brauchte er nicht, um den Auftrag auszuführen. Er hatte bei der Armee einen Preis im Wettschießen gewonnen. Und seitdem hatte er reichlich Übung gehabt. *Reichlich.*

Vince Thompson straffte sich, als er das Geräusch eines Wagens auf der Straße unter ihm hörte. Der hohe Ton der schwer arbeitenden Maschine wurde lauter. Er lehnte sich vor und verlagerte dabei sein Gewicht auf die Fußballen. Die Beretta hielt er im Anschlag. Er hörte, wie der Wagen von der Straße abfuhr und über das unbebaute Stück holperte.

Es war seine Taube. Vince drückte sich fest gegen die gestapelten Kartons. Er wartete. Er hörte, wie draußen eine Autotür geöffnet wurde, wie Schuhe über den trockenen Boden schritten.

Jede Sekunde jetzt … Die Garagentür fing an, nach oben zu gleiten, und Vince schaute angestrengt an der dünnen Trommel der Beretta entlang, bereit, abzudrücken,

Vince fluchte und zog die Luft tief ein.

Es war keiner da.

Nur die hellen Kegel von zwei starken Scheinwerfern in der offenen Toreinfahrt.

Vince spürte, wie sein Mund trocken wurde und sein Herz in seiner Brust zu hämmern begann. Er blinzelte in das blendende Licht. Nichts.

Nur die Scheinwerfer, das leise Geräusch der Maschine des Wagens im Leerlauf und der Wind.

Plötzlich erinnerte er sich an die metallische Stimme von R: »Groß. Ziemlich schlank. Um die vierzig oder so.«

Was, wie Vince jetzt klar wurde, eine grobe Beschreibung seiner selbst war.

Klar, es kam schon hin. Sein Unbehagen, für einen Mann ohne Gesicht zu arbeiten, sein Ausfragen von Mitch, wie er um die Jungs rumgeschnüffelt hatte nach Informationen, die er eigentlich nicht brauchte …

Er wurde zu einem Risiko – und R glaubte nicht an Risiken.

Nun gut, sagte Vince sich, sieh zu, daß du verdammt noch mal hier rauskommst. Wenn du bis zum Mercedes kommst, hast du eine Chance. Aber zuerst mußt du dich um die Scheinwerfer kümmern.

Zwei Schüsse, und die beiden Lichtkegel verloschen in einem leisen Glasregen. Er sprang auf und rannte in der dichten Dunkelheit.

Vor ihm schien der Weg frei zu sein. Er wand sich an dem Wagen vor der Garage vorbei und bewegte sich, tief gebückt, ins Gelände. Die Beretta hatte er schießbereit.

Dann wurde Vince Thompson blind.

Ein Dutzend heller Lichtstrahlen von Taschenlampen schossen vom dunklen Boden auf und schnitten in seine Augen.

Oh, Gott! Sie hatten ihn eingekreist!

Wenn jemand das plötzliche Aufheulen gehört hatte, mußte es wie die Fehlzündung eines Autos beim steilen Aufstieg geklungen haben.

Ein Vogel im goldenen Käfig

# Der Gefangene

von Edward Wellen

Geistesabwesend wischte er einige Staubkörnchen von seinem Schreibtisch, doch er war nicht in der richtigen Stimmung, um sich in seine Arbeit zu stürzen. Er schaute sich in dem unaufgeräumten Büro um. Es war so viel zu tun. Und weiß Gott, er wünschte sich inständig, daß nichts schiefging.

Doch aus einem Impuls heraus öffnete er leise – jedes laute Geräusch hätte sofort einen Wächter herbeigelockt – die unterste rechte Schublade und holte das Fernglas hervor. Das Fernglas stellte eine Art von Flucht dar. Er hielt sich am Rand des Fensters, außer Sicht des Wächters, den er unter dem Fenster husten und umhergehen hören konnte, und blickte hinaus in die Welt jenseits des Tores.

Die Morgendämmerung hatte gerade erst eingesetzt, und der Verkehr in den Straßen außerhalb des Gefängnisses floß nur spärlich. Er stellte das Fernglas scharf. Auf der nächstliegenden Kreuzung entdeckte er den Zeitungsjungen, der sich freihändig fahrend auf seinem Fahrrad näherte. Er konnte natürlich nichts hören, aber aus der Haltung des Kopfes schloß er, daß der Junge eine Melodie pfiff oder sogar sang.

Plötzlich tauchte ein Auto auf und nahm die Kurve zu scharf und zu schnell. Es prallte gegen das Fahrrad und brachte den Jungen mitsamt dem Zeitungskorb zu Fall. Der Wagen kam schleudernd zum Stehen.

Instinktiv merkte er sich die Zulassungsnummer des Wagens.

Die Fahrertür öffnete sich. Der Fahrer stieg aus und ging in der übertrieben aufrechten Haltung des erheblich Betrunkenen zurück zu der reglosen Gestalt, blickte auf sie hinab, wurde schlagartig nüchtern, sah sich aufgeregt um, stürzte zurück in sein Auto und fuhr davon.

Indem er all das beobachtete, geriet er schockartig in einen Zustand noch jenseits dem von Nüchternheit. Er hätte den Wagen schon auf den ersten Blick hin erkennen müssen, denn er hatte ihn bereits früher gesehen, hatte mehr als einmal von diesem Fenster aus beobachtet, wie Pardee mit heruntergeklapptem Verdeck vorbeigefahren war. Und jedes Mal hatte er mit jenem verzerrten Lächeln reagiert, da er den Gedanken kannte, der Pardee durch den Kopf ging, wenn er vorbeifuhr: bei Gott, er war innerhalb dieser Mauern aus grauem, weiß gestrichenen Sandstein, und Pardee war draußen.

Er schreckte schuldbewußt aus seiner Trance auf, hörte die Sirene des Krankenwagens, die sich näherte, immer näher kam, dann am Ziel eintraf und verstummte. Er hatte sofort erkannt, als er den Zusammenprall und den anschließenden Sturz sowie das demolierte Fahrrad sah, daß für den Jungen jede Hilfe zu spät käme. Dennoch war er innerlich dankbar, daß jemand so schnell reagiert und Hilfe geholt hatte. Nun lag die ganze Sache nicht mehr in seinen Händen.

Entschlossen legte er das Fernglas wieder an seinen Platz und begann mit seiner Arbeit. Jemand anderes mußte Pardee gesehen haben, ebenso wie er die reglose Gestalt auf der Straße gesehen und Hilfe herbeigeholt hatte.

Aber nein. Im Laufe des Tages hatte er Gelegenheit, sich die Nachrichten anzuhören, und erfuhr auf diese Weise, daß die Polizei keinerlei Hinweise auf den Fahrer hatte, der nach dem Unfall Fahrerflucht begangen hatte.

Er kniff die Lippen zusammen. Er konnte nicht schweigen. Aber es wäre unmöglich für ihn, den Mund aufzumachen. Er dachte freudlos, um wieviel einfacher es für ihn hätte sein können, Pardee ganz einfach zu identifizieren. Der Mann war jemand, den er nicht kannte.

Er konnte kaum vor Gericht erscheinen und sich von einem gerissenen Verteidiger ins Kreuzverhör nehmen und die Abneigung an die Öffentlichkeit dringen lassen, die er und Pardee füreinander hegten.

»Stimmt es nicht mit den Tatsachen überein, daß Sie und Mr. Pardee schon seit Jahren aufs heftigste verfeindet sind?«

Darauf würde er mit ja antworten müssen, denn es entsprach tatsächlich der Wahrheit.

Doch selbst wenn er davonkäme, ohne sich in dieser Weise offenbaren zu müssen, würde der Schatten des Zweifels zurückbleiben – mehr als ein Schatten, ein dunkler Fleck vielleicht –, ein Verdacht, daß persönliche Abneigung hinter seinem Gemeinschaftssinn lauerte.

Er starrte frustriert die Wände an, die ihn umschlossen, einschlossen.

Dann drangen Stimmen zu ihm, Stimmen vom Vorplatz. Er hatte es vergessen. Es war Besuchertag.

Die Leute, die durch das Tor hereinkamen, stellten gewöhnlich eine willkommene Ablenkung dar, doch diesmal erinnerte ihn ihre ehrfurchtsvolle Neugier daran, wo er sich aufhielt.

Traurig musterte er die Telefone auf seinem Schreibtisch. Ein anonymer Anruf bei der örtlichen Polizei würde ausreichen; aber er konnte wohl kaum aus diesem Büro einen anonymen Anruf tätigen.

Dann hatte er eine Idee, eine Lösung. Das mindeste, was er tun könnte – und sicher auch das äußerste der Gefühle –, wäre, einen anonymen Brief zu schreiben. Und zwar gleich jetzt in diesem Moment, wo er die Idee hatte und zugleich auch eine seltene Chance.

Er kehrte an seinen Schreibtisch zurück, legte ein Blatt Briefpapier bereit, beugte sich darüber und griff zu einem Schreibstift, um anzufangen.

Nein. Eins nach dem anderen. Er legte ein Lineal unter den Briefkopf, dann hob er die untere Hälfte des Blattes an, um es unterhalb des Briefkopfes durchzureißen. Doch während er diese Prozedur vornahm, schimmerte Licht durch das Papier und machte das Wasserzeichen sichtbar. Er ließ das Stück Papier fallen. Sämtliches Briefpapier auf seinem Schreibtisch war mit diesem Wasserzeichen versehen.

Der Notizblock. Er ergriff erneut den Kugelschreiber und notierte seine Botschaft in neutralen, unpersönlichen Blockbuchstaben. Niemand würde je herausfinden, daß er diese Botschaft geschrieben hatte und daß die Botschaft aus diesem Haus kam.

Aber was nun! Selbst wenn er einen neutralen Briefumschlag finden sollte, würde es ihm niemals gelingen, den Brief unbemerkt nach draußen zu schmuggeln. Sicher, er könnte das Postzimmer aufsuchen, hindurchgehen, doch wie sollte er wohl den

Brief unter die ausgehende Post schmuggeln, ohne daß jemand etwas bemerkte? Er wurde ständig beobachtet.

Dieses Problem würde er lösen müssen, wenn es sich ihm direkt stellte. Er vergeudete seine Zeit. Er ließ seinen Blick durch den Raum gleiten und entdeckte auf einem Regalbrett ein Buch in einem neutralen grauen Schutzumschlag. Er griff nach dem Buch und zog es hervor. Es war fest eingeklemmt, und beim Herausziehen fiel das Buch daneben auf den Fußboden.

Der dumpfe Laut des Aufpralls, als das Buch auf dem Teppich landete, hallte als dumpfes Pochen seines Herzens wider. Völlig erstarrt wartete er darauf, daß der Wächter hereingestürzt käme. Doch nichts rührte sich. Langsam atmete er aus. Der Teppich war ziemlich dick, und das Poltern war ihm viel lauter erschienen, als es wirklich gewesen war.

Er nahm den Schutzumschlag ab und breitete ihn auf dem Schreibtisch aus. Er fand einen unbenutzten Briefumschlag, der mit einigen Zeitungsausschnitten vollgestopft war, kippte die Abschnitte in den Papierkorb und löste den langen und die kurzen seitlichen Klebestreifen des Umschlags. Den auseinandergefalteten Briefumschlag als Muster benutzend, schnitt er den Schutzumschlag entsprechend zurecht und faltete ihn. Nun hatte er einen neutralen Briefumschlag. Er schob den Brief hinein, klebte ihn mit Hilfe einiger Leimtupfer aus einer Flasche zusammen, dann schrieb er mit Blockbuchstaben die Adresse darauf.

Der ganze Vorgang hatte nur wenige Minuten gedauert. Die Besuchergruppe hatte sich zur einen Seite weiterbewegt und bewunderte immer noch den Garten. Nun mußte er nur noch den Wächter unter dem Fenster ablenken.

Er schleuderte einen Kugelschreiber – er hatte eine ganze Menge Schreibstifte zu seiner Verfügung – in ein Gebüsch rechts vom Fenster. Der aufmerksame Wächter zuckte herum, griff gleichzeitig nach seiner Pistole und ging auf den Busch zu.

Jetzt schnell, so lange der Wächter ihm den Rücken zuwandte. Er warf den Briefumschlag nach links. Wie gebannt verfolgte er seine Segelpartie, genauer, seinen Fall; er verfolgte ihn, wie er wie ein flügellahmer Vogel nach unten segelte und vom Wind erfaßt und hinüber zu einem Gartenweg getragen wurde, wo er liegenblieb.

Der Wächter kehrte kopfschüttelnd wieder auf seinen Posten zurück.

Die Zeit verstrich. Der Himmel verdunkelte sich. Regenwolken zogen auf, und Regen würde die Adresse auf dem Umschlag zu einem unleserlichen Fleck verlaufen lassen. Der Wächter hatte den Umschlag noch nicht bemerkt.

Dann endlich tauchte die Ablösung für den Wächter auf, und dieser Mann fand den Brief und hob ihn auf.

»Was ist das denn?«

»Keine Ahnung. Mal sehen.«

Stirnrunzelnd betrachtete sie die Adresse.

»Ich vermute, ein Besucher hat den Brief verloren. Ich nehme ihn besser mit rein.«

Bei ihren Worten lächelte er. Dann schoß ihm ein Gedanke durch den Kopf, und er trat vom Fenster zurück und ging zum Schreibtisch.

Er konnte den durchgedrückten Text seiner Botschaft auf dem obersten Blatt des Notizblocks kaum erkennen.

ICH WURDE HEUTE MORGEN ZEUGE EINES VERKEHRS-UNFALLES MIT ANSCHLIESSENDER UNFALLFLUCHT DES FAHRERS, KANN JEDOCH UNMÖGLICH ALS ZEUGE ÖFFENT-LICH AUFTRETEN.

Die Botschaft endete mit der Zulassungsnummer des Unfallwagens.

Hastig riß er die ersten sechs oder sieben Blätter vom Block ab, knüllte sie zusammen, zündete ein Streichholz an und verbrannte die Zettel im Aschenbecher.

Gerade noch rechtzeitig. Ein Summen ertönte. Er drückte auf einen Knopf.

»Ja?« sagte er mit ruhiger Stimme.

»Entschuldigen Sie, daß ich Sie störe, Mr. President, aber hier ergibt sich gerade eine politisch sehr heikle Situation ...«

Politisch heikel, ja, das war es wohl. Sie hatten die Zulassungsnummer routinemäßig überprüft. Aber niemand – nicht einmal Senator Pardee würde ihm vorwerfen können, er hätte dem Polizeichef des Distrikts von Columbia einen anonymen Brief geschrieben.

# Die Sui-Pille

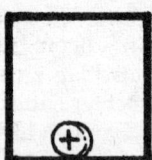

von Elaine Slater

Es war die Pillengesellschaft. Es gab die Pille nachher, natürlich, welche die Regierung nach dem ersten Kind zur Pflicht gemacht hatte. Dennoch war das Bevölkerungswachstum erschreckend, und die Überbevölkerung wurde schlimmer und schlimmer. Dann gab es noch die Vielzahl von Beruhigungspillen in allen möglichen Farben und Formen und Größen, die einem halfen, mit allen möglichen Belastungen fertig zu werden, die sich durch das nahezu vollständige Fehlen jeglicher privaten Sphäre ergaben oder durch den ständigen Lärm, die vergiftete Luft, den ständigen belastenden physischen Kontakt mit anderen Menschen und durch den brutalen und häßlichen Anblick einer Überindustrialisierung, die keine Rücksicht auf Bäume oder Grünpflanzen jeglicher Art nahm.

Und dann gab es noch die Ernährungspillen. Die nahm man dreimal täglich. Die grenzenlosen Weizenfelder, Viehweiden und die Gemüsefarmen früherer Tage waren Geschichte. Sogar der Grand Canyon quoll über von schwitzenden Menschen, die unermüdlich um neuen Lebensraum kämpften. Die Nahrungspillen wurden in riesigen schwimmenden Fabriken hergestellt und bestanden aus zusammengepreßten Algen, Seetang und Plankton. Sie hatten einen recht unangenehmen Fischgeschmack, doch man konnte sie unzerkaut mit einem Glas entgifteten Wassers schlucken, und sie lieferten einem sämtliche Nährstoffe, die man zum Leben brauchte.

Doch die wichtigste Pille von allen wurde liebevoll Sui-Pille genannt. Es war die einzige, die in grüner Farbe geliefert wurde und die als Gravur eine geballte Faust zeigte. Jedem Individuum wurde an seinem einundzwanzigsten Geburtstag eine solche Pille ausgehändigt. Wenn man eine Sui verlor, dann bekam man eine neue – aber vorher mußte ein langwieriger Verwaltungsweg beschritten werden; und dann wurde man in Zukunft auf einer »Verdächtigenliste« geführt, die stets dann überprüft wurde, wenn jemand durch Mißbrauch einer solchen Sui-Pille ermordet worden war. Solche Verdächtigen standen automatisch unter polizeilicher Überwachung und wurden ausführlich verhört, und man konnte sich als einer der Hauptverdächtigen in einem Mordfall betrachten. Aus diesem und anderen Gründen achteten die Menschen besonders sorgfältig darauf, niemals ihre Sui-Pillen zu verlieren.

Im Grunde drehte sich in der Gemeinschaft der Menschen alles um diese Sui-Pille. Sie stellte nicht nur einen individuell zu beschreitenden Fluchtweg dar, sondern die Gesellschaft stützte sich auf sie als einziges Regulativ in einer Welt, in der die Regulative der Natur entweder versagten oder vernichtet worden waren. Es war viel darüber diskutiert worden – und die Radikalen Demopubs hatten tatsächlich mittels einer Volksbefragung versucht, ein Gesetz durchzudrücken, das die Ausgabe dieser Pillen schon mit dreizehn Jahren vorschreiben oder früher ermöglichen sollte, daß diese Pille schon vor Erreichen des zeugungsfähigen Alters ausgeteilt wurde. Es war eine verzweifelte Maßnahme, die mit einer verzweifelten Situation fertig werden sollte. Doch die Demopubs wurden von dem konservativen Flügel ihrer eigenen Partei überstimmt, die sich mit der Opposition in der Aussage verbündeten, daß dies eine inhumane Lösung wäre und daß die Lage noch nicht so verzweifelt sei – ein Hinweis darauf, wie die Leute vermuteten, daß es noch viel schlimmer kommen würde.

Doch vielleicht würde es gar nicht notwendig werden, ein solches Gesetz zur Abstimmung zu bringen, da die Lebensbedingungen tatsächlich rapide schlechter wurden, so daß die Sui- oder Selbstmord-Pille immer häufiger benutzt wurde. Die Leute erreichten kaum das vierzigste Lebensjahr, ehe sie sie nahmen, und dann unterließen sie oft den Gebrauch nur aus Liebe zu einem Kind und aus einem Bestreben heraus, mehr sentimental als logisch begründet, dem Kind zu helfen, bis es Erwachsenenstatus erreichte. Eltern, die weniger Verantwortungsgefühl entwickelten oder weniger Liebe aufbrachten, benutzten die Sui-Pille immer häufiger – in ihren Dreißigern bereits, wenn die Kinder meist noch im Teenageralter oder sogar jünger waren. Dies war der Regierung eine große Hilfe trotz der hohen Zahl von Waisen.

Doch die Regierung duldete natürlich nicht den Mord als eine Lösung, denn das hätte dem totalen Chaos und der Anarchie Tür und Tor geöffnet.

Deshalb, als der dreizehnjährige Billy Overton nach einer Sui-Vergiftung tot aufgefunden wurde, ging die Polizei wie üblich an die Arbeit – um den Verursacher einer solchen schlimmen Tat zu finden. Der Junge war ein glückliches, gesundes, liebenswertes Kind gewesen, und seine Eltern waren außer sich vor Trauer.

Augenblicklich wurde die ›Verdächtigenliste‹ überprüft und der Computer entsprechend gefüttert. Er lieferte lediglich drei Namen – alles Leute, die natürlich ihre Sui verloren hatten und die außerdem in der Nähe des Tatortes gewesen waren oder den Jungen persönlich gekannt hatten. Alle drei erschienen als Täter unwahrscheinlich, doch die Polizei war gehalten, jedem Hinweis nachzugehen.

Eine Person war ein Taxifahrer, der seine Sui-Pille rund acht Wochen vorher verloren hatte und dessen einzige Verbindung zu Billy darin bestand, daß er etwa eine Stunde vor dem Verbrechen einen Fahrgast drei Blocks vom Haus der Overtons entfernt abgesetzt hatte. Da er etwa so lange gebraucht hätte, um zum Haus der Overtons zu fahren, war er automatisch der Hauptverdächtige. Doch dagegen sprach, daß er beteuerte, Billy Overton niemals gesehen zu haben, und alle Hinweise schienen seine Behauptung zu bestätigen. Und außerdem, welches Motiv könnte er überhaupt gehabt haben?

Der zweite Verdächtige, den der Computer auswarf, war eine Frau, die nicht weit von den Overtons wohnte und ihre Pille drei Monate vorher verloren hatte und die soeben ihre zweite Pille ausgehändigt bekommen sollte. Sie kannte die Overtons flüchtig, konnte sich aber nicht daran erinnern, Billy jemals persönlich kennengelernt zu haben, obgleich sie wahrscheinlich auf den belebten Straßen schon mehr als einmal an ihm hätte vorübergehen können; und überdies, so meinte sie, hätte sie nicht den geringsten Wunsch, den Jungen zu töten. Sie war verheiratet, hatte jedoch noch kein eigenes Kind. Und was für ein Motiv hätte sie schon haben sollen? Man kannte sie als stille, fast gleichgültige Person.

Der dritte Verdächtige erschien noch unwahrscheinlicher als die anderen beiden. Der Computer lieferte den Namen von Bobbys Lehrerin aus dem ersten Schuljahr, die drei Tage vor dem Mord ihre Sui-Pille verloren hatte; sie wohnte mittlerweile dreihundert Meilen weit entfernt, und da jede Form von Transport schon Monate im voraus reserviert werden mußte, konnte sie gar nicht zum angegebenen Zeitpunkt am Tatort gewesen sein. Und außerdem war es überaus unwahrscheinlich, daß sie während Billys ersten Schuljahrs einen Haß auf den Jungen entwickelt und sieben Jahre gewartet hatte, um ihn zu töten. Es war völlig unsinnig, und die Polizei wußte das auch. Doch Billy war tot, und irgend jemand hatte ihn getötet.

Inspektor Fenner näherte sich seinem zweiundvierzigsten Geburtstag, und nur die tiefe Beziehung zu seiner sechzehnjährigen Tochter hielt ihn davon ab, seine eigene Sui-Pille zu benutzen. Seine Frau hatte die ihre ein Jahr vorher genommen, nachdem sie ihm einem herzzerreißenden Abschiedsbrief geschrieben hatte, in dem sie ihn um Verzeihung dafür bat, daß sie ihn alleine zurückließ, ihre Tochter Hannah großzuziehen; doch sie könne die erstickende Atmosphäre unter den Menschen nicht mehr ertragen. Inspektor Fenner hatte sie in den Armen gehalten, als sie dankbar ihren letzten Atemzug tat, daher kannte er das Leid der Hinterbliebenen.

Er betrachtete nun die Overtons mit sehr viel Mitgefühl. Billys Vater, obwohl selbst voller Trauer, versuchte seine Frau zu trösten, doch jegliches Bemühen war bei ihr vergebens. Ihre Augen waren gerötet, verschwollen, mit schwarzen Ringen darunter. Sie schluchzte in einem fort.

»Es geht Billy doch jetzt viel besser, mein Liebling«, erklärte ihr Ehemann. »Das weißt du doch. Wie oft haben wir früher über die Schrecken dieser Welt gesprochen, über das Grauen, das ihn erwartete, das immer mehr auf ihn einstürzte, je älter er wurde, so daß er schon bald erkannte, wie die Welt in Wirklichkeit aussieht. Die, die ihn immer lachen sehen wollte. Die, die ihn beschützt und mit einer imaginären Welt umgeben hat – dir muß doch klar sein, wie gut es ihm gehen muß, nachdem er von dem schrecklichen Leben befreit ist, das wir führen müssen.«

Inspektor Fenner konnte es nicht mehr aushalten. Er ging. Doch der Ruf der Pflicht war in ihm zu stark, machte sich zu deutlich bemerkbar. Am nächsten Tag ging er zurück und bat die Overtons in behutsamster Weise, ihm ihre Sui-Pillen zu zeigen.

»Wie bitte!« schimpfte Billys Vater wütend. Er hatte Angst, der Polizeibeamte wolle sie ihm wegnehmen. Nachdem er eines Besseren belehrt worden war, brachte er seine wertvolle grüne Pille mit der eingravierten geballten Faust. Mrs. Overton stand nur da und starrte den Inspektor an.

Drei Monate später, nach dem Prozeß gegen Mrs. Overton, beugte der Inspektor sich über seine schlafende Hannah, die unter Hunderten von Altersgenossinnen im Schlafsaal für ledige Frauen ihres Wohnkomplexes lag, und gab ihr einen Abschiedskuß. In dieser Nacht benutzte er seine eigene Sui-Pille, denn er konnte die Schreie nicht mehr ertragen, die Schreie, die in seinen Ohren widerhallten – Schreie, die er an jenem Nachmittag gehört hatte – die Schreie Mrs. Overtons nach Verkündung des Urteils.

Bis zu seinem letzten Atemzug hörte er sie das Gericht verzweifelt ankreischen: »Gnade! Erbarmen! Ich wollte ihn retten. Ich liebte ihn doch so. Laßt mich nicht am Leben! Um Gottes willen, laßt mich nicht leben!« Doch das Gericht weigerte sich, ihr eine zweite Sui-Pille zuzugestehen.

# In die Enge getrieben

## von Barry N. Malzberg

Also zeige ich ihm meine Pistole. Sie ist der große Gleichmacher, der große Überredungsspezialist. »Ich muß Ihnen mitteilen«, sage ich in meiner mildesten Stimme, »daß wir mit der Zahlungsmoral seit längerer Zeit nicht zufrieden sind.« Die Pistole hat Kaliber 45, ist ein Stück Präzisionsarbeit, nicht daß das eine besondere Bedeutung hätte, da es nicht die Bauweise von Waffen ist, die die meisten interessiert, sondern ihre Funktion. »Sie hängen um fünftausend Dollar zurück«, füge ich hinzu.

Er blickt mich mit ruhigen, traurigen Augen an. Sein Name ist Brown. Ich glaube, ich habe das ganz richtig mitbekommen, und ich brauche nicht auf der Visitenkarte nachzusehen, um mich zu überzeugen, daß ich mich im richtigen Büro befinde. Er erwidert: »Ich sagte Ihnen doch, daß ich mehr Zeit brauche. Ich tue mein Bestes. Pelze sind ein Saisongeschäft, ein unsicheres Geschäft, und jetzt ist nicht die Jahreszeit dafür.« Es ist Februar, sollte ich ihn aufmerksam machen, wenngleich ein sehr milder, ja frühlinghafter Februar. In diesem kleinen Raum ist meine Stirn schweißbedeckt. »Nächsten Monat«, beteuert er, »nächsten Monat werde ich etwas für Sie haben.«

»Der nächste Monat reicht nicht«, entgegne ich. »Meine Instruktionen besagen, daß ich auf keinen Fall ohne eine Anzahlung gehen soll. Zweitausend Dollar wurden genannt.«

»Ich habe keine zweitausend Dollar«, sagt er. Er starrt auf den Fußboden, dann sieht er wieder mich an, diesmal mit einem seltsam aufgehellten Gesicht. »Abgesehen davon«, fügt er hinzu, »glaube ich nicht, daß Sie dazu den Nerv haben.«

»Wie bitte?«

»Ich sagte, ich glaube nicht, daß Sie den Nerv haben. Den Mumm.« Er stützt die Hände auf die Tischplatte, erhebt sich und nimmt eine militärische Haltung an. »Ich glaube nicht, daß Sie den Nerv haben, mir am Mittag im siebten Stock eines Bürogebäudes den Kopf wegzuschießen, wenn außerdem noch mindestens vierzig Menschen diese Etage bevölkern. Die Wände hier sind dünn wie Pappe. Und dann gibt es hier jede Menge Schallbrücken, weil man beim Bauen sparen wollte. Der Schuß kann wahrscheinlich im ganzen Haus gehört werden, bis hinauf zum vierzigsten Stock. Sie denken überhaupt nicht daran.«

»Machen Sie keine Witze, Brown«, sage ich. Ich verziehe meinen Mund zu einem häßlichen Grinsen. »Ich mag es nicht, wenn man mich zu bequatschen versucht, und ich bin leicht reizbar, ganz zu schweigen davon, daß ich einen Auftrag erledigen muß.«

Brown schüttelt den Kopf. »Wir alle müssen unsere Arbeit tun«, sagt er, »aber ich glaube nicht, daß Sie den Nerv haben, die Ihre zu tun.« Er blickt mich furchtlos an. »Na los doch«, fordert er mich auf, »schießen Sie mir den Schädel weg. Ich habe die fünftausend Dollar nicht. Ich kann Ihnen überhaupt nichts geben, daher werden Sie Ihre Drohung wohl wahrmachen müssen.« Seine Augen funkeln verwirrend.

Was die Bauweise des Hauses betrifft, so hat er durchaus recht. Straßen, Kirchen, Automobile – nichts wird mehr mit der gleichen Qualität gebaut wie früher. Korruption und Schwindel blühen. Selbst der Schalldämpfer auf der Pistole ist Schund; ich traue ihm nicht.

»Los doch«, reizt er mich. Der Standpunkt, den er eingenommen hat, scheint ihm neue Sicherheit zu verleihen. »Schnell, machen Sie's. Ich habe nichts für Sie.«

Er hat völlig recht. Meine Befehle schließen einen möglichen Widerspruch nicht ein. Ob ich den Nerv habe oder nicht, ist eine ganz andere Sache, doch das muß ich jetzt nicht entscheiden. Widerwillig lasse ich die Pistole sinken. »Ich komme wieder«, verspreche ich. »Schon bald. Vielleicht schon heute. Sicher morgen. Sie können nicht weglaufen. Ich weiß, wo Sie wohnen – Ihre Frau, Ihre Kinder.«

Browns Gesicht strahlt plötzlich unerwartete Macht aus. »Auch denen werden Sie nichts antun«, sagte er. »Sie tun es bei niemandem. Sie haben kein Feuer mehr in den Knochen. Sie haben plötzlich Skrupel. Sie sind genauso wie alle anderen

Leute aus Ihrem Gewerbe. Sie wollen nur ein Stück vom Kuchen, ohne ein Risiko eingehen zu müssen.«

»Das brauche ich mir nicht länger gefallen zu lassen«, sage ich. Ich verstaue die Pistole und verlasse schnell sein Büro. Meine Schritte klappern durch den Korridor; das Zischen der Fahrstühle hört man fünfzig Schritte weit.

Aus was für einem Material sind diese Bürohäuser eigentlich gebaut? Aus Kaugummi?

Über das Thema Skrupel nachdenkend, fahre ich quer durch die Stadt und treffe an seinem angestammten Platz den Barkeeper, dessen Spielschulden mittlerweile höher sind als fünfzehntausend Dollar. Er steht in dieser heiklen Stunde eines Februarnachmittags alleine hinter der Theke, doch sein Gesicht erhellt sich nicht erfreut, als er meiner ansichtig wird. Ganz im Gegenteil. »Ich habe es Ihnen doch gestern schon gesagt«, beginnt er, »und ich hab' es auch schon vorgestern gesagt. Ich hab's nicht. Ich brauche Zeit, um alles zusammenzubekommen. Mindestens einen Monat.«

»Sie wollen aber keinen ganzen Monat warten.«

»Das ist deren Problem«, sagt er. Er trocknet sich seine Hände umständlich an einem Handtuch ab. »Ich muß Sie bitten, zu gehen«, sagt er. »Wenn Sie hier herumhängen, vermittelt das einen völlig falschen Eindruck. Möglicherweise vertreiben Sie mir die Kunden.«

»Ich möchte einen Whisky Soda.«

»Nein«, wehrt er ab. »Sie bekommen nichts von mir.«

Ich greife mit drohender Gebärde in die Tasche. »Na los«, sagt er, »dieses Herumspielen mit irgendwelchen Schußwaffen ist mittlerweile langweilig geworden. Ich sage es noch einmal, ich habe nichts. Ich habe andere Probleme, muß Arztrechnungen bezahlen. Vielleicht kann ich bis Juni etwas zusammenbekommen. Im Augenblick bin ich blank.«

»Sie sind nicht gerade in der Position, irgendwelche Bedingungen aufzustellen.«

Er wischt mit dem Handtuch über die Bartheke. »Los«, fordert er mich auf, »ziehen Sie Leine. Mir reicht's jetzt.«

Gekreisch und Applaus tönen aus dem Fernsehapparat –

irgendeine Nachmittags-Talkshow oder sonst etwas. Das Niveau des Fernsehprogramms ist ebenso abgesunken wie alles andere, denke ich, als ich mich von der Bar zurückziehe. Nichts läuft mehr so wie früher. Man kann sich auf nichts mehr verlassen. Die Qualitätsmaßstäbe sinken unaufhörlich. Ausgenommene Glücksspieler und pleitegegangene Pelzfabrikanten übernehmen die Regie, und es scheint keinen Weg zu geben, wie man mit ihnen umspringen kann. Vor fünf Jahren noch wäre so etwas niemals möglich gewesen. Die Städte verderben einen.

»Und sehen Sie zu, daß Sie nicht mehr herkommen«, warnt mich der Barkeeper, als ich mich durch die Tür entferne.

Wer, glauben die Leute, sind sie eigentlich?

Ich rufe an, um ihnen mitzuteilen, daß das Abkassieren nicht so richtig geklappt hat. Wenn sie sofort reagieren, wird geschimpft, doch schon am vierten Tag hintereinander meldet sich der Auftragsdienst, und der nimmt natürlich eine höflich neutrale Haltung ein. Manchmal frage ich mich, ob meine Meldungen überhaupt weitergegeben werden. Manchmal frage ich mich auch, ob sie dauernd außer Haus sind. Manchmal frage ich mich auch, ob ich diesen Job überhaupt brauche, aber dann gewinnt mein gesunder Menschenverstand die Oberhand. In meinem Alter und bei meinem Lebensstandard stehen mir nur noch wenige Karrieren offen. Das ist einer der Mängel einer übermäßig liberalen Erziehung; ich hätte irgendein Handwerk lernen sollen.

Ich nehme den Zug nach Norden und komme zur gewohnten Zeit nach Hause. Lydias Gesicht ist hart, doch wenigstens sind die Kinder an diesem Abend außer Haus – sie essen wahrscheinlich bei ihren Freunden, wird mir mitgeteilt. »Gieß dir deinen Drink selbst ein«, sagt Lydia. »Ich bin nicht deine Serviererin. Ich hatte auch einen harten Tag.« Ihr Gesichtsausdruck verrät mir, daß der Abend nicht besonders angenehm wird. Wir werden bis nach Mitternacht auf sein, und ich werde ihr zum soundsovielten Mal die Vorteile des Lebens in den Randbezirken einer Großstadt erklären müssen. Da ich selbst schon lange nicht mehr daran glaube, wird das ein recht schwieriges und mühsames Unterfangen sein. »Wenn du was zum Abendbrot willst, dann geh mit mir aus«, sagt Lydia. »Mir war nicht nach Kochen zumute.«

»Restaurantessen ist nicht mit Hausmannskost zu vergleichen.«

»Wir können ins Major gehen.«

Das Major ist die örtliche Niederlassung der Motelkette. »Solche Läden sind schlimm«, sage ich. »Diese Art der Betriebsführung hat unsere Nation zerstört. Irgendwie sieht alles gleich aus, und nichts ist richtig gut.«

Ihre Augen, wie immer von Müdigkeit stumpf, sehen mich an. »Das will ich nicht schon wieder zu hören bekommen«, sagt sie. »Bitte verschon mich damit.«

Wer, glaubt diese Frau, ist sie eigentlich? Wie weit ist es mit der Institution Ehe eigentlich schon gekommen?

# Du könntest wenigstens anklopfen!

## Weit o –

von Elsin Ann Graffam

Vielleicht stecke ich meinen Kopf unter das Kissen – nein, das nutzt nichts. Ich kann es mir gut vorstellen, sehe ihn geradezu vor mir, wer immer es auch sein mag, wie er sich anschleicht. Okay, jetzt reicht's! Ich stehe auf und bleibe wach, mache das Licht im Wohnzimmer an, schalte den Fernsehapparat ein.

Oh, ich hasse es, in der Dunkelheit herumzulaufen ... ja! Deckenlampe an, Flurlicht an, TV an, herrlich und laut. Und jetzt setze ich mich hin und entspanne mich und sehe mir die ...

Hey, was war das? Oh. Alte Häuser krachen und knarren immer, klar? Wenn es knarrt, solange Bill hier ist, dann knarrt es auch, wenn er weg ist, und es ist – irgend etwas im Haus. Das ist nur deine Einbildung, altes Mädchen, mehr nicht. Und je schläfriger du wirst, desto lebhafter wird deine Phantasie.

Alle Türen sind abgeschlossen, nicht wahr? Und die Fenster sind auch zu. Na schön. Ich komme mir nun vor wie ein Idiot, daß ich die ganze Nacht aufbleiben will. Nun, hier im Wohnzimmer zu hocken ist weitaus besser als das, was ich tat, als Bill das letzte Mal über Nacht außer Haus war. Damals hatte ich mich im Badezimmer eingeschlossen und war dort bis zum Morgen geblieben, um Himmels willen ...

Oh! Oh, die Heizung ist angesprungen, mehr war da nicht. Ruhig, Mädchen, ganz ruhig! Das Problem ist einzig und allein, daß du zuviel Zeitung liest. Du solltest dich mehr auf Comics verlegen und es dabei belassen. Nein, ich reagiere mehr auf Schlagzeilen, wie DREIFACHE MUTTER WURDE VON EINBRECHER ATRACKIERT oder FRAU ZU TODE GEPRÜGELT AUFGEFUNDEN.

Aber o Gott, das geschah ganz in unserer Nähe! Die alte Dame wohnte – wie war das noch, nur drei oder vier Blocks von uns entfernt. Aber sie lebte alleine, und niemand weiß, daß ich heute nacht alleine bin. Zumindest hoffe ich das.

Was ist eigentlich mit mir los? Ich benehme mich ja wie ein Kind. Andere Frauen leben alleine – jahrelang sogar –, und ich muß nur eine einzige lächerliche Nacht lang alleine sein, und schon spiele ich verrückt.

Aber es ist hier ziemlich kalt! Die Heizung war an – sie läuft immer noch. Das sind sicher meine Nerven. Ich gehe mal schnell in die Küche und bereite mir eine heiße Tasse Tee. Gute Idee. Vielleicht wärmt mich das ein wenig auf.

Moment, wo ist der Lichtschalter … da … na ja, kein Wunder, daß mir kalt wird, die Tür zum Garten steht ja auch weit o –

# Quellennachweis

# Gefährliche Gefühle

Anspruchsvolle Krimis um Beziehungen voll Lust und Schmerz, voll Wehmut und Leidenschaft...

**Diese Titel der Reihe sind bereits erschienen:**
Band 13525
**Sean Hardie:**
**Wenn die fette Lady singt**
Band 13526
**Michelle Spring:**
**Frauenhaus**
Band 13550
**Clare Francis:**
**Lügen**
Band 13570
**William Gill:**
**Augen aus Jade**
Band 13598
**K.S. Haddock:**
**Die verlorene Ariadne**
Band 13632
**Barry Maitland**
**Die Marx-Schwestern**

Sie erhalten diese Bände im Buchhandel, bei Ihrem Zeitschriftenhändler sowie im Bahnhofsbuchhandel.

BASTEI
LÜBBE

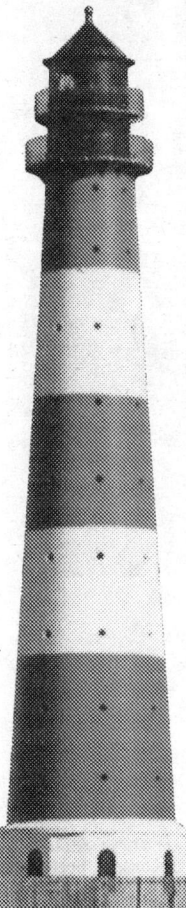

# Petra Hammesfahr

# W.E.B. GRIFFIN
### Autor der Erfolgs-Serie SOLDATEN-SAGA

## DAS MARINE-CORPS

# MICHAEL CLYNES

## MORD UND MYSTERIEN IM ZEITALTER HEINRICHS VIII.

MICHAEL CLYNES ist das Pseudonym eines der erfolgreichsten Autoren historischer Kriminalromane. Der lebenskluge Abenteurer Roger Shallot ist seine faszinierendste Gestalt.

Bisher erschienene Titel:
Band 13470
Im Zeichen der weißen Rose
Band 13515
Das Mysterium des vergifteten Kelches
Band 13568
Die Morde des heiligen Grals
Band 13631
Die Verschwörung von Florenz

Sie erhalten diese Bände im Buchhandel, bei Ihrem Zeitschriftenhändler sowie im Bahnhofsbuchhandel.